임상심리검사의 이해 2판

김재환 · 오상우 · 홍창희 · 김지혜 · 황순택
문혜신 · 정승아 · 이장한 · 정은경 공저

Clinical Guide to
Psychological Assessment 2nd ed.

학지사

2판 서문

이 책의 초판이 나온 지 벌써 8년의 세월이 흘렀다. 그동안 웩슬러 지능검사와 다면적 인성검사가 개정되어 한국판으로 표준화되었고, 초판이 나온 후 저자들은 이 교재를 교육현장에서 사용하면서 느껴 왔던 미비한 점들을 보완한 개정판을 출간해야 한다는 생각을 늘 갖고 있었다. 이에 더는 미룰 수가 없다고 판단하여, 자료를 더 보충하고 보다 충실한 내용으로 개정하고자 했던 본래의 의도에 비해서는 많이 부족하지만, 부족한 대로 우선 개정판을 출간하기로 의견을 모았다.

이 책의 전체적인 구성은 초판에 비해 크게 달라진 것이 없다. 다면적 인성검사는 2005년에, 웩슬러 지능검사는 성인용과 아동용이 각각 2012년과 2011년에 한국판으로 표준화되어 출간되었기에, 주로 이에 해당하는 부분을 개정하였다. 웩슬러 지능검사의 경우, 아동용 역시 현장에서 광범위하게 사용되고 있기 때문에 개정판에서는 아동용 지능검사(K-WISC-IV)에 해당하는 부분을 별도의 장으로 분리하여 실었다. 성격검사의 경우 다면적 인성검사와 함께 성격평가 질문지(PAI)를 다루는 장을 새롭게 추가하였다. 아울러 심리검사의 실시, 채점, 보고서 작성 및 윤리적 문제와 관련된 장을 추가하였다. 나머지 장은 부분적으로만 수정되거나 초판과 동일하다.

임상현장에서 오랫동안 활동해 왔거나 현재도 활동하고 있는 저자들이 모두 참여하였기에, 이 책은 이론적인 측면보다는 실제적인 측면에 초점을 맞추었다. 따라서 실제 임상현장에서 검사를 사용하고 배우는 수련생들이나 학교에서 심리평가를 배우는 학부생 및 대학원생들에게 부족하나마 실질적인 도움이 될 수 있기를 바라는 것이 저자들의 마음이다.

2014년 7월
저자 일동

1판 서문

돌이켜 보면 임상심리학도로서 나는 참 운이 좋은 사람이었다. 짧지 않은 시간 동안 직접 환자를 만나고, 수련생들을 지도 감독하면서 임상현장에서 보낼 수 있었기 때문이다. 이 모든 것들은 지도교수 이장호 선생님, 임상 슈퍼바이저 원호택 선생님, 그리고 한양대 신경정신과 김광일 선생님이 계셨기 때문에 가능한 일이었다. 또한 함께 공부했던 많은 후학들이 있어 큰 힘이 되었다.

근래에 와서 상담과 심리치료에 대한 임상심리학자들의 활동이 매우 활발해졌다. 이를 반영하듯 학회의 임상심리전문가 수련과정과 자격시험에서도 심리치료의 비중이 매우 높아졌다. 그러나 이러한 추세가 심리평가의 역할과 중요성의 약화를 의미하는 것은 아니다. 심리치료가 활성화될수록 그에 비례해서 심리평가의 중요성 또한 강조하지 않을 수 없다. 심리평가는 임상심리학자의 정체성과도 밀접한 관련이 있을 뿐 아니라 상담과 심리치료의 적절성과 효율성을 높이는 데 실제적인 도움이 되기 때문이다. 치료로 연결되지 않는, 또는 적어도 치료적인 측면을 염두에 두지 않은 심리평가는 무의미하다고 할 수 있다.

다행히 최근에 심리검사를 공부할 수 있는 몇몇 좋은 책들이 우리나라의 임상심리학자들에 의해 출판되었지만 불과 얼마 전까지만 해도 우리의 임상경험을 담은 심리검사 지침서는 흔하지 않았다. 전통적으로 사용되고 있는 임상심리검사를 올바로 이해하고 효과적으로 사용하는 데 도움이 될 만한 책을 쓸 생각을 오래전부터 가지고 있었지만 그동안 나로서는 사람을 길러 내는 일이 더 시급한 일이었고, 이런 사정으로 책을 쓰는 일은 자꾸 뒤로 미루어져 왔다.

최근에 와서 약간의 시간적인 여유가 생기면서 그동안의 공부와 임상경험을 담은 심리검사 책을 쓸 엄두를 낼 수 있었다. 그러나 내가 직접 쓰는 것보다는 가까이서 같이 공부하고 같이 환자를 봤던, 그리고 지금은 학교와 임상현장에서 중견 학자와 임상가로 활약하고 있는 믿음직한 제자들이 이 일을 맡아 주면 좀 더 알찬 내용의 책이 되지 않을까 생각했다. 마침 정년을 앞두고 있을 무렵에 제자들의 권유도 있어 이 책을 출판할 수 있게 되었다.

이 책은 가능하면 우리나라의 임상현장에서 실제 사용하고 있는 검사를 중심으로 장을 구성하였으며, 검사의 이론적인 측면은 가급적 피하고 실제적인 측면에 초점을 맞추어 기술하였다. 후학들이 임상심리검사와 심리평가를 이해하는 데 조그만 도움이라도 되었으면 하는 것이 이 책 저자의 한 사람으로서 바람이다. 시간을 쪼개서 원고를 집필해 준 제자들에게 새삼 고마운 마음을 전한다. 아울러 출판을 기꺼이 맡아 준 학지사 측에도 감사의 마음을 전한다.

2006년 2월
저자 대표 김재환

차례

제1장 심리평가의 이해   15
김재환

제2장 심리평가를 위한 면담   27
황순택

제6장　객관적 성격검사 I: MMPI-2　　　**161**

홍창희

제7장 객관적 성격검사 II: 성격평가질문지   249

오상우

제8장 투사검사 I   301
김지혜

제9장 투사검사 II: 주제통각검사 및 기타 투사적 검사   367
정승아

제10장 아동 · 청소년의 심리평가   457

문혜신

11장 신경심리평가   513

정은경

제12장 심리검사의 실시와 채점 535

정승아

제13장 심리평가 보고서의 작성 및 평가윤리 571

정승아

제1장
심리평가의 이해

　심리적 부적응과 장애를 치유하는 데 필요한 중요한 절차 중의 하나는 그러한 문제의 성질을 정확하게 규명하는 것이다. 임상심리평가는 개인이 경험하는 부적응적 문제 및 그러한 문제를 가진 개인을 총체적으로 이해하고 문제의 성질을 정확하게 규명하고 진단하기 위한 절차이다.

　임상심리평가는 심리상담소, 병원의 신경정신과 외래 또는 병동, 대학의 심리학 실험실 등 다양한 장면에서 실시된다. 임상장면에서 실시되는 심리평가의 가장 일반적인 목적은 부적응적 문제를 진단하고 치료적 방침을 결정하는 데 필요한 정보를 얻는 것이다. 부적응적 문제에 대해 치료를 하고 있는 도중에 또는 치료가 완료된 후 치료 효과를 판단하기 위해 심리적 기능 평가가 이루어지기도 하며, 특별한 부적응적 문제와는 관계없이 개인 또는 집단의 인지적 기능이나 적성, 성격 등을 판단하기 위해 심리평가가 실시되기도 한다. 그런가 하면 법적 판단이나 피해보상을 위한 정신 및 신체 감정, 인사선발을 위한 적성 또는 성격 평가 등등 실로 다양한 이유로 심리평가가 실시된다. 어떤 장면에서 어떤 이유로 실시되건 임상심리평가는 개인에 대한 총체적인 이해를 필요로 하며, 이는 개인의 현재 상태와 상황뿐만 아니라 과거 그리고 가능하다면 미래까지를 포함할 때 가능해진다.

　　이 장에서는 임상장면에서 이루어지는 심리평가의 원리를 알아보고, 심리평가에 사용되는 자료의 종류, 심리검사의 유형과 각 유형의 특징 등에 대해 간략하게 살펴볼 것이다.

1. 심리평가의 원리

　　Binet에 의해 지적 능력의 과학적인 측정이 시작된 이래로 지능, 적성, 성격, 정서, 행동, 대인관계, 발달, 적응 등등 다양한 심리적 변인에서의 개인 간 차이, 동일한 개인의 시간에 따른 차이, 개인 내의 여러 가지 심리적 변인 간의 관계 등을 평가하기 위해 수없이 많은 심리검사가 개발되어 왔다. 심리검사는 인간의 능력 또는 특징이 연루되어 있는 다양한 실제적 문제를 해결하는 데 활용되며, 인간의 이해를 위한 이론적 연구에서 가장 기초적이고 보편적인 자료수집 방법으로 사용된다. 특히 임상장면에서 개인의 역기능과 부적응에 대한 평가과정에서 심리검사는 가장 중요한 자료를 제공한다. 심리검사를 효과적으로 활용하기 위해서는 강점과 약점, 유용성과 한계를 포함하는 심리검사의 특징과 원리를 정확하게 이해하는 것이 중요하다.

　　길이, 무게, 부피와 같은 물리적 속성과는 달리 지능, 공격성, 성격과 같은 심리적 속성은 실제로 존재하는 것이 아니라 인간의 행동을 이해하고 예측하기 위해 만들어 낸 구성개념(construct)이다. 심리적 구성개념은 직접 관찰할 수 없을 뿐 아니라 측정의 단위를 잘 정의하기 어렵다. 이러한 특징 때문에 심리적 개념의 측정은 불완전하고 불안정하다. 심리적 측정의 불완전성과 불안정성은 다수의 개인으로 이루어진 집단을 단위로 하지 않고 개개인을 대상으로 할 때 더 두드러지게 나타난다. 특히 진단평가와 심리치료에 관한 결정을 위해 개인에 대한 측정이 이루어지는 임상장면에서 이러한 불완전성과 불안정성을 최소화하는 것은 대단히 중요하다.

　　심리검사를 통해 알고자 하는 것은 구성개념이다(Anastasi & Urbina, 1997). 그러나 심리적 구성개념은 직접 관찰할 수 없으며, 행동의 측정을 통해 간접적으로 추론할 수 있을 뿐이다. 심리측정이란 측정하고자 하는 구성개념이 가장 잘 반영될 것으로 생각되는 행동을 관찰한 다음 관찰된 행동을 토대로 구성개념에 관한 추론적 판단을 하는 것이라고 할 수 있다. 특정한 구성개념과 일대일로 대응하는 특정한 행동이 존재한다면 이러한 추론과정은 그다지 복잡하지 않을 것이며 부정확하지도 않을 것이다. 그러나 한 가지 구성개념이 반영되어 나타날 수 있는 행동은 다양하게 존재할 수 있다.

'공격성'을 예로 들어 생각해 보자. 구성개념인 '공격성'이 반영되어 나타날 수 있는 구체적인 행동은 매우 다양하다. 다른 사람을 비난하는 것, 난폭한 행동을 하는 것, 화를 내는 것, 욕설을 하는 것, 큰 소리로 따지는 것, 다른 사람의 행동을 방해하는 것, 다른 사람의 물건을 빼앗는 것 등등 공격성과 관련되어 나타날 수 있는 행동들은 수없이 많다. 그런데 '공격성'을 평가하기 위해 공격성이 반영되어 나타날 수 있는 모든 행동을 다 관찰하는 것은 현실적으로 불가능하다. 이 때문에 공격성이 가장 잘 반영될 것으로 생각되는 몇 가지 행동만 대표적으로 관찰하여 '공격성'이라는 구성개념을 평가하게 된다.

한편 열거한 이러한 행동들 하나하나가 모두 공격성만을 반영하지는 않는다. 이러한 행동들이 다른 구성개념을 반영하는 것일 수도 있다. 예컨대, 다른 사람을 비난하는 행동은 비난하는 사람의 공격성 때문일 수도 있지만 비난받고 있는 사람이 부주의하여 일을 그르쳤기 때문일 수도 있다. 따라서 하나의 행동만 관찰하여 구성개념을 평가하려 한다면 심각한 오류를 범하게 될 수 있다. 이 때문에 실제로는 어떤 한 구성개념을 평가하기 위해 여러 가지 행동을 관찰하여 관찰결과들을 통합하는 절차를 거치게 된다.

심리검사는 행동표집의 객관적이고 표준화된 측정이다(Anastasi & Urbina, 1997). 어떤 구성개념이 반영될 수 있는 모든 행동을 행동전집이라고 한다면 실제 측정하는 행동들은 그러한 전집 중의 일부인 행동표집이다. 웩슬러 지능검사의 일반지식 소검사를 예로 들어 생각해 보자. Wechsler는 지능이 높은 사람은 세상에 관한 다양한 지식을 소유하고 있을 것이라고 가정하여 지능검사의 한 하위검사로 일반지식을 포함시켰다. 이 세상에 존재하는 일반지식의 개수는 거의 무한대일 것이다. 그런데 실제로 웩슬러 지능검사의 일반지식 소검사에 포함되어 있는 문항의 수는 29개이다. 이 29개 문항에 대해 얼마나 정답을 많이 맞히는지를 기준으로 그 사람의 일반지식 수준을 판단하고, 같은 방식으로 몇 개의 소검사 점수를 근거로 지능지수를 산출한다. 여기서 산출된 지능지수에는 그 사람의 진짜 지능뿐 아니라 오차점수가 포함되어 있다. 이때 측정된 점수가 그 사람의 진짜 지능지수에 얼마나 가까울까? 만약 이 세상에 존재하는 모든 일반지식이 다 포함되어 있는 소검사였다면 그 검사의 수행점수는 그 사람의 실제 일반지식 수준을 정확하게 반영할 것이다. 그러나 이 세상에 존재하는 모든 일반지식이 다 포함되어 있는 일반지식 소검사를 만들기는 불가능하다. 그리고 그러한 검사를 만든다 하더라도 실시에 너무 많은 시간이 소요되기 때문에 검사를 실시할 방법이 없다. 현실적으로 소수의 일반

지식 문항으로 일반지식 전체를 추론하여 평가할 수밖에 없다.

이때 문제가 되는 것은 표집된 소수의 문항이 전집을 얼마나 잘 대표해 주고 얼마나 정확하게 반영해 줄 것인가이다. 표집의 전집대표성이 클수록 산출된 지능지수가 진짜 지능 수준과 일치할 가능성이 크고 표집의 전집대표성이 작을수록 산출된 지능지수가 진짜 지능 수준과 일치할 가능성이 작다. 검사를 제작하는 과정에서 측정하고자 하는 구성개념을 반영하는 모든 관찰 가능한 행동, 즉 전집을 가장 잘 대표해 주는 표집, 즉 문항들로 검사를 만들기 위해 노력하지만 전집대표성이 완벽한 검사를 만들기는 현실적으로 불가능하다.

하나의 구성개념을 평가하기 위해서는 그 구성개념이 반영되어 나타날 것으로 생각되는 몇 가지 행동 반응을 측정하여 취합하게 된다. 이 과정에서 관찰된 행동과 알고자 하는 구성개념이 밀접한 관계를 가지고 있고 관찰된 행동의 종류와 수가 다양할수록 구성개념의 평가가 정확해진다. 그러나 현실적으로 볼 때 행동과 구성개념 간의 관계가 완벽하게 일대일로 대응하지 않고 또 무한히 많은 행동을 모두 관찰하는 것이 불가능하기 때문에 구성개념의 평가에 오류가 개입될 가능성이 항상 존재한다. 심리검사를 제작하고 사용하는 심리학자는 이 오류 가능성을 줄이기 위해 부단히 노력하지만 오류를 완벽하게 차단하는 것은 불가능하다고 할 수 있다.

검사의 전집대표성이 완전하지 않다는 것은 검사를 통해 내려지는 결론이 항상 오류의 가능성을 내포하고 있다는 것을 의미한다. 심리검사를 사용할 때 가장 유념해야 할 것이 이 점이다. 검사가 가지고 있는 이러한 한계를 잘 인식하면서 조심스럽게 검사를 사용할 때 오류 가능성은 한층 줄어들게 될 것이다.

심리검사 자료로 개인을 평가할 때 생길 수 있는 오류를 줄이는 방법으로는 전집대표성이 보다 큰 검사를 사용하는 것, 다양한 종류의 검사를 사용하는 것, 심리검사 외에 다른 이용 가능한 자료들을 활용하는 것 등을 고려해 볼 수 있겠다.

전집의 내용 영역이 잘 정의되어 있고 그 범위가 일정하게 정해져 있는 경우를 제외하면 어떤 검사가 전집을 대표하는 정도를 직접 판단하기는 어렵다. 이러한 경우 '타당도'를 전집대표성 판단에 사용할 수 있다. 어떤 검사의 타당도를 그 '검사가 재고자 했던 것을 잘 반영하는 정도'라고 정의한다면 타당도가 높은 검사는 전집대표성이 높다고 할 수 있다. 따라서 타당도가 높은 검사를 사용함으로써 오류의 가능성을 줄이면서 보다 정확한 심리검사를 할 수 있다.

심리평가 과정에서 다양한 종류의 검사를 사용하는 것은 한 가지 검사만 사용하여 판단하는 경우에 비해 판단의 수렴타당도를 높이는 데 도움이 될 뿐 아니라 판단의 안정성 또는 신뢰도를 높이는 데도 도움이 된다. 임상장면에서는 흔히 한 가지 심리검사만 사용하지 않고 몇 개의 심리검사로 이루어진 총집(full battery)을 사용해 왔는데, 이렇게 한 이유는 각 검사들이 각각 고유하게 측정하는 영역이 있기 때문이기도 하지만 비슷한 영역을 측정하는 검사들을 함께 사용함으로써 결과의 타당도를 높이기 위해서이기도 하다.

그 밖에도 심리검사 외에 다른 방식으로 얻어진 자료들에서 나타나는 결과들을 통합함으로써 결정의 오류를 줄이고 보다 풍부한 결과를 얻을 수 있다. 예컨대, 임상가들은 심리검사에서 나타난 결과뿐 아니라 면담 내용과 면담 및 검사 시의 행동관찰 자료가 시사하는 결과를 조화시켜 결론을 내림으로써 보다 타당한 결론을 내리고자 한다. 구체적으로 심리평가에서는 심리검사 자료, 면담 내용, 행동관찰 자료의 세 종류의 자료가 이용된다. 이들 세 종류의 자료 각각에 대해 판단하고 추론하고 또 이를 통합하는 과정이 필요하다. 이러한 판단과 추론과 통합이 원활하게 이루어지기 위해서는 인간의 성격과 발달, 지적 기능, 행동, 정신병리, 적응 등등 다양한 심리학적 영역에 대한 전문적인 지식과 훈련 경험이 필요하다. 심리검사 도구를 사용하고 심리평가를 하는 임상가에게 요구되는 이러한 여러 가지 자질은 검사의 오남용을 막고, 오류와 폐해를 최소화하고, 개인에게 실제적인 도움이 되는 정확하면서도 유용한 평가를 하기 위한 필수적인 요건일 뿐 아니라 윤리적 책임의 영역이기도 하다(김재환, 1990).

2. 심리평가를 위한 자료

임상심리학자들이 수행하는 심리평가에는 면담, 행동관찰, 심리검사의 세 종류의 자료가 이용된다(Butcher, 1995). 이들 중 어느 하나만으로도 개인에 대한 평가가 가능하기는 하다. 그러나 세 종류의 자료가 약간씩 내용과 의미가 다른 정보를 제공하며, 각각 장점과 함께 한계를 가지고 있기 때문에 흔히 세 자료가 통합되어 심리평가가 이루어지게 된다. 고유한 장점과 한계를 가지고 있는 이러한 다양한 자료의 통합은 개인에 대한 평가 결과의 타당도를 높이는 데 기여하며 또한 보다 다양한 영역에 대한 종합적인 평가를 가능하게 한다.

1) 면담

심리평가 과정에서 임상면담은 전체 평가과정을 안내하는 전반적인 틀을 제공한다. 이런 점에서 면담은 평가과정에서 대단히 중요하다. 심리평가 과정에서 심리검사는 구체적인 데 비해 면담은 복잡하면서도 명확하지 않기 때문에 면담의 중요성을 간과하고 심리검사에만 의존하기 쉽다. 그러나 비구조적 특징으로 인한 비신뢰성의 가능성은 있지만 조심스럽고 조리 있고 응집력 있게 진행된 임상면담은 내담자에 대한 가치 있는 자료와 인상을 제공한다. 면담을 통해 임상가는 '지금-여기'서 직접 관찰할 수 없는 다양한 영역과 내용에 관한 정보들을 얻을 수 있다. 면담을 통해 얻어지는 자료는 방문 사유와 그에 대한 내담자의 태도, 내담자의 가정과 직장에서의 생활과 적응, 중요한 대인관계, 발달 초기부터 현재까지의 개인력 등등에 관한 폭넓은 정보를 제공할 수 있다.

다만 이 자료는 보고하는 사람의 기억과 해석을 거쳐 보고될 뿐 아니라 보고과정에서 의도적 또는 비의도적 왜곡, 과장, 축소 또는 생략의 과정이 개입될 수 있기 때문에 경우에 따라 정보의 정확성과 신빙성에 상당한 제한이 있을 수 있다. 면담자료가 가지고 있는 이러한 특징을 충분히 고려하여 고도의 전문적인 진행과 상당한 정도의 추론을 거치지 않으면 이를 수검자의 이해에 효과적으로 활용하기 어렵다.

2) 행동관찰

행동은 부적응 문제 중의 중요한 부분을 차지할 뿐 아니라 거의 모든 부적응적 문제는 행동을 통해 드러나든가 행동에 영향을 준다. 이런 점에서 행동관찰은 가장 중요한 그리고 가장 직접적인 평가과정이다. 심리검사 과정에서 보이는 행동은 평가하고자 하는 대상의 실제 속성에 가장 근접한, 가장 직접적인 자료라는 점에서 평가자료로서의 가치가 매우 크다.

평가의 대상이 되는 문제가 직접 관찰 가능한 행동적인 문제가 아닌 경우에도 행동관찰은 가치 있는 정보를 제공한다. 일반적으로 면담과 심리검사 상황에서 보이는 수검자의 행동은 일상적인 생활 상황에서의 행동을 잘 대표한다. 따라서 면담과 검사 장면에서 보이는 수검자의 특징적인 행동은 일상생활 속에서의 대인관계 상황, 압력과 긴장 상황 그리고 문제해결 과제 상황에서의 행동을 추측해 볼 수 있는 중요한 자료가 된다.

다만 검사 시의 행동관찰은 검사가 진행되는 동안의 행동에 국한되기 때문에 전체

행동 영역에 대한 대표성이 충분하다고 보기는 어렵다. 특히 관찰자가 존재한다는 사실 때문에 행동의 성질이나 발생빈도가 실제 상황에서의 그것과 현격하게 차이가 있을 수 있다.

3) 심리검사

심리검사는 심리평가를 위한 중요한 자료원이다. 심리검사는 개인의 적응기능 및 역할수행 능력, 사고-인지 기능, 주관적인 고통과 불편감, 정서, 성격의 구조, 대인관계, 취약성과 자원 등에 관해 가장 객관적이고 포괄적인 정보를 제공한다. 그러나 심리검사를 통해 내리게 되는 결론은 확정적인 것이 아닌 잠정적인 것이다. 왜냐하면 심리검사 자체를 통해서 얻을 수 있는 정보는 완전하지도 충분하지도 않기 때문이다. 이는 심리검사의 본질적인 특징과 관련되어 있다.

심리검사의 가장 중요한 특징은 재고자 하는 것 전체를 측정하는 것이 아니라 그중의 일부, 즉 표집된 내용, 표집된 행동을 측정하며, 이러한 표집자료로 전체를 추정한다는 점이다. 웩슬러 지능검사에서 측정하는 일반상식을 예로 들어 보자. 이 세상에 존재하는 일반상식은 거의 무한대로 있다. 그러나 웩슬러 지능검사(K-WAIS)에서는 단 29개의 질문을 통해 수검자의 일반상식 수준을 측정한다. 이때 29개의 질문이 무한대로 존재하는 '일반상식' 전체 영역과 내용을 완벽하게 대표한다면 검사에서 산출된 점수, 즉 표집자료로 개인의 일반상식 수준을 정확하게 추정할 수 있다. 그러나 표집된 문항의 전집대표성이 완벽하지 않은 한 표집으로 전체를 추정하는 과정에서 오류가 초래될 수도 있다.

무엇보다도 심리검사는 표집된 문항에 대한 반응, 즉 표집된 반응을 통해 전체 영역 또는 구인에 관해 판단하는 것이기 때문에 검사 반응을 통해 개인을 이해하기 위해서는 높은 수준의 신뢰도와 타당도가 확인된 검사를 사용하는 것이 중요하다. 특히 구인-행동 간 관계가 일대일로 대응하지 않기 때문에 행동을 통해 구인을 추론하는 과정에서 오류가 발생할 가능성이 항상 존재한다.

심리검사에서 수검자가 보이는 반응의 대부분은 측정하고자 하는 영역의 상관물 또는 반영물이지 알고자 하는 그 자체 또는 그것의 표집이 아니라는 점도 심리검사를 통해 개인을 이해하고자 할 때 염두에 두어야 한다. 검사에서는 특정한 상태를 직접 측정하는 것이 아니라 특정한 상태에 있을 때 나타내기 쉬운 반응을 측정한다. 즉, 측정하고자 하는 것을 직접 측정하는 것이 아니라 측정하고자 하는 영역이 반응 속에 잘 반영되거나 또는 반응을 통해 그러한 영역을 잘 예측할 수 있다고 생각되는 질문을 토대로 유추하는 것이다. 검사의 이러한 속성은 MMPI처럼 특히 경험적 타당화에 의해 제작된 검사에서 더 분명하게 볼 수 있다. 8번 척도의 상승이 '조현병(정신분열병)'을 직접 측정하는 것은 아니다. 경험적으로 볼 때 조현병이 있는 사람들이 정상인과 다른 방식으로 반응하는 문항들을 모아 놓은 것이 이 척도 문항들이다. 심리검사의 이러한 속성 때문에 신뢰도와 타당도가 완벽하지 않은 한 유추과정에서 오류가 개입될 가능성은 항상 존재한다.

심리검사는 통상 일회적으로 실시된다는 점도 검사를 통해 충분하고도 정확한 정보를 얻을 수 없는 한 이유가 된다. 심리검사는 기본적으로 표준화된 자극에 대한 현재의 반응을 측정하는 것이며, 검사에서 나타나는 마음과 행동의 상태와 기능은 '현재'의 상태와 기능이다. 그러나 평가자가 궁극적으로 알고 싶어 하는 것은 개인의 과거와 현재 그리고 가능하면 미래까지가 다 포함된 전체적인 모습이다. 검사가 직접 전달하는 정보는 기본적으로 현재의 기능과 특징에 관한 것이며, 수검자의 과거와 미래에 관한 판단은 추론적일 수밖에 없다. 개인에 대한 종단적인 양상을 이해하지 않고는 개인을 종합적으로 이해할 수 없고, 진단을 정확하게 내리기 어렵다. 따라서 일회적으로 실시된 검사에서의 반응을 토대로 개인의 과거와 미래의 모습들을 유추해 내기 위해서는 행동관찰, 면담과 같은 다른 종류의 자료가 보완되어야 한다.

표준화된 심리검사가 포괄하는 측정 영역이 충분하지 않은 점도 심리검사의 중요한 특징이다. 우울, 불안, 공격성 등등 구체적인 심리적 변인을 재기 위한 특정화된 검사들이 많이 개발되어 있지만 다양한 개개인의 독특한 문제를 표준화된 전통적인 심리검사를 통해 모두 평가하기는 어렵다. 인지행동치료에서 행해지는바 개인에게 특화된 평가도구와 절차는 전통적인 심리검사의 이러한 한계를 보완할 수 있는 유력한 방안일 수 있다.

3. 임상심리검사의 유형과 특징

현재까지 개발되어 임상장면에서 사용되고 있는 심리검사의 종류는 셀 수 없을 정도로 많다. 다양한 심리검사를 전반적으로 파악하는 한 방법은 각 검사의 특징에 따라 유사한 것들끼리 묶어서 보는 것이다. 검사들을 분류하는 방법 또한 다양하다. 능력검사와 성향검사로 분류하는 것이 한 가지 분류방법이다(탁진국, 1996). 능력검사는 최대수행검사라고도 하며, 성향검사는 전형적 수행검사라고도 한다. 임상장면에서 사용되는 모든 성격검사는 전형적 수행검사에 해당된다.

능력검사 또는 최대수행검사는 정답과 오답이 존재하는 검사이며, 수검자가 정답을 많이 할수록 그 사람의 능력이 우수하거나 기능의 손상이 없다 또는 더 잘 발달되었다는 것을 말해 주는 검사이다. 이 유형의 검사는 주로 인지적 기능 또는 발달적 기능의 수준과 양상을 측정하는 것으로, 지능검사, 학업성취검사, 적성검사, 신경심리검사, 발달수준 검사 등이 여기에 속한다.

최대수행검사는 수검자가 검사에 임하여 자신의 능력을 최대한 발휘하려고 노력한다는 것을 전제로 한다. 어떤 이유 때문이건 수검자가 최대 능력을 발휘하고자 하는 동기가 갖추어지지 않은 경우 이 검사를 통해 수검자의 능력 수준과 기능상의 특징을 정확하게 파악하기 어렵다. 따라서 검사가 실시되기 전에 임상가와 수검자 간에 충분한 신뢰와 협력 관계가 형성되어야 한다.

최대수행검사 중 임상장면에서 가장 빈번하게 사용되는 검사는 지능검사이다. 지능검사 중에는 특히 웩슬러 지능검사가 가장 널리 사용되지만 특별한 상황에서는 비네 지능검사나 그림 지능검사가 사용되기도 하며, 지능검사를 실시하기 어려운 상황에서 내담자의 지능 수준을 대략적으로 추측하는 데 도움이 되는 다른 심리검사가 사용되기도 한다. 예를 들어, 개인용 지능검사에 비해 실시 절차가 간편하고 많은 시간이 소요되지 않는 벤더 도형검사(BGT)와 인물화 검사(DAP)를 통해 운동협응 또는 인물에 대한 개념의 발달 수준을 평가하여 이를 근거로 정신연령을 추정하기도 한다. 그 밖에 특별한 사정 때문에 수검자를 직접 만나기 어렵거나 직접 검사를 실시하기 어려운 경우 보호자 면담을 통해 실시하는 사회성숙도 검사(SMS)에서 산출되는 사회연령과 사회지수를 통해 지적 발달 수준을 추측해 보기도 한다.

지능은 인간의 고등정신 기능을 가장 잘 대표하는 개념 중의 하나이다. 따라서 지능평가는 개인의 지적 능력의 수준, 정신 기능의 효율성과 비효율성, 비효율성을 보이는 세부 지적 영역 등에 관한 상세한 정보를 제공한다. 또한 지능검사의 수행에는 순수한 지적 기능에 속하는 영역뿐 아니라 성격, 정서와 같은 비지적 영역이 영향을 준다. 이러한 특징 때문에 지능검사는 특별히 사고-인지 기능의 손상뿐 아니라 이러한 기능과는 직접적인 관련이 없는 다른 다양한 유형의 부적응과 정신병리를 평가하는 데도 사용된다.

성향검사 또는 성격검사는 정답과 오답이 존재하지 않고 몇 가지 반응대안 중 수검자가 선호하여 선택한 반응대안을 토대로 성향을 측정하는 검사로, 주로 인지적 영역을 제외한 변인을 측정하기 위한 검사들이 여기에 속한다. 성격, 태도, 정서, 동기, 요구와 압력, 정신역동, 정신병리 등등을 측정할 때 이 유형의 검사가 흔히 사용된다.

임상장면에서 사용되는 성격검사는 크게 질문지형 검사와 투사적 검사로 나눌 수 있다. 질문지형 성격검사는 자기보고형 성격검사라고도 하는 것으로, 검사문항이 제시하는 상황 혹은 문제에 대한 주관적인 현상과 경험, 판단을 응답지에 기록하는 방식으로 이루어진다. 이 유형의 검사는 객관적으로는 관찰할 수 없는 내적이고 주관적인 상태와 경험을 측정하는 데 흔히 사용된다. 임상장면에서 널리 사용되는 다면적 인성검사(MMPI), 간이정신진단검사(SCL-90-R), 벡 우울척도(DBI) 등이 질문지형 성격검사의 예이다. 이들 검사 중에는 BDI처럼 우울과 같은 특정한 정신병리의 정도를 측정하기 위한 것도 있고, MMPI처럼 심리적인 부적응과 정신병리, 성격 특징 등을 포괄적으로 측정할 수 있는 검사도 있다.

이 유형의 검사는 자기보고형 검사이기 때문에 내담자가 자신의 내적 경험과 상태를 있는 그대로 보고할 것을 전제로 한다. 따라서 내담자가 자신의 내적 경험과 상태를 정확하게 지각, 평가하고 보고하는 능력과 의도를 갖추고 있어야 검사자료의 정확한 해석이 가능하다. 자신의 상태를 은폐하거나 과장하는 경우에 이 검사를 통해 개인을 이해하는 데는 상당한 어려움이 있을 수 있다.

대표적인 질문지형 성격검사인 MMPI에서는 자기보고형 검사에서 작용할 수 있는바 은폐, 과장과 같은 특별한 검사 태도가 검사결과에 미치는 영향을 배제하기 위해 합리적인 방식이 아닌 경험적인 방식에 따라 검사문항을 제작하였다. 또한 진지하지 못한 반응 태도와 그로 인한 타당하지 못한 검사결과를 해석과정에서 배제하기 위해 임상 척도 외에 정교하게 만들어진 타당도척도를 포함시켰다. 그러나 이러한 노력에도 불구하고 특별한 검사 태도가 검사 시의 반응과 검사결과에 미치는 영향을 완전하게 차단하기는 어렵다.

투사적 성격검사는 모호한 검사자극에 대한 개인의 반응을 분석하여 사고의 과정과 내용, 정서와 성격상의 다양한 특징, 자신과 환경에 대한 태도, 주요한 갈등과 방어, 심리적인 부적응, 정신병리 등을 측정하는 검사이다. 투사는 정신역동이론에서 제시한 방어기제의 일종으로, 개인 내부에 있는 어떤 감정, 욕구, 충동, 갈등 등을 자기 자신이 아닌 외부의 어떤 대상이 소유하고 있다고 생각하는 경향을 말한다. 모호한 자극에 반응하는 과정에서 개인마다 독특한 반응 양식과 내용이 드러나게 되는데, 이러한 각 개인의 독특한 반응들은 자극 자체의 특징보다는 반응자의 고유한 내적 정신활동과 내용이 투사된다고 보는 것이 이 유형의 검사의 기본적인 가정이다.

투사적 검사의 가장 중요한 특징은 앞서 제시된 인지기능검사나 자기보고형 성격검사와는 달리 반응자가 인식하지 못하고 있는, 즉 개인의 의식 영역 바깥에 있는 정신현상을 측정한다는 장점이 있다. 이러한 검사 본유의 장점 외에도 수검자가 자신의 내적 경험과 상태를 은폐하거나 과장하기가 어렵거나 불가능하다는 부수적인 장점이 있다. 그러나 대부분의 투사적 검사는 실시와 채점, 해석이 매우 복잡하여 상당한 정도의 전문성을 갖추지 않으면 사용하기 어렵다는 한계가 있다. 또한 다른 유형의 심리검사에 비해 검사의 타당도가 충분히 입증되지 않았기 때문에 검사를 매우 조심스럽게 사용해야 하며, 특히 이 검사에서 시사되는 해석적 가설은 이 검사 외의 다른 자료를 통해 지지되는 범위 내에서 잠정적인 결론으로 채택하는 것이 해석의 오류를 줄이는 데 도움이 될 것이다.

임상장면에서 널리 사용되는 투사적 성격검사로는 로르샤하, TAT, 인물화 검사를 비롯한 투사적 그림검사 등이 있다.

 참고문헌

김재환(1990). 심리검사의 윤리. 한양대학교학생생활연구소(편), 심리검사의 활용, 12장. 서울: 한국가이던스.
탁진국(1996). 심리검사. 서울: 학지사.

Anastasi, A., & Urbina, S. (1997). *Psychological Testing* (7th ed.). New York: MacMillan.
Butcher, J. N. (1995). Clinical Personality Assessment: An Overview. In J. N. Butcher (Ed.), *Clinical Personality Assessment: Practical Approaches*. New York: Oxford University Press.

제2장
심리평가를 위한 면담

면담은 환자 또는 내담자의 의식적 관심, 느낌 및 문제를 직접 탐색하는 중요한 임상적 수단이며, 가장 기본이 되는 임상평가 기법이다. 평가면담은 이러한 기법과 과정을 통해 내담자의 여러 가지 특징과 문제를 확인하고 분류하는 것이 주된 목표이다.

임상가는 면담을 통해 내담자 자신이 인식 또는 인정하는 현재의 주요 문제를 상세하게 확인하고, 그러한 문제에 대한 자신 및 주변 사람들의 인식과 입장, 역할 등을 검토하고 비교해 볼 수 있다. 또 현재의 역할 수행 수준, 처해 있는 생활 상황, 의미 있는 대인관계, 자신 및 주변 환경에 대한 태도 등에 관한 정보를 얻을 수 있다. 또한 면담을 통해 내담자의 발달력, 학업력, 직업력 등 개인의 역사적 자료를 얻을 수 있다. 이를 통해 과거의 의미 있는 경험과 환경적 특징을 확인하여 개인을 전체적으로 이해하는 데 활용하게 된다. 그 밖에 면담과정에서 비언어적 행동, 예컨대 표정, 목소리의 강약, 말의 속도, 신체 동작 등등 내담자의 행동적 특징을 관찰하고 그 의미를 탐색해 볼 수 있다.

면담을 통해 임상가는 내담자에 관한 중요한 정보를 얻을 수 있지만 그것이 항상 순조롭게 이루어지는 것은 아니다. 면담과정에서는 주로 내담자의 언어적 보고를 통해 정보 수집이 이루어진다. 따라서 내담자가 자신에 관한 정보를 있는 그대로 보고하려는 의도가 없거나 자신에 관한 사실적 정보를 보고할 능력이 없는 경우 면담으로부터 얻을 수 있는 정보는 제한적일 수밖에 없다. 예를 들어, 조현병 환자가 환청 경험을 감추려고 하는 경우나 품행문제가 있는 청소년이 자신이 저지른 부적응적 행동을 보고하지 않으려 하는 경우는 흔히 있다. 또 나이가 어린 아동이나 어떤 이유로 지적 기능의 심한 손상이 있는 환자의 경우 자신의 감정과 행동을 있는 그대로 보고하기는 어렵다. 임상가는 이러한 경우에도 내담자의 언어적 보고 내용을 토대로 그 뒤에 감추어져 있는 진실을 찾아내어야 하며, 제한된, 불충분한 정보를 바탕으로 보다 완성된, 전체적인 모습을 그려 내어야 한다.

상황적으로 내담자가 자신에 관한 정보를 있는 그대로 보고할 것으로 기대하기 어려운 경우도 있다. 예를 들어, 면담과 심리평가의 결과가 경제적으로 또는 법적 신분상으로 자신에게 유리하게 또는 불리하게 작용할 가능성이 있는 경우, 자신에 관한 정보를 있는 그대로 보고하지 않을 가능성은 다분히 있다. 이런 경우에 면담에서 얻어지는 내담자의 진술은 대단히 조심스럽게 해석되어야 한다.

그러나 일반적으로 면담은 일련의 평가과정에서 가장 자연스럽고 자발적인 부분이며, 내담자의 주관적인 경험을 직접 확인할 수 있는 유력한 절차이기도 하다. 또한 면담은 도구나 과제의 개입 없이 내담자를 관찰할 수 있고 내담자와 직접 상호작용할 수 있다는 장점이 있다. 특히 임상가로서의 전문성과 개인적 자질 그리고 경험이 갖추어져 있을 때 면담을 통해 무한하게 가치 있는 정보를 얻을 수 있다. 이 장에서는 평가면담의 주요한 형식과 기법들을 알아보고, 평가면담을 통해 얻어야 할 정보들을 개략적으로 검토해 볼 것이다.

1. 평가면담의 형식

면담의 형식이란 면담이 진행되는 전체적인 방식을 말한다. 면담이 어떤 형식으로 구성되어 있고 어떤 형식으로 진행되는가에 따라 면담에서 다루게 될 내용, 임상가-내담자 관계, 면담에 대한 내담자의 태도, 면담의 효율성 등이 달라질 수 있다. 일반적으로 면담의 형식은 면담이 구조화되어 있는 정도에 따라 비구조적 면담, 구조적 면담, 그리고 이 둘이 절충된 형태의 반구조적 면담으로 나누어 볼 수 있다. 면담의 목적 또는 면담 결과의 활용, 면담자의 경험과 전문성의 정도, 내담자의 상태와 특징, 다루어야 될 내용, 심리평가 이후 이루어질 치료의 유형 등에 따라서 다른 형식의 면담을 사용할 수 있다.

1) 비구조적 면담

비구조적 면담 또는 개방적 면담이란 특별한 형식과 절차를 미리 정해 두지 않고 면담 시의 상황과 내담자의 반응에 대한 임상가의 판단에 따라 유연성 있게 진행되는 면담 절차를 말한다. 일반적으로 비구조적 면담은 미리 정해진 일정한 구조와 틀이 없이 내담자가 가지고 온 문제의 특징, 내담자의 상태, 면담 당시의 제반 여건과 상황 등에 따라 속도와 분량, 깊이와 범위 등을 조절하게 되며, 때에 따라서는 특정한 부분에 대한 생략과 반복도 가능하다. 이런 점에서 비구조적 면담의 과정은 대단히 융통성이 있으며, 때로는 내담자의 진술을 따라가면서 그리고 때로는 임상가가 특정한 내용에 초점을 맞추어 중요한 정보를 집중적으로 탐색할 수 있는 장점이 있다. 실제 장면에서 이루어지는 비구조적 면담은 임상가마다 다른 절차로 진행될 수 있고 다루는 내용 또한 임상가마다 차이가 있을 수 있으며, 임상가의 기술과 창의성에 따라 자료수집의 효율성과 수집된 자료의 가치에 차이가 있을 수 있다. 따라서 비구조적 면담을 통해 가치 있고 유용한 자료를 얻기 위해서는 임상가로서 상당한 정도의 숙련된 전문성이 필요하다.

이러한 특징 때문에 비구조적 면담을 통해서는 다량의 자료를 수집하기 어려울 뿐 아니라 수집된 자료를 객관적으로 수량화하기도 어렵다. 또한 임상가의 판단과 능력이 다양하기 때문에 전형적인 비구조적 면담은 심리평가 자료로서의 신뢰도가 낮을 수 있다. 이런 점 때문에 다량의 자료를 수집, 분석해야 하는 연구장면에서는 사용하기에 어려움이 있다.

2) 구조적 면담

1970년대에 정신장애의 진단분류에 관한 관심과 연구가 활성화되면서 구조적 면담도구가 활발하게 개발되었다. 당시는 정신장애의 진단 신뢰도, 특히 진단가 간 진단일치도가 매우 낮아 치료와 연구에 어려움이 컸던 시기였다. 이 때문에 진단가 간 일치도를 높일 수 있는 방안에 대한 검토가 다양하게 이루어졌다(Widiger, Frances, Spitzer, & Williams, 1988). 이 당시 정신의학 분야의 관심은 진단 신뢰도를 높일 수 있는 새로운 진단체계를 만드는 것이었다(Millon, 1991). 이러한 진단체계의 개발을 위해서는 다량의 자료를 보다 객관적으로 그리고 보다 체계적으로 수집할 필요가 있었다. 이러한 필요성 때문에 구조적 면담도구가 활발하게 제작되었다.

구조적 면담도구는 내담자의 다양한 문제, 임상가들 간의 개인차 등을 극복하기 위해 수집해야 할 내용, 질문 및 진행 방법, 반응을 기록하고 분류하는 방법 등을 구체적으로 상술하여 표준화된 방식의 자료수집이 가능하게 한 것이다. 이러한 표준화된 실시는 신뢰도, 특히 면담자 간 일치도를 높여 주며, 해석에 도움이 되는 규준 값을 제공할 수 있다.

구조적 면담은 목적이나 사용된 형식의 특징에 따라 두 가지 유형이 있다. 그중의 하나는 진단적 정보를 총괄적으로 제공하도록 고안된 것이다. 구조적 면담도구의 일종인 진단면담 스케줄(The Diagnostic Interview Schedule: DIS; Robins, Heltzer, Croughan, & Ratcliff, 1981)과 DSM-IV 진단을 위한 구조적 임상면담(The Structured Clinical Interview for DSM-IV: SCID; First, Spitzer, Gibbon, & Williams, 1997)에서는 사전에 정해져 있는 일련의 결정진행도(decision tree)를 따라가면서 면담이 진행된다. 대표적인 구조적 진단면담 도구인 DIS에서는 증상 군집, 증상 지속기간, 증상들과 증후군 준거의 대응, 손상의 정도 등에 관한 정보를 얻을 수 있도록 질문이 만들어져 있다. SCID의 경우 DSM에 제시되어 있는 증후군들과 관련된 주요 증상들에 관해 체계적으로 질문을 한다. 이러한 접근을 통해 최종적으로 공식적인 진단을 결정할 수 있게 되어 있다.

두 번째 유형의 구조적 면담은 진단을 구체적으로 결정하기 위한 것이라기보다는 증상의 심각도를 평가하는 보다 일반적인 접근이다. 여기에는 정신상태 검사(Structured versions of Mental Status Examination; Amchin, 1991)처럼 다양한 증상에 대해 폭넓게 초점을 맞추는 경우도 있고, 우울증의 정도를 평가하기 위한 해밀턴 우울 평정척도(The Hamilton Rating Scale for Depression: HRSD; Hamilton, 1967)처럼 특정한 단일 증상군의 증상 심각도를 평가하기 위한 것도 있다. 이러한 면담에서는 특정한 기능 영역이나 일련의 관련된 증상에 초점을 맞춘다.

비구조적 면담의 경우 숙련된 전문가가 아니면 효과적으로 실시하기 어려운 데 비해 구조적 면담은 면담 절차와 질문이 구체적으로 만들어져 있어 전문가가 아닌 경우에도 단기간의 훈련을 거친 후 실시할 수 있고, 따라서 역학 연구와 같이 일정한 기간 동안 많은 사람을 면담해야 하는 경우에 편리하게 사용할 수 있다. 그러나 구조적 면담은 미리 준비된 질문의 범위를 벗어나는 정보를 얻을 수 없고, 실시 절차상 면담의 상황이나 내담자의 문제와 상태에 따른 융통성을 발휘할 수 없고, 면담과정에서 내담자의 자발성이 억제되기 때문에 구체적인 개개인에 초점을 맞춘 임상심리평가의 일환으로 사용하는 데는 한계가 있으며, 임상 실제에 직접 사용하기보다는 일차적인 검색(screening)목적 또는 연구목적으로 더 흔히 사용된다. 임상가는 대부분 고도의 전문성을 요하면서도 면담 과정에서 유연성을 발휘할 수 있는 비구조적 면담을 이용하거나 구조적 면담과 비구조적 면담의 장점을 살린 반구조적 면담(semi-structured interview)을 흔히 이용한다. 반구조적 면담은 임상가의 판단에 따라 내용과 절차를 수정할 수 있고, 상황에 따라서는 전반적인 평가과정에서 취약한 부분을 구조적 면담의 일부를 따와서 보완할 수도 있다. 반구조적 면담의 예로는 간편 정신상태 검사(Mini-Mental State Examination: MMSE; Folstein, Folstein, & McHugh, 1975)를 들 수 있다. 반구조적 면담은 다른 측정도구의 대체가 아닌 보완 절차로 사용할 때 임상가의 융통성을 최대화할 수 있다.

2. 평가면담의 기법

면담의 목적을 효과적으로 달성하기 위해서 가장 염두에 두어야 할 것은 라포(rapport), 즉 양자 간의 신뢰할 수 있는 의사소통 관계를 형성하는 것이다. 이러한 관계가 형성되기 위해서는 특히 내담자 입장에서 볼 때 자신에 관한 제반 정보가 책임 있게 다루어지며, 정보가 다른 사람들에게 누출되지 않고 보호된다는 점을 믿을 수 있게 하는 것이 중요하다. 또 면담평가가 자신이 당면한 문제와 어려움을 해결하는 데 도움이 될 것이라는 바람직한 기대를 가질 수 있도록 하는 것도 중요하다.

전문가로서의 능력과 치료적인 태도에 관한 내담자의 신뢰를 바탕으로 임상가는 전문적인 면담기법을 동원하여 내담자의 현재 문제를 규명하고 문제의 원인과 결과를 탐색하고 치료방안을 제안하는 데 필요한 여러 가지 정보를 수집할 수 있다.

1) 신뢰관계와 협력적 관계의 형성

임상가에 대한 내담자의 믿음과 면담에 대한 바람직한 기대를 높이기 위해서는 임상가가 진술성과 공감적 이해 그리고 무조건적 수용의 태도로 내담자를 대하면서도 동시에 객관적인 태도를 유지하는 것이 중요하다(Hersen & Turner, 1994).

일반적으로 임상가가 공감적인 태도가 아닌 평가적인 태도로 대하는 경우 내담자가 자신이 처해 있는 외적 상황과 내면의 주관적 경험을 있는 그대로 진술하지 않으려 할 수도 있다. 자신이 제공한 정보에 의해 자신이 부정적으로 평가될 것을 염려할 때 그렇게 될 수 있다. 따라서 공감적 이해와 수용은 내담자의 내적 경험을 끌어내는 데 필요한 중요한 임상적 태도이다. 내담자의 내면적 경험을 이해하지 못한 채 내담자의 현재 상태를 이해하고 진단적으로 분류를 하는 것은 불가능하다. 심리적 부적응 또는 정신장애의 경우 다른 일반적인 의학적 장애와는 달리 외적으로 관찰할 수 있는 행동적 징후와 우울감, 불안, 환각 등 주관적인 내적 경험이 서로 일치 또는 상응하지 않는 경우가 흔히 있을 수 있으며, 심지어 외적 징후 없이 주관적인 내적 경험, 즉 증상만으로도 장애가 성립할 수 있다. 이런 경우 내담자가 자신의 내적 경험을 자발적으로 진술하지 않으면 실제로 부적응과 장애가 존재하는데도 이를 진단하지 못하게 된다.

임상가가 객관적인 태도를 유지하는 것은 두 가지 측면에서 중요하다. 심리평가의 직접적인 계기가 되었던 문제와 관련하여 내담자와 가족을 비롯한 주변 사람들 간에 갈등이 개입되어 있는 경우 임상가가 어느 한쪽 당사자의 입장에 서는 것은 치료적이지 않을 뿐 아니라 문제에 연루되어 있는 당사자들 간의 갈등을 더 증폭시키는 계기가 될 수도 있기 때문이다. 또 임상가가 섣불리 어느 한쪽의 입장에 서는 것은 내담자로 하여금 신중하지 못하다는 인상을 갖게 하여 신뢰감을 형성하는 데 방해가 될 수도 있다.

내담자가 구사하는 말과 문장의 수준에 임상가가 맞추는 것도 협력적 관계 형성에 도움이 된다. 연령, 성, 지능, 학력, 사회적 경험, 직업, 종교, 기타 소속된 하위 집단 변인에 따라 사용하는 어휘와 문장을 비롯한 언어 표현과 이해의 능력과 방식, 선호하는 용어와 표현의 유형 등이 다를 수 있다. 이러한 내담자의 특성 또는 내담자의 이해 수준에 맞는 어휘와 표현을 사용하여 대화를 진행함으로써 내담자-임상가 간 거리감을 줄일 수 있을 뿐만 아니라 양자 간 의사소통이 보다 실질적이고 효율적으로 진행되게 할 수 있기 때문이다.

대개 면담이 시작되는 시점에서 임상가는 심리평가의 목적과 탐색할 문제를 확인하고 예상되는 결과를 검토해 보게 된다. 이러한 검토를 바탕으로 심리평가의 결과가 어떻게 사용될지에 대한 내담자의 기대를 알아보고, 이에 대한 임상가의 생각을 얘기해 주는 것이 임상가의 객관적인 입장을 전달하는 데 도움이 될 수 있다. 이는 의뢰된 문제에 대한 임상가의 소견에 따라 직장, 보험, 약 처방, 입원 권유, 사회적 낙인 등 개인적 및 사회적으로 중요한 결과가 초래되는 경우에 특히 중요하다.

상황적 특징이나 내담자의 특징상 면담에서 신뢰할 수 있는 협력관계를 형성하기가 대단히 어려운 경우도 있다. 특히 강요에 의해 마지못해 평가를 받게 된 경우, 평가의 결과로 법적 또는 경제적 이익이나 손실이 초래될 수 있는 경우, 사람들에게 적대적이고 거부적인 태도를 형성하고 있거나 의심과 편집 경향이 만연되어 있는 경우 등의 상황에서는 내담자가 임상가를 신뢰하기 어렵다. 이러한 경우에도 임상가의 진지한 태도와 공감적 이해는 신뢰관계 형성에 도움이 된다. 경우에 따라서는 임상가의 노력에도 불구하고 내담자-임상가 간 신뢰할 수 있는 관계를 거의 형성할 수 없는 경우도 있다. 이 경우 신뢰관계를 형성하기 어렵다는 사실 자체가 진단적 결정과정에서 중요한 정보가 되기도 한다.

2) 평가면담의 일반적인 기법

전체 심리평가 과정 중에서 면담은 내담자의 협조를 이끌어 내는 가장 쉬운 방법이기 때문에 평가의 첫 부분에서 심리검사에 앞서 실시된다. 면담은 내담자에 관한 중요한 정보를 얻어 내는 과정이기도 하지만 양자 간의 신뢰관계를 구축하여 앞으로 있을 검사과정을 원만하게 진행하는 데도 중요한 과정이다. 면담에서 형성된 양자관계의 질에 따라 검사과정 자체나 내담자의 반응이 영향을 받을 수 있다.

시간적인 제약이나 내담자 자신의 내면에 대한 이해와 인식의 한계 등을 감안해 볼 때 양자 간 신뢰가 충분히 형성되고 협조적 관계 속에서 면담이 진행되는 경우에도 의뢰된 질문에 답하는 데 필요한 정보를 충분히 수집하기 어려운 경우가 흔히 있다. 그러나 의뢰된 질문에 대해 정확하지는 않더라도 적어도 합리적인 수준의 가설을 설정할 수 있을 정도의 정보를 얻어 낼 수 있어야 한다. 여기서 면담을 효율적으로 진행하여 한정된 시간 내에 필요한 정보를 얻어 낼 수 있는 면담기법이 중요하다.

면담에서 중요한 정보를 얻어 내기 위한 일반적인 원칙으로 가장 강조되는 것은 자발성이다. 다루게 될 화제의 선택은 내담자에게 맡기고, 부드럽고 자연스럽게 면담을 진행하는 것이 좋다. 면담과정에서 먼저 폐쇄적 질문보다는 개방적 질문을 통해 내담자가 전하고 싶어 하는 내용들을 알아낸다. 경우에 따라 침묵을 적절히 사용하고, 관련된 주변부로 화제를 넓혀 가도록 격려한다. 개방적인 질문과 일반적인 질문은 영역 선택권을 내담자에게 주어 내담자 자신에게 가장 관심이 큰 영역을 우선적으로 얘기할 수 있는 기회를 준다. 또한 개방적인 질문에서부터 시작되는 경우 면담과정이 내담자에 의해 통제되므로 내담자의 기능 수준이 드러나는 기회가 된다.

개방적 질문을 통해 내담자가 말하고 싶은 내용을 충분히 말할 기회를 준 후에는 구체적인 폐쇄적 질문으로 상세한 내용을 파악해 갈 수 있다. 이러한 과정에서 구체적인 증상에서 광범위한 일상생활 기능으로, 개인에서 환경으로, 현재에서 과거로 탐색의 내용과 영역을 확장해 나간다. 예컨대, 현재 당면하고 있는 장해와 불편을 끌어낸 후 그러한 장해나 불편이 지속된 기간, 그러한 장해나 불편이 있기 전의 생활양식, 그러한 장해나 불편이 생활에서의 어떤 변화에 수반되어 나타나게 되었는지 등을 확인해 나간다.

치료면담과는 달리 평가면담에서는 때때로 구체적인 질문이 보다 적절한 경우도 있다. 임상가의 일반적인 질문에 대해 내담자가 무엇을 어떻게 얘기할지 방향을 잡지 못하는 경우, 부적합하거나 핵심에서 빗나가는 대답만 할 뿐 더 이상의 의미 있는 대답이 나오지 않을 경우, 그리고 내담자가 언급한 것 외에 임상가가 알고 싶은 세부적인 부분이 남아 있는 경우에는 보다 직접적이고 구체적인 질문이 효과적이다. 혼란이 심하고 통찰이 전혀 없는 내담자의 경우 직접적, 구체적 질문을 통해서도 원하는 답을 얻지 못할 수도 있다. 이러한 경우에는 대답의 예를 제공하는 선다형 질문이 도움이 될 수 있다. 성과 관련된 경험과 같은 민감한 문제를 알아보고자 할 때에도 구체적인 질문이 더 효과적인 경우가 있다.

대개의 경우 내담자의 진술은 그렇게 일목요연하고 질서정연하지 않다. 이는 당연한 것이기도 하다. 사람들의 생활이 항상 규칙적이고 합리적이고 체계적이지는 않으며, 미리 잘 정리해 둔 경우가 아니라면 자신의 내적 경험과 지각, 사고, 감정, 생활사건 등을 간단명료하게 설명하기는 쉽지 않기 때문이다. 특히 적응에 어려움을 보이고 있는 내담자는 매우 긴장되어 있고, 불안정하고, 기억이 불분명하고, 고통 때문에 자신을 솔직하게 바라보거나 표현하기 어렵고, 지나치게 방어적이고, 스스로 장해를 인정하면서도 자신을 왜곡할 것이라고 기대할 수 있다.

내담자의 진술을 구체화하는 한 방법은 내담자의 지각과 해석의 근거를 찾아보는 질문이다. 일반적으로 내담자의 기술은 내담자 자신의 해석을 거쳐 규정된 내용이다. 어떤 행동이나 상황, 환경에 대한 내담자의 해석은 정확할 수도 있지만 그렇지 않은 경우도 흔히 있다. 동일한 행동 또는 상황에 대해 개인마다 다른 의미를 부여할 수 있으며, 이러한 의미 부여 또는 해석에는 지각자의 동기적 및 비동기적 편파가 작용할 수 있다. 어떤 경우에는 단순히 내담자의 용어 혼동 또는 이해의 한계를 반영하는 것일 수도 있다. 따라서 내담자의 지각과 해석의 대상이 된 구체적인 행동과 상황을 확인하는 것이 문제의 본질을 이해하는 데 필요할 수 있다. 즉, 내담자의 언어를 거쳐 보고된 의뢰 사유 또는 주 문제, 내담자 자신과 환경, 주변 사람들에 대한 지각과 해석, 평가 등을 다시 원자료로 환원시키는 것이 중요하다. 내담자의 그러한 인식과 해석의 근거를 구체적으로 확인해 봄으로써 임상가는 이 원자료에 대해 전문가의 관점에서 그리고 보다 객관적인 관점에서 재해석할 필요가 있다.

예를 들어, 어떤 여성 내담자가 '남편이 너무 이기적'이라고 호소하는 경우를 생각해 보자. 임상가는 이 내담자의 호소만으로는 남편이 실제로 이기적인 사람인지 그렇지 않은지 판단할 수 없다. 정확한 판단을 위해서는 이 내담자가 남편의 어떤 면을 근거로 '이기적'이라고 판단하였는지를 알 필요가 있다. 이 경우 '남편의 어떤 행동에서 그런 점을 알게 되었는지' 물어보는 것이 도움이 된다. 이 질문에 대한 내담자의 대답은 여전히 막연하고 추상적인 것일 수도 있고 구체적인 행동일 수도 있다. 내담자의 대답을 잘 검토해 봄으로써 임상가는 이 내담자가 실제로 매우 이기적인 남편과 생활하고 있는지, 아니면 정반대로 남편이 매우 헌신적인 사람인지, 내담자가 지나치게 요구적인 사람인지, 내담자의 지각과 해석이 정확한 것인지 왜곡된 것인지, 내담자가 사실에 근거하여 판단하는 사람인지 혹은 막연한 인상이나 자신의 욕구에 의해 판단이 영향을 받는 사람인지 등을 알 수 있다. 두부외상 후 신경과적 치료를 받고 퇴원한 환자가 '기억력이 없어졌다'고 호소하는 경우를 생각해 보자. '어떤 데서 기억력이 없어졌다는 것을 느끼는지'의 질문에 대한 대답을 잘 검토해 봄으로써 그 환자가 실제로 기억력의 손상을 경험하고 있는지 아니면 주의력과 집중력의 손상을 경험하고 있는 것인지, 아니면 단지 기능 저하에 대한 막연한 기대와 염려, 자신감 저하를 의미하는 것인지 판단할 수 있다. 자기 자신의 성격에 대한 내담자의 기술에 대해서도 '본인의 어떤 행동에서 그런 것을 알 수 있는지' 질문을 해 보는 것이 도움이 된다.

이렇게 개념적이고 추상적인 수준의 '해석'에 대해 구체적인 질문을 통해 그러한 '해석'의 근거와 정확성을 평가할 수 있고, 또 해석되기 전의 원자료를 토대로 임상가가 재해석을 할 수 있다. 이러한 현상은 내담자 또는 보호자의 관찰이 전문적이지 않고 편견과 왜곡, 가장과 과장, 은폐, 방어 등을 거쳐 나온 것일 수 있기 때문에 원자료를 확보하여 심리학자의 전문적인 관점에서 재규정하는 것이 필요하기 때문이다. 또한 문제에 대한 내담자와 가족 구성원 또는 다른 중요한 타인 각각의 시각과 입장을 이해하는 데도 도움이 된다.

말을 지나치게 장황하게 하고 수다스러운 내담자의 경우 특히 말이 많아지는 내용 또는 정서적 맥락이 있는지 살펴볼 필요가 있으며, 내담자가 일반적으로 그러한 성향이 있는 것으로 보이는 경우 이는 중요한 진단적 정보가 될 수 있다. 일단 그러한 성향이 파악되고 나면 면담시간 중에 다루어야 할 정보가 많음을 주지시키고, 내담자가 간결한 대답을 하였을 때 이를 격려해 주는 것이 도움이 된다. 대개의 경우 면담에 할애할 수 있는 시간이 한정되어 있는 만큼 불필요한 시간 낭비를 줄이는 것이 요령이다. 반대로 침묵이 지나치게 지속되는 경우에도 특별히 의미가 있는 것으로 판단되지 않는다면 임상가가 침묵을 깨고 다른 질문으로 넘어가 불필요한 시간 낭비를 줄이는 것이 좋다. 어떤 경우에는 임상가가 내담자의 언어 표현을 촉진해야 하는 경우도 있다. 이런 경우 침묵, 격려의 동작, 직접적 언어적 요청, 반영, 요약, 해석, 지지, 직면, 자기노출 등의 기법이 도움이 될 수 있다. 때로는 자극적이고 도전적인 질문이 필요할 수도 있다. 평가자의 자기노출은 일반적으로 금기사항에 해당된다. 그러나 민감한 영역에서 내담자가 자신을 드러내기를 꺼릴 때는 평가자의 자기노출이 내담자의 표현을 촉진하는 데 도움이 되는 경우도 있다.

생산적인 정보수집에 방해가 되는 경우는 그 밖에도 많이 있다. 내담자를 적대시하는 질문은 반감과 경계심을 불러일으켜 자기노출을 꺼리게 한다. 내담자의 마음이 불편하게, 수치스럽게, 당혹스럽게 또는 거부감이 들게 하는 등의 상황도 내담자의 감정을 불안정하게 만들어 의사소통을 방해하게 된다. 대답을 제공하는 질문은 내담자의 자발적인 반응의 기회를 봉쇄하게 된다. 예를 들어, "그때 화가 났는가?"와 같은 질문이 그런 경우이다. 이보다는 "그때 어떻게 느꼈는가?"와 같은 질문이 내담자의 자발적인 반응을 끌어내는 데 더 도움이 된다. 차분히 대답할 수 있는 시간을 주지 않고 여러 개의 내용을 동시에 또는 꼬리에 꼬리를 물고 잇달아 질문하는 것도 내담자의 자기탐색을 방해할 수 있으므로 피해야 한다.

경우에 따라서 다른 자료원으로부터의 정보, 예컨대 의뢰처로부터의 정보, 보호자 면담 정보, 접수면담자로부터의 정보 등을 활용하여 중요한 맥을 짚어 나가는 것도 도움이 된다. 의뢰된 문제의 내용 또는 의뢰 사유에 따라 면담 시에 질문해야 할 내용과 면담 절차가 조금씩 달라질 수도 있다. 또 치료를 위한 진단평가 사례인지 법적인 판단을 위한 감정 사례인지, 자의로 방문했는지 아니면 주변의 권유에 의해 또는 자의에 반하여 강제적으로 입원하게 된 것인지, 폐쇄병동의 환자인지 외래를 처음 방문한 경우인지, 나이가 많은 사람인지 아동 또는 청소년인지 등등 평가를 받게 된 경위, 소속된 하위 집단, 인구통계학적인 변인 등에 따라서도 면담의 과정과 내용이 부분적으로 달라질 수 있다.

면담의 마무리 부분에서는 '혹시 내(임상가)가 더 알아야 할 내용이 있는지, 놓친 것이 있는지, 더 하고 싶은 얘기가 있는지, 빠뜨린 것이 없는지, 질문이나 당부하고 싶은 것이 있는지' 등을 확인해 보는 것이 좋다.

일반적인 평가기법에 덧붙여 내담자 또는 환자의 특수한 상태와 상황에 따라 면담장면에서 특별히 염두에 두어야 할 내용도 있다. 예를 들어, 정신지체가 있는 사람과의 면담에서는 내담자가 평가자의 질문을 잘 이해하고 있는지를 확인하는 것이 중요하다. 너무도 당연한 것이지만, 내담자의 이해 수준에 맞는 어휘와 문장, 내용을 구사해야 한다. 이해력이 부족한 아동을 면담할 때도 이 점을 유념해야 한다. 내담자가 지나치게 초조한 상태일 때는 면담을 강행할지 여부를 신중하게 재고해 보아야 한다. 이 경우 대개 면담을 하더라도 생산적으로 자료가 수집되기는 어려우므로 일단 안정 상태로 돌아온 후에 하는 것이 좋다.

심하게 공격적인 사람 또는 평소에는 유순하지만 어느 순간 느닷없이 공격적으로 돌변할 가능성이 있는 사람과 면담할 때는 면담자의 신체적 안전을 확보해 두는 것이 중요하다. 만약 면담 도중 공격성의 징후가 나타나는 경우 그러한 행동은 허용할 수 없다는 경고를 해야 하며, 심한 흥분을 드러내는 경우 면담을 중지하는 것이 좋다. 또 질문을 할 때 흥분을 야기하지 않도록 주의할 필요가 있다.

정신병적 혼란이 심한 상태에 있는 경우 면담과정이 어렵고 까다로워질 수 있다. 임상가는 내담자에게 있는 기괴한 생각과 감각적 경험을 면담과정에서 끌어내되 이러한 내용이 강화받지 않도록 해야 한다. 또 내담자의 반응이 엉뚱한 쪽으로 빗나가지 않게 하는 것도 중요하다. 임상가는 면담과정을 잘 장악하여 내담자가 면담 속에서 배회하거나 종잡을 수 없이 벗어나지 않도록 해야 한다. 이러한 내담자들에게는 대개의 경우 짧고 직설적인 질문이 도움이 되며, 불필요한 언급에 대해서는 관심을 보이지 않는 것이 효과적이다.

신체적으로 심한 통증이 있는 환자의 경우에도 면담을 진행하기가 매우 어렵다. 통증이 역치를 넘어서는 경우 일반적으로 면담은 불가능해진다. 환자가 통증과 그 해결에만 집착하게 되기 때문이다. 통증이 그만큼은 심하지 않더라도 주의 폭이 축소되어 있고, 이 때문에 면담에 집중하기 어렵게 될 수 있다. 따라서 가능한 한 짧게, 초점을 맞추어 면담을 진행하고, 필요한 경우 여러 차례로 나누어서 진행하는 것이 효과적이다.

그 밖에 정신장애 환자들이 보이는 주요 증상별 면담 진행 요령과 특별한 조건하에서의 면담 요령은 Othmer와 Othmer(1994), Choca(1980), Hersen과 Turner(1994) 등의 저술에 자세히 소개되어 있다.

3. 평가면담의 내용

평가면담은 심리평가를 위한 정보수집 과정이다. 면담을 통해 얻어야 할 정보는 일반적으로 ① 부적응적 문제 및 의뢰된 사유, 그러한 문제와 관련되어 있는 환경 및 생활 상황에 관한 정보, ② 개인의 역사적, 사회적, 가족적 및 발달사적 정보 등이다(Beutler, 1995). 또 면담이 진행되는 도중에 드러나는 내담자의 말, 표정, 자세와 동작, 태도 등을 기초로, 그리고 필요한 경우 별도의 추가적인 질문을 통해 정신상태 평가가 이루어진다.

1) 심리평가의 사유

면담을 시작하면서 먼저 확인해야 할 내용은 심리평가를 받게 된 직접적인 이유, 즉 '주 문제' 또는 '증상'이다. 이 장면에서는 주 문제의 구체적인 특징, 발생 경과, 그러한 문제가 생활에 미친 영향, 대처 노력 등의 측면을 함께 알아보아야 한다. 내담자의 적응을 방해한 주 문제의 구체적인 내용과 함께 그러한 문제들이 언제 처음 발생했는지, 무엇에 의해 촉발되었는지, 재발과 변화의 패턴은 어떠한지 등을 알아낸다. 또 그러한 문제에 어떻게 대처해 왔는지, 그 문제가 내담자의 정상적인 생활에 어떻게 영향을 미쳐 왔는지, 문제에 연관되어 있는 다른 사람의 역할은 어떠했는지 등을 탐색해 본다. 그 문제로 이전에 심리평가 또는 치료를 받은 경험이 있는지도 확인해 보아야 한다.

주 문제의 발달적 경과에 대한 정보는 문제가 처음 나타났을 때의 외적 또는 내적 사건과 그러한 것들이 내담자의 주의를 어떻게 끌었는지를 검토해 보는 데서부터 시작한다. 내담자 자신 또는 중요 타인이 주 문제를 어떤 상황에서 처음 알게 되었는지, 문제를 처음으로 알게 되었을 때 어떻게 받아들였는지, 자신 또는 중요 타인이 그것을 처음에는 어떻게 설명했는지, 문제가 어떤 상황에서 어떻게 반복되었는지, 시간의 흐름에 따라 문제 또는 상황이 어떻게 변해 갔는지 등에 대한 정보가 여기에 포함된다.

내담자에게 나타난 주 문제는 일상생활의 여러 영역에 영향을 주게 된다. 주 문제를 평가할 때 그러한 문제가 내담자의 일상적인 생활에 미친 영향을 함께 평가하여야 한다. 이는 문제의 심각도, 대처방식, 사회적 지지, 대인관계 기능 등을 반영한다. 문제의 심각도는 직장, 학교, 대인관계 등의 활동이 어떻게 영향을 받았는지를 통해 추론할 수 있다. 여기서 내담자로부터 얻은 역사적 정보를 가능하다면 내담자 이외의 정보원으로부터 얻은 자료로 교차 타당화하는 것이 좋다. 다만 가족이나 제삼자의 보고 또한 그들의 개인적인 지각이나 이해가 개입되기 때문에 문제의 중요성이 과장 또는 축소된 것일 수도 있다. 필요한 경우 내담자의 직접 관찰, 이해관계가 없는 제삼자 면담, 학교기록, 직장에서의 업무기록, 이전의 치료기록 등을 활용할 수 있다. 손상에 관한 내담자의 평가와 외적 관찰자의 평가 간의 불일치는 진단적 결정을 내리고 원인을 추론하는 과정에서 중요한 단서가 될 수 있다.

개인에게 부적응적 문제가 출현하면 나름대로 그 문제에 대처하기 위한 노력을 하게 된다. 특히 문제의 재발과 악화를 환경 속에서 본인이 예측할 수 있는가를 판단할 필요가 있다. 내담자가 어떤 인지적 패턴을 사용하였고, 그것이 증상을 감소시키거나 증상으로부터 보호되는 데 얼마나 효과적이었는지, 자기보호를 위해 어떤 행동을 사용하였는지, 문제의 출현과 손상의 심각도를 변화시키는 데 다른 사람들이 어떤 기여를 하였는지 등에 관한 정보가 대처 노력과 관련이 있다. 내담자의 타인과의 또는 자신 내부의 갈등과 대처양식을 찾아내기 위해서는 면담 내용, 비언어적 행동의 관찰, 검사자료 등에서 얻어지는 단서들을 조화롭게 통합하여야 한다. 다만 여러 종류의 정보의 신뢰도와 타당도, 강점과 약점 등을 고려하여 추론을 진행하여야 한다. 내담자의 문제에 끼친 타인의 역할을 알게 되면 대인관계 기능에 대한 추론의 신뢰도를 높일 수 있다. 타인의 역할은 내담자의 보고 및 내담자를 어떻게 지지해 왔는지, 문제의 발생과 유지에 기여했는지, 해결을 방해해 왔는지 등등에 관한 모든 가능한 보조 정보를 통해 판단해야 한다.

이러한 과정을 통해 임상가는 내담자가 무엇을 피하려 하는지, 어떤 방법을 사용하는지, 어떤 사회적 사건이 문제를 촉발, 심화 또는 개선시키는지 등을 판단할 수 있다. 내담자가 도움을 받고자 했던 자원도 내담자의 대처방식을 판단하는 데 도움이 될 수 있다. 이전에 치료를 받았던 경험이 있었다면 치료의 종류, 기간, 도움이 되었다고 지각하는 정도 등을 자세히 탐문해 보는 것이 도움이 될 수 있다.

주 문제 및 발달적 경과, 생활에 미친 영향, 대처 노력 등의 측면에 대한 개략적인 정보가 수집되면 내담자의 문제 및 상태에 대한 잠정적인 가설을 설정할 수 있다. 여기에는 최근에 발생한 문제, 신체적 상태, 사회적 환경, 촉발적 스트레스, 습관적 대응기제, 생활의 효율성, 현재 갈등에 대한 생활사적 선행요인, 중요한 성격 특질, 재능과 지능, 일을 할 수 있는 능력, 적절한 대인관계 능력, 자기개념, 정체감, 특징적인 감정과 방어, 자아강도, 자기결정 능력 등이 포함된다.

평가를 위한 전체 면담시간 중 이 시기는 평가에 대한 오해를 탐색하고 평가결과가 어

떻게 사용되는지를 설명하는 기회도 된다. 평가에 대한 동의(informed consent)를 구하
는 것이 중요한데, 이는 윤리적, 법적 이유 때문일 뿐만 아니라 강요당하거나 통제당하
는 느낌이 아닌 자신의 자발적인 의사 결정에 따라 평가에 참여한다는 느낌을 갖게 하여
치료 협조를 이끌어 내는 데도 도움이 되기 때문이다.

2) 발달사적 정보

주 문제와 함께 그러한 문제의 경과 및 생활에 미친 영향 등에 관한 정보가 수집된 후
에는 내담자의 발달사, 내담자가 속해 있었던 사회적 환경의 초기 상태와 변천사에 관한
자료를 수집한다. 여기에는 어릴 때부터 현재까지의 발달력, 가족력, 사회력, 학업 및 직
업력, 의학력 등이 포함된다. 내담자가 경험하고 있는 문제를 보다 근원적으로 이해하기
위해서는 현재의 문제와 적응, 주변 환경뿐 아니라 과거부터 현재까지 개인의 변화의 역
사와 사회적 조건과 경험을 이해할 필요가 있다.

발달사적 정보는 심리검사, 행동관찰과 같은 다른 자료로부터는 구하기 어려우며, 대
개는 면담 시 직접적인 질문을 통해 얻을 수 있다. 가족구조, 구조 내에서 내담자의 역
할, 의미 있는 사건, 내담자에게 가해진 강화와 처벌의 유형, 주요 발달 이정표 도달 시
기, 초기 가족구조와 시간에 따른 가족관계에서의 중요한 변화 등에 관한 정보를 수집한
다. 특히 가족구조 내에서 내담자를 비롯한 가족 구성원들의 과거와 현재의 역할과 동맹
관계의 특징을 알아내는 데 초점을 기울인다.

내담자나 가족의 알코올, 약물, 성적 곤란뿐 아니라 초기의 학대나 박탈 경험이 있는
경우 이를 끌어내는 것이 중요하다. 공격성, 성적 표현, 성취 등에 대한 가족들의 태도에
관한 정보를 얻을 수 있는 예를 끌어내는 것도 중요하다. 사회성의 발달은 청소년기 집
단행동, 법적인 문제, 청년기의 이성관계, 학교 및 직장 상사와의 관계 등을 통해 추론할
수 있다. 특히 발달과정에서 사회적 변화를 겪는 시기에 초점을 맞추면 발달사적으로 중
요한 정보를 얻는 데 도움이 된다.

사회적 환경과 주요 대인관계에는 가까운 가족뿐 아니라 학창 시절의 친구와 교사, 연
인, 직장 동료 등과의 관계도 포함된다. 초등학교 취학 시기부터 시작해서 학창 시절은
오랫동안 지속되어 온 가족 내 관계에서 나아가 보다 폭넓게 활발한 대인관계가 이루어
지는 시기이다. 이 시기의 또래관계 패턴은 부모와의 관계에서 형성된 자신 및 타인에
대한 태도와 대인관계 능력을 판단하는 데 도움이 될 뿐만 아니라 현재의 대인관계를 이

해하는 데도 중요한 자료가 된다. 가족에 관한 정보는 친구관계와 사회적 발달에 관한 내담자의 기술로부터 추론된 자료로 보충되어야 한다. 이는 내담자의 친밀성과 자율성의 능력을 평가하는 데 중요하다. 내담자의 대인관계 능력과 자질은 치료동맹의 형성에도 영향을 준다. 친구가 별로 없거나, 오랜 기간 친구나 연인을 사귀어 본 경험이 없는 경우 치료동맹을 맺기가 어렵다. 다양한 여러 관계에서 유사한 요구와 기대가 발견되면 이는 상대방의 특징보다는 내담자의 고착적인 특징에 귀인되는 것으로 추론할 수 있다. 만약 상대에 따라 다른 관계 유형이 관찰되는 경우 내담자가 사회적 관계에서 분별 있고, 유연하고, 현실적일 수 있는 능력이 갖추어져 있음을 말해 주는 것일 수 있다.

의학력 또한 중요한 정보이다. 발달 초기의 의학력은 내담자가 직접 기억할 수 없으므로 내담자의 기술과 객관적인 정보 간의 교차타당화도 가능한 한 시도해 봐야 한다. 유아기의 질병뿐 아니라 아동기 및 그 이후의 의학적 질병과 기타 신체적 손상은 개인의 신체적 성숙과 발달뿐만 아니라 자기상, 대인관계 방식, 일반적인 태도와 행동 등에 중요한 영향을 미칠 수 있다. 따라서 과거와 현재의 의학적 문제, 그에 대한 본인과 가족의 태도와 대처방식, 관련된 치료, 약물 복용 등을 알아보는 것은 때로는 내담자를 이해하는 데 결정적인 정보를 제공할 수 있다. 음주 또는 불법 약물의 사용 경력이 있는 경우 그러한 물질에 대해 내담자가 가지고 있는 긍정적인 기대에 대해서도 알아보아야 한다.

3) 정신상태 평가

임상장면에서 심리검사와는 별도로 정신상태 평가를 하게 된다. 정신상태 평가(mental state examination)란 내담자 또는 환자를 관찰하고, 자기진술을 이끌어 내고, 질문을 통해 내담자의 심리적 및 행동적 기능을 평가하는 과정을 말한다. 정신상태 평가에 포함되는 내용에는 ① 잠정적 진단과 예후, 손상의 정도, 가장 적합한 치료 등에 관한 결정을 포함하는 현재 정신병리적 문제의 평가, ② 성격구조의 파악 및 이를 통한 정신병리적 문제의 역사적 및 발달적 선행요인의 확인, ③ 치료에 필요한 능력과 치료에 참여하려는 의지의 평가 등이 포함된다(Edgerton, 1994). 통상적으로 정신상태에 대한 평가는 관찰된 또는 보고된 정보의 포괄적인 추론을 통해 이루어지며, 필요한 경우 정신상태를 평가하기 위해 만들어진 반구조적 면담도구(Mini-Mental State Examination: MMSE; Folstein, Folstein, & McHugh, 1975) 같은 것을 이용할 수도 있다.

현재 정신병리적 문제의 평가에 초점을 맞춘 정신상태 평가에서는 일반적인 외모와

면담행동, 면담과 면담자에 대한 태도, 정신운동 기능, 감정과 기분, 언어와 사고, 지각
과 감각, 기억, 지남력, 일반적인 지적 능력 등이 포괄적으로 검토된다. 〈표 2-1〉에는

표 2-1   정신상태 검사의 주요 항목과 내용 예

일반적 외모와 면담행동(복장, 얼굴 표정, 자세와 동작 등)
- 단정한, 수수한, 화려한, 깨끗한, 지저분한, 특이한
- 긴장된, 굳어 있는, 피곤한, 평온한
- 느린, 경직된, 조급한

면담자에 대한 태도
- 협조적인, 적대적인, 의심하는, 거부적인, 조정하는, 유혹하는, 양가적인, 무관심한

정신운동 기능
- 초조, 과활동성, 지체, 둔화

감정과 정서
- 적대적인, 가변적인, 부적절한, 둔화된, 밋밋한
- 유쾌한, 우울한, 고양된, 초조한, 불안한, 두려운, 놀란

언어와 사고
- 사고의 형식과 흐름: 횡설수설, 우원성, 이탈, 비약, 이완, 신조어, 모호함, 보속성, 작
  화성, 차단(blocking), 지체, 억제, 함묵증, 실어증
- 사고의 내용: 망상, 집착, 강박사고, 건강염려, 자살 사고

지각의 혼란
- 환각, 착각

감각과 지각(sensorium)
- 지남력, 주의력, 집중력, 비현실감, 이인체험

기억
- 저하된 기억, 허구적 회상, 작화, 병적 거짓말
- 기억상실, 둔주 상태

지능

판단력과 병식(insight)

정보의 신뢰성

정신상태 검사에서 평가하는 주요 항목과 내용을 예시하였다.

(1) 일반적인 외모, 행동, 태도

정신상태의 평가는 겉으로 드러나는 모습을 면밀하게 관찰하는 데서부터 시작된다. 의복, 위생청결 상태, 체격, 걸음걸이, 얼굴 표정 등 겉으로 관찰되는 모습과 행동은 그 사람의 내면 상태를 짐작할 수 있는 중요한 자료가 된다. 임상가는 내담자를 만나는 동안 성과 나이, 직업, 처해 있는 상황 등에 적합한 옷을 입고 있는지, 옷차림은 단정한지, 여성의 경우 화장은 연령과 상황에 맞게 자연스러울 정도로 했는지, 얼굴이나 손, 옷 등에서 위생청결은 잘 관리되고 있는지, 얼굴 표정과 동작은 자연스러운지 등에 주목하여 외모를 관찰해야 한다. 외모의 부자연스러움 또는 의외성은 대처능력의 악화, 부적합한 인지적 자원, 행동계획과 결과 예견에서의 비효율성, 판단력의 결함, 보호적인 사회지지 체계의 결함 등과 관련되어 있을 수도 있다.

내담자를 처음 만날 때 외모와 함께 주목해야 할 것은 행동이다. 임상가는 내담자가 보호자와 동행하여 검사실을 들어오는 방식, 검사실을 들어올 때의 걸음걸이, 임상가와 자리를 마주하여 의자에 앉는 방식 등에서부터 면담과 검사가 끝나고 방을 나가는 순간까지 내담자의 모든 행동을 예의 주시하면서 관찰해야 한다.

흔히 심리평가 상황에서 보이는 내담자의 행동은 일상적인 생활 상황, 특히 새로운 대인관계 상황에서의 행동을 잘 대표한다(Leichtman, 1995). 그런 점에서 내담자가 보이는 행동은 심리평가 과정에서 중요한 자료가 된다. 행동은 부적응적 문제 영역에서 중요한 부분을 차지할 뿐 아니라 거의 모든 부적응적 문제는 행동을 통해 드러난다. 따라서 면담과 검사 장면은 내담자의 문제행동 또는 관련된 기능을 직접 관찰할 수 있는 상황을 제공한다. 면담을 '언어적, 비언어적 의사소통'이라고 한다면 행동은 면담의 일종인 비언어적 의사소통에 해당된다. 특히 면담과 심리검사 과정에서 보이는 행동은 측정하고자 하는 속성에 근접한, 가장 직접적인 자료라는 점에서 평가자료로서의 가치가 매우 크다.

임상가는 관찰된 행동을 토대로 증상, 성격, 진단에 관한 잠정적인 첫 가설을 수립할 수 있다. 그 자체가 중요한 정신과적 증상으로 분류되는 과잉행동, 틱, 반항행동, 상동행동, 행동의 지연, 지속적인 침묵 등은 면담과 검사 과정에서 직접 관찰할 수 있다. 그런가 하면 특별한 목적 없이 허공을 응시하거나 고개를 가로젓는 행동, 혼자서 중얼거리거나 팔을 휘젓는 행동 등에서 현재 내부에서 어떤 병리적인 현상이 진행되고 있을 가능성을 고려해 볼 수도 있다. 어떤 행동이 외적 상황과 맥락에 맞지 않고, 그래서 의도와 목적을 짐작하기 어려운 경우라면 개인 내부에서 진행 중인 어떤 과정, 예를 들면 환각 경험이 원인일 수 있다.

다른 예로, 직장에서 음주가 문제되어 의뢰된 사례에서는 면담 도중 임상가의 질문에 대답해야 하는 압력과 관련하여 긴장, 거북함, 자기패배적 태도 등이 나타날 수 있다. 검사 과제 수행 시에도 비슷한 반응이 나타날 수 있다. 과도한 불안은 내담자를 위협하는 의존 욕구나 기저에 있는 분노와 관련이 있을 수도 있다. 이러한 위협감이나 분노감을 진정시키기 위해 술을 마시려 하는 내담자의 욕구가 면담에서 직접 나타나거나 검사 시 행동을 통해 드러날 수도 있다.

면담과 검사 도중 임상가에 대해 나타내는 내담자의 태도는 내담자의 일반적인 대인관계 방식과 밀접한 관련이 있다. 이러한 특징적인 대인관계 방식의 표집은 증상, 성격, 진단에 관한 가설을 개발하는 데 활용될 수 있다. 어떤 내담자는 편안하고 개방적인가 하면 어떤 내담자는 긴장되어 있고 경계심과 함께 거리를 유지하려 한다. 어떤 내담자는 무뚝뚝하게 반응하고 어떤 내담자는 지나치게 공손한 태도로 반응한다. 심리검사 도중 지나치게 협조적인 태도로 임하는 내담자의 경우 의존성과 함께 유능한 사람으로 평가받고 싶어 하는 욕구를 짐작해 볼 수 있다. 또한 평가 장면에서 임상가는 장면을 이끌어 가는 강한 권위를 가지고 있고, 내담자는 낯선 이에게 자신을 드러내면서 평가를 받고 있는 긴장 상황이다. 이런 조건하에서 면담은 내담자의 대인관계에서의 방어와 표현의 패턴, 긴장 상황에서의 대처를 관찰할 수 있는 기회가 되고, 보다 간접적이지만 성격평가를 위한 자료를 추가적으로 제공한다.

검사과정을 통틀어 질문, 대화, 검사 실시에 대한 반응으로 수검자는 여러 가지 행동을 하게 된다. 여러 가지 검사기법에 의해 내담자의 반응, 방어, 기능 방식의 표집을 얻을 수 있다. 면담 동안 드러나는 내담자의 행동은 무선적인 것이 아니며, 가외적인 정보가 아니다. 면담은 내담자의 전체적인 경험에 대한 이해의 출발점으로 삼기 위해 내담자의 행동표집을 얻는 의도적인 방식이다.

면담과 검사 과정에서 보여 주는 행동은 실제 생활 속에서 나타내는 행동의 축소판이다. 이를 세세하게 들여다봄으로써 내담자의 기능 스펙트럼 전체를 평가할 수 있다. 이 스펙트럼에는 내담자의 강점과 약점, 갈등, 대처양식뿐 아니라 진단적 인상이 포함된다. 이들 행동표집은 내담자의 삶에 대한 이해와 기술의 출발점이 된다. 의뢰된 문제행동도 이러한 행동표집 중의 중요한 하나이다.

(2) 감정과 정서

감정의 내용과 감정의 조절은 면담과정에서 직접 관찰할 수 있다. 감정과 정서의 정상성을 확인하기 위해서는 내담자의 주된 정서는 어떤 것인지, 현재 처해 있는 상황이나 진행되고 있는 대화의 내용과 조화를 이루는지, 감정의 표현과 조절에 어려움이 있든가 감정의 기복이 지나치게 크고 급박하지는 않은지 등에 대해 판단할 수 있는 자료를 면담 내용에서 또는 직접 관찰을 통해 수집해야 한다.

감정의 장해는 신경증, 정신증, 성격장애 등 대부분의 정신장애에서 다양하게 나타날 수 있다. 처해 있는 상황에 따라, 문제 또는 증상과 진단의 종류에 따라, 그리고 증상에 대한 태도에 따라 다양한 유형의 감정과 감정조절 문제가 나타난다. 감정의 적절성과 감정조절의 안정성은 자아기능과 밀접한 관련이 있다.

감정의 특이성은 특히 정신증 진단에 중요하다. 정신증이 있는 내담자의 감정은 획일적으로 밋밋하거나 부적절하게 변덕스럽거나 괴상한 면을 보일 수 있다. 이러한 혼란된 감정 상태는 그들의 기분이 현실적인 외적 상황과 맥락보다는 내적 현상에 의해 조절되기 때문에 나타나는 것이다. 감정의 변이성(lability)은 자아통제의 특징을 파악할 수 있는 한 단서가 된다. 변이성은 허약한 자아과정, 외적 초점화에 어려움이 있는 허약한 자아통제를 드러내는 것일 수 있다. 이러한 정보는 정신증의 가능성을 평가하는 데 유용하다. 자아기능의 심한 결함은 정신증의 핵심에 해당되는 부분이기 때문이다. 감정의 깊이가 없는 것 또는 변이성 정서는 기질적 손상의 표시일 수도 있다.

감정 혼란의 다른 예는 자극과민성(irritability)이다. 면담이나 검사 실시 도중 검사 요구에 좌절감이나 압박감을 느끼거나 압도될 때 자극과민성이 나타날 수 있다. 이 경우 좌절 시점에서 검사도구를 던진다든지 하는 식의 폭발적인 행동화로 표현될 수도 있다. 이에 비해 비난하는 방식으로 나타나는 자극과민성은 성격장애, 특히 수동의존적, 수동공격적 성격에서 흔히 볼 수 있는 외향화의 표현이거나 책임 전가일 수도 있다.

감정의 위축은 병리적 과정의 또 다른 표시이다. 자아통제가 약화되어 있을 때 감정의 밋밋함(flatness), 둔화, 또는 감정 폭의 위축은 허약한 자아기제에 가해지는 압력을 감소시킨다. 이러한 감정 혼란의 존재는 현실 접촉 유지의 어려움을 평가하는 데 필요한 정보를 제공한다.

(3) 불안

정신상태 평가에서 임상가에게 가장 중요한 '감정' 측면은 면담 상황에서 나타나는 불안이 어떤 성질의 것이냐이다. 임상가는 불안이 상황에 적합한지, 검사 상황이 강한 스트레스가 된다는 사실과 일관되는지를 기준으로 불안의 성질을 판단할 수 있다. 내담자의 행동은 불안을 처리하는 방식을 반영한다.

임상가는 내담자가 불안을 과장하거나 숨기거나 회피하려 하는지 검토해 보아야 한다. 정신증이 있는 내담자에게서 나타나는 감정의 부적절한 표현은 검사 상황에서 기대되는 불안을 회피하려는 시도일 수 있다. 다른 예로, 내담자가 엄습해 오는 불안에 압도당할 때 이인화(depersonalization)나 공황(panic)이 출현할 수 있다.

이처럼 혼란된 불안이 표현되는 것과는 대조적으로, 불안이 잘 관리되고 적절하게 표현될 수도 있다. 이는 정신증의 반대 증거일 수 있고, 내담자의 긍정적인 힘일 수 있다. 성격장애의 경우 대개 불안이 없거나 방어기제를 통해 억제된다. 그리하여 충동성, 철수, 수동성, 복종-의존성, 기타 성격 스타일이 불안을 막아 줌으로써 개인에게 봉사한다. 이러한 경우 충동, 감정, 행동, 증상 등이 자아동조적(ego-syntonic)인 현상으로 받아들여지며, 자아이질적(ego-dystonic, 또는 ego-alien)인 경우처럼 이상하고 이질적이고 불편한 것으로 경험되지 않는다. 자아동조적인 사례에서는 어려움이나 문제의 원인이 다른 사람, 즉 문제를 다루기 위해 내담자가 통제를 하거나 거리를 두고 싶은 사람에게로 외향화된다. 자아동조적 유형에서 불안을 일관되게 회피하고, 어려움의 원인을 외부로 지각하는 비교적 경직된 성격 스타일을 가지고 있는 사람에 대해 성격적인 진단을 검토해 볼 수 있다.

한편 불안장애처럼 신경증이 있는 내담자에게서는 불안과 기저 갈등이 불완전하게 수용된다. 이 경우 불안에 의해 증상들이 유발되며, 불안과 불편함은 증상과 밀접하게 관련되어 있다. 이들 증상은 자아이질적으로 경험되며, 전형적으로 신경증 내담자들은 자신이 내적 문제 때문에 고통받고 있다고 생각하게 된다. 여기서 불안은 신경증적 기능(functioning)에 핵심적인 역할을 한다.

(4) 언어와 사고

말의 높고 낮음, 빠르고 느림, 발음의 명료성 등 개인이 구사하는 언어행동은 그 사람의 사고 또는 연상의 흐름을 반영할 뿐 아니라 일반적인 인지적 효능성, 기분의 양상, 에너지 수준, 증상의 심각도 등과도 관련이 있어 임상적으로 유용한 정보가 된다. 또한 말의 내용, 구성과 통일성(coherence)을 관찰함으로써 내면의 사고과정과 내용을 짐작할 수 있다. 언어를 통해 반영되는바 연상기능은 현실을 논리적인 방식으로 구성하고 이해하는 능력, 현실과 적응적으로 관계 맺는 능력, 현실을 통일성 있게 개념화하는 능력을 반영한다.

　내담자의 언어 반응을 면밀히 검토함으로써 진행 중인 연상이 이탈적인지 또는 비논리적인지를 결정할 수 있고, 사고장애의 가능성을 평가할 수 있다. 이러한 사고들이 자연스럽고 논리적인 순서로 연결되는 것이 아니라 모호하게 관계를 맺고 있는 것은 혼란된 사고장애의 핵심적인 특징이다. 이는 불안 때문에 발음이 방해받는다든지 두려워하는 대상의 본질을 정확하게 말하지 못하는, 그러면서도 통일성과 적절성을 유지하면서 대화할 수 있는 내담자들과는 다르다.

　언어 반응에서 나타나는 기괴한 연상, 음향 연상, 신조어 등은 내담자의 기능에 정신증적 과정이 들어 있음을 말해 주는 신호이다. 가벼운 혼란이 있는 사람은 면담과정에서 혼란감과 불안감을 경험하더라도 자신을 대체로 논리적으로 조리 있게 표현한다. 그에 비해 정신증적 과정이 있는 사람은 자신의 생각을 이탈된 방식으로 표현한다. 우원적(circumstantial) 논리와 이탈적(tangential) 연상은 사고과정이 혼란되어 있음을 보여 주는 표시이다. 우원적 논리의 경우 세부적인 또는 무관한 주제로 인해 현재 초점이 맞추어진 주제에 대한 집중을 상실하게 되지만, 전체적인 그리고 맥락상 논리적인 틀을 유지한다. 흔히 정보를 과도하게 상세히 보고하며, 어떤 면을 강조하는 과정에서 확장된 그러나 논리적으로 느슨한 주변 얘기를 하게 된다. 이에 비해 연상 이탈은 한 가지 주제를 고수하는 능력의 결함 때문에 나타난다. 연상 이탈은 느슨한 연상과 비일상적이고 특이한 논리가 특징이다. 이 때문에 하나의 주제를 완결하지 못한다. 사고의 침입(intrusion)은 언어 내용의 자발적인 그리고 순간적인 변화를 통해 알 수 있다. 특히 이러한 단절에 특이한 비관습적인 사고가 포함되어 있을 때 연상기능의 손상과 인지적 효율성의 저하를 의미한다.

　사고 내용의 장해에는 과잉 집착 또는 고착된 신념, 강박사고, 망상 등이 있다. 이들 중 가장 병적인 사고는 망상이다. 면담과정에서는 흔히 강박사고와 망상을 구분하기 어려운 경우가 있다. 건강염려증과 신체망상도 매우 비슷하여 구분하기 어려운 경우가 있다. 이런 경우 망상의 요건을 따져 보는 것이 도움이 된다. 어떤 사고가 망상인지 아닌지를 판단하는 기준은 세 가지이다. ① 사실이 아닌 내용을 굳게 믿는다, ② 어떤 타당한 증거나 합리적인 설득으로도 바뀌지 않는다, 그리고 ③ 지극히 개인적인 믿음이며, 어떤 하위문화에서도 사실로 받아들이지 않는 내용이다. 강박사고는 그 내용이 비현실적이라는 것을 본인이 알고 있다는 점에서 망상과는 구분된다. 건강염려의 경우 대체로 내용이 기괴하지 않고, 믿음의 정도가 망상에 이를 정도로 강하지 않다.

망상은 주관적인 증상인 만큼 면담과정에서 다양한 방법으로 확인을 시도해도 내담자가 완강하게 부인하는 경우 존재 여부를 판단하기 어렵다. 이러한 경우 망상이 '없다'고 단정하지 않고 '확인되지 않았다'고 결정을 유보하며, 심리검사에서의 반응, 행동관찰 등 다른 자료를 검토하여 판단한다.

4. 맺는 말

면담과정에서 임상가 측의 개방적이고 허용적인 자세와 내담자의 자발성은 가치 있는 정보를 얻어 내는 데 중요할 뿐 아니라 평가 이후에 심리치료로 연결될 경우 내담자에 대한 교육의 측면에서도 대단히 중요하다. 그러나 평가를 위한 면담은 통상적으로 1회 시행으로 마무리된다. 따라서 시간을 최대한 효과적으로 사용하여 필요한 정보를 얻어 내야 한다. 또 심리치료(또는 상담) 과정으로서의 면담에서는 어떤 의미에서 개인을 객관적인 잣대로 '판단'하는 것보다 주관적인 현상적 세계를 '이해'하는 것이 더 중요하지만, 평가과정으로서의 면담에서는 개인을 어떤 기준에 비추어 '판단'하는 것이 '이해' 못지않게 또는 그보다 더 중요하다. 평가면담의 시간적 제한성과 판단적 속성을 고려할 때 면담장면에서 임상가가 진행의 주도권을 가지는 것이 특히 중요하며, 내담자의 자발성을 제한할 수밖에 없는 경우도 흔히 있다. 한양대 의대 김재환 교수는 심리평가에 임하는 임상가의 자세로 '부드럽게 그러나 엄격하게(warm and strict)'를 강조한 바 있다. 평가면담이 효율적으로 진행되고 평가가 객관적으로 이루어지기 위해서는 임상가가 면담 진행의 주도권을 가지는 것이 중요함을 강조한 표현으로 이해된다. 이러한 주도권은 임상가의 전문성에 대해 내담자가 신뢰감을 형성하는 데도 긍정적인 역할을 할 수 있다.

이 장에서 평가를 위한 면담의 형식과 기법, 다루어야 할 내용 등에 대해 간략하게 살펴보았다. 그러나 심리평가의 목적이 다양하고, 또한 평가 대상인 내담자의 특징과 면담 과정에서 보이는 내담자의 반응이 매우 다양하기 때문에 모든 경우에 다 해당될 수 있는 일반적인 면담 지침이란 있을 수 없다. 이런 점을 감안할 때 임상가는 어떠한 상황이라도 대처할 수 있는 능력을 키우는 것이 매우 중요하다. 여기에는 인간의 성격과 행동, 부적응과 정신병리에 관한 폭넓은 이해가 선행되어야 하는 것은 물론이다.

참고문헌 ●────────────────────────

Amchin, J. (1991). *Psychiatric diagnosis using the DSM-III-R*. Washington, DC: American Psychiatric Press.

Beutler, L. E. (1995). The Clinical Interview. In L. E. Beutler, & M. R. Berren (Ed.), *Integrative Assessment of Adult psychopathology*. New York: Guilford Press.

Beutler, L. E., & Berren, M. R. (1995). *Integrative Assessment of Adult Personality*. New York: Guilford.

Choca, J. (1980). *Manual for Clinical Psychology Practicums*. N.Y.: Brunner/Mazel

Edgerton, J. E. (1994). *Americal Psychiatric Glossary* (7th ed.). Washington, DC: American Psychiatric Press.

First, M. B., Spitzer, R. L., Gibbon, M., & Williams, J. B. (1997). *User's guide for the structured clinical interview for DSM-IV axis I disorders*. Washington, DC: American Psychiatric Press.

Folstein, M. F., Folstein, S. E., & McHugh, P. R. (1975). "Mini–Mental State": A practical method for grading the cognitive state of patients for the clinician. *Journal of Psychiatric Research, 12*, 189–198.

Hamilton, M., (1967). Development of a rating scale for primary depressive illness. *British Journal of Social and Clinical Psychology, 6*, 278–296.

Hersen, M., & Turner, S. M. (1994). *Diagnostic Interviewing*. New York: Plenum Press.

Kellerman, H., & Burry, A. (1997). *Handbook of psychodiagnostic testing: Analysis of personality in the psychological report* (3rd ed.). Boston: Allyn and Bacon.

Leichtman, M. (1995). "Behavioral Observations". In J. N. Butcher (Ed.). *Clinical Personality Assessment, Practical Approaches* (pp. 251–266). New York: Oxford University Press.

Millon, T. (1991). Classification in psychopathology: Rationale, alternatives, and standards. *Journal of Abnormal Psychology, 100*, 245–261.

Othmer, E., & Othmer, S. C. (1994). *The Clinical Interview Using DSM-IV, Vol 1: Fundamentals*. Washington, DC: American Psychiatric Press.

Robins, L. N., Heltzer, J. E., Croughan, J., & Ratcliff, K. S. (1981). National institute of mental health diagnostic interview schedule. *Archives of General Psychiatry, 38*, 381–389.

Widiger, T. A., Frances, A. J., Spitzer, R. L., & Williams, J. B. W. (1988). The DSM–III–R personality disorders: An overview. *American Journal of Psychiatry, 145*, 786–795.

제3장
심리검사의 제작과 요건

임상적 평가수단으로서의 심리검사는 면접이나 행동관찰 등을 통한 결과와 함께 개인의 인지, 성격, 정서 등의 평가와 진단 및 치료계획을 세우는 데 기반이 된다. 따라서 심리검사 결과의 영향력을 감안한다면 검사를 실시하는 검사자나 수검자 요인, 환경 그리고 절차의 중요성뿐만 아니라 처음 검사를 제작하는 과정에서의 객관성과 정확성도 중요하게 고려되어야 한다. 비록 표준화된 객관적 심리검사를 제작하는 것은 많은 노력과 어려움이 뒤따르는 힘든 작업이나 그 검사로 평가받게 되는 개인의 입장을 고려한다면 매우 신중하게 제작되어야 하며 필요한 요건을 구비해야 한다.

이 장에서는 심리검사의 제작과정에서 중요하게 다뤄야 할 검사 제작자의 자격, 표준화 검사의 제작과정과 방법, 문항제작, 문항분석, 채점 및 해석, 표준화, 신뢰도와 타당도 등을 설명하고자 한다. 이와 같이 검사의 제작과정과 요건 등을 정확하게 이해하는 것은 앞으로 여러 장에 걸쳐 소개될 심리검사에 대한 정확한 이해와 선택, 그리고 사용과 해석뿐만 아니라 심리검사의 한계를 이해하는 데 중요한 기반이 될 것이다.

1. 검사 제작자의 자격

검사제작은 단순한 작업이 아니라 매우 세심한 관심과 배려를 필요로 한다. 또한 검사의 질은 검사 제작자의 능력에 비례하므로 변별력과 예측력이 좋은 양질의 검사와 좋은 문항의 검사를 제작하기 위해서는 검사 제작자에게 다양한 능력이 요구된다(성태제, 2004).

검사 제작자에게 요구되는 첫 번째 능력은 검사목표와 검사 내용, 그리고 검사과정에 대한 충분한 이해이다. 즉, 검사를 통해 무엇을 측정하고 어떤 검사 내용이 포함되어야 하며, 검사과정이 어떻게 진행되는지를 명확히 이해하고 있어야 한다.

둘째, 수검자 집단의 특성을 잘 파악하고 있어야 한다. 수검자 집단의 연령발달, 학습발달뿐만 아니라 언어발달 수준도 파악하고 있어야 그 집단에 적합한 문항을 제작할 수 있다. 만약 발달 수준에 맞지 않은 어휘의 문항이 포함되어 있다면 수검자는 정답을 알고 있다 하여도 질문에 사용된 어휘의 의미를 알지 못해 틀리게 답할 수도 있다. 이는 검사도구의 신뢰도를 저하시키는 요인이 된다.

셋째, 문항작성법을 숙지하고 있어야 한다. 검사의 목적에 따라 문항의 유형과 방법 등이 변경될 수 있으므로 문항의 유형, 특징과 장단점, 그리고 문항제작의 세부 절차와 과정을 충분히 이해해야 한다.

넷째, 검사이론을 숙지하고 있어야 한다. 선정한 검사문항이 좋은 문항인지 혹은 나쁜 문항인지를 평가하기 위한 문항분석법, 즉 검사이론으로 고전검사이론이나 문항반응이론을 잘 이해하고 있어야 한다. 또한 문항난이도, 문항변별도, 문항추측도, 타당도, 신뢰도에 대해서도 이해하고 있어야 한다.

다섯째, 검사문항 제작자는 고등의 정신능력을 지니고 있어야 한다. 문항 제작자의 정신능력에 따라 출제되는 문항 내용의 질이 달라지는데, 이는 수검자의 이해, 적용, 분석, 종합, 평가, 창의성 등과 같은 높은 수준의 사고력을 측정하기 때문이다.

여섯째, 문장력이 필요하다. 검사문항의 내용을 간결하고 명확하게 글로 기술하는 능력이 필요하다. 너무 산만하고 긴 문장은 질문의 요지를 상실하게 하여 검사도구의 신뢰도를 저하시키는 원인이 되기도 한다. 질문은 가급적 간단명료한 것이 바람직하다.

일곱째, 문항제작 시 다른 평가자나 검토자, 심지어 수검자의 조언에도 귀를 기울여야 한다. 문항에 몰입하여 지나친 애착을 가지게 되면 타인의 조언에 귀를 기울이지 않게 되고 결국에는 주관적인 관점에 빠지게 된다. 문항제작자는 타인의 조언을 스스럼없이 수용하여 이유를 분석하는 여유와 마음 자세를 지녀야 한다.

여덟째, 성별, 인종, 학력, 직업, 사회계층 등에 대한 편견이 없어야 한다. 잘못된 고정관념, 우월의식, 편견 등으로 인해 은연중에 특정 집단에 유리한 문제 혹은 편파적 문항을 제작할 수도 있다.

끝으로, 문항제작자는 문항제작 경험이 풍부해야 한다. 문항을 다양하게 제작, 분석하고 수정, 보완하는 경험을 통하여 새롭고 참신한 문항을 제작할 수 있다.

2. 표준화 검사의 제작 과정과 방법

이 절에서는 검사제작 시 주로 거치게 되는 과정과 단계를 설명하고자 한다. 검사를 제작할 때는 대략 중요한 6단계를 거치게 되는데, 이를 도식으로 표현하면 [그림 3-1]과 같다. 제작과정에서 이 단계들은 서로 독립된 단계이기보다는 중첩되거나 반복되는 경우가 많다.

[그림 3-1] 검사개발의 주요 단계

1) 검사목적 정의

검사를 제작하는 데 있어서 가장 우선적으로 해야 하지만 소홀해지기 쉬운 일이 바로 검사의 일반적인 목적을 상세히 정의하는 것이다. 검사의 목적을 구체적으로 정의함으로써 검사가 측정하고자 하는 의도가 무엇인지, 검사가 어떤 사람들에게 실시되는지, 그리고 검사의 용도가 무엇인지를 분명히 알 수 있다. 검사목적에 대한 구체적인 정의를 통해서 검사제작 과정 전반에 걸쳐 혹시 발생될지도 모르는 오류를 줄이고 올바른 안내를 받을 수 있다.

2) 사전 검사설계

검사제작의 초기단계에서 제작자는 검사목적과 점수 해석, 실제적인 고려사항 등을 종합하여 검사설계와 관련된 많은 내용을 결정해야 하는데, 주로 다음과 같은 사항을 다루어야 한다.

- **실시 형태**: 검사를 개인적으로 실시해야 하는지 또는 집단으로 실시해야 하는지를 결정한다. 대체적으로 집단검사가 효율적이긴 하지만 수검자를 임상적으로 관찰하거나 문항 형태가 고정되어 있지 않고 가변성이 많은 경우에는 개인검사가 바람직하다.
- **검사의 길이**: 검사를 실시하는 데 걸리는 시간을 대략적으로 결정해야 한다. 검사시간이 짧을수록 효율적이긴 하나 신뢰성이 떨어질 수 있는데, 특히 수검자를 민감하게 진단하고 분석해야 하는 검사인 경우에는 검사의 길이가 중요하게 고려되어야 한다.
- **반응 형태**: 문항의 반응 형태를 결정해야 하는데, 반응 형태는 주로 선다형, 참-거짓, 동의와 비동의, 완성형 반응(constructed-response) 등으로 구분할 수 있다. 완성형 반응기법이 다른 기법들에 비해 수검자로 하여금 풍부하고 유연한 반응을 이끌어 낼 수 있으나, 채점하고 점수화하기 어려워 비용이 많이 드는 단점이 있다.
- **점수 개수**: 검사를 통해서 산출되는 점수의 개수를 결정해야 한다. 이 결정은 검사 길이와 밀접한 관련이 있는데, 점수의 개수가 많을수록 부가적인 해석이 가능하다는 장점을 지니고 있으나 문항과 검사시간이 늘어나는 단점을 지니고 있다.
- **점수의 보고 형태**: 점수의 보고 형태가 단순히 손으로 기록되는 점수인지, 컴퓨터로 처

리되는 정교한 점수체계인지, 또는 문장으로 기술되는 보고서 형태인지를 결정해야 한다. 또한 검사의 총점만 보고할 것인지, 하위검사별로 수행점수를 나누어 보고할 것인지도 함께 결정해야 한다.

• **실시훈련**: 검사를 실시하고 채점하는 데 얼마나 많은 훈련이 필요한지, 그리고 검사를 실시하고 채점하고 해석하는 데 전문적인 훈련이 필요한지를 결정해야 한다.

• **배경 연구**: 검사와 관련된 문헌조사 연구를 하거나 검사가 현장에 적용된다면 그 현장 전문가와의 토론도 필요하다.

대개 검사 제작자들이 이런 문제를 고려하지 않고 문항 작성부터 시작하는 경우가 있는데, 사전 검사설계 단계를 수행함으로써 검사목적에 부합되는 보다 정교한 검사를 제작할 수 있다.

3) 검사제작의 동기

문항준비 단계를 시작하기 전에 다음과 같은 의문을 잠시 가져 보는 것이 필요하다. 과연 새로운 검사도구를 제작하는 동기는 무엇인가? 이 질문은 단순해 보이지만 그렇지 않다. 비네 지능검사, Otis의 군대용 α와 β, 웩슬러 지능검사, MMPI, 학력검증평가와 같은 검사들은 현장 및 실무의 필요에 따라 제작된, 즉 현실적인 요구를 해결하기 위해 제작된 검사이다. 비록 이런 종류의 검사는 매우 실제적인 도움을 주고 현장의 요구사항을 해결하나, 후속 연구에서 이론적인 문제와 약점이 종종 노출되기도 한다. 반면에 Murray의 성격이론을 측정하기 위해 개발된 주제통각검사나 Spearman의 지능이론에서 'g' 요인을 측정하기 위해 개발된 Raven's Progressive Matrices, 그리고 Thurstone의 중다지능이론을 위해 개발된 Thurstone's Primary Mental Abilities 등의 검사들은 이론을 통해 새로운 검사가 만들어진 대표적인 예들이다. 이들 검사는 처음에는 특정 목적의 연구에만 사용되다가 점차 응용장면으로 확대되어 사용되고 있다.

그렇지만 대부분의 검사 제작자는 현존하는 검사들의 개정과 개작에 헌신하고 있다. 현재 사용되고 있는 대표적인 검사 배터리들은 5~10년 주기로 새로운 개정판이 제작되고 있으며, 또한 웩슬러 지능검사처럼 성인용 지능검사에서 파생되어 새로운 문항과 규준을 적용한 아동용 검사가 개발되고, 또한 아동용 검사에서 파생되어 취학전 유아용 검사가 개발되었다. 이 외에도 검사의 목적과 기본 구조를 유지하면서 표본집단을 달리 적용하여, 즉 개발된 검사와는 다른 언어와 문화 집단에 맞게 번역되거나 특정 능력(시각, 청각, 운동능력 등)에 결함을 지닌 집단을 위해 개발되기도 한다.

4) 문항 준비

이전의 검사목적 정의와 사전 검사설계 단계를 만족스럽게 수행했다면 문항준비 단계를 시작하는데, 이 단계는 기본적으로 문항 형태, 반응방법, 채점방법, 문항 작성, 문항 검토 등의 내용이 포함된다. 이 단계를 시작할 때 '검사문항은 정확히 어떻게 구성되는가?' 라는 의문을 마음속에 지닌 채 시작하는 것이 바람직하다.

(1) 문항 형태

자극(stimulus)은 문항몸체(item stem)라고도 하며 질문하는 문항의 문장 자체를 의미하는데, 시각적인 그림이나 언어적 질문 또는 수식 형태와 같이 다양한 형태로 구성될 수 있다.

(2) 반응 형태

반응 형태와 방법은 매우 다양하나, 대략 선택형 반응(selected-response)과 완성형 반응(constructed-response)으로 구분된다. 선택형 반응문항이 주로 사용되는데, 중다반응, 중다선택 또는 강제선택 문항이라고도 하며, 한 문항에 4~5개의 답을 선택하는 형태이다. 주로 집단검사와 성취 및 능력 검사에 적용되며 성격, 흥미, 태도 검사 등에도 사용된다. 특수한 선택형 반응문항 형태로 참-거짓, 동의-비동의, 3~11점 척도의 Likert 형태, 그래픽 평가척도(graphic rating scale or visual analogue scale), 반대되는 의미의 형용사를 짝지어 제시하는 의미구별법(semantic differential approach) 등이 있다. 선택형 반응문항의 장점은 무엇보다 점수의 신뢰성이 높고 비교적 짧은 시간 내에 실시와 채점이 가능하다는 점이다.

완성형 반응문항은 반응 형태가 고정되어 있지 않아 수검자가 답을 선택하지 않고 자유롭게 반응을 창조하고 완성해야 한다. 흔히 자유반응(free-response)이라는 용어로도 사용되는데, 여기서 자유롭다는 의미는 반응의 자유이지 반응을 통제하는 조건의 자유는 아니다. 즉, 반응이 에세이 형태로 기술되어야 한다거나 정해진 시간 안에 수행되어야 한다와 같은 제약은 존재한다는 의미이다. 자유반응과 달리 빈칸 채워넣기(fill-in-the-blank) 유형은 한 문장 내에 생략되어 있는 중요한 단어나 문구를 채워 넣는 방식이며, 에세이 검사(essay test)는 제시되는 특정 상황과 주제에 대해서 수검자가 문장을 기술하는 형태이다. 이와 같은 완성형 반응문항 형태는 로르샤하 검사나 주제통각검사와 같은 전형적인 투사검사나 성격검사에 주로 사용되며, 최근 행동측정 검사에도 적용되고 있다. 예를 들어, 수검자가 특정 문제해결 상황에서 보이는 자유로운 반응을 측정(performance assessment)하는 데 적용되고 있다. 완성형 반응문항의 장점은 수검자가 검사를 실시하면서 보이는 행동이나 과정을 쉽게 관찰할 수 있고, 성격검사에서 흔히 드러나는 독특하고 예외적인 특성을 탐색할 수 있을 뿐만 아니라 이런 유형이 성취검사에 적용되면 학생들의 암기 위주의 학습 습관을 바꾸는 데 도움을 주기도 한다.

(3) 채점 절차

선택형 반응문항이 적용된 능력 및 성취 검사들은 대개 정오답의 반응에 대해서 1점이나 0점을 부여하여 총점을 계산하는 방법을 사용하는데, 특별히 중요한 문항에 대해서 가중치를 주거나 옵션을 선택하는 방법도 있다. 채점방법을 비교한 연구결과에 의하면 단순히 0 또는 1점을 부여하는 방법보다 복잡한 점수체계가 신뢰할 수 있고 타당하다는 연구도 있으나, 대부분의 연구결과에서는 큰 차이가 없으며 이런 근소한 이득을 위해 복잡한 점수체계를 사용할 이유가 없다는 주장이 설득력 있게 받아들여지고 있다. 선택형 반응문항이 능력검사와는 달리 정답이 없는 성격, 흥미 그리고 태도 검사에 적용될 때는 정도를 표시하는 Likert 척도 형태가 일반적인데, 예를 들어 5점 척도라면 5, 4, 3, 2, 1 또는 $+2, +1, 0, -1, -2$와 같은 점수체계를 이용한다.

완성형 반응문항에서는 수검자의 반응이 매우 다양하기 때문에 검사자의 주관적인 판단이 개입될 수밖에 없다. 이런 문항을 효율적으로 채점하는 방법을 개발하고자 할 때 무엇보다 중요한 점은 평정자 간 신뢰도가 높아야 하며 채점된 점수에 대한 개념이 정확히 확립되어 있어야 한다는 것이다. 지금까지 몇 가지 방법이 제안되었다. 첫째, 종합적 채점기법(holistic scoring)은 평정자가 수검자의 답변을 빠르게 읽고 전반적인 질적 판단을 하는 방법으로, 대개 1~4, 1~10, 또는 1~100점 척도를 사용해서 단일 점수를 산출한다. 둘째, 분석적 채점기법(analytic scoring)은 수검자의 답변을 여러 가지 차원으로 구분하여 분석하는 방법으로, 예를 들어 영어작문 과제인 경우에 답변을 문법의 정확성, 문장구조, 단어 사용 등 각기 다른 차원으로 구분하여 채점한다. 셋째, 글쓰기 기술을 측정하기 위해 처음 개발된 주요특징 채점기법(primary trait scoring)은 수검자의 답변이 얼마나 검사의 목적과 지시에 부합하는지를 판단하는 방법이다. 예를 들어, 특정 회사 제품의 컴퓨터 게임기를 주문하는 편지를 쓰는 경우에 틀린 철자나 단어, 부정확한 문장을 사용하더라도 정확한 주문이 이루어진다면 성공한 경우로 간주하지만, 아무리 정확하고 멋지게 작성된 글이라도 주문 모델이나 주소를 정확히 기입하지 않았다면 성공하지 못한 경우가 된다. 마지막으로, 득점체계(point system) 기법은 수검자의 답변 속에 정확한 답이 기술되어 있을 때 점수를 부여하는 방법으로, 예를 들어 "십계명을 기술하시오."라는 질문에 대해 각 답변마다 1점씩을 부여하는 방법이다. 최근 들어 컴퓨터의 발달로 인해 전문가 시스템을 응용한 수준 높은 자동채점 기법도 소개되고 있다. 투사적 성격검사인 로르샤하 검사의 경우에도 완성형 반응을 몇 가지 범주로 구분한 후 이 범주에 부합되는 반응 개수를 측정하고 이를 비율값으로 변환하는 방법을 사용하고 있다.

(4) 문항 작성

선택형 반응문항을 작성하는 기본적인 규칙과 지침을 구체적으로 제안한 연구자는 Haladyna(1994)로, 그는 이런 규칙을 사용할 때 엄격하게 적용하기보다는 신중하게 적용하는 것이 바람직하다고 하였다. 선택형 반응문항 형태의 능력 및 성취 검사를 제작할 경우 무엇보다 중요한 점은 수검자들이 올바르게 내용을 이해할 수 있도록 문항이 구성되어야 하며 어떤 형태로든 정답이 노출되는 것을 피해야 한다는 것이다. 또한 성격 및 흥미 검사의 문항은 단순하면서도 명확하게 제시하는 것이 무엇보다 필요하다고 하였다(Haladyna & Downing, 1989).

완성형 반응문항을 작성하는 데 도움이 되는 조언을 구체적으로 제시하는 것은 매우 어려운 일이다. 경험이 풍부한 대부분의 검사 제작자들은 가급적이면 완성형 반응문항을 피하고 선택형 반응문항의 사용을 권한다. 하지만 완성형 반응문항이 필요한 경우에 다음과 같은 조언을 참고하기 바란다. 첫째, 과제를 분명하고 정확하게 제시한다. 즉, 완성형 반응문항은 선택형 반응문항과 같이 몇 개의 답변으로 제한되어 있지 않기 때문에 문항에 대한 지시사항이나 질문이 매우 명확하고 분명해야 한다. 둘째, 문항이 완성되는 시점에서 채점체계도 구체화한다. 일반적으로 완성형 반응문항을 제작할 때는 먼저 문항을 제작하고 관리사항을 결정한 후에야 채점방법을 명확히 정리한다. 하지만 이런 전략은 잘못된 결과를 도출할 가능성이 매우 높다. 문항에 대한 채점체계는 관리사항을 결정하기 이전에 예비표집을 할 때 결정하는 것이 바람직하다. 셋째, 충분한 개수의 문항을 사용한다. 일반적으로 많은 문항을 사용하는 것이 측정의 타당도와 신뢰도를 향상한다. 비록 대개 완성형 반응문항이 선택형 반응문항보다 문항 수가 더 적으나, 충분한 문항을 사용하는 것이 바람직하다.

(5) 문항 검토

일단 문항이 작성되면 우선 문항의 명료성, 문법의 정확성, 문항 작성규칙의 적합성 등을 확인해야 한다. 특히 능력검사의 문항에 대해서는 반드시 정답을 확인해야 하며, 무엇보다 성별, 인종, 민족 편견의 가능성이 있는 문항을 검토하고 제거하는 것도 필요하다. 즉, 특정 집단에게 불이익을 주는 불공평한 문항이 있는지를 확인하는 것이 필요하다. 예를 들어, 미식축구와 같은 남성 위주의 운동경기를 주제로 다룬 문항은 여성들에게는 매우 불리하므로, 그런 문항은 제거되거나 여성 위주의 경기를 주제로 다룬 문항들로 균형을 맞추어야 한다.

5) 문항분석

검사를 개발할 때 있어 중요한 과정 중의 하나가 바로 문항분석(item analysis) 단계이다. 왜냐하면 문항분석 단계에서 검사를 통해 얻어진 자료가 통계적으로 분석되며, 이를 통해 최종적으로 검사에 포함될 문항이 결정되기 때문이다. 따라서 문항분석은 세 가지의 밀접한 단계, 즉 예비검사 단계, 통계분석 단계 그리고 문항선택 단계로 구성되어 있다.

(1) 예비검사 단계

예비검사 단계에서 문항분석은 대개 형식적인 예비검사에 기반을 두지만, 이러한 형식적인 단계를 수행하기 이전에 검사문항에 대한 비형식적인 예비검사 단계를 거치는 것이 신중한 방법이다. 비형식적인 단계는 측정하려는 특성을 지닌 5~10명의 수검자를 대상으로 수행되며, 채점하고 점수화하지 않는 경우가 많다. 단지 수검자는 검사를 실시하면서 느꼈던 점이나 문항이나 검사 지시에 대해 느꼈던 점을 이야기하도록 지시받는다. 또한 수검자에게 문항을 읽고 답하게 함으로써 애매한 단어, 문항에 대한 잘못된 해석, 반응방법의 혼란, 예기치 못한 오류 등을 확인할 수 있다. 이런 비형식적인 단계를 거치게 되면 형식적인 단계에서 발생할 수 있는 오류나 시간의 낭비를 미연에 방지할 수 있다.

비형식적인 단계를 거친 후 형식적인 단계에서는 관심의 대상이 되는 표본집단을 대상으로 실시하는 것이 바람직하다. 만약 대학 응시생을 대상으로 실시하는 검사라면 대학 응시생을 표본으로 선출해야 하며, 수검자 수는 최소 검사문항의 2~3배는 되어야 한다. 이 단계에서 문항 제시 순서와 검사도구 및 필기도구, 검사 상황 등이 표준화되어야 하며 실내조명, 온도, 소음, 좌석 등의 환경 조건도 결정되어야 한다. 다양한 시간제한 조건에서 검사를 실시하는 것도 필요하다. 즉, 짧게 또는 길게 실시하거나 시간제한을 주지 않고 모든 수검자에게 전체 문항에 응답할 수 있는 기회를 주는 것도 필요하다. 이와 함께 검사를 실시하는 검사자의 능력도 모든 수검자에게 검사를 동일하게 실시할 수 있도록 잘 훈련되어야 한다.

(2) 통계분석 단계

문항제작 과정에서 구성된 문항들이 양질의 문항인지 아닌지를 평가하기 위해 응답한 결과자료를 이용해서 문항을 분석하는 대표적인 이론으로 고전검사이론(classical test theory)과 문항반응이론(item response theory)이 있다. 이 이론들과 함께 차별기능 문항에 대해서 설명하고자 한다.

■ 고전검사이론

고전검사이론은 1920년대 이후 개발되어 많은 이론적 발전을 이루어 널리 응용되고 있으며, 비교적 간단한 절차에 의해 문항분석을 할 수 있다는 장점을 지니고 있다. 이 이론은 검사의 총점에 의해 분석되며 관찰점수를 진점수와 오차점수의 합으로 가정하여 전개한 이론이다. 고전검사이론에서는 수검자의 진점수를 알 수 없으므로 개인의 능력이 불변하다는 전제하에 반복 측정한 검사의 평균점수를 진점수로 추정한다. 또한 측정오차와 진점수 간의 상관관계가 없다는 가정하에 관찰점수의 분산을 진점수의 분산과 오차점수의 분산으로 분할할 수 있다고 하였다. 하지만 고전검사이론에 의해 문항을 분석할 경우 같은 문항이라도 높은 능력의 학생들이 응답한 결과를 가지고 분석하면 쉬운 문항으로, 반대로 낮은 능력의 학생들이 응답한 결과를 가지고 분석하면 어려운 문항으로 분석되므로 문항 특성의 불변성 개념을 지지하지 못한다. 또한 검사의 총점으로 능력을 추정하므로 검사가 쉬우면 수검자의 능력은 과대 추정되고, 검사가 어려우면 능력이 과소 추정되므로 수검자 능력의 불변성 개념을 유지하지 못한다는 단점도 지니고 있다. 따라서 여기에서는 고전검사이론의 장단점을 인식하면서 문항난이도, 문항변별도, 문항추측도를 살펴보고자 한다.

① 문항난이도

문항난이도(item difficulty)는 각 문항의 쉽고 어려운 정도를 알려 주므로 이를 통해 문항의 상대적인 효율성을 분석할 수 있다. 문항난이도는 그 문항에 옳게 대답한 사람들의 백분율 또는 비율로 산출되는데, 문항이 쉬우면 쉬울수록 백분율은 더욱더 커지게 된다. 문항난이도 지수는 0.0에서 1.0의 범위이며 1.0은 모든 수검자가 정답을 맞힌 쉬운 문항이고 0.0은 모든 수검자가 정답을 맞히지 못한 어려운 문항을 말한다. 절대적 기준은 없으나 0.3 미만이면 매우 어려운 문항, 0.3 이상 0.8 미만이면 적절한 문항, 그리고 0.8 이상이면 매우 쉬운 문항으로 평가한다(성태제, 2004). 문항난이도를 계산하는 공식은 다음과 같다.

$$P = \frac{R}{N} \times 100$$

N: 총 수검자 수
R: 문항의 답을 맞힌 수검자 수

검사제작 시 문항난이도를 측정하는 주된 이유는 바로 적절한 난이도 수준의 문항을 선택하기 위해서이다. 대부분의 표준화된 능력검사는 개인의 특정 능력 수준을 가능한 한 정확히 평가하기 위해 제작되었다. 따라서 한 사람도 통과하지 못한 문항이나 반대로 모든 사람이 통과한 문항은 별 쓸모가 없는 문항이다. 이런 종류의 문항들은 개인차에 관해 아무런 정보도 제공해 주지 못한다. 즉, 문항난이도가 1.0이나 0에 근접할수록 문항이 수검자를 변별하는 정보는 점점 작아지고 난이도 수준이 0.5에 근접할수록 문항의 변별력은 더 커진다. 따라서 변별력을 최대로 하려면 난이도 수준이 0.5인 문항들을 모두 골라내야 하나, 한 검사 내의 문항들은 상호 상관관계가 있어서 이런 결정이 쉽지 않다. 가장 바람직한 방법은 난이도 수준이 적당히 섞인 문항을 선정하는 것이며, 이때의 난이도 평균값은 0.5가 되어야 한다. 하지만 선택형 반응문항과 같은 경우에는 추측의 확률을 고려해야 한다. 즉, 일정 비율의 수검자들은 추측을 통해 정답을 선택한다는 사실을 인정하고 정답 반응에 대한 비율을 자유반응 문항의 경우보다 높게 설정해야 한다. 예를 들어, 오지선다형의 문항이라면 정답비율의 평균값이 0.69 정도는 되어야 한다(Lord, 1952).

만약 표준화 표본이 전집을 충분히 대표하고 있다면 표준화 표본의 점수들은 대략 정상분포곡선을 보일 것이다. 그러나 정상분포곡선이 아니라 정적분포 혹은 부적분포와 같이 한쪽으로 편향된 분포가 발생될 수 있다. 예를 들어, 너무 어려운 문항이 출제되면 정적분포가 발생하고, 일반인을 위해 개발된 검사를 대학원생 집단에 실시할 때는 부적분포가 발생한다. 이와 같이 비정상적인 분포를 보일 때 정상분포곡선에 유사할 때까지 그 검사의 난이도를 수정하는 것이 보통이다. 즉, 더 쉽거나 어려운 문항을 첨가하거나, 특정 문항을 제거 및 수정하거나, 또는 문항의 위치를 바꾸거나 아니면 채점 비중치를 수정한다.

하지만 각 문항의 적절한 난이도 수준과 최적의 분포 형태는 검사의 목적에 따라 달라진다. 특정 선발목적으로 제작된 검사에서는 난이도 값이 선발비율에 근접한 문항을 활용해야 한다. 예를 들어, 수검자의 상위 30%를 선발하고자 할 때 가장 좋은 문항은 난이도 0.3 주변에 몰려 있는 문항들이다. 또한 대학생 집단에서 장학생을 선발할 때는 그 전집의 평균 수준보다 훨씬 어려운 문항을 이용해야 하며, 반대로 학습지진아를 선발하여 교정훈련 프로그램을 받게 하려면 평균 수준보다 훨씬 쉬운 문항이 바람직하다.

② 문항변별도

문항변별도(item discrimination)는 문항이 능력에 따라 수검자를 통계적으로 변별해 주는 정도를 말한다. 가령 어떤 문항에 대해 총점이 높은 수검자들은 대부분 맞게 응답하였고 총점이 낮은 수검자들은 틀리게 답하였다면 그 문항은 변별력이 높다고 할 수 있으나, 문제가 너무 쉬워 모든 수검자가 정답을 말했거나 반대로 문제가 너무 어려워 모두 오답을 말했다면 그 문항은 변별력이 낮다고 할 수 있다. 예를 들어, 한 성격검사를 통해 특정 기질이 많은 수검자를 적은 수검자로부터 변별한다고 생각해 보자. 문항을 구성하기 위해 우선적으로 측정하려는 기질을 지닌 집단을 확인해야 하는데, 이때 주로 사용되는 방법이 외적준거 방식(external method)과 내적준거 방식(internal method)이다. 외적준거 방식은 어떤 외적 준거에 따라서 적절한 기질에 차이를 보이는 집단을 구분하는 방식이다. 예를 들어, 공포를 측정하는 문항을 선별할 때 의사로부터 공포증으로 진단받은 환자가 높게 반응하는 문항을 선택하는 것이다. 이에 비해 내적준거 방식에서는 특정 검사에서 얻은 수검자들의 총점을 나열하여 검사점수가 높은 수검자와 낮은 수검자를 확인하는데, 총점분포의 상위 절반과 하위 절반을 구분하거나 상하위 25, 27, 33% 씩을 구분하는 방식이 주로 이용된다. 정상분포곡선에서는 상하위 27%가 최적이며 (Kelley, 1939), 정상곡선보다 평평한 분포일 때는 이보다 큰 33%가 적당하다(Cureton, 1957). 일반적으로 여러 기질에 적절한 외적 준거를 찾기 힘들어 검사개발 시 내적준거

방식이 자주 사용된다.

대개 문항난이도 지수는 하나의 p값으로 표시되는 데 비해서 문항변별력은 여러 형태로 표현되는데, 대개 D(difference 또는 discrimination)나 r(외적 준거나 검사 총점과 문항과의 상관관계)로 표현된다. 변별지수(D)를 산출하기 위해서는 우선 상위집단과 하위집단에서 각각의 문항을 통과한 사례 수를 백분율로 환산한 후, 이 백분율의 차이값을 계산하면 된다. 변별지수를 구하는 공식은 다음과 같다.

$$D = \frac{R_u - R_L}{f}$$

D : 문항 변별지수
R_u : 상위집단의 정답자 수
R_L : 하위집단의 정답자 수
f : 상위집단 및 하위집단 각각의 총 사례 수

이와 같이 상위집단과 하위집단을 구분하여 변별지수를 산출하는 방법은 다소 정확성이 떨어진다. 문항변별도 지수를 가장 정확하게 계산하는 방법은 상관계수를 산출하는 방법이다. 즉, 검사의 총점이 높은 수검자가 어떤 문항에서 높은 점수를 보인다면, 두 점수 간의 상관계수가 높으므로 그 문항의 변별도는 높은 것으로 간주된다. 이와 같이 상관계수 r은 문항과 검사 그리고 문항과 준거 간의 상관과 같이 다양한 수치로 표현되는데, 변수들의 종류에 따라 양분상관계수, 양류상관계수, 사분상관계수, 파이계수 등과 같은 다양한 유형이 있다. 그중 양분상관계수를 구하는 공식은 다음과 같다.

$$r_{bis} = \frac{M_R - M_W}{S_t} \times \frac{P(1 - P)}{Y}$$

M_R : 정답 반응 수검자의 득점 평균값
M_W : 오답 반응 수검자의 득점 평균값
S_t : 전체 점수분포의 표준편차
P : 전체 수검자의 정답률
Y : 정규분포곡선에서 P(정답 부분)와 $1-P$(오답 부분)
    를 나누는 Z점에 상응하는 종축치

문항변별도 지수에 의해 문항 양호도를 판단하는 절대적 기준은 없으나, Ebel과 Frisbie(1986)는 .40 이상을 매우 좋은 문항, .30~.39를 상당히 좋으나 개선될 여지가 있는 문항, .20~.29를 약간 좋은 문항으로서 개선될 필요가 있는 문항, .19 이하를 별로 좋지 않은 문항으로서 버려야 하거나 수정되어야 하는 문항 등과 같은 판단 기준을 제시하였다.

③ 문항추측도

수검자 중에는 추측에 의하여 문항을 답하는 경우가 있기 마련이다. 문항추측도(item guessing)를 추정하기 위해서는 우선 전체 수검자 중 문항의 정답을 알지 못하여 추측으로 답한 수검자의 수와 그중 정답을 맞힌 수검자 수를 알아야 한다. 하지만 수검자를 통해 이런 정보를 직접적으로 얻어 낼 수 없으므로, 추측을 한 수검자 수뿐만 아니라 그중 정답을 맞힌 수검자의 수도 확률이론으로 추정할 수밖에 없다. 즉, 추측을 한 수검자의 수를 실제로 알 수 없으므로 검사에서 문항의 답이 틀린 수검자 수의 정보를 가지고 추측을 한 수검자 수를 파악할 수 있다. 왜냐하면 문항의 답을 틀리게 말한 수검자는 답을 알지 못하여 추측하였으나 맞히지 못한 수검자이기 때문이다. 따라서 추측하여 문항의 답을 맞힌 수검자의 수는 문항의 답을 맞히지 못한 수검자 수를 선택문항 수에서 1을 뺀 수로 나눈 값이다(성태제, 2004 참조). 최종적으로 문항추측도는 문항의 답을 모르고 추측으로 문항의 답을 맞힌 비율이 되므로 이를 구하는 공식은 다음과 같다.

$$P_{G_R} = \frac{G_R}{N} = \left(\frac{W}{Q-1}\right)/N$$

G_R : 추측하여 문항의 답을 맞힌 수검자 수
Q : 선택문항 수
W : 문항의 답을 맞히지 못한 수검자 수
N : 총 수검자 수

예를 들어, 2,000명의 수검자가 검사를 실시하여 사지선다형의 어떤 문항에 대해서 800명이 정답을 맞혔을 때의 문항추측도는 0.2이다.

예) $P_{G_R} = \left(\dfrac{1200}{4-1}\right)/2000 = 0.2$

■ **문항반응이론**

고전검사이론에서는 측정오차가 수검자 집단에 관계없이 모두 동일하다고 가정하고 있으나 실제로 측정오차는 수검자들의 능력 수준에 반비례하기 때문에 그 가정은 적절하지 못하다. 이런 고전검사이론의 문제점을 극복하기 위해 제안된 검사이론이 바로 문항반응이론이다. 문항반응이론(item response theory)은 검사의 총점으로 문항을 분석하기보다는 각 문항이 개별적으로 고유한 불변의 속성을 지니고 있다고 보고 이 속성을 문항특성곡선상에 표현하여 분석한 이론이다. 처음 문항분석이론은 이분법적으로 응답되는 문항을 분석하기 위한 이론이었으나, 1980년 이후 이분법적 응답문항뿐만 아니라 연속적 의미의 문항답지까지도 분석이 가능한 다분 문항반응이론이 제안되고 있다(성태제, 2004).

① 기본 가정과 불변성 개념

문항반응이론에는 두 가지 기본 가정이 있다. 하나는 일차원성 가정이며, 다른 하나는 지엽적 독립성 가정이다.

일차원성(unidimensionality)이란 한 특성으로 문항점수나 문항들의 상호관계를 설명한다는 뜻으로, 문항반응이론에서는 한 검사의 모든 문항이 오직 하나의 잠재적 특성을 측정한다는 가정을 지니고 있다. 만약 수리력 검사로 수검자의 수리능력을 측정하고자 할 때, 문항들이 어려운 단어로 구성되어 있다면 이 검사는 본의 아니게 수검자의 언어능력까지도 측정하게 된다. 따라서 이 검사는 일차원성 가정을 위배하고 있다고 할 수 있다. 물론 일차원성 가정이 항상 충족되지는 않으므로, 문항반응이론에서는 검사자료에 큰 영향을 주는 중요한 한 요인이 존재할 때 일차원성 가정이 충족되었다고 본다.

지엽적 독립성(local independence) 가정은 한 검사의 문항에 대한 반응은 각각 통계적으로 상호 독립적이어야 한다는 것이다. 특정 문항에 대한 반응은 다른 문항의 반응에 영향을 미치지 않으며, 수검자의 능력과 문항의 특성에 의해서만 문항 반응이 결정된다는 것이다. 한 문항에 답을 하거나 아는 것이 다른 문항을 답하는 데 영향을 미친다면 그 문항들은 지엽적으로 독립된 것이 아니며, 또한 문항의 제시 순서를 바꾸면 수행결과가 달라지는 경우에도 문항이 지엽적으로 독립되었다고 할 수 없다.

문항반응이론이 고전검사이론보다 논리적으로 우위에 있는 특성은 불변성(invariance) 개념이다. 불변성은 문항특성 불변성과 수검자 능력 불변성으로 구분된다. 문항특성 불변성이란 문항의 특성인 문항난이도, 문항변별도, 문항추측도가 수검자 집단의 특성에 의하여 변화되지 않는다는 것이다. 고전검사이론에서는 같은 문항이라도 능력이 우수한 수검자에게는 쉬운 문항으로 분석되는 반면에 능력이 낮은 수검자에게는 어려운 문항으로 분석되었다. 그러나 문항반응이론에서 문항의 특성은 수검자 집단의 능력에 관계없이 항상 똑같은 수준으로 문항을 평가할 수 있다는 점이다. 즉, 문항반응이론에서는 문항의 특성이 수검자 집단의 특성에 의해 영향을 전혀 받지 않는다.

수검자 능력 불변성이란 수검자의 능력은 어떤 검사나 문항을 택하느냐에 따라 변화되는 것이 아니라 고유의 능력 수준이 있다는 것이다. 고전검사이론에서는 수검자의 능력이 쉬운 검사에서는 높은 것으로 추정되지만 어려운 검사에서는 낮은 것으로 추정되어 검사도구의 특성에 따라 수검자 능력이 달라진다. 그러나 문항반응이론에서는 수검자가 어려운 검사를 택하든 쉬운 검사를 택하든 수검자의 능력은 변하지 않는다.

② 문항특성곡선

문항특성곡선(item characteristic curve: ICC)이란 수검자의 능력 수준에 따라 문항의 정답을 맞힐 확률을 표시하는 S자 형태의 곡선을 의미한다. 문항특성곡선은 수검자 j의 능력 수준 θ_j와 그에 따른 문항 i의 답을 맞힐 확률 $P_i(\theta_j)$ 간의 함수관계를 말하는데, 이는 [그림 3-2]와 같은 형태이다.

인간의 능력은 θ로 표기되고 그 능력 수준은 $-\infty$에서 $+\infty$ 사이에 위치한다. 문항반응이론에서는 인간의 능력평균을 0, 표준편차를 1로 하기 때문에 인간의 능력이 음수로 표기될 수 있다. [그림 3-2]에서 볼 수 있듯이 개인의 능력이 높을수록 문항의 답을 맞힐 확률은 증가하나 선형적으로 증가하지 않는다. 문항특성곡선은 각 문항이 어떤 능력 수

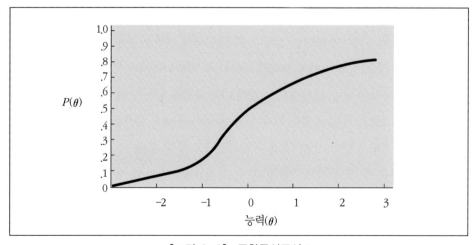

[그림 3-2] 문항특성곡선

준에서 기능하는가를 표현하는 위치지수와 수검자를 능력에 따라 변별하는 변별지수를
지니고 있다.

③ 문항난이도

문항반응이론에서의 문항난이도는 문항이 어느 능력 수준에서 기능하는가를 나타내
는 지수로, 문항의 어려운 정도를 위치지수로 나타낸다. 예컨대, 높은 능력 수준에서 기
능하는 문항은 어려운 문항이 될 것이고, 낮은 능력 수준에서 기능하는 문항은 쉬운 문
항이 될 것이다. 위치지수로 표현되는 문항난이도는 각 문항에 답을 맞힐 확률이 .5인
위치에 해당되는 척도상의 점을 말하며, 주로 β 또는 b로 표기한다. 문항특성곡선의 문
항난이도를 그림으로 나타내면 [그림 3-3]과 같다.

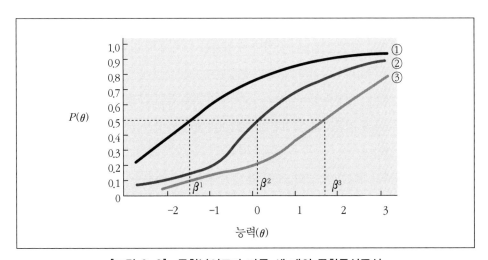

[그림 3-3] 문항난이도가 다른 세 개의 문항특성곡선

위의 문항특성곡선을 보면, 문항특성곡선이 존재하는 위치가 문항의 어려운 정도를
말해 준다. 즉, ③번 문항특성곡선이 가장 오른쪽에 위치하고 있는데, 이는 ③번 문항특
성곡선이 능력 수준이 높은 수검자 집단에서 기능하므로 다른 ①번과 ②번 문항보다 어
려운 문항임을 보여 주고 있다. 일반적으로 문항난이도는 -2에서 +2 사이에 위치하며
값이 커질수록 어려운 문항으로 평가된다. 위의 그림에서 ①번 문항의 난이도는 -1.4이
고 ②번 문항의 난이도는 0.1이고 ③번 문항의 난이도는 1.8이다.

문항반응이론에서 문항난이도 해석을 언어적 용어로 표현하면 〈표 3-1〉과 같이 '매
우 쉽다' '쉽다' '중간이다' '어렵다' '매우 어렵다'의 다섯 가지 수준으로 구분할 수

표 3-1 언어적 표현에 의한 문항난이도의 범위

언어적 표현	문항난이도 지수
매우 쉽다	−2.0 이하
쉽다	−2.0~−.5
중간이다	−.5~+.5
어렵다	+.5~+2.0
매우 어렵다	+2.0 이상

있다(성태제, 1991; Baker, 1985). 하지만 이런 문항난이도에 따른 기준은 절대적 기준은
아니다.

④ **문항변별도**

문항반응이론에서 문항변별도는 문항이 수검자를 능력에 따라 변별하는 정도를 나타
내는 지수로, 문항특성곡선에서 각 문항의 문항난이도를 나타내는 위치에서의 기울기로
계산된다. 다시 말해, 문항특성곡선상의 문항의 정답을 맞힐 확률이 0.5에 해당하는 점
에서 문항특성곡선의 기울기를 의미한다. 세 개의 문항특성곡선으로 문항변별도를 설
명하면 다음과 같다.

[그림 3-4]에서 ①번, ②번, ③번의 세 개 문항특성곡선은 문항난이도가 동일하나 곡
선의 형태가 다르므로 문항변별도는 다르다. ③번 문항은 수검자의 능력 수준이 증가하

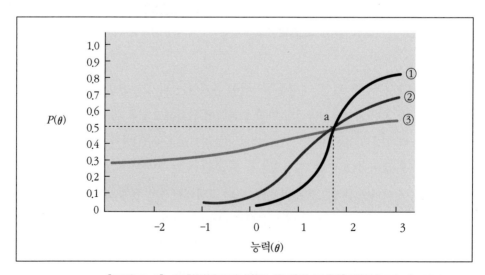

[그림 3-4] 문항변별도가 다른 세 개의 문항특성곡선

여도 문항의 답을 맞힐 확률의 변화가 심하지 않는 반면에, ①번 문항은 능력 수준 변화에 따른 문항의 답을 맞힐 확률이 심하게 변하는 것을 알 수 있다. 문항난이도 인접 지점에서 문항특성곡선의 기울기를 보면 ①번 문항의 기울기가 ③번 문항의 기울기보다 더 가파르며 변별도도 높다는 것을 알 수 있다.

문항변별도는 α 또는 a로 표기하며, 문항변별도 범위는 이론적으로 $-\infty$에서 $+\infty$까지 가능하나 일반적으로 0에서 +2.0 정도까지이며 값이 높을수록 양질의 문항이다. 만약 문항변별도가 음수 값을 보이면, 수검자 능력이 높아질수록 문항의 정답을 맞힐 확률이 오히려 낮아지기 때문에 이 문항은 검사에서 제거하는 것이 바람직하다.

문항변별도의 언어적 표현에 대응하는 문항변별도 지수의 범위를 엄밀하게 설정할 수는 없으나 〈표 3-2〉와 같이 일곱 단계의 용어로 설정할 수 있다(성태제, 2004; Baker, 1985).

표 3-2 　언어적 표현에 의한 문항변별도의 범위

언어적 표현	문항변별도 지수(로지스틱 모형)
없다	.00
거의 없다	.01~.34
낮다	.35~.64
적절하다	.65~1.34
높다	1.35~1.69
매우 높다	1.70 이상
완벽하다	$+\infty$

⑤ 문항추측도

선택형 문항의 경우 정답을 몰라도 우연에 의하여 정답을 맞힐 수도 있다. 문항추측도는 능력이 전혀 없는 수검자가 답을 맞힐 확률을 말하며, 이를 c로 표기한다. 문항추측도의 범위는 0에서 1.0까지이나 일반적으로는 '1/(응답개수)'보다 낮은 확률값이다. 즉, 5지선다형 문항에서 문항추측도의 범위는 0에서 0.2 사이이다.

문항추측도 c값이 높을수록 그 문항은 좋지 않은 문항이라 할 수 있다. 이런 경우 전혀 능력이 없는 학생들도 답을 맞힐 확률이 높아지므로 문항 안에 정답을 암시하는 요소가 들어 있다고 해석할 수 있다. 일반적으로 어려운 문항일수록 수검자의 능력보다는 추측이나 우연으로 정답을 맞힐 확률이 높아진다. 따라서 문항분석에서 문항추측도가 상대적으로 높은 문항은 추후에 수정하거나 제거하는 것이 바람직하다.

⑥ 고전검사이론과 문항분석이론의 비교

고전검사이론과 문항반응이론은 각각 고유한 특징과 장단점을 가지고 있다. 문항반응이론이 고전검사이론보다 타당하나 수학적 난해성과 계산상의 복잡성 때문에 실용적으로 널리 사용되지 못하고 있다. 또한 문항반응이론의 출현으로 고전검사이론이 소멸되지 않고 이론적 단점이 많이 보완되었으며, 특히 실용적인 측면에서 장점이 있으므로 여전히 널리 사용될 것으로 전망된다. 성태제(2004)가 일곱 가지 관점에서 고전검사이론과 문항반응이론의 특징을 비교한 결과를 요약하면 〈표 3-3〉과 같다.

표 3-3 고전검사이론과 문항반응이론의 비교

관점	고전검사이론	문항반응이론
1. 기본 가정	관찰점수는 진점수와 오차점수	문항특성곡선에 근거
2. 진점수 추정	반복측정 가정	반복측정 불필요
3. 문항모수 설명	비교적 간편한 계산공식	복잡한 수리적 모형
4. 문항특성 추정	수검자 특성에 의해 변함	수검자 특성에 영향받지 않음
5. 수검자 능력 추정	검사도구의 특성에 의해 변함	불변성을 지님
6. 측정오차	수검자에 따른 측정오차 동일	수검자에 따른 측정오차 상이
7. 신뢰도 검증	오차점수의 분산과 관계 있음	검사정보함수는 수검자 능력 수준에 따라 다름

■ 차별기능문항

차별기능문항(differential item functioning: DIF)이란 문항의 능력이나 수검자의 능력은 동일한데도 소속된 집단의 특성 때문에 정답을 맞힐 확률이 달라지는 문항을 말한다. 즉, 종전에는 주로 편파성 문항(biased item)이라 하였는데, 편파성 문항의 기능은 측정하고자 하는 기질의 실제적인 차이보다는 다른 집단 특성들, 특히 인종, 민족, 성별 등과 같은 차이 또는 연령, 키, 왼손/오른손잡이 등에 따라 달라진다. 물론 직관적인 판단을 통해 차이를 제거할 수도 있지만, DIF 절차는 통계적인 분석을 통해서 이와 같은 편파를 탐지해 내고자 하는 목적을 지니고 있다.

차별기능문항에 대한 정의는 문항반응이론의 문항특성곡선에 따라 설명하면 매우 명료하다. 즉, 검사가 실시되는 집단에 따라 문항특성곡선이 다르게 나타나는 문항을 차별기능문항이라 하는데, 이를 그림으로 표시하면 [그림 3-5]와 같다. 차별기능의 정도는 문항특성곡선 간 넓이에 비례하는데, 문항특성곡선 간 넓이가 넓을수록 차별기능이 크

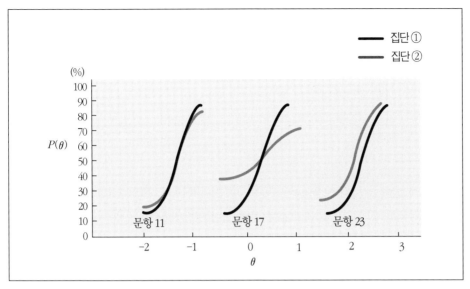

[그림 3-5] 문항특성곡선 유형에 따른 차별기능문항과 비차별기능문항

다는 것을 뜻한다.

　문항 11은 두 집단의 문항특성곡선이 동일하므로 문항의 정답을 맞힐 확률이 동일한 비차별기능문항이다. 반면 문항 17과 문항 23은 차별기능문항으로, 문항의 답을 맞힐 확률이 집단에 따라 다르다. 문항 17은 두 개의 문항특성곡선이 교차하는데, 교차하기 전까지는 집단 ②에게 쉬운 문항이고 교차점 이후부터는 집단 ①에게 쉬운 문항으로, 이 같은 문항을 비균일적 차별기능문항(non-uniform DIF)이라 한다. 반면 문항 23은 모든 문항에서 집단 ②가 집단 ①보다 일률적으로 문항의 정답을 맞힐 확률이 높으므로 이런 형태의 차별기능문항을 균일적 차별기능문항(uniform DIF)이라 정의한다.

　차별기능문항을 추출하는 방법은 고전검사이론에 기초한 방법들—Cleary와 Hilton 의 분산분석방법, Angoff와 Ford의 변환난이도 방법, Camilli의 chi-square 방법 그리고 Mantel-Haenszel 방법—과 문항반응이론에 기초한 방법들—문항모수치 비교방법, 문항특성곡선 간 넓이 추정방법(Rudner 방법과 Raju 방법)—로 구분된다. 이 방법들은 각기 여러 가지 장단점을 가지고 있는데, 그중 최근에 고안된 Mantel-Haenszel 방법과 문항특성곡선 간 넓이를 추정하는 Raju 방법이 가장 널리 사용되고 있다.

　먼저 Mantel-Haenszel 방법을 적용한 예를 살펴보자. 〈표 3-4〉와 같이 총점을 10점 간격으로 나누고 문항 13에 대해 준거집단과 연구집단의 반응을 구분한다.

　즉, 문항 13에 대해 정답과 오답을 선택한 준거집단과 연구집단의 반응 수를 계산한

표3-4   DIF를 위한 Mantel-Haenszel analysis의 자료정렬 예

총점	1~10		11~20		21~30		31~40		41~50	
문항 13의 수행	+	−	+	−	+	−	+	−	+	−
준거집단	14	16	30	30	56	28	64	22	10	2
연구집단	10	12	20	20	15	8	10	4	2	0

+ : 정답, − : 오답

다. 이렇게 자료를 정렬한 후 chi-square analysis를 통해 Mantel-Haenszel 통계치를 계산한다. 표의 범위 11~20에서 보는 바와 같이 정답비율(정답/[정답＋오답])이 두 집단 모두 동일하면 그 문항은 차별적으로 기능하지 않는 좋은 문항이라고 볼 수 있으나, 두 집단의 정답비율이 차이가 나면 그 문항은 차별적 기능을 하는 좋지 않은 문항으로, 정답비율의 차이를 제시하게 된다.

이와는 달리 문항특성곡선 간의 넓이를 계산하여 차별기능의 정도를 산출하는 대표적인 방법으로는 Rudner, Getson과 Knight(1980), Shepard(1984)가 제안한 방법이 있으나, 이 방법들은 능력범위를 제한하고 정밀성이 떨어진다는 단점이 있다. 이런 단점을 보완하기 위해 Raju(1990)가 수리적으로 문항특성곡선 간의 넓이를 계산하는 공식을 다음과 같이 제안하였다.

$$SA = \int_{-\infty}^{+\infty} (F_1 - F_2) d\theta$$

6) 표준화 실시와 규준의 작성

표준화 과정은 검사의 규준을 제공해 주므로 규준과정이라고도 한다. 주로 문항분석 단계를 거쳐 문항이 최종적으로 선택된 이후에 실시된다. 표준화된 검사는 출판되기 위한 최종본으로 지시사항, 문항 수, 시간제한 등과 같은 모든 사항이 결정되어 있다.

흔히 심리검사를 표준화된 측정이라 하는데, 여기서 말하는 표준화는 실시 및 채점에서의 일관성을 의미한다. 이렇게 제작된 심리검사를 여러 수검자에게 실시하여도 검사의 실시나 채점의 조건이 동일하므로 측정된 결과를 서로 비교할 수 있다. 따라서 심리검사의 표준화 과정을 통해 검사의 실시, 채점 그리고 해석 방법을 일정하게 만들어 검사과정을 동일하게 만든다.

검사 매뉴얼에는 표준화를 위해 실시 및 채점에 관한 상세한 지시사항이 포함되어야 한다. 검사를 실시할 때 검사자는 매뉴얼에 맞게 올바르게 검사도구를 사용하고 시간제한을 엄수하며, 검사의 예시나 연습문제의 제시 및 검사 중 질문에 대한 응답 등에 대해 일관적이고 정확하게 실시해야 한다.

또한 표준화를 위해서는 규준 설정이 무엇보다 중요하다. 왜냐하면 한 검사에서 측정된 개인점수는 그 검사의 정상적이고 전형적인 결과인 규준과 비교되기 때문이다. 다른 사람이 어느 정도의 점수를 얻었는지 모른다면 개인의 점수는 의미가 없게 된다. 만일 한 개인이 100문항의 시험에서 60문항을 맞혔다 하더라도 다른 사람들의 평균에 대한 정보가 없이는 그가 잘한 것인지 못한 것인지 판단할 수 없다. 그러므로 어떤 검사가 올바르게 사용되기 위해서는 규범적 분포인 규준이 반드시 있어야 한다.

이와 같이 규준을 설정하는 이유는 결국 검사의 결과점수 혹은 성적을 의미 있게 해석하기 위해서이다. 검사의 원점수 자체로는 어떤 의미를 얻을 수 없으므로 원점수를 다른 의미 있는 점수체계로 바꿔야 한다. 만약 백분위점수 체계로 변환하면 백분위 규준이 되고, 표준점수를 채택한다면 표준점수 규준이 된다. 또한 지능검사에서는 보통 연령규준을 써서 정신연령이 산출되고, 학습성과 검사에서는 학년규준을 사용하여 예컨대 국어연령, 영어연령 등이 계산된다. 이처럼 동일 연령집단에 대한 연령규준 또는 동일 학년집단에 대한 학년규준을 만들거나, 남녀 차이나 지역차 등이 너무 심할 때는 남녀별로 혹은 지역별로 규준을 만들 필요성도 있다.

이 단계에서는 규준 이외에도 할 일이 있다. 예를 들어, 표준화 실시와 동시에 검사의 신뢰도와 타당도에 대한 연구도 병행되어야 한다. 이런 일들이 완료되면 표준화 검사를 발행할 준비는 거의 완성된 셈이다. 이제 남은 일은 검사용지와 답안지의 대량인쇄, 검사요강의 작성 등이다.

마지막으로, 강봉규(1999)가 언급한 표준화 실시에 있어서 유의해야 할 점을 설명하고자 한다. 첫째, 검사시간의 엄격한 준수가 필요하다. 이것은 표준화 검사의 실시에서 범하게 되는 가장 흔하고 중대한 과오의 하나이다. 둘째, 수검자에 대한 검사의 지시는 분명해야 한다. 장황하고 뜻이 분명치 않고, 중요한 대목을 빠뜨린 지시들은 의외의 낭패를 가져오는 수가 많다. 셋째, 선택식의 검사에서 추측을 어느 정도로 할 것이냐가 명백히 지시되어야 한다. 지시가 없으면 어떤 수검자는 추측을 많이 해서 성적을 올리고, 어떤 수검자는 자신이 없는 문제는 일체 응답을 하지 않고 남겨 둘지 모른다. 따라서 틀리는 문항을 감점하느냐 안 하느냐가 명시되어야 한다. 넷째, 검사장소의 환경 혹은 물리적 조건에 유의해야 한다. 넓은 책상, 적당한 실내, 기온과 광선, 알맞은 통풍 상태 등의 조건하에서 실시되는 검사와 좁고 어둡고 텁텁한 분위기 속에서 실시되는 검사의 결과에는 상당한 차이가 있을 수밖에 없다. 검사집단 사이에 이런 물리적 조건의 차이가 심하지 않도록 적당한 조치를 취해야 한다. 다섯째, 수검자의 동기 상태 혹은 심리적 조건의 문제이다. 우리는 물론 수많은 수검자의 동기 상태나 심리적 조건을 완전히 동일하게 통제할 수는 없으나 여러 검사집단이 서로 비교적 동일해지도록 가능한 한 노력을 기울여야 한다.

7) 최종 검사 준비와 출판

검사제작의 마지막 단계는 출판이다. 일반적으로 출판이라고 하면 검사도구나 검사 책자의 출판만을 생각하는 경우가 많으나 실제로는 이런 과정보다는 많은 일이 포함된다. 즉, 지시사항, 해석, 매뉴얼, 채점 보고서 등도 포함된다. 비교적 단순한 검사는 검사 책자, 채점판, 지시사항과 검사의 전문적 특징 등을 포함하여 20쪽 정도 분량의 매뉴얼이면 충분하나, 복잡한 검사들은 여러 형태의 매뉴얼, 부가적인 해석 지침, 특별한 전문 보고서, 채점과 보고를 위한 컴퓨터 프로그램, 외국어 및 점자판 버전 등도 부가적으로 포함한다. 최근 많은 검사는 정교한 검사 보고서 형태를 지니고 있다. 특히 검사점수를 제시하는 데 그래픽을 이용하거나 원점수를 변환시켜 보고하거나 개인점수뿐만 아니라 집단점수, 예를 들어 학급점수, 전체 학교점수 등을 제시하기도 한다.

검사요강은 검사를 실시하는 사람이나 검사점수를 해석하고 이를 여러 문제에 이용하는 사람을 위한 준비된 안내서로, 주로 다음과 같은 내용을 포함한다.

- 검사의 특징: 목적, 이론적 배경 등
- 검사의 내용: 측정하는 특성의 설명과 하위검사
- 검사의 일반적 지시
- 검사의 실시방법
- 채점방법: 채점판의 사용, 컴퓨터 채점 등
- 규준 읽는 방법: 지역별, 남녀별, 학년별 등
- 활용방법
- 기타 기술적 보고: 신뢰도, 타당도 등 관련 통계적 자료

3. 신뢰도와 타당도의 정의 및 종류

심리검사는 개인의 심리적 특성을 측정해 주는 도구로, 언제 측정하더라도 점수가 큰 차이 없이 일관되어야 하고 또한 측정하고자 하는 것을 충실하게 측정해 주어야 측정도구로서의 가치가 있게 된다. 이를 흔히 검사의 신뢰도와 타당도라고 하며, 검사가 가치 있는지를 판단하는 중요한 측면이다. 전자가 측정하고자 하는 것을 얼마나 정확하게 측정하느냐와 관련이 있다면, 후자는 무엇을 측정하느냐에 초점을 맞춘다.

1) 신뢰도

신뢰도(reliability)란 검사가 개인의 특성을 측정할 때 얼마나 오차 없이 측정하느냐 하는 개념으로, 검사점수의 반복 가능성과 일관성에 관심을 둔다. 즉, 검사가 어떤 대상을 일관성 있게 측정하면 그 검사는 신뢰할 만하다고 할 수 있다. 검사의 신뢰도가 높다면 한

❖ 검사개발 시 유념할 열 가지 사항 ❖

1. 검사 본래의 개념화가 통계분석과 같은 구체적인 과정보다 더 중요하다.
2. 문항을 작성하기 전에 충분한 시간을 들여 검사 분야를 연구하는 것이 필요하다.
3. 최초 검사설계 단계에서 최종 검사점수 보고에 대해서도 고려해야 한다.
4. 문항은 최대한 단순해야 한다. 독창적 문항은 종종 잘못된 결과를 유발할 수 있다.
5. 문항 수를 충분히 준비한다. 일반적으로 최종 검사문항의 2배 정도를 준비한다.
6. 제작된 검사의 최종시행에 앞서 비공식적이고 단순한 예비시행을 실시해야 한다.
7. 나쁜 문항은 항상 잘못을 일으키기 쉽다. 문항분석의 통계적 기법으로도 구별하지 못할 수 있다.
8. 통계적인 관점에서 표준화 집단이 무조건 크다고 좋은 것은 아니다. 집단의 수보다는 대표성이 더 중요하다.
9. 반드시 최종 매뉴얼을 제작해야 한다.
10. 전체 제작과정은 연구자가 예상한 기간보다 더 오래 걸리기 마련이다.

집단을 시점을 달리해서 검사를 실시한다 해도 집단 내 개인의 순위는 대체로 동일하게 유지될 것이다. 하지만 동일한 사람에게 동일한 검사를 실시하여도 검사점수는 어느 정도 변화하게 된다. 이는 측정의 오차가 작용하기 때문이다. 이런 측정의 오차는 여러 가지 요인에 의해서 영향을 받게 되는데, 주로 검사자의 상태나 지시, 수검자의 검사받는 시기, 장소, 기분, 건강 상태, 검사문항 표집에 따른 오차 등이 중요한 요인이다.

물리학이나 화학 등의 분야에서는 측정과정에서의 오차를 알아보기 위해서 동일한 대상을 몇 번이나 반복 측정하여 점수의 변산 정도를 나타내는 측정의 표준오차를 계산한다. 그리고 이를 토대로 측정 과정이나 도구의 신뢰도를 구하고 오차의 한계를 고려하여 측정결과를 해석한다. 하지만 인간을 측정 대상으로 하는 경우에는 반복측정이 어려우므로 한 사람을 반복 측정하는 대신에 여러 사람을 동시에 측정하여 오차의 정도를 추정하는 방법을 주로 사용한다.

신뢰도를 측정하는 방법에는 여러 종류가 있으나, 여기에서는 동형검사나 동일한 검사를 2회 이상 실시하여 신뢰도를 추정하는 검사-재검사 신뢰도와 동형검사 신뢰도, 그리고 검사를 1회만 실시하여 신뢰도를 추정하는 단일검사 신뢰도(반분신뢰도와 문항내적 합치도)에 대해서 간략히 설명하겠다.

(1) 검사-재검사 신뢰도

검사-재검사 신뢰도(test-retest reliability)는 한 검사를 같은 집단에게 두 번 실시해서 얻은 두 점수의 상관계수로 신뢰도를 추정하는 방법이다. 다시 말해, 한 검사를 동일한 사람에게 두 번 실시해서 얻은 점수 간의 상관 정도이며, 오차변량은 처음 실시한 검사와 두 번째 실시한 검사 사이에 나타나는 수행의 무선적 변동이다. 이 방법은 두 검사의 실시 간격을 어떻게 설정하느냐에 따라 영향을 많이 받는다. 즉, 검사 간격을 짧게 잡으면 신뢰도는 높아지고 너무 길게 잡으면 신뢰도는 낮아진다. 따라서 이 신뢰도를 검사요강에 수록할 때는 두 검사의 실시 간격을 반드시 기록해 놓아야 하며, 두 검사의 중간에 측정한 수검자와 관련된 경험들(교육, 직업 및 중요한 개인 신상의 변화, 상담 등)을 함께 제시하는 것이 바람직하다. 재검사의 실시 간격을 어떻게 정하느냐는 간단한 문제가 아닌데, 검사가 지닌 목적과 예언하려는 행동에 따라 결정된다. 대개 반복노출의 영향이 적은 검사들(지각 또는 감각 식별검사, 운동검사 등)만이 재검사 방법에 적합하며, 대부분의 심리검사에서 신뢰도 계수를 찾기 위해 동일한 검사로 재검사하는 것은 바람직하지 않다.

(2) 동형검사 신뢰도

동형검사 신뢰도(alternate form reliability)는 검사의 내용과 난이도는 동일하나 문항이 각기 다른 두 개의 동형검사를 제작하고 이를 같은 수검자에게 실시해서 얻은 점수 사이의 상관계수로 신뢰도를 추정하는 방법이다. 즉, 검사-재검사 신뢰도의 문제를 피하는 대안적인 방법이다. 동형검사를 이용한 신뢰도 계수는 문항표본들과 관련된 시간적 안정성 및 반응 일관성을 모두 측정한 것이나, 연속적으로 실시한 경우라면 상관관계 정도는 두 검사문항 간의 수행 차이를 보여 주는 것이지 시간상의 변동을 의미하는 것은 아니다.

무엇보다 동형검사의 개발에서 중요한 점은 각 검사의 동등성을 보장하는 문제이다. 문항 수, 문항들의 표현방식, 문항 내용, 문항의 난이도 범위와 수준, 검사의 지시 내용, 시간제한, 구체적인 설명과 형식, 그리고 그 외 여러 측면의 동등성을 검토해야 한다. 따라서 동형검사 방법은 추수연구나 실험의 매개요인이 검사 수행에 미치는 효과를 연구할 때 유용하다. 하지만 행동기능을 측정하는 문항이 연습 효과에 매우 취약한 것이라면 이 방법은 연습 효과를 완전히 제거하지 못한다. 또한 두 번째 검사의 특정 문항 내용을 변경하여도 첫 번째 검사에 의한 이월 효과를 완전히 제거할 수는 없다. 즉, 동일한 원리를 사용해서 문항을 해결하는 검사라면 일단 한 문항을 해결한 후에는 이와 유사한 문항도 쉽게 해결한다. 따라서 현실적으로 완전히 동질적인 두 검사를 제작하는 데 어려움이 많으므로 이런 문제를 해결하고자 고안된 것이 반분신뢰도나 문항내적합치도이다.

(3) 반분신뢰도

반분신뢰도(split-half reliability)는 검사를 한 번 실시한 후 다양한 방식으로 점수를 반분하여 신뢰도를 측정하는 방법이다. 검사문항을 반분하여 두 개의 점수를 얻는 방법에는 문항을 순서대로 절반으로 나누는 방법, 기수-우수로 나누는 방법, 난수표에 의해 나누는 방법 등이 있으며, 각기 반분하여 얻은 두 점수를 비교하여 이들 간의 일치도 혹은 동질성 정도를 측정한다. 이 방법은 단 1회의 시행으로 신뢰도를 구할 수 있다는 장점이 있지만, 반분하는 방식에 따라 각기 다른 신뢰도를 측정하므로 단일의 측정치를 산출하지 못한다는 단점이 있다. 또한 검사를 반분할 때 검사 초반에서 후반으로 가면서 워밍업, 연습 그리고 피로의 효과가 있는지를 확인해야 하며, 특정 문항군이 함께 묶여 제시되는지도 확인해야 한다. 일반적으로 검사문항의 길이가 길수록 검사의 신뢰도가 향상되는데, 반분신뢰도에서는 검사문항이 절반으로 줄어들게 되므로 상관점수에 영향을 미치게 된다. 따라서 반분신뢰도에서는 상관계수를 그대로 사용하지 않고 Spearman-Brown(1910)이 제안한 다음 공식을 주로 사용한다.

$$\rho_{xx'} = \frac{2\rho_{YY'}}{1 + \rho_{YY'}}$$

$\rho_{xx'}$: 반분검사신뢰도 계수
$\rho_{YY'}$: 반분된 검사점수의 상관계수

(4) 문항내적합치도

앞서의 반분신뢰도의 단점을 보완하고 내적합치도를 보다 정확하게 측정하기 위한 방법이 문항내적합치도이다. 이 방법은 모든 문항에 대한 반응 일관성에 기초하는데, 주로 내용표집과 표집된 행동 영역의 이질성의 영향을 받는다. 즉 문항 내용과 행동 영역이 동질적일수록 합치도는 높아진다. 여기에는 Kuder-Richardson 신뢰도 계수와 Cronbach alpha 계수가 있다. 전자는 응답문항 유형이 두 가지 종류(진/위, 정/오)인 검사에 사용되고, 후자는 응답문항 유형이 여러 종류인 검사에 사용된다. 이 신뢰도도 반분신뢰도와 같이 1회만 실시한다는 장점이 있으나 검사 내용이 이질적일수록 신뢰도 계수가 낮아지는 경향이 있으므로, 검사가 다양한 이질적인 요인으로 구성되어 있을 때에는 반분신뢰도나 그 외의 신뢰도 추정방법을 적용하는 것이 바람직하다. 다음 공식으로 문항내적합치도를 측정하는 신뢰도를 계산할 수 있다.

$$\rho_{xx'} \geq a = \frac{n}{n-1}\left(1 - \frac{\Sigma\sigma^2_{Y_i}}{\sigma^2_X}\right)$$

n : 문항 수
$\sigma^2_{Y_i}$: i번째 문항점수의 분산
σ^2_X : 총점의 분산

(5) 채점자 신뢰도

집단검사와 같이 검사 시행 및 채점에 대한 표준절차가 제시되어 있고 컴퓨터 채점이 가능한 검사에서는 시행 및 채점 시 발생할 수 있는 오차변량은 대개 무시되지만, 임상적 검사에서는 검사자의 변량이 중요한 문제가 된다. 창의성 검사나 투사적 성격검사와

표 3-5   각 신뢰도 계수와 관련된 검사 종류, 시행 수 그리고 오차변량

신뢰도 계수 유형	검사 종류	시행 수	오차변량
검사-재검사 신뢰도	1	2	시간표집
동형검사 신뢰도(연속)	2	1	내용표집
동형검사 신뢰도(지연)	2	2	시간과 내용 표집
반분신뢰도	1	1	내용표집
문항내적합치도	1	1	내용표집과 내용 이질성
채점자 신뢰도	1	2(채점)	채점자 간 차이

같은 검사에서는 채점자의 주관과 결정이 중요하므로 일반적인 신뢰도 계수의 측정과 함께 채점자 변량 및 신뢰도에 대한 측정도 필요하다. 대개 채점자 신뢰도는 검사용지를 두 명의 채점자에게 독립적으로 채점하게 하여 측정한다. 즉, 한 수검자의 수행을 두 채점자가 각기 평가하여 얻은 점수 간의 상관관계이다.

〈표 3-5〉는 지금까지 논의한 여러 종류의 신뢰도 계수를 요약하였다. 각 신뢰도 계수를 산출하는 데 필요한 검사 종류의 수, 시행 수 그리고 오차변량을 제시하였다.

2) 타당도

타당도(validity)는 신뢰도와 함께 중요한 개념으로, 이는 한 측정도구가 문항제작 시 의도했던 목적을 어느 정도 충실히 측정하고 있느냐 하는 검사의 능력을 의미한다. 즉, 한 검사의 타당도는 그 검사가 무엇을 측정하는지 그리고 얼마나 잘 측정하는지를 의미한다. 하지만 현재 타당도의 정의는 좀 더 포괄적으로 적용되는데, 검사가 제대로 만들어지고 실시되고 올바르게 채점 및 해석되어 수검자에게 의미 있게 적용되는 것들도 포함된다. 타당도를 검증하는 방법에는 여러 유형이 있는데, 내용타당도, 안면타당도, 준거타당도, 구성타당도 등에 대해서 살펴보고자 한다.

(1) 내용타당도
내용타당도(content validity)는 검사도구가 측정하고자 의도하는 내용을 어느 정도로 충실히 측정하고 있는지를 분석하여 검사의 타당성을 측정하는 방법이다. 이는 한 검사가 측정하려고 의도하는 검사 내용을 적절하고 타당하게 표집하였는지의 여부를 알아보

는 방법이다. 즉, 내용타당도는 검사가 측정하고자 하는 구성개념을 문항들이 얼마나 잘 대표하고 있는지에 관한 것이다. 일반적으로 측정하려는 분야의 전문가에게 검사 내용이 전체 내용을 대표할 만한 표본이라는 판정을 받으면 내용타당도가 있다고 한다. 이와 같이 내용타당도의 결정은 수량적이지 못하고 검사 제작자나 전문가의 판단에 의존한다. 대개 문항이나 척도의 내용타당도가 낮은 경우는 기초 이론에 대한 불완전한 이해와 이론의 부족 혹은 문항제작에서 과잉일반화의 결과와 관련되어 있다.

내용타당도는 성격검사나 적성검사보다 능력이나 숙련도에 관한 검사에서 중요하게 다루어진다. 그 이유는 성격이나 적성의 전체 내용이 무엇인지를 기술하기가 어려운 반면 능력이나 숙련도는 그렇지 않기 때문에 내용타당도가 비교적 의미가 있기 때문이다. 또한 특정 분야에 대한 전반적인 능력을 측정하는 인지적 능력검사에도 유용하다.

(2) 안면타당도

연구자들은 검사가 실제로 측정하고 있는 내용과 표면상으로 측정하고 있다고 보이는 내용에 차이가 있는 경우를 종종 발견한다. 안면타당도(face validity)는 내용타당도와 구분이 모호한데, 한 검사가 실제로 무엇을 측정하고 있는지와 관련된 것이 아니라 무엇을 측정하고 있는 것처럼 보이는지와 관련이 있다. 안면타당도 역시 검사구성에 있어서 중요하게 고려되어야 한다. 왜냐하면 안면타당도를 통하여 수검자는 검사가 무엇을 측정하고 있는지를 판단하게 되며 이러한 판단이 수검자의 반응에 영향을 미칠 수 있기 때문이다. 즉, 검사가 너무 쉽다거나 어렵다거나 혹은 부적절하거나 불필요해 보인다면 이런 안면타당도는 수검자의 협조적이고 솔직한 반응 태도에 영향을 미칠 것이다.

안면타당도는 검사로 측정하는 특정 영역과 관련이 있는 용어로 검사문항을 다시 기술하는 것만으로도 높아질 수 있다. 즉, 단순한 산수추리력 검사를 공학 분야에 적용할 때는 문항의 단어를 기계 조작이나 공학적인 단어로 기술하며, 공군조종사를 상대로 하는 검사라면 공군에서 쓰는 전문용어로 표현하는 것이 필요하다. 하지만 명심할 것은 안면타당도를 객관적인 타당도로 간주해선 안 되며, 검사의 안면타당도가 높아졌다고 해서 검사의 객관적 타당도도 높아진 것으로 생각해선 안 된다는 점이다.

(3) 준거타당도

준거타당도(criterion validity)는 검사결과가 경험적 기준을 얼마나 잘 예언하느냐 또는 그 기준과 어떤 관련이 있느냐와 같이 주어진 준거에 비추어 검사의 타당도를 확인하는 과정이다. 이때 준거가 미래 기준이냐 또는 현재 기준이냐에 따라 예언타당도와 공인타당도로 구분된다. 예언타당도는 측정도구의 검사결과가 수검자의 미래 행동이나 특성을 얼마나 정확하게 예언하느냐에 따라 결정되는 반면, 공인타당도는 하나의 심리 특성을 측정한 검사결과와 다른 대안적 방법으로 측정한 검사결과가 얼마나 일치하느냐에 따라 결정된다. 다시 말해, 새로 개발된 심리검사를 실시해서 얻은 점수와 기존의 검사를 실시해서 얻은 점수 간의 상관계수가 공인타당도의 지수이다.

공인타당도는 검사점수와 준거점수가 동일한 시점에서 수집되는 반면, 예언타당도는 검사점수와 예측행동 자료가 일정한 시간을 두고 수집된다. 예를 들어, 한 불안검사의 예언타당도가 높은지를 확인하려면, 대학 입학 초기에 실시한 불안점수와 일정 시간이 지난 대학생들의 불안신경증이나 적응장애 정도의 상관관계를 확인하면 된다. 이처럼 예언타당도는 검사도구가 미래의 행위를 예언해 준다는 장점을 지니고 있기 때문에, 예언타당도가 높으면 선발, 채용, 배치 등의 목적을 위하여 검사를 사용할 수 있다. 하지만 단점으로는 동시측정이 불가능하므로 검사의 타당성을 검증하기 위하여 시간적 여유가 필요하다는 것이다.

공인타당도는 계량화되어 있어 타당도에 대한 객관적인 정보를 제공할 수 있으며 타당도의 정도를 나타낼 수 있다는 장점을 지니고 있다. 그러나 기존에 타당성을 입증받고 있는 검사가 없을 경우에는 공인타당도를 추정할 수 없으며, 기존에 타당성을 입증받은 검사가 있다고 하더라도 그 검사와의 관계에 의하여 공인타당도가 검증되므로 기존 검사의 타당도 정도에 의존하게 되는 약점을 지니고 있다.

(4) 구성타당도

구성타당도(construct validity)는 검사의 결과가 그 검사가 측정하고자 하는 속성과 목적을 얼마나 잘 측정하느냐를 통해 타당성을 측정하는 방법이다. 즉, 한 검사의 구성타당도는 그 검사가 얼마나 이론적 구성개념이나 특성에 맞게 구성되어 있는지를 보여 준다. 구성타당도는 요인분석과 같은 통계적 분석을 통하여 검사의 요인구조를 밝히거나 다른 검사변인들과의 관계를 분석하는 방법으로 검증될 수 있다.

구성타당도는 검사점수와 검사에서 측정하고자 하는 변인과의 관계를 검토할 뿐만 아니라 검사가 측정하고자 하는 영역과 직접적인 관계가 없는 변인과의 관계도 검토한다. 다시 말해, 근본적으로 동일한 특성을 측정하는 다른 검사와의 상관관계뿐만 아니라 측정하고자 하는 특성과 관련이 없는 측정치와의 관계도 밝히는 것이다. 예를 들어, 특정한 지적 능력은 동일한 지적 능력을 측정하는 다른 검사점수와는 높은 상관관계를 보이는 반면, 지능과 관련이 없는 건강염려증과는 상관이 없을 것이다. 이러한 상호관계를 검토하는 과정에서 연구의 효율성은 가설의 정확성에 따라 결정되는데, 이는 연구자가 측정하고자 하는 특성을 얼마나 정확하고 깊이 이해하고 있는가에 달려 있다. 구성타당도가 높은 검사는 측정하는 특성과 유사한 특성을 측정한다고 가정되는 검사와는 보통 이상의 높은 상관관계를 보여야 하는 반면, 관련이 없는 특성을 측정하는 검사와는 매우 낮은 상관관계를 보이거나 전혀 상관관계를 보이지 않아야 한다.

구성타당도를 추정하는 또 다른 방법은 요인분석을 이용하는 것으로, 측정하는 특성의 이론적 배경을 기초로 하여 특정 검사의 요인구조에 대한 가설을 설정한 후 이를 검증하는 요인분석을 실시한다. 이 외에도 집단 간 차이를 비교하는 방법, 검사의 내부구조나 점수의 변동을 확인하는 방법, 그리고 검사과정을 분석해서 구성타당도를 검증하는 방법이 있다.

타당도 검증은 검사도구가 얼마나 측정목적을 제대로 달성했는지의 여부를 증명하므로 모든 인간 행동과학에서 수행되는 자료분석의 기본 절차이다. 타당도에 대한 검증을 거치지 않고 측정된 검사결과를 가지고 심리적 증상의 진단, 성격측정, 학업성취도 비교, 교육 효과의 확인 등을 수행한다면 잘못된 결론으로 유도될 수 있다. 기본적으로 타당도 지수에 의해 평가되는 절대적 기준은 없으나 상관계수에 의해 추정되는 공인타당도와 예측타당도는 〈표 3-6〉과 같이 언어적 표현기준으로 분류할 수 있다(성태제, 1995).

표 3-6   상관계수 추정에 의한 타당도 평가

타당도 지수	타당도 평가
.00~.20	타당도가 거의 없다
.20~.40	타당도가 낮다
.40~.60	타당도가 있다
.60~.80	타당도가 높다
.80~1.00	타당도가 매우 높다

참고문헌 ●─────────────────────────────

강봉규(1999). 심리검사의 이론과 기법. 서울: 동문사.

성태제(1991). 문항반응이론 입문. 서울: 양서원.

성태제(1995). 타당도와 신뢰도. 서울: 양서원.

성태제(2004). 문항제작 및 분석의 이론과 실제. 서울: 학지사.

Baker, F. B. (1985). *The Basic of Item Response Theory*. New Hampshire: Heinemann.

Cureton, E. E. (1957). The upper and lower twenty-seven percent rule. *Psychometrika, 22*, 293-296.

Ebel, R. L., & Frisbie, D. A. (1986). *Essential of Educational Measurement* (4th ed.). Englewood Cliffs, NJ: Prentice-Hall.

Haladyna, T. M. (1994). *Developing and Validating Multiple-choice Items*. Hillsdale, NJ: Lawrence Erlbaum.

Haladyna, T. M., & Downing, S. M. (1989). Validity of a taxonomy of multiple-choice item-writing rules. *Applied Measurement in Education, 2*, 51-78.

Kelley, T. L. (1939). The selection of upper and lower groups for the validation of test items. *Journal of Educational Psychology, 39*, 17-24.

Lord, F. M. (1952). The relation of the reliability of multiple-choice tests to the distribution of item difficulties. *Psychometrika, 17*, 181-194.

Raju, N. S. (1990). Determining the significance of estimated signed and unsigned areas between two item response functions. *Applied Psychological Measurement, 14*, 197-207.

Rudner, L. M., Getson, P. R., & Knight, D. L. (1980). A monte carlo comparison of seven biased item detection techniques. *Journal of Educational Measurement, 17*, 1-10.

Shepard, L. A. (1984). Setting performance standards. In R. A. Berk (Ed.), *A Guide to Criterion-Referenced Test Construction*. Baltimore, MD: Johns Hopkins University Press.

Spearman, C. (1910). Correlations calculated from faculty data. *British Journal of Psychology, 3*, 271-295.

제4장
한국 웩슬러 성인용 지능검사

    지능검사는 개인의 지적 기능 수준 및 양상을 평가하는 중요한 연구 및 임상 도구이다. 이 장에서는 한국판 웩슬러 성인용 지능검사 4판(Korean Wechsler Adult Intelligence Scale, Fourth Edition: K-WAIS-IV; 황순택, 김지혜, 박광배, 최진영, 홍상황, 2012)의 구조와 주요 특징, 실시 및 해석 등에 대해 살펴볼 것이다. 이 검사는 웩슬러 지능검사 시리즈의 최근판인 웩슬러 성인용 지능검사 4판(Wechsler Adult Intelligence Scale, Fourth Edition: WAIS-IV)의 한국 표준화판이다.

    심리교육적인 도구로서 K-WAIS-IV는 인지능력을 포괄적으로 평가하는 데 활용된다. 특히 교육장면에서는 지적 능력의 평가를 통하여 낮은 학업적 성취의 원인이 되는 인지적 결함을 찾아내고 미래의 학업성취를 예측하는 데 광범위하게 활용된다. K-WAIS-IV는 매우 우수한 지적 능력을 지녔거나 학습장애 혹은 인지적 결함을 보이는 개인의 치료적 개입에도 중요한 정보를 제공해 준다.

    정신건강의학과와 신경과를 포함하는 다양한 임상장면에서 지적, 기능적, 신경심리학적 평가가 필요할 수 있다. 기저의 신경심리학적 문제를 평가하기 위해서 혹은 이미 알려진 신경학적 문제를 가진 환자의 기능평가를 위해 신경심리평가를 의뢰하게 된다. 이때 K-WAIS-IV가 신경학적 문제와 정신건강의학적 문제를 감별 진단하는 데 사용될 수 있다. 나아가 개인의 성격적 및 정서적 특징, 적응에 도움을 주는 강점, 장애를 일으킬 수 있는 약점 등을 파악하고 임상적 진단을 내리고 합리적인 치료목표를 설정하는 데도 사용된다. 지능검사에 대한 반응과정에서 개인의 인지적 특성뿐 아니라 신체감각 및 운동기능, 정서적인 조건과 상태, 성격적인 특성이 영향을 주게 된다. 이 점은 순수한 지적 기능만을 측정하고자 하는 사람들에게는 상당한 방해물이 될 수 있지만 또 한편 지능검사가 임상장면에서 필수적인 심리평가 도구로 사용되고 있는 중요한 이유 중의 하나이기도 하다. 또한 지능검사를 수행하는 동안 수검자의 독특하고 대표적인 행동을 직접 관찰할 수 있으며, 이는 성격 특성, 적응적 혹은 부적응적인 행동 양상을 이해하는 데 중요한 자료가 된다.

K-WAIS-IV는 연구목적으로도 활용될 수 있다. 인지능력의 평가는 한 개인이 어떻게 중요한 지적 기능을 획득하고 활용하는지에 대한 정보를 제공해 준다. 따라서 검사를 활용하여 치료적 개입의 효과가 특정 인지능력에서 어떠한 방식으로 나타나는지 혹은 외상적 두뇌손상이 인지기능에 미치는 효과 등을 검증해 볼 수 있다. 그 밖에 연령 변화에 따른 지적 기능의 변화 양상 등 다양한 영역의 연구에도 활용될 수 있다.

1. 지능의 개념과 정의

지능이라는 구성개념은 임상적 입장과 이론적 입장에 따라 서로 다르게 정의되어 왔다(Kaufman, 1990). 임상적 입장에서는 지능을 전체적인 잠재적 적응 능력으로 정의하였다. 또한 경험적이거나 이론적인 배경이 충분하지 않더라도 지능의 구성요소에 대한 가설을 바탕으로 지능검사를 제작해 왔고, 가장 중요한 목표인 개인의 전체적 능력을 평가하기 위해 검사를 사용해 왔다. 더불어 동기나 성격 등의 비인지적 요소가 지적 기능의 수행에 영향을 미치고 지능검사 결과에 반영되며 이러한 결과가 임상적으로 중요한 자료를 제공해 준다고 강조하였다. Wechsler(1944)는 지능이 성격과 분리될 수 없다고 하였으며, 지능을 "한 개인이 합목적적으로 행동하고, 합리적으로 사고하고, 환경에 효과적으로 대처하는 능력"으로 정의하여 다분히 지능의 기능적인 측면에 초점을 맞추었다.

한편 이론적인 입장에서는 지능의 개념을 과학적으로 정의하기 위해 지능검사 결과와 개인의 성, 연령, 학력, 성취 등과의 상관관계를 분석하거나 지능검사의 소검사들에 대한 요인분석 연구를 바탕으로 지능의 개념을 발전시켜 왔다. Spearman(1904)은 모든 지적 기능은 공통적인 g요인(general factor)과 음악적 재능, 기계적 능력과 같은 특수한 지능 요인(special factor)이 존재한다는 2요인설을 제시하였다. 이후 지능에는 여러 특수한 능력이 포함되어 있음이 보고되어 왔으며, Thurstone과 Thurstone(1941)은 지능이 언어 이해력, 어휘 유창성, 수리적 능력, 공간능력, 지각속도, 기억, 추리력의 7요인으로 이루어져 있다고 제시하였다. Cattell(1971)은 지능을 현재 지능검사 분야에서 가장 널리 받아들여지는 개념인 유동적 지능(fluid intelligence: Gf)과 결정화된 지능(crystallized intelligence: Gc)으로 구별하였다. Cattell이 개념화한 유동적 지능은 선천적 기능으로서 뇌손상이나 정상적 노령화에 따라 감소되는 지적 능력인 반면, 결정화된 지능은 유동적 지능을 바탕으로 개인의 문화적 또는 교육적 경험에 따라 영향을 받는 기능으로서 지속적인 발전이 가능한 지적 능력이다. Horn은 이후에 Cattell의 초기 Gf-Gc 이론을 시각 지각, 단기기억, 장기 저장과 인출, 처리속도, 청각처리 능력, 양적 능력 그리고 읽기-쓰기 능력 요인을 포함하는 것으로 확장하였다(Horn, 1985, 1988, 1991; Horn & Noll, 1997). 또한 연구자들은 지능의 보다 구별되는 영역을 확인하고, 지능검사 해석에 있어 특정 영역에서의 개인의 수행뿐 아니라 해당 영역에서의 발달적 궤적상의 차이를 강조하기 시작하였다(Carroll, 1993; Goldstein & Hersen, 2000; Kaufman & Lichtenberger, 2006; Keith, 1985, 1990).

지능검사를 통해 측정되는 개인의 지능은 유전적 결정요인뿐만 아니라 초기 교육적 환경, 후기 교육과 직업 경험, 현재의 정서적 상태 및 기질적 또는 기능적 정신장애, 검사 당시의 상황요인 등 다양한 변인의 상호작용 결과로 나타나는 개인의 전체적인, 잠재적인 적응능력이라고 볼 수 있다. 현재까지 제작된 지능검사는 주로 이러한 지능개념을 기초로 하고 있으며, 개인의 이해 및 치료에 있어서 주요 역할을 담당해 왔다.

2. 지능검사의 발달

지능측정의 역사는 19세기 후반으로 거슬러 간다. 당시에 Francis Galton은 지적 능력의 유전성과 선천적 재능에 대한 관심의 일환으로 감각운동 과제로 구성된 지능검사를 개발하였다. Galton이 구성한 검사는 흔히 최초의 종합적인 지능검사로 간주되지만 단순 반응시간, 악력, 시력 등 감각 및 운동 능력과 기술을 평가하는 것이어서 정신기능과는 상관이 매우 낮아 현대적인 지능측정 도구와는 차이가 있었다.

현대적인 의미에서 최초의 지능검사는 20세기 초에 제작된 비네-시몽(Binet-Simon) 검사이다. Binet는 정상 아동과 지체 아동을 구별하는 방법을 연구하는 프랑스의 교육부 위원회 위원으로 활동하면서 아동들의 개인차, 정신적 조직화 등에 관한 당시까지의 연구 발견을 토대로 비네-시몽 지능검사(Binet & Simon, 1905)를 개발하였다. 이 검사는 정규 교육과정을 따라가기 힘든 아동을 선별해 내는 도구로 사용되었다.

당시 Binet는 지능에 대해 "기본적인 능력으로서의 판단과 이해, 추리능력이 지적 활동의 기본"이라고 규정하였다. Binet는 그 후 재표준화 과정을 거치면서 지능이 동기, 의지, 인격, 판단, 유사한 다른 행동 특징 등과 밀접한 관계가 있다고 제안하였다. 1908년에 발표된 재표준화 척도에서는 최초로 연령수준(3세에서 13세 범위)이 포함되었고, 1911년 개정판에서는 연령수준의 범위가 확대되어 성인을 위한 문항이 포함되었다. 그러나 이 확장은 아동용 검사를 구성할 때처럼 그렇게 엄격하게 이루어진 것은 아니며, 척도의 주된 사용 대상은 일차적으로 학령기 아동들이었다(Lichtenberger & Kaufman, 2009). 1911년 개정판이 나올 무렵에는 지체아동의 선별뿐 아니라 다양한 목적의 아동 평가 장면에서 이 검사가 활용되었으며, 아동발달, 교육, 의료, 그리고 아동의 인지적 잠재력으로 직업적 경력을 예측하는 종단적 연구 등 다양한 장면에서 Binet의 평가가 사용될 것으로 기대되었다(Matarazzo, 1972). 이 검사에서 사용된 과제들은 아동과 성인을 대상으로 그 후 개발된 많은 지능검사에서 활용되었다.

Terman(1916)은 비네-시몽 척도의 미국판인 스탠퍼드-비네(Stanford-Binet) 지능척도를 개발하였다. Terman은 지능검사가 아동의 지적 지체 혹은 우월함을 탐지하고 성인의 정신박약을 확인하는 용도뿐만 아니라 비행 청소년과 성인기 사회적 부적응을 평가하고 직업적 적합성을 결정하는 데도 유용하다는 것을 인식하게 되었다. 그러나 이 검사에서도 14세 이하의 연령에서는 정교한 절차로 전집대표성을 엄격하게 지켜 표준화를 하였지만 14세 이상의 청소년, 성인의 경우 정교한 표집을 하지는 않았으며, 13~15세(inferior adults), 15~17세(average adults) 그리고 17세 이상(superior adults)과 같은 정신연령(mental age: MA) 범주로만 구분하였다.

성인용 지능검사는 제1차 세계대전 발발을 계기로 급속도로 발전하였다. 심리학자들은 지능검사가 장교를 선발하고 병사들을 적합한 부서에 배치하는 과정에서 정신적 부적합을 확인하는 데 유용하다는 것을 알게 되었다. Robert Yerkes가 중심이 되어 비네 검사를 집단 실시용 검사 형식으로 만들었다. Binet가 연령수준과 발달단계에 따라 검사를 구성한 연령척도(age-scale) 접근을 사용했던 것과는 달리, Yerkes(1917)는 구체적인 중요 기능에 따라 검사를 선택하는 방식인 점수척도(point-scale) 접근을 채택하고 대규모 표본으로 규준을 만들고 타당도를 검증하였다. 점수척도 방식은 이후의 거의 모든 지능검사에서 채택되었다. 군사용 집단검사는 Yerkes의 점수척도 접근과 정신적 기능을 평가할 때 측정되어야 하는 기술들의 종류에 관한 Binet의 개념이 결합된 것이다.

Terman의 제자였던 Arthur Otis는 스탠퍼드-비네 지능척도를 기초로 집단용 언어적 검사인 군대용 α(Army Alpha)와 비언어적 검사인 군대용 β(Army Beta)를 개발하였다. 당시에 또한 집단용 검사의 한계를 극복하기 위해 개인용 검사(Army Performance Scale Examination)를 개발하였다. 빠진 곳 찾기, 차례 맞추기, 기호쓰기, 모양 맞추기 과제로 구성된 이 검사는 당시 개인의 지능수준을 결정하는 데 결정적인 역할을 하였고, 오늘날 사용되는 지능검사 소검사들의 토대가 되었다.

제1차 세계대전 당시 David Wechsler는 실험심리학적 훈련과 통계적 지식, 폭넓은 검사 경험을 갖추어 최고의 평가자로 인정받던 인물이었다. 그는 비네 척도와 군대용 α와 β의 과제와 문항을 그대로 사용하여 검사 배터리를 만들었다. 본질적으로 Wechsler는 다른 사람들이 비임상 목적으로 개발한 과제를 임상검사 배터리를 개발하는 데 이용했다. Wechsler는 지능검사를 역동적 임상 도구로 생각했으며, 단순히 학업성취의 예언자 혹은 직업 선택의 가이드로 생각하기보다는 개인의 숨겨진 성격을 비추는 거울로 생각했다. 제1차 세계대전이 끝나자 많은 심리학자는 다시 과거처럼 아동평가의 한 수단으로 지능의 측정에 관심을 기울였다. 그러나 Wechsler(1939)는 청소년과 성인용 웩슬러-벨레뷰 지능검사(Wechsler-Bellevue Intelligence Scale)의 초판을 개발했다.

웩슬러 검사 시리즈의 첫 번째 판인 이 검사에서는 혁신적으로 편차 IQ(표준 점수)를 사용했다. 이 방식은 Terman이 IQ를 산출하는 데 사용했던 비율 방식(정신연령을 생물학적 연령으로 나누는 것, 즉 MA/CA)에 비해 심리측정적으로 우수하다. 1955년에 WAIS, 1981년에 WAIS-R, 1997년에 WAIS-III 그리고 2008년에 WAIS-IV가 각각 출간되면서 웩슬러 검사는 대표적인 개인용 지능검사로 자리를 잡아 왔다. 성인용과 병행하여 아동용과 유아용 검사도 출판되었다(웩슬러 아동용 지능검사는 다음 장에 상세하게 소개된다). WAIS와 WAIS-R은 소검사의 구성이 동일했으며, 각 소검사에 들어 있는 문항의 수정과 시대에 맞는 새로운 규준을 만드는 것이 개정의 주된 목적이었다.

WAIS-III과 WAIS-IV 개정에서는 많은 중요한 변화가 있었다. 가장 중요한 것은 새로운 소검사의 도입이다. WAIS-III에는 기존 웩슬러 배터리에 없었던 순서화, 동형찾기, 행렬추론과 같은 새로운 소검사가 포함했다. WAIS-IV에는 퍼즐, 무게비교 그리고 지우기가 새로운 소검사로 추가되었다. 이러한 소검사 구성의 변화는 그동안 축적된 경험적인 지식과 이론의 발전을 검사에 반영하기 위한 것이었다.

예를 들어, 지능검사에 대한 경험적 연구들이 축적되면서 WAIS와 WAIS-R의 중요한 구조인 언어성 지능과 동작성 지능의 구분을 수정할 필요성이 제기되었다. 예를 들어, 언어성 소검사들 간에 '산수' '숫자'와 같은 다소 이질적인 소검사가 있었고, 동작성 검사에 속하는 '빠진 곳 찾기' '차례맞추기' 같은 소검사는 언어성 소검사들과도 높은 상관이 있었으며, 11개 소검사의 요인구조에 관한 연구에서도 언어성–동작성의 2요인뿐 아니라 3요인, 4요인 등 다양한 요인구조가 확인되었다.

또한 인지심리학, 신경심리학, 노년기 발달심리학 연구에서 유동적 추론, 작업기억 그리고 처리속도가 인지 기능에 중요한 역할을 한다는 연구 결과가 축적되었다. 이러한 연구결과들을 반영하여 WAIS-III에서부터 유동적 지능, 작업기억, 처리속도 등의 측정을 강화하기 위하여 새로운 소검사들을 포함하였고, 종래의 언어성 IQ와 동작성 IQ 외에도 언어이해, 지각적 조직화, 작업기억, 처리속도의 네 가지 지수를 별도로 제공하였다. WAIS-IV에서는 언어성 IQ와 동작성 IQ를 더 이상 사용하지 않고 FSIQ와 함께 4개의 지수로 완전히 대체하였다.

국내의 경우, 최초의 한국판 웩슬러 성인용 지능검사인 KWIS(전용신, 서봉연, 이창우, 1963)는 WAIS(1955)를 표준화한 것이며, K-WAIS(염태호, 박영숙, 오경자, 김정규, 이영호, 1992)는 WAIS-R(1981)을 표준화한 한국판 검사이다. WAIS-III는 아쉽게도 한국판으로는 제작되지 못하였으며, 최근에 WAIS-IV의 한국판인 K-WAIS-IV(황순택, 김지혜, 박광배, 최진영, 홍상황, 2012)가 출판되었다.

3. K-WAIS-IV의 구조

K-WAIS-IV는 총 15개 소검사로 구성되어 있으며, 전체지능지수와 추가로 네 개의 지수점수를 제공한다. 15개의 소검사는 10개의 핵심 소검사와 5개의 보충 소검사로 나누어진다(〈표 4-1〉 참조). 핵심 소검사는 지수점수를 산출하기 위해 기본적으로 사용되는 소검사이다. 보충 소검사는 수집할 인지기능의 범위를 확장해 주고 추가적인 임상정보를 제공하며, 임상가로 하여금 소검사 간의 불일치에 대한 추가 분석을 가능하게 한

표 4-1　K-WAIS-IV의 구조

조합척도(Composite Scales) 또는 지수척도(Index Scales)			소검사	
			핵심 소검사	보충 소검사
전체척도 (Full Scale)	일반능력 지수 (General Ability Index: GAI)	언어이해 지수 (Verbal Comprehension Index: VCI)	공통성 어휘 상식	이해
		지각추론 지수 (Perceptual Reasoning Index: PRI)	토막짜기 행렬추론 퍼즐	무게비교 빠진 곳 찾기
	인지효능 지수 (Cognitive Proficiency Index: CPI)	작업기억 지수 (Working Memory Index: WMI)	숫자 산수	순서화
		처리속도 지수 (Processing Speed Index: PSI)	동형찾기 기호쓰기	지우기

다. 때로는 핵심 소검사에서 얻은 점수가 실시 오류, 최근에 검사를 받은 경험, 신체적 한계 또는 감각 결함, 반응 태도(response set, 즉 수검자가 한 소검사의 모든 문항에서 같은 반응을 하거나 모르겠다고 하는 경우) 등으로 인해 타당하지 않을 수도 있다. 조합점수를 구할 때 이러한 이유로 인해 핵심 소검사 점수가 타당하지 않은 경우 보충 소검사 점수로 대체할 수 있다.

　전체지능지수(Full Scale Intelligence Quotient: FSIQ)는 개인의 전체적인 인지능력을 나타내는 지수이다. 분리된 개별적인 인지능력 영역에서의 기능을 나타내기 위해 네 가지 조합점수인 언어이해 지수(Verbal Comprehension Index: VCI), 지각추론 지수(Perceptual Reasoning Index: PRI), 작업기억 지수(Working Memory Index: WMI), 처리속도 지수(Processing Speed Index: PSI)가 사용된다. 한편 경우에 따라 선택적으로 일반능력 지수(General Ability Index: GAI), 인지효능 지수(Cognitive Proficiency Index: CPI)를 사용할 수 있다. 종래에 사용해 왔던 언어성 IQ, 동작성 IQ는 각각 언어이해 지수(VCI) 점수와 지각추론 지수(PRI) 점수로 대체되었다.

　언어이해 지수는 언어적 추론, 이해 그리고 개념화를 필요로 하는 언어적 능력을 측정하는 소검사들로 이루어져 있고, 지각추론 지수는 비언어적 추론과 지각적 조직화 능력을 측정하는 소검사들로 이루어져 있다. 작업기억 지수는 작업기억(동시적 과정과 순차적 과정을 포함하는), 주의력 그리고 집중력을 측정하는 소검사들로 이루어져 있다. 처리속도 지수는 정신·운동, 시각·운동 처리속도를 측정하는 소검사들로 구성되어 있다. 그 밖에 일반능력 지수는 언어이해 지수와 지각추론 지수 점수로부터 유도되는 지수이며, 인지효능 지수는 작업기억 지수와 처리속도 지수 점수로부터 유도되는 지수이다.

지수척도에 속하는 소검사들로 해당 지수점수(Index Scores)가 산출되며, 지수점수들로부터 전체지능지수(FSIQ)가 산출된다. 지수점수와 전체지능지수(FSIQ)는 몇 개의 소검사 점수를 합산하여 산출된다는 의미에서 조합점수(Composite Scores)라고도 한다.

각 소검사의 간략한 기술은 〈표 4-2〉에 제시하였다.

표 4-2 K-WAIS-IV의 소검사

소검사	약자	기술
언어이해 소검사		
공통성	SI	수검자에게 공통 사물 혹은 개념을 나타내는 두 단어가 제시되며, 수검자는 이들이 어떻게 비슷한지 기술해야 한다.
어휘	VC	그림 문항에서는 수검자는 시각적으로 나타난 사물의 이름을 말해야 한다. 언어 문항에서는 시각적 및 구두로 제시되는 단어들을 정의해야 한다.
상식	IN	수검자는 광범위한 일반지식을 묻는 질문에 대답해야 한다.
이해	CO	수검자는 일반적 원칙과 사회적 상황에 대한 자신의 이해를 바탕으로 주어진 질문에 대답해야 한다.
지각추론 소검사		
토막짜기	BD	수검자는 시간제한 내에 과제를 완수해야 하며, 제시된 모형과 그림 혹은 그림만 보고 빨강-흰 토막을 이용하여 똑같은 디자인을 만들어 내야 한다.
행렬추론	MR	수검자는 미완성 행렬 혹은 연속된 도안들을 보고 행렬 혹은 그 연속들을 완성하는 반응을 선택해야 한다.
퍼즐	VP	수검자는 시간제한 내에 과제를 완수해야 하며, 완성된 퍼즐을 보고 조합했을 때 퍼즐과 같은 모양으로 될 수 있는 세 개의 선택지를 골라야 한다.
무게비교	FW	수검자는 시간제한 내에 과제를 완수해야 하며, 무게 균형이 맞지 않는 저울을 보고 균형을 잡기 위해 반응 선택지를 골라야 한다.
빠진 곳 찾기	PCm	수검자는 시간제한 내에 과제를 완수해야 하며, 그림에서 빠진 부분이 무엇인지 찾아야 한다.

작업기억 소검사

숫자	DS	바로 따라하기에서 수검자는 일련의 숫자를 듣고 같은 순서로 숫자들을 회상해야 한다. 거꾸로 따라하기에서 수검자는 일련의 숫자를 듣고 반대 순서로 숫자들을 회상해야 한다. 순서대로 따라하기에서 수검자는 일련의 숫자를 듣고 순서대로 숫자를 회상해야 한다.
산수	AR	수검자는 시간제한 내에 과제를 완수해야 하며, 일련의 산수 문제를 정신적(머릿속)으로 해결해야 한다.
순서화	LN	수검자는 일련의 숫자와 문자(요일)를 듣고 각각을 순서대로(숫자는 작은 순으로, 문자는 요일 순으로) 정렬하여 회상해야 한다.

처리속도 소검사

동형찾기	SS	수검자는 시간제한 내에 과제를 완수해야 하며, 탐색기호를 보고 나서 표적기호들 중에 탐색기호와 동일한 것이 있으면 표시해야 한다.
기호쓰기	CD	수검자는 키(key)를 이용하여 시간제한 내에 숫자와 짝지어진 기호를 옮겨 그려야 한다.
지우기	CA	수검자는 시간제한 내에 과제를 완수해야 하며, 조직적으로 배열된 도형 모양들 속에서 표적 모양을 찾아 표시해야 한다.

4. 소검사와 조합점수

1) 소검사

(1) 언어이해 소검사

① 공통성(Similarity: SI)

공통성 소검사에서는 사물이나 개념을 나타나는 두 개의 단어가 제시되면 수검자는 그 둘이 어떠한 유사점이 있는지를 기술해야 한다. 이 소검사의 과제는 언어적 개념 형성 또는 추론의 과정을 측정하기 위해 고안된 것이다. 이 과제에서 좋은 점수를 받기 위해서는 제시된 두 단어의 공통적인 요소를 지각하고 이를 의미 있는 개념으로 통합해야 하며, 두 단어를 포함하는 가장 가까운 상위개념을 언급할 때 좋은 점수를 받게 된다. 결정화된 지능, 추상적 추론, 언어적 이해, 기억력, 연합 및 범주적 사고, 핵심적인 측면과 지엽적인 측면의 변별, 언어적 표현력 등도 과제의 수행에 영향을 준다.

수검자의 반응은 추상적인 것일 수도 있고("탁자와 의자는 가구다."), 구체화된 것일 수도 있고("코트와 정장은 천으로 만들었다."), 기능적일 수도 있다("북쪽과 서쪽은 당신이 가고 있는 곳을 말해 준다."). 답변이 단어의 구체적인 특징, 기능적인 특징, 추상적인 특징 중 어떤 것에 초점을 맞추어 반응하는지에 따라 개인의 사고양식을 볼 수 있다. 또한 수검자의 언어 반응상 특징으로부터 임상적으로 풍부한 정보를 얻을 수 있다. 특히 과도하게 정교화된 반응, 과잉 일반화된 반응, 과잉 포괄적인 반응, 자기참조적 반응 등에 주목해야 한다. 과잉 정교화는 강박성을 시사한다. 과잉 포괄적 반응은 사고장애를 시사할 수 있다. 자기참조는 공통성 소검사에서는 매우 이례적으로 나타나는 것으로, 개인적인 집착의 표시일 수 있다.

이 과제의 수행 시 수검자의 자동화된 언어적 습관이 반영될 수 있다. 또한 과제를 수행하는 과정에서 좌절 상황을 다루는 방식이 드러날 수 있다. 예를 들어, 응답하기 어려워지는 경우 답변을 위해 과도하게 노력하는 경우도 있고, 부정적이거나 비협조적인 태도를 취할 수도 있다. '그 둘은 비슷하지 않다'고 답변하는 경우는 과제 요구를 회피하고 부정하는 태도 또는 대처양식을 나타내는 것일 수 있다.

② 어휘(Vocabulary: VC)

어휘 소검사의 자극은 그림 또는 언어로 되어 있다. 그림 문항에서 수검자는 시각적으로 제시되는 물체의 이름을 말해야 한다. 언어적 문항의 경우 인쇄된 글자와 동시에 구두로 제시되는 단어의 뜻을 말해야 한다. 이 소검사는 수검자의 단어 지식과 언어적 개념 형성을 측정하기 위한 것이다. 이 소검사를 통해 결정화된 지능, 지식, 학습 능력, 장기기억, 그리고 언어발달의 정도를 평가할 수 있다. 청각적 이해력과 언어적 표현력도 이 과제의 수행에 영향을 줄 수 있다.

어휘 소검사에서의 반응을 통해 언어능력 외에도 수검자의 문화적 배경, 사회발달, 좌절에 대한 반응 등을 알아볼 수 있다. 상식 소검사의 경우에도 그렇지만, 다른 언어성 소검사에 비해 이 소검사에서의 높은 점수는 생활 속에서의 지적 야망 또는 성취 압력을 반영하는 것일 수 있다. 이 소검사에서 반응은 개방적(open-ended)이기 때문에 수검자의 어휘 지식뿐만 아니라 언어적 유창성에 관한 정보도 얻을 수 있다. 몇몇 단어는 동의어 하나만으로 쉽게 답할 수 있는데도 어떤 수검자는 지나치게 장황하게 답하거나 중언부언하면서 답할 수도 있다. 이 소검사 문항에서 추상적 사고의 수준도 평가할 수 있다.

수검자는 같은 단어에 대해 추상적인 의미를 말할 수도 있고 매우 구체적인 의미를 말할 수도 있다.

반응에 나타나 있는 내용은 수검자의 두려움, 죄의식, 집착, 기분, 흥미, 배경, 문화적 환경, 기괴한 사고과정, 보속성, 음향연상(clang associations) 등에 관한 분석을 제공한다. 특히 이 소검사는 언어적 표현이 요구되는 과제이기 때문에 경미한 언어적 문제나 왜곡된 사고과정에 민감하다. 즉, 언어 장해, 우원적 발언, 관계가 없는 발언, 여타의 표현상의 어려움 등이 나타날 수 있다. 또한 오답 반응에 포함된 추측, 음향연상, 음향혼돈(acoustic confusion), 특이하거나 기이한 연합 등이 나타나는 경우도 있다. 수검자가 이러한 유형의 특이한 반응을 보이는 경우 추가적인 질문을 통해 그러한 반응의 배경을 탐색해 보아야 한다.

③ 상식(Information: IN)

상식 소검사는 폭넓은 영역의 일반지식에 관한 질문으로 구성되어 있다. 이 소검사는 수검자의 일반적이고 실제적인 지식에 대한 학습, 파지, 재인 능력을 측정하기 위한 것이다. 수검자의 결정화된 지능과 장기기억도 수행에 반영된다. 언어적 지각, 이해 그리고 표현 능력도 이 과제의 수행에 영향을 줄 수 있다.

이 소검사 문항에서 득점에 필요한 사실적 지식의 대부분은 정규교육과 함께 환경에 대한 각성이 원천이다. 지적 야망은 높은 점수로 반영될 수 있으며, 이 경우 흔히 어휘 소검사에서도 높은 점수를 기록한다. 이 소검사 문항은 일반적으로 위협적이 아니고 정서적으로 중립적이며, 소검사에서는 특별한 노력을 기울이지 않는, 자동화된 반응이 좋은 점수를 가져온다.

검사 수행 과정에서 어려운 문항에서는 성공하지만 쉬운 문항에서 실패가 반복되는 경우 낮은 동기수준, 불안감, 지루함, 장기기억에서의 인출 실패 등의 가능성을 고려해 볼 수 있다. 이러한 문제가 의심될 경우에는 오답 문항을 면밀하게 분석해 보는 것이 도움이 된다. 지나치게 길게 또는 여러 개의 응답을 하는 경우는 강박적이거나 완벽주의적인 성향을 시사할 수 있으며, 그렇지 않다면 단순히 재능이 있거나 검사자에게 좋은 인상을 남기기 위해 노력한 것일 수 있다. 완벽주의적 접근은 확실하지 않으면 답을 하지 않는 방식으로 나타날 수 있다. 불필요하게 세부적이고 지엽적인 반응은 강박성의 표시일 수 있다. 기괴하거나 괴상한 반응은 개인의 정신적 상태를 반영하는 것일 수 있다. 예를 들면, "물은 2,500도에 끓는다." "슈퍼마켓에서 보았던 그 친구가 간디이다."라는 식의 반응은 정신기능을 보다 깊이 탐색해 볼 필요성을 보여 주는 것일 수 있다.

④ 이해(Comprehension: CO)

이해 소검사는 사회적 상황에 대한 이해와 사회적 상황에 내재된 일반적인 원리를 묻는 질문으로 구성되어 있다. 이 소검사는 언어적 추론과 개념화, 언어적 이해와 표현력, 과거 경험을 활용하고 평가하는 능력, 실제적인 지식과 판단력 등을 측정하기 위한 것이다. 수검자가 보유한 결정화된 지능, 관습적인 행동기준, 사회적 판단, 장기기억, 그리고 일반적인 상식 수준도 수행에 영향을 준다.

공통성 소검사와 어휘 소검사 반응처럼 이해 소검사 반응도 추상성(abstractness)의 정도가 다양할 수 있다. 추상화 능력은 속담을 설명할 때 특히 잘 드러난다. 추상적인 개념으로 사고하는 능력('사공' 문항에서 "너무 많은 사람이 관여하면 일이 더 잘 안 된다는 뜻이다.")은 보다 구체적인 반응 유형("사공이 한 명이라야 되는데 여러 명이면 안 된다.")과 구분된다.

이 과제는 실제적이고 경험적인 지식을 필요로 하며, 수검자는 사회적 상황에서의 실제적인 추론능력과 판단력을 활용하게 된다. 이 때문에 문화적 기회가 풍부했던 사람이 양호한 수행을 보일 가능성이 높다. 이 과제에서 성공적인 수행을 보이는 사람은 상식적이고 사회적 판단력이 뛰어나며, 적절하고 의미 있는 방식으로 행동할 수 있음을 시사한다.

이 소검사에서의 성공을 위해서는 안정적이고 정서적으로 균형 잡힌 태도와 성향이 필요하다. 어떤 형태든 부적응은 낮은 점수를 초래한다. 이 소검사에서 보이는 반응을 통해 개인의 성격적 특성, 윤리적 태도와 사회적 및 문화적 배경에 대해 알 수 있다. 상식 소검사와는 달리 이해 소검사는 좀 더 길고 복잡하며 다양한 반응들이 나타날 수 있다. 사회적 상황에 대한 판단을 요구하기 때문에 각 응답은 사회적 상황에 대한 개인의 태도를 반영하며, 사회적 규범에 대한 이해와 수용의 정도를 보여 주기도 한다. 또한 이 과제에서 보이는 반응을 통해 개인이 문제를 접할 때 주도적인지 의존적인지, 무력한지, 우유부단하거나 융통성이 부족하지는 않은지, 환경을 잘 이용하고 협조적인지 등을 알 수 있다.

이 소검사 문항 중 일부는 반응을 하나만 하는 경우 추가 질문을 해야 한다. 그리고 반응을 명료화하기 위한 추가적인 질문은 항상 허용된다. 추가적인 질문에 수검자가 반응하는 방식을 잘 분석할 필요가 있다. 수검자가 추가 질문에 대해 방어적인지, 융통성이 없고 원래 반응 이상의 반응을 하지 못하는지, 자발적으로 두 개의 정확한 반응을 할 수 있는지, 항상 구조와 지지를 필요로 하는지 등을 관찰함으로써 임상적으로 가치 있는 정보를 얻을 수 있다.

(2) 지각추론 소검사

① 토막짜기(Block Design: BD)

수검자는 제시된 모형(model)과 그림(picture) 또는 그림을 보고 빨간색과 흰색으로 이루어진 토막으로 정해진 시간 내에 똑같은 모양(design)을 만들어야 한다. 수검자는 시행착오적이거나 마음속으로 조작해 보거나 그림에 보이는 순서대로 토막을 짜는 등의 다양한 방식으로 과제를 수행할 수 있다.

이 소검사는 추상적인 시각적 자극을 분석하고 통합하는 능력을 측정하기 위한 것이다. 또한 비언어적 개념 형성과 추론, 유동적 지능, 시지각 및 조직화 능력, 동시적 처리 과정, 시각–운동 협응 능력, 학습, 그리고 시각적 자극 내에서 전경과 배경을 구별해 내는 능력 등도 수행에 영향을 준다.

수검자가 과제를 시작하거나 완성하는 데 오랜 시간이 소요되는 경우 그것이 신중하고 조심스러운 성향을 반영하는 것인지, 아니면 우울감, 무욕증, 지루함, 저조한 처리속도 등을 반영하는 것인지의 여부를 검토해야 한다. 만약 자신이 수행한 것을 지속적으로 체크하는 행동을 보인다면, 이는 강박적인 성향 때문일 수 있다.

② 행렬추론(Matrix Reasoning: MR)

이 소검사에서 수검자는 그림 중 일부가 빠져 있는 미완성의 행렬 매트릭스를 보고, 행렬 매트릭스를 완성할 수 있는 반응 선택지를 골라야 한다. 유동적 지능, 분류와 공간적 능력, 부분과 전체의 관계를 파악하는 능력, 동시적 처리, 지각적 조직화 능력 등이 이 소검사의 수행에 영향을 준다. 이 소검사의 과제는 특히 유동적 추론능력을 측정하는 대표적인 검사 중의 하나로, 교육 및 문화적 경험의 영향을 비교적 받지 않는 것으로 알려져 있다.

이 소검사에서는 전체적 처리 접근(holistic processing approach)이 가장 보편적인 해결방법이다. 어떤 사람들은 가능한 선택들을 하나하나 검토하여 시행착오적인 접근으로 답을 찾는다. 다른 경우 답을 찾기 위해 정신적으로 해결책을 만든 후 주어진 반응 선택지들이 자신의 해결책과 일치하는지 검토하면서 과제에 보다 계획적으로 접근한다.

이 소검사에서 과제를 해결하는 데 지나치게 긴 시간이 소요되는 경우 지나치게 심사숙고하는 경향, 강박성 또는 정신적 혼란 때문일 가능성이 있으며, 정신지체나 신경생물학적 손상이 있는 경우에도 긴 시간이 소요된다. 충동성은 극단적으로 빠르면서 동시에 부정확한 반응으로 나타날 수 있다.

③ 퍼즐(Visual Puzzles: VP)

이 소검사에서 수검자는 완성된 퍼즐을 보고, 그 퍼즐을 만들 수 있는 세 개의 선택지를 제한시간 내에 찾아야 한다. 이 소검사는 비언어적 추론과 추상적인 시각자극을 분석하고 통합하는 능력을 측정하기 위해 도입된 소검사이다. 이 소검사는 모양 맞추기와 유사한 영역을 측정하는 것으로, 시지각, 시각적 지능, 유동적 지능, 동시적 처리 능력, 공간적 시각화와 조작 능력, 부분들 간의 관계를 예상할 수 있는 능력 등을 측정한다.

이 소검사는 행렬추론과 마찬가지로 전체적 처리 접근이 가장 보편적인 해결방법이다. 어떤 사람들은 셋 중 어느 것이 가장 좋은 반응인지 결정하기 전에 가능한 선택지들을 하나씩 검토하여 시행착오적으로 접근하여 답을 찾는다. 또 어떤 사람들은 답을 찾기 위해 정신적으로 해결책을 만든 후 주어진 반응 선택지들 중 어떤 세 개가 자신의 해결책과 일치하는지 검토하면서 문제에 보다 계획적으로 접근한다.

이 과제에서 개인에 따라 반응시간의 차이가 매우 크다. 발달적으로 기능의 제한이 있거나 신경학적 손상이 있는 사람들은 반응하는 데 더 긴 시간이 소요될 수도 있다. 충동성은 극히 빠르면서 잘못된 반응으로 나타난다. 적절한 시간을 사용하고 정답 반응에 실패한 경우는 지나친 심사숙고, 강박성 또는 혼란의 표시일 수도 있기 때문에 잠재적으로 진단적 가치가 있다.

④ 무게비교(Figure Weights: FW)

이 소검사에서 수검자는 양쪽 무게가 달라 균형이 맞지 않는 저울 그림을 보고 균형을 만드는 데 필요한 반응 선택지를 찾아야 한다. 이 소검사는 양적 추론, 유추적 추론을 측정하기 위해 도입된 과제이다. 양적 추론 과제는 수학적으로 표현될 수 있는 추론 과정과 관련되어 있으며, 귀납적 및 연역적 추론이 강조된다.

무게비교에서는 수검자가 여러 가지 다른 인지적 과정을 이용하는 동안 주의를 지속해야 하기 때문에 실행기능 기술을 많이 필요로 한다. 또한 문항마다 각 모양이 다른

'무게'를 가지기 때문에 매번 접근방식(sets)의 변환이 필요하며, 따라서 접근 방식을 변환하는 데 어려움이 있는 수검자는 이 소검사에서 곤란을 경험하게 된다. 특히 16번 문항부터 저울이 2개에서 3개로 바뀌기 때문에 어려움이 더 커진다. 이 소검사에서도 행렬추론, 퍼즐 소검사처럼 시행착오적인 방법으로 답을 찾을 수도 있고, 마음속에서 답을 미리 만들어 본 후 반응 선택지들과 대조해 가면서 계획적으로 접근할 수도 있다.

　이 과제에서 반응시간은 매우 다양할 수 있다. 발달장애나 신경학적 손상이 있는 사람들은 반응하는 데 시간이 더 오래 걸릴 수 있다. 충동성은 극단적으로 빠르면서 부정확한 반응으로 나타날 수 있다. 적절한 시간을 사용하고 정답 반응에 실패한 경우는 지나친 심사숙고, 강박성 또는 혼란의 표시일 수 있기 때문에 잠재적으로 진단적 가치가 있다.

⑤ 빠진 곳 찾기(Picture Completion: PC)

　이 소검사는 중요한 부분이 빠져 있는 그림을 보고 빠진 부분을 정해진 제한시간 내에 찾아야 하는 과제로 이루어져 있다. 이 소검사는 시지각과 조직화, 집중력, 그리고 대상의 핵심적인 세부사항을 시각적으로 인식해 내는 능력을 측정한다.

　이 소검사에서 수검자는 비언어적 방식보다는 언어적 방식으로 반응하는 경우가 더 보편적이다. 비언어적 반응도 정답으로 간주되지만, 그러한 반응이 빈번한 경우 단어 인출에서의 어려움을 나타내는 것일 수 있다. 부정확하고 모호한 언어적 반응 또한 단어 인출에서의 어려움을 나타내는 것일 수 있다.

　강박성 또는 집중력 문제는 그림의 중요하지 않은 세부사항에 초점을 맞춘 반응에서 드러날 수 있다. 작화적 반응(그림 속에 없는 것이 빠져 있다고 하는 반응. 예를 들어 테니스화의 발, 칼에 묻은 피)을 하는 경우 주의 깊게 살펴볼 필요가 있다. 특히 사소한 내용의 반응이나 작화적 반응이 처음 나왔을 때 검사자가 수검자에게 다시 한 번 지시를 하고 정답을 알려 주는 절차가 있는 만큼, 이 소검사가 진행되는 동안 사소한 내용의 반응 혹은 작화적 반응이 여러 차례 나오는 경우 잠재적으로 진단적 가치가 있다. 완곡한 방식으로 응답하거나 적절한 단어를 찾지 못할 경우 이는 단어 인출의 어려움에 기인한 것일 수 있다. 반복적으로 빠진 것이 없다고 응답하는 수검자는 본질적 요소를 변별하지 못하거나 반항적 태도를 반영하는 것일 수 있다. 거부증(negativism)이나 적대감은 "아무것도 빠진 것이 없어요."라는 반응을 반복하는 데서 관찰할 수 있다.

(3) 작업기억 소검사

① 숫자(Digit Span: DS)

숫자 소검사는 숫자 바로 따라하기, 숫자 거꾸로 따라하기, 숫자 순서대로 따라하기의 세 가지 과제로 이루어져 있다. 바로 따라하기에서는 검사자가 읽어 준 일련의 숫자를 동일한 순서로 기억해 내야 한다. 거꾸로 따라하기에서는 검사자가 읽어 준 일련의 숫자를 역순으로 기억해 내야 한다. 순서대로 따라하기에서는 검사자가 읽어 준 일련의 숫자를 작은 숫자부터 차례로 기억해 내야 한다. 이 소검사는 제시되는 정보에 주의를 기울이고 나서 되뇌기 및 기억으로부터 정보를 재조직화하는 능력을 필요로 한다.

한 과제에서 다른 과제로 전환하려면 인지적으로 유연해야 하며 정신적으로 각성되어 있어야 한다. 바로 따라하기는 즉각적 단기기억의 폭을 측정하며, 암기학습과 기억, 주의력, 부호화 그리고 청각적 처리 과정을 포함하고 있다. 거꾸로 따라하기는 작업기억, 정보의 변형과 정신적 조작 그리고 시공간적 심상화를 포함하고 있다. 순서대로 따라하기는 작업기억 및 정신적 조작 기능을 측정한다. 거꾸로 따라하기와 순서대로 따라하기는 자극을 파지해야 할 뿐 아니라 순서를 조작해야 하므로 바로 따라하기에 비해 더욱 복잡한 과제이다. 이 두 과제에서 높은 점수를 받는 것은 인지적 유연성, 기억전략, 스트레스에 대한 인내력, 우수한 집중력 등을 의미한다. 또한 두 과제에서 바로 따라하기에 비해 더 높은 점수를 받는다면, 이는 인지적 요구가 높은 과제를 더욱 도전적으로 여기고 더 많은 인지적 자원을 활용함을 의미하며, 수리적인 능력이 우수한 사람들 그리고 자동적인 (과학습된) 과제보다는 표상적인 (높은 수준의) 과제에 유능한 사람들이 흔히 이러한 양상의 반응을 보인다.

본 과제의 수행은 개인의 불안수준, 특히 상태불안(또는 시험불안)의 영향을 받을 수 있다. 또한 수검자가 첫 시행은 실패하지만 두 번째 시행은 잘 수행한다면 학습능력의 증거가 될 수 있으며, 워밍업이 필요함을 의미할 수도 있다. 검사자가 숫자를 다 불러 주기도 전에 반응을 시작하는 경우 또는 수검자가 숫자를 매우 빠른 속도로 되뇌는 경우는 충동성의 증거가 된다. 실제 자극과 거의 관계가 없는 반응에서 부주의 문제, 산만성 또는 불안이 드러날 수 있다.

바로, 거꾸로 그리고 순서대로 따라하기의 과정점수는 실패가 빈약한 순서화 능력(숫자들은 맞지만 순서가 잘못된 경우) 때문인지, 아니면 빈약한 암기력(순서를 정확하게 반복하기는 하지만 숫자들을 잊어버리는 경우) 때문인지 알아보는 데 도움이 된다.

② 산수(Arithmetic: AR)

산수 소검사에서 수검자는 정해진 제한시간 내에 일련의 산수문제를 암산으로 풀어야 한다. 이 소검사는 수 계산문제를 마음속으로 해결할 수 있는 능력을 필요로 하며, 정신적 조작, 집중력, 주의력, 단기 및 장기 기억, 수리적 추론 능력, 정신적 주의 등을 포함한다. 또한 순차적 처리, 유동 지능, 질적 추론, 논리적 추론 그리고 양적인 지식도 포함될 수 있다.

산수문제에서 실패의 원인(계산 실수, 추론 실패, 주의 실패, 질문의 의미에 대한 오해 등)을 추론해 보는 것이 유용하다. 예를 들어, 시간당 5km의 속도로 25km를 걷는 데 걸리는 시간의 계산에서 답으로 '7'을 제시했다면 이는 계산 오류 때문이고, 반면에 '30'은 추론 실패를 반영하며, '5000'은 기괴하다. 이러한 특이한 반응은 부주의, 이해력 결핍 혹은 사고장애를 암시할 수도 있다. 따라서 비정상적 반응이 나타나는 경우 깊게 탐색해 볼 필요가 있다. 수검자가 질문에 대해 정확한 반응을 할 수는 있지만 시간제한 내에 해내지 못한 경우 이에 대해 검토하는 것도 중요하다. 생각이 너무 많든가, 충동적이든가, 강박적이든가, 신경학적 결함이 있는 경우 이러한 반응 패턴을 보일 수 있다. 시간의 제한을 두지 않고 연필과 종이를 제공하여 한계음미 절차를 적용해 보면 과제 수행에 불안과 집중력이 미치는 역할을 평가하는 데 도움이 된다.

이 소검사의 문항에는 돈, 계산, 그리고 다른 실생활 장면이 포함되어 있기 때문에 발달적으로 능력의 장해가 있는 성인들의 적응기능을 일정 부분을 측정한다. 또한 학교에서 수학에 어려움을 경험해 왔던 청소년 혹은 성인은 학교 시험과 비슷한 산수문제에 응답하도록 했을 때 긴장하게 된다. 불안과 좌절에 대한 그들의 반응(예를 들어, 자신의 감정을 다스리고 평정심을 유지할 수 있는지, 적개심을 가지고 반응하지는 않는지, 검사를 거부하지는 않는지 등)에 관심을 가져야 한다.

③ 순서화(Letter-Number Sequencing: LN)

순서화 소검사에서는 검사자가 수검자에게 일련의 숫자와 글자를 읽어 주면 수검자는 숫자와 글자를 순서대로 회상해야 한다. 이 소검사는 제시되는 정보에 주의를 기울이고 나서 되뇌기 및 기억으로부터 정보를 재조직화하는 능력을 필요로 한다. 이 과제의 수행에는 순차적 처리능력, 정신적 조작 능력, 주의력, 집중력, 기억폭, 단기적 청각 기억력 등이 관여한다.

순서화 능력, 빈약한 단기기억, 부주의, 산만성, 불안 등은 이 소검사에서 어려움의 원인으로 작용할 수 있다. 숫자 소검사와 비슷하게, 이 소검사에서 숫자와 글자(요일)를 올바로 기억은 하지만 잘못된 순서로 기억할 때 순서화 능력상의 문제로 볼 수 있다. 만약 순서가 맞지만 일부 숫자 혹은 문자가 누락되었다면 이는 단기기억 능력의 제한을 시사한다.

이 소검사의 각 문항은 세 시행으로 이루어져 있기 때문에 수검자는 책략을 개발하여 검증할 기회가 있다. 또한 순서화는 현실에서 접하기 어려운 새로운 과제이며, 성공하기 위해서는 유연한 접근이 요구된다. 이 과제에서 수행이 빈약한 수검자는 유동적 능력(fluid ability, 예를 들어 행렬추론) 혹은 유연성(flexibility, 예를 들어 공통성)에 의존하는 다른 과제에서 어려움을 보일 수 있다. 검사를 마친 후 한계음미와 질문을 통해 과제를 수행하기 위해 사용한 책략에 관한 정보를 얻을 수 있다.

본 과제에서 수검자의 수행을 평가하기 위해서는 기록을 잘 해야 한다. 어떠한 방식으로 대답하고 실수의 유형이 어떠한지를 살펴보는 것이 개인의 특성을 이해하는 데 도움이 된다(예: 생략반응, 추가반응, 보속반응, 순서 오류, 청각적 자극의 변별 실패 등). 예를 들어, 맨 마지막 글자나 숫자를 인출하는 데에 실패하는 사람과 틀린 글자를 이야기하는 사람 간에는 차이가 있다. 전자의 경우는 주의력, 집중력 혹은 기억력이 저조함을 시사하며 후자의 경우는 청각적 자극의 변별에 실패한 것일 수 있다. 숫자 소검사에서처럼 이 소검사의 수행에 필요한 기술들은 만성적 불안보다는 상태불안의 영향을 더 많이 받는다.

(4) 처리속도 소검사

① 동형찾기(Symbol Search: SS)

동형찾기 소검사는 수검자가 5개의 탐색기호를 보고 나서 2개의 표적기호 중의 하나와 동일한 것이 탐색기호들 중에 있는지 표시하는 과제이다. 이 소검사의 수행에는 처리속도에 더하여 단기적 시각기억, 시각-운동 협응력, 인지적 유연성, 시각적 변별력, 정신운동 속도, 정신적 조작속도, 주의력, 집중력 등이 관여한다. 또한 청각적 이해력, 지각적 조직화 능력, 유동적 지능, 계획 및 학습 능력 등도 포함된다. 세부에 대한 강박적 염려, 산만성, 충동성, 심사숙고, 동기수준, 시력문제, 불안 등도 수행에 영향을 줄 수 있다.

때때로 이 과제에서 관찰을 통해 시각적 기억 능력에 대해 추론해 볼 수 있다. 어떤 수검자는 표적기호를 단 한 번만 보고 바로 탐색기호에서 그 반응을 찾을 것이다. 다른 수검자는 반응을 결정하기 전에 몇 번에 걸쳐 표적과 탐색기호 사이를 왔다 갔다 하며 살펴볼 것이다. 이러한 행동은 빈약한 시각적 기억(또는 불안정성)의 표시일 수 있다. 만약 수검자가 많은 수의 오류를 보인다면 충동성, 저조한 자기감찰 능력을 의미할 수 있다.

　이 소검사에서 학습곡선이 나타날 수도 있다. 뒤쪽 문항에서 보다 빠르게 대답하기 시작하는 사람들은 앞쪽 문항들을 완성하면서 계획 혹은 전략을 개발했을 수 있다. 실제로 반응속도가 증가하는지 판단하려면 이 소검사의 시간제한 120초를 4등분하여 각 30초 단위로 얼마나 많은 문항을 수행했는지 추적해 보는 것이 도움이 된다. 수행을 해 나갈수록 속도가 증가한다면 수검자가 과제에 잘 적응해 가고 있기 때문이며, 속도가 감소하면서 정확도도 떨어진다면 피곤해져 있거나 산만한 상태임을 말해 준다. 소검사의 점수가 동일하더라도 과제 수행의 양상은 다를 수 있다. 예를 들어, 같은 25점이라도 어떤 수검자는 채점된 모든 반응이 정반응일 수 있으나, 어떤 수검자는 많은 반응을 했음에도 오답이 많아서 25점의 수행을 보일 수 있다. 즉, 전자의 경우 수행속도는 느리지만 과제를 신중하게 수행하였고 이러한 수검자는 꼼꼼하고 착실한 성향인 것으로 추측해 볼 수 있다. 반면 후자의 경우 수검자가 부주의하고 충동적인 성향을 가진 것으로 추측할 수 있겠다.

② 기호쓰기(Coding: CD)

　이 소검사에서 수검자는 제시된 기호표를 이용하여 숫자와 짝지어진 기호를 옮겨 그려야 한다. 이 소검사는 기본적으로 속도검사이며, 수행에는 처리속도가 가장 중요한 영향을 미친다. 이에 더하여 단기적 시각 기억력, 학습 능력, 정신운동 속도, 시각적 지각 능력, 시각-운동 협응 능력, 시각적 탐색 능력, 인지적 유연성, 주의력, 집중력, 동기 등이 반영된다.

　본 과제의 수행을 통해 수검자의 주의폭과 작업방식을 알 수 있다. 만약 오류가 많다면 이는 충동성, 낮은 자기감찰, 낮은 자기수정 혹은 시지각적 어려움과 연관되어 있을 수 있다. 소검사 동안 수행속도의 변화는 동기, 산만성, 피로, 지루함 등과 관계가 있을 수 있다. 따라서 이 소검사의 시간제한 120초를 4등분하여 각 30초 단위로 옮겨 쓴 기호의 개수를 기록해 두는 것이 바람직하다. 과제 도중 속도가 점점 빨라질 경우 과제에 잘 적응하고 있음을 의미하며, 속도가 느려지는 것은 피로감이나 주의분산을 시사한다.

　이 소검사 점수의 해석을 위해서는 기민한 관찰이 매우 중요하다. 점수해석에 이를 활용해야 한다. 협응(시각-운동), 주의/집중, 산만성, 동기수준, 시력문제(기호를 그릴 때의 곡선 처리 또는 왜곡), 완벽주의적 경향, 보속성(한 줄의 모든 칸에 같은 기호를 그려 넣는 경우), 불안 등. 어떤 수검자는 예를 들어 '5'는 항상 '6' 바로 앞에 있다는 사실을 알지 못하는 것처럼 각 숫자를 자극 열의 처음에서부터 검색하기도 한다. 이 행동은 순서화 능력에서의 문제(sequencing problem)를 반영하는 것일 수 있다. 기호를 옮겨 쓰기에 앞서 매번 키(key, 모델 자극)를 재확인하는 행동은 시각적인 단기기억의 결함 때문이거나 불안전감 때문일 수 있다. 실시과정에서 숫자-기호의 쌍 몇 가지를 기억하는 수검자는 양호한 시각적 기억을 시사한다.

③ 지우기(Cancellation: CA)

이 소검사에서 수검자는 정해진 시간 내에 조직적으로 배열되어 있는 도형들 속에서 표적 모양과 색깔과 모양이 동일한 도형을 찾아 표시해야 한다. 이 소검사에서 수행하는 과제는 처리속도, 시각적 선택적 주의력, 반응 억제, 경계(vigilance) 능력, 지각속도, 시각-운동 능력을 측정하기 위한 것이다.

이 소검사 과제의 수행에는 주의와 집중이 영향을 줄 수 있다. 과제가 매우 단조롭기 때문에 좋은 점수를 받기 위해서는 주의의 지속(sustained attention)이 필요하다. 두 문항 사이에 일관성이 없는 반응(또는 반응속도)은 주의와 집중을 유지하는 데 어려움이 있음을 드러내는 것일 수 있다. 수검자는 주의를 유지하면서 동시에 표적에 표시를 하는 동안 방해자극을 무시할 수 있어야 한다. 이런 점에서 실행기능이 이 과제의 수행에 영향을 줄 수 있다. 또한 이 검사는 가장 마지막에 실시되는 두 소검사 중의 하나인 만큼 피로와 지루함이 영향을 미쳐 낮은 점수를 얻을 가능성이 있다. 해석과정에서 이 가능성을 우선적으로 검토해야 한다. 수행속도는 충동성(빠르고 부주의한 반응) 또는 완벽주의(느리고 조심스러운 반응)와 관련이 있을 수 있다.

2) 조합점수

(1) 언어이해 지수

언어이해 지수의 핵심 소검사로는 '공통성' '어휘' '상식'이 있으며, 보충 소검사로는 '이해'가 있다. 언어이해 지수(Verbal Comprehension Index: VCI)는 언어적 이해능력, 언어적 기술과 정보를 새로운 문제 해결에 적용하는 능력, 언어적 정보처리 능력, 어휘를 사용한 사고능력, 결정적 지식, 정신적 수행을 전환할 수 있는 능력을 포함한 인지적 유연성, 자기감찰 능력(ability to self-monitor) 등을 측정한다.

(2) 지각추론 지수

지각추론 지수의 핵심 소검사로는 '토막짜기' '행렬추론' '퍼즐' 이 있으며, 보충 소검사로는 '무게비교' '빠진 곳 찾기' 가 있다. 지각추론 지수(Perceptual Reasoning Index: PRI)는 지각적 추론능력, 시각적 이미지에 대한 사고능력 및 처리능력, 공간처리 능력, 시각-운동 통합능력, 인지적 유연성(정신적 수행의 전환 능력을 포함하는), 상대적인 인지적 속도, 제한된 시간 내에 시각적으로 인식된 자료를 해석 또는 조직화하는 능력, 비언어적 능력, 언어를 사용하지 않고 추상적 개념과 관련성을 형성할 수 있는 능력, 유동적 추론능력, 자기점검 능력 등을 측정한다.

(3) 작업기억 지수

작업기억 지수의 핵심 소검사로는 '산수' 와 '숫자' 가 있으며, 보충 소검사로는 '순서화' 가 있다. 작업기억 지수(Working Memory Index: WMI)는 정보를 일시적으로 기억 속에 보유하고, 정신적 조작을 수행하고, 기억을 조정하고, 결과를 산출하는 능력을 필요로 하는 과제들로 구성되어 있다. 작업기억에는 주의, 집중, 정신적 통제, 추론 등이 포함된다. 최근의 여러 연구에서 작업기억이 고차원적 인지처리의 핵심요인 중의 하나임을 밝히고 있다. 작업기억 지수는 작업기억, 청각적 단기기억, 주의지속 능력, 수리능력, 부호화 능력, 청각적 처리기술, 심적 수행을 바꿀 수 있는 능력을 포함한 인지적 유연성, 자기감찰 능력을 측정한다.

(4) 처리속도 지수

처리속도 지수의 핵심 소검사로는 '동형찾기' '기호쓰기' 가 있으며, 보충 소검사로는 '지우기' 가 있다. 정보의 처리속도는 인지능력과 관계가 있으며, 처리속도의 감퇴는 다른 인지능력 검사의 연령 관련 수행 감소와도 관련이 있다. 처리속도 지수(Processing Speed Index: PSI)는 단순한 시각정보를 빠르고 정확하게 훑어보고 차례를 밝히고 변별하는 능력을 측정한다. 그러나 이 지수를 구성하는 소검사의 수행에는 단순 반응시간과 시각 변별뿐만 아니라 인지적 의사결정이나 학습 요인이 포함된다. 처리속도 지수에는 처리속도, 과제 수행속도, 시지각적 변별능력, 정신적 수행의 속도, 정신운동 속도, 주의력, 집중력, 단기 시각기억, 시각-운동 협응능력, 수능력, 정신적 수행을 변화시킬 수 있는 능력을 포함한 인지적 유연성, 자기점검 능력이 반영된다.

(5) 전체지능지수

전체지능지수(Full Scale IQ: FSIQ)는 개인의 인지능력의 현재 수준에 대한 전체적인 측정치이며, 프로파일을 해석할 때 제일 먼저 검토되는 점수이다. 이는 언어이해, 지각추론, 작업기억, 처리속도의 4개 지수를 산출하는 데 포함된 소검사 환산점수들의 합으로부터 계산된다. 검사의 다양한 측정치들 중에서 FSIQ는 개인의 지적 능력에 대한 가장 신뢰성 있고 타당한 측정치이며, 보통 일반지능(g)의 가장 대표적인 점수로 간주된다. FSIQ는 현재의 인지능력 수준을 말해 줄 뿐 아니라 학업적 성취와 직업적 성공의 유용한 예측변인이다.

(6) 일반능력 지수

일반능력 지수(General Ability Index: GAI)는 언어이해의 핵심 소검사(공통성, 어휘, 상식)와 지각추론의 핵심 소검사(토막짜기, 행렬추론, 퍼즐)로 구성된 조합점수이다. GAI는 전체지능지수(FSIQ)에 비해 작업기억과 처리속도의 영향을 덜 받는다. 따라서 FSIQ에 포함된 작업기억과 처리속도 측면을 배제한 인지적 능력을 검토할 필요가 있을 때 사용할 수 있다. 신경심리학적 결함이 있는 경우 작업기억과 처리속도 과제의 수행이 언어이해나 지각추론 과제의 수행보다 더욱 민감하게 영향을 받는다. 이런 경우 작업기억과 처리속도 소검사들에서의 수행 저하로 (FSIQ로 대표되는) 전체적인 지적 능력과 다른 인지기능(예: 기억력) 간의 차이가 실제만큼 드러나지 않을 수 있다. GAI는 일반적 능력과 다른 인지기능을 비교할 수 있도록 고안된 지수로, 이를 통하여 개인의 상대적인 강점과 약점을 파악할 수 있다.

(7) 인지효능 지수

인지효능 지수(Cognitive Proficiency Index: CPI)는 Weiss와 Gable(2008)이 WISC-IV에 대한 기술적 보고(Technical Report)에서 도입한 개념이다. CPI는 작업기억의 핵심 소검사(숫자, 산수)와 처리속도의 핵심 소검사(동형찾기, 기호쓰기)로 구성된 조합점수이다. CPI는 언어이해와 지각추론에 덜 민감한 인지적 능력에 대한 측정이 필요할 때 고려할 수 있다. 그러나 CPI를 이루고 있는 소검사들도 어느 정도는 언어이해와 지각추론을 필요로 한다.

3) 과정점수

한편 K-WAIS-IV에서는 오류분석, 한계 검증과 같은 검사 수행의 질적 해석이 필요한 경우에 활용할 수 있는 과정점수(Process Score)를 제공한다. 토막짜기 소검사에서 한 개의 과정점수, 숫자에서 여섯 개의 과정점수, 그리고 순서화에서 한 개의 과정점수가 있다(〈표 4-3〉 참조). 이들 점수는 해당 소검사의 수행에 영향을 주는 인지 능력에 대한 보다 자세한 정보를 제공하기 위해 만들어진 것이다. 이들 점수는 추가적인 실시 절차 없이 해당 소검사의 수행으로부터 도출된다. BDN 과정점수는 수행을 빨리 했을 때 주어지는 시간 보너스 점수를 제외한 토막짜기 소검사 점수이다. DSF, DSB, DSS 세 과정점수는 세 유형의 숫자 과제에서의 원점수이다. DSF, DSB, DSS를 모두 합하면 숫자 소검사 원점수가 된다. LDSF, LDSB, LDSS 세 과정점수는 숫자 바로 따라하기, 숫자 거꾸로 따라하기 과제, 그리고 순서화 소검사에서 각각 마지막으로 정확하게 기억해 낸 숫자들의 개수이다. LLNS 과정점수는 순서화 소검사의 시행에서 가장 마지막으로 정확하게 완성한 숫자와 글자의 개수이다. 〈표 4-3〉에 과정점수와 그 축약어가 제시되어 있다.

표 4-3 K-WAIS-IV의 과정점수

과정점수(Process Score)	약어
시간 보너스 없는 토막짜기(Block Design No Time Bonus)	BDN
숫자 바로 따라하기(Digit Span Forward)	DSF
숫자 거꾸로 따라하기(Digit Span Backward)	DSB
숫자 순서대로 따라하기(Digit Span Sequencing)	DSS
최장 숫자 바로 따라하기(Longest Digit Span Forward)	LDSF
최장 숫자 거꾸로 따라하기(Longest Digit Span Backward)	LDSB
최장 숫자 순서대로 따라하기(Longest Digit Span Sequence)	LDSS
최장 순서화(Longest Letter-Number Sequence)	LLNS

5. 검사의 수행에 대한 보고와 기술

1) 표준점수

K-WAIS-IV는 원점수, 환산점수, IQ/지수점수의 세 가지 유형의 점수를 제공한다. 원점수는 각 소검사 문항에서 획득한 점수의 단순한 합이다. 원점수만으로는 무의미한데, 이는 규준을 참조한 점수가 아니기 때문이다. 수검자의 수행을 해석하기 위해서는 원점수를 표준점수(환산점수, IQ/지수점수)로 환산해야 한다. 소검사의 환산점수는 평균이 10, 표준편차 3(범위: 1~19)인 분포에서의 개인의 점수이다. IQ와 지수점수는 평균이 100, 표준편차 15(범위: FSIQ 40~160, 지수점수 50~150)인 분포에서의 개인의 점수이다.

대부분의 수검자는 K-WAIS-IV에서 평균에서 1 표준편차 이내의 점수를 획득한다. IQ/지수점수의 경우 수검자의 2/3 정도는 85~115 사이의 점수를 보인다. 규준집단 수검자의 약 95%는 평균에서 2 표준편차(70~130) 이내의 점수를 얻는다. 극소수의 수검자만이 130 이상(약 2.2%)이나 70 이하(약 2.2%)의 점수를 얻는다. 환산점수에서 약 66%는 7~13점, 95%는 4~16점, 각각 2.2%는 1~3점(가장 낮은 기능수준)과 17~19점(가장 높은 기능수준)을 보인다.

또한 K-WAIS-IV에서는 각 표준점수의 신뢰구간과 백분위점수를 제공한다. 신뢰구간은 모든 심리검사에 필연적으로 수반되는 측정의 비신뢰성을 감안하여 점수를 해석하기 위해 산출된 점수에 어느 정도 오차가 포함되어 있는지를 말해 주는 것이다. K-WAIS-IV에서는 90%와 95% 신뢰구간을 제공한다. 백분위점수는 표준점수의 의미를 잘 알지 못하는 일반인들이 쉽게 이해할 수 있도록 얻어진 점수가 동일 연령 범주의 인구 100명 중 몇 등에 해당되는지를 말해 주는 점수이다.

각 소검사의 환산점수는 수검자가 속해 있는 연령 범주 표준화 집단에서의 상대적인 위치를 말해 준다. 그 밖에도 준거집단 소검사 환산점수가 제공되는데, 이는 준거집단에서의 상대적인 위치에 관한 정보이다. K-WAIS-IV에서 준거집단은 표준화 표집 중 연령이 20세 0개월~34세 11개월인 집단이다. 이 환산점수는 각 소검사에서의 수행 능력을 연령이 다른 개인들 간에 비교할 때 또는 연령 변화에 따른 소검사 수행의 개인 내적 변화를 비교할 때 특히 유용하다.

2) 조합점수의 기술적 분류

수검자의 수행수준은 전체지능지수, 언어이해 지수, 지각추론 지수, 작업기억 지수, 처리속도 지수와 같은 조합점수의 경우 평균 100, 표준편차 15인 분포상의 구체적인 점수로 흔히 제시되지만, 때로는 범주적 용어로 기술된다. 기술적 분류(〈표 4-4〉 참조)는 수검자와 동일한 연령대와 비교한 상대적인 조합점수 수준을 특징짓는 범주적 용어를 제공한다. 조합점수에 대한 이러한 범주적 기술은 점수의 비신뢰성, 점수의 정밀성에 대한 일반인들의 오해 가능성 등을 감안하여 사용하는 것이다.

표 4-4　조합점수 범위의 기술적 분류

조합점수 범위	기술적 분류	백분율	
		이론적 정규분포	K-WAIS-IV 표본 분포
130 이상	최우수	2.5	2.3
120~129	우수	7.2	6.8
110~119	평균상	16.6	17.1
90~109	평균	49.5	50.2
80~89	평균하	15.6	15.0
70~79	경계선	6.5	6.1
69 이하	매우 낮은	2.1	2.5

3) 분석의 절차

수검자의 수행은 조합점수와 핵심 및 보충 소검사의 점수 패턴의 측면에서 평가할 수 있다. 조합점수 또는 소검사 간의 점수 패턴을 비교하거나 점수 패턴을 적절한 규준 준거집단에 비교함으로써 개인 내와 개인 간 관점에서 분석할 수 있다. 이러한 비교는 검사자가 잠재적으로 의미 있는 강점 및 약점 패턴을 확인하는 데 도움이 된다.

프로파일 분석의 첫 번째 절차는 전체지능지수(FSIQ)에 대한 검토이다. FSIQ는 개인의 지적 수준과 기능에 대한 가장 안정적이고 타당한 측정치이다. 그러나 항상 그런 것은 아니다. FSIQ를 구성하는 4개의 지수점수 중 가장 높은 지수와 가장 낮은 지수 간의 차이가 1.5 표준편차(23점)보다 작을 경우에만 FSIQ가 신뢰성 있고 타당한 측정치로서의 의미를 가진다. 만약 FSIQ를 구성하는 네 지수 간 지수점수 차이가 23점 이상이라면 단일 점수로서의 의미가 없다. 왜냐하면 이 경우 FSIQ가 이 점수를 산출하는 데 포함된 4개의 지수를 적절하게 대표하지 못하기 때문이다. 이 경우 FSIQ를 산출하기는 하되 해석에는 사용하지 않고, FSIQ 대신 4개의 지수에 대해 따로 해석해야 한다.

다음으로 VCI, PRI, WMI, PSI 순으로 지수점수를 검토한다. 여기서도 각 세부 지수에 포함되는 소검사들 간의 차이가 1.5 표준편차(5점)보다 작을 때에만 단일한 지수로서 의미가 있으며, 만약 5점 이상일 경우에는 단일한 지수로 해석하기는 적절하지 않다. 각 지수의 해석이 가능한 것으로 판단될 경우 검사자는 해당 지수의 수준을 통해 현재 수검자가 보이는 능력이 어느 정도인지를 기술하게 된다. 각 지수에 대한 결과를 보고할 때 백분위와 신뢰도를 함께 보고해야 한다.

뒤이어 지수점수들 간 차이값의 비교, 강점과 약점의 평가, 소검사 점수들 간 차이값의 비교, 소검사 내의 점수 패턴 평가(선택적), 과정분석(선택적)의 단계를 거쳐 분석이 이루어진다. 분석의 상세한 절차와 논리는 다음 장 '한국 웩슬러 아동 지능검사'에 소개되어 있다. 보고서 작성 시 고려해야 할 사항도 상세하게 기술되어 있는 다음 장의 해당 내용을 참조하기 바란다.

다른 모든 심리검사와 마찬가지로 K-WAIS-IV의 분석 결과는 개인의 의학적, 사회적 및 교육적 발달력, 가족 및 문화적 배경, 이전의 평가 결과, 현재의 적응 및 부적응의 양상 등 배경정보들을 참조하여 통합적으로 이루어져야 한다. 또한 다른 심리평가 결과와 직접적인 행동관찰 자료도 함께 검토되어야 한다.

6. K-WAIS-IV의 심리측정적 특징[1)]

K-WAIS-IV는 원판인 WAIS-IV를 한국인을 대상으로 표준화한 검사이다. 미국 원판 WAIS-IV 개정의 가장 중요한 목표는 인지심리학, 신경과학, 지능이론, 지능의 평가, 성인발달심리학, 학교심리학 분야의 축적된 연구결과를 토대로 이론적 기초를 최신화하는 것이었다. 특히 유동성 지능, 작업기억, 처리속도의 측정을 강화하기 위해 새로운 소검사들을 도입하였으며, 검사구조상 언어성-동작성 구분을 폐기하고 4개의 지수로 대

---

1) 이 절에 기술된 내용은 『K-WAIS-IV 기술 및 해석 요강』(황순택 외, 2012)에 수록된 내용을 정리한 것임.

체하는 획기적인 변화가 있었다. 또한 발달적 적합성을 개선하고, 사용자 편의성을 개선하고, 임상적 활용도를 제고하고, 심리측정적 속성을 개선하는 것도 중요한 개정목표였다.

WAIS-IV의 한국 표준화를 위해 여러 차례의 소규모 파일럿 연구와 예비 연구 결과를 검토하여 K-WAIS-IV의 표준화 연구판이 제작되었다. 규준자료는 16:00세부터 69:11세까지의 층화 표집된 총 1,228명의 수검자로부터 수집되었다. 층화표집 계획을 통해 성, 연령, 학력, 거주지역 등 인구통계학적 변인에 따른 개인들의 비율을 전집구성(한국통계청 2005년 총 인구조사 자료)에 따라 조정하여 포함시켰다. 1,228명의 표본은 9개의 연령집단으로 구분하여 수집되었으며, 최종 규준에서는 35~64세를 5년 단위로 세분화하여 12개 연령 범주로 제시되었다. 미국 원판에서 10년 단위로 범주화된 35~64세 연령에 대해 한국판에서 5년 단위로 세분화한 것은 동일한 원점수를 각 연령 범주 집단에서 표준점수로 환산할 때 점수의 차이를 최소화하기 위해서였다.

수집된 규준자료의 분석을 거쳐 최종적으로 K-WAIS-IV를 확정하였으며, 뒤이어 확정된 최종 검사의 규준을 산출하고 신뢰도와 타당도를 검증하였다.

1) 신뢰도

(1) 내적 합치도

K-WAIS-IV의 신뢰도 계수는 반분검사 방식과 내적 합치도(Cronbach α) 방식으로 측정하였다. 동형찾기, 기호쓰기, 지우기는 처리속도와 관련된 소검사이므로 반분신뢰도 대신 검사·재검사 안정성 계수로 신뢰도를 측정하였다. 전체 규준집단에서 평균적인 소검사의 신뢰도 계수는 받아들일 만한 수준인 .78(지우기)에서부터 우수한 수준인 .94(상식)까지로 양호한 편이었다. 조합점수의 신뢰도 계수는 개별 소검사에 비해 전반적으로 높았다(.87~.97). PSI의 평균 신뢰도 계수(.87)는 다른 조합점수에 비해 상대적으로 다소 낮은 편이다. 조합점수 중 가장 많은 소검사가 포함되어 있는 FSIQ의 신뢰도는 .97로 매우 높았다. K-WAIS-IV의 각 소검사 및 조합점수의 신뢰도 수준은 원판인 WAIS-IV와 유사하였다.

(2) 검사·재검사 안정성

30명을 대상으로 K-WAIS-IV를 두 번 시행하여(평균 간격 43일) 소검사, 과정점수, 조합점수의 검사 · 재검사 안정성을 분석하였다. 숫자, 행렬추론, 어휘, 산수, 상식, 기호 쓰기, 순서화 소검사의 안정성 계수는 .80 이상으로 양호하였다. 다른 소검사와 과정점 수의 안정성 계수도 .70 이상으로 적절하였다. 조합점수의 안정성 계수의 평균은 PRI(.72)를 제외하고는 양호한 수준(.80 이상)이었다. 또한 모든 소검사에서 재검사 점수 의 평균이 처음 검사 점수보다 높았다. 두 검사에서의 점수 차이의 양상을 보면 지각추 론 소검사에서 두 번 시행 간의 점수 차이가 가장 크고, 언어이해 소검사에서의 점수 차 이가 가장 작았다.

(3) 채점자 간 일치도

소검사들 중 점수에 주관적인 판단이 개입될 수 있는 공통성, 어휘, 상식, 이해 소검사 를 대상으로 채점자 간 일치도를 산출하였다. 표준화 집단으로부터 60명의 표본을 선정 하여 세 명의 채점자가 선발된 표본의 검사 프로토콜을 채점하였다. 모든 채점자는 임상 심리학 전공 대학원을 졸업하고 수련을 시작한 지 1년 이내의 사람들이었다. 채점자 간 신뢰도 계수를 산출한 결과 공통성은 .94, 어휘는 .97, 상식은 .98, 이해는 .92였다.

2) 타당도

K-WAIS-IV의 타당도에 관한 증거는 검사의 내적 구조와 다른 변인들 간의 관계를 중심으로 검토되었다. 검사의 내용과 반응과정에 근거한 타당도 증거는 별도로 검토하 지 않았다.

(1) 소검사점수, 과정점수, 조합점수 간의 상호상관

소검사점수, 과정점수 그리고 조합점수 간의 관계에 대해서는 여러 개의 사전 가설이 도출된다. 먼저 모든 소검사가 일반지능 요인(즉, g)을 측정한다는 가정에 기초하여 볼 때, 모든 점수는 서로 어느 정도 상관을 보일 것으로 기대된다. 두 번째로, 같은 지수척 도에 속하는 소검사들 간의 상관은 다른 지수척도에 속하는 소검사와의 상관보다 높을 것이다. 세 번째로, 소검사와 그에 속한 과정점수는 같은 문항을 공유하기 때문에 상관 이 높을 것으로 기대된다.

자료의 분석 결과, 모든 소검사 간 상관관계는 통계적으로 유의미하였다. K-WAIS-IV의 상호상관의 유형은 대부분의 소검사가 다른 소검사와 유의미한 상관관계를 보인

WAIS-IV 및 다른 웩슬러 지능검사들과 매우 유사하였다(Wechsler, 1989, 1991, 1997, 2002, 2003, 2008).

같은 지수를 구성하는 소검사들은 다른 지수에 속한 소검사들보다 서로 간의 상관이 높을 것이라는 가설도 잘 지지되었다. 언어이해 지수를 구성하는 소검사 각각은 다른 지수에 속하는 소검사들과의 상관보다 언어이해 지수에 속하는 소검사들과의 상관이 더 컸다. 언어이해의 소검사들은 지각추론과 작업기억에 속하는 소검사들과 중간 정도의 상관을 보였으며, 처리속도의 소검사들과 가장 낮은 상관을 보였다. 지각추론, 작업기억, 처리속도에 각각 속하는 소검사들도 이와 유사한 상관 패턴을 보였다. 또한 소검사와 그에 대응되는 과정점수 사이의 상관은 높았다.

소검사점수, 과정점수, 지수점수들 간에는 지능에 관한 이론 및 선행 연구들에서 시사된 상호상관이 확인되었다. 본 분석결과는 유사한 기능을 측정하는 소검사들 간의 상관이 다른 기능을 측정하는 소검사들과의 상관보다 높을 것이라는 가설을 지지해 주며, 이는 K-WAIS-IV의 수렴타당도와 변별타당도를 입증하는 자료이다.

(2) 검사의 요인구조: 확인적 요인분석

K-WAIS-IV의 10개 핵심 소검사와 전체 15개 소검사로 각각 확인적 요인분석을 한 결과 원검사에서 그리고 다른 다양한 연구에서 제시한 검사의 4요인구조(Bowden, Weiss, Holdnack, & Lloyd, 2006; Taub, McGrew, & Witta, 2004; Wechsler, 1997, 2008)를 잘 지지하였다. 이러한 4요인구조는 전체집단에서 그리고 4개의 연령집단(16~19, 20~34, 35~54, 55~69)에서 모두 지지되었다([그림 4-1]과 [그림 4-2] 참조).

(3) 준거타당도 : 다른 변인들과의 관계

검사 점수와 관련된 외적 변인들의 관계를 탐색하는 것은 검사 타당도에 대한 추가적인 근거를 제공해 준다. K-WAIS-IV 표준화 과정에서는 웩슬러 지능검사의 이전 판인 K-WAIS, 아동용인 K-WISC-IV, 노인들의 전반적인 인지기능 평가와 치매의 진단 및 경과 측정에 사용되는 KDRS-2, 본 검사와 함께 표준화 작업이 진행된 K-WMS-IV 등의 측정치가 사용되었다.

규준자료 수집에 참여한 표준화 표본의 수검자들 중 임의로 표집된 30명을 대상으로 K-WAIS를 함께 실시하여 두 검사의 결과를 비교하였다. 두 검사에 공통적으로 포함되어 있는 토막짜기, 공통성, 숫자, 어휘, 기호쓰기, 이해, 빠진 곳 찾기의 7개 소검사에서

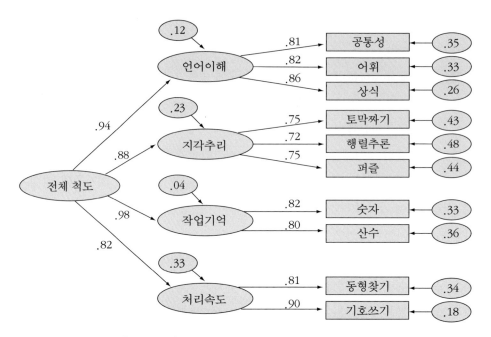

[그림 4-1] 핵심 소검사들의 위계적 4요인 모델

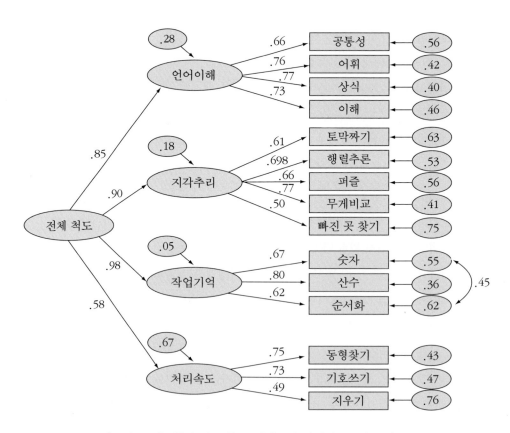

[그림 4-2] 핵심 및 보충 소검사들의 위계적 4요인 모델

두 검사 환산점수의 상관을 산출한 결과 수정된 r = .91(상식)～.31(토막짜기)의 상관이 산출되었다. 평균의 표준 차이는 이해(.98)와 기호쓰기(.82)에서 .80 이상의 큰 차이를 보였으며, 빠진 곳 찾기(.01)와 상식(.08)에서는 두 검사 간 차이를 거의 보이지 않았다. 이해 소검사에서의 상대적으로 큰 차이는 검사 문항 표집에서의 차이로 설명할 수 있겠으며, 기호쓰기에서의 차이는 학습효과 또는 연습효과로 설명하는 것이 더 합리적일 것으로 보인다. 이 소검사에서 두 점수 간 상관이 비교적 낮은 점을 함께 고려하면 아마도 연령과 학력에 따라 두 검사 간 학습효과 또는 연습효과가 다르게 작용했을 가능성은 있다.

조합점수의 경우 FSIQ, K-WAIS-IV 언어이해 지수(VCI)와 K-WAIS 언어성 지능지수(VIQ), K-WAIS-IV 지각추론 지수(PRI)와 K-WAIS 동작성 지능지수(PIQ) 간에 이루어졌다. 모든 조합점수에서 K-WAIS-IV보다 K-WAIS 점수가 일관되게 높게 나타났는데, 이 현상은 두 가지 가능성으로 설명할 수 있다. 첫째는 Flynn 효과이다. 두 검사가 각각 1992년과 2012년에 제작되어 20년 정도의 시간 간격이 있는 점을 감안하면 Flynn 효과가 의미 있게 나타날 수 있다. 또 하나의 가능성은 두 검사의 실시 순서에 따른 학습효과 또는 이월효과이다. 본 연구에서 나타난 두 검사 간 점수 차이에는 두 가능성이 함께 작용했을 가능성도 있다.

규준자료 수집에 참여한 표준화 표본 중 16세 연령의 수검자 30명을 임의 표집하여 K-WISC-IV를 함께 실시하여 두 검사의 결과를 비교하였다. 소검사들 간의 비교는 두 검사에 공통적으로 포함되어 있는 소검사(토막짜기, 공통성, 숫자, 행렬추론, 어휘, 동형찾기, 순서화, 이해)와 조합점수를 중심으로 이루어졌다. 9개 소검사에서 두 검사 환산점수의 상관을 산출한 결과 수정된 r = .70(공통성)～.31(이해)의 상관이 산출되었다. 두 검사 간 평균의 표준 차이는 공통성(.99)에서 매우 컸고, 다른 소검사들에서는 .15～.50 범위로 그다지 크지 않았다. 조합점수에서는 상관을 산출한 결과 수정된 r = .54(PRI)～.80(FSIQ) 범위였다. 두 검사 점수 간 평균의 표준 차이는 PSI에서 가장 작았고(0.15), VCI에서 다소 큰 차이(0.73)을 보였다.

4개의 지수점수를 두 검사 간에 직접 비교했을 때 VCI, WMI, FSIQ에서 점수 차이가 상당히 크게 나타났으며, PRI와 PSI에서는 차이가 그다지 크지 않았다. 지수에 따라 두 검사 간 점수 차이가 다르게 나타난 이유는 분명하지 않다. 다만 두 검사가 완전히 동일하지는 않지만 동일한 구인을 동일한 형식으로 측정한다는 점에서 실제 문항내용이 다르더라도 나중에 실시한 검사에 순서효과, 즉 학습효과와 이월효과가 작용했을 가능성은 남아 있다. 만약 ① 이 연령의 K-WISC-IV 표준화 집단에 비해 K-WAIS-IV 표준화 집단이 저능력 집단이고, ② 학습/이월효과가 언어성 소검사보다 비언어성 소검사에서 더 크게 나타난다면 결과적으로 VCI와 FSIQ에서 큰 점수 차이가 발생하고, PRI와 PSI에서는 적은 차이가 발생할 수 있다. 실제로 재검사 신뢰도(안정성) 자료에서도 다른 조합점수에 비해 VCI에서 두 번 실시해서 얻어진 점수의 차이가 상대적으로 작게 나타나 이러한 가능성을 뒷받침해 준다.

　규준자료 수집에 참여한 표준화 표본 중 50세 이상 연령의 수검자 30명을 임의 표집하여 KDRS-2를 함께 실시하였다. 분석결과 K-WAIS-IV의 조합점수와 대부분의 소검사는 KDRS-2의 총점과 중간 정도의 상관을 보였다(.21~.71). 특히 VCI, FSIQ가 KDRS-2의 총점과 각각 .70, .62로 높은 상관을 보였다. 이 결과는 언어적 이해 및 표현능력은 장노년기에도 비교적 잘 보존되어 지능검사 내의 다른 영역들에 비해 일반 지적능력을 잘 대변해 주는 것으로 보인다. 소검사별로 보면, WAIS의 VCI와 토막짜기와 행렬추론을 제외한 PRI는 KDRS-2의 개념화 소검사와의 상관이 다른 소검사들에 비해 높았다. KDRS-2의 개념화 소검사는 언어적 자극과 시각적 자극들을 이용하여 구체적 사상이나 사건들을 추상적으로 통합하여 처리하는 사고 과정을 측정하는 검사이다. VCI와 PRI가 이러한 추상적 사고능력과 관련이 높은 것으로 시사된다. WMI는 개념화 소검사와의 상관이 상대적으로 높으나 그 외에 다른 소검사들과도 중간 정도의 상관을 보였다. PSI는 KDRS-2의 관리기능, 구성 소검사와의 상관이 다른 소검사들에 비해 높았다. 이는 PSI에 해당하는 검사들이 단순히 반응속도만을 측정하는 것이 아니라, 관리기능과 구성능력과도 관련이 높음을 시사하는 것으로 보인다.

　규준자료 수집에 참여한 표준화 표본 중 K-WMS-IV를 함께 실시한 895명의 자료를 분석하였다. 분석결과 K-WAIS-IV의 FSIQ의 평균은 100.6이고, 조합점수들의 평균은 100.6(VCI)에서 101.8(WMI) 사이에 분포하였다. K-WAIS-IV의 조합점수들과 K-WMS-IV의 지수점수들 간의 상관은 .35(PSI-청각기억)에서 .63(FSIQ-작업기억)의 범위에 분포하였고, K-WAIS-IV의 소검사 환산점수와 K-WMS-IV의 지수들과의 상관은 .22(지우기-청각기억, 지우기-시각기억)에서 .52(무게비교-작업기억, 산수-작업기억)의 범위에 분포하였다. K-WAIS-IV의 VCI, PRI와 WMS의 AMI, VMI 간의 상관을 비교해 보면, K-WAIS-IV의 VCI와 K-WMS-IV의 AMI 간의 상관이 VCI와 VMI의 상관보다 높았으며, 이는 각 지수를 구성하는 소검사 수준에서도 확인되었다. 단, 공통성 소검사의 경우 AMI, VMI와의 상관이 동일하였다. K-WAIS-IV의 PRI와 K-WMS-IV의 VMI의 상관도

PRI와 AMI의 상관보다 높게 나타났으며, 이는 각 지수를 구성하는 소검사 수준에서도 확인되었다. 이러한 상관 패턴은 처리되는 자료의 감각 특정적인 양상을 반영한다. 언어적인 이해를 측정하는 소검사들은 시각기억 지수에 비해 청각기억 지수와의 상관이 더 높았고, 시각적 자극에 대한 추론 능력을 측정하는 소검사들은 청각기억 지수에 비해 시각기억 지수와의 상관이 더 높았다. 그러나 K-WAIS-IV의 PRI의 경우 K-WMS-IV의 VMI보다 VWMI와의 상관이 더 높게 나타났는데, 이는 K-WMS-IV의 시각 작업기억 소검사에서 요구하는 작업기억의 조작적인 측면이 PRI의 관리기능적 측면과 관련되어 있기 때문인 것으로 보인다. WAIS의 WMI는 비슷한 능력을 측정하는 K-WMS-IV의 VWMI와의 상관이 다른 지수들에 비해 상대적으로 높게 나타났다. K-WAIS-IV의 PSI는 다른 조합점수들에 비해 K-WMS-IV의 기억지수들과의 상관이 상대적으로 낮은 편이었고, 여러 기억지수와의 상관이 대체로 비슷한 정도였다.

 참고문헌

곽금주, 오상우, 김청택(2011). K-WISC-IV 전문가 지침서. 서울: 학지사.
염태호, 박영숙, 오경자, 김정규, 이영호(1992). K-WAIS 실시요강. 서울: 학지사.
전용신, 서봉연, 이창우(1963). KWIS 실시요강. 서울: 중앙교육연구소.
황순택, 김지혜, 박광배, 최진영, 홍상황(2012). 한국 웩슬러 성인용 지능검사 4판(K-WAIS-IV). 대구: 한국심리(주).

Bowden, S. C., Weiss, L. G., Holdnack, J. A., & Lloyd, D. (2006). Age-related invariance of abilities measured with the Wechsler Adult Intelligence Scale-III. *Psychological Assessment, 18*, 334-339.

Carroll, J. B. (1993). *Human cognitive abilities: A survey of factor-analytic studies.* New York: Cambridge University Press.

Cattell, R. B. (1971). *Abilities: Their structure, growth, and action.* New York: Houghton Mifflin.

Goldstein, G., & Hersen, M. (2000). *Handbook of Psychological Assessment.* Prentice Hall.

Horn, J. L. (1985). Remodeling old models of intelligence. In B. B. Wolman (Ed.), *Handbook of intelligence. Theories, measurements, and applications* (pp. 267–300). New York: Wiley.

Horn, J. L. (1988). Thinking about human abilities. In J. R. Nesselroade & R. B. Cattell (Eds.), *Handbook of multivariate experimental psychology* (2nd ed., pp. 645–685). New York: Plenum.

Horn, J. L. (1991). Measurement of intellectual capabilities: A review of theory. In K. S. McGrew, J. K. Werder, & R. W. Woodcock (Eds.), *WJ-R technical manual* (pp. 197–246). Allen, TX: DLM Teaching Resources.

Horn, J. L., & Noll, J. (1997). Human cognitive capabilities: Gf-Gc theory. In D. P. Flanagan, J. L. Gensaft, & P. L. Harrison (Eds.), *Contemporary intellectual assessment: Theories, tests, and issues* (pp. 53–91). New York: Guilford.

Kaufman, A. S. (1990). *Assessing adolescent and adult intelligence.* Boston: Allyn & Bacon.

Kaufman, A. S., & Lichtenberger, E. O. (2006). *Assessing adolescent and adult intelligence* (3rd ed.). Hoboken, NJ: John Wiley & Sons, Inc.

Keith, T. Z. (1985). Questioning the K-ABC: What does it measure? *School Psychology Review, 14,* 9–20.

Keith, T. Z. (1990). Confirmatory and hierarchical confirmatory analysis of the Differential Ability Scales. *Journal of Psychoeducational Assessment, 8,* 391–405.

Lichtenberger, E. O., & Kaufman, A. S. (2009). *Essentials of WAIS-IV assessment.* New York: Wiley.

Matarazzo, J. D. (1972). *Wechsler's measurement and appraisal of adult intelligence* (5th and enlarged edition). Baltimore: Williams & Wilkins.

Spearman, C. E. (1904). "General Intelligence" objectively determined and measured. *American Journal of Psychiatry, 15,* 201–293.

Taub, G. E., McGrew, K. S. & Witta, E. L. (2004). A confirmatory analysis of the factor structure and cross-age invariance of the Wechsler Adult Intelligence Scale-Third Edition. *Psychological Assessment, 16,* 85–89.

Terman, L. (1916). *The Measurement of Intelligence.* Boston: Houghton-Mifflin.

Thurstone, L. L., & Thurstone T. G. (1941). *Factorial studies of intelligence.* Chicago: University of Chicago Press.

Wechsler, D. (1939). *Wechsler-Bellevue Intelligence Scale.* New York: Psychological Corporation.

Wechsler, D. (1944). *The measurement of adult intelligence* (3rd ed.). Baltimore, MD: Williams & Wilkins.

Wechsler, D. (1955). *Wechsler Adult Intelligence Scale Manual.* New York:

Psychological Corporation.

Wechsler, D. (1981). *Manual for the Adult Intelligence Scale* (rev. ed.). New York: Psychological Corporation.

Wechsler, D. (1989). *Wechsler Preschool and Primary Scale of Intelligence* (rev. ed.). San Antonio, TX: The Psychological Corporation.

Wechsler, D. (1991). *The Wechsler intelligence scale for children* (3rd ed.). San Antonio, TX: The Psychological Corporation.

Wechsler, D. (1997). *Wechsler Adult Intelligence Scale* (3rd ed.). New York: Psychological Corporation.

Wechsler, D. (2002). *The Wechsler Preschool and Primary Scale of Intelligence* (3rd ed.)(WPPSI-III). San Antonio, TX: The Psychological Corporation.

Wechsler, D. (2003). *Wechsler Intelligence Scale for Children* (4th ed.). San Antonio, TX: Harcourt Assessment.

Wechsler, D. (2008). *Wechsler Adult Intelligence Scale* (4th ed.). New York: Psychological Corporation.

Yerks, R. M. (1917). *The Binet Versus the Point scale method of measuring intelligence. Journal of Applied Psychalogy, 1*, 111~122.

제5장
한국 웩슬러 아동 지능검사

1. 웩슬러 아동 지능검사의 개발과 발달

1) 지능의 정의

지능(intelligence)의 정의는 지능을 정의하는 심리학자의 수만큼 많다고 할 정도로 그 개념도 다양하다. 현대적 의미의 지능검사를 최초로 개발한 Binet와 Simon(1905)은 지능을 "잘 판단하고, 잘 이해하고, 잘 추리할 수 있는 능력"으로 보았고, Terman(1916)은 "개념을 형성하고 개념의 중요성을 파악하는 능력"으로 보았다. 그리고 Jensen(1980)은 지능을 "추상적 추리와 문제를 해결할 수 있는 능력"이라고 정의하였다. 웩슬러 아동 지능검사의 원제작자인 D. Wechsler는 지능을 "목표 지향적으로 행동하며 합리적으로 생각하고 개인이 환경에 효과적으로 대처하는 능력"으로 정의했다(Wechsler, 1944, p. 3). 그는 지능에 대해 많은 특수한 능력의 총합으로 범주화될 수 있는 하나의 총체적인 실체로 개념화하였다.

지능의 본질에 대한 문제는 지능에 대해 접근해 온 여러 이론의 역사를 통해 살펴볼 수 있다. 지능에 대한 초기 접근으로 제시된 것은 심리측정적 모델이다. 가장 유명한 것은 20세기 초 C. Spearman의 일반요인 이론으로, 그는 지능이 단일요인으로 구성되어 있다고 설명하였다. 그에 반하여 1930년대 L. Thurston은 하나의 일반요인과 별개의 독립된 7개의 요인으로 설명했다. 한편 J. Guilford는 1960년대에 굉장히 많은 지능요인을 찾아내어 3차원 행렬로 교차시켜서 구성했는데, 약 120개의 요소가 들어가 있다. 그리고 R. Cattell은 1970년대에 지능의 위계적 모형을 내놓아 유동성 지능과 결정성 지능으로 나누었는데, 유동성 지능은 귀납적 추리, 유추, 기획연상 등에서 나타나는 추상적 모형이고, 결정성 지능은 환경적 경험에 관계된 지능이다. 1990년대에 J. B. Carroll은 약 13만 명의 자료를 근거하여 지능을 3개 층, 즉 특수전문영역 관련 지능, 광역지능, 일반지능으로 분류하였다. 2000년대 들어와서는 지능에 대한 이런 분류적 개념들을 넘어 지능을 인지능력으로 보고, Cattell과 Horn 그리고 Carroll이 내세운 지능의 위계적 3층 구조이론을 중심으로 지능을 정의하고 설명하고 있다.

2) 웩슬러 아동 지능검사의 개발과 발달

웩슬러 아동 지능검사의 개발과 발전과정을 살펴보면, 1930년대에 D. Wechsler는 검사 배터리를 만들기 위해 표준화된 검사를 연구하여 기존에 사용하고 있던 심리검사 도구들에서 열한 가지의 소검사를 가려냈다. 이 소검사들은 스탠퍼드-비네(Standford-Binet) 검사(어휘, 공통성, 이해, 숫자, 산수), 군대용 α검사(상식, 이해), 군대용 β검사(빠진 곳 찾기, 바꿔쓰기), 코(Koh)의 토막짜기 검사(토막짜기), 군대집단검사(차례맞추기), 핀터-패터슨(Pinther-Paterson) 검사(모양맞추기)에서 가져왔다. 이러한 소검사들이 조합되어 1939년에 웩슬러-벨레뷰 지능검사 1판(Wechsler Bellevue-I: WB-I)이 출판되었다. 이어서 1946년에는 웩슬러-벨레뷰 지능검사 2판(Wechsler Bellevue-II: WB-II)을 만들었고, 이를 토대로 1949년에는 웩슬러 아동용 지능검사(Wechsler Intelligence Scale for Children: WISC)가 출판되었다. WISC는 WB-II에 포함된 11개의 소검사에 미로검사 소검사가 추가되어 12개의 소검사로 이루어졌다. 그리고 1974년에는 개정판 웩슬러 아동용 지능검사가 표준화되었는데, 소검사의 구성은 WISC와 동일한 12개의 소검사로 이루어졌다. 그리고 1991년에는 웩슬러 아동용 지능검사 3판(Wechsler Intelligence Scale for Children-Third Edition: WISC-III)이 나왔는데, WISC-III은 12개의 소검사에 1개의 소검사(동형찾기)가 추가되어 13개의 소검사로 구성되었다. 그리고 WISC-III에서는 언어성 지능, 동작성 지능, 전체 지능뿐만 아니라 4개의 지표지수(언어이해, 지각조직, 주의집중, 처리속도)를 구할 수 있게끔 하였다. 2003년에는 웩슬러 아동용 지능검사 4판(Wechsler Intelligence Scale for Children-Fourth Edition: WISC-IV)이 출간되었는데, WISC-III의 13개 소검사 중 3개의 소검사(차례맞추기, 모양맞추기, 미로)가 빠지고 5개의 소검사(공통그림 찾기, 행렬추리, 순차연결, 단어추리, 선택)가 추가되어 WISC-IV는 15개의 소검사로 이루어졌다.

한국에서는 1974년에 서봉연과 이창우가 WISC(Wechsler, 1949)를 이용하여 한국판 웩슬러 아동용 지능검사(Korean-Wechsler Intelligence Scale for Children: K-WISC)를 표준화하였다. 1987년에는 한국교육개발원에서 박경숙 등이 WISC-R(Wechsler, 1974)을 사용하여 한국교육개발원판 웩슬러 아동용 지능검사(KEDI-WISC)를 표준화하였다. 또한 2001년에는 WISC-III(Wechsler, 1991)를 모체로 곽금주, 박혜원, 김청택이 한국 웩슬러 아동 지능검사 3판(Korean-Wechsler Intelligence Scale for Children-III: K-WISC-III)을 표준화하였다. 2011년에는 WISC-IV(Wechsler, 2003)를 토대로 곽금주, 오상우, 김청택이 한국 웩슬러 아동 지능검사 4판(Wechsler Intelligence Scale for Children-IV: K-WISC-IV)을 표준화하여 출간하였다.

K-WISC-IV는 6세 0개월부터 16세 11개월까지의 아동과 청소년의 인지능력(cognitive abilities)을 평가하기 위해 개별적으로 실시하는 심리검사이다. 이 검사는 한국 웩슬러 아동 지능검사 3판(K-WISC-III; Wechsler, 2001)의 개정판으로, 전반적인 지적능력(FSIQ, GAI)과 광역 인지능력을 나타내는 4개의 합산점수는 물론 임상적 군집의 지표 그리고 좁은 영역의 특정 인지 영역을 나타내는 소검사를 제공해 준다. 또한 개정된 규준과 새로운 소검사, 그리고 보다 분리된 인지기능 영역에서의 아동과 청소년의 수행을 반영한 합산 점수를 더욱 강조하는 것을 포함해 중요한 개정 요소들을 통합했다. 모든 그림은 보다 세련되게 개정하였으며, 실시 및 채점 절차는 검사자의 편의를 강화하여 수정하였다. 또한 K-WISC-IV는 다음의 네 가지 개정목표를 갖고 있다. 첫째, 도구의 이론적 토대를 갱신한다. 둘째, 발달의 적합성을 증가시킨다. 셋째, 심리측정적 속성을 향상한다. 넷째, 검사자의 편의성을 증가시킨다.

2. K-WISC-IV의 검사 구성과 구조

K-WISC-IV는 15개의 소검사로 구성되어 있는데, K-WISC-III과 동일한 10개의 소

검사(토막짜기, 공통성, 숫자, 기호쓰기, 어휘, 이해, 동형찾기, 빠진 곳 찾기, 상식, 산수)와 5개의 새로운 소검사(공통그림 찾기, 순차연결, 행렬추리, 선택, 단어추리)가 포함된다. 〈표 5-1〉은 각 소검사의 약자와 간략한 설명을 나열하고 있다.

표 5-1 K-WISC-Ⅳ 소검사의 약자와 설명

소검사	약자	설명
토막짜기	BD	아동이 제한시간 내에 흰색과 빨간색으로 이루어진 토막을 사용하여 제시된 모형이나 그림과 똑같은 모양을 만든다.
공통성	SI	아동이 공통적인 사물이나 개념을 나타내는 두 개의 단어를 듣고, 두 단어가 어떻게 유사한지를 말한다.
숫자	DS	숫자 바로 따라하기에서는 검사자가 큰 소리로 읽어 준 것과 같은 순서로 아동이 따라 한다. 숫자 거꾸로 따라하기에서는 검사자가 읽어 준 것과 반대 방향으로 아동이 따라 한다.
공통그림 찾기	PCn	아동에게 두 줄 또는 세 줄로 이루어진 그림들을 제시하면, 아동은 공통된 특성으로 묶일 수 있는 그림을 각 줄에서 한 가지씩 고른다.
기호쓰기	CD	아동은 간단한 기하학적 모양이나 숫자에 대응하는 기호를 그린다. 기호표를 이용하여, 아동은 해당하는 모양이나 빈칸 안에 각각의 기호를 주어진 시간 안에 그린다.
어휘	VC	그림 문항에서 아동은 소책자에 있는 그림들의 이름을 말한다. 말하기 문항에서 아동은 검사자가 크게 읽어 주는 단어의 정의를 말한다.
순차연결	LN	아동에게 연속되는 숫자와 글자를 읽어 주고, 숫자가 많아지는 순서와 한글의 가나다 순서대로 암기하도록 한다.
행렬추리	MR	아동은 불완전한 행렬을 보고, 다섯 개의 반응 선택지에서 제시된 행렬의 빠진 부분을 찾아낸다.
이해	CO	아동은 일반적인 원칙과 사회적 상황에 대한 이해에 기초하여 질문에 대답한다.
동형찾기	SS	아동은 반응 부분을 훑어보고 반응 부분의 모양 중 표적 모양과 일치하는 것이 있는지를 제한시간 내에 표시한다.
빠진 곳 찾기	PCm	아동이 그림을 보고 제한시간 내에 빠져 있는 중요한 부분을 가리키거나 말한다.
선택	CA	아동이 무선으로 배열된 그림과 일렬로 배열된 그림을 훑어본다. 그리고 제한시간 안에 표적 그림들에 표시한다.
상식	IN	아동이 일반적 지식에 관한 광범위한 주제를 다루는 질문에 대답을 한다.
산수	AR	아동이 구두로 주어지는 일련의 산수 문제를 제한시간 내에 암산으로 푼다.
단어추리	WR	아동이 일련의 단서에서 공통된 개념을 찾아내어 단어로 말한다.

1) K-WISC-IV 검사의 구조

[그림 5-1]은 K-WISC-IV 검사의 구조와 각 합산 점수에 기여하는 소검사를 묘사한 것이다. 소검사들은 주요 소검사와 보충 소검사로 구별한다. 10개의 주요 소검사는 네 가지 지표에 할당되어 있다. 즉, 언어이해 소검사 3개, 지각추론 소검사 3개, 작업기억 소검사 2개, 처리속도 소검사 2개이다. 공통성, 어휘, 이해는 [언어이해]의 주요 소검사 이다. 토막짜기, 공통그림 찾기, 행렬추리는 [지각추론]의 주요 소검사이다. 숫자, 순차 연결은 [작업기억]의 주요 소검사이고, 기호쓰기, 동형찾기는 [처리속도]의 주요 소검사 이다. 각 지표에는 보충 소검사를 실시할 수 있다.

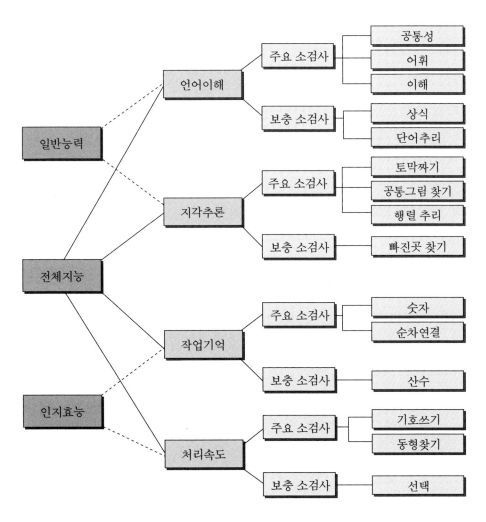

[그림 5-1]　K-WISC-IV 검사의 구조

2) K-WISC-IV의 소검사

(1) 토막짜기

토막짜기 소검사에서는 수검자가 제한시간 내에 흰색과 빨간색으로 이루어진 토막을 사용하여 제시된 모형이나 그림과 똑같은 모양을 만든다. 이 소검사는 추상적 시각 자극을 분석하고 종합하는 능력을 측정하도록 고안되어 있다. 또한 비언어적 개념 형성, 시지각 및 시각적 조직화, 시공간적 문제 해결, 시각적 비언어적 추론, 동시처리, 시각-운동 협응, 학습, 시각적 자극에서 전경과 배경을 분리해 내는 능력을 포함한다. 또한 어린 아동의 경우 이 소검사는 시각과 운동 과정을 통합하는 능력뿐만 아니라 시각적 관찰과 대응 능력도 포함한다고 제안되었다. 요인분석 결과 토막짜기 소검사는 지각추론 요인에 부하되는 것으로 나타났다.

(2) 공통성

수검자에게 공통적인 사물이나 개념을 나타내는 두 개의 단어를 불러 주고, 두 단어가 어떻게 유사한지를 말하게 한다. 공통성 문항의 예시로는 "자동차 바퀴와 공은 어떤 점이 비슷한가요?"가 있다. 공통성 소검사는 언어적 추론, 개념 형성과 언어적 문제 해결을 측정하기 위해 고안되었다. 이 소검사는 또한 청각적 이해, 기억, 비본질적인 것과 본질적인 특성 간의 구분과 언어적 표현을 포함한다. 공통성 소검사는 언어이해 요인에 부하되어 있다.

(3) 숫자

숫자 소검사는 두 부분('숫자 바로 따라하기'와 '숫자 거꾸로 따라하기')으로 구성되어 있다. '숫자 바로 따라하기'에서는 검사자가 큰 소리로 읽어 준 것과 같은 순서로 아동이 따라 한다. '숫자 거꾸로 따라하기'에서는 검사자가 읽어 준 것과 반대 방향으로 아동이 따라 한다. '숫자 바로 따라하기'와 '숫자 거꾸로 따라하기'의 각 문항은 같은 자리 수의 숫자를 두 번 시행하도록 되어 있다. 이 소검사는 청각적 단기기억, 계열화 기술, 주의력, 집중력을 측정한다. '숫자 바로 따라하기' 과제는 기계적 암기학습과 기억력, 주의력, 부호화, 청각적 처리를 포함하고 있다. '숫자 거꾸로 따라하기' 과제는 작업기억, 정보변환, 정신적 조작, 시공간적 형상화를 포함하고 있다. '숫자 바로 따라하기' 과제에서 '숫자 거꾸로 따라하기' 과제로의 전환에는 인지적 유연성과 정신적 기민함이 요구된다. 숫자 소검사는 작업기억 요인에 부하되어 있다.

(4) 공통그림 찾기

아동에게 두 줄 또는 세 줄로 이루어진 그림들을 제시하면, 아동은 공통된 특성으로 묶일 수 있는 그림을 각 줄에서 한 가지씩 고른다. 이 소검사는 K-WISC-Ⅳ의 새로운 주요 소검사이다. 언어적 중재가 포함되는 것으로 보임에도 불구하고, 공통그림 찾기 소검사는 공통성 소검사와 비언어적 대응관계에 있는 것으로 간주된다(Wechsler, 2003). 이 소검사는 추상화와 범주적 추론 능력을 측정하기 위해 고안되었다. 문항들은 추상적 추론 능력이 점점 더 요구되는 순서대로 되어 있다. 요인분석 결과, 이 소검사는 지각추론 요인에 부하되는 것으로 나타났다.

(5) 기호쓰기

아동은 간단한 기하학적 모양이나 숫자에 대응하는 기호를 그린다. 기호표를 이용하여, 아동은 해당하는 모양이나 박스 안에 각각의 기호를 주어진 시간 안에 그린다. 시각-운동 처리속도에 더하여 이 소검사는 단기기억, 학습 능력, 시지각, 시각-운동 협응, 인지적 유연성, 주의력, 동기를 측정한다. 이 검사는 또한 시각적 순차처리를 포함한다. 요인분석 결과, 기호쓰기 소검사는 처리속도 요인에 부하되는 것으로 나타났다.

(6) 어휘

어휘 소검사는 그림 문항과 언어 문항의 두 가지 유형의 문항으로 이루어져 있다.

그림 문항에서 아동은 소책자에 있는 그림들의 이름을 말하게 된다. 언어 문항에서 아동은 검사자가 크게 읽어 주는 단어의 정의를 말한다. 언어 문항이 제시될 때, 9~16세의 아동과 청소년에게는 소책자에 있는 단어도 보게 한다. 언어 문항의 예시로는 "성가신은 무슨 뜻입니까?"가 있다. 어휘 소검사는 개인의 획득된 지식과 언어적 개념 형성을 측정하기 위해 고안되었다. 또한 결정지능, 축적된 지식, 언어적 개념화, 언어적 추론, 학습 능력, 장기기억과 언어발달의 정도를 측정한다. 이 과제를 하는 동안 아동이 사용할 수 있는 다른 능력으로는 청각적 지각과 청각적 이해, 언어적 개념화, 추상적 사고, 언어적 표현 능력이 있다. 요인분석 결과, 어휘 소검사는 언어이해 요인에 부하되는 것으로 나타났다.

(7) 순차연결

아동에게 연속되는 숫자와 글자를 읽어 주고, 숫자가 많아지는 순서와 한글의 가나다 순서대로 암기하도록 한다. 순차연결은 K-WISC-IV의 새로운 소검사이다. 이 소검사는 조현병 환자들을 위해 비슷한 과제를 개발했던 Gold, Carpenter, Randolph, Goldberg와 Weinberger(1997)의 연구에 부분적으로 기반을 두고 있다. 이 과제는 계열화, 정신적 조작, 주의력, 유연성, 청각적 작업기억, 시공간적 형상화, 처리속도를 포함하고 있다. 요인분석 결과, 이 소검사는 작업기억 요인에 부하되는 것으로 나타났다.

(8) 행렬추리

아동은 불안전한 행렬을 보고, 다섯 개의 반응 선택지에서 제시된 행렬의 빠진 부분을 찾아낸다. 이 소검사는 웩슬러 검사의 새로운 주요 소검사이다. 이 소검사는 유동성 지능, 비언어적 추론, 유추적 추론, 비언어적 문제 해결, 공간적 시각화에 대한 측정을 향상하기 위해 고안되었다. 이 소검사는 지각추론 요인에 부하된다.

(9) 이해

아동은 일반적인 원칙과 사회적 상황에 대한 이해에 기초하여 질문에 대답한다(예: 1번 문항. "사람들이 양치질을 해야 하는 이유가 무엇입니까?"). 이 소검사는 언어적 추론과 개념화, 언어적 이해와 표현, 과거 경험을 평가하고 사용하는 능력, 언어적 문제 해결과 실제적 지식을 발휘하는 능력을 측정하도록 고안되어 있다. 또한 이 검사는 행동에 대한 관습적인 기준에 대한 지식, 사회적 판단력과 성숙도, 사회적 성향과 상식을 포함하고 있다. 이해 소검사는 언어이해 요인에 부하되어 있다.

(10) 동형찾기

아동은 반응 부분을 훑어보고 반응 부분의 모양 중 표적 모양과 일치하는 것이 있는지를 제한시간 내에 표시한다. 이 소검사는 시각-운동 처리속도뿐만 아니라 단기 시각기억, 시각-운동 협응, 인지적 유연성, 시각적 변별, 집중력을 포함한다. 또한 청각적 이해, 지각적 조직화, 계획하고 학습하는 능력도 필요하다. 이 소검사는 처리속도 요인에 부하된다.

(11) 빠진 곳 찾기

빠진 곳 찾기 소검사에서 아동은 그림을 보고 제한시간 내에 빠져 있는 중요한 부분을 가리키거나 말한다. 이 소검사는 시각적 지각과 조직화, 집중력, 시각적 변별, 사물의 본질적인 세부에 대한 시각적 재인, 추리, 장기기억을 측정하기 위해 고안되었다. 이 소검사는 지각추론 요인에 부하된다.

(12) 선택

선택 소검사는 K-WISC-Ⅳ의 새로운 보충 소검사이다. 아동이 무선으로 배열된 그림과 일렬로 배열된 그림을 훑어본다. 선택 소검사에서는 반응지를 아동 앞에 놓고 "내가 시작하라고 하면 각 동물 그림에 선을 긋도록 하세요."라고 지시하여 제한시간 안에 표적 그림들에 표시하도록 한다. 이 소검사는 처리속도, 시각적 선택 주의, 각성, 시각적 무시를 측정하기 위해 고안되었다. 선택 소검사는 처리속도 요인에 부하되어 있다.

(13) 상식

아동이 일반적인 지식에 관한 광범위한 주제를 다루는 질문에 대답을 한다(예: 6번 문항, "목요일 다음 날은 무슨 요일이지요?"). 이 소검사는 결정성 지능, 장기기억, 학교와 환경으로부터 얻은 정보를 유지하고 인출하는 능력을 포함한다. 또한 이 소검사에서의 수행은 언어적 표현 능력, 청각적 지각과 이해와도 관련된다. 상식 소검사는 언어이해 요인에 부하되어 있다.

(14) 산수

아동이 구두로 주어지는 일련의 산수문제를 제한시간 내에 마음속으로 푼다. 문항들은 연령에 더욱 적합한 소검사 과제를 완성하기 위해 요구되는 수학적 지식을 동시에 형성하는 동안 필요한 작업기억을 증가시키기 위해 개발되었다. 이 소검사는 작업기억 요인에 부하되어 있다. 산수 계산의 난이도는 매우 낮아서 문제가 숫자를 직접적으로 시각적으로 제시하였을 때 대부분의 수검자가 문제를 맞게 풀 수 있도록 하였다. 산수 과제의 수행은 청각적 언어적 이해, 정신적 조작, 집중력, 주의력, 작업기억, 장기기억, 수와 관련된 추론 능력을 포함하고 있다. 또한 계열화, 유동적 추론, 논리적 추론과도 관련된다. 산수 소검사는 주로 작업기억 요인에 부하되어 있다. 그리고 청각적 언어이해 능력이 비중 있게 관여하고 있어 종종 언어이해 요인에 이차적으로 부하된다.

(15) 단어추리

아동이 일련의 단서에 설명된 일치된 개념을 인식한다. 수검자가 일련의 단서가 설명하고 있는 공통 개념을 알아내도록 질문한다. 이 검사는 K-WISC-IV의 새로운 소검사이며, 카우프만 아동 지능검사(Kaufman Assessment Battery for Children)의 수수께끼 소검사와 빈칸 채우기 과제(예: 문장에서 빠진 부분을 완성하는 과제)에서와 같이 언어적 추론을 측정한다. 단어추리 문항의 예로는 '21번 문항: 1. 이것은 모든 것이 가지고 있는 거예요. 2. 그리고 이것은 매년 바뀌어요. 3. 그리고 이것은 절대로 감소할 수 없어요' 가 있다. 이 과제는 언어적 이해, 유추 및 일반적 추론 능력, 언어적 추상화, 특정 분야의 지식, 서로 다른 유형의 정보를 통합 및 종합하는 능력, 대체 개념을 만들어 내는 능력을 측정한다.

3) K-WISC-IV의 합산점수

K-WISC-IV의 구성은 작업기억과 처리속도에 대한 관심이 높아진 것을 포함하여, 인지능력 평가에 대한 최근의 이론과 실제를 반영하여 개정하였다. 그 결과, 검사의 구성과 합산점수에 대한 소검사 합산에 몇 가지 중요한 변화를 가져왔다. 검사의 구성과 구조에 대한 설명은 다음과 같다.

K-WISC-IV에서는 다섯 가지 합산 점수를 얻을 수 있다. K-WISC-III처럼 K-WISC-IV는 아동의 전체적인 인지 능력을 나타내는 전체검사 지능지수(FSIQ)를 제공한다. 또한 보다 분리된 인지능력 영역에서의 아동의 기능을 나타내기 위해 추가적인 네 가지 합산 점수인 언어이해 지표(VCI), 지각추론 지표(PRI), 작업기억 지표(WMI), 처리속도 지표(PSI)를 구할 수 있다. K-WISC-III에서 사용해 오던 언어성 IQ(VIQ)와 동작성 IQ(PIQ)라는 용어는 각각 언어이해 지표(VCI)와 지각추론 지표(PRI)라는 용어로 대체되었다.

(1) 언어이해 지표

언어이해 지표(VCI)는 언어적 개념 형성, 언어적 추론과 이해, 획득된 지식, 언어적 자극에 대한 주의력에 대한 측정치이다. 이 소검사는 전통적인 VIQ 점수보다 인지 기능의 더 협소한 영역을 측정하며, 다른 인지 기능(작업기억)보다 덜 혼입되어 있다. 따라서 VCI는 VIQ보다 언어적 추론에 대한 더 순수한 측정치로 간주된다. 특히 VCI는 저조한 기억기능 또는 VIQ에 기여하는 소검사들 간에 편차가 큰 상황에서 언어적 추론 능력에 대한 더 적절한 지표이다.

(2) 지각추론 지표

지각추론 지표(PRI)는 유동적 추론, 공간처리, 세부에 대한 주의력, 시각–운동 통합에 대한 측정치이다. 이 소검사는 처리속도에 덜 혼입되어 있으며, 저조한 처리속도 능력을 가진 개인의 진정한 비언어적 추론 능력을 더 잘 반영한다.

(3) 작업기억 지표

작업기억 지표(WMI)는 입력된 정보가 일시적으로 저장되고, 계산과 변환처리가 일어나며, 계산과 변환의 산물/출력이 일어나는 곳에 대한 정신적 용량을 측정한다. 작업기억은 학습의 핵심적인 요소이기 때문에 작업기억에서의 차이는 주의력, 학습 용량, 유동적 추론과 관련되는 개인차의 분산을 설명한다.

(4) 처리속도 지표

처리속도 지표(PSI)에서의 수행은 개인이 신속하게 단순하거나 일상적인 정보를 오류 없이 처리할 수 있는지를 보여 준다. 인지적 연구는 정보처리 속도가 일반요인과 유의미하게 상관되어 있음을 시사한다. 학습은 종종 일상적인 정보처리와 복잡한 정보처리의 조합이기 때문에 처리속도가 약점일 경우 새로운 정보를 이해하는 과제를 하는 데 시간이 더 오래 걸리고, 과제 수행에 어려움을 겪게 되며, 새로운 자료를 이해해야 하는 복잡한 과제를 수행하기 위한 정신적 에너지가 덜 남게 된다.

(5) 전체검사 지능지수

전체검사 지능지수(FSIQ)는 개인의 인지기능의 전반적인 수준을 추정하는 종합적인 합산점수이다. FSIQ는 주요 소검사 10개 점수의 합계이다. FSIQ는 보통 일반요인 또는 전반적인 인지적 기능에 대한 대표치로 간주된다.

4) 처리점수

K-WISC-IV는 3개의 소검사(토막짜기, 숫자, 선택)에서 7개의 처리점수를 제공한다. 이러한 점수들은 아동의 소검사 수행에 기여하는 인지 능력에 대한 더 자세한 정보를 제

공하도록 고안되었다. 이러한 점수들을 얻기 위해서 추가적인 실시 절차가 필요하지는 않으며, 해당 소검사에 대한 아동의 수행에 기초하여 점수를 얻을 수 있다. 처리점수는 다른 소검사 점수로 대체할 수 없으며, 합산 점수에도 포함되지 않는다는 것을 주의해야 한다. 〈표 5-2〉에서는 처리 점수를 나열했으며, 이 지침서와 기록용지에서 사용되는 약자를 함께 표시해 놓았다.

표 5-2 처리점수의 약자

처리점수	약자
시간 보너스가 없는 토막짜기	BDN
숫자 바로 따라하기	DSF
숫자 거꾸로 따라하기	DSB
가장 긴 숫자 바로 따라하기	LDSF
가장 긴 숫자 거꾸로 따라하기	LDSB
선택(무선배열)	CAR
선택(일렬배열)	CAS

(1) 토막짜기

BDN 처리 점수는 문항을 빨리 완성하는 것에 대한 추가적인 시간 보너스 점수가 없는 토막짜기에서 보이는 아동의 수행에 기반을 둔다. 이 검사 점수에서 나타나듯이 수행 속도에 대한 강조를 줄인 것은 아동의 신체적 한계, 문제해결 전략, 개인적 특성이 시간을 요하는 과제의 수행에 영향을 미친다고 판단될 때 특히 유용할 것이다.

다른 소검사 환산 점수처럼 BDN은 평균 10, 표준편차 3의 측정단위로 환산된다. 7점과 13점은 각각 평균으로부터 1 표준편차씩 아래, 위로 벗어나 있고, 4점과 16점은 각각 평균으로부터 2 표준편차씩 아래, 위로 벗어나 있다. 아동의 약 68%가 7~13점 사이의 환산점수를 받고, 약 96%가 4~16점 범위에 위치한다.

처리분석의 개인 내 수준에서 BD와 BDN 점수 간 차이는 토막짜기 수행에 대한 속도와 정확성의 상대적 기여에 관해서 정보를 제공한다. K-WISC-IV는 차이 점수에 대해 표준화 표본에서의 임계치와 기저율을 제공한다. 이 자료들은 점수 차이가 통계적으로 유의미한지 결정할 때 사용되고, 표준화 표본에서 발생한 빈도수를 볼 때 사용된다. 대부분의 아동은 BD와 BDN 간에 큰 차이가 없다.

(2) 숫자

DSF와 DSB 처리 점수는 두 가지의 숫자 과제에서 보이는 아동의 수행을 반영한다. DSF와 DSB 또한 환산점수이며, 해당되는 숫자 과제의 총점으로부터 도출된다. 두 가지 과제 모두 즉각적인 청각적 회상을 통해 정보를 저장하고 인출하는 능력을 요구하지만, '숫자 거꾸로 따라하기' 과제는 아동의 주의력 및 작업기억 능력을 추가적으로 요구한다(Wechsler, 1997). DSF와 DSB 간 차이는 비교적 쉬운 과제와 좀 더 어려운 기억 과제에서의 차별적 수행능력을 나타낸다. LDSF와 LDSB 처리점수는 각각 '숫자 바로 따라하기'와 '숫자 거꾸로 따라하기'에서 마지막으로 정확히 수행한 시행에서 회상한 숫자의 개수를 나타낸다. K-WISC-Ⅳ는 LDSF와 LDSB 원점수와 두 점수 간 차이에 대한 표준화 표본에서의 기저율을 제공한다.

(3) 선택

CAR과 CAS 처리점수는 선택 소검사에서 두 가지 방식(무선배열, 일렬배열)으로 제시된 시각적 자극에 대한 선택적인 시각적 주의와 처리속도를 측정한다. 선택 과제는 신경심리학적 장면에서 시각적 무시, 반응 억제, 운동 보속증을 측정하기 위해 널리 사용되어 왔다.

CAR과 CAS는 각각 선택 문항 1과 문항 2에서의 원점수로부터 도출된 환산점수이다. 이 두 점수를 비교하는 것은 무선적으로 배열된 시각자극과 비슷한 과제이지만 조직적으로 배열되어 있는 시각자극을 살펴볼 때 요구되는 차별적인 수행 능력에 대한 정보를 제공해 준다.

5) K-WISC-Ⅳ에서의 변경사항

① 실시되는 하위검사의 수가 12개에서 10개로 축소되어 검사 실시시간이 단축되었다.
② 임상적 평가나 진단에서 별로 유용성이 없는 것으로 나타난 모양 맞추기, 차례 맞추기 소검사를 제거함으로써 검사점수에 속도의 영향이 현저히 감소하였으며, 이로 인해 처리속도를 별개로 측정한다.
③ 언어이해 지표와 지각추론 지표가 K-WISC-Ⅲ에서 사용된 언어성 IQ/동작성 IQ보다 더 순수한 언어 이해력과 지각적 추론능력을 측정할 수 있게 된다. 또한 행렬

추리, 공통그림 찾기, 단어추리 같은 새로운 하위검사를 개발하여 추가함으로써 유동성 추론능력을 보다 잘 측정하게 되고, 결정성 지식과 상식의 영향이 최소한 으로 통제된 상태에서 아동과 청소년의 추론능력을 보다 잘 측정할 수 있게 된다.

④ K-WISC-III의 언어성 척도와 동작성 척도에 포함되었던 숫자, 산수, 동형찾기, 기호쓰기가 K-WISC-IV에서는 작업기억 지표와 처리속도 지표의 하위척도로 포함 되어 사용된다.

⑤ 순차연결 소검사를 작업기억 지표 속에 숫자 소검사와 같이 포함시킴으로써 비산 만성(Freedom From Distractibility)이라는 애매한 이름을 버리고 현대의 이론과 이 론적 구인에 보다 명확하게 부합되는 '작업기억'이라는 이름으로 요인을 규정하 게 되었다.

⑥ 산수 소검사가 작업기억 지표 속에 하나의 하위검사로 포함되어 있지만, 순차연결 소검사를 새로 추가하고 산수 소검사를 하나의 보충검사로 사용함으로써 작업기 억 지표의 요인을 보다 순수한 구성요인으로 측정한다.

⑦ K-WISC-IV의 처리속도 지표는 K-WISC-III에서 사용된 두 하위검사를 그대로 사 용함으로써 큰 변화는 없다. 즉, 기호쓰기와 동형찾기 소검사가 그대로 사용되고 있다. 그러나 선택 소검사를 새로 개발 및 추가하여 보충검사로 사용한다.

3. K-WISC-IV의 분석과 설명

K-WISC-IV를 실시해서 얻은 아동과 청소년의 전체검사 지능지수를 포함한 합산점 수의 지표와 개별 소검사의 환산점수를 비롯한 160개 이상의 값을 검사하고 분석하고 설명하는 일은 체계적인 계획을 필요로 한다. 단지 무선적으로 흥미로워 보이는 점수만 을 취급하는 것은 유용한 접근법이 아니다. 우리는 가장 전반적인 점수에서부터 가장 구 체적인 점수에 이르기까지 수검자의 능력에 대한 가장 의미 있는 가설을 정의할 수 있도 록 안내하는 접근법을 살펴볼 필요가 있다. 이러한 접근법을 사용하는 것은 검사 결과와 K-WISC-IV 보고서의 해석 부분을 패턴화한 후 논리적 개요를 제시할 것이다.

1) K-WISC-IV 해석의 기초

(1) 지능검사의 기능

심리검사의 중요한 기능 중의 하나는 인지능력을 평가하는 것이라 할 수 있다. 인지능력을 평가하기 위한 대표적인 검사로는 지능검사를 들 수 있다. 지능검사 중에서 대표적인 지능검사로는 웩슬러 지능검사를 들 수 있는데, 아동과 청소년을 위한 지능검사 중 대표적인 것으로는 K-WISC-IV가 있다. K-WISC-IV를 사용하여 평가해 보고자 하는 목적과 기능은 다음과 같이 요약할 수 있다. 첫째, 일반적인 지적 능력을 평가하기 위하여 지능검사가 사용된다. 지능수준이 어느 정도인지, 인지적인 문제해결 능력은 어느 정도인지의 전반적인 지적 능력을 평가한다. 내담자가 문제를 어떻게 해석하는지, 그리고 인지적인 적응 능력은 어느 정도인지를 평가하고자 할 때 지능검사가 사용된다. 둘째, 특수한 영역에서의 인지능력을 평가하기 위하여 지능검사가 사용된다. 예를 들어, 언어이해 능력은 어떠한지, 지각추론 능력은 어느 정도인지, 작업기억이나 처리속도 능력은 어느 정도인지를 평가하고자 하는 목적에 맞게 살펴볼 수 있다. 셋째, 인지능력의 결함이나 손상을 평가한다. 인지능력의 특수한 영역뿐만 아니라 어느 특정 영역의 결함과 손상을 보이는지를 평가한다. 넷째, 인지능력의 평가를 통하여 내담자에 대한 심리진단을 하고, 이를 통해 치료계획을 세우는 데 중요한 도구로 활용할 수 있다. 내담자의 전반적인 인지능력은 어느 정도인지, 여러 인지능력 중에서 강점 영역과 약점 영역을 파악하여 내담자에 대한 구체적인 치료계획을 세울 수 있다.

(2) 검사점수 보고 및 설명

K-WISC-IV의 원점수를 환산점수로 변환시키면 지능검사 점수들을 다른 연관된 검사 측정치들과 비교할 수 있다. 또한 연령 교정 표준점수들은 검사자들이 각 아동의 인지능력을 다른 비슷한 연령의 아동들과 비교할 수 있게 해 준다. 아동의 수행을 설명할 때, 검사자는 표준점수와 함께 신뢰구간, 백분위, 질적 기술, 대안적 기술체계, 추정연령 등 다른 정보를 사용할 수 있다.

① 표준점수

K-WISC-IV에서는 두 가지의 연령 교정 표준점수인 환산점수와 합산점수를 제공한다. 환산점수는 아동의 같은 연령의 또래들과 비교했을 때 상대적인 검사 수행을 나타낸

다. 이 점수는 각 소검사들의 원점수에서 나오며, 평균 10, 표준편차 3의 측정기준으로 환산한다. 환산된 처리점수들(예: 시간 보너스가 없는 토막짜기[BDN], 숫자 바로 따라하기[DSF], 선택(무선배열)[CAR])은 소검사 환산점수와 같은 방식으로 산출한다. 합산 점수들(5개)은 표준점수이며 여러소검사 환산점수의 합계에 기반을 둔다. 합산점수들은 평균 100, 표준편차 15의 측정기준으로 환산된다. 어떤 합산점수이든지, 100은 주어진 연령대 집단의 평균적인 검사 수행 능력을 의미한다. 115점과 85점은 각각 평균으로부터 위, 아래로 1 표준편차 벗어나 있으며, 130점과 70점은 각각 평균으로부터 위, 아래로 2 표준편차 벗어나 있다.

② 백분위

검사 아동과 같은 연령 아동집단에 대한 상대적 위치를 알기 위해 표준점수들에 따라 연령 기반의 백분위점수를 제시하였다. 백분위점수는 표준화 표본에 기초하여 주어진 백분율만큼 아래에 놓여 있는 척도의 지점을 말한다. 백분위수는 주로 1에서 99까지의 범위를 가지며, 평균과 중앙치가 50이다. 예를 들어, 백분위수 15를 가진 아동은 같은 연령의 다른 15%의 아동들만큼 또는 그보다 더 높은 수행능력이 있다(또는 같은 연령의 다른 85%의 아동들만큼 혹은 그보다 낮은 수행능력을 보인다).

③ 표준오차와 신뢰구간

인지 능력을 측정하는 검사도구의 점수는 관찰자료에 기반을 두고 있으며 아동의 진점수를 예측한다. 이것들은 아동의 진정한 능력과 약간의 측정오차들을 반영한다. 그러므로 아동의 진점수는 신뢰구간(진점수가 있을 만한 점수구간)을 확립함으로써 더욱 정확해진다. 신뢰구간은 또 다른 의미의 점수 정확성을 나타냄과 동시에, 모든 검사 점수에는 고유의 측정오차가 있다는 점을 상기시켜 준다. 검사자는 합산점수를 둘러싼 신뢰구간을 보고하고, 검사 해석 시 이러한 정보를 사용하여 보다 정확한 해석을 해야 할 것이다.

④ 지능의 분류

합산점수는 아동의 수행 능력에 따라 보다 질적인 용어로 기술되기도 한다. 질적 분류는 아동의 수행능력을 같은 연령의 또래 아동들에 대해 상대적으로 설명한다. 〈표 5-3〉은 합산점수의 기술적 분류를 보여 준다.

표 5-3 합산점수의 질적 기술

합산점수	기술적 분류	백분율
130 이상	매우 우수	2.2
120~129	우수	6.7
110~119	평균상	16.1
90~109	평균	50.0
80~89	평균하	16.1
70~79	경계선	6.7
69 이하	매우 낮음	2.2

표 5-4 IQ 범위, 표준점수 및 백분위와의 관계

범위	표준점수	백분위
매우 우수	19	99.9
매우 우수	18	99.6
매우 우수	17	99
매우 우수	16	98
우수	15	95
우수	14	91
평균상	13	84
평균상	12	75
평균	11	63
평균	10	50
평균	9	37
평균	8	25
평균하	7	16
평균하	6	9
경계선	5	5
경계선	4	2
매우 낮음	3	1
매우 낮음	2	0.4
매우 낮음	1	0.1

2) 기본적인 K-WISC-IV 분석 절차

아동의 지적 기능에 대한 보고들이 가장 전체적인 점수에 대한 논의로 시작하는 것은

일반적인 관습이었으며, 덜 전반적이고 더 구체적인 점수를 보는 것이 성공적인 단계로 진행되는 것이었다. WISC-IV 기술적 및 해석적 매뉴얼에서 제시된 기초 프로파일 분석은 전체검사 지능지수로 시작하기를 추천한다. 이것은 WISC-III에서도 사용되어 왔고, WISC-IV 기술적 매뉴얼과 해석 매뉴얼에서 요약된 접근은 다음을 포함한다.

- 1단계: 전체검사 지능지수(FSIQ) 보고 및 기술
- 2단계: 언어이해 지표(VCI) 보고 및 기술
- 3단계: 지각추론 지표(PRI) 보고 및 기술
- 4단계: 작업기억 지표(WMI) 보고 및 기술
- 5단계: 처리속도 지표(PSI) 보고 및 기술
- 6단계: 지표-수준의 차이 비교 평가
- 7단계: 강점과 약점 평가
- 8단계: 소검사-수준의 차이 비교 평가
- 9단계: 소검사들 내에서의 점수 패턴 평가
- 10단계: 처리분석 수행하기

(1) 1단계: 전체검사 지능지수 보고 및 기술

전체검사 지능지수(FSIQ)는 가장 신뢰성 있는 점수이며, 전통적으로 프로파일을 해석할 때 첫 번째로 고려해야 할 점수이다. FSIQ는 개인의 인지능력의 전반적인 수준을 추정하는 종합적인 합산점수이다. FSIQ는 언어이해 지표(VCI), 지각추론 지표(PRI), 작업기억 지표(WMI), 처리속도 지표(PSI) 점수의 합계로서 10개의 주요 소검사 점수의 합계이다. FSIQ는 일반적 지능 또는 전반적인 인지적 기능에 대한 대표치로 간주된다. 기록용지에 표시되어 있듯이, FSIQ는 해당하는 표준점수, 신뢰구간, 백분위와 기술적 범주를 보고한다.

(2) 2단계: 언어이해 지표(VCI) 보고 및 기술

언어이해 지표(VCI)는 언어적 개념 형성, 언어적 추론, 환경으로부터 획득한 지식을 측정한다. VCI는 주요 소검사인 공통성, 어휘, 이해 점수의 합산점수로서 WISC-III의 언어성 지능(VIQ)에 비해 언어적 추론과 개념화에 대한 더욱 개선되고 순수한 측정치이다. VCI에 기여하는 주요 소검사로는 공통성, 어휘, 이해가 포함되고, 보충 소검사로는

상식과 단어추리가 포함된다. VCI에는 WISC-Ⅲ에서 VCI와 비슷한 지표를 구성하였던 '산수'가 포함되지 않았고, '상식'은 주요 소검사에서 보충 소검사로 바뀌었다. 이는 VCI가 과거에 비해 획득된 지식에 대한 강조가 줄어들었다고 볼 수 있다. 또한 VCI에는 '단어추리'가 보충 소검사로 추가되었다. VCI는 기록용지에 해당하는 표준점수, 신뢰구간, 백분위, 기술적 범주를 보고해야 한다. 낮은 VCI 점수는 다양한 임상적, 환경적 조건과 관련된다. 예를 들어, 신경학적 장애가 있는 아동은 좌반구의 정보처리에서의 어려움으로 인해 언어기술이 손상되어 낮은 VCI 점수를 받을 수 있다. 중간 정도 또는 심한 폐쇄성 뇌손상이 있는 아동은 장기기억에서 정보를 인출하기가 어렵기 때문에 낮은 VCI 점수를 받을 수 있다. 불우하거나 혼란스러운 사회적 환경에서 자란 아동들 또한 지식을 발전시킬 기회가 적기 때문에 낮은 VCI 점수를 받을 수 있다.

(3) 3단계: 지각추론 지표(PRI) 보고 및 기술

지각추론 지표(PRI)는 지각적, 유동적 추론, 공간처리, 시각-운동 통합을 측정한다. WISC-Ⅲ에서 '토막짜기'는 유일하게 주요 소검사로 유지되었으며, '행렬추리'와 '공통그림 찾기'가 새롭게 추가되었다. '행렬추리'와 '공통그림 찾기'의 도입과 함께, '빠진 곳 찾기'가 주요 소검사에서 보충 소검사로 변화한 것은 WISC-Ⅲ의 동작성 지능(VIQ)이나 지각 조직화 지표(POI)보다 유동성 추론을 더욱 강조하여 측정한다는 것을 의미한다. 또한 이러한 소검사 변경은 PRI가 WISC-Ⅲ의 PIQ에 비해 시간적 제약하에서의 수행을 덜 강조한다는 것을 나타낸다. PRI는 기록용지에 해당하는 표준점수, 신뢰구간, 백분위 및 기술적 범주를 보고해야 한다.

어떤 경우에는 낮은 PRI가 특별한 발달적 문제나 임상적 상태를 나타내는 것은 아니지만, 다른 인지적 기술에 비해 관련된 기술(예: 지각추론, 시각-운동 통합)의 발달에서 정상적인 수준의 차이가 있음을 반영할 수 있다. 높은 교육적 배경을 가진 가정에서 자란 아동들의 경우, VCI에 비해 낮은 PRI 점수는 시지각적 체계의 문제라기보다는 환경적 영향과 관련될 수 있다. 또한 낮은 PRI 수행능력은 비언어성 학습장애나 Turner 증후군을 포함하여 다양한 임상적 상태와 관련될 수 있다.

(4) 4단계: 작업기억 지표(WMI) 보고 및 기술

작업기업 지표(WMI)는 아동의 작업기억 능력을 측정한다. 작업기억 과제는 기억 내에 일시적으로 정보를 유지하고, 이것을 조작하여 결과를 산출해 내는 것을 요구한다.

작업기억은 주의력, 집중력, 집행기능 및 추론과 관련된다. 최근 연구들은 작업기억이 다른 높은 수준의 인지 과정의 중요한 구성요소이며, 성취 및 학습과 매우 관련성이 높다는 결과를 보여 주었다.

WISC-Ⅲ에서 '숫자'가 주요 소검사로 유지되었고, '바로 따라하기'와 '거꾸로 따라하기' 과제가 각각 요구하는 기억의 서로 다른 측면에 대한 강조(즉, 기억 등록과 정신적 조작)를 나타내기 위해 처리 점수를 산출할 수 있는 분리된 규준을 사용하도록 했다. WISC-Ⅲ에 있는 '순차연결' 소검사를 더 어린 아동에게 사용할 수 있도록 개정하여 작업기억을 추가로 측정할 수 있도록 했다. '산수'는 작업기억에 대한 보충 소검사로 변경되었다. 수학적 지식에 대한 연령 적합성과 작업기억에 대한 요구를 늘림으로서, '산수' 문항 내의 수 능력에 대한 가능한 혼돈 효과를 줄였다. WMI는 기록용지에 해당하는 표준점수, 신뢰구간, 백분위와 기술적 범주를 함께 보고해야 한다. 낮은 WMI 점수는 읽기 장애와 언어장애 등 임상적 상태와 관련될 수 있다. 작업기억 과정은 다양한 학업적 노력으로 학습을 용이하게 해 주며, 이러한 과제에서 낮은 수행을 보이는 것은 학습장애의 위험 요인으로 봐야 한다. 낮은 WMI 점수는 더욱 면밀한 학습장애 평가가 필요함을 가리킬 수 있다.

(5) 5단계: 처리속도 지표(PSI) 보고 및 기술

처리속도 지표(PSI)는 간단한 시각적 정보를 빠르고 정확하게 살펴보고, 배열하고, 구별하는 능력을 측정한다. 또한 PSI는 단기 시각적 기억력, 주의력, 시각-운동 협응을 측정한다. PSI를 이루고 있는 소검사들은 단지 단순한 반응시간이나 시각적 구별을 측정하는 것만이 아니라는 점을 주목해야 한다. 이러한 과제 내에는 인지적 의사결정이나 학습 요소가 포함되어 있다. 기호쓰기와 동형찾기는 처리속도의 주요 소검사로서 WISC-Ⅲ에서부터 유지되어 왔고, 선택은 처리속도의 보충 소검사이다. 선택은 아동들에게 시각적 단서와 의미적 분류 결정을 이용해 목표 사물을 빠르게 살펴보고 구별하는 것을 요구한다. 선택은 목표 사물 확인이 목표물의 시각적 특징에 의존한다는 점에서 전통적인 신경심리학적 선택 과제와는 다르다. PSI는 기록용지에 해당하는 표준점수, 신뢰구간, 백분위 및 질적 기술과 함께 보고해야 한다. 연구는 처리속도와 일반적인 인지적 능력 사이에 유의미한 상관관계가 있다는 것을 보여 주었다. 심적 회전, 심적 조작, 추상적 추론과 같은 상위 단계 처리 과정을 위한 인지적 자원을 자유롭게 해 줌으로써, 더 빠른 정보처리는 작업기억에 필요한 자원을 보존할 수 있다. 낮은 PSI 점수는

ADHD, 학습장애, 외상적 뇌손상과 같은 임상적 상태와 관련될 수 있다. 모든 합산점수가 그렇듯이, PSI 점수는 지표 내에 포함된 소검사 점수들이 비슷할 때 더 확신을 가지고 해석될 수 있다. 임상가는 PSI에 대한 모든 시각-운동 협응의 영향에 주의해야 한다.

(6) 6단계: 지표-수준의 차이 비교 평가

웩슬러-벨레뷰 지능검사에 대한 IQ 점수 구성에서 Wechsler는 FSIQ 점수를 가장 강조하였고, FSIQ를 실시된 모든 소검사에 대한 개인의 평균 수행능력으로 설명하였다(Wechsler, 1944). 그러나 Wechsler는 '특별히 고려해야 할 특수장애'를 가진 개인이 있을 때 VIQ와 PIQ 점수를 개별적으로 봐야 하는 경우가 생긴다는 것을 깨달았다(Wechsler, 1944). 많은 임상 모집단(예: 운동 및 언어 발달지연)에서 통계적으로 유의미한 한 쌍 간의 차이가 발생하기는 하나, 유사한 정도의 점수 차이가 정규 모집단에서도 자주 발생할 수 있다(Sattler, 2001).

검사자는 지표점수가 특정 인지 영역 또는 내용 영역에서의 전반적인 기능에 대한 추정치라는 점에 유의해야 한다. 이와 같이 지표점수는 항상 지표 내의 소검사 맥락에서 측정되어야 한다. 지표점수 안에서의 극심한 변산성은 다양한 능력에 대한 대략적인 부분을 보여 준다. 검사자는 점수를 해석할 때 지표를 구성하는 소검사에 대한 아동의 상대적인 수행능력을 면밀히 살펴봐야 한다. 소검사 수행능력에서 유의미하고 보기 드문 차이가 있다면, 합산점수 간 비교 해석은 이러한 변산성을 반드시 고려해야 한다(Sattler, 2001).

기록용지는 지표 수준과 소검사 수준에서 수행능력에 대한 한 쌍 간의 차이를 평가하는 데 도움을 주는 표를 제공한다. 쌍별 비교를 할 때, 첫 번째 단계는 점수 차이의 절대치가 통계적으로 유의한지 아닌지를 결정하는 것이다. 두 점수 간 차이의 절대치가 임계치보다 같거나 크면, 그 차이는 측정오차나 무작위적인 변동이 아닌 진정한 차이로 간주된다. 만약 두 점수 간에 유의미한 차이가 없다면, 이것은 검사된 영역들에서 아동의 능력이 상당히 고르게 발달되었다는 것을 의미한다. 만약 점수 간 비교에서 유의한 차이를 보이면, 검사자는 그 차이가 전체 인구에서 얼마나 드문지를 판단해야 한다.

K-WISC-IV는 표준화 표본에서 다양한 지표점수 사이에서 나타난 차이의 누적비율을 제공한다. 표준화 표본에서의 발생 빈도수는 점수 차이가 전체 인구와 비교했을 때 드문지 또는 일반적인지를 추정하기 위한 근거를 제시해 준다. K-WISC-IV는 또한 전체 규준표본과 능력 수준에 따라 누적비율을 제시해 준다. 이는 자료분석에서 지표 점수

차이의 빈도가 다양한 지적 능력에 따라 유의미하게 다르다고 밝혀졌기 때문이다. K-WISC-IV는 누적비율을 차이의 방향에 따라 제시해 주는데(VCI<PRI와 VCI>PRI처럼), 차이의 방향은 해석에 영향을 미치고 절대치가 동일하더라도 방향에 따라 누적비율이 매우 다를 수도 있기 때문이다(Sattler, 2001).

검사자들은 어느 정도 수준의 발생(15%, 10%, 5%, 1%)이 드물다고 간주되는지를 궁금해한다. 차이 점수의 드문 정도를 결정할 때는 아동의 문화적 배경, 의학적 또는 신체적 조건들과 같은 임상적 판단과 요인들을 반드시 고려해야 한다. Sattler(2001)는 표준화 표본 중 10~15%보다 적게 발생하는 점수 간 차이를 드문 것으로 판단해야 한다고 권한다.

(7) 7단계: 강점과 약점 평가

대부분의 아동은 상대적인 인지적 강점 및 약점 영역들이 있다. 사실 일반인이 모든 능력 영역에서 똑같은 수준으로 기능한다는 것은 드물다. 검사자들은 차이 점수를 평가하는 명확한 이유가 있어야 하며, 그 이유는 아동의 발달력, 의뢰 사유, 행동 관찰, 다른 검사 결과에 기반을 둬야 한다. 또한 두 점수들 간 차이가 어떤 아동에게는 임상적으로 의미가 있지만 다른 아동에게는 그렇지 않을 수도 있다는 점을 염두에 두어야 한다. 관행적으로 쓰이는 방법 중 가장 좋은 방법은 의뢰 사유를 토대로 한 가설을 시작으로, 점수 차이와 다른 관련 임상정보를 평가함으로써 그 가설을 검증하는 것이다.

가설검증 모델은 차이에 대한 가능한 확대 해석을 줄이고 인지적 강점과 약점에 대한 특정한 프로파일을 제시해 주는 수단이 된다. 검사자는 임상적으로 유의미하든 그렇지 않든, 소검사 수행능력에 영향을 미치는 많은 인지적 요소를 반드시 고려해야 한다. 수행능력에 대한 해석을 지지하기 위해 확증적인 근거를 제시해야 하고, 추가적인 검사를 통해 구체적인 가설을 반박하거나 확증할 수 있어야 한다. 예를 들어, 행렬추리 및 공통그림 찾기와 비교했을 때 토막짜기에서 두드러지게 낮은 수행능력을 보인 아동은 시각구성 능력, 부분-전체 통합, 부분과 전체에 대한 세부사항 분석, 처리속도, 정신 조작의 집행, 운동협응 능력 등에서 어려움이 있을 수도 있다. 특정한 인지적인 약점을 확인하는 것에 대한 모든 해석은 검사나 평가의 범위 내에서 또는 외부 자료로부터 얻은 확증적인 사실을 포함해야 한다. 만약 얻은 자료가 원래의 가설을 확증하지 않는다면, 이 자료는 나중에 추가적인 평가나 다른 자료의 수집을 통해 평가될 수 있는 새로운 가설의 자료가 될 수도 있다. 원래의 가설을 확증하지 않는 관련 임상적 결과들은 최종적으로 임상적 판단이 내려지기 전에 철저하게 검토되어야 한다.

K-WISC-IV는 0.15 및 0.05 신뢰 수준에서 통계적으로 유의미하기 위해 필요한 단일 소검사와 몇몇 소검사의 환산 점수의 평균 간 최소 차이 값(임계치)들을 제공한다. 또한 단일 소검사와 FSIQ에 기여하는 소검사들의 전체 평균, 또는 VCI와 PRI에 기여하는 소검사들의 평균 간 차이에 대한 누적비율을 제공한다. 검사자는 이를 통해 점수가 통계적으로 유의미한지, 그리고 유의미하다면 그것이 규준집단에서 얼마나 드문 점수인지 결정할 수 있다.

기록용지는 소검사 수준에서 아동의 강점과 약점을 결정하는 부분을 제공한다. 검사자는 FSIQ를 계산하기 위해 열 가지 소검사의 평균을 사용해야 하는지, 아니면 언어이해 및 지각추론 소검사들의 평균 점수를 따로따로 사용해야 하는지 결정해야 한다. 만약 후자의 방법을 사용할 경우, 실시된 세 가지 언어이해 소검사의 평균 점수는 언어이해 소검사 점수 각각을 비교하기 위해 사용할 수 있는 기준이 되고, 실시된 세 가지 지각추론 소검사의 평균 점수는 지각추론 소검사 점수 각각을 비교하기 위해 사용할 수 있는 기준이 된다. 일반적으로 지표 점수 사이에 유의미한 차이가 없으면 열 가지 주요 소검사의 평균을 강점 및 약점 분석에 사용해야 한다. 만약 언어이해와 지각추론의 평균 점수 각각을 비교를 위한 기준으로 선택하면 처리속도 소검사와 작업기억 소검사들을 강점이나 약점으로 평가하는 것이 불가능하다. 기록용지에서는 검사자가 점수 비교를 위한 기준을 선택하도록 요구하지만(즉, 전체 평균 또는 언어이해 및 지각추론 평균), 두 방법 모두 사용 가능하다.

(8) 8단계: 소검사-수준의 차이 비교 평가

대부분의 상황에서 프로파일에 대한 통계적 분석은 위와 같은 단계에서 끝난다. 그러나 추측할 수 있는 개별적 가설들을 확증하거나 반박하기 위해 두 개의 소검사 점수를 비교할 필요가 있다. K-WISC-IV는 0.15 및 0.05 수준에서 요구되는 모든 가능한 주요 소검사 및 보충 소검사 쌍들 간의 차이를 제공한다. 또한 다양한 소검사 환산점수 차이를 보인 K-WISC-IV 표준화 표본의 백분율을 제공한다. 기록용지는 검사자에게 있어서 특히 흥미로울 수 있는 특정 쌍별 비교를 위한 공간을 제공한다. 예를 들어, 공통그림 찾기와 공통성 간의 수행능력 비교는 아동의 범주적 추론 능력을 측정할 때 요구되는 언어적 표현의 가능한 영향력에 대한 유용한 정보를 제공해 준다.

(9) 9단계: 소검사들 내에서의 점수 패턴 평가

아동의 프로파일을 더 심도 있게 분석하기 위해 검사자는 소검사 내에서의 점수 패턴을 고려해야 한다. 예를 들어, 20개 문항을 맞히고 중지기준에 도달하여 환산점수 10점을 받은 아동과 동일한 수의 문항을 맞혔지만 맞힌 문항이 산발적으로 있는(예를 들어, 난이도가 쉬운 문제들은 틀렸지만 어려운 문제는 맞추는) 아동은 상당히 다르다. 여러 소검사에서 고르지 않은 점수 패턴을 보인 아동은 주의력 및 언어와 관련된 특정 문제점들로 인해 추후 평가가 필요하거나, 검사를 지루해하는 매우 똑똑한 아동일 수 있다.

(10) 10단계: 처리분석 수행하기

처리분석은 소검사 수행에 영향을 주는 인지능력에 대한 보다 자세한 정보를 얻기 위한 질적 분석 과정이다. 3개의 소검사(토막짜기, 숫자, 선택)에서 추가적인 실시 절차 없이 점수를 도출할 수 있다. '시간 보너스가 없는 토막짜기'는 토막짜기에서 수행속도에 대한 강조를 줄인 것으로 아동의 신체적 한계, 문제해결전략, 개인적 특성이 시간을 요하는 과제의 수행에 영향을 준다고 판단될 때 특히 유용하다. 숫자 바로 따라하기와 숫자 거꾸로 따라하기 간의 차이는 비교적 쉬운 과제와 좀 더 어려운 기억 과제에서의 차별적 수행능력을 나타낸다. 여기에 가장 긴 숫자 바로 따라하기와 가장 긴 숫자 거꾸로 따라하기가 포함되었다. 선택 무선배열과 선택 일렬배열을 비교하는 것은 무선적으로 배열된 시각 자극과 비슷한 과제이지만 조직적으로 배열되어 있는 시각자극을 살펴볼 때 요구되는 차별적인 수행능력에 대한 정보를 제공해 준다.

4. CHC 인지능력 이론에 근거한 K-WISC-IV 해석의 8단계

1) CHC 인지능력 이론

20세기 중반 이후에 가장 영향력 있는 심리측정 이론인 Cattell-Horn-Carroll(CHC) 이론은 최근 10년 사이 지능검사의 개발, 실시 및 해석에서 이론과 실제의 간격을 좁히는 데 기여해 왔다. CHC 이론은 Cattell-Horn의 '유동성 지능-결정성 지능(Gf-Gc) 이론'과 Carroll의 '인지능력의 삼층이론(three-stratum theory of cognitive abilities)'이 결

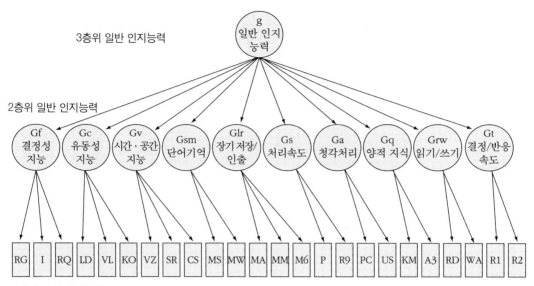

[그림 5-2] CHC 인지능력 이론 모형

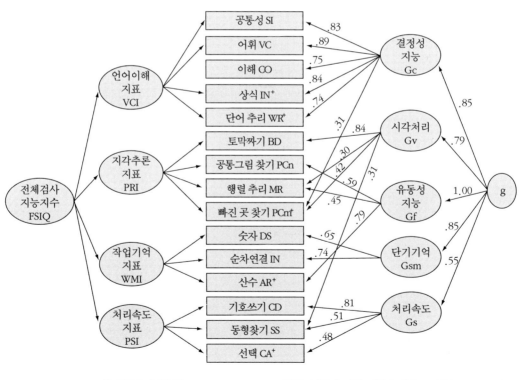

K-WISC-IV의 구조   CHC 이론에 따른 미국 WISC-IV 구조

[그림 5-3] K-WISC-IV 검사의 구조와 CHC 이론에 근거한 WISC-IV 검사의 모형

합된 결과로 탄생하였다(McGrew, 1997).

CHC 이론은 [그림 5-2]에서 보는 바와 같이, 70여 개의 좁은 능력(1층위)과 10여 개의 넓은 능력(2층위) 및 일반적 지능 g(3층위)의 위계모형으로 구성되어 있다(김상원, 김충욱, 2011; McGrew, 2005). CHC 이론은 인지능력에 관한 가장 종합적인 이론으로, 많은 연구 결과의 지지를 받으면서 인지검사를 선택하고 해석하는 이론적 근거로 자리 잡아 가고 있다. 또한 이 이론은 2001년 출판된 우드콕-존슨 인지능력검사 3판(Woodcock-Johnson-Ⅲ Tests of Cognitive Abilities technical manual; Woodcock, McGrew, & Mather, 2001) 뿐만 아니라, 2003년에 출판된 스탠퍼드-비네 5판, 2004년에 나온 카우프만 아동 지능검사(Kaufman Assessment Battery for Children)의 경우에도 Luria 이론과 더불어 CHC 이론을 근거로 제작되었다. 최근에는 전통적으로 이론과 무관했던 WISC-IV, WAIS-IV 의 지침서에서도 언급되어 있다. 최근 10년 사이 새로 제작되거나 개정된 많은 지능검사 의 이론적 토대가 되었을 뿐만 아니라, CHC 이론은 검사의 실시와 해석에서도 지대한 영향을 미쳐 왔다.

CHC 이론의 관점에서 WISC-IV를 이해하기 위해서는, WISC-IV 및 K-WISC-IV의 검 사의 구조뿐만 아니라 Keith, Fine, Taub, Reyaolds와 Kranzler(2006)가 CHC 이론에 기 초하여 WISC-IV의 해석이 가능한지를 검토한 연구를 살펴볼 필요가 있다. 그들은 WISC-IV의 표준화 표본을 가지고 확인적 요인분석을 하여 이 검사의 구조를 알아보았 다. 그 결과, [그림 5-3]에 제시된 바와 같이 4요인구조보다는 5요인구조가 더 타당한 것 으로 나타났다.

2) K-WISC-IV 해석의 8단계

K-WISC-IV를 실시해서 얻은 아동의 전체지능지수, 지표지수, 개별 소검사의 환산점 수를 포함한 값들을 검토하고 해석하는 것은 매우 체계적인 단계들을 필요로 한다. 일련 의 각 단계는 실무가가 의미 있는 방법으로 K-WISC-IV 자료를 조직화하고 현대 이론과 연구의 맥락 안에서 수행을 해석하도록 제공해 줄 것이다. 해석 방법은 규준적 분석과 개별적 분석을 연결시킨다. 이 방법은 ① 해석에서 개인의 소검사를 배제하고, ② 군집과 지표 점수 변이에 대한 임상적 의미성을 평가하기 위해 기저율 자료를 사용하고, ③ 인지 적 능력과 처리과정에 대한 CHC 이론을 기반으로 하며, ④ 유의한 소검사 변이나 극단 에 있는 점수들에 대한 가설들을 검증하기 위해 보충 소검사 사용에 대한 지침을 제공한

다. 또한 K-WISC-IV 자료의 양적인 분석에 더하여, 다양한 질적인 요인은 아동의 검사 수행을 설명하도록 도움을 줄 것이다.

해석에 대한 체계적인 방법은 아동의 전반적인 지적 능력을 요약할 최상의 방법을 결정하는 K-WISC-IV 지표들을 분석하는 것으로 시작할 것이다. 이어서 지표들 중 규준적 및 개인적 강점과 약점을 확인하고, 아동의 지표 프로파일에서 변동성(fluctuation)에 대한 해석을 통해 K-WISC-IV 수행에 대한 가장 신뢰성 있고 의미 있는 정보를 얻을 수 있다. 또한 검사자들에게 아동의 능력에 대한 의미 있는 가설을 설정해 줄 수 있는 기존의 전체검사 지능지수와 지표 프로파일 이외에 K-WISC-IV 합산점수(composite, 즉 임상적 군집들)를 포함시키는 선택적 해석단계들을 제공할 것이다. 선택적 해석단계를 통해서는 K-WISC-IV의 대안적 지표들—즉, 일반 능력지표(GAI)와 인지 효능지표(CPI)—간의 비교를 제시하고자 한다. 여기에서 소개하는 K-WISC-IV의 해석은 최근에 출판된 Flanagan과 Kaufman(2009)의 저서 『WISC-IV 평가의 핵심(*Essentials of WISC-IV Assessment*)』의 지침을 중심으로 하고자 한다.

(1) 1단계: 아동과 청소년의 K-WISC-IV 합산 점수와 소검사 환산점수를 보고한다

- 합산점수의 경우 표준점수, 신뢰구간, 백분위와 기술적 범주(descriptive category)를 보고한다.
- 소검사의 경우 아동이 얻은 환산 점수와 환산점수에 대한 백분위만 보고한다.
- 검사자들은 표준 점수들에서 90%나 95%의 신뢰구간 중 하나를 선택할 필요가 있다(즉, 5개의 합산점수 지표들에서). 검사자들은 관련된 신뢰구간과 함께 표준 점수를 항상 보고해야만 한다.
- 합산점수들의 기술적 범주체계는 〈표 5-5〉에 제시되어 있고, 규준적 기술체계는 〈표 5-6〉에 있다.
- 규준적 기술체계는 보통 신경심리학자들에게 사용되며, 임상 및 학교 심리학자들에게서 더욱 널리 이용된다.

(2) 2단계: 전반적인 지적 능력을 요약할 최상의 방법을 결정한다

아동의 전반적인 지적 능력을 요약하는 두 개의 합산 점수(composites)는 K-WISC-IV로 이용할 수 있다. ① 언어이해 지표, 지각추론 지표, 작업기억 지표 및 처리속도 지표를 구성하는 10개의 주요 소검사로 이루어진 전체검사 지능지수(FSIQ), ② 언어이해 지

표 5-5   K-WISC-Ⅳ의 전통적인 기술적 범주체계

표준점수 범위	수행기술
130 이상	매우 우수
120~129	우수
110~119	평균상
90~109	평균
80~89	평균하
70~79	경계선
69이하	매우 낮음

표 5-6   K-WISC-Ⅳ의 규준적 기술체계

표준점수 범위	기술적 분류	수행기술
131 이상	최상위	규준적 강점
116~130	평균상	$> +1\,SD$
85~115	평균 범위	정상 범위 내, 1 표준편차
70~84	평균하	규준적 약점
69 이하	최하위	$< -1\,SD$

표와 지각 추론 지표를 구성하는 6개의 주요 소검사들로 이루어진 일반능력 지표(GAI).

- 2a 단계: 4개의 K-WISC-Ⅳ 지표를 고려한다. 가장 높은 지표에서 가장 낮은 지표의 점수를 뺀다. 그리고 다음 질문에 답한다. 이 점수 차이가 1.5 SDs(<23점)보다 작은가?
  - 응답이 '예'라면, 전체검사 지능지수가 아동의 전반적인 지적 능력에 대한 신뢰성 있고 타당한 측정치로 해석될 수 있다. → 3단계로 이동한다.
  - 응답이 '아니요'라면, 전체검사 지능지수를 해석할 수 없다. → 2b 단계로 이동한다.

- 2b 단계: 일반능력 지표(General Ability Index: GAI)를 사용하여 전반적인 지적 능력을 기술할 수 있는지 알아본다. 다음 질문에 답한다. VCI와 PRI 표준점수 차이가 1.5 SDs(<23점)보다 작은가?
  - 응답이 '예'라면, GAI는 아동의 전반적 지적 능력에 대한 신뢰성 있고 타당한 측정치로 해석될 수 있다. → GAI를 계산하기 위해서: ① 측정된 3개의 VCI 소검사

환산점수와 3개의 PRI 소검사 환산점수를 합하고, ② 아동의 GAI, 백분위 등급
및 신뢰구간을 결정하라. → 3단계로 이동한다.
- 응답이 '아니요' 라면, GAI를 해석할 수 없다. → 3단계로 이동한다.

(3) 3단계: 4개의 지표가 단일(unitary)하여 해석 가능한지 결정한다.
지표를 구성하는 측정된 점수들 간에 큰 차이가 발견될 때, 지표는 단일 능력을 나타내는 것으로 해석될 수 없다.

- 3a 단계: VCI 내에서(3개의 소검사로 구성된) 소검사 환산 점수들 간 차이 크기가 일반적이지 않을 정도로 큰지를 결정한다. 가장 큰 소검사 환산 점수에서 가장 낮은 소검사 환산 점수를 뺀다. 다음 질문에 답한다. 이 점수 차이가 1.5 SDs(<5점)보다 작은가?
  - 응답이 '예' 라면, 그 능력은 VCI가 단일하다는 바탕하에서 해석 가능하다.
  - 응답이 '아니요' 라면, 그 차이가 너무 크고(5점 이상) VCI는 단일 능력을 나타내는 것으로 해석될 수 없다.
- 3b 단계: PRI의 능력을 해석하기 위해 3a 단계와 동일한 절차를 따른다. PRI가 단일하지 않다면, 소검사를 Gf(유동 추론)를 구성하는 소검사(행렬추리, 공통그림 찾기)와 Gv(시각적 처리)를 구성하는 소검사(토막짜기, 빠진 곳 찾기)로 나눈다. 만약 각 요인 내 점수 차이가 5점 미만이면 해석 가능하다. 만약 각 요인 내 점수 차이가 5점 이상이면 해석할 수 없다.

- 3c 단계: 작업기억 지표(WMI)를 구성하는 2개의 소검사 환산 점수들 간 크기 차이가 너무 큰지를 결정한다. 가장 큰 소검사 환산 점수에서 가장 낮은 소검사 환산 점수를 뺀다. 다음 질문에 답한다. 이 점수 차이가 1.5 SDs(<5점)보다 작은가?
  - 응답이 '예' 라면, WMI가 단일하고 해석될 수 있다.
  - 응답이 '아니요' 라면, 그 차이는 너무 크며(5점 이상), WMI는 단일 능력을 나타내는 것으로 해석될 수 없다.

- 3d 단계: 처리속도 지표(PSI)의 해석 가능성을 결정하기 위해 3a 단계와 동일한 절차를 따른다. → 4개의 모든 지표가 해석 불가능한 드문 경우에 7단계로 나아가야 한다.

(4) 4단계: 지표 프로파일에서 규준적 강점(normative strengths)과 규준적 약점 (normative weaknesses)을 결정한다

- 아동의 지표 프로파일에서 규준적 강점과 규준적 약점을 결정하기 위해 아동의 점수들을 다시 살펴보고, 해석 가능한 지표들의 정확한 값을 고려한다.
- 3단계에서 단일한 지표로 판명된 것만을 사용한다.
- 만약 지표의 표준점수가 115점보다 크면, 그 지표는 규준적 강점이다.
- 만약 지표의 표준점수가 85점보다 작으면, 그 지표는 규준적 약점이다.
- 만약 지표의 표준점수가 85와 115 사이에 있다면, 그 지표는 정상범위 안에(within normal limits) 있다.

(5) 5단계: 지표 프로파일에서 개인적 강점(personal strengths)과 개인적 약점 (personal weaknesses)을 결정한다

- 5a 단계: 아동의 지표 점수의 평균을 구한다. 이제 실제적인 이유 때문에 모든 지표 점수(해석할 수 있는 것과 해석할 수 없는 것을 모두 포함)를 사용한다는 것에 유의해야 한다.

- 5b 단계: 해석 가능한 각 지표의 표준점수에서 평균을 뺀다. 이 점수 차이가 유의한지를 판단한다.
  - 만약 이 점수 차이가 유의하고 지표가 평균보다 높다면, 그 지표는 아동의 개인적 강점이 된다.
  - 만약 이 점수 차이가 유의하고 지표가 평균보다 낮다면, 그 지표는 아동의 개인적 약점이 된다.

- 5c 단계: 개인적 강점과 개인적 약점이 10% 이하 기저율 기준을 적용하여 흔치 않은(uncommon) 경우인지 결정한다.
  - 지표 간의 차이가 표준화 집단의 10% 이내에서 흔치 않은가(uncommon)?
  - 표준화 집단에서 자주 나타나지 않는 지표 간의 차이는 진단을 내리고 교육적 권고를 하는 데 중요하다.

- 5d 단계: 진단적, 교육적으로 가장 중요한 개인적 강점과 약점을 확인하기 위해 다음 준거를 사용하여 아동의 프로파일에서 핵심자원(Key Assets)과 최우선적 관심(High Priority Concerns)을 확인한다.
  - 흔치 않은 개인적 강점이면서 동시에 규준적 강점이면 핵심자원(Key Assets)이다.
  - 흔치 않은 개인적 약점이면서 규준적 약점이면 최우선적 관심(High-Priority Concerns)이다.

(6) 6단계: 아동의 지표 프로파일에 나타난 변동성(Fluctuation)을 해석한다

- 아동의 지표 프로파일을 해석하는 것은 진단적 결정과 교육적 결정을 내리는 데 신뢰성 있고 유용한 정보이다.
- 강점(핵심자원을 포함하여)을 먼저 해석한 뒤에 약점(최우선적 관심을 포함하여)을 해석한다.
- 그다음에는 강점도 약점도 아닌 지표를 해석한다.
- 마지막으로 해석 가능하지 않은 지표의 결과를 설명한다.
- 각 지표별로 문단을 작성한다.

(7) 7단계: K-WISC-IV 보충 소검사들이 시행되었을 때 임상적 비교를 시행한다

이 단계에서 비교들은 임상적 군집들의 쌍 사이에서 이루어진다. 각 임상적 군집에는 2개나 3개의 소검사가 포함된다. 검사자들은 이러한 비교들 중 하나 이상의 시행을 위해 하나의 우선순위를 결정할 수도 있다. 대안적으로 검사자들은 그들이 주요 검사로 아동의 수행을 평가한 후에 이러한 비교들 중 하나 이상을 시행하도록 결정할 수도 있다.

- 7a 단계: 임상적 비교를 실시하기 전에, 우선 비교에서 군집들이 단일 능력이나 처리를 나타내는지를 결정해야만 한다. 이것을 하기 위해 임상적 군집을 구성하는 가장 높은 점수들과 가장 낮은 점수들 간의 차이를 계산하라. 다음 질문에 답하여라. 점수 차이의 크기가 5점보다 더 작은가?
  - 응답이 '예'라면, 임상적 군집은 단일 능력이나 처리를 나타내고 임상적 비교는 이 군집을 구성하도록 포함한다. → 7b 단계로 나아간다.
  - 응답이 '아니요'라면, 임상적 군집이 단일 능력이나 처리를 나타내지 않고 임상적 비교는 이 군집이 구성되어서는 안 된다는 것을 포함한다.

- 7b 단계: 임상적 군집을 구성한다.

① 유동추론(Gf) = 행렬추리 + 공통그림 찾기 + 숫자

② 시각처리(Gv) = 토막짜기 + 빠진 곳 찾기

③ 비언어성 유동추론(Gf-nonverbal)=행렬추리+공통그림 찾기

④ 언어성 유동추론(Gf-verbal) = 공통성 + 단어추리

⑤ 어휘지식(Gc-VL) = 단어추리 + 어휘

⑥ 기본지식(Gc-KO) = 이해 + 상식

⑦ 장기기억(Gc-LTM) = 상식 + 어휘

⑧ 단기기억(Gsm-WM) = 순차연결 + 숫자

- 7c 단계: 비교할 군집들 사이의 차이 크기가 드물게(unusually) 큰지 또는 혼치 않은 (uncommonly) 것인지, WISC-IV 표준화 집단에서 10% 이하로 일어나는 경우인지 확인한다. 이를 위해서 비교되는 군집 간 차이를 계산한다.

- 7d 단계: 7c 단계의 결과와 관계없이 아동의 임상적 군집 비교의 결과들을 가장 대략적으로 기술하는 해석적 진술의 예를 확인한다.

(8) 8단계: 아동의 일반능력 지표(General Ability Index: GAI)와 인지효능 지표(Cognitive Proficiency Index: CPI) 간 차이가 비일반적으로 큰지를 결정한다

인지효능 지표(CPI)는 작업기억과 처리속도의 주요 소검사들을 단일 표준 점수로 조합하는 특수한 4개의 소검사 지표이다. 선택적 단계 8은 GAI로 가장 잘 표현되는 아동의 전반적 능력에 특히 유용한 해석단계이다(2a와 2b 단계를 바탕으로).

- 8a 단계: GAI-CPI를 시행하기 전에, 우선 두 개의 지표가 단일 능력이나 처리들을 대표하는지 결정한다.

GAI에서 다음 질문에 답한다. VCI와 PRI 간 크기 차이가 1.5 SDs보다 더 작은가(즉, <23점)? (만일 이 질문이 이미 2b 단계에서 주어졌다면, 8a 단계에서 결과로 사용한다.)

- 응답이 '예' 라면, GAI는 아동의 전체 지적 능력의 신뢰성 있고 타당한 측정치로서

계산되고 해석될 수 있다. → CPI가 해석될 수 있는지 결정하기 위해 이 단계의 다음 부분으로 이동한다.

- 응답이 '아니요' 라면, GAI-CPI 비교가 불가능하다.

CPI에서 다음 질문에 답한다. WMI와 PSI 간 크기 차이가 1.5 SDs보다 더 작은가(즉, <23점)?

- 응답이 '예' 라면, GAI와 CPI는 아동의 기능에 대한 신뢰성 있고 타당한 측정치로 서 계산되고 해석될 수 있다. → 8b 단계로 이동한다.
- 응답이 '아니요' 라면, GAI-CPI 비교가 불가능하다.

• 8b 단계: GAI와 CPI를 계산하라(만일 GAI가 2b 단계에서 이미 계산되었다면, 단계 8에 서의 값을 사용하고 CPI를 계산한다).

- GAI를 계산하기 위해서는 ① 3개의 VCI 주요 소검사와 3개의 PRI 주요 소검사에 서 아동의 환산 점수들을 합하고, ② 아동의 GAI, 백분위 및 신뢰구간(90% 또는 95%)을 결정하기 위해 부록 F1에서 이 합을 넣는다.
- CPI를 계산하기 위해서는 ① 2개의 WMI 주요 소검사와 2개의 PSI 주요 소검사 에서 아동의 환산 점수들을 합하고, ② 아동의 CPI, 백분위 및 신뢰구간(90% 또는 95%)을 결정한다.

• 8c 단계: GAI와 CPI 간 크기 차이가 (방향에 관계없이) 비일반적으로 크거나 드문 경 우인지, K-WISC-IV 표준화 표본에서 10% 이하로 일어나는 경우인지를 결정한다.
- 비일반적인 불일치를 위해선 최소 21점이 요구된다.

• 8d 단계(사례): 진수의 GAI는 2b 단계에서 해석 가능한 것으로 나왔고(VCI: 98, PRI: 90, 두 지표 간 차이: 8점) 부록 F1에서 94로 결정되었다. 그의 CPI는 또한 해석 가능 하였다(WMI: 83, PSI: 70, 두 지표 간 차이: 13점). 진수의 환산 점수들의 합은 23(숫자: 7, 순차연결: 7, 기호쓰기: 5, 동형찾기: 4)이었고 CPI는 73이었다. GAI-CPI의 21점 차 이는 정확하게 비일반적으로 큰 차이를 나타낼 필요가 있는 차이였다. 따라서 진수

의 전반적인 지능은 GAI로 측정하여, 빠른 시각속도와 좋은 정신적 조절을 통한 인지정보를 처리하는 데에서 그의 실력보다 충분히 그리고 현저하게 더 높았다. 진수의 사례 보고서에서 논의되었듯이, 이러한 처리문제들은 그의 학업문제 중 특히 독해와 쓰기에 직접적으로 관련된다.

5. K-WISC-Ⅳ 보고서 작성 시 고려해야 할 사항

1) 인적 정보를 포함한 적절한 정보

- 이름
- 생년월일
- 나이
- (만약 해당된다면) 학년
- 검사 날짜
- 보고서 작성 날짜

2) 보고서 작성에서 피해야 할 흔한 오류

- 부적절하거나 지나친 세부사항들을 포함시키는 것
- 불필요한 전문용어나 기술적인 용어들을 사용하는 것
- 모호한 언어를 사용하는 것
- 축약된 진술문들을 만드는 것
- 충분한 자료를 가진 가설들을 지지하지 않는 것
- 하나의 이상치를 가진 환산 점수와 같은 독립된 정보로 일반화하는 것
- 가치 판단을 끼워 넣는 것
- 형편없는 문법을 사용하는 것
- 검사 점수들을 해석하는 것 없이 행동이나 검사 점수들을 나타내는 것
- 의뢰 사유를 적절하게 다루지 못하는 것
- 신뢰구간이나 얻어진 모든 검사 점수가 오차범위를 가지고 있다고 나타내는 그 밖

의 것들을 제시하지 못하는 것

• 검사 결과들을 성급하게 제공하는 것(예: '외모와 행동 특성들' 장에서)

3) 의뢰 분야에서 사유를 서술하는 데 관련된 정보

A. 누가 아동을 의뢰하였는가?
　① 이름과 의뢰 원인의 요지를 기술하라.
　② 물음 및 의뢰 원인의 주 문제를 기술하라.

B. 구체적인 증상과 주된 염려
　① 현재의 행동 및 현재의 행동과 관련된 과거 행동들을 요약한다.
　② 아동이 겪었던 어떤 분리불안이라도 기술한다.

4) 정보 분야에서 배경정보를 서술하는 데 관련된 정보

의뢰 사유, 아동, 가족관계, 사회적 직업, 교사, 의학적 과거력, 기타 등등 모든 자료로부터 얻어진 정보를 단락 형식으로 기술하라. 불필요한 정보는 상세하게 적지 말고 의미 있는 정보만 제시한다.

• 현재 가족 상황(부모, 형제자매, 기타 등등 · 부질없는 것은 적지 말기)
• 현재 증상
• 의학적 과거력(정서적 장애를 포함하여)
• 발달력
• 교육 과거력
• 이전의 치료(교육 또는 심리학적으로)
• 새로운 것이거나 또는 최근 발달(스트레스 원인을 포함하여)
• 나란히 문서들을 개관할 것(과거 평가들)

5) 외모와 행동 관찰을 포함하여 고려해야 하는 적절한 정보

- 검사 동안 일어나는 유의한 패턴 혹은 당신이 관찰한 것들에 대해 이야기하라.
- 발생 순서대로 하기보다는 중요성 순서대로 정보를 차례로 배열하라(단지 연대순적 목록으로 작성하지 말라).
- 당신의 가설과 관계 있는 행동을 서술하라(그리고 구체적인 예들을 제시하라).
- 이 아동을 유일하게 만드는 것을 서술하라(독자를 위한 그림을 그리라).
- 검토를 위해 제시된 영역(충분한 행동에 더해서)은 아래와 같다.

(1) 외모
- 크기: 키와 체중
- 얼굴의 특징
- 차림새와 위생
- 자세
- 옷 스타일
- 성숙: 자신의 연령대로 보이는가?

(2) 행동
- 말투, 언어 패턴
- 활동 수준(발 구르기, 지나치게 말을 많이 하는 것, 손톱 두드리기, 긴장 등)
- 주의 폭/주의산만
- 협조적임 혹은 저항
- 흥미
- 아동은 문제를 어떻게 해결하는가?
- 시행-착오 접근을 사용하는가?
- 곧장 수행하는가, 아니면 생각하면서 수행하는가?
- 자신의 답변을 검토하는가?
- 실패 혹은 도전에 대해 어떻게 반응하는가?
- 시간이 다 될 때까지 수행을 계속 하는가?
- 곧장 말하는가 혹은 도움을 요청하는가?

- 실패가 과제에 대한 흥미를 감소시키는가 혹은 다른 과제의 회피를 이끄는가?
- 좌절을 느낄 때 아동은 공격적인가 의존적인가?
- 자신을 향한 아동의 태도는 무엇인가?
- 아동은 자신에 관해 자신감을 가지는가, 거만한 태도를 가지는가, 부적절하게 느끼는가, 혹은 패배적인가?
- 아동은 승인을 얻기 위해 어떻게 노력했고 당신의 노력에 관한 칭찬에 어떻게 반응하였는가?

(3) 검사결과의 타당도
- 영수의 행동을 기초로, 평가 결과들은 인지와 학업 능력에 관한 그의 현재 수준의 타당한 지침인 것으로 고려된다.
- 혹은 만약 그렇지 않다면 이유를 기술한다.

6. K-WISC-IV의 임상적 활용

1) 평가

검사의 목적에서 정해진 표준 등과 비교하여 수검자의 현재 위치를 평가하기 위해 이용된다.

2) 배치

수검자에게 최적의 학습내용, 과정, 환경을 배치하거나 추천하는 데 이용된다.

3) 선발

많은 응시자 중에서 특정 사람을 선발하고자 할 때 이용된다. 보편적으로 선발 후의 성공 가능성이 높은 사람들을 구분하고 식별하기 위한 도구로 사용된다.

4) 역량 확인

수검자의 특정 업무 성취 수준이 정해진 기준에 합당한지를 탐색하고자 할 때 사용된다.

5) 심리 진단

수검자의 특성은 모든 면에 걸쳐서 구체적으로 파악하여 향후의 세부 작업에 활용 하는 데 사용된다.

참고문헌

곽금주, 박혜원, 김청택(2001). K-WISC-III(한국 웩슬러 아동 지능검사) 지침서. 서울: 특수교육.

곽금주, 오상우, 김청택(2011). K-WISC-IV 전문가 지침서. 서울: 학지사.

김상원, 김충욱(2011). 아동 인지능력 평가의 최근 동향: CHC 이론과 K-WISC-IV. 한국심리
　　학회지: 학교, 8(3), 337-358.

박경숙, 윤점룡, 박효정, 박혜정, 권기욱(1987). KEDI-WISC 검사요강. 서울: 한국교육개발원.

오상우, 오미영(2012). K-WISC-IV 초급 워크숍 자료집(3판). 서울: 학지사.

오상우, 오미영(2012). K-WISC-IV 중급 워크숍 자료집(3판). 서울: 학지사.

오상우, 오미영, 김선희(2011). 한국 웩슬러 아동지능검사-4판(K-WISC-IV)에서의 성차. 재
　　활심리연구, 18(3), 361-374.

이창우, 서봉연(1974). K-WISC 실시요강. 서울: 교육과학사.

Binet A., & Simon, T. M. (1905). Methodes nouvelles pour le diagnostic du niveau
　　intellectual des niveau intellectuel des anormaux. *L'Annee Psychologique, 11,*
　　191-244.

Delis, D. C., Kaplan, E., & Kramer, J. H. (2001). *Delis Kaplan Executive Function
　　System*. San Antonio, TX: Psychological Corporation.

Flanagan, D. P., & Kaufman, A. S. (2009). *Essentials of WISC-IV Assessment-Second
　　Edition*. New York: Wiley.

Gold, J. M., Carpenter, C., Randolph, C., Goldberg, T. E., & Weinberger, D. R. (1997).
　　Auditory working memory and Wisconsin Card Sorting test performance in

schizophrenia. *Archives of General Psychiatry, 54,* 159–165.

Jensen, A. R. (1980). *Bias in mental testing,* New York: Free Press.

Keith, T. Z., Fine, J, G., Taub, G, E., Reynolds, M. R., & Kranzler, J. H. (2006). Hierarchical multi-sample, confirmatory factor analysis of the Wechsler Intelligence Scale for Children-Fourth Edition: What does it measure? *School Psychology Review, 35,* 108–127.

McGrew, K. S. (1997). Analysis of the major intelligence batteries according to a proposed comprehensive Gf-Gc framework. In D. P. Flanagan, J. L. Genshaft, & P. L. Harrison (Eds.), *Contemporary intellectual assessment: Theories, tests, and issues* (pp. 151–180). New York: Guilford.

McGrew, K. S. (2005). The Cattell-Horn-Carroll theory of cognitive abilities: Past, present, and future. In D. P. Flanagan & P. L. Harrison (Eds.), *Contemporary intellectual assessment: Theories, tests, and issues* (2nd ed., pp. 136–181). New York: Guilford Press.

Sattler, J. M. (2001). *Assessment of children: Cognitive applications* (4th ed.). La Mesa, CA: Author.

Terman, L. M. (1916). *The Measurement of intelligence.* Boston: Houghton Mifflin.

Wechsler, D. (1944). *The measurement of adult intelligence* (3rd ed.). Baltimore, MD: Williams & Wilkins.

Wechsler, D. (1949). *Manual for the Wechsler Intelligence Scale for Children.* New York: The Psychological Corporation.

Wechsler, D. (1974). *Manual for the Wechsler Intelligence Scale for Children* (rev. ed.). San Antonio, TX: The Psychological Corporation.

Wechsler, D. (1991). *Manual for the Wechsler Intelligence Scale for Children* (3rd ed.). San Antonio, TX: The Psychological Corporation.

Wechsler, D. (2003). *WISC-IV Administration and Scoring Manual.* San Antonio, TX: The Psychological Corporation.

Wechsler, D. (2004). *WISC-IV Technical and Interpretative manual.* San Antonio, TX: The Psychological Corporation.

Woodcork, R, W., McGrew, K. S., & Mather, N. (2001). *Woodcock-Johnson III Tests of Cognitive Abilties.* Itasca, IL: Riverside.

제6장
객관적 성격검사: MMPI-2

1. 개요

MMPI-2는 1940년을 전후로 개발된 이래 임상장면에서 가장 널리 사용되었던 자기보고형 성격검사인 MMPI(Hathaway & McKinley, 1943)를 현 실정에 맞게 재표준화한 검사이다(Butcher, Dahlstrom, Graham, Tellegen, & Kaemmer, 1989). MMPI-2는 MMPI의 척도와 문항에 최소한의 변화를 주어 MMPI와의 연속성을 확보하면서, 지난 50년간의 시대적인 변화를 최대한 반영하고 있다. 상당수의 문항이 현대적인 감각에 맞게 수정되었으며, 축적된 연구결과와 새로운 진단 내용 및 확대된 사용범위를 반영하여 타당도 척도가 보강되었고, RC 척도, 소척도, 내용 척도, 보충 척도, 성격병리 5요인 척도 등이 추가되었다. MMPI와 달리 대표적인 규준집단을 사용하였고, 동형 T점수 분포를 통해 척도 간 T점수의 동질성을 높인 것도 MMPI-2에서 개선된 점이다. MMPI-2는 MMPI에 비해 10배가 넘는 척도와 지표들로 구성되어 있으나, MMPI를 기본적인 골격으로 하고 있다. 따라서 MMPI-2를 이해하려면 먼저 MMPI의 제작과정에 대한 이해가 필요하다.

MMPI는 미네소타 대학병원의 심리학자인 S. R. Hathaway와 정신과 의사인 J. C.

McKinley에 의해 1930년대 후반부터 제작되기 시작하였다. 당시 그들은 환자의 정신병리를 파악하고 선별할 수 있는 객관적이고 다차원적인 평가도구의 필요성을 절감하고 있었으며 정신과적으로 의미 있는 행동들의 포괄적인 표본을 제공하면서 한편으로 대다수의 성인 정신과 환자에게 사용될 수 있을 만큼 간편한 평가도구의 개발에 흥미를 가졌다(Lanyon & Goodstein, 1982).

그들은 먼저 다양한 정신과 교과서와 성격검사 그리고 그들 자신의 의학적 경험을 바탕으로 천 개가 넘는 문항들을 만들고, 그 가운데서 내용이 중복되거나 임상적으로 비교적 의미가 없는 문항들을 제외하여 504개의 문항을 선정하였다. 그리고 적절한 준거집단을 고른 다음, 정상집단과 특정 정신과 진단 범주에 속하는 준거집단에 504문항의 검사를 실시하였다. 진단 범주는 전통적인 진단체계를 사용하였는데, 당시의 진단체계는 크레펠린식 용어에 기초를 두고 있었다. 각 임상집단별로 문항을 분석하여, 504개의 문항 가운데서 특정 임상집단과 정상집단을 유의하게 잘 가려 주는 문항들을 골라 각각의 진단에 해당되는 척도를 구성하였다. 그리고 각 임상 척도들에 대해 새로운 정상집단과 일반 정신과 환자들, 그리고 해당 진단집단에 속하는 정신과 환자들의 점수를 비교하여 교차 타당도를 확인하였다. 이후 여성성-남성성과 관련된 55개의 문항을 추가하고, 9개의 문항을 삭제하여 총 550문항(실제는 16문항이 중복되어 566문항)의 문항집을 만들었다.

MMPI 제작자들은 준거집단의 환자들이 특정 정신병리를 잘 반영할 수 있도록 특정 정신병리가 명백하면서 다른 정신병리로부터는 비교적 자유로운 정신과 환자들의 반응을 이용하려고 온갖 노력을 다 기울였다. 기존의 합리적인 방식에서 벗어나 경험적 접근을 사용하여 척도를 구성한 점은 MMPI의 주요 특징의 하나이다. 성격의 구조에 대한 이론들과는 독립적으로, 주로 경험적인 결과에 근거하여 만들어진 만큼 특정 문항이 왜 어떤 척도에 들어 있는지, 그 문항이 왜 정상집단과 준거집단을 가려 주는지 이해되지 않는 경우도 있다.

처음에 나온 8개의 임상 척도는 해당되는 정신병리의 이름을 따서 건강염려증(Hypochondriasis), 우울증(Depression), 히스테리(Hysteria), 반사회성(Psychopathic Deviant), 편집증(Paranoia), 강박증(Psychasthenia), 조현병 또는 정신분열병(Schizophrenia), 경조증(Hypomania) 척도로 명명되었다. 후에 남성성-여성성(Masculinity-Femininity) 척도와 내향성(Social Introversion) 척도가 구성되어 임상 척도에 포함되었다. 임상 척도들은 초기에 척도명으로 지칭되었으나, 척도와 상관된 실제 행동들이 척도의 명칭과 항상 부합되지는 않는다는 사실이 밝혀짐에 따라 전통적인 척도명보다는 주로 척도번호를 사용한다. 이를테면 척도 1은 건강염려증 척도를, 척도 2는 우울증 척도를 지칭한다. 또한 MMPI 제작자들은 자기보고형 성격검사에서는 수검자들이 쉽게 자신의 상태를 속이거나 왜곡할 수 있다고 비판받아 온 점을 감안하여, 무응답(?)과 L, F, K의 4개의 타당도 척도를 개발하였다. 타당도 척도는 일탈된 수검 태도나 정적 혹은 부적 반응 왜곡을 탐지하기 위해 고안된 문항들로 되어 있다. 타당도 척도는 대개의 경우 L, F, K와 같은 약어로 지칭된다(Newmark, 1985).

재표준화된 MMPI-2는 중복이 없는 567문항으로 구성되어 있다. MMPI의 550문항에서 종교적인 내용의 15문항을 포함한 90개의 문항이 삭제되고 107개의 문항이 추가되었다. 표준 타당도 척도와 임상 척도는 바뀌지 않았으나, 반응의 일관성을 측정하는 VRIN, TRIN 및 F$_B$, F$_P$, S 등의 타당도 척도들과 재구성 임상 척도(RC 척도), 내용 척도 등 MMPI를 모체로 개발된 여러 가지 유용한 척도가 추가되었다. 〈표 6-1〉은 MMPI-2를 구성하는 타당도 척도, 임상 척도와 소척도, 내용 척도, 보충 척도 및 성격병리 5요인 척도의 명칭과 약어를 정리한 것이다. 투사적인 검사에 비해 애매하지 않은 자극과 간편하고 구조화된 반응 형식, 전산화된 채점 및 해석체계 등을 고려해 볼 때 MMPI-2는 잘 객관화된 자기보고형 검사라고 할 수 있다.

표 6-1   MMPI-2의 척도와 소척도

Validity Scales(타당도 척도)			Clinical Scales(임상 척도)			RC(Restructured Clinical) Scales (재구성 임상 척도)				PSY-5 Scales(성격병리 5요인 척도)		
?	Cannot Say	무응답	1 Hs	Hypochondriasis	건강염려증	RCd	dem	Demoralization	의기소침	AGGR	Aggressiveness	공격성
VRIN	Variable Response Inconsistency	무선반응 비일관성	2 D	Depression	우울증	RC1	som	Somatic Complaints	신체증상 호소	PSYC	Psychoticism	정신증
TRIN	True Response Inconsistency	고정반응 비일관성	3 Hy	Hysteria	히스테리	RC2	lpe	Low Positive Emotions	낮은 긍정 정서	DISC	Disconstraint	통제 결여
F	Infrequency	비전형	4 Pd	Psychopathic Deviate	반사회성	RC3	cyn	Cynicism	냉소적 태도	NEGE	Negative Emotionality/ Neuroticism	부정적 정서성/ 신경증
F(B)	Back Infrequency	비전형 (후반부)	5 Mf	Masculinity-Feminity	남성성-여성성	RC4	asb	Antisocial Behavior	반사회적 행동	INTR	Introversion/ Low Positive Emotionality	내향성/ 낮은 긍정적 정서성
F(P)	Infrequency Psychopathology	비전형 (정신병리)	6 Pa	Paranoia	편집증	RC6	per	Ideas of Persecution	피해의식			
FBS	Symptom Validity	증상 타당도	7 Pt	Psychasthenia	강박증	RC7	dne	Dyfunctional Negative Emotions	역기능적 부정 정서			
L	Lie	부인	8 Sc	Schizophrenia	조현병	RC8	abx	Aberrant Experiences	기태적 경험			
K	Correction	교정	9 Ma	Hypomania	경조증	RC9	hpm	Hypomanic Activation	경조증적 상태			
S	Superlative Self-Presentation	과장된 자기제시	0 Si	Social Introversion	내향성							

Clinical Subscales(임상 소척도)

Harris-Lingoes Subscales		
D1	Subjective Depression	주관적 우울감
D2	Psychomotor Retardation	정신운동 지체
D3	Physical Malfunctioning	신체적 기능장애
D4	Mental Dullness	둔감성
D5	Brooding	깊은 근심
H1	Denial of Social Anxiety	사회적 불안의 부인
Hy2	Need for Affection	애정 욕구
Hy3	Lassitude-Malaise	권태-무기력
Hy4	Somatic Complaints	신체증상 호소
Hy5	Inhibition of Aggression	공격성의 억제
Pd1	Familial Discord	가정 불화
Pd2	Authority Problems	권위 불화
Pd3	Social Imperturbability	사회적 침착성
Pd4	Social Alienation	사회적 소외
Pd5	Self-Alienation	내적 소외
Pa1	Persecutory Ideas	피해의식
Pat	Poignancy	예민성
Pa3	Naivete	순진성
Sc1	Social Alienation	사회적 소외
Sc2	Emotional Alienation	정서적 소외
Sc3	Lack of Ego Mastery - Cognitive	자아통합 결여 - 인지적
Sc4	Lack of Ego Mastery - Conative	자아통합 결여 - 동기적
Sc5	Lack of Ego Mastery - Defective Inhibition	자아통합 결여 - 억제부전
Sc6	Bizarre Sensory Experiences	기태적 감각 경험
Ma1	Amorality	비도덕성
Ma2	Psychomotor Acceleration	신신운동 항진
Ma3	Imperturbability	냉정함
Ma4	Ego Inflation	자아팽창
Social Introversion Subscales		
Si1	Shyness/Self-Consciousness	수줍음/자의식
Si2	Social Avoidance	사회적 회피
Si3	Alienation - Self and Others	내적/외적 소외

Content Scales(내용 척도)

ANX	Anxiety	불안
FRS	Fears	공포
OBS	Obsessiveness	강박성
DEP	Depression	우울
HEA	Health Concerns	건강염려
BIZ	Bizarre Mentation	기태적 정신상태
ANG	Anger	분노
CYN	Cynicism	냉소적 태도
ASP	Antisocial Practices	반사회적 특성
TPA	Type A	A 유형 행동
LSE	Low Self-Esteem	낮은 자존감
SOD	Social Discomfort	사회적 불편감
FAM	Family Problems	가정문제
WRK	Work Interference	직업적 곤란
TRT	Negative Treatment Indicators	부정적 치료 지표

Supplementary Scales 보충 척도

Broad Personality Characteristics		
A	Anxiety	불안
R	Repression	억압
Es	Ego Strength	자아강도
Do	Dominance	지배성
Re	Social Responsibility	사회적 책임감
Generalized Emotional Distress		
Mt	College Maladjustment	대학생활 부적응
PK	Post-Traumatic Stress Disorder	외상후 스트레스 장애
MDS	Marital Distress	결혼생활 부적응
Behavioral Dyscontrol		
Ho	Hostility	적대감
O-H	Overcontrolled-Hostility	적대감 과잉통제
MAC-R	MacAndrew Alcoholism-Revised	MacAndrew의 알코올중독
AAS	Addiction Admission	중독 인정
APS	Addiction Potential	중독 가능성
Gender Role		
GM	Masculine Gender Role	남성적 성역할

Content Component Scales(내용 소척도)

FRS1	Generalized Fearfulness	일반화된 공포
FRS2	Multiple Fears	특정 공포
DEP1	Lack of Drive	동기 결여
DEP2	Dysphoria	기분 부전
DEP3	Self-Depreciation	자기비하
DEP4	Suicidal Ideation	자살 사고
HEA1	Gastrointestinal Symptoms	소화기 증상
HEA2	Neurological Symptoms	신경학적 증상
HEA3	General Health Concerns	일반적인 건강염려
BIZ1	Psychotic Symptomatology	정신증적 증상
BIZ2	Schizotypal Characteristics	분열형 성격 특성
ANG1	Explosive Behavior	폭발적 행동
ANG2	Irritability	성마름
CYN1	Misanthropic Beliefs	염세적 신념
CYN2	Interpersonal Suspiciousness	대인 의심
ASP1	Antisocial Attitudes	반사회적 태도
ASP2	Antisocial Behavior	반사회적 행동
TPA1	Impatience	조급함
TPA2	Competitive Drive	경쟁 욕구
LSE1	Self-Doubt	자기회의
LSE2	Submissiveness	순종성
SOD1	Introversion	내향성
SOD2	Shyness	수줍음
FAM1	Family Discord	가정 불화
FAM2	Familial Alienation	가족 내 소외
TRT1	Low Motivation	낮은 동기
TRT2	Inability to Disclose	낮은 자기개방

출처: (주) 마음사랑의 홈페이지(http://maumsarang.kr/)에서 발췌. (주) 마음사랑의 승인하에 사용됨.

2. 실시와 채점

　심리검사로서 MMPI-2의 주요 장점은 실시와 채점이 용이하다는 점이다. 누구나 간단한 훈련을 받으면 별 무리 없이 MMPI-2를 실시할 수 있다. 따라서 전문가들이 크게 시간을 들이지 않아도 된다. 하지만 검사는 환자에게 중요한 과제로 진지하게 제시되어야 한다. 환자로부터 최대한의 협력을 얻으려면 검사 지시를 제대로 주는 것이 아주 중요하다. 적어도 왜 MMPI-2를 실시하는지 알려 주어야 한다. 이를테면 정신과 입원장면에서 검사자는 환자를 보다 더 잘 알고 적절한 치료전략을 수립하기 위해 치료자가 특별히 심리검사를 의뢰하였다고 설명할 수 있다. 바로 그 환자를 위하여 검사를 실시한다는 점을 효율적으로 설명하는 것이야말로 환자로부터 최대한의 협조를 얻어 내는 지름길이다. 검사결과가 어떻게 쓰일 것인가에 대해 추가적으로 다짐하거나 보다 명백히 설명할 필요가 있다면 솔직하게 접근하는 것이 최선이다. 나아가서 환자가 검사결과에 대해 피드백을 받는 것도 매우 중요하다. 검사결과에 대한 피드백에 대해서는 『MMPI-2를 이용한 치료적 개입』(홍창희, 정욱, 이민영, 2008; Finn, 1996)을 참고하기 바란다.

　때로 검사자의 조언을 구하거나 문항의 의미를 명료화해 줄 것을 요구하는 환자들이 있다. 이때 검사자는 환자 혹은 다른 수검자에게 직접적인 도움을 주지 않도록 해야 한다. 개인차를 평가하는 도구로서의 성공은 환자가 진술을 해석하고 응답하는 방식에서의 차이에 근거하기 때문이다. 예로, "나는 자주 머리가 아프다"라는 문항에 대해 환자들은 '자주' 라는 말이 도대체 몇 번을 의미하는지 의문을 가질 수 있다. 검사자는 '자주' 에 대한 환자 나름의 해석에 기초하여 이 문항에 응답할 것을 강조해야 한다. 환자가 일주일에 한 번 정도 두통이 있고 이것을 자주 아픈 것으로 생각한다면 '그렇다' 에 응답할 것이다. 반면 일주일에 열 번 정도의 두통이 있지만 이것을 자주 아픈 것으로 여기지 않는다면 '아니다' 에 응답할 것이다.

　환자가 '그렇다' 혹은 '아니다' 에 응답하지 않은 문항들은 자동적으로 채점에서 제외된다. 그러므로 검사자는 응답하지 않은 문항들을 최소한으로 줄이려고 노력해야 한다. 검사를 시작하기 전에 가급적 모든 문항에 다 응답하도록 환자에게 지시를 주는 것도 이런 유의 회피를 예방하는 데 도움이 된다. 환자로 하여금 빠뜨린 문항들에 대해 다시 한 번 생각해 보도록 하고 가능한 한 자신과 가까운 쪽에 답변하도록 조심스럽게 요청하는 것도 빠뜨리는 문항을 줄이는 데 매우 효과적이다.

MMPI-2는 중학교 2년 이상(한국의 경우 초등학교 졸업 이상)의 학력을 가진 18세(한국의 경우 19세) 이상의 환자들에게 실시할 수 있다. 18세 이하이고 교육을 덜 받았다 하더라도 읽기 수준이 적절하고 지능지수가 80 이상이면 MMPI-2를 실시할 수 있다. 이런 경우에는 주의나 동기가 결정적인 변인이 된다. 조증이나 심한 우울증에서와 같이 검사를 한 회기에 마무리할 수 없는 경우는 있어도, 정신과적 장애로 인해 아예 MMPI-2를 실시할 수 없는 경우는 거의 없다. 일반적으로 환자들이 검사를 마치는 데 소요되는 시간은 대략 90~120분 정도이다.

MMPI-2는 채점해야 할 척도와 지표들이 너무 많아 주로 전산화된 채점 절차를 이용한다. 우리나라에서는 한국판 MMPI-2(김중술, 임지영, 이정흠, 민병배, 문경주, 2005; 한경희, 김중술 외, 2011)를 출판한 마음사랑(http://maumsarang.kr/)에서 전산화된 실시 및 채점 절차를 제공하고 있다. 실시가 끝나면 바로 여러 척도와 소척도, 지표에 대해 원점수를 표준점수인 T점수로 변환시킨 프로파일을 얻을 수 있다. 전산화된 채점 및 해석체계에 대한 철저한 평가는 Butcher와 Owen(1978)에 의해 논의된 바 있다.

T점수는 미국 전역에서 얻어진 2,600명(한국의 경우 1,352명)의 대규모 표집의 반응을 기초로 하고 있으며, 평균이 50, 표준편차가 10이다. 프로파일 용지를 보면 70T와 30T에 해당되는 선이 굵게 표시되어 있는데, 이것은 각각 +2와 −2 표준편차에 해당되는 T점수를 나타낸다. 프로파일을 그리는 데 사용되는 T점수는 표준점수이므로, 개인 간의 비교와 아울러 다양한 척도에 대한 개인 내의 비교가 가능하다. 예로, 어떤 여성 환자의 경우 척도 3에서 원점수가 35이고 척도 6에서 원점수가 21인 것은 이렇다 할 함의가 없다. 하지만 각각의 원점수에 해당하는 64T(척도 3)와 75T(척도 6)는 개인 간 및 개인 내의 비교가 가능하므로 프로파일 해석에서 매우 중요하다.

임상 척도에서 높은 점수에 대한 정의는 문헌에 따라 상당히 다르다. MMPI에서는 +2 표준편차에 해당되는 70T 이상의 점수를 높은 점수로 간주하였다. 하지만 MMPI-2에서는 65T 이상의 점수를 높은 점수로 간주한다. MMPI의 경우, 규준집단에서 정신장애 집단이 의도적으로 배제되었고, 수검자들의 무응답에 대해서도 검사 완료를 격려하지 않고 묵인하였다. 이러한 절차상의 문제는 MMPI T점수의 평균을 대략 5점 정도 상승시키는 효과가 있었다(Pancoast & Archer, 1989). 따라서 절차를 달리하여 제작된 MMPI-2의 65T는 MMPI의 70T에 해당된다고 볼 수 있다.

일반적으로는 점수가 높을수록 각 척도에 논의된 행동적 상관들이 환자에게 해당될 가능성이 높다. −1.5 표준편차에 해당되는 T점수는 35이지만 40T 이하이면 낮은 점수로 간주할 수 있다. 유감스럽게도 임상 척도에서 낮은 점수의 의미와 관련된 정보는 매우 제한되어 있다. 대부분의 경우, 낮은 점수는 높은 점수와 반대되는 행동적 상관들을 보이지만 예외인 경우도 있다. 특히 6번(Pa) 척도의 경우 그렇다. 이제 MMPI-2의 각 척도의 특징과 의미를 타당도 척도와 임상 척도로 나누어 살펴보겠다.

3. 타당도 척도

MMPI-2 결과를 평가하면서 가장 먼저 해야 할 필수적인 과정은 바로 검사 프로토콜의 해석 가능성을 확립하는 것이다. 자기보고식 검사자료가 성격 기술이나 임상적 예언에 적합하려면 무엇보다 환자가 평가과정에 협조하고, '진정한' 자기 자신에 대한 평가와 일치하게 검사 문항에 반응하고자 하는 의지와 능력이 있어야 한다. MMPI-2가 임상 집단이나 일반집단에게 유용하게 사용될 수 있는 특징의 하나는 수검자의 검사 태도를 평가할 수 있는 척도와 지표들을 제공하고 있다는 점이다. 임상가는 타당도 척도를 통해 ① 응답지를 채점해도 되는지('검사가 다 실시되었는가?'), ② 수검자가 MMPI-2 문항들을 제대로 이해하고 반응했는지('문항에 대한 반응에 일관성이 있는가?'), ③ 수검 태도의 패턴과 그런 태도를 보이게 된 요인이나 근원, 가능한 동기들, 그리고 그로 인한 검사결과의 잠재적인 왜곡은 무엇인지('수검자의 자기평가는 정확한가?') 살펴보아야 한다(홍창희 외, 2012; Nichols, 2011).

1) ? 척도

?(무응답) 척도는 사실 척도가 아니다. 척도라기보다는 빠뜨렸거나 '그렇다' '아니다' 모두에 응답한 문항의 수를 나타낸다. MMPI-2의 성격상 대개 일탈된 방향으로 응답된 문항들이 채점된다. 그런데 빠뜨렸거나 양쪽 모두에 응답한 문항은 채점되지 않으므로, 사실상 일탈되지 않은 방향으로 응답한 것과 같은 효과를 갖는다. 따라서 빠뜨렸거나 양쪽 모두에 응답한 문항들의 잠재적 효과는 그러한 문항들이 들어 있는 척도의 상승을 억제함으로써 전체 프로파일을 낮춘다는 것이다. 모든 문항에 응답하라는 지시에도 불구하고, 환자들은 일부의 문항에 응답을 하지 않는다. 이러한 상황을 바로잡는 가장 쉬운 방법은 환자에게 다시 한 번 모든 문항에 응답하도록 요구하는 것이다.

일반적으로 30개(단축형의 경우 20개) 이상의 문항을 빠뜨리거나 양쪽 모두에 응답한 경우, 무효 프로파일로 간주된다. 정신병리가 없거나 중요한 정신병리가 부각되지 않는 쪽으로 프로파일을 왜곡할 가능성이 있기 때문이다. 여기서 중요한 점은 빠뜨린 문항의 위치이다. MMPI-2의 처음 370문항만으로도 표준 타당도 척도와 임상 척도, 모호/명백 하위척도, Harris-Lingoes 소척도 등의 점수를 얻을 수 있다. 내용 척도, 보충 척도 및 다른 척도들에 대한 신뢰성 있는 점수를 얻을 수 없으므로 단축형의 사용이 권장되지는 않으나, 환자가 전체 문항에 답할 수 없거나 답하지 않으려는 경우라면 370번 문항까지의 반응이 유용한 임상적 정보를 제공할 수 있다. 만약 기본 타당도 척도와 임상 척도의 문항들을 상당수 빠뜨렸다면 환자에게 MMPI-2를 다시 완료하도록 요청해야 한다. 이 척도의 점수 분포는 대부분 0~5점으로 매우 편중되어 있다. 다음은 문항을 빠뜨리거나 양쪽 모두에 응답하게 되는, 그래서 이 척도가 상승하는 몇 가지 이유이다.

① 불충분한 읽기 수준
② 부주의
③ 혼란 혹은 정신병적 증상의 발현
④ 심한 강박증적 경향이나 반추적 요소로 답을 정하지 못할 때
⑤ 의미 있는 답변에 요구되는 정보나 경험이 없을 때
⑥ 질문이 환자에게 해당되지 않을 때(예: 자신의 아버지에 대해 전혀 알지 못하는 환자에게 "나는 아버지를 사랑했다."와 같은 질문)

방어적인 책략으로 문항을 빠뜨리는 경우는 드물다는 것이 필자의 경험이다. 생략되거나 양쪽 모두에 응답한 문항은 모두 검사자의 주의를 끌 수 있다. 따라서 만약 환자가 방어하기를 원한다면 빠뜨리기보다는 그냥 부인하는 쪽을 택할 것이다.

2) VRIN, TRIN

MMPI-2의 문항내용을 제대로 읽어 보지 않고 아무렇게나 응답하거나, 무작정 모두 '그렇다' 혹은 모두 '아니다'라고 응답하는 수검자들이 있다. 청소년들의 경우 특히 그렇다. VRIN, TRIN은 이러한 일탈된 반응 자세를 탐지하기 위해 만들어진 척도이다. 무선반응 비일관성 척도인 VRIN은 아무렇게나 응답하는 경향을, 고정반응 비일관성 척도

인 TRIN은 모두 '그렇다' 혹은 모두 '아니다' 라고 응답하는 경향을 탐지한다.

VRIN은 상관이 높은 67개 문항 쌍으로 구성되어 있다. 무선반응 시 기대되는 VRIN의 원점수는 67문항 쌍의 1/4인 16.75이다. MMPI-2 매뉴얼은 13점을 절단점으로 사용하도록 권하고 있다. 일반적으로 VRIN 점수가 7점 이하이면 일관성이 있다고 본다. 동기 부족이나 비협조적인 자세 외에도 정신병적 혼란, 부주의, 읽기 능력의 어려움, 혹은 응답지에 오기하는 경우 등 VRIN은 여러 가지 이유로 상승할 수 있다.

TRIN 역시 상관이 높은 23개의 문항 쌍으로 구성되어 있다. 이 중 10개의 문항 쌍들은 VRIN과 중복된다. 재표준화 표집에서 원점수의 평균은 약 9점으로, $50T$에 해당되는 점수이다. TRIN 원점수가 5 이하이거나 13 이상이면 재검사를 권해야 할 만큼 반응에 일관성이 없다고 보아야 한다. 이는 $80T$에 가까운 점수이다. TRIN 점수가 상승하는 이유는 VRIN 점수가 상승하는 이유와 거의 비슷하다. 그러나 무선반응에 민감한 VRIN과 달리, TRIN은 묵종적인(혹은 그 반대의) 반응 자세, 즉 문항 내용에 상관없이 모두 '그렇다' 혹은 모두 '아니다' 라고 반응하는 경향에 민감하다. 어느 경우건 T점수는 상승한다. '그렇다' 에 반응하여 상승하는 경우에는 T(그렇다)가, '아니다' 에 반응하여 상승하는 경우에는 F(아니다)가 표시된다.

VRIN과 TRIN은 본질적으로 상관이 없으므로, 두 척도 모두 $65T$ 이상으로 상승했다면 수검자가 문항에 일관성이 없이 반응했을 가능성이 높다. TRIN이 높지 않더라도 VRIN이 높으면, F, F_B, F_P의 상승은 검사문항에 부주의하게 반응했거나 자신의 증상을 과장하고 있거나 비협조적임을 시사하므로 더 이상 해석을 진행하지 않는 것이 좋다. VRIN이 낮고 F, F_B, F_P가 높으면 문항에 부주의하게 반응했을 가능성이 배제되므로, F와 F_B, F_P는 정신병리나 증상의 과장, 꾀병과 관련하여 보다 확신을 가지고 해석할 수 있다.

3) F, F_B, F_P 척도

대부분의 다른 척도들과는 달리, F(비전형) 척도는 준거집단과 규준집단의 문항 반응을 비교하여 만들어지지 않았다. 대신 이 척도는 정상 성인전집 중 10% 미만에 의해서 비정상적인 방향으로 응답된 60문항으로 구성되었다. 이렇게 극단적으로 치우친 문항들은 특정 구성개념에 대한 변별력이 떨어지므로 척도를 구성할 때 제외되는 것이 보통이다. 하지만 이러한 문항들은 무선적으로 반응한다거나 모두 '그렇다' 혹은 모두 '아니다'에 반응하는 식의 일탈된 반응 자세를 가려내는 데 도움이 된다. 이를테면 누군가가 MMPI-2에 정상적으로 반응한다면 60개 문항의 10%에 해당되는 6개 내외의 문항이 채점될 것이다. 반면 아무렇게나 반응한다면 반응의 가짓수는 '그렇다' '아니다'의 두 가지이므로 50%에 해당되는 30개 내외의 문항이 채점될 것이다. 앞서 소개한 VRIN, TRIN은 F 척도의 이러한 기능에 특화된 척도라 할 수 있다.

애초에 F 척도는 VRIN, TRIN으로 측정되는 일탈된 반응 자세를 가진 사람들(그리고 문항을 읽을 수 없을 정도의 정신지체)을 가려내 줄 것으로 기대되었다. 물론 일탈된 반응 자세나 정신지체가 F 척도가 상승하는 한 가지 이유일 수는 있겠지만, 나중에 이 척도는 정신병리에서 중요한 개념인 현실검증력의 유력한 지표임이 밝혀졌다. 사실 어떻게 현실을 지각하고 판단하는 것이 현실을 제대로 보는 것인가를 말해 줄 수 있는 사람은 아무도 없다. 따라서 대부분의 세상 사람이 그러하듯이 합의된 방식으로 지각하는가의 여부를 현실검증력의 준거로 삼는 것이 보통이다. 그러므로 10%의 시인율에서 시사되듯 대부분의 사람과 다른 방향으로 반응하는 사람은 아주 독창적인 사람일 수도 있겠지만 MMPI-2 문항들의 성격상 현실검증력에 어려움이 있을 가능성이 높다. 뒤에 소개될 로르샤하 검사에서 X+%가 현실검증력의 중요한 지표임을 보게 될 것이다. X+%란 검사자극을 왜곡하지 않고 아주 정확하게 혹은 쉽게 이해할 수 있도록 지각한 좋은 형태질의 반응비율을 말하는데, 좋은 형태질을 판단하는 기준 역시 상당 부분 반응 빈도에 근거를 두고 있다. 이와 같이 F 척도는 단순히 얻어진 프로파일이 타당한가에 대한 지표 이상으로 기괴한 감각, 이상한 사고, 기묘한 경험, 정신착란의 느낌, 그리고 믿기 어렵거나 모순되는 많은 신념이나 기대, 자기기술을 포함하는 폭넓은 영역에서의 정신병리를 타진한다. F 척도가 상승하는 데는 적어도 여섯 가지의 이유가 있다.

① 채점이나 기록에서의 오류
② 읽기의 어려움
③ 심각한 정신병리를 반영하는 문항들에 반응함으로써 나쁘게 보이려는 고의적인 시도(흔히 F가 $90T$ 이상일 때)
④ 혼란, 망상적 사고 또는 다른 정신병적 과정
⑤ 증상을 과장하면서 도움을 간청하는 경우
⑥ 청소년의 경우 F 척도의 상승은 반항과 적개심, 거부주의를 의미할 수 있음

65T 이상이면 임상적으로 주목할 만하고, 80T에 이르면 일반적으로 아주 심각한 정신병리를 반영한다. 이 척도에서 90T 이상이면, 그 프로파일은 문항을 읽고 이해하는 데서의 어려움, 무선적인 반응, 혹은 나쁘게 보이려는 고의적인 시도로 인한 무효 프로파일을 나타낼 수 있으므로 신중하게 검토되어야 한다. 심한 신경증 환자나 정신병 환자는 대부분 65~80T의 점수를 받는다. 100T 이상을 받는 환자들은 정신병 환자로 진단되는 경우가 드물다. 그들은 심각한 정신병리를 반영하는 많은 문항에 '그렇다'고 시인하였으며, 그러한 자각은 바로 정신병의 진단을 배제할 수 있는 통찰력을 시사하기 때문이다. 정상인들이 채점되는 방향으로 답하는 문항의 수는 2~5개 정도에 불과하다.

MMPI-2에 내용 척도, 보충 척도 등이 포함되면서 검사 후반부에 있는 문항들의 쓰임새가 많아졌다. F_B(비전형 후반부) 척도는 F 척도의 역할을 후반부에서 대신할 수 있도록 만들어졌다. 이 척도는 재표준화 표집에서 시인율이 15% 이하인 40문항으로 구성되어 있다. 모든 문항이 280번 이후에 있고, 절반 정도는 마지막 100문항에 들어 있다. F, F_B 두 척도 모두 과대보고에 민감하나 내용 면에서 차이가 있다. F가 정신병적 상태와 관련 있는 반면, F_B는 공황, 우울, 자살, 알코올 남용 등 심각한 정동적 상태와 더 관련 있다.

다른 사람들과 달리 보이고 싶어 하는 사람들 중에는 자신의 상태를 부정적으로 왜곡함으로써 현실적으로 어떤 이득을 얻으려는 사람들이 있다. 정신병리를 가장하거나 과장하려는 시도들은 법정문제들에 연루된 사람들, 장애 지원자들, 정신이상을 입증해 책임을 모면해 보려는 환자들, 또는 삶으로부터 도피하기 위해 입원하는 환자들에게서 흔히 볼 수 있다. VRIN, TRIN이 반응자세와 관련하여 특화되어 있다면, F_P(비전형 정신병리) 척도는 정신병리의 과장과 관련하여 특화된 척도이다. F_P는 정신과 입원환자 표집을 통해 개발되고 교차 타당화되었으며, 그 후 재표준화 표집을 통해 다시 한 번 검증되었다. F_P는 환자집단이나 정상집단에서 시인율이 20% 이하인 27문항으로 구성되어 있다. 정상인뿐만 아니라 정신과 환자들도 잘 반응하지 않는 문항들로 구성된 만큼 F_P는 F가 함축하는 정신병리를 어느 정도 통제하고 있다고 볼 수 있다. 즉, 정신병리가 없음에도 이를 가장하거나 과장하는 경우에 F_P 척도가 상승한다. 이러한 특징으로 인해 F_P는 MMPI-2에서 과대보고에 가장 민감한 척도이다. 하지만 F_P는 정신증에도 어느 정도 민감할뿐더러 척도에서 비교적 비중이 큰 영역(예: 가족에 대한 적대감)에 시인한 경우에도 척도가 높게 상승할 수 있으므로 해석에 주의를 요한다.

F_B, F_P는 VRIN, TRIN과 더불어 MMPI-2에 새롭게 추가된 타당도 척도들이다. 이 척도들은 F 척도가 갖는 해석적인 함의의 어느 하나에 특화됨으로써 F 척도 상승의 의미

를 보다 명확히 하고 있다.

4) FBS

FBS는 원래 부정왜곡 척도(Faking Bad Scale)로 개발되었으나, 척도 해석에 이론의 여지가 있어 현재 증상타당도 척도로 불린다. 이 척도는 개인적 상해소송 맥락에서의 꾀병을 탐지하기 위해 Lees-Haley 등에 의해 합리적인 방식으로 선정된 43문항으로 구성되어 있다(Lees-Haley, English, & Glenn, 1991). 대략 1/3 정도의 문항이 신체적인 내용이고, 또 다른 1/3의 문항은 다양한 종류의 통증에 대한 것이다. 나머지 문항의 상당수는 신뢰나 정직함과 같은 긍정적인 성향(즉, 낮은 냉소주의)을 나타낸다. 아직까지는 의학적으로 상해나 장해가 확인된 사람과 꾀병으로 확인된 집단에 대한 문항들의 판별력을 보여 주는 만족스러운 타당화 절차가 필요한 실정이다. 특히, 허위 양성(false positive)이 지나치게 높고 여성과 장애인에 편향적이라는 비판이 있다(Gass, Williams, Cumella, Butcher, & Kally, 2010; Nichols, Greene, & Williams, 2009). 원점수가 남성의 경우 30점, 여성의 경우 34점을 넘지 않고, T점수가 척도 1과 3, HEA, RC1의 T점수보다 높지 않다면, 꾀병으로 추론하는 것은 위험하다.

5) L 척도

L(부인) 척도는 자신을 바람직한 쪽으로 내보이려는 의도적이면서 세련되지는 못한 시도를 탐지하는 15문항으로 구성되었다. 문항들은 합리적인 근거에서 선정되었다. 이 척도는 문화적으로는 칭찬받을 만하지만 실제로 가장 양심적인 사람에게서만 나타나는 태도와 실천을 평가한다. 전집의 70~80% 정도는 만약 그들이 솔직하다면 이들 문항에 '그렇다'고 응답할 것이다. 문항에 대한 '아니다' 반응은 도덕적 결함의 부인을 의미한다.

대부분의 사람이 L 척도 문항이 채점되는 방향으로 응답하지 않지만, 그렇지 않은 경우도 제법 있다. 정상집단의 원점수 평균은 3.5이며 교육수준이나 사회경제적 지위(SES)가 높은 경우에는 이보다 더 낮게 나온다. 따라서 이 척도에서 점수가 높은가를 판단할 때는 이들 변인을 고려해야 한다. 예로, 경계선 지능에 초등학교를 간신히 졸업하고 사회경제적 지위가 낮은 시골 출신의 50대 여성의 경우 자신을 잘 보여서 자신을 평가하고 있는 사람들에게 받아들여질 요량으로 이 척도에서 높은 점수를 얻을 수 있다. 이러한 부인은 반드시 프로파일이 타당하지 않다는 것을 의미하지 않는다. 사실 L 척도가 상승해서 프로파일이 타당하지 않은 경우는 드물다. 이 척도는 단순히 인간적인 약점을 부정하고 사회적으로 바람직하게 보이려는 경향을 측정한다.

다양한 사람들이 이 척도에서 높은 점수를 얻는 것으로 알려져 있다. 성직자들도 있고 단지 피상적인 수준에서 문화를 이해하는 사람들도 있다. 또한 '아니다' 라고 답변하면 좋은 인상을 줄 수 있을 것이라고 생각할 만큼 단순하면서 사회적 감각이 다소 제한된 구직자들로부터 얻어진다. 높은 점수를 얻는 사람들은 실제로 그렇지 않다 하더라도 바람직한 쪽으로 자신을 내보이려는 사람들이다. 그들은 자기통제라든가 도덕적 가치를 강조하고 자신의 인간적인 약점을 부정하려는 경향이 있다. 이와 관련하여 통찰력이 제한되어 있고 고지식한 반면 사고의 유연성이 부족하고 스트레스나 압력에 대한 인내력도 약하다. 이 척도에서 낮은 점수($45T$ 이하)는 가벼운 결점이나 단점들을 인정하면서 각 문항에 솔직하게 반응한 사람들로 그만큼 자신감이 있고 허용적인 사람임을 시사한다.

6) K 척도

MMPI 제작자들의 기대와는 달리 잠정적으로 제작된 MMPI를 임상집단에 실시해 본 결과 현저한 정신병리가 있음에도 불구하고 정상 범위 내의 프로파일을 보이는 환자들이 많았다. 그래서 L 척도에 의해 측정되는 것보다 더 미묘한 부인의 예들을 탐지하고 그만큼 각 척도들을 교정해 줄 필요가 있게 되었다. 이러한 필요에서 만들어진 것이 K 척도이다. K 척도는 정상집단과 정상 프로파일을 보이는 환자집단을 구별해 주는 경험적으로 선택된 30문항으로 구성되어 있다.

문항들의 내용은 적대감이나 의심, 자신감의 결여, 가족문제, 걱정 등 다양한 영역에 걸쳐 있다. L 척도가 사회적, 도덕적인 면에서의 방어적인 태도를 측정한다면, K 척도는 자신의 정신병리나 심리적인 문제에 대한 방어적인 태도를 측정한다. L 척도에 비해 문항 내용이 모호해 방어적인 환자들을 보다 민감하게 탐지해 낸다. K 교정을 위한 가중치가 5개의 척도에 주어지는데, 이것은 해당 척도에 있어서 정상집단과 임상집단을 최적으로 판별해 주는 계수이다.

K 척도의 높은 점수는 특별한 행동과의 상관보다는 정신병리를 인정하기 꺼림을 반영한다. $65T$ 이상을 얻은 환자들은 극단적으로 억제적이고, 방어적이며, 자신의 심리적

인 문제에 대한 접근을 불허하는 만큼 정신의학적 면담에서도 뚜렷한 저항을 보인다. 정서적으로 부담이 가는 주제에 대해서는 논의하길 꺼리며, 자신이 지나치게 노출되는 것을 두려워하여 자신의 반응을 검열한다. 그들은 자기 자신이나 가족 그리고 자신의 환경에 대한 결점을 간과하거나 최소화하려는 경향이 있다. 부적절한 면들을 지적받게 되면 위협을 느끼고 경직된 방어를 한다. 그들은 환자 역할을 거부하고 치료에 비협조적이며 예후도 나쁘다. 따라서 기저의 감정이나 동기, 역동에 대한 탐색을 피하고, 현재의 문제 해결을 위한 행동 변화에 초점을 두는 실용적이고 문제 해결식의 치료적 접근을 하는 것이 좋다(Graham, 1979). $65T$ 이상의 상승은 지나친 방어성으로 인한 타당하지 못한 프로파일을 가져오기 쉽지만, 다양한 유형의 히스테리성 환자들, 특히 전환장애의 경우는 예외이다. 이 경우에는 특징적인 억압, 부인의 방어기제와 관련하여 K 척도의 상승이 기대된다.

고의적으로 자신의 상태를 나쁘게 보이려고 하는 부정왜곡(fake bad)의 경우가 아니라면, K 척도에서의 낮은 점수는 방어기능이 저하되었거나 황폐화되었음을 시사한다. 방어기능이 저하되면, 환자는 자기비하와 자기비판이 심해지고, 병리적 문항들에 실제 이상으로 '그렇다'고 반응한다. 척도 2와 척도 7에서 현저한 상승을 보이는 경우가 많고, 정신병적인 환자들은 흔히 F 척도와 척도 6, 척도 8에서 70~90T의 상승을 보인다.

K 척도의 점수는 검사장면이나 사회경제적 지위 혹은 교육 수준과도 관련이 있다. 예로, 인사 선발에서 K 척도가 높은 것이 보통이며, 교육수준과 사회경제적 지위가 높을 경우에도 척도가 상승하는 경향이 있다. 정상집단에서 이 척도는 매우 중요한 적응적인 함의를 갖는다. 이 척도가 측정하는 방어능력은 자아의 중요한 기능이며 60T 내외의 상승은 자아기능이 원활하게 작동하고 있음을 시사한다. 따라서 정상집단에 있어서 이 척도는 성격적 통합성과 조절능력을 측정하며, 높은 점수는 건강한 조절능력을 반영한다. 하지만 65T 이상으로 높게 상승할 경우 정신적인 에너지가 방어에 치중된 나머지 다른 심리적인 자원들이 개발되지 못하는 방어의 역기능을 시사할 수 있다. 또한 K가 E_S(자아강도)보다 10T 이상 높으면, 수검자가 주관적으로 보고한 적응 수준은 과도하게 보고되었으며, 관찰자에 의해 보고되는 수준보다 높은 경향이 있다.

35T 이하의 점수는 대개 과대보고를 의미한다. K가 이렇게 낮으면, F, F_B, F_P, 그리고 F-K 수치가 수용 가능한 범위에 있는 경우가 드물다. 이런 수준의 K는 정적 기울기를 보이면서 척도들이 극단적으로 상승하는, 정신병리가 심해 보이는 프로파일과 관련이 있다.

7) S 척도

S(과장된 자기제시) 척도는 인사 선발, 보호감찰, 양육권 평가 등 비임상집단에서 도덕적 결함을 부인하고 '과장된 방식으로 자기를 표현하는 것'을 평가하기 위해 개발되었다. 이 척도는 파일럿 지원자 집단(남자 274명)과 재표준화 표집의 남자집단(1,138명)의 반응을 비교하여 만들어졌으며, 집단 간 차이가 유의하면서 내적 합치도에 기여하는 50문항으로 이루어져 있다(Butcher & Han, 1995). 문항들은 염세적인 태도와 냉소주의, 불신, 과민함, 성마름, 불안, 내적 갈등이나 부조화를 부인하고, 타인에 대한 덕행, 명예, 고결함에 대한 철저한 신념을 주장하고, 삶에 대한 개인적인 만족, 한결같은 기질, 침착함, 순응/관습을 강조하는 방향으로 채점된다.

S 척도에는 다섯 개의 소척도가 있다. 즉, CYN과 역으로 채점되는 인간의 선함에 대한 믿음(15문항), 걱정, 두려움, 근심과 내적 갈등을 부인하고, 편안하고 고요한 정신세계에 있음을 시사하는 평온함(13문항), 자신의 기본 생활환경에 대한 불만족을 부인하는 삶에 대한 만족(8문항), 화가 나는 상황에서도 화를 내지 않으며, 과민하게 반응하거나 다른 사람들에게 짜증을 내지 않는 참을성/성마름의 부인(8문항), 독특한 성적 행위나 부도덕해질 수 있는 유혹, 알코올과 마리화나의 사용, 비밀스러운 죄책감이 있음을 부인하는 도덕적 결함의 부인(5문항) 등이다(홍창희 외, 2012; Nichols, 2011).

S는 K와 상관이 높지만($r=.88$) 강조점이 다르다. K가 주로 별다른 심리적 문제가 없음을 강조하는 반면, S는 이와 아울러 대인관계나 생활환경을 포함한 삶의 여러 영역에서 만족하고 있음을 강조한다. 두 척도 모두 내용 척도와 부적인 상관을 보이나, 상관의 정도는 S가 약간 더 높다. 또한 긍정왜곡에 대한 연구에서도 S는 L이나 K보다 타당도가 높았다. S는 수검 태도가 자기우호적인지 혹은 자기비판적인지 가려내는 데 민감한 것으로 보인다(Baer, Wetter, Nichols, Greene, & Berry, 1995; Greene, 2011). 하지만 준거집단이 4년제 대학을 졸업하고, 건강이 좋고, 사회경제적 지위가 양호한 백인 남성이므로 여성, 소수민족, 낮은 사회경제적 지위의 수검자에 대한 S의 해석은 주의를 요한다.

S를 해석할 때, 높은 점수에서는 L과 K를, 낮은 점수에서는 F, F_B, F_P, F-K를 함께 고려하면 설명력이 높아진다. 두 경우 모두 E_S를 함께 살펴보도록 한다. S와 E_S의 관계는 K와 E_S를 해석하는 지침을 그대로 적용한다.

$60 \sim 70T$ 정도의 상승은 고지식한 자기태도, 제한된 시야와 자기인식, 또는 검사 결과가 어떻게 비춰지고 활용될 것인가에 대해 염려한 나머지 지나치게 호의적으로 자신

을 나타내었음을 시사한다. L이 높고 사회경제적 지위가 낮다면 특히 그렇다. 반대의 경우라면, 실제로 건강하고 만족스럽게 살아가는 사람일 가능성이 있으므로 보수적으로 해석하도록 한다. 70T 이상의 상승은 임상 프로파일이 왜곡되고 내용 척도 점수가 현저히 낮아질 정도로 과소 보일 의미한다.

45T 이하의 점수는 과대보고 또는 정신병리로 인한 주관적 고통과 행동장해의 정도를 반영한다. F, F$_B$, F$_P$, F-K를 근거로 과대보고의 가능성이 배제되었다면, 이 수검자는 대인관계에서 냉소적이며, 적대적이고, 거칠면서도 불안하고 우유부단하며, 몰두되어 있고, 패배주의의 특징을 보일 것이다.

8) 무효 프로파일

타당도 척도들의 형태는 수검 태도와 반응양식 그리고 편견에 대한 중요한 정보원이다. 타당한 프로파일과 그렇지 않은 프로파일 사이에 뚜렷한 차이점이 없는 경우도 많다. 프로파일의 무효를 결정하는 것은 어려운 일이며, 타당도 척도들과 아울러 임상 척도들도 면밀히 살펴보아야 한다. 어떤 프로파일을 무효라고 판정하기 전에, 임상가는 척도들의 형태와 상승이 다른 인구통계적 변인이나 개인력 그리고 진단적 인상과 모순이 없는지 면밀히 검토해야 한다. 그리고 모순점이 없다면 그 프로파일은 타당도 준거와 관계없이 타당한 프로파일로 해석될 수 있다.

전통적으로 타당도 척도들의 점수가 65T 이상인 프로파일이나 ?(무응답) 반응이 30개 이상인 프로파일은 타당하지 않은 것으로 간주된다. 그러나 이러한 접근은 프로파일의 무효에 대해 지나치게 단순한 견해를 반영하는 매우 보수적인 접근으로, 타당한 많은 프로파일들을 버리게 된다. 대부분의 정신병 환자는 F 척도에서 65T 이상을 받는다. 또한 전환장애나 해리장애 혹은 신체화장애 환자들은 K 척도에서 65T 이상을 받을 수 있으며, 성직자들이나 사회경제적 지위가 낮은 순박한 사람들도 L 척도에서 65T 이상을 받을 수 있다. 30개 이상의 문항을 빠뜨렸다 해도, 빠뜨린 문항이 기본적인 임상 척도들의 문항인지 검토해 볼 필요가 있다. 그리고 설령 그렇다 하더라도 다시 한 번 환자의 협조를 구할 수도 있다. 하지만 임상장면에서 K 척도가 65T 이상인 프로파일에 대해서는 특별한 관심이 요구된다. 프로파일이 타당하지 않은 경우가 많기 때문이다. 이것은 반드시 좋게 보이려는 시도를 의미하지는 않지만, 그 환자가 지나치게 방어적이고 비협조적임을 시사한다. K 척도만이 단독으로 상승하고 대부분의 다른 척도는 60T 이하인 K+ 프로파일을 보이는 입원환자의 상당수가 정신병으로 진단된다는 보고도 있는데(Marks, Seeman, & Haller, 1974), 이러한 결과를 우리나라의 임상장면에 일반화하기 위해서는 추가적인 연구가 필요하다.

프로파일의 무효를 결정하려면 타당하지 않은 프로파일과 관련된 전형적인 반응 패턴을 인지할 수 있어야 한다. 예로, 모두 '그렇다' 또는 모두 '아니다'의 패턴은 단순히 MMPI-2 답안지를 살펴보거나 TRIN으로 쉽게 가려낼 수 있다. 무선반응 자세는 VRIN을 고려한다. VRIN 점수가 16점에 근접할수록, TRIN이나 F, F_B, F_P가 아주 양호하지 않은 한 해석이 무의미할 정도로 일관성의 문제가 심각해진다. 12~16점 범위의 VRIN 점수는 MMPI-2를 완료하는 데 있어서 협조의 부재, 정신병적 와해 혹은 이 모두를 시사한다. VRIN 점수가 17 이상인 프로토콜은 폐기되어야 한다(홍창희 외, 2012; Nichols, 2011).

타당하지 않은 프로파일과 관련하여 논의되어야 할 다른 두 개의 전형적인 반응 패턴은 부정왜곡(fake bad)과 긍정왜곡(fake good)이다. 부정왜곡이란 심한 정신장애가 있는 것처럼 보이려고 아주 심각한 정신병리를 반영하는 상당수의 문항에 '그렇다'고 반응하는 경우이다. 90T는 과장과 심각한 정신병리를 가르는 F의 가장 좋은 단일 절단점이다. F가 90T 이상이고 F_P가 75T를 넘어선다면, 정신병리적 상태보다는 꾀병의 가능성을 고려해야 한다. F_P>F이면 특히 그렇다. 이 경우 척도 6, 척도 7 그리고 척도 8은 80T 이상이며 L 척도와 K 척도는 50T 이하이다. 또한 결정적인 문항들(critical items)에 반응하는 빈도도 유의하게 높다.

긍정왜곡이란 자신의 문제를 부정하고 최소화하려는 시도를 말한다. 긍정왜곡 프로파일은 K, S 척도가 65T 이상이고 대부분의 임상 척도와 F 척도가 50T 이하인 것으로 특징지어진다. L 척도의 점수는 교육 수준이나 심리적으로 세련된 정도와 역으로 상관이 있을 것이다. 긍정왜곡이나 부정왜곡을 탐지함에 있어서 왜 그런 식으로 반응하려고 했는지 가능한 한 그 동기를 파악해야 한다.

긍정왜곡이나 부정왜곡 프로파일을 판정하는 추가적인 방법이 Gough(1950)에 의해 개발된 F-K 지표이다. 정신병리의 심각성을 시사하는 F 척도의 원점수에서 병리에 대한 방어를 시사하는 K 척도의 원점수를 뺀 값을 순수하게 병리적으로 보이려는 정도의 지표로 삼겠다는 취지이다. F-K가 9점 이상이면 부정왜곡을, -9점 이하이면 긍정왜곡을 나타낸다. 이러한 기준은 법정에서 부정왜곡을 탐지하는 데는 다소 유용하나, 임상장면에서 이렇게 엄격한 절단점수를 적용하면 상당수의 정신병적인 프로파일이 무효로 판정받게 된다. 특히 우리나라의 경우 F-K의 평균이 미국에 비해 9점 정도 높으므로 20점

이상을 부정왜곡의 지표로 삼을 것을 제안하고 있다(배정규, 김중술, 안창일, 1986).

9) 타당도 프로파일의 예

[그림 6-1]은 현재 주요우울장애로 치료받고 있는 김혜진(가명, 여, 46세) 여사의 MMPI-2 타당도 프로파일이다. 9년 전부터 우울증으로 신경정신과에서 치료를 받아 왔으며, 2년 전 이혼한 이후로 현재 혼자 살고 있다.

VRIN, TRIN 모두 타당한 범위에 있다. 세 개의 비전형 척도 역시 수용 가능한 범위에 있으며, $F_B > F > F_P$의 패턴을 보이고 있다. F_B가 65T에 근접하고 있으나, 상대적으로 낮은 F_P를 고려해 볼 때 F_B 점수는 과대보고의 가능성보다는 내담자가 경험하는 심리적 문제의 심각성을 반영하는 것으로 보인다. 또한 $F_B > F$ 패턴은 문제의 성격이 불안이나 우

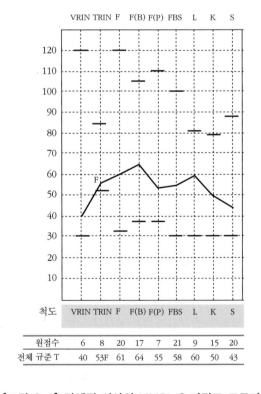

[그림 6-1] 김혜진 여사의 MMPI-2 타당도 프로파일

출처: 한경희, 김중술 등(2011)이 저술한 다면적 인성검사 II 매뉴얼 개정판에서 발췌되었음.
본 내용의 인용은 (주)마음사랑의 허락을 받았음.

울 등 정서적인 색채가 강할 것임을 시사한다. FBS의 상승은 신체 증상이나 다양한 종류의 통증 역시 적지 않음을 시사한다(낮은 S에서 시사되는 냉소주의로 미루어 볼 때 낮은 냉소주의가 FBS의 상승에 기여했을 가능성은 낮아 보인다). 과소보고 척도는 L>K>S의 패턴을 보이고 있다. L이 60T에 이르고 있지만, K 척도로 미루어 과소보고의 가능성 역시 낮아 보인다. 비교적 높은 L은 사회적으로 바람직하게 보이려는 내담자의 순진한 성향을 반영하는 것 같다. 하지만 F_B 척도에서 시사되듯 내담자의 순진한 방어는 성공적이지 못한 것 같다. 오히려 높은 L 점수에서 시사되는 제한된 통찰력이나 스트레스에 대한 낮은 대처능력이 내담자의 고통에 기여하고 있을 가능성이 더 커 보인다. 이는 L과 K를 역전시키는 문제, 즉 자신에 대한 수용과 통찰의 폭과 깊이를 더하고 심리적 문제에 대한 방어능력이나 대처능력을 키우는 것이 치료의 중요한 주제가 될 수 있음을 의미한다. K>S의 패턴은 이혼 이후의 생활에 대한 불만족과 관련 있어 보인다. L과 K가 역전되면 S 역시 상승할 것으로 기대된다.

4. 표준 임상 척도와 소척도

MMPI-2에는 열 개의 표준 임상 척도가 있다. 각 척도의 중요성을 평가할 때는 여러 요인들을 염두에 두어야 한다. 첫째, 타당도 척도들의 패턴을 고려해야 한다. 임상 척도의 해석은 환자가 반응할 때 자신의 상태에 대해 과장하는지, 방어적인지, 아니면 개방적이고 솔직한지에 따라 달라져야 한다.

둘째, 척도에서 높은 점수의 의미는 전체 프로파일과 관련하여 이해되어야 한다. 70T 이상이며 다른 척도들에 비해 높은 척도의 점수는 그 프로파일에서 다섯 번째나 여섯 번째로 높은 척도의 점수보다 훨씬 더 중요하다. 마찬가지로 60점대에 있다고 하더라도 그 프로파일에서 가장 높은 척도라면, 그 척도의 점수는 수치가 시사하는 이상의 의미가 있다. 프로파일에서 가장 낮은 점수들의 중요성 또한 주목되어야 한다.

셋째, 임상 소척도들을 살펴본다. MMPI-2에 새로 추가된 Harris와 Lingoes(1955, 1968)의 임상 소척도들은 특정 임상 척도가 상승한 구체적인 이유뿐만 아니라 다른 임상 척도나 소척도가 상승한 이유에 대해서도 설명해 준다. 예로, Hy4는 척도 1, HEA, RC1과 12문항 이상 중복되며 상관관계도 모두 $r = .94$로 높다.

넷째, 척도들 가운데는 여러 개의 문항을 서로 공유하는 척도들이 있다. 예로, 척도 1

과 척도 3, F와 척도 8은 함께 오르거나 내려가는 경향이 있다. 같이 움직이는 두 척도가 벌어지는 정도는 공유하는 문항들보다는 차별적인 문항들에 더 많이 반응하였음을 의미한다. 이러한 차별적 반응은 종종 척도분석과 형태분석에 중요한 해석의 실마리를 제공한다.

다섯째, 같거나 관련된 정신병리를 측정하는 내용 척도 및 내용 소척도와 비교, 검토한다. 내용 척도 역시 임상 소척도처럼 MMPI-2에 새로 추가된 척도이다(Butcher, Graham, Williams, & Ben-Porath, 1990). 임상 척도가 성격이나 증상, 대인관계에서 겉으로 드러난, Leary(1957)가 말하는 수준 1의 정보를 제공한다면, 내용 척도는 실질적인 자기보고 차원인 수준 2의 정보를 제공한다. 따라서 두 척도를 비교하면 환자의 증상에 대해 보다 포괄적인 이해를 얻을 수 있다. 예로, 척도 2가 수면, 섭식과 같은 우울증의 생장 증상이나 신체적, 정신적 기능의 지체를 강조하는 반면, 내용척도인 DEP는 의욕상실이나 자기비하, 자살사고와 같은 우울증의 동기적 측면이나 자기개념과 관련된 측면을 더 강조한다. 관련된 보충 척도 역시 척도 상승의 의미를 명확히 하는 데 도움이 된다. 끝으로, 나이나 성별 등 다양하고 중요한 인구통계학적 변인들과 임상적 척도들의 관계를 고려할 필요가 있다.

1) 척도 1(Hs: 건강염려증)

이 척도는 신체건강에 대해 비정상적인 걱정을 드러내는 50명의 정신신경증, 건강염려증 환자들의 반응을 근거로 만들어졌다. 32문항으로 구성된 이 척도는 신체기능에 관해 염려하는 정도에 대한 직접적인 측정치를 제공한다. 대부분 신체적인 불평과 관련된 명백 문항들로 되어 있으나, 호소하는 신체적 불평 자체는 모호하다. 척도 1은 임상 척도들 가운데서 가장 뚜렷하게 단일 차원적인 척도이며, 건강을 부정하고 다양한 신체적 불평을 인정하는 것으로 특징지어진다.

이 척도에서 점수가 높은 사람들은 신체기능에 대한 관심이 현저하고, 지나치게 많은 신체적 불평을 호소한다. 이러한 상승은 신체화 방어의 존재와 아울러 이러한 방어가 효과적으로 작용하고 있지 않음을 시사한다. 이러한 환자들은 종종 돌보아 줄 것을 요구하면서도, 한편으로 치료의 가능성을 거부하는 모순적인 면을 보인다. 성마르고 까다롭고 불만스러운 태도를 보이며, 간접적으로 표출되는 상당한 적대감과 냉소주의가 바탕에 있을 가능성이 높다. 그리고 위협을 받게 되면 이러한 까다로움과 냉소주의가 편집증적인 색채를 띨 수도 있다. 그들은 전통적인 심리치료에 잘 반응하지 않는다. 어려움의 본질이나 원인에 대한 통찰이 부족하고, 자신의 문제에 대한 심리적인 해석을 받아들이려 하질 않는다. 신체에 초점을 맞추면서, 생리적인 증상이 심리적 스트레스의 증후일 가능성에 대해 고려하길 거부한다.

이 척도에서 $80T$ 이상인 환자들은 거의 모든 신체기관에서의 불평을 호소한다. 사실 이들 환자 중 일부는 내과의사를 좌절시키는 데 있어서 참으로 놀라운 재주를 가지고 있다. 수동성이 현저하고, 쉽게 의존적인 모습을 보이며, 다른 사람들이 그들을 돌보아 주어야만 한다는 거의 어린아이와 같은 기대가 있다. 정말로 신체적 문제를 가진 내과 환자들은 일반적으로 신체화장애가 있는 정신과 환자보다 척도 1에서 $65T$ 보다 낮은(주로 $60T$ 내외의) 상승을 보인다. 그들은 자신에게 해당되는 신체적 불평에만 응답하지 이 척도에 의해 측정되는 모호한 신체적 불평 전반에 걸쳐 응답하지 않기 때문이다. 이 척도는 HEA와 23문항($r=.95$), Hy4와 12문항($r=.94$)이 중복되고 상관도 높다.

이 척도에서 낮은 점수를 얻는 사람들은 높은 점수를 얻는 사람들과 아주 반대적인 경향이 있다. 하지만 그들은 신체적 불평에 응답하지 않았다는 점에서만 공통점이 있는 이질적인 집단이다. 낮은 점수는 건강에 대한 걱정이 없는 낙천적인 사람임을 시사하나, $30T$ 이하의 지나치게 낮은 점수는 신체적 결함에 대한 강한 부인을 시사할 수도 있다.

2) 척도 2(D: 우울증)

이 척도는 '사기가 저하되고, 미래에 대한 희망이 없고, 자신이 처한 상황 전반에 대한 불만족감 등을 임상적으로 인식할 수 있을 정도로 드러내는' 50명의 환자집단의 반응을 근거로 만들어졌다. 환자들은 대부분 양극성 장애의 우울단계에 있던 것으로 여겨진다. 이 척도는 증상적인 우울, 사기 저하와 미래에 대한 희망의 결여로 특징지어지는 일반적인 태도, 그리고 삶에 대한 일반적인 불만족을 측정하는 57문항으로 되어 있다. 상당수의 문항이 우울의 다양한 측면을 다루고 있다. 이를테면 우울한 기분, 자기비하, 흥미의 상실, 정신운동성 지체, 신체적인 불평과 지나친 걱정 등이 있다. 척도 2는 특성보다는 상태에 대한 측정치이며 대개의 경우 상황적인 우울을 반영한다. 척도 2의 Harris-Lingoes 소척도는 〈표 6-2〉와 같다.

척도 2에서 높은 점수를 얻는 환자들은 우울하고, 걱정이 많고, 비관적이라고 기술되며, 약간의 철수적인 경향과 아울러 우유부단하고 회의적인 모습을 잘 보인다. 우울은

표6-2　척도 2의 Harris-Lingoes 소척도

D1: 주관적 우울감 (32문항)	무언가 하는 데 있어서 즐거움을 못 느낌; 비관주의, 의욕저하와 낮은 자존감; 문제에 대처할 에너지 부족
D2: 정신운동 지체 (15문항)	사회관계에 참여하려 하지 않음, 움직이려 하지 않음 사회적 참여에서의 철수, 무기력, 공격성과 분노의 부인 낮은 점수는 자살에 대한 에너지가 충분함을 시사
D3: 신체적 기능장애 (11문항)	신체적 기능 장애 호소, 자기 자신에 집착 식욕저하, 체중변화, 허약함, 변비와 같은 우울증의 생장증상들을 반영
D4: 둔감성 (15문항)	반응성이 떨어짐, 자신의 심리적 기능을 불신 우울증의 인지적 쇠약을 반영; 주의집중 곤란, 판단의 실수, 기억문제, 낮은 에너지, 자신감이나 주도성 부족
D5: 깊은 근심 (10문항)	반추, 화를 잘 냄 불행감과 초조 등, 쉽게 기분이 언짢아지는 경향과 관련 있음 명백한 우울증 내용을 담고 있으며 DEP와 8문항이 중복($r=.91$)

무망감과 무가치감으로 표현될 수 있으며 자살에 대한 생각이 수반되기도 한다. 열등감과 부적절감이 현저하다. 우울은 주관적인 체험에 국한되지 않고 흥미와 주도성, 참여의 상실을 수반하는 정신운동성 지체로 확장된다. 이들 환자는 감정을 적절하게 표현하는 데 어려움이 있으며, 과잉통제라고 할 만큼 그들의 감정의 많은 부분을 내면화한다. 그들은 나름대로 불쾌함을 피하려고 시도하는데, 이를테면 직면하는 것을 피하려고 양보하는 쪽을 택한다.

척도 2의 해석은 동반 상승한 임상 척도에 따라 아주 달라질 수 있다. 예로, 척도 9의 낮은 점수는 척도 2에 의해 시사되는 우울의 정도를 가중시키는 경향이 있다. 척도 2가 단독으로 상승한 경우는 대개 가족의 죽음과 같은 상황적인 스트레스를 경험하는 사람에게서 볼 수 있는 반응성 우울을 반영한다. 이러한 상황에서 이 척도의 상승은 흔히 있는 일이다. 정신병적 요소가 있는 우울증은 전체 프로파일에 근거하여 추론될 수 있다. 표준 임상 척도 외의 다른 척도들의 상승을 보아야 한다. 특히 편집증적, 정신병적 사고 과정에 민감한 RC6, RC8, BIZ1, PSYC 및 Pa1이 도움이 된다.

척도 2는 내용 척도인 DEP와 상관이 높지만($r=.80$) 중복되는 문항은 9문항에 불과하다. 그중 8문항이 D5와 중복된다. 이는 척도 2가 우울증의 생장 증상이나 신체적, 정신적 기능의 지체를 강조하는 반면, DEP가 의욕상실이나 자기비하, 자살사고와 같은 동기적 측면을 더 강조하기 때문이다. 척도 2와 DEP를 비교하면 환자가 보이는 우울에 대한 포괄적인 이해를 얻을 수 있다.

이 척도에서 높은 점수를 얻는 환자들은 치료를 받고자 하는 동기가 있으며 70T 내외일 때 예후가 좋다. 그러나 80T 이상으로 상승하면 우울에 압도되어 무능력해진다. 심리치료적인 개입이 효과적이려면 먼저 약물치료를 할 필요가 있다. 우울증이 아닌 집단에서도 이 척도가 상승하면 예후는 좋은 편이다(Graham, 1979).

척도 2에서의 낮은 점수는 일반적으로 우울이나 걱정, 비관주의가 없고 삶에서 편안함을 느끼는 경향을 반영한다. 이들은 효율적으로 기능하는 활동적인 사람들로, 척도 2가 높은 환자들이 특징적으로 보이는 특성이나 행동을 보이지 않는다. 하지만 지나치게 낮은 경우 주의력이나 자제력이 부족하고 자기과시적인 경향이 있다.

3) 척도 3(Hy: 히스테리)

이 척도는 대부분 정신신경증의 히스테리아로 진단된 50명의 환자집단의 반응을 근거로 만들어졌다. 척도 3은 크게 두 개의 구성개념을 측정하는 60문항으로 구성되어 있다. 즉, 특정한 신체적 호소를 반영하는 문항들과 심리적, 정서적 문제라든가 사회적인 상황에서의 불편함을 일반적으로 부정하는 문항들이다. 정상인에서 이들 문항은 서로 상관이 없거나 부적으로 상관이 있지만, 히스테리성 방어를 사용하는 환자들에게서는 밀접한 정적 상관이 있다. 척도 3의 Harris-Lingoes 소척도는 〈표 6-3〉과 같다.

이 척도에서 높은 점수를 얻는 환자들은 일반적으로 연극적인 성격특성이 있다. 미성숙하고, 자기중심적이며, 요구적인 사람들로 억압, 부인의 방어기제를 주로 사용한다. 허영심이 강하고, 감정반응이 변화무쌍하며, 통찰력이 없고, 사회관계에서 의존적으로 요구하는 경향이 있다. 자신들이 바라는 필요한 만큼의 주의와 애정을 받지 못하면 적대감과 원망하는 마음이 생겨난다. 하지만 이러한 느낌들은 억압, 부인되고, 직접적으로 표출되지 않는다. 사람들과는 잘 어울리나, 대인관계는 깊이가 없고 피상적인 수준에서 유지된다. 성적인 행동화의 가능성이 있으며, 종종 이성에게 유혹적인 행동을 하나 성심리는 미숙하다. 그들은 수용과 애정에 대한 강한 욕구로 인해 처음에는 심리치료에 매우 열성적이나 행동에 기저하는 원인에 대한 통찰이 느리고, 문제에 대한 심리적 해석에 저항하므로 예후가 제한적이다.

척도 1과의 상대적인 높이는 다양한 의미를 함축한다. 척도 1이 척도 3보다 높은 경우, 신체적 호소가 더 많고 비관주의와 패배주의적 태도를 더 많이 보이며, 타인들과의

표 6-3 척도 3의 Harris-Lingoes 소척도

Hy1: 사회적 불안의 부인(6문항)	외향성. 사회적 불안이나 당황하게 되는 상황에 대한 두려움을 부인 연극성 성격의 사교적인 측면, 사회적으로 탈억제된 측면을 강조 Pd3와 2/3문항을 공유(r=.90)
Hy2: 애정 욕구 (12문항)	타인에 대한 적대적 태도의 부인; 비처벌성; 타인에 대한 믿음과 지나친 낙관주의. 냉소, 불신, 적개심, 반항적 태도와 같은 부정적 특성들을 부인(Hy2는 자신의 부정적 특성을, Pa3는 타인의 부정적 특성을 부인)
Hy3: 권태−무기력 (15문항)	저조한 신체적, 정신적 기능 호소; 좋은 외양을 유지하려고 애씀; 관심과 확신에 대한 욕구. 명백한 우울을 함축(척도 2와 6문항이 중복되고 r=.90), 모호한 신체적 호소, 생기가 없고 피곤하며 고통으로 내내 불편한 상태를 시사
Hy4: 신체증상 호소 (17문항)	정서의 억압과 전환을 시사하는 신체증상. 문항들은 개별적이고 극적인 증상들을 언급하고 있으며 두통, 통증, 불편감, 심혈관 문제에 중점을 두고 있다.
Hy5: 공격성의 억제 (7문항)	다른 사람에게 동조하고, 폭력성을 부인 범죄 뉴스나 수사 이야기, 욕설, 피를 보는 것 등에 대한 혐오

관계에서 착취적이고 거친 면이 있음이 시사된다. 척도 3이 척도 1보다 높은 경우, 척도 1은 신체적 호소가 좀 덜하고 더 긍정적이고 신랄하며, 사회적 기술이 더 낮고, 타인들에게 유혹적으로 접근하거나 그렇지 않다 해도 더 많이 어필하는 쪽으로 움직이는 면이 있다.

척도 3의 상승에 이어 척도 1이 65T 이상으로 상승하면 전환장애의 가능성이 있다. 이러한 양상을 보이는 환자들을 다양한 전환 증상을 발달시키기 쉽다. 증상들이 기질적인 병리에서 비롯될 수도 있지만, 일반적으로 미숙하고 의존적이며 신체적인 불평을 호소하는 경향이 있는 환자가 지속적인 긴장상태를 겪고 난 후에 잘 발생한다. 전환 증상으로 보기에 앞서 신체 증상이 기질적인 원인에서 비롯되었을 가능성을 배제할 필요가 있으며, 그러한 가능성이 배제되었다 하더라도 증상이 실제의 어떤 기질적 병리에 기초할 가능성에 대해서는 늘 유념해야 한다.

척도 3과 내용 척도의 상관은 정상 표집과 비정상 표집 간에 상당히 이질적이다. 정신과 표집에서 보이는 높은(HEA) 혹은 중등도의(ANX, DEP, WRK) 상관이 정상인 표집에서는 없거나 반대로 나타나는 반면, 정상집단에서 보이는 중등도의(ANG, CYN, ASP, TPA) 부적 상관이 정신과 표집에서는 없거나 반대로 나타난다.

척도 3은 전환장애를 연극적인 성격의 연장선에서 파악하려는 다분히 역동적인 관점

을 반영하고 있다. 그러나 이러한 관점은 현재 지지받지 못하고 있다. 그리고 성격 특성이 자아동조적(ego syntonic)이라면 증상은 자아이질적(ego dystonic)이다. 그러므로 연극적인 성격 특성을 나타내는 문항들과 전환장애의 증상을 나타내는 문항들이 혼재된 척도 3은 성격적인 측면이 보다 강조되고 있다고는 하나 척도의 구성개념이 모호하다. 그리고 척도구성의 이질성은 척도의 해석을 어렵게 하는 요인이 되고 있다. 강조되는 측면이 다소 다르긴 하지만 이것은 척도 6이나 척도 7의 경우도 마찬가지이다.

4) 척도 4(Pd: 반사회적 성격)

이 척도는 '비사회적, 비도덕적 유형의 정신병질적 성격' 으로 진단된, 상당수의 여성을 포함하는 입원환자들의 반응을 근거로 만들어졌다. 척도 4의 50문항은 일차적으로 엄격한 사회적 동조에서 어느 정도의 일탈을 거쳐 충동적이고 반사회적인 행동에 이르는 차원을 반영하는 것으로 보인다. 이러한 맥락에서 척도 4는 공격적, 적대적인 충동을 표현하거나 또는 억제하는 경향과 직접적으로 관련 있다. 척도 3처럼 척도 4도 성격적인 특성을 측정하는 척도이며, 전반적인 사회적 부적응, 즐거운 경험의 부재, 삶의 대인관계적 측면의 가치에 대한 무지와 무시, 가족이나 일반적인 권위상에 대한 불만, 사회적소외, 타인에 대한 정서적 피상성을 평가한다. 척도 4의 Harris-Lingoes 소척도는 〈표 6-4〉와 같다.

척도 4에서 점수가 높은 환자는 널리 인정되고 있는 관습이나 규범에 대해 분노에 찬 동일시의 거부로 특징지어진다. 행동의 결과에 대해 무모하게 무시하지는 않는다 하더라도, 향후의 계획을 세울 수 있는 능력이 명백히 결여되어 있으며 충동통제 문제가 흔하다. 그들은 부드러운 감정을 표현하지 못할뿐더러 정감 있는 관계를 유지하지 못한다. 공감한다거나 다른 사람의 처지를 생각할 줄 모르는 나머지 정서적 반응의 부족함을 쉽게 드러낸다. 결과적으로 결혼이나 가족관계에서의 마찰을 피하기 어렵다. 유연한 사회적 기술로 인해 처음에는 심리치료의 좋은 후보자로 지각되는 경우도 있으나, 이러한 능력은 주로 사람을 착취하는 데 이용된다. 그들은 주로 행동화나 투사, 외향화의 방어기제를 사용하며, 미숙함과 자기애가 현저하고, 자신의 행동에 대한 책임을 받아들이려 하지 않는다. 좌절을 견디는 능력이 부족하고, 판단력이 빈약하며, 과거 경험으로부터 이득을 얻지 못한다. 성적 행동화와 물질남용이 드물지 않다. 이러한 경향과 관련하여 항정신성 약물을 권하는데 주의가 요구된다. 대부분의 경우 그들은 감옥이나 이혼 등 보다

표 6-4 척도 4의 Harris-Lingoes 소척도

Pd1: 가정 불화 (9문항)	가족의 통제에 저항하고자 함. 주로 원가족과의 갈등과 문제를 반영 상당히 신랄하며, 잘 분개하고, 다른 사람 탓으로 투사; 통제당하고 있거나 보살핌을 받지 못하고 있다는 느낌으로 인한 불만 Pd4, Sc1과 함께 희생자와 가해자 모두의 학대력에 가장 민감한 소척도
Pd2: 권위 불화 (8문항)	부모 및 사회의 요구, 관습과 도덕규범에 분개함 대부분 권위, 관습, 예절의 제약 아래에서 반항과 저항, 또는 짜증을 내는 등의 주제로 권위에 반발하고, 따지기 좋아하는 내력을 포함 통제되지 않은 행동과 저항적인 반응을 예측하게 해 주며, 잘못된 행동이나 규칙 위반의 좋은 측정치로 특히 Ma4와 동반 상승할 경우 통제 회피, 자율성, 자기결정 등의 문제가 두드러진다.
Pd3: 사회적 침착성 (6문항)	사회적 불안 부인, 담담함, 의존 욕구 부인 두려움을 모르는 대담한 사교성(Hy1), 사회불안이 없고 확신에 차 있다.
Pd4: 사회적 소외 (13문항)	다른 사람들로부터 고립감, 소속감의 결여, 사회관계에서 만족감 결여, 문제의 책임을 외부로 돌림. 사회적 소외감, 타인으로부터 제대로 이해받지 못하다는 느낌으로 인한 분노, 박탈감, 불쾌감 Sc1이 다른 사람과의 애착형성을 꺼리는 반면, Pd4는 애착을 형성하는 능력이 없지만 이에 대해 슬픔을 느낀다.
Pd5: 내적 소외 (12문항)	자기통합의 결여, 죄책감 인정, 의기 소침 척도 4의 우울 요소로 자기비난과 후회를 반영, 임상 척도와 소척도 중에서 죄책감을 가장 잘 나타내는 척도

불쾌한 상황을 피하려고 치료를 받는다.

이 척도는 가정 불화와 관련하여 FAM과, 사회적 소외와 관련하여 척도 8과 그리고 내적 소외와 관련하여 척도 7 및 DEP와 .75 내외의 상관을 갖는다. 특히 Pd3는 문항의 2/3가 Hy1과 중복된다. 척도 3이 같이 상승하면, 척도 4에서 시사되는 직접적인 충동표현의 가능성이 억제되는 반면, 척도 9가 동반 상승하면 행동화나 반사회적 행동의 힘이 증가된다. 특정 프로파일에서 척도 4에 대한 구체적인 해석은 다른 척도들과의 관계와 아울러 나이와 같은 인구통계적인 자료에 따라 달라진다. 척도 4는 10대에 상승하는 경향이 있는 반면, 40대 이후에는 저하되는 양상을 보인다.

이 척도에서 점수가 낮은 환자들은 지나치게 관습적이고, 동조적이며, 도덕적인 경향이 있고, 욕구나 이성애적 공격성의 수준이 낮다. 그들은 분노의 표출이라든가 힘이나 주도성을 요구하는 상황에 있으면 불편해하고, 격렬하고 자기주장적인 행동을 회피하는

경향이 있다. 그들은 사람들이 자기를 어떻게 대할 것인가에 지나치게 신경을 쓰며, 경쟁적인 상황을 회피하는 경향이 있고, 작은 위반행위에 대해서도 강한 죄책감을 느낀다.

5) 척도 5(Mf: 남성성-여성성)

척도 5는 13명의 남성 동성애자의 반응을 근거로 만들어졌다. 모두 56문항으로 구성되어 있으며 문항의 2/3는 '성도착자를 확인하는 데 전망이 밝은' Terman과 Miles(1938)의 태도-흥미 분석검사에서 선별되었다. 이 척도는 관습적인 남성적 혹은 여성적인 흥미 패턴과 동일시하는 차원과 직업적인 선택, 심미적 흥미, 능동성-수동성의 차원을 측정한다. 성적인 관심사나 성역할에 대한 관심사를 다루는 두 부류의 문항들은 대부분 명백한 내용으로 되어 있다.

척도 5의 문항에 대한 반응은 남성에게는 여성성을, 여성에게는 남성성을 반영하는 쪽으로 채점된다. 하지만 성적으로 일탈된 행동을 다루는 5개의 문항은 남성이나 여성 모두에서 같은 방향으로 채점된다. 척도 5는 MMPI-2에서 남성과 여성이 다르게 채점되는 유일한 척도이다. 즉, T점수 변환이 성에 따라 반대로 된다. 프로파일상에서 남성의 높은 원점수는 높은 T점수로 변환되는 반면, 여성의 높은 원점수는 낮은 T점수로 변환된다. 결과적으로 양성 모두에서 높은 T점수는 전통적인 성적인 취향에서 벗어나 있음을 나타낸다.

척도 5는 동성애적인 경향을 측정하기 위하여 추가된 척도이나, 이 척도 자체만으로는 실제로 동성애를 하고 있거나 잠재적인 동성애 경향이 있는 사람을 가려내는 데 부적절하다는 것이 밝혀졌다. 척도 5에서 극단적인 상승을 보이는 동성애 남자 환자들의 경우, 굳이 검사를 하지 않더라도 그들에게 직접 물어봄으로써 쉽게 확인할 수 있다. 하지만 이 척도가 65T 이상으로 상승되어 있고 점수가 다양한 인구통계적 변인에 근거한 기대치에서 현저하게 벗어났다면, 동성애적 경향이나 동성애적 행위 또는 강한 여성적 취향의 가능성을 고려해 볼 필요가 있다. 인구통계적인 측면에서 볼 때, 지능이나 교육 수준, 사회적 지위가 높은 남자 환자는 점수가 높다. 남자 대학생과 대학교육을 받은 남자 환자는 종종 60T내외의 점수를 받는다.

척도 5에서 높은 점수를 얻는 남자들은 다소 수동적이고, 의존적이면서, 야심이 있고, 민감하며, 문화적, 심미적 추구에 흥미를 느끼는 경향이 있다. 그들은 전형적으로 남성적인 흥미를 추구하는 데는 관심이 적고, 그들 자신의 성적 정체성과 관련하여 근본적이고 혼란스러운 의문을 경험하고 있을 수 있다. 한편 점수가 낮은 남자들은 남성다움에 대한 문화적 고정관념에 충실하고, 전통적으로 남성적인 행동을 많이 강조하는 경향이 있다. 그들은 다소 투박하고, 거칠고, 심지어 통속적으로 보이며, 자신의 남성성에 대한 기저의 의심을 불식시키기 위해 자신의 남성다움을 내보일 필요가 있는 사람들이다.

여성의 경우 척도 5에서의 점수가 $60T$ 이상으로 높은 경우는 드물다. 그리고 척도 5에서의 점수는 동성애적 사고와 행동 또는 지능이나 교육, 사회적 지위와 같은 다양한 인구통계학적 자료와 아무런 관계가 없어 보인다. 반면, 전통적인 여성적 역할의 여러 측면을 거부하는 진취적인 취향과는 관련 있어 보인다. 필자의 경험으로는 의학이나 자연과학을 전공하는 여대생들, 그리고 여권 신장과 관련하여 사회활동을 하는 여성들 가운데서 이 척도가 올라가는 것을 종종 볼 수 있었다. 때로 이들은 적극적이고, 공격적이며, 자기주장이 강하고, 경쟁적이며, 거침이 없고 지배적인 여성으로 기술된다. 그들은 운동이나 일, 취미 등 소위 남성적인 영역에 강한 흥미를 가지고 있다. 이들 여성 가운데 상당수는 그들이 남자와 동등하거나 더 낫다는 것을 입증하려고 애쓰면서 남자와 치열한 경쟁관계를 벌이기도 한다. 한편 척도 5에서 점수가 낮은 여성은 수동적이고 순종적이며 겸손하다고 기술되며, 때로 여성성에 대한 문화적 고정관념으로 풍자되기도 한다. 그들은 아주 억제되어 있고, 자기연민이 강하며 자신이 여성으로서 적절한가에 대하여 회의를 갖기도 한다.

척도 5는 척도 4와 관련하여 애착의 문제에 대해 중요한 시사점을 제공한다. 척도 4가 $55T$(여자의 경우 $60T$)를 넘지 않으면서 척도 5가 척도 4보다 높으면, 기본적인 애착을 맺는 강도, 관계를 유지하고 개선하려는 헌신, 신뢰, 낙관, 온정, 용서에 대한 수용력을 시사한다. 척도 4가 이러한 한계를 넘어 상승하고 특히 척도 5를 넘어설 경우, 애착의 질, 강도, 안정성에서 만성적인 문제가 있을 수 있다.

MMPI-2에서는 남성성과 여성성을 독립적인 차원으로 보고 각각에 대해 GM(남성적 성역할), GF(여성적 성역할)의 보충 척도로 측정하고 있다. 척도 5는 GM($r=.70$), GF($r=.52$)를 제외한 다른 MMPI-2 척도들과는 상관이 약한 편이다.

6) 척도 6(Pa: 편집증)

척도 6은 '편집증 상태, 편집증 조건, 편집형 조현병' 등 편집 증상을 보이는 이질적인 환자집단의 반응을 근거로 만들어졌다. 이 척도는 대인관계의 민감성, 의심, 도덕적 자기정당화에서부터 관계관념이나 누군가 나를 괴롭힌다는 망상과 같은 분명한 정신병리적 내용에 이르는 40문항으로 구성되어 있다. 문항 내용이 명백한 나머지 수검자의 의도에 따라 편집증적 사고를 쉽게 부정할 수도 있으므로 왜곡에 다소 취약한 척도의 하나이다. 그러므로 이 척도가 상승하면서 편집증적 사고가 없는 허위 양성은 드물지만, 이 척도의 점수가 낮으면서도 편집증적 사고는 있는 허위 음성은 드물지 않다. 척도 6의 Harris-Lingoes 소척도는 〈표 6-5〉와 같다.

이 척도에서 점수가 높은 환자는 두 집단으로 나누어진다. 첫 번째 집단은 65T 내외, 때로 70T에 이르는 점수를 받는 편집증적 성격의 사람들이다. 이러한 사람들은 비난에 대해 예민하고, 타인의 동기에 대한 기본적 불신이 있다. 차별대우를 받고 있다는 느낌을 가지며, 악의를 마음에 품고 있으면서 감추는 경향이 있다. 자신의 어려움 때문에 상당한 분노와 적대감을 나타내는데, 주요 방어기제로 투사나 주지화를 사용한다. 두 번째 집단은 70T 이상으로 상승하는 편집증적 정신병의 가능성이 있는 사람들이다. 이들은 현실검증력이 손상된 나머지 관계관념, 다른 사람의 영향이나 박해를 받고 있다는 느낌과 아울러 다양한 형태의 망상을 보인다. 분노와 적대감, 원망이 현저하고 쉽게 겉으로 표출된다.

위에서 언급한 T 점수의 범위는 일반적 지표이다. 사실 편집증적 성격과 편집증적 정신병을 T 점수만으로 구별한다는 것은 아주 어렵다. 편집증적 성격인 환자가 75T 이상인 경우도 있고, 편집증적 망상을 가진 환자가 70T 이하인 경우도 있다. 그러므로 프로

표 6-5 척도 6의 Harris-Lingoes 소척도

Pa1: 피해 의식 (17문항)	문제, 좌절, 실패 등의 책임을 외현화한다. 극단적인 경우 피해의식이 있다. 부정적 감정에 대한 책임을 투사한다. 관련 있으면서 다소 중복되는 네 개의 하위조합이 있다. 1) 분개. 학대받고 희생되었다는 사고를 반영, 2) 관계사고, 3) 조종 망상. 의지가 약해지고, 해를 입고, 파괴된다는 사고를 반영, 4) 피해사고/망상
Pa2: 예민성 (9문항)	자신이 특별하고 남과는 다르다고 생각한다. 긴장하고 예민하며, 지나치게 주관적이다. 민감성이라고도 한다. 예민하여 쉽게 상처를 받는 나와 상처를 준 상대에 대한 분개를 반영한다.
Pa3: 도덕적 미덕 (9문항)	도덕적 미덕을 강조하고 타인의 동기에 관대하며 윤리 문제에 엄격하다. 순진하고, 불신과 적대감을 부인한다. 사회에서 경험하는 이기주의, 편의주의, 부정직, 일반적인 불신조차 부인한다.

파일의 다른 척도들을 검토하여 추가적인 정보를 얻어야 한다. 먼저 소척도 Pa1과 RC6, RC8, BIZ1, PSYC의 상승을 검토한다. 이 척도들은 정신병적인 사고과정에 가장 민감한 척도이다. 이 척도들 중 둘 이상이 65T를 넘어선다면 보다 심각한 정신병적 정신병리를 반영하는 문항에 응답했을 가능성이 매우 높다. 이 경우 F가 70T 이상인 것이 보통이다. 결정적 문항을 검토해 보는 것도 도움이 된다.

척도 4, 8, 9가 동시에 상승하면 척도 6의 부정적인 특성이 심해지는 경향이 있는 반면, 척도 2, 3, 7의 상승은 이를 약화시키는 경향이 있다. 동반 상승한 척도 3이 더 높으면 편집증적 징후는 보다 사회화된 면을 보인다. 환자는 사회적으로 긍정적이고 표면적으로 고분고분한 태도를 보이며, 분노나 적대감을 공공연히 드러내지 않는다. 그러나 은밀하게 통제, 힘, 비밀에 집착한다. 때로 L 척도가 척도 6을 대신하여 기능할 때가 있다. 정신과 집단에서 L 척도가 뚜렷이 상승하면서 전체적으로 상승하지 않는 프로파일, 특히 34/43이 동반 상승한 경우라면, 대부분 편집증적 상태를 반영한다고 볼 수 있다.

척도 6의 점수가 높을수록 치료장면을 찾을 가능성은 낮아진다. 이들은 대개 성폭력, 가정폭력의 이유로 법원의 강제명령에 의해 치료장면에 오게 된다. 하지만 다른 사람의 동기에 대해 근본적으로 불신감을 보이며, 건설적인 비판을 수용하지 않는 경향이 있으므로 신뢰관계를 형성하기 어렵다. 그리고 치료자가 자신을 얼마나 수용하는지 평가하기 위해 장애물들을 세워 놓으므로 예후가 매우 제한적이다.

척도 6에서 점수가 낮은(35T 이하) 사람들은 크게 세 집단으로 나누어 볼 수 있다. 첫 번째 집단은 자기중심적이고, 고집이 세고, 쉽게 흥분하며, 눈치나 타인과의 관계에서 통찰이 없다고 기술되는 집단이다. 두 번째 집단은 대인관계에서의 민감성을 노골적으로 부인하고, 다소 냉소적이고 냉담하다고 기술되는 집단이다. 이것은 극단적인 대인관계 민감성과 타인의 동기에 대한 기본적인 불신을 반대로 표현하는 반동형성일 수 있다. 편집증적 증후를 잘 알고 있어서 척도 6의 명백한 내용 문항에 시인하지 않으려는 것은 충분한 현실검증력이 있음을 의미한다. 세 번째 집단은 편집증적이고, 망상적이고, 방어적이고, 회피적인 환자들이다. 이들은 편집증적 증상을 부정하나 나중에 임상적인 관찰에서 나타나게 된다.

7) 척도 7(Pt: 강박증)

척도 7은 '강박사고, 강박행동 또는 공포증으로 특징지어지는' 정신쇠약으로 진단된

20명의 반응을 근거로 만들어졌다. 이 척도는 강박적인 성향과 아울러 특성불안이라고 할 수 있는 만성적인 불안, 삶에 대한 전반적인 불만족, 우유부단함, 주의집중 곤란, 자기의심, 자신에 대한 반추와 초조, 걱정 등 강박적인 증상을 반영하는 48문항으로 구성되어 있다. MMPI-2에서 문항 간 동질성이 가장 높다. Psychasthenia(정신쇠약)라는 진단명은 현재 안 쓰이므로, 이 척도는 흔히 준거집단의 특징을 반영하여 강박증 척도라고 한다.

A(r=.90 내외)와의 관계에서 볼 수 있듯이, 척도 7은 일반적인 부적응과 주관적 고통의 차원을 반영하는 MMPI-2의 첫 번째 요인의 측정치들과 상관이 아주 높다. 이러한 결과는 척도 7과 강박장애나 강박적 성격장애와의 관련성을 약화시킨다. 사실 척도 7의 개발 당시, Hathaway는 예비 척도 문항의 수가 적다고 여겨 정상집단의 비교에서 통계적으로 경향성을 보이면서 예비 척도와 상관이 높은 문항들을 척도에 포함시켰다(Hathaway & McKinley, 1942). 후속 연구는 이렇게 보충된 문항이 정신쇠약의 변량을 특정적이고 바람직하게 설명해 주는 문항이 아닐 수 있음을 보여 주었다. 결과적으로 척도 7은 적어도 강박장애와 그 역동 등을 밝혀내려던 원래의 목적과 관련해서는 약한 측정치로 간주되어야 한다. 따라서 내용 척도(특히 OBS)나 보충 척도를 통해 이 척도에서 시사되는 심리적 불안과 불편감이 구체적으로 어떤 형태로 나타나는지 확인할 필요가 있다.

이 척도에서 높은 점수를 보인 환자들은 융통성이 없고, 작은 일에 지나치게 신경을 쓰며, 양심적이고, 자신이 현재 처한 상황에 대해 만족하지 못하고 있는 것으로 기술된다. 이들은 정서적인 문제의 해결을 모색하는 데 있어 지나치게 관념적이고 분석적인 경향이 있다. 그리고 이러한 생각들을 건설적인 행동으로 옮기는 데 어려움이 있다. 주지화에 지나치게 의존하는 만큼 우유부단하고, 주저하고, 회의적이며 자신들의 삶에서 비효율적이다. 그들은 주의집중과 사고, 그리고 자신의 불안을 합리적으로 감소시킬 수 있는 환경적 단서들을 인지하는 데 어려움을 보인다. 또한 성취수준이 높고 달성하기 어려운 목표를 설정해 놓은 것처럼 보이는 반면, 죄책감이 심하고 내벌적인 경향이 있다. 피로와 같은 일반화된 신체적 호소가 흔하다.

이 척도는 일부 강박적 성격의 특징들이 혼재되어 있지만, 성격적인 측면보다는 증상적인 측면을 더 잘 반영하며, 척도 A와의 관계에서 시사되듯 심리적 불안과 불편감의 좋은 지표로 알려져 있다. 이와 관련하여 이 척도는 척도 2와 더불어 심리치료에 잘 반응한다. 80T 이상으로 불안이나 우울이 심할 경우에는 심리치료에 앞서 약물치료가 필요할 수도 있다.

척도 7은 잠재적인 정신병리가 발현되는 것을 막아 주는 강박적인 아교로도 간주되고 있다. 척도 7이 척도 8보다 크거나 같을 경우 정신병적 장애는 드물다. 하지만 척도 8의 상승에서 시사되듯 방어가 빈약한 상태에서 스트레스가 지속될 경우 정신병으로 악화될 수 있다. 이러한 경우, 척도 8이 상승하면서 척도 7은 상대적으로 저하된다.

위기 상황을 경험한 나머지 긴장과 자율신경계의 활동이 증가된 가운데 불안한 상태에서 응급실을 찾은 환자의 경우, 척도 7이 상승하지 않을 수 있다. 척도 7은 특정 상황에 의해 야기되는 불안보다는 만성적인 불안을 측정하기 때문이다. MMPI-2에서는 내용 척도 OBS(강박성)를 통해 강박 증상들을 측정하고 있을뿐더러 내용 척도 ANX(불안), FRS(공포), 보충 척도의 PK(외상후 스트레스 장애) 등을 통해 일반화된 혹은 특정 상황과 관련된 불안과 공포를 측정하고 있다.

척도 7에서 낮은 점수를 받은 환자들은 높은 점수를 받은 환자들에게서 나타나는 정서적, 행동적 특징을 보이지 않는다. 그들은 흔히 불안이나 두려움이 없이 안정되어 있고 자신의 처지에 만족하고 있는 사람들이다.

8) 척도 8(Sc: 조현병)

척도 8은 조현병으로 진단된, 부분적으로 중복되는 50명의 두 환자집단의 반응을 근거로 만들어졌다. 이 척도는 78문항으로 구성되어 있으며, MMPI-2 척도들 가운데서 문항 수가 가장 많다. 척도 8의 문항들은 분열성 정신상태, 고립감, 괴이한 사고과정과 특이한 지각들, 빈약한 가족관계, 성정체감에 대한 관심, 소망 충족적인 환상으로의 철수 경향 등의 차원을 측정한다. 따라서 이 척도는 자아의 온전한 유지에서 자아의 황폐화에 이르는 일반적인 차원을 측정하는 것으로 보인다. 척도 8은 A, 척도 7, PK 등 정신적 고통에 대한 일반적인 측정치들과도 상관이 높다($r > .85$). 척도 8의 Harris-Lingoes 소척도는 〈표 6-6〉과 같다.

척도 6에서와 마찬가지로 이 척도에 점수가 높은 환자들도 크게 두 집단으로 나누어진다. 하지만 이 두 집단이 반드시 상호 배타적이어야 할 필요는 없다. 한 집단은 65T 내외의 점수를 보이는 정신병적이지 않은 집단이다. 이들은 외롭고 소외되고 고립되어 있으며 주위로부터 이해받지 못하고 있고, 자신이 일반적인 사회환경의 일부가 아니라고 느끼는 경향이 있다. 그들은 자신의 성정체감이나 가치에 대하여 근본적이면서 당혹스러운 의문을 가지고 있고, 일상의 스트레스에 어떻게 대처해야 할지 다소 혼란스러워하

표 6-6　척도 8의 Harris-Lingoes 소척도

Sc1: 사회적 소외 (21문항)	다른 사람과 라포가 결여된 느낌; 다른 사람과 의미 있는 관계로부터의 철수. 대인관계에서 Pd4보다 심한 소외감; 가족에 대한 반감(특히 부모에 대한 증오); 사회적 장해, 투사되거나 내면화된 증오, 오염된 정체감. 조현병의 핵심적인 특징을 포함하나 자살 경향이 있는 우울증, PTSD, 경계선 성격장애에서도 상승하는 경향이 있다.
Sc2: 정서적 소외 (11문항)	자신과의 라포가 결여된 느낌; 스스로를 낯설게 느낌; 정서의 둔마나 왜곡; 무감동. Sc4와 더불어 음성증상 소척도. 정서적 무감각, 불쾌한 초연함, 무감동이 주된 특징으로 삶 자체에 대한 손상된 애착을 반영
Sc3: 자아통합결여 -인지적(10문항)	낯설고 당혹스러운 생각들, 자동적 사고 과정의 인정. 교란된 사고과정으로 인한 기억과 집중력의 문제, 정신을 잃어버리는 것에 대한 두려움을 반영. D4가 인지적 조작에서 자신감의 결여를 강조하는 반면 Sc3는 인지과정을 통제하지 못함을 시사
Sc4: 자아통합결여 -동기적(14문항)	심리적 허약함의 느낌; 의욕상실, 무력감, 과도한 억제; 퇴행 고갈되었거나 활성화되지 못한 의지, 소진된 느낌, 흥미 상실, 무쾌감 등을 반영. 정신적 시동장치 결함으로 인한 무능, 퇴행과 무감동
Sc5: 자아통합결여 -억제부전(11문항)	충동의 억제가 불가능하다고 느끼며, 이를 낯설고 소원한 느낌으로 체험; 충동이나 감정에 휘둘리며; 감정의 해리를 보임. 평정유지에 대한 내적, 외적 위협이라는 주제로 수렴되는 의식의 상실, 이인증과 해리, 동작곤란, 초조, 충동성. 높은 점수는 충동(특히 분노)으로 인한 통제의 상실, 부서지고, 분해될 것 같은 파국적인 느낌을 예언
Sc6: 감각운동 해리 (20문항)	자신과 신체상에 대한 지각에서 변화된 느낌, 이인증과 소원한 느낌 드물지만 기태적이지 않은 운동 혹은 감각경험들. 일부 감각운동 해리는 연성신경학적 징후를 반영

는 모습을 보인다. 따라서 스트레스를 받으면 철수된 가운데 소망 충족적인 환상에 사로잡히기 쉽다. 이러한 행동 경향은 분열형적이거나 분열성적인 생활 방식을 잘 반영한다. 두 번째 집단은 75T 내외의 점수를 보이는 환자들이다. 이들은 이완된 연상, 구체화된 개념적 사고, 현실을 잘못 해석하도록 하는 빈약한 판단력 등으로 특징지어지는 사고에서의 장애를 보인다. 수반되는 정서는 양가적이고, 제한되어 있으며, 정서적인 반응이 부적절하고 타인에 대한 공감 능력도 현저히 저하되어 있다. 이런 환자들은 거의 대부분 조현병으로 진단받는다.

MMPI-2를 해석할 때, 분열성 적응과 조현병을 감별하는 것은 매우 중요하다. 감별과정은 척도 6에서의 경우와 같이 Pa1과 RC6, RC8, BIZ1, PSYC의 상승을 검토한다. 척도

8은 음성 증상 쪽으로 편향되어 있어 양성 증상에 대한 내용이 별로 없으므로 이들 척도를 검토하는 것이 특히 중요하다. 사고장애에 민감한 척도들이 65T 이상으로 상승해 있고 F가 70T 이상이면 괴이하고 상궤를 벗어난 사고가 있을 법하므로, 조현병의 가능성에 대하여 충분히 탐색해 보아야 한다. 그러나 F 척도가 70T보다 낮고 사고장애에 민감한 척도들이 높지 않다면 정신병적 징후가 발현되고 있을 가능성은 낮으므로 다른 해석적 가능성들을 검토할 필요가 있다. 사고장애나 비현실감 그리고 다른 정신병적 과정들과 관계된 결정적 문항들을 확인하거나 척도 8의 상승에서 K 교정이 차지하는 비중을 검토하는 것도 한 방법이다. 결정적인 문항에 시인한 빈도가 낮고 K 교정의 비중이 높을수록 분열성 적응을 시사한다.

척도 8이 90T 이상으로 상승하면 부정왜곡, 도움의 요청, 혹은 급성적인 정신병적 혼란의 가능성이 검토되어야 한다. 조현병 환자들에게서 이러한 수준의 상승은 흔치 않다. 심각한 정신병리를 반영하는 문항들을 알아차리고 그것이 자신에게 해당된다고 반응한 것 자체가 그만큼 환자의 통찰력과 현실 접촉이 유지되고 있음을 시사하기 때문이다.

척도 8에서 낮은 점수를 받은 환자들은 이론적이고 철학적인 관심사보다는 실제적인 문제들에 흥미를 보인다. 하지만 그들은 대인관계에서 지나치게 순종적이며, 권위에 수용적인 경향이 있다. 또한 실용적이고 현실적인 사고가 우선하는 만큼 문제에 대한 창조적인 해결책을 모색하기 어렵다.

9) 척도 9(Ma: 경조증)

척도 9는 '고양되어 있으면서 불안정한 기분, 정신운동성 흥분, 사고의 비약' 등의 증상을 보이는 24명의 경조증 혹은 경도의 급성 조증 환자의 반응을 근거로 만들어졌다. 46문항으로 구성된 이 척도는 낮은 수준에서 적절한 수준, 나아가서 경조증적 증상에 이르는 에너지 수준에 대한 직접적인 측정치를 제공한다. 경조증적 증상으로는 사고의 비약이나 고양된 기분, 활동의 증가, 자신에 대한 팽창되고 과대한 느낌을 포함한다. 척도 9의 Harris-Lingoes 소척도는 〈표 6-7〉과 같다.

척도 9의 점수가 80T를 넘어서면 조증장애를 의심해 볼 수 있다. 조증장애는 팽창성, 주의산만, 과다 활동, 사고의 비약, 그리고 현실 검증의 손상을 가져오는 과대망상 등으로 특징지어진다. 그러나 대부분의 조증 환자는 가만히 앉아서 검사를 받기에는 행동이 부산하고 안절부절못한다. 그래서 MMPI-2를 시행하기 전에 향정신성 약물이 요구되는

척도 9의 Harris-Lingoes 소척도

Ma1: 비도덕성 (6문항)	자신이나 다른 사람들의 동기나 목표에 대한 무감각, 상대의 기분을 부드럽게 만드는 솔직함, 죄책감에 대한 부인. 공감 능력이 부족하고 편의주의적 도덕성을 옹호. 높은 점수의 사람은 물질남용과 가정폭력의 이력이 있다.
Ma2: 심신운동 항진 (11문항)	과잉행동, 불안정성, '내적 삶' 과 불안으로부터의 도피, 행동을 하도록 하는 압력. 긴장해소 및 장애를 돌파하는 수단으로 행동을 선호하는 충동성을 반영, Ma1과 같이 물질남용과 가정폭력의 이력이 있다.
Ma3: 냉정함 (8문항)	사회적 상황에서의 자신감에 대한 확언, 민감성 부인, 타인의 의견에 대한 독립 선언. 다양한 사회적 스트레스 상황에서 냉정함과 평정을 유지하는 능력을 반영, 낮은 점수는 회피성 성격장애에서 보이는 유형의 취약성을 시사
Ma4: 자아팽창 (9문항)	비현실적인 과대성에 이르는 거만한 느낌. 권위상 등 다른 사람의 지배와 영향을 받는 것에 대해 저항하는 경향을 반영, 대인관계에서 수동적인 자세로 있는 것을 견디기 어려워하며, 방어적이면서 호전적인 자율성 고수

경우가 빈번하다. 약물 처방의 결과로 조증 환자들은 대부분 척도 9에서 80 T 내외의 점수를 받는다.

정신병적이지 않은 환자들도 척도 9에서 80 T 내외의 점수를 받을 수 있다. 그들은 에너지가 넘치고 열광적이며, 참을성이 없고 가만히 있지를 못한다. 또한 남들과 잘 어울리며 자신의 가치나 중요성에 대해 과장된 느낌을 가지고 있다. 그들은 경쟁적인 반면, 지속적인 노력이 요구되는 과제에서 어려움을 보이고, 사소한 방해물이나 좌절에도 쉽게 짜증을 내거나 분노한다. 참을성이 없고, 즉각적이고 구체적인 문제 해결을 원하며, 치료자에게 의존하고 싶어 하지 않으므로 성급하게 심리치료를 종결하려는 경향이 있다. 치료자와의 관계는 보통 깊이가 없고 피상적인 수준에서 지속된다. 결과적으로 약간의 호전이 있을 뿐이다.

MMPI-2는 정신병적 조증과 경조증, 그리고 에너지 수준이 높은 환자들을 민감하게 가려내지는 못하지만 대부분의 조증 환자는 행동적으로 쉽게 밝혀진다. 때로 MMPI-2 프로파일에서 척도 9만 상승하고 나머지 척도는 정상 범위 내에 있는 조증 환자를 볼 수 있다. 이것은 조증 환자의 과대성을 반영하는 것으로 '모든 것이 다 좋다' 는 의미를 함축하고 있다. 대부분의 프로파일에서 척도 2와 7의 점수가 낮게 나오는 점은 주목할 만하다. 이것은 현재 심리적인 어려움이 없거나, 아니면 자신의 실제적인 어려움에 대해 관심이 없음을 반영한다. 척도 2가 9와 함께 상승하면 기분이 급변하고 불안정한 경향이 있으며 초조한 시기를 보내기 쉽다. 척도 9가 높으면 MaC-R 역시 높아지므로, 물질남용을 예측하는 절단점을 더 높게 잡지 않으면 MAC-R 점수의 허위 양성의 가능성이 높아진다.

척도 9의 상승이 다른 함의를 가지는 집단이 있다. 이들은 40~50대 여성들로 빈 둥지 증후군(empty nest syndrome)을 경험하고 있는 사람들이다. 이들은 자녀들을 위해 헌신적으로 봉사해 왔고 자녀들이 집을 떠나 버린 지금 우울과 외로움을 느낀다. 또한 자신의 에너지에 다시 주의를 기울이고 시민단체 혹은 교회 모임, 지역사회 모임 등의 다양한 활동을 과도하게 하게 된다. 이러한 활동들은 그들 자신이 겪고 있는 우울이나 상실을 달래기 위한 것이다. 행동에서의 이러한 급격한 변화는 그들의 친구들이나 가족들에 의해 쉽게 식별될 수 있어서 정신과 상담을 요구할 수 있을 정도이다. 더구나 척도 9의 상승은 이러한 어려움을 이겨 내려는 노력과 과도한 연루를 반영한다. 간단한 심리치료적 중재는 매우 효과적이다.

척도 9에서 낮은 점수를 받은 환자, 특히 40T 미만의 환자는 기력도 관심도 없이 축 쳐져 있는 사람들이다. 이들은 흥미나 주도성, 참여하려는 마음이 없고 만성적인 피로와 신체적인 탈진된 모습을 보인다. 많은 경우에 있어서 이것은 일부 유형의 우울장애에서 볼 수 있는 정신운동성 지체를 반영한다. 척도 9에서 낮은 점수는 척도 2의 상승을 강조하는 경향이 있는데, 이것은 척도 2가 우울의 기분과 정서 상태를 반영하는 반면, 척도 9는 우울의 행동적 표현을 더 반영하기 때문이다. 척도 9의 점수가 낮은 사람들은 또한 다소 조심스러워하고, 소극적이며, 과도하게 통제되어 있고, 정서적 표현을 꺼리는 경향이 있다.

10) 척도 0(Si: 사회적 내향성)

척도 0은 미네소타 T-S-E 검사의 S(사회성) 척도에서 상, 하위 35퍼센타일에 해당되는 각각 50명의 대학생의 MMPI 반응을 근거로 만들어졌다(Drake, 1946). 이 척도는 다른 척도들에 비해 늦게 개발되었으며, 이 척도에 대한 임상적인 지식도 다소 제한된 편이다. 이 척도의 69문항은 사회적 내향성-외향성 차원을 평가하며, 높은 점수는 내향성을 나타낸다. 또한 이 척도는 특히 사회적인 불안전감과 관련하여 정신운동성 우울을 타진해 볼 수 있다. 이 척도의 소척도는 Ben-Porath, Graham과 Tellegen(2009)에 의해 개발되었다. 척도 0의 Ben-Porath 등의 소척도는 〈표 6-8〉과 같다.

표 6-8 척도 0의 Ben-Porath 등(2009)의 소척도

Si1: 수줍음/자의식 (14문항)	수줍음, 사회적으로 미숙하고 어색한 느낌, 부적절감, 당황하는 것에 대한 두려움 등 내향성의 주관적인 측면들을 반영. 사회기술이 부족하고 낯선 사람과의 상호작용을 불편해한다. 7문항이 SOD2와 중복
Si2: 사회적 회피 (8문항)	내향성의 객관적인 측면들을 반영. 정서보다 행동에 초점, 군중이나 사교적 모임을 적극적으로 회피한다. SOD1과 모든 문항 중복
Si3: 내적/외적 소외 (17문항)	척도 0의 신경증적인 요소들을 반영. 사회적 부적절감보다 개인적인 부적절감을 강조하며 냉소적 태도, 과민성, 다른 사람과 겉도는 느낌 등의 이차적인 주제가 있다.

이 척도에서 높은 점수를 받은 환자들은 내향적이고, 부끄러워하며, 사회적으로 미숙하고, 사람들이나 경쟁적인 상황에서 철수하는 경향이 있다. 그들은 자신감이 부족하고, 친밀해지는 것을 위협적으로 여기며, 이성에게 불편함을 느끼고, 다른 사람들이 자신을 어떻게 생각하는가에 대해 지나치게 민감하다. 그들은 다소 조심스럽고, 관습적이며, 독창적이지 않은 방식으로 문제를 해결하려는 경향이 있다. $70T$ 이상의 상승은 특히 척도 8의 상승과 관련하여 대인관계에서 분열성적 철수를 반영한다.

$65T$ 내외의 환자는 다소 내향적인 경향이 있으며, 혼자나 극소수의 친구와 있는 것을 선호한다. 그들은 적절한 사회적 기술을 가지고 있지만, 일반적으로 최소한의 상호관계를 유지하고 싶어 한다. $50{\sim}60T$의 범위에 있는 환자들은 태도나 행동에서 내향성과 외향성의 균형을 유지한다. 이 척도는 SOD와 18문항을 공유하며 상관도 높다($r=.89$). 순수한 사회적 내향성으로 추정치로는 척도 0보다 SOD가 선호된다.

척도 0에서 낮은 점수를 얻는 환자들은 외향적이고, 자신감에 차 있으며, 사회적인 관계를 맺는 데 능숙하다. 그러나 관계를 맺는 방식이나 관계의 수준이 가볍고 깊이가 없는 경향이 있다. 그들은 친밀한 관계를 위협적으로 여기고, 정서적으로 무게가 있는 주제들을 토론하는 것을 꺼리며, 자신의 이익에 따라서 다른 사람들을 조종하면서 자기 멋대로 행동을 할 가능성이 크다.

11) 임상 프로파일의 예

[그림 6-2]는 김혜진 여사의 임상 척도 프로파일이고, [그림 6-3]은 임상 소척도 그래프이다. 척도 3과 5를 제외한 모든 척도가 $65T$를 넘어서고 있다. 그리고 $64T$의 F_B에서

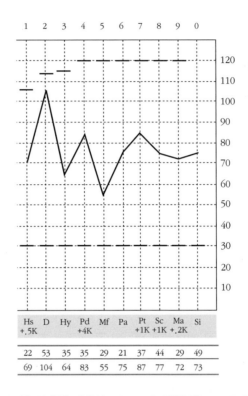

[그림 6-2] 김혜진 여사의 MMPI-2 임상 척도 프로파일

출처: 한경희, 김중술 등(2011)이 저술한 다면적 인성검사 II 매뉴얼 개정판에서 발췌되었음.
본 내용의 인용은 (주)마음사랑의 허락을 받았음.

예상되었듯이 우울과 불안을 나타내는 척도 2와 7이 $80T$ 이상으로 극단적으로 상승했음을 볼 수 있다.

$100T$를 넘어서는 척도 2는 효율성이 저하되고, 슬픈 정서, 과민성을 호소하며, 흥미와 자신감, 즐거움 상실을 동반한 주요우울장애의 진단을 강하게 뒷받침한다. 최근의 이혼으로 우울이 더욱 가중된 것으로 보이며 무력감과 무망감, 죄책감과 자기비판, 자기처벌 역시 심할 것으로 생각된다. 수면장해나 식욕상실과 같은 생장 증상 역시 기대된다.

$87T$에 이르는 척도 7은 긴장, 불안, 걱정, 불길한 예감, 강박사고, 침습사고, 불안정, 우려, 초조의 증상이 수반됨을 시사한다. 기억, 판단력과 의사결정의 문제가 예상된다. 그리고 척도 7에 이어 상승한 척도 4는 내담자의 문제가 성장과정과도 밀접한 관련이 있음을 시사한다. 척도 0의 상승($73T$)은 환자가 현재 철수되어 있음을 시사한다. 이러한 상승이 원래의 회피적인 혹은 분열성적인 특성을 반영하는지, 이혼과 관련된 일시적인 철수인지 검토되어야 한다.

4. 표준 임상 척도와 소척도

척도 6, 8의 상승은 F의 상승과 더불어 내담자의 우울에 정신병적 특징이 있을 가능성을 시사한다. 하지만 이 척도들의 상승은 상당 부분 척도들 간의 공변량에서 비롯되었을 수도 있다. 척도 2는 척도 1, 척도 7과 65% 정도의 변량을 공유하고, 척도 8은 척도 4, 6, 7 등과 50% 정도의 변량을 공유한다. 따라서 한 척도의 상승은 다른 척도의 상승을 부추기는 효과가 있다. 내담자의 경우에서처럼 2~3개의 척도가 극단적으로 상승하면 관련된 척도들이 덩달아 상승하게 된다. 공변량에는 병리적인 관계에서 비롯된 공변량도 있지만 환자로서의 일반적인 특성에서 비롯된 공변량도 있다. 나중에 논의하겠지만, 임상 척도의 이러한 제한점이 RC 척도를 개발하게 된 이유이다. 같은 맥락에서 척도 9의 상승 역시 72T라는 절대적인 수치보다는 척도 2에 비해 32T가 낮다는 점에 보다 초점이 주어져야 한다.

이 프로파일에서 관심을 가지고 보아야 할 또 다른 문제는 자살 가능성이다. 척도 2와 7의 상승은 자살관념을 촉진시킬 수 있는 우울이나 삶에 대한 불만을 시사한다. 더불어 상승한 척도 4는 빈약한 충동통제를, 척도 8은 빈약한 판단력을, 그리고 척도 9는 자살 사고를 행동으로 옮기는 데 요구되는 적절한 에너지 수준을 함축하고 있다. 결정적인 문항에 대한 검토도 필요하다. 자살에 대한 소망이나 무망감과 관련된 결정적인 문항들은 자살시도와 반드시 상관이 있지는 않으나, 적어도 절망적인 상태에서 도움을 간구하고 있음을 나타내는 문항들이다. 특히 우울증의 회복기에 주의해야 한다.

척도 2, 7의 상승은 좋은 예후를 시사한다. 하지만 척도 4의 상승은 발달적, 성격적인 문제가 개입되어 있을 가능성을 시사한다. 정서적인 문제가 어느 정도 해결된 이후의 예후는 낙관하기 어렵다. 오랜 치료과정을 필요로 할 수 있다. 또한 척도 1에서 시사되는 신체화 경향, 척도 8에서 시사되는 판단력의 문제나 척도 6에서 시사되는 신뢰관계 형성의 어려움은 치료관계의 진전을 방해하는 또 다른 요인이 될 수 있다.

척도 2의 소척도를 보면, 모든 소척도가 상승해 있다. 소척도 중에서 가장 명백한 우울 증상을 담고 있는 주관적 우울감(D1)과 신체적 기능장애(D3)가 80T를 넘는 극심한 상승을 보이고 있고, 정신운동성 지체(D2)나 둔감성(D4), 깊은 근심(D5)을 나타내는 소척도들도 모두 70T 이상 상승해 있다. 이는 내담자가 우울장애를 구성하는 다양한 증상을 매우 심하게 경험하고 있음을 나타낸다. 척도 3에서도 다른 소척도들에 비해 명백한 우울을 함축하고 있는 권태-무기력(Hy3) 소척도가 70T 이상으로 상승해 있음을 주목하라. 신체 증상을 호소하는 척도(Hy4)도 60T 이상으로 상승해 있다. FBS에서 척도 1, D3, Hy4에 이르는 일련의 상승은 내담자의 신체가 심리적 갈등을 표현하는 중요한 통로의 하나로 기능해 왔음을 의미한다. 이는 또한 내담자가 언어적, 정서적 표현이 자유롭지 못한 억압적인 환경에서 자라왔음을 시사한다.

척도 4의 소척도를 보면 가정 불화(Pd1)와 사회적 소외(Pd4)가 척도 4를 상승시킨 주요 요인임을 알 수 있다. 두 척도 모두 학대의 경험과 관련이 있다. Pd1의 상승은 내담자가 갈등이 많은 가정에서 성장하면서 자유로운 의사표현 역시 격려받지 못했음을 시사한다. 이는 몸을 통해 마음의 문제를 해결하는 내담자의 책략이 어디에서 비롯되었는가에 대한 단서가 될 수 있다. 또한 다양한 형태의 학대가 대처능력의 발달을 방해한다는 점으로 미루어 볼 때, 내담자의 스트레스 대처능력 역시 성장환경의 부정적인 영향을 받았을 것으로 짐작된다. 소속감의 결여나 대인관계 만족감의 결여를 시사하는 사회적 소외(Pd4)는 부정적인 대인관계의 이력과 아울러 최근의 이혼이 영향을 미친 것 같다. 척도 4의 우울 요소인 내적 소외(Pd5) 역시 63T로 상승해 있다.

척도 6의 소척도에서는 피해의식(Pa1)과 예민성(Pa2)이 75T 이상 상승해 있다. 이 두 소척도의 상승은 불행의 원인을 남편과 부모의 탓으로 돌리고 분개하고 있는 내담자 나름의 자신의 삶에 대한 해석과 이에 수반되는 정서를 반영하고 있는 것으로 보인다. 내담자는 Pd1 척도의 상승에서 시사되는 원가정의 문제를 해석의 근거로 내세우는 것 같다. 내담자의 정서를 공감하면서 내담자를 행복으로 이끌 수 있는 다양한 삶의 시나리오들을 조심스럽게 제시하는 것 역시 치료의 중요한 일부가 될 것이다. Pa1은 편집증적 사고과정에 민감하므로 이 부분에 대한 추가적인 검토도 필요하다.

척도 8의 경우 자아통합결여-억제부전(Sc5)을 제외한 모든 척도가 70T에 이르거나 근접해 있고 자아통합결여-동기부전(Sc4)의 경우는 75T에 이르고 있다. Sc4는 흥미상실이나 무쾌감증을 나타낸다. 무감동을 나타내는 정서적 소외(Sc2)와 더불어 척도 8의 소척도들 중에서 우울한 색조가 가장 강한 척도이다. 그리고 자아통합결여-인지적(Sc3)은 주의집중의 문제와 관련이 있으며 D4와 상관이 높다. Pd4보다 심한 소외감을 나타내는 사회적 소외(Sc1)의 상승은 내담자가 부모에게 가지고 있는 강한 반감을 반영하는 것으로 보인다.

Ma 소척도들의 경우 65T를 넘는 척도들이 없다. 비교적 상승한 심신운동항진(Ma2)은 긴장을 해소하거나 장애를 돌파하는 수단으로 행동을 선호하는 충동성을, 냉정함(Ma3)은 사회적 자신감과 아울러 타인의 의견에 대한 독립선언을 의미한다. 이는 현재 내담자가 보이는 우울증의 특징과는 잘 부합되지 않는다. 장래문제에 대한 역공포적인 부인의 가능성을 생각해 볼 수 있으나, 공변량에 의한 상승의 가능성이 높아 보인다. 이

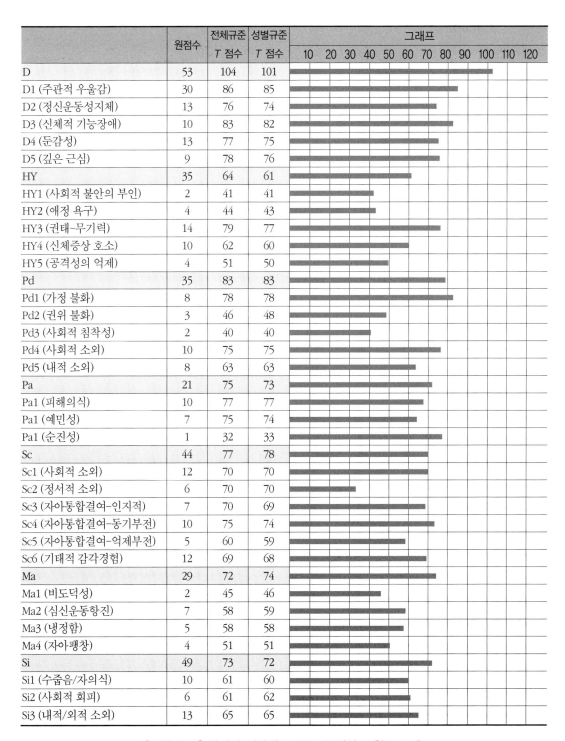

	원점수	전체규준 T 점수	성별규준 T 점수	그래프
D	53	104	101	
D1 (주관적 우울감)	30	86	85	
D2 (정신운동성지체)	13	76	74	
D3 (신체적 기능장애)	10	83	82	
D4 (둔감성)	13	77	75	
D5 (깊은 근심)	9	78	76	
HY	35	64	61	
HY1 (사회적 불안의 부인)	2	41	41	
HY2 (애정 욕구)	4	44	43	
HY3 (권태-무기력)	14	79	77	
HY4 (신체증상 호소)	10	62	60	
HY5 (공격성의 억제)	4	51	50	
Pd	35	83	83	
Pd1 (가정 불화)	8	78	78	
Pd2 (권위 불화)	3	46	48	
Pd3 (사회적 침착성)	2	40	40	
Pd4 (사회적 소외)	10	75	75	
Pd5 (내적 소외)	8	63	63	
Pa	21	75	73	
Pa1 (피해의식)	10	77	77	
Pa1 (예민성)	7	75	74	
Pa1 (순진성)	1	32	33	
Sc	44	77	78	
Sc1 (사회적 소외)	12	70	70	
Sc2 (정서적 소외)	6	70	70	
Sc3 (자아통합결여-인지적)	7	70	69	
Sc4 (자아통합결여-동기부전)	10	75	74	
Sc5 (자아통합결여-억제부전)	5	60	59	
Sc6 (기태적 감각경험)	12	69	68	
Ma	29	72	74	
Ma1 (비도덕성)	2	45	46	
Ma2 (심신운동항진)	7	58	59	
Ma3 (냉정함)	5	58	58	
Ma4 (자아팽창)	4	51	51	
Si	49	73	72	
Si1 (수줍음/자의식)	10	61	60	
Si2 (사회적 회피)	6	61	62	
Si3 (내적/외적 소외)	13	65	65	

[그림 6-3] 김혜진 여사의 MMPI-2 임상 소척도 그래프

출처: 한경희 등(2011)이 저술한 다면적 인성검사 II 매뉴얼 개정판에서 발췌되었음.
본 내용의 인용은 (주)마음사랑의 허락을 받았음.

문제는 RC 척도가 답해 줄 것이다.

Si 소척도들의 경우 모두 60 T 이상 상승해 있고, 특히 척도 0의 신경증적 요소를 반영하는 내적/외적 소외(Si3)가 65 T 의 상승을 보이고 있다. 이는 내담자가 내향적이고 수줍어하는 면도 있지만, 특히 냉소적이고 과민한 가운데 다른 사람들과 겉도는 느낌을 가지고 있음을 의미한다. 이는 낮은 S 및 Pd4의 상승과 관련 있어 보인다.

5. 코드 유형

지금까지 타당도 척도와 임상 척도들의 주요 특징과 해석적 함의에 대해 논의하였다. 지금까지의 논의에서 알 수 있듯이 각 척도는 원래의 척도명이 의미하는 진단적 범주들을 측정하기에는 상당히 무리가 있다. 사실 검사요강이나 관련된 출판물들도 임상 척도들을 문자 그대로 해석하지 말도록 주의를 주고 있다. 그 대신 다양한 척도 간의 관계가 아주 중요한 진단적, 해석적 정보를 제공해 주는 것으로 생각되고 있다. 이와 관련하여 코드 유형과 같은 프로파일 분석기법이 MMPI/MMPI-2 자료의 중요한 해석기제로 발달하게 되었다.

많은 경우에, 특히 정신병 환자들에게서는 하나 이상의 척도가 상승한다. 표준적인 절차는 65 T 이상으로 상승해 있으면서 차이가 10 T 내에 있는 가장 높은 두 개의 임상 척도에 따라 프로파일을 해석하는 것이다. 코드 유형을 지칭할 때에는 많이 상승한 척도의 번호를 먼저 언급하는 것이 보통이다. 예로, 척도 4가 80 T 이고, 척도 8이 75 T 라면 4-8 코드 유형이 된다. 이러한 절차를 따르면 MMPI-2에서 가능한 두 점수의 코드 유형은 110가지가 된다.

이 절에서는 가장 현저한(가장 흔하고 가장 많이 연구된) 22개 코드 유형의 행동적 상관들이 제시될 것이다. 개별 척도의 행동적 상관이나 해석적 함의가 여전히 적용되긴 하겠지만, 척도들이 코드 유형으로 결합하여 산출해 내는 독특한 해석자료들에 주목하길 바란다. 어느 척도가 더 높이 상승되느냐에 따라 코드 유형의 행동적 상관들이나 진단적, 해석적 함의가 달라진다는 것을 지지하는 경험적 증거들이 없는 이상, 코드 유형 내의 척도 순서는 구별되지 않을 것이다. 또한 각 해석적 진술이 대부분의 환자에게 적용된다 하더라도, 이러한 코드 유형을 얻은 환자들 모두에게 다 적용되는 것은 아니라는 점을 유의하기 바란다. 각 해석적 진술은 특정 환자에게 적용될 수도 있고 안 될 수도 있는 확률적인 진술일 뿐이다.

하나의 프로파일에서 여러 코드 유형이 해석되면서 서로 모순되는 정보가 있다면, 가장 높은 코드 유형이 제공하는 정보에 보다 비중이 주어지게 된다. 세 척도가 모두 65T 이상으로 상승해 있고 T 점수의 차이가 크지 않을 경우, 이를 임상적으로 의미 있는 여러 가지 코드 유형으로 나누어 보는 것도 한 가지 방법이다. 예로, 척도 2, 6, 7 모두 65T 정도 상승해 있다면 2-6과 2-7 코드 유형으로 나누는 것이 가장 좋을 것이다. 왜냐하면 6-7 코드 유형은 흔하지 않은 데다 개별 척도의 해석에서 얻을 수 있는 정보에 비해 행동적 상관들에 대해 보고된 것이 거의 없기 때문이다.

1) 1-2/2-1

이 환자들은 우울, 근심, 비관주의를 경험하며, 신체 기능에 두드러지게 몰두함으로써 수반되는 신체적 호소를 많이 하는 경향이 있다. 증상은 고통, 약함, 쉽게 피로해짐 등을 수반하는 경향이 있고 대부분은 스트레스를 받고 있는 동안에 보고된다. 이들은 어느 한 특정 계통에 한정되어 있는 여러 가지 신체적 호소나 증상을 드러낼 것이다. 감정을 표현하는 데 어려움이 있으므로 분노, 창의성 혹은 강함을 요구하는 상황에서 불편함을 느끼게 된다. 이들의 분노와 적대감 중 많은 부분이 내재화되어 있어 생리적인 반응들이 고조된다. 관계에 있어서 수동-의존적인 경향이 있으며, 충분한 관심과 지지를 보여 주지 않는다고 여겨지는 타인들을 향한 적대감을 감추려 할 것이다. 약물 혹은 알코올 남용의 개인력이 고려되어야 한다. 다소 까다롭고, 우는 소리를 하며, 불만을 늘어놓는 태도는 회의주의자들에게 나타나는 것과 같고, 치료에 대해 아주 냉소적이다. 이들은 높은 수준의 불편함을 견디도록 학습되어 왔으며, 심리적인 스트레스의 징후로서 생리적인 증상이 나타날 수도 있다는 가능성을 받아들이지 않는 만큼 변화에 대한 동기가 상당히 약하다. 이 환자들은 자신의 신체적 염려들을 증명해 보이고자 의학적인 주의를 끌기 위해 꾸준히 애쓸 것이다. 통찰력이 상당히 제한되어 있는 반면, 판단력은 그대로 유지된다.

2) 1-3/3-1

이 환자들은 일반적으로 미성숙하고, 자기중심적이며, 연극적 성격들과 억압의 방어기제를 필요로 하는 사람들이다. 척도 2의 동반 상승은 이러한 억압적 방어기제들이 효과적으로 작용하고 있지 못함을 시사한다. 이들은 다양한 전환 증상을 보이는 경향이 있다. 이러한 증상들은 실제로 일부 기질적 병리에 근거를 두고 있을 수도 있지만, 일반적으로는 불안정, 미성숙 및 몸에 밴 신체적 불평의 경향을 가진 환자가 지속적인 긴장에 노출된 이후에 상승된다. 주의와 애정을 지나치게 요구하고, 은근히 조작적인 수단을 통해 이를 얻으려 할 것이다. 이런 환자들이 정신장애자로 보이는 경우는 거의 드물다. 부인이 주된 방어기제로, 이들은 일반적으로 세상과 자신의 상황에 대해 지나치게 낙관적이고 낙천적인 관점을 드러내며, 자신의 증상에 대해 적절한 걱정도 내비치지 않는다. 과잉통제가 적대감과 공격적인 감정의 표현을 상당히 오랫동안 억제할 수 있도록 하는 것 같다. 이러한 충동들의 내재화는 성적으로 행동화할 가능성을 제외한 거의 모든 분야에서 일어난다. 이 환자들 중 많은 사람이 이성관계에서 특히 자기애적 상처에 취약하다. 심리치료에서 이들은 자신들의 어려움에 대한 즉각적이고 구체적인 해결을 원하며, 관심을 받고자 하는 지나친 요구에 치료자가 부응하지 못할 경우 치료가 조기에 종결될 수 있다. 이들은 자신의 행동 특징에 대한 통찰이 부족하며, 자신의 신체적인 문제에 대해 심리적 설명들을 함축할 수 있는 해석에 매우 저항하는 모습을 보인다.

3) 1-8/8-1

이러한 파일에서 F가 동반 상승했다면, 한 가지 가능한 진단은 조현병이다. 이런 환자는 스트레스를 다루는 데 어려움이 있으며, 신체적 기능이나 신체적 질병과 관련한 망상적 사고를 가질 가능성이 높다. 이들은 분노와 적대감을 숨기고 있으나 타인들에게 앙갚음 당할까 봐 두려워 이를 분명하게 표현하지는 못한다. 이들은 '억눌렸다'고 느낄 만큼 철저히 감정표현을 억제하거나, 지나치게 호전적이고 거슬리며 신랄하게 말을 하기도 한다. 내재화된 감정들은 수많은 신체적 불평과 고조된 생리학적 반응들을 통해 드러나게 될 것이다. 신뢰에 결정적인 문제가 있어서 제한된 사회적 접촉, 외로움, 소외감, 고립감, 거부감이 계속하여 생기게 된다. 이런 환자들은 자신의 성적 정체감과 가치에 대해 기본적이고 혼란스러운 질문들을 갖고 있고, 일반적으로 잘못 이해하고 있으며, 자신이 일반적 사회환경의 한 일부가 아니라고 느낀다. 정신병 전단계의 가능성 또한 고려되어야 한다.

4) 1-9/9-1

이 환자들은 다소 긴장되고 불안한 상태이며, 상당한 정서적 혼란을 경험하고 있는 것으로 기술된다. 이들은 스스로 높은 수준의 성취를 기대하고 있지만 분명하고 정해진 목표는 없다. 좌절감의 상당한 부분은 보다 높은 포부 수준을 달성하지 못하는 데서 비롯된다. 척도 1의 상승은 기본적인 수동성과 강한 의존 욕구들에 대한 지표로 간주될 수 있다. 이러한 수동성이나 의존성은 과잉활동이나 성취를 위한 상당한 노력을 통해 역공포적 부정(counterphobic denial)의 방식으로 다루어지고 있다. 이들은 자신들의 지각된 부적절감을 보상하려 애쓰는 기본적으로 수동-의존적인 사람들이다. 이러한 코드 유형은 또한 자신의 한계점들과 결함들에 대처하는 데 어려움을 겪는 뇌손상 환자들에게서 볼 수 있다. 그렇다고 해도 MMPI-2 코드 유형에 근거하여 대뇌의 기능장애에 대한 진단을 내려서는 안 된다.

5) 2-3/3-2

2-1 코드 유형과 다소 유사한데, 이 환자들은 전형적으로 상당히 미성숙하고 부적절감과 불안정감 및 삶에서 비효율적인 양상을 보인다. 활동 수준이 낮을 뿐만 아니라 우울함과 무기력감, 자기불신이 분명히 드러난다. 창조성이 부족하고 자신을 보호해 주는 다른 사람들에게 의존하는 경향이 있다. 이러한 환자들은 다른 사람들에게 다소 수동적이고 유순하고 의존적인 것으로 보인다. 사회적 부적절감이 분명해서 사회적인 접촉들을 최소화하고자 하는 경향이 있다. 특히 이들은 실패할 것 같은 경쟁적 상황들을 피한다. 또한 이성과 함께 있으면 상당히 불편해지며, 성적 불감증과 무능력을 포함한 성적 부적응이 흔히 일어난다. 그럼에도 불구하고 이들은 타인들로부터 돌보고 도와주고자 하는 태도들을 유도해 낸다.

이들은 조정되고 적응적인 방식으로 분노와 적대감을 표현하는 데 어려움이 있으므로 과잉통제를 하게 된다. 용납할 수 없는 감정을 경험하고 있음을 부인하고, 이런 부인이 실패할 때 죄의식과 불안을 느끼게 된다. 신체적 증상들이 있긴 하지만 종종 일관성이 없이 변한다. 이런 환자들은 다소 만성적인 문제들에 적응하는 것을 배워 왔으며, 오랜 기간 동안 계속해서 효율성이 아주 낮은 수준에서 기능해 왔기 때문에 심리치료에서의 예후가 좋지 않다. 전형적으로 변화에 대한 동기가 약한 편이다.

6) 2-4/4-2

이 코드 유형은 두 가지 다른 타입의 환자들에게서 특징적이다. 이 타입은 불법행위로 붙잡힌 후 평가받는 정신장애자들에게서 가장 흔하다. 우울증은 감옥이나 병원 같은 곳처럼 자신들의 행동으로 인해 어딘가에 갇혀 있는 사람들에게 반작용으로 나타나는 것이다. 이 우울증은 스트레스에서의 탈출이 효과적이었거나, 감금 상태에서 풀려났을 때 완화된다. 그렇다 하더라도 이런 상황적인 우울증이 있는 것이 비슷한 상황에 있으면서도 이런 감정을 인정하지 않는 사람보다는 예후가 약간 더 낫다. 이런 정신장애자들에게 가장 유용한 해석은 주로 척도 4와의 상관을 이용하는 것이다.

이러한 코드 유형의 다른 환자들은 극도로 적대적이고, 화가 나 있으며, 원망에 차 있는 것으로 기술된다. 이들은 일반적으로 자신의 현재 생활환경에 대해 강한 불만을 야기한 결혼이나 가족 간의 문제를 가지고 있다. 이들은 미숙하고 의존적이며 자기중심적이고, 종종 자신이 겪는 어려움들에 대해 자신에 대한 연민과 타인에 대한 책망 사이에서 갈팡질팡한다. 충동통제 문제가 상당히 일반적인데, 이들은 자신의 행동이 가져올 결과를 전혀 개의치 않고 무시하는 행동을 하거나 그렇지 않다 하더라도 장래를 계획하는 데 상당한 무능력함을 보인다. 이들은 과도한 음주나 약물 남용으로 스트레스에 반응하기도 한다. 이들은 대인관계가 삶에서 지닌 가치를 제대로 인식하지 못하여 온정을 보이는 데 어려움이 있고, 권위적 인물이나 자신들에게 부과된 요구들에 분개하는 경향이 있으며, 사회적 사건과 관계의 의미를 잘못 해석할 수 있다. 수많은 성격적 어려움이 존재하며, 우울한 특징들이 사실상 만성적이고, 성격구조에 깊숙이 배어들어 있어 심리치료적 개입이 어렵다.

7) 2-6/6-2

이 코드 유형은 프로파일이 일반적으로 시사하는 것 이상으로 심각한 정서적 어려움을 겪고 있는 정신병 초기단계의 환자일 가능성을 시사한다. 우울한 감정으로는 완전히 가려지지 않는 상당한 분노와 적개심이 내재해 있다. 자신들의 분노를 분명하게 드러내지 못하는 대부분의 우울증 환자와는 달리 공공연하게 타인들을 적대시하고, 공격적이며, 화를 잘 낸다. 이들은 타인에게 거부되기 전에 타인을 거부하기 위하여 시비를 걸기도 한다. 또한 보통 아무렇지도 않은 상황을 악의적으로 해석하며, 충분하지도 않은 자료에 근거하여 성급하게 결론을 내린다. 때로 편집증적 관념이 정신병적인 수준에 이를 만큼 현저한 편집증적 경향을 보인다.

8) 2-7/7-2

이 코드 유형은 정신과 환자들에게서 가장 흔한 유형이다. 불안과 긴장이 수반되는 우울, 걱정, 비관주의가 시사되며 자신감의 부족과 이에 수반되는 신경과민이 시사된다. 정신내적 갈등이 건강염려증적 경향이나 신체적인 불평으로 나타날 수 있다. 이런 환자들은 죄책감에 사로잡혀 있고, 내벌적이며, 일반적으로 두려움이 많고, 자신의 개인적 결함들에 강박적으로 집착한다. 후자의 경우, 자신의 전형적인 완벽주의와 사소한 일에 지나치게 신경을 쓰는 태도, 개인적인 성취를 이루거나 인정을 받으려는 강한 동기와 관련하여 혼란스러운 갈등상태에 있다. 이들은 스스로에 대해 높은 기대를 가지고 있기 때문에 목표달성에 실패할 경우 다소 죄책감을 느끼게 된다. 또한 욕구 좌절에 대하여 심한 자책과 죄책감으로 반응하기도 한다.

이들은 지나치게 걱정이 많고, 실제적인 위협이나 가상적인 위협 모두에 취약하며, 문제가 생기기도 전에 미리 걱정부터 한다. 사회적으로 다소 고분고분하고 의존적인 경향이 있으며, 필요한 상황에서도 자기주장적인 면을 찾아보기 어렵다. 이들은 정서적으로 어려움을 느끼고 있고 도움을 받으려는 동기가 강하므로 심리치료에 대한 예후가 아주 좋다. 그러나 척도 2나 7의 상승이 80T 이상이면 단순히 심리치료만으로 도움을 주기 어려울 수 있다. 이런 경우에는 심리치료를 시작하기 전에 약물치료가 선행되어야 한다. 대부분의 경우 우울증이나 불안장애로 진단되는데, 청소년의 경우 강박장애를, 중년의 경우는 갱년기 우울증을 의심해 보아야 한다.

9) 2-8/8-2

이 코드 유형은 불안과 초조 및 상당한 혼란을 수반한 우울을 시사한다. 불안과 초조가 심할 경우 적대적이고 공격적인 충동에 대한 통제력을 잃을까 하는 두려움에 빠질 수 있다. 자살사고가 있을 수 있고, 자기파괴적인 행동을 할 가능성이 높다. 이런 환자들은 일반적인 효율성의 상실, 혼란의 시기, 지체된 사고의 흐름, 문제 해결에서의 상동적인 접근, 심각한 주의집중의 어려움 등으로 드러나는 뚜렷한 심리적 결함을 보인다. 때로 다양한 형태의 비전형적인 신체적 증상들을 호소하기도 한다. 그러나 히스테리와는 다르게, 이런 환자들은 전형적으로 사회성이 없고 대인관계에 민감하며 의심이 많다.

이들은 주의집중과 사고에 어려움이 있음을 호소하고, 조현병 스펙트럼 장애에서 보이는 형식적인 사고장애를 보일 수 있다. 친밀한 관계에 이은 거절에 대한 두려움으로 타인들과 관계하는 것을 꺼린다. 의미 있는 관계가 부족한 만큼 절망감, 무가치감이 높고, 자기존중감은 낮다. 이 코드 유형은 가까스로 적응하고 있는 만성적인 수준을 나타내므로, 치료적인 개입 이후의 변화나 예후가 좋은 편이 아니다. 이런 환자들의 대부분은 주요우울장애나 조현병 또는 분열정동장애로 진단을 받는다.

10) 2-9/9-2

이 코드 유형은 종종 증가된 활동을 통해 긴장이 방출되는 초조성 우울을 반영한다. 이 유형의 환자들은 정서표현이 심하고, 지나치게 자기애적이며, 자신의 가치에 몰두한다. 높은 수준의 성취를 목표로 하지만 실패로 끝나는 경우가 허다하다. 또 다른 해석의 가능성은 이들 환자가 기저의 부적절감과 무가치감을 부정하고 있으며, 우울한 감정에 초점 맞추는 것을 피하기 위하여 저하된 사기를 부정하고 과잉활동이나 다른 사람들에게 지나치게 간여하는 등의 조증기제를 사용한다는 것이다. 다시 말해서, 이들은 적어도 MMPI-2상으로는 감추기 어려운 우울한 특성을 희석시키기 위하여 경조증적 과정을 경험하고 있다. 이 두 유형의 환자들은 긴장되어 있고 가만히 있질 못하며, 화를 잘 내고 조그만 장애이나 좌절에도 쉽게 분노를 터트린다.

젊은 환자들에게서 이 코드 유형은 많은 존재론적인 관심사뿐만 아니라 개인적이거나 직업적인 방향을 잃은 것으로 특징지어지는 정체감의 위기를 시사할 수 있다. 보다 나이 든 환자들에게서 이 코드 유형은 신체적 무능력으로 야기된 반작용이거나 갱년기 우울증을 반영할 수 있다.

11) 3-4/4-3

3-4 코드 유형의 환자들은 4-3 코드 유형의 환자들과는 다른 행동 양상을 보인다. 척도 3과 4 간의 관계는 환자가 사회적으로 용납되지 않는 충동성, 특히 분노나 공격성 및 적대감 등을 겉으로 드러낼 것인지 혹은 억제할 것인지에 대한 지표가 되어 준다. 만약

척도 3이 4보다 높으면 분노를 다소 수동-공격적으로 표현할 것이다. 공격적인 행동을 할 때, 이런 환자들은 적대적인 의도를 부정하며, 병식도 현저히 부족하다. 만약 척도 4가 3보다 높으면, 이 환자들은 과도하게 통제되어 오랜 기간 동안 분노를 억압하는 경향이 있다. 그런 다음 이들은 주기적으로 폭력행동을 일삼으며 분노를 폭발시킨다.

　3-4/4-3 코드 유형은 만성적이며 안정적인 성격장애가 있으면서 스트레스나 좌절에 대한 반응으로 외벌적인 경향이 있는 환자들을 반영한다. 이들은 다른 사람들을 조종하거나 다른 사람들의 화를 돋움으로써, 그리고 비난이나 투사, 지배적인 시도를 통하여 갈등을 다루려고 한다. 일부 환자는 불안이나 우울로 어려움을 겪지는 않으나 신체적 호소가 있을 수 있다. 전형적으로 이들은 결혼생활에서의 불화, 성적 부적응, 알코올중독을 겪는다. 대인관계는 보통 빈약한 편이나 행동화를 하면서 근근이 적응하고 있는 사람과의 우여곡절 속에서 지속되는 관계를 통하여 자신의 반사회적인 경향성을 대리 만족시키는 경우도 있다. 심리치료적 개입은 효과가 없는 것이 보통이다. 자신이 가진 문제에 집중하기보다는 타인들에 대한 불만을 늘어놓는 데 치료시간을 사용하는 경향이 있기 때문이다. 전형적으로 도움을 구하려는 동기가 약하고 진실성이 의심스럽다. 이 코드 유형에서는 성격장애 진단이 가장 흔하다.

12) 3-6/6-3

　이 코드 유형의 환자들은 화가 나 있고, 적대적이면서도 자신들의 적대감이나 공격적 충동을 억압하고 있는 사람들로 보인다. 이들은 의심하는 태도도 부인하려 하고 사물들을 고지식하고 낙관적으로 받아들임으로써 그들 자신을 위안하려는 경향이 있다. 자신의 관계가 원만하다고 인식하고 있기 때문에 남들이 왜 그런 식으로 자신에게 반응하는지를 이해하기 어렵다. 이는 의심할 바 없이 중대한 결혼생활 불화에 기여하게 된다. 이들의 만성적인 적대감은 보통 직계가족 구성원에게 곧바로 향하게 된다. 이런 분노와 적대감이 지각될 때마다 환자들이 이를 합리화하기 때문에, 그 일은 이유가 있고 합당하며 정당하기까지 한 것으로 보인다. 비판에 상당히 민감하고 상당한 불안과 긴장을 겪고 있으며 신체적 호소를 자주 한다. 척도 6이 척도 3보다 5T 이상 높을 경우, 심지어 무자비한 수단을 동원해서라도 사회적 권력이 명성을 얻으려고 분투한다. 이런 경우, 비록 드물기는 하지만 편집증이나 정신병적인 특징이 있을 가능성을 검토해 볼 필요가 있다. 치료적 개입에 대한 예후는 좋지 않다.

13) 3-8/8-3

이 유형의 환자는 전형적으로 주의집중의 곤란, 기억상실 및 지남력 상실을 보이는 주요 사고장애를 갖고 있다. 특히 F가 70T 이상일 경우 그렇다. 퇴행과 자폐적인 과잉 관념화가 나타나고, 사고가 본질적으로 망상적일 수 있다. 비현실감과 정서적 부적절감도 보인다. 또한 상당한 정신적 고통이 명백하고, 이는 특히 두통이나 불면증과 같은 신체적 호소로 표출된다. 이런 환자들은 일반적으로 겁이 많고, 정서적으로 취약하며, 미숙하고, 분열성 성격을 지니고 있다. 타인들에게서 관심과 애정을 받고 싶은 욕구가 크지만, 한편으로 친밀하고 의존적인 관계에 대해 상당히 위협을 느끼기도 한다. 욕구가 좌절되었을 경우에 자기처벌적인 반응을 보이며, 상동적인 방식으로 문제에 접근한다. 가장 흔히 내려지는 진단은 조현병이지만, 해리상태나 단기 반응성 정신병 또한 고려되어야 한다.

14) 4-5/5-4

이 코드 유형은 남자들에게서 흔하며, 가벼운 정신적 고통을 경험하고 있는 만성적인 성격장애를 시사한다. 정신적 고통은 대개 상황과 관련하여 생긴 것이다. 이런 환자들은 비순종적이며 반항적인 태도와 가치를 가지고 있으며 공격적이고 반사회적인 성향이 있다. 이들은 정서적 수동성과 알아보기 어려운 의존 욕구를 보인다. 의존에 대한 갈등은 행동화로 나타날 수 있으며, 남성성에 대한 지나친 강조와 아울러 다양한 품행문제를 일으킬 수 있다. 이런 행동에 대한 죄책감이나 후회로 인해 일시적으로 행동 표출을 멈출 수는 있지만 스스로에게 자기애적으로 빠지는 강한 경향성과 욕구 좌절에 대한 제한된 인내력이 앞으로의 행동을 결정하게 될 것이다. 성 정체감과 관련하여 상당한 우려가 있으며, 사실 동성애적인 충동에 몰두하고 있을 수도 있다. 이런 코드 유형을 갖는 여성들은 의존하고 싶은 욕구가 강할지라도 여성적인 역할에 저항하고, 중요한 타인들에게 지배당하는 것을 두려워한다.

15) 4-6/6-4

이러한 코드 유형의 환자들은 만성적으로 적대적이며 분노하는 사람들이다. 선호하는 방어기제는 투사와 행동화이다. 충동통제를 못하거나 하더라도 비효율적이며, 지속적인 노력이 요구되는 과제에서 어려움을 보인다. 자기애적이고, 의존적이며, 다른 사람들의 관심과 공감을 요구하면서도 자신은 자기중심적인 경향이 강하고, 자신에게 부과된 요구들에 대해서는 분개한다. 비난에 극도로 예민하고, 타인들의 동기를 의심하며, 앙심을 품는 경향이 있고, 자신이 합당한 대우를 받지 못하고 있다고 느낀다. 사회적 부적응의 경력이 있을 수 있다. 자주 화를 잘 내고, 무뚝뚝하며, 언쟁을 잘하고, 역겹다. 과도한 알코올 소비와 약물 남용뿐만 아니라 심각한 성적 부적응 및 결혼생활에서 부적응을 겪는 경향이 있다. 성격장애의 가능성이 높고, 특히 척도 8이 상승한 경우에는 경계선 장애나 정신병적 장애의 가능성도 고려해야 한다. 부정의 방어기제가 현저할뿐더러, 기본적으로 타인의 동기를 의심한 나머지 건설적인 비판이나 자신들을 도우려는 시도를 받아들이지 못하므로 심리치료가 어렵다. 또한 어떤 방식으로든 자신을 드러내면 끔찍한 결과가 뒤따를 것이란 두려움 때문에 감정적으로 부담스러운 주제들에 대해 논의하기를 꺼린다.

16) 4-7/7-4

이 유형의 환자들은 다양한 성격적인 어려움과 아울러 행동화와 이에 대한 죄책감과 후회가 주기적으로 반복되는 패턴을 보인다. 보통 죄책감이 실제 행동화와는 비례하지는 않으며, 신체적인 호소를 동반하기도 한다. 과잉 통제하는 것처럼 보이긴 하지만, 행동화의 재발이나 그 결과에 대해 무감각해지는 것을 막기엔 충분하지 않다. 행동화 일화에는 알코올이나 물질 남용, 난잡한 성생활 등이 포함된다. 이들에게는 다른 사람들이 부과한 규칙, 규제가 아주 성가시고 불안을 유발한다. 자신의 감정이나 문제에는 상당히 관심이 있지만, 타인의 욕구와 감정에 대해선 현저히 냉담하고 무관심하다. 심리치료는 초기에 환자들이 죄책감을 호소하며 도움을 구하기 때문에 효과적인 것처럼 보이지만, 장기적인 예후는 제한적이다.

17) 4-8/8-4

이 코드 유형을 지닌 환자들은 자극과민이나 적대감, 의심 혹은 관계관념과 아울러 상당한 심리적 고통을 겪는다. 비사회적 방식으로의 투사와 행동화가 이들의 일차적인 방어기제이다. 하지만 범죄를 저지르더라도 내용이 상식을 벗어날뿐더러 계획이 엉성하고 실행이 매끄럽지 못한 편이다. 성격은 분열성이나 분열형적이며, 정서적인 관계를 꺼리는 나머지 친밀한 관계 형성을 회피하고 사회적으로 고립되어 있다. 사회지능이 제한되어 있을 가능성이 높고 공감이나 의사소통 능력에 있어 심각한 어려움이 예상된다. 변덕스럽고, 정서적으로 부적절하며, 감정을 조절하여 적응적인 방식으로 표현하지 못한다. 이들의 행동은 예측하기 힘들고, 변덕스러우며, 관습적이지 않다. 교육이나 직업적 경력에서는 성취도가 낮고, 가까스로 적응하며, 수행이 고르지 않다. 성 정체감에 심각한 문제가 있고, 알코올이나 약물을 남용하는 경향이 있다. 판단력이 빈약하고 통찰력이 상당히 제한되어 있다. 사람들에게 이상하고, 특이하고, 주위 환경에 관심이 없을뿐더러 어울리지도 않아 보이는 이런 환자들에게는 자살시도가 상대적으로 흔하게 일어난다. 경계선 장애나 분열성, 분열형 성격장애의 가능성이 있고 척도 4와 8이 75T 이상으로 상승한 경우에는 조현병으로 진단될 가능성이 높다.

18) 4-9/9-4

이러한 코드 유형의 환자들은 상당한 성격적 어려움을 보인다. 무책임하고 충동적으로 행동하며, 대인관계에서 깊이나 신뢰성이 없고, 피상적이다. 도덕적 기준이 느슨하고, 자기애적이며 쾌락을 추구하는 경향이 강하다. 일시적으로 호의적인 인상을 주기도 하는데, 이는 불안이나 걱정, 죄책감에 구애받지 않고 내적으로 편안한 상태이기 때문이다. 하지만 실제로 자신의 역할을 받아들이는 능력은 상당히 부족하다. 타인의 감정을 직관적으로 느끼는 능력이 제한되어 있기 때문에 효과적인 성인의 역할을 발달시키는 데 지속적으로 어려움을 겪는다. 이들이 가진 윤리적 가치는 불안정하며, 예의에 어긋나고, 다른 의무사항들을 무시하며 다른 사람들을 소원하게 하는 행동들을 오랫동안 지속하는 경향이 있다. 사회적 규칙과 관습을 완전히 무시하고, 결과에 대한 고려 없이 충동적인 행동을 일삼는다. 자신의 행동에 대해 책임을 지려 하지 않고, 자신이 처한 어려움에 대해서는 종종 정서적으로는 편하나 불합리한 설명을 만들어 낸다. 판단력이 빈약하고 과거의 경험으로부터 배우는 능력이 제한되어 있는데, 처벌에 둔감하고 변화에 저항적인 이러한 특성은 심리치료적인 개입을 어렵게 한다. 알코올중독, 법적인 문제, 결혼 문제, 성적인 행동화가 일반적이다. 가장 가능성 있는 진단은 반사회적 성격을 동반한 일부 유형의 성격장애이다.

19) 6-8/8-6

이 코드 유형을 지닌 환자들은 일반적으로 편집성 조현병을 의심하게 하는 형식적 사고장애와 편집증적 관념의 증거들을 보인다. 특히 F가 70 *T* 이상일 때 그러하다. 이 환자들은 보통 정도의 고통에도 괴로워하며, 적대감과 의심이 만연하고, 피해망상과 과대망상 및 환청을 경험할 가능성이 높다. 퇴행, 분열, 자폐적인 연상이 있을 수 있다. 이 환자들은 종종 자신들의 생활에서의 특정한 문제들을 도외시한 채, 추상적이거나 이론적인 문제들에 골몰해 있다. 일반적인 무감동이 현저하고, 정서적으로 둔감해 보이며 확립된 방어기제마저도 기능을 잃어버린다. 스트레스하에서 철수되기 쉽고, 현실을 인지하는 능력을 상실한 가운데 비밀스러운 자폐적 환상에 빠져드는 경향이 있다. 자신에게 부과된 요구들에 몹시 분개하며, 변덕스럽고, 과민하고, 불친절하고 거부적이라고 기술된다. 성과 관련된 정신내적 갈등이 명백하다. 조현병의 가능성이 높고, 편집증적 상태나 분열성 혹은 분열형 성격장애도 고려되어야 한다.

20) 6-9/9-6

이런 코드 유형을 지닌 환자들은 긴장하고 걱정하며 대체로 사소한 장애와 좌절에도 성급하고 과민하며 쓸데없이 흥분하는 반응을 보인다. 이들은 환경자극에 감정적으로 반응하며, 사고와 집중에 어려움이 있다. 과대성이 현저한 특징이며, 지남력 장애와 혼란, 당혹감을 보인다. 관계관념과 가득 찬 의심으로 괴로워하는데, 이는 때로 편집증적인 정신상태나 망상의 형태를 취할 수도 있다. 강박적으로 되새기며 생각하는 경향이 있으나, 자신의 생각을 좀처럼 건설적인 행동으로 옮기지는 않는다. 또한 자신의 명백한 분노와 적대감을 사회적으로 수용될 만한 방식으로 표현하는 데 상당한 어려움이 있다. 과소통제에 따른 감정의 분출과 감정의 지나친 억제와 통제가 주기적으로 반복된다. 척도 F와 척도 8이 함께 상승했다면 조현병의 가능성이 있다. 만약 그렇지 않다면 조증장애나 급성 정신병적 일화의 한 유형일 가능성도 고려해야 한다.

21) 7-8/8-7

이 코드 유형을 지닌 환자들은 지나친 걱정과 내성 그리고 과잉 관념적인 반추로 특징지어지는 만성적인 성격적 어려움을 보인다. 수동성이 현저하고, 분노나 독창성, 힘이 요구되는 상황에서 어려움을 보인다. 의존성이 명백하고, 열등감과 불안정감 및 부적절감으로 인해 고통을 받는다. 확립된 방어기제가 결여되어 있으며, 주위의 사람들에 상당히 신경이 과민한 경향이 있다. 안정감이나, 확신, 지배성이 부족한 나머지 사회적으로 보상을 받았던 경험이 거의 없다. 행동이나 계획에 있어 상식이 부족한 점으로 미루어 볼 때, 판단력이 미약하고 약간의 혼란이 있어 보인다. 특히 성적인 문제와 관련하여, 풍부한 환상적인 생활을 하는 것으로 시사되며, 많은 시간을 백일몽으로 보낸다. 전통적인 성역할과 이성관계에서 부적절감을 느끼는 것으로 미루어 볼 때 성적 정체감과 관련하여 심각한 문제가 있어 보인다. 주의집중과 사고에서 어려움을 호소하고, 지나친 우유부단과 의심, 망설임으로 고통스러워하며, 형식적 사고장애를 보일 수 있다. 갈등의 본질이 만성적으로 뿌리가 깊고, 대인관계의 형성에 어려움이 있어 심리적인 개입이 힘들다. 앞서 언급한 바와 같이 척도 7과 8에서의 상대적인 상승은 특히 조현병과 관련된 감별진단에 있어 아주 중요하다.

22) 8-9/9-8

이러한 코드 유형을 보이는 환자들의 상당수는 편집증적 정신상태와 형식적 사고장애의 징후를 보인다. 급성적인 발병이 전형적이며 흥분, 지남력 상실, 전반적인 당혹감이 동반된다. 잘 확립된 자폐적 성향과 망상, 환청의 가능성이 있다. 지체되고 상동적인 사고와 부적절한 정서에 의해 퇴행이 분명하게 드러난다. 다른 사람들에게 자기애적이고, 유아적인 기대를 하는 경향이 있고, 관심을 받고자 하는 욕구가 충족되지 않으면 극단적으로 화를 내고 적대적이 된다. 과잉 활동적이고, 쉽게 흥분하며, 정서적으로 불안정하며 과대망상적인 사고를 보인다. 행동이 아주 예측하기 어렵고 갑작스럽게 행동화할 수도 있다. 심리치료적 개입이 상당히 어려운데, 이는 이런 환자들이 다소 모호하고 회피적이며 주제를 급작스럽게 옮기는 경향이 있어 특정 문제를 다루는 것이 어렵기 때문이다. 조현병으로 진단되는 것이 보통이나, 조증이나 약물로 인한 정신병 또한 고려되어야 한다.

김혜진 여사의 경우, 척도 7이 척도 2에 비해 17T가 낮지만 87T로 높게 상승한 점을 감안하여 2-7 패턴을 준용할 수 있을 것이다. 2-4, 7-4 패턴 역시 참고가 될 수 있다. 앞서 언급한 바와 같이 척도 4의 상승은 2-7 패턴이 갖는 좋은 예후의 함의를 약화시킨다.

혼히 2-7-4의 패턴을 보이는 사람들은 불안하고, 불안정하며, 충동적이기보다는 강박적이지만, 그럼에도 불구하고 변덕스럽다. 책임을 지려 하지만 자기패배적이고 불안해한다. 죄책감을 느끼지만 행동화하고, 매달리고 의존적이지만 정서적으로 소원하다. 일반적으로 소외는 덜 한 편이나 내담자의 경우 이혼과 관련하여 소외감이 심한 편이다. 또한 이들은 거절이나 상실에 대한 반응으로 자기를 비난하며, 타인의 분노를 자기비판으로 약화시킨다. 스트레스 사건을 재앙화하는 경향이 있고, 가족으로부터 소외는 적지만, 배우자에게 스트레스를 받는다. 내담자의 경우 자녀들과는 밀접한 관계를 유지하고 있으며, 배우자에게 스트레스를 받으면서 본인 역시 배우자에게 적지 않은 스트레스를 주고 있었다.

6. 재구성 임상(RC) 척도

MMPI를 제작하면서 Hathaway와 McKinley가 예상치 못한 주요 문제의 하나는 임상 척도들 간에 상당한 공변량이 있다는 점이다. 임상표집의 경우, 임상 척도 간에 .55~.61의 상관이 있다. 공변량의 원천은 크게 두 가지로 생각해 볼 수 있다. 하나는 우울과 불안의 경우처럼 병리에서 비롯되는 공변량이다. 다른 하나는 임상집단과 정상집단을 비교한 MMPI 제작과정과 관련이 있다. 두 집단을 비교하면서 병리적인 측면에서의 차이만이 아니라 환자와 정상인 간의 차이, 즉 환자들이 일반적으로 가지고 있는 특성에서 비롯된 차이도 척도에 포함되게 되었다. 특히 환자 특성에서 비롯된 공변량은 병리와 비교적 독립적이므로 모든 척도에 공변량으로 작용하고 있을 가능성이 높다. 이 문제를 다루기 위해 Tellegen과 동료들은 9개의 재구성 임상(Restructured Clinical: RC) 척도를 만들었다(Tellegen er al., 2003). RC 척도의 경우, 척도들 간의 평균 상관은 .41로 표준 임상 척도의 경우보다 낮다. RC의 첫 번째 척도가 환자 특성과 관련된 의기소침(RCd) 척도이다. 이 척도는 Welsh의 A로 대변되는 일반적인 부적응이나 주관적인 고통의 광범위한 차원을 측정하는 것으로 여겨지고 있다. 또한 이 척도는 환자 특성을 반영하고 있고, 점수가 높은 사람들이 주관적인 고통을 보일 뿐만 아니라 스트레스에도 취약한 점을 감안할 때 낮은 탄력성의 의미도 있어 보인다. RC3가 예외이기는 하나, 나머지 RC1~RC4와 RC6~RC9의 7개 척도는 1~4, 6~9번 임상 척도 각각의 '특징적이고 실질적인 핵심'을 잡아내기 위해 만들어진 척도들이다.

RC 척도는 외적 준거를 비교적 잘 예측하고 있다(Greene, Rouse, Butcher, Nichols, & Williams, 2009). 내용 척도와의 상관도 모척도보다 더 높다(Tellegen & Ben-Porath, 2008).

RC 척도와 상응하는 임상 척도들 간의 평균 상관은 .70으로 공유하는 문항은 절반 이하이다. 이러한 결과는 RC 척도가 임상 척도에서는 멀어지고 내용 기반 척도들과는 가까워지는 쪽으로 '재구조화' 되었음을 시사한다. RC4와 RC9를 제외한 대부분의 RC 척도는 MMPI-2 내용 척도들과 마찬가지로 보다 동질적이다. RC 척도는 임상 척도에 비해 쉽게 상승하지 않는다는 점과 내용 척도와 같이 명백한 문항들로 구성된 동질적인 척도인 만큼 과소보고나 과대보고에 보다 취약하다는 제한점이 있다(Weiss, Bell, & Weiss, 2010). 〈표 6-9〉는 RC 척도를 정리한 것이다. [그림 6-4]는 김혜진 여사의 RC 척도 프로파일이다.

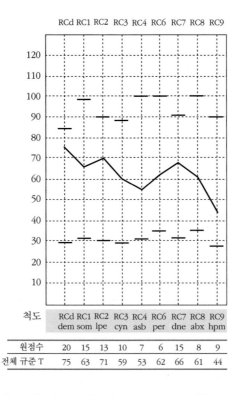

척도	RCd dem	RC1 som	RC2 lpe	RC3 cyn	RC4 asb	RC6 per	RC7 dne	RC8 abx	RC9 hpm
원점수	20	15	13	10	7	6	15	8	9
전체 규준 T	75	63	71	59	53	62	66	61	44

[그림 6-4] 김혜진 여사의 MMPI-2 RC 척도 프로파일

출처: 한경희, 김중술 등(2011)이 저술한 다면적 인성검사 II 매뉴얼 개정판에서 발췌되었음.
본 내용의 인용은 (주)마음사랑의 허락을 받았음.

표 6-9 MMPI-2 재구성 임상(RC) 척도

재구성 임상(RC) 척도	기술 및 해석
RCd: 의기소침 (24문항)	불쾌감; 불안, 무능력, 자기의심; 우유부단함과 스트레스 상황에서 쉽게 포기하는 경향을 반영한다. 주도성과 자신감이 없으며 효율감이나 역량이 감소된 수준에서 기능한다. 낮은 점수의 경우 만족, 낙천성, 일상적인 스트레스에 대한 자신감 등을 나타낸다. A와 14문항($r=.93$), DEP와 11문항($r=.93$) 공유
RC1: 신체증상 호소 (27문항)	머리, 목, 가슴의 통증 및 감각 문제를 강조하는 폭넓은 신체적 호소를 반영한다. 감각운동 기능이나 위장 기능, 통증, 일반적 건강 상태에 대해 염려한다. 증상들은 종종 극적이고 화려하며 일부의 경우 관심을 끌려는 함의도 있다. 낮은 점수는 신체적 몰두, 건강에 대한 걱정으로부터 자유로움을 나타낸다. 척도 1, HEA와 20문항, Hy4와 17문항을 공유하고 .90대 중반의 상관을 보인다.
RC2: 낮은 긍정 정서 (17문항)	우울한 기분보다는 자기효능감과 즐거움의 부족(무쾌감증), 무기력, 동떨어진 느낌, 자신감의 부족, 비관주의를 반영한다. 높은 점수는 욕구, 에너지, 흥미, 동기의 결여와 철수를 반영한다. 낮은 점수는 낙관주의, 쾌활함, 사회적 관심, 자신감, 에너지, 참여를 나타낸다. 척도 2나 DEP에 비해 우울증에는 덜 민감하고, 9문항을 공유하는 INTR과 상관이 높다($r=.88$).
RC3: 냉소적 태도 (15문항)	타인에 대한 불신을 나타낸다. 사람들을 이기적이고 오직 개인적 관심에 의해서만 동기화되며, 친밀한 관계가 흔히 불신으로 특징지어진다는 관점을 반영한다. 11문항을 공유하는 CYN1과 .90대 중반의 상관을 보인다. 척도 3과 Hy2에 5문항을 공유하는데, 모두 반대로 채점된다.
RC4: 반사회적 행동 (22문항)	물질 사용/남용과 그로 인한 부작용이 있고 범죄행위는 아니더라도 비행을 저지르며, 학교 규칙을 따르지 않고 무단 결석하거나 가족과 갈등이나 불화가 있음을 인정하는 내용으로 되어 있다. $80T$(여성은 $85T$)에 이르면 반사회적 행동을 보이지 않는다 해도 통제 상실, 권위적 인물에 대한 적대감, 행동화, 기회주의, 거짓말 등 폭넓은 수준의 반사회적 성향이 시사된다. 낮은 점수는 물질 남용/의존의 부재, 법적, 윤리적 준거의 준수, 솔직하고 존중하는 대인관계를 시사한다. MAC-R, AAS, ASP를 능가하는 물질남용의 좋은 지표이다.
RC6: 피해 의식 (17문항)	조종 망상과 피해의식, 분개와 관계관념을 반영한다. 12문항을 공유하는 Pa1과 .90대 초반의, 10문항을 공유하는 BIZ, PSYC와 .80대 초, 중반의 상관을 보인다.
RC7: 역기능적 부정 정서 (24문항)	불안, 걱정, 만성적 근심, 공포감과 아울러 과민성, 성마름, 조급함과 쉽게 화를 내는 성향을 반영한다. 높은 점수의 경우 자신과 타인들에게 화가 난 가운데, 긴장되고 압도된 것처럼 보인다. 반추, 짜증, 수면 곤란이 흔하다. $80T$에 이르면 특이한 몰두, 관계관념, 비합리적인 공포를 수반하는 초기 단계의 정신병이 드러날 수 있다. 낮은 점수의 경우 정서적, 인지적 통제가 적절하고, 스트레스에 잘 대처하며, 자족하는 가운데 다른 사람들과 원만하고 조화로운 관계를 맺는다. A와 10문항을 공유하며 상관도 높다($r=.90$ 내외).
RC8: 기태적 경험 (18문항)	비정상적인 감각 경험이나 '특이하다'고 기술되는 경험, 비현실감을 반영한다. 환각이나 일급 증상을 반영하는 6문항과 해리적 삽화나 위기를 시사하는 3문항이 있다. 높은 점수의 경우, 환각이 없더라도 혼란되어 보이며 불안, 빈약한 집중력, 판단력, 의심, 망상적 사고(관계, 피해, 조종 등)와 더불어 정신병적 양상을 보일 가능성이 높다. 12문항을 공유하는 BIZ와 .90대의 상관이 있다.
RC9: 경조증적 상태 (RC9)	빠른 분노 폭발, 지각된 도발에 대한 보복 행동, 다행감, 비약적 사고, 자극 추구 등을 반영한다. 높은 점수를 받는 사람들은 공격적이고, 자존감이 팽창되어 있으며 도발적인 모습을 보일 가능성이 높다. 좌절을 견디지 못하며 쉽게 흥분하고 과잉 반응하며 충동을 조절하지 못하는 것처럼 보인다.

김혜진 여사의 RC 척도 프로파일은 RC 척도의 가치를 보여 준다. RC 척도 프로파일은 [그림 6-2]의 임상 척도 프로파일과 극명한 차이가 있다. 2-7 패턴의 골격은 유지하고 있으나 상응하는 임상 척도에 비해 RC2, RC4, RC9가 30T 정도, RC7이 20T, RC6과 RC8이 15T 정도 낮다. 이러한 하락은 75T에 이르는 RCd로 설명된다. 이는 또한 내담자의 주요 문제가 정신건강의학과 환자들의 일반적인 특성과 밀접한 관계가 있음을 시사한다.

RCd 척도의 상승은 불쾌감과 불안, 무능력, 자기의심; 주도성과 자신감이 없으며 우유부단하고; 효능감이나 역량이 감소된 수준에서 기능하는 가운데 스트레스 상황에서 쉽게 포기하는 경향을 반영한다. 이 척도는 A, DEP와 상관이 높으므로(r=.93), 이들 척도에서의 상승이 예상된다.

75T에 이르는 RC2의 상승은 즐거움의 부족(무쾌감증), 무기력, 동떨어진 느낌과 사회적 철수, 욕구, 에너지, 흥미, 동기의 결여와 비관주의를 시사한다. 66T의 RC7의 상승은 불안, 걱정, 만성적 근심과 아울러 과민성, 성마름, 조급함과 쉽게 화를 내는 성향을 반영한다. 자신과 타인들에게 화가 난 가운데 긴장되고 압도된 것처럼 보이는데, 내담자의 경우 전남편과 친정 부모에 대한 분노가 심하다. 자신과 타인에 대한 분노는 척도 2와 6의 상승에서도 시사된다.

임상 척도에 비해 현저히 낮은 RC4와 RC9는 자살을 포함한 충동적인 행동화의 가능성을 어느 정도 배제해 준다. RC1의 상승은 척도 1의 상승과 맥락이 같다.

7. 내용 척도

MMPI에 있던 13개의 Wiggins(1966) 내용 척도는 MMPI-2에서 15개의 내용 척도로 대체되었다(Butcher, Graham, Williams, & Ben-Porath, 1990). 내용 척도에는 주로 부적 정서(ANX, FRS, DEP, ANG) 및 이와 관련된 척도(OBS, HEA, LSE), 대인관계나 일에서 특징적인 태도나 행동을 측정하는 척도(CYN, ASP, TPA, SOD), 갈등이나 스트레스의 주요 원천으로서의 가정과 직장(FAM, WRK), 그리고 정신병적 증상(BIZ)과 치료에 대한 예후(TRT)를 측정하는 척도들이 있다. 내용 척도를 살펴보면 환자의 가정이나 직장에서의 생활은 어떤지, 행복의 주요 원천이라고 할 수 있는 대인관계나 직업에서의 특징적인 행동패턴은 무엇인지, 현재 어떠한 고통을 받고 있으며, 심리적 고통이나 증상의 성격이

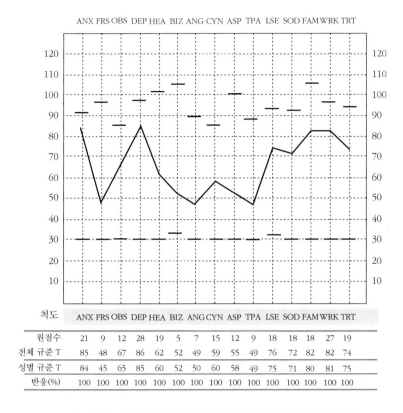

척도	ANX	FRS	OBS	DEP	HEA	BIZ	ANG	CYN	ASP	TPA	LSE	SOD	FAM	WRK	TRT
원점수	21	9	12	28	19	5	7	15	12	9	18	18	18	27	19
전체 규준 T	85	48	67	86	62	52	49	59	55	49	76	72	82	82	74
성별 규준 T	84	45	65	85	60	52	50	60	58	49	75	71	80	81	75
반응(%)	100	100	100	100	100	100	100	100	100	100	100	100	100	100	100

[그림 6-5] 김혜진 여사의 MMPI-2 내용 척도 프로파일

출처: 한경희, 김중술 등(2011)이 저술한 다면적 인성검사 II 매뉴얼 개정판에서 발췌되었음.
본 내용의 인용은 (주)마음사랑의 허락을 받았음.

신경증의 범위를 벗어나 있는지, 그리고 치료에 대해 어떠한 반응을 보일지 짐작할 수 있다. 내용 척도에서의 T점수가 전반적인 부적응의 지표인 A보다 높으면 특히 그 영역에서의 어려움이 시사된다. TRT의 경우 DEP와 매우 상관이 높을뿐더러($r=.89$), 오히려 TRT 점수가 높을수록 예후도 좋았다는 결과도 있으므로 해석에 주의를 요한다(Rosik & Borisov, 2010). 〈표 6-10〉은 내용 척도와 내용 소척도를 정리한 것이다. [그림 6-5]는 김혜진 여사의 내용 척도 프로파일이다.

김혜진 여사의 내용 척도 프로파일을 보면, ANX, DEP가 85T를, FAM, WRK가 80T를 넘고 있으며, LSE, SOD, TRT가 70T 이상이다. DEP 소척도의 경우, 자살사고(58T)를 제외한 모든 소척도가 70T 이상이었다(D1 85T, D2 79T, D3 79T). 이는 척도 2의 상승과 더불어 내담자가 거의 모든 우울증의 증상을 심각하게 경험하고 있음을 시사한다. 예상보다 낮은 자살 가능성은 RC 프로파일에서 시사된 바와 같다. ANX는 과도한 걱정,

표 6-10 | MMPI-2 내용 척도 및 내용 소척도

내용 척도	기술 및 해석
ANX: 불안 (23문항)	과도한 걱정, 긴장, 수면곤란과 주의집중의 문제를 포함한 일반화된 불안을 나타낸다. 공황 상태에 가까운 정신적 붕괴에 대한 두려움과 실망, 재정적 어려움, 실행하지 못하는 결정 등으로 인해 극도로 쉽게 동요되고 압박감을 받는 느낌을 포함한다.
FRS: 공포 (23문항)	일반적인 두려움과 특정 공포를 나타낸다. 1) 고전적 공포 유형의 특정 공포, 2) 쥐, 뱀, 거미와 같은 동물들, 3) 지진, 번개, 폭풍, 불, 물과 같은 자연적 현상, 4) 세균, 세포 조직의 손상을 통한 신체적 상실, 5) 일반적인 신경증적 두려움을 인정하는 문항들로 되어 있다. FRS1(일반화된 공포): 공포불안, 일부는 정신증과 연관되며 1), 4), 5)에 있는 대부분의 문항을 포함한다. FRS2(특정 공포): 흔한 특정 공포들로 2), 3)의 대부분의 문항을 포함한다.
OBS: 강박성 (16문항)	지나치게 분주해 보이지만 상당히 비효율적인 인지적 활동을 주로 표현한다. 우유부단함, 침습적 사고, 세부사항에의 몰두, 자기회의 등 의사결정에 압력을 가하는 끝없는 고려사항들에 전념하거나 행동을 취하는 것에 대한 두려움을 반영한다. 낮은 점수의 경우 자기확신을 가지고 신속한 의사결정을 보인다.
DEP: 우울 (33문항)	깊은 근심, 불쾌감, 침울함, 피로, 흥미상실, 자기비난, 성마름 등을 반영한다. 낮은 점수는 고양되거나 팽창된 기분을 나타내기보다는 우울함의 부재(또는 부정)를 시사한다. 척도 2와 중복되는 9문항 중 8문항이 D5에 있다. DEP1(동기 결여): 절망감, 동기 상실, 무감동, 무쾌감증, 자포자기한 느낌 DEP2(기분 부전): 불쾌하고 우울한 기분의 주관적인 불행감 DEP3(자기비하): 자기불만족, 죄책감, 도덕적 실패감, 부정적 자기개념 DEP4(자살 사고): 죽고 싶어 하며, 자살 사고를 지지하는 상당한 염세주의
HEA: 건강염려 (36문항)	높은 점수는 건강에 대한 염려나 몰두, 스트레스에 대한 반응으로 인한 신체화 경향을 반영한다. 환자들은 대체로 피로, 불면, 신경과민 등을 나타내며, 염세주의, 분노 표현문제와 같은 성격적 특성 또한 드러낼 수 있다. HEA1(소화기 증상): 메스꺼움, 구토, 위통과 같은 상부 GI 통증과 변비 HEA2(신경학적 증상): 감각과 운동 문제, 의식상실, 다른 두부 문제 호소 HEA3(일반적인 건강염려): 좋지 못한 건강 상태와 건강에 대한 걱정과 몰두
BIZ: 기태적 정신상태 (23문항)	망상적 사고가 아니라고 해도 독특하고 이상한 생각을 반영한다. 높은 점수를 보이는 사람들은 타인의 악의에서 비롯되었다고 여기는 침입적이고 파괴적인 생각과 경험으로 괴롭힘을 당하고 있다고 보고한다. BIZ1(정신증적 증상): 환청, 환시, 피해 및 조종 망상과 같은 정신증적 상태에 특징적인 양성증상 혹은 부차적 증상들을 반영한다. BIZ2(분열형 성격 특성): BIZ1에 비해 정신증적 내용이 덜하지만, 기이하고 특이하며 비현실감, 침습적 사고, 기이한 감각 경험을 보고한다.

ANG: 분노 (16문항)	분노 충동 및 분노 삽화를 보고한다. 높은 점수를 받은 사람들은 성마르고 감정을 잘 조절하지 못하며 좌절을 견디지 못하고 자주 화를 표현한다. 이로 인해 재산 파괴, 타인에 대한 상해를 야기할 수 있다. ANG1(폭발적 행동): 사람에게 상해를 입히고 기물을 파손하는 폭발적이고 격렬한 행동을 보이는 에피소드들을 반영한다. 분노 통제의 어려움이 있으며 충동에 비해 행동이 두드러지는 편이다. ANG2(성마름): 분노와 성마름의 정도가 높지만 자신의 감정에 대해 고통과 당혹감을 보고한다. 분노와 억제의 주제가 결합되어, 논쟁적이고 불평하고 핑계를 대고 성급하고 수동-공격적인 반응을 보인다.
CYN: 냉소적 태도 (23문항)	사람들이 파렴치하고, 부도덕하며, 이기적이고, 불성실하고, 비겁한 동기를 실행한다는 근거 없는 염세적 신념을 반영한다. 높은 점수의 경우, 삶을 정글로 보며, 사람들 모두 이기적이고 비도덕적이라고 합리화하여 자신의 위선, 속임수 등을 정당화한다. CYN1(염세적 신념): 사람들이 기만적이고, 이기적이며, 동정심이 없고, 믿을 수 없다는 관점을 반영한다. CYN2(대인적 의심): 냉소적, 적대적, 착취적인 행동의 표적이 되어 다른 사람을 의심하고 경계할 때 느끼는 주제를 반영한다. 예로, 쉽게 비난받는다고 여기고 타인을 의심하고 경계한다. CYN1에 비해 더 불쾌감을 느낀다.
ASP: 반사회적 특성 (22문항)	타인의 동기와 감정에 대한 냉소주의와 둔감함을 반영한다. 규칙이나 관습을 어기는 일에 동정적이며 과거 규칙을 어기고, 권위적 대상과 갈등을 겪었음을 인정한다. 반사회적 행동보다 태도에 더 초점이 주어져 있다. 반사회적 ASP1(태도): 비도덕성, 공감의 결함, 타인에 대한 일반화된 분노가 암묵적인 주제이다. 출세를 위해 거짓말하고 사기를 치며, 유혹하기 때문에 훔치고, 곤경을 피하기 위해 정직함에 의존한다는 신념을 반영한다. 반사회적 ASP2(행동): 절도, 무단결석, 정학, 학교 및 법적 당국과의 갈등을 포함하는 비행의 과거력을 보고한다.
TPA: A 유형 행동 (19문항)	A 유형 성격의 세 요소(빠른 속도와 성급함, 직무 관여도, 지나친 경쟁심) 중 두 요소를 포함한다. 높은 점수의 경우, 쉽게 적대감이나 복수심을 느끼며, 자기중심적이고, 분개하고, 의심이 많고, 공감이 부족하다. TPA1(조급함): 기다리는 것을 참지 못하고 시간에 촉박함을 반영한다. 줄을 서서 기다리거나, 방해를 받을 때 짜증을 낸다. TPA2(경쟁 욕구): 경쟁심보다는 분노, 복수심, 가학성에 대해 기술하고 있다. 높은 점수의 경우, 대항하는 사람에 맞서 우위를 점하거나 보복하기를 원하고 그들의 경쟁적 우위에 대해 흡족해한다. 하찮은 이유로 반대하는가 하면 싫어하는 사람의 불운을 즐기고, 속았다는 느낌에 분개한다.
LSE: 낮은 자존감 (24문항)	개인적으로 대인관계에서 결함이 있다고 느끼고, 자신감이 저하되어 있고, 쉽게 자신을 비난하며, 어려움에 직면하여 쉽게 포기하는 경향을 반영한다. LSE1(자기회의): 자신이 열등하고 부적절하다는 확신과 평가 절하된 정체성을 포함하는 부정적 자기태도를 나타낸다. LSE2(순종성): 수동성, 타인에게 비굴한 복종, 암묵적인 책임감의 회피를 반영한다.

SOD: 사회적 불편감 (24문항)	높은 점수는 내향성을, 낮은 점수는 외향성을 나타낸다. 수줍음과 자의식; 당혹감, 어색함, 어리석은 행동을 할 것에 대한 두려움; 과묵함; 드러나고 싶지 않은 욕구; 모임이나 낯선 사람에 대한 회피; 혼자 있는 것을 선호함을 나타낸다. SOD1(내향성): 무쾌감증, 집단 및 사회적 상황의 회피, 대인관계에 대한 혐오, 혼자 있는 것을 선호하는 특징이 강조된다. Si2의 모든 문항이 포함되어 있다. SOD2(수줍음): 자의식, 사회적 억제, 수줍음, 쉽게 당황함, 사회관계에서의 불편감을 반영한다. 모든 문항이 Si1에 포함되어 있다.
FAM: 가정 문제 (25문항)	가족 간의 부조화와 불화를 나타낸다. 갈등, 질투, 오해나 소홀함으로 소란스럽다. 관심, 애정, 지지의 부족으로 가족은 정서적 자양분이 될 수 없는 장소로 여겨지며 박탈감을 느끼는 가운데 서로에게 신랄하고 적대적으로 반응한다. FAM1(가정불화): 가정 내 갈등과 원한을 강조, 가족 구성원들은 비난하고, 싸우기를 좋아하고, 짜증스럽다. FAM2(가족 내 소외): 가족들로부터의 정서적 이탈을 반영한다. 상실, 분노, 체념, 무관심이 수반된다. 높은 점수는 더 이상 정서적 지지를 제공받지 못하는 가족관계와의 단절을 시사한다.
WRK: 직업적 곤란 (33문항)	일의 맥락에서 형성되어 온 고통과 무능력을 나타낸다. 직업 수행력과 관련한 긴장, 걱정, 패배주의, 피로, 자신감 부족, 주의산만과 우유부단함, 포기 경향성 등을 포함한다. 높은 점수를 받은 사람들은 결함이 있고 무능하다고 느끼거나 그런 식으로 자신이 보이기를 원하고, 낮은 점수는 자신감, 인내, 적절한 에너지 자원, 협력하는 능력들을 시사한다.
TRT:부정적 치료 지표 (26문항)	계획을 세우고 결정, 목표를 달성하는 것에 대한 무망감, 타인들이 돌보아 주거나 이해하지 못한다는 느낌, 치료자를 포함한 타인을 신뢰하지 못하는 태도 등을 반영한다. TRT1(낮은 동기): 무감동, 외적 통제 소재, 개인적 자원 고갈 때문에 장애물에 직면했을 때 쉽게 포기하는 경향을 나타낸다. TRT2(낮은 자기개방): 자발적으로 개인정보를 말하려고 하지 않으며, 개인정보를 개방하도록 요청받을 때 상당한 불편감을 겪는 것을 반영한다.

긴장, 수면곤란과 주의집중의 문제를 포함한 일반화된 불안을 나타낸다. 정신적 붕괴에 대한 두려움과 실망, 재정적 우려, 실행하지 못하는 결정 등에 대한 회한은 현재 내담자의 심리 상태와 일치한다.

FAM에는 원가족과의 관계와 현재의 가족관계가 모두 반영되는데, FAM2(82T)가 FAM1(58T)보다 훨씬 높은 것은 이혼으로 갈등관계가 정리된 반면 소외감이 심해진 것을 반영하는 것 같다. 한 번도 직장생활을 해 보지 않은 내담자의 WRK가 높게 상승한 것은 이 척도와 A, RCd의 높은 상관에서 비롯된 것으로 보인다. 높은 TRT 역시 높은 DEP와 관련하여 이해되어야 할 것이다. 높은 LSE(LSE1 69T, LSE2 73T)는 갈등적이었던 성장환경과 이후의 대인관계 실패와 관련 있어 보인다. 자신의 장점과 가치를 발견하도록 돕는 긍정심리의 치료적 맥락이 도움이 될 것이다. 또한 수줍음에 비해 성향적인 요소가 강하긴 하나 SOD(SOD1 71*T*, SOD2 58*T*)는 대인관계 측면에서 치료적 도움이 필요함을 시사한다.

HEA의 상승은 척도1, RC1의 상승과 같은 맥락에서 이해될 수 있으며, 52*T*의 BIZ는 RC 척도들과 더불어 정신병적 요소의 가능성을 배제해 준다. 냉소적인 태도가 없지는 않으나 분노나 적대감과 관련된 ANG(ANG1 47*T*, ANG2 59*T*), ASP(ASP1 58*T*, ASP2 49*T*), TPA(TPA1 65*T*, TPA2 42*T*) 척도들의 수준은 내담자의 분노가 상황과 관련되어 있으며, 대상 역시 제한되어 있음을 시사한다. 이 두 척도가 Sc5(60*T*)보다 낮음에 주목하라. 내담자의 조급함(TPA1 65*T*) 역시 치료적 관심의 대상이 되어야 할 것이다.

8. 보충 척도

MMPI가 개발된 이래 이를 바탕으로 600개가 넘는 척도들가 특수한 목적을 위해 연구되고 개발되었다. 흔히 특수 척도로 불리는 이 척도들은 지배성과 같이 성격 차원을 측정하기 위한 척도에서부터, 알코올중독과 같이 임상 척도로부터 직접 평가할 수 없는 이상행동의 특수한 패턴을 확인하기 위한 척도에 이르기까지 다양하다. MMPI-2에서는 상당히 보편적으로 사용되면서 신뢰도와 타당도가 확보된 15개의 특수 척도를 보충 척도로 채택하고 있다.

보충 척도에는 MMPI-2의 두 차원을 대표하는 두 척도(A, R), 정신역동적 심리치료에 대한 예후의 지표로 만들어진 E_s(자아강도) 척도, 긍정적 지배성을 측정하는 Do(지배성) 척도와 행동에 대한 책임 및 집단에 대한 의무감을 측정하는 Re(사회적 책임감) 척도가 있다. 그리고 대학 생활, 결혼 생활 및 외상적 스트레스와 관련된 세 척도(Mt, MDS, PK), 적대감과 관련된 두 척도(Ho, O-H), 물질남용과 관련된 세 척도(MAC-R, APS, AAS), 성역할과 관련된 두 척도(GM, GF)가 있다.

A와 R은 MMPI-2의 대표적인 두 차원을 반영한다. 이 두 척도는 요인분석을 바탕으로 Welsh(1956)에 의해 개발되어, Welsh의 A, Welsh의 R이라고도 한다. A는 일반적인 부적응/주관적 고통을, R은 정서적 통제와 억제의 차원을 대표한다. A와 R은 임상가가 환자에게 갖는 중요한 두 가지 물음, 즉 현재 환자가 경험하는 고통의 수준은 어느 정도이고, 전반적인 정서적, 행동적 통제의 수준은 어느 정도인지에 대한 답을 해 준다. A와

같은 차원에 DEP, ANX 등 부적 정서와 관련된 척도들이 있다. 특히 WRK, Mt, PK 등 스트레스와 관련된 척도들이 같이 부하되어 있음을 볼 때, 이 차원은 스트레스에 대한 탄력적인 적응의 실패로 인한 주관적인 고통과 밀접히 관련 있어 보인다. RCd 역시 이 차원에 높게 부하되어 있다.

R로 대표되는 정서적 통제 차원에 같이 부하되는 척도로는 L, 척도 2와 3, RC2, Re, O-H, INTR 등이 있다. DEP와 달리 척도 2와 RC2가 이 차원에 부하된 것은 이들 척도가 강조하는 우울의 차원이 다르기 때문인 것으로 보인다. 이 차원의 반대쪽에는 행동적인 통제의 결여를 나타내는 DISC, 척도 9, MAC-R, AAS, ASP, AGGR과 RC4가 있다. 물질 사용과 관련된 모든 척도가 이 차원에 높게 부하되어 있음은 물질 사용이 행동통제의 상실과 밀접한 관련이 있음을 시사한다.

E_s는 정신역동적 심리치료에 대한 예후의 지표로 '정신신경증적'인 외래환자를 대상으로 개발되었다(Barron, 1953). 이 척도는 스트레스하에서의 통제, 조직, 탄력성의 지표로 기능하는 것으로 보이므로 스트레스 내성 지표로 볼 수 있다. 또한 TRT와 더불어 환자의 예후를 가늠해 볼 수 있는 척도이다. TRT가 높더라도 E_s가 높으면 예후는 나쁘지 않다. Do(지배성) 척도는 긍정적인 사회적 지배성을 확인하기 위하여 개발되었고(Gough, McClosky, & Meehl, 1951), Re 척도는 "자신의 행동의 결과를 기꺼이 받아들일 준비가 되어 있고, 믿고 의지할 만하며, 집단에 대해 의무감을 가지고 있는 정도"를 확인하기 위해 개발되었다(Gough, McClosky, & Meeh, 1952). 책임감 있는 사람이란 단체의 관습, 규준, 정책, 절차 등을 준수하고 지지하는 임무를, 그리고 단체의 목표를 진전시키는 임무를 믿고 맡길 수 있는 사람이다. 이 척도는 고용 선별과정에서 광범위하게 사용된다(Butcher & Williams, 1992).

스트레스와 관련된 세 척도 중 Mt는 정서적인 문제로 치료를 받고자 대학교 정신건강 클리닉을 찾는 대학생들을 확인하기 위해 개발되었고(Kleinmuntz, 1960), PK는 외상후 스트레스 장애를 가려내기 위해 PTSD로 진단된 100명의 베트남 참전용사의 반응을 근거로 개발되었다(Keane, Malloy, & Fairbank, 1984). 이 두 척도는 서로 .90 이상의 상관이 있을뿐더러 A와도 같은 정도의 상관을 보인다. 이러한 결과는 두 척도가 일반적인 부적응과 주관적인 고통에 더욱 민감하고 특정 장애에 덜 민감함을 시사한다. MDS는 결혼관계에 대한 부부(정상 커플 및 부부상담을 받는 커플)의 평정치와 문항 간 상관을 근거로 개발되었다(Hjemboe, Almagor, & Butcher, 1992). 이 척도는 현재의 가족관계를 반영하므로 주로 원가족과의 관계를 반영하는 Pd1과 비교하면 유용한 정보를 얻을 수 있다.

　　Ho(적대감) 척도는 학생들과 관계하는 교사들의 능력을 예측하기 위해 개발되었다 (Cook & Medley, 1954). Ho 척도는 '사람들은 결코 선하지 않다'는 냉소적인 태도를 강조한다. 지배와 복종, 온정과 냉정은 수직적, 수평적인 관계를 가늠할 수 있는 대인관계의 중요한 두 차원이다(Wiggins, 1979). PAI의 경우, 이 차원을 측정하기 위해 별도의 척도를 두고 있다. Ho 척도는 Do 척도와 더불어 환자가 대인관계 차원의 어디에 위치해 있는지 가늠하게 해 준다. 또한 내용척도의 CYN, ASP, TPA, SOD와 더불어 환자의 대인관계 양상에 대해 보다 풍부한 정보를 제공해 줄 것이다. O-H 척도는 높은 수준의 적대적 충동을 가지고 있으면서, 동시에 그 표현이 경직되어 있고, 무의식적으로 상당히 억제하는 수감자들의 특성을 확인하기 위하여 개발되었다 (Megargee, Cook, & Mendelsohn, 1967). 이 척도는 평소에 얌전하던 사람이 대수롭지 않은 일에 폭발적인 행동을 할 수 있음을 예측하게 해 주므로 주의가 필요하다.

　　물질 사용과 관련된 세 척도 중 MAC-R은 200명의 알코올중독 외래환자의 반응에 근거하여 개발한 MAC(MacAndrew, 1965)를 MMPI-2에 맞게 개정한 것이다(McKenna & Butcher, 1987). 이 척도는 알코올 이외의 물질에 대한 중독 가능성도 잘 예측해 주는 반면 고용 선별이나 양육권 분쟁에 있는 집단, 여성, 49/94 패턴을 보이는 환자들의 경우 허위 양성의 비율이 높으므로 사용에 주의를 요한다. APS는 물질남용 집단과 정상집단 및 정신과 환자집단의 반응을 근거로 개발되었다(Weed, Butcher, McKenna, & Ben-Porath, 1992). 이 척도는 프로파일에서 비교적 높은 수준의 심리적 고통(이를테면 A, 척도 2, 7, 8 등)을 보이는 환자들의 지속적인 남용의 문제에 더 민감할 수 있다. AAS는 물질 사용 및 이와 관련된 문제들을 인정하는 MMPI-2 문항들의 내적 합치도를 근거로 개발되었다(Weed et al., 1992). 이 척도는 크게 물질 사용문제에 대한 결정적 문항들의 집합으로 기능한다.

　　성역할과 관련된 두 척도(GM, GF)는 독립적인 남성적, 여성적 성역할 동일시를 측정하기 위해 개발되었다(Peterson & Dahlstrom, 1992). MMPI-2 재표준화 표집에서 같은 성의 구성원들이 70% 이상 시인하면서 반대 성의 구성원들이 10% 미만으로 시인하는 문항들로 되어 있다. 재표준화 표집에서 두 척도의 상관은 -.10이었다. 이는 두 척도가 아주 독립적임을 시사한다.

　　보충 척도를 통해 MMPI-2의 두 요인(A, R)과 대인관계의 두 요인(Do, Ho)에서 환자의 위치를 파악할 수 있고, 대학생활(Mt)이나 결혼생활(MDS), 또는 다른 외상적 사건 (PK)으로 인한 스트레스로 고통을 받는 정도와 이를 감당할 수 있는 여력(E_S) 및 사회적

표 6-11 MMPI-2 보충 척도

보충 척도	기술 및 해석
A: 불안 (39문항)	의사결정과 집중의 어려움, 불쾌감, 불안감, 걱정, 피로, 좌절, 자신감의 부족, 열등감, 고립된 느낌 등을 반영한다. 높은 점수의 경우, 경험하는 불안이 외부적인 위협에 대한 느낌보다 그들 자신의 무능함에 대한 느낌으로 나타난다. 개인적인 템포가 느리고, 자존감이 낮으며, 사회적인 상황에서 안정감이 결여되어 있다. 다른 사람들과의 상호작용을 불편해하며, 소극적이고, 쉽게 당황한다. 또한 스트레스 상황에서 건설적인 대처 능력이 제한되어 있다. 낮은 점수의 사람들은 타당도 지표의 패턴이 지나치게 방어적이지 않다면 편안하고, 친절하며, 자신의 능력에 대해 자신감을 보인다.
R: 억압 (37문항)	정서를 억제하고, 감정을 자극할지도 모르는 사람이나 환경과의 상호작용을 회피하는 것을 시사한다. 높은 점수의 경우, 복종적이고, 쉽게 흥분하지 않으며, 인습적이고, 예측 가능하다. 갈등을 유발하는 상황을 꺼리며 과잉 학습된 환경에 안주하는 것을 선호한다. 정서는 내면화되어 있고, 직접적으로 표현되지 않는다. 대부분의 어려움을 합리화하는 경향이 있으며 사고는 분명한 반면, 통찰은 아주 제한되어 있다. 낮은 점수는 감정과 충동에 대한 즉각적인 접근, 개방성 등을 시사한다.
E$_S$: 자아강도 (52문항)	신체적, 생리적 안정성; 대처능력이나 대처의 적절성; 도덕적 태도; 현실감각; 공포나 유아기적 불안을 반영한다. 높은 점수를 받은 사람들은 재치 있고 자립적이며, 원칙과 결단력이 있고 진취적이며 참을성이 있다. 이들은 스트레스에 효과적으로 대처한다. 낮은 점수를 받은 사람들은 불안정하고 과잉반응하며, 스트레스에 직면했을 때 혼란에 빠지기 쉽다. 대처 책략과 정서적 자원이 제한되어 있을 가능성이 높고 이와 관련하여 상당한 불안정감, 열등감 및 부적절감으로 고통을 받는다.
Do: 지배성 (25문항)	자신감, 독립성, 이완성, 솔직성, 개인의 안전감; 주의산만, 우유부단, 걱정, 죄책감, 편견 등으로부터의 자유로움; 사교성, 좋은 사회적 기술과 판단력, 건설적인 사회적 태도, 꾸준함, 자제력 등을 반영한다. 높은 점수의 경우, 편안하고, 침착하며, 창의적이고, 사회적 관계에서 영향력이 있다. 자신감이 있고, 효율적이며, 자원이 풍부하고, 참을성이 있다.
Re: 사회적 책임감 (30문항)	규칙과 기대에 대한 순응; 학교에서의 모범적 행동; 낮은 자극추구와 과민성; 자의식, 분노, 분개, 냉소적 태도 등의 부인; 갈등의 회피; 자기충족 등을 반영한다. 높은 점수를 받는 사람들은 관습에 순응적이면서 관대하고 차분하다. 꾸준함, 타인과의 협동, 업무와 관련된 다양한 형태의 성실성에 우선권을 두는 구조화된 환경에서 최상의 수행과 성취를 보인다.
Mt: 대학생활 부적응 (41문항)	낮은 자존감, 활력 부족, 냉소적 태도/안절부절못함의 세 요인으로 구성되어 있다. 높은 점수의 경우, 무능하고 비관적이며 매사에 늑장을 부린다. 불안하고, 걱정이 많고, 스트레스하에서 신체증상을 보이며, 삶이 고달프다고 느낀다. 일반적인 부적응/주관적 불편감의 요인에 부하량이 높고, PK 및 A, RCd, 척도 7과 .90 이상의 상관을 갖는다.
PK: 외상후 스트레스 장애 (46문항)	불안, 걱정, 수면장애; 죄책감과 우울감; 침습적 사고와 감정조절의 어려움; 이해받지 못하고 학대받는 느낌 등 심리적 혼란의 내용을 다루고 있다. Mt 및 A, RCd, 척도 7과 .90 이상의 상관을 갖는다. 일반적인 부적응/주관적 불편감의 요인에 부하량이 높고, PK 및 A, RCd, 척도 7과 .90 이상의 상관을 갖는다.

MDS: 결혼생활 부적응 (14)	가족 간의 갈등, 놓쳐 버린 기회에 대한 아쉬움, 인생이 실패했다는 느낌 등을 반영한다. 높은 점수는(특히 남자의 경우) 가족관계에 초점을 둔 유의한 불쾌감과 고통을 시사한다. 이들은 우울하고, 화가 나 있으며, 삶이 힘들다고 느끼고 있고, 대인관계도 제한되어 있다. 결혼 관계에 있지 않은 환자들에게는 적합하지 않을 수 있다.
Ho: 적대감 (50문항)	냉소적 태도, 과잉 민감성, 공격적 반응, 사회적 회피의 네 요인으로 되어 있다. 적대감보다는 냉소적 태도를 강조한다. 높은 점수를 받는 사람들은 냉소적이고, 의심이 많고, 적대감보다는 증오심이, 분노보다는 비열함이 크다. 다른 사람이 처벌받는 것을 은근히 즐기고, 사람들을 믿지도 않고, 친절이나 온정을 베풀지 않는다. 그래서 소외되기 쉽고, 정서적으로나 대인관계에서 고립되기 쉽다. 낮은 점수를 받는 사람들은 너그럽게 다른 사람들을 평가하고, 그들과 잘 지내기를 바란다.
O-H: 적대감 과잉통제 (28문항)	적대감/분노, 충동의 과잉통제, 이에 대한 인식 부족을 반영한다. 높은 점수의 경우, 아주 도발적인 자극에도 적절하게 대응하지 않는 반면, 분노와 적대감을 축적했다가 예기치 못하게 폭력적이고 파괴적인 폭발을 일으키는 경향이 있다. 이들은 경직되어 있고, 사회적으로 소외되어 있으며, 어떤 형태의 심리적인 어려움도 인정하기를 꺼린다. 성급함, 성마름, 분노를 부정하고, 정서적으로 절제되어 있고 냉담하다고 스스로를 묘사한다. 3-4/4-3 코드 유형과 관련이 있다.
MAC-R: MacAndrew의 알코올중독 (49문항)	인지적 손상, 학교 부적응, 대인관계 능력, 위험 감수, 해로운 습관, 남성적 흥미 등의 요인이 있다. 높은 점수를 받은 사람들은 대담하고 활기차며, 자신감이 있고 자기주장을 잘하고, 외향적이고, 충동적이며 쾌락과 자극을 추구하고, 반항적이며 권위에 분개하고, 체포된 적이 있거나 법적인 문제를 겪었을 수 있다. 남들과 잘 어울리나 사회적 관계는 보통 깊이가 없고 피상적인 수준에서 유지된다. 낮은 점수를 받은 사람들은 소심하고, 무력하고, 통제되어 있으며, 권위를 존중하고 공격적이지 않다. 알코올 남용자의 판별에 대한 연구 결과는 일관성이 없으므로 개정된 MAC-R 점수를 사용하여 특정 개인의 약물 남용(혹은 그 가능성)을 예언하는 것은 주의를 요한다.
APS: 중독 가능성 (39문항)	해로운 습관, 긍정적인 치료 태도, 사교성, 경조증, 위험감수, 수동성의 여섯 요인이 있다. 높은 점수의 경우 과잉 민감성, 죄책감, 성마름, 정서적 고통과 더불어 책임감이 없고, 행동화할 가능성이 시사된다. 다른 두 척도에 비해 물질남용의 판별력이 떨어진다.
AAS: 중독 인정 (13문항)	음주 문제를 인정하는 강한 한 요인과 알코올 이외의 물질사용 및 이로 인한 사회생활의 문제를 나타내는 약한 두 요인이 있다. 높은 점수의 경우, 물질사용 및 이와 관련된 문제들을 인정한다. 낮은 점수를 받는 사람들은 부인하는 사람들이다.
GM: 남성적 성역할 (GM)	두려움이나 불안 및 신체증상의 부인; 전형적인 남성적 활동에 대한 관심; 전형적인 여성적 직업 흥미의 부인; 감수성 부인, 독립성과 과단성 강조를 반영한다. 높은 점수의 경우, 자신감, 솔직 담백함, 목표에 대한 집념, 걱정, 사회적 억제 등으로부터의 자유로움 등 전통적으로 남성적 강인함의 일부로 여겨져 온 속성들을 보이는 경향이 있다. 점수가 높은 경우 남, 녀 모두 잘 지내는 경향이 있다.
GF: 여성적 성역할 (GF)	학교에서의 말썽이나 법적인 문제 부인; 물질사용 등 비사회적, 반사회적 행동의 부인; 전형적인 여성적 역할 선호; 전형적인 남성적 역할에 대한 거부; 감수성 인정; 여성으로서의 만족감과 동일시를 반영한다. 높은 점수는 사회적으로 세심한 주의, 신뢰성 있고 순종적이며, 책임 있는 위치에서 부적절한 행동과 갈등을 피하는 전통적인 여성적 속성과 연관되어 있다.

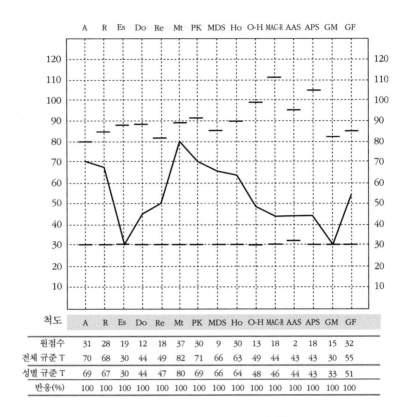

척도	A	R	Es	Do	Re	Mt	PK	MDS	Ho	O-H	MAC-R	AAS	APS	GM	GF
원점수	31	28	19	12	18	37	30	9	30	13	18	2	18	15	32
전체 규준 T	70	68	30	44	49	82	71	66	63	49	44	43	43	30	55
성별 규준 T	69	67	30	44	47	80	69	66	64	48	46	44	43	33	51
반응(%)	100	100	100	100	100	100	100	100	100	100	100	100	100	100	100

[그림 6-6] 김혜진 여사의 MMPI-2 보충 척도 프로파일

출처: 한경희, 김중술 등(2011)이 저술한 다면적 인성검사 II 매뉴얼 개정판에서 발췌되었음.
본 내용의 인용은 (주)마음사랑의 허락을 받았음.

책임감(Re), 행동 통제력의 상실(Ho, O-H), 물질사용(MAC-R, APS, AAS)의 가능성, 그리고 성역할(GM, GF)과 관련된 정보를 얻을 수 있다. 임상 소척도나 내용 척도, RC 척도들이 MMPI-2 해석의 내실을 다지는 데 기여하고 있다면, 보충 척도들은 일부 내용 척도와 더불어 그 외연을 확장하는 데 기여하고 있다.

〈표 6-11〉은 보충 척도들의 내용을 정리한 것이다. [그림 6-6]은 김혜진 여사의 보충 척도 프로파일이다.

보충 척도 프로파일을 보면 Mt가 가장 높고, A, R, PK가 70 T 수준이다. A, R을 통해 현재 환자가 경험하는 고통의 수준이 아주 높고 정서적으로 매우 억압되어 있음을 알 수 있다. 또한 행동통제의 수준 역시 낮지 않음을 짐작할 수 있다. 높은 PK 점수는 성장환경과 아울러 이 척도와 A의 관련성에서 이해되어야 한다. Mt 척도 역시 마찬가지이다. 하지만 80 T를 넘어서는 Mt 점수는 내담자의 대학생활이 편치 않았음을 시사한다. 대인관계 향상을 돕는 치료적 절차가 다시 한 번 강조된다. 적대감 역시 적지 않으나(63T), 이는 상황적인 요인이 많이 관련되어 있다. 낮은 GM(30T)과 Do(44T)는 다분히 의존적인 환자의 성향을 반영한다.

E$_s$가 30T인 것에 주목하라. K(50T)보다 현저히 낮은 E$_s$는 내담자가 실제 이상으로 자신의 대처능력을 평가하고 있음을 의미한다. 이는 또한 RCd와 더불어 스트레스에 대한 대처능력의 향상이 무엇보다 시급한 과제임을 시사한다.

9. PSY-5

PSY-5(성격병리 5요인) 척도는 정상적인 기능과 임상적 문제 모두와 관련되는 성격 특질들을 평가하기 위해 제작되었다(Harkness, McNulty, & Ben-Porath, 1995). 제작자들은 정상 성격이나 성격장애를 기술하는 230개의 표현을 바탕으로 다섯 개의 구성개념을 이끌어 낸 다음 MMPI-2 문항들과 구성개념 간의 일치도에 대한 대학생들의 평정을 바탕으로 척도를 구성하였다.

PSY-5는 5요인 모형과 일치하지는 않으나 유사점이 많다. AGGR(공격성)은 우호성의 반대편에 있으며, DISC(통제결여)는 성실성과 반대편에 있고, NEGE(부정적 정서성/신경증)는 신경증(혹은 정서적 안정성)과 일치한다. 그리고 INTR(내향성/낮은 긍정적 정서성)은 외향성과 대응된다.

DISC와 INTR은 원래 얻어진 구성개념(통제감, 긍정적 정서성/외향성)과 반대로 명명되었다. 이는 PSY-5의 다른 척도들이나 MMPI-2의 척도들과 유사한 함의를 갖도록 하기 위한 것으로 보인다. 내향성과 낮은 긍정적 정서성이 함께 묶인 이유는 행복과 외향성의 관계로 짐작할 수 있다. 행복과 관련된 또 하나의 성격요인인 탄력성은 부분적으로 NEGE에 반영된다. 〈표 6-12〉는 PSY-5를 구성하는 각 요인의 특징을 정리한 것이다. [그림 6-7]은 김혜진 여사의 성격병리 5요인 척도 프로파일이다.

성격병리 5요인(PSY-5) 척도의 프로파일은 높은 INTR(80T), NEGE(69T)와 낮은 AGGR(37T)로 특징지어진다. INTR의 상승은 내향적인 성향과 아울러 현재 느끼는 행복감의 수준이 매우 낮음을 의미한다. NEGE는 A, DEP, ANX, RCd 등에서 시사되는 낮은 스트레스 대처 능력과 불안, 우울 등의 부정적 정서를 반영한다. PSYC(57T)에서 정신병적 특징의 가능성을 다시금 배제할 수 있고, DISC(47T)에서 적지 않은 통제능력을 확인

표 6-12   PSY-5: 성격병리 5요인 척도

PSY-5: 성격병리 5요인 척도	기술 및 해석
AGGR: 공격성 (18문항)	모욕적이고 약탈적인 공격성, 다른 사람을 지배, 정복, 파괴하고자 하는 적대적인 욕구를 반영한다. 자기주장, 우월감과 통제 회피라는 주제를 강조한다. 공격성, 적대감, 지배성은 잔인하고, 계산적이며, 의도적이고 차가운 경향이 있다. 높은 점수의 경우, 위협을 통해 사람들을 통제하고, 자아개념이 과대하고 팽창되어 있으며, 분노에 차 있다. 공격자와의 동일시, 제로섬 게임으로서의 상호작용, 권위주의적 콤플렉스 등 다양한 편집증적 역동성을 보인다.
PSYC: 정신증 (25문항)	활성화된 정신병적, 피해적 내용과 그 외 특이한 경험, 백일몽, 불신과 의심을 반영한다. 이상한 외모와 행동, 신념을 보이며; 개인의 기능이 위태롭고 대인관계가 소원해질 만큼 물리적, 사회적 세계와의 관계에서 부조화가 있다. 65 T 이상 상승하면 피해의식과 양성증상을 보이며, 환상과 백일몽에 사로잡히고, 현실과 동떨어진 가운데 은밀한 적대감을 지니기 쉽다. 이들은 부당하게 대우받는다고 느끼고 쉽게 분개한다. 14문항을 공유하는 BIZ($r=.94$)에 비해 편집증적 색채가 다소 강하다.
DISC: 통제결여 (28문항)	편의주의적 도덕성, 비행(모두 ASP2에 포함됨), 감각 추구, 충동성과 성적 탈억제. 대담성을 반영하는 행동 통제력 상실의 폭넓은 차원을 다룬다. 높은 점수는 탈억제적인 성격구조를 반영한다. 높은 점수의 경우, 충동조절이 어렵고, 규칙이나 규율에 반항하며, 윤리적인 제약에 무관심하고, 신체적 위협에 대담하며, 자기중심적인 충실성을 보인다. 낮은 점수의 사람들은 관습적이고 동조적이며 통제적인 경향이 있다. 나이가 들수록 점수가 낮아진다.
NEGE: 부정적 정서성/신경증 (33문항)	걱정, 초조, 불안, 긴장; 짜증과 분노; 두려움과 죄책감을 초래하는 스트레스에 압도된 느낌을 반영한다. 스트레스에서 비롯된 불쾌하고 혐오스러운 정서와 이로 인해 파국으로 치달을 만큼 자기통제가 버겁다는 것이 주요 주제이다. 높은 점수의 경우, 무기력하고, 의존적이며, 우유부단하고, 불안정하다. 경계선적 애착, 불만을 호소하면서도 도움을 거부하는 모순적인 태도, 자살, 자해행동을 보일 수 있다. 낮은 점수는 정서적으로 느긋하고 침착한 상태를 반영한다.
INTR: 내향성/ 낮은 긍정적 정서성 (34문항)	사회적 이탈 및 정서적 회복력의 결여를 반영한다. 에너지 수준이나 즐거움을 느끼는 능력의 저하, 사회적 어색함/불편감 및 철수를 나타낸다. 높은 점수의 경우 무쾌감증, 에너지 상실, 낮은 자존감, 사회적 상황을 회피하는 모습을 보일 수 있고, 낮은 점수의 경우 사회적이고 활동적이며 따뜻하며 사회적으로 매력적인 모습을 보인다.

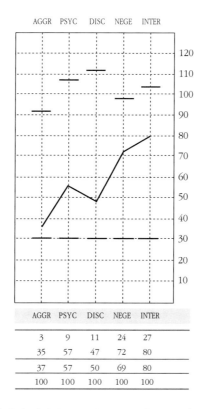

[그림 6-7] 김혜진 여사의 성격병리 5요인(PSY-5) 척도 프로파일

출처: 한경희, 김중술 등(2011)이 저술한 다면적 인성검사 II 매뉴얼 개정판에서 발췌되었음.
본 내용의 인용은 (주)마음사랑의 허락을 받았음.

할 수 있다. 또한 낮은 AGGR은 내담자가 현재 분노하고 있으나 공격적인 사람은 아니
며, 낮은 GM과 관련하여 독립적이고 자기주장적인 측면이 보다 강화되어야 함을 시사
한다.

　내담자는 서로를 의심하며 폭력을 휘두르는 아버지와 이에 맞서는 어머니 사이에서
방패막이의 역할을 하며 자랐다. 어머니의 강요에 가까운 권유로 사귀던 사람과 헤어져
의사인 남편과 결혼했으나 비슷한 환경에서 자란 남편과의 결혼생활은 행복하지 못하였
다. 성장과정에서 사랑을 배울 기회가 제한되었던 점, 학대와 관련된 낮은 스트레스 대
처능력 및 강화받지 못한 대인관계의 역사가 내담자의 주요 문제로 생각된다. 내담자의
부정적인 정서들을 완화시키는 한편 대인관계를 포함한 대처 능력을 향상하고 스스로의
가치와 장점에 주목하도록 하는 지지적인 접근이 요구된다. 긍정심리치료와 인지행동
치료, 특히 변증법적 행동치료가 도움이 될 것으로 생각된다.

10. 결정적 문항

결정적 문항은 환자를 선별하는 데 중지문항(stop item)으로 흔히 사용되는 일련의 문항들이다. 이 문항들은 중요한 정신병리의 존재에 대한 안면타당도를 지니고 있다. 어떤 결정적 문항에 '그렇다'고 시인하는 것은 환자의 주요 관심 영역을 나타내 주나, 안면타당도가 높은 만큼 방어가 용이하며, 따라서 시인하지 않는다고 해서 그러한 관심사가 없다고는 할 수 없다.

결정적 문항은 처음 Grayson(1951)에 의해 직관적으로 개발되었다. 선택된 문항은 명백한 정신병적 행동이나 태도를 시사하는 문항들과 아울러 물질 사용이나 반사회적 태도, 가족 간의 갈등, 성적 관심, 신체적 호소를 반영하는 문항들이었다. 이후 여러 연구자가 합리적인(Caldwell, 1969) 혹은 경험적인(Koss & Butcher, 1973; Lachar & Wrobel, 1979) 근거하에 결정적인 문항 세트를 개발했다. Koss와 Butcher, Lachar와 Wrobel의 문항은 Grayson이나 Caldwell의 문항에 비해 효과적이었다(Koss, 1980). MMPI-2에서는 Koss-Butcher와 Lachar-Wrobel의 결정적 문항을 채택하고 있다. 두 척도 모두 우울, 불안 등의 부적 정서, 분노와 폭력, 알코올이나 물질 남용과 관련된 문제, 특이한 믿음이나 경험 혹은 정신병적 혼란과 관련된 내용을 포함하고 있다. Lachar-Wrobel의 문항에는 반사회적 태도나 성적 일탈과 관련된 내용도 들어 있다. Koss-Butcher의 문항 세트 중 우울/자살 및 알코올중독과 관련된 두 개의 세트는 MMPI-2의 새로운 문항들이 일부 추가되면서 문항의 수가 늘어났다.

결정적인 문항을 환자와 면담할 때 면담재료로 이용하고 면담을 통해 명료화하는 것이 바람직하다는 것이 일반적인 의견이다. 실수나 오해로 답할 수도 있으므로 결정적인 문항에 시인했다고 해서 타당하다고 여겨서는 안 된다. 어떤 경우든 단일한 문항은 정신병리에 대해 신뢰도가 낮은 지표이므로 결정적인 문항을 사용할 때 주의해야 한다.

11. MMPI-2-RF

MMPI-2-RF(Ben-Porath & Tellegen, 2008)는 가장 최근에 개발된 단축되고 재구조화된 형태(Restructured Form)의 MMPI-2이다. 이 새로운 형태의 MMPI-2는 50개의 척도

를 구성하는 338문항으로 이루어져 있다 임상 척도는 RC 척도로 대체되었고 PSY-5 단축형 버전은 그대로 유지되었다. 그 외, ① 단축되었거나 달리 수정된 형태의 VRIN, TRIN, F, F$_P$, FBS, L, K 척도, 새로운 타당도 척도인 비전형 신체반응(F$_S$) 척도, ② 3개의 상위척도로 정서/내면화 장애(EID), 사고장애(THD), 행동/외재화 장애(BED), ③ 5개의 신체적/인지적 척도, ④ 9개의 내면화 척도, ⑤ 4개의 외재화 척도, ⑥ 5개의 대인관계 척도, ⑦ 2개의 흥미 척도 등이다. 단축형이라는 취지에 걸맞게 50개 RF 척도의 절반 이상이 10개 이하의 문항으로 되어 있다. 모든 RF 척도의 규준은 MMPI-2 재표준화 표집에 근거를 두고 있다. MMPI-2-RF의 모든 척도는 이미 MMPI에서 사용 가능한 척도들과 중복된다(Tellegen & Ben-Porath, 2008).

MMPI-2-RF는 RC 척도를 기본 골격으로 하고 있으므로 내용에 바탕을 둔 척도로 볼 수 있다. RC 척도들은 준거와 높은 관련성을 갖는 반면 수검자의 반응자세에 취약하다. 특히 고용 선별과 같은 평가 맥락에서 점수가 낮게 나올 수 있다. 그리고 12~15개 혹은 그 미만의 문항들로 구성된 척도들이 분류목적으로 사용될 경우, 20~40개의 문항으로 구성된 모척도에 비해 신뢰도가 낮을뿐더러 잘못 분류할 가능성이 유의하게 높다(Emons, Sijtsma, & Meijer, 2007). RC 척도에 대한 이러한 취약성의 정도나 규칙성이 아직 충분히 이해되지 못한 상태이므로, MMPI-2-RF 점수를 해석할 때 추가적인 주의가 요망된다. 이 척도는 국내에도 표준화가 되어 있다(한경희, 문경주, 이주영, 김지혜, 2011).

12. MMPI-A

MMPI-2를 그대로 청소년들에게 적용하기에는 부적합한 면이 많다. 우선 문항이 성인을 기준으로 하고 있다. 따라서 현재 성장기에 있는 청소년들에게 성장기의 경험을 묻는다거나 아직 경험이 없을 것으로 기대되는 결혼생활이나 직장생활에 대해 묻는 것은 부적절하다. 반면 정작 그들에게 필요한 학교생활과 관련된 척도는 아예 없다. 그들의 반응을 비교할 수 있는 규준 자체도 없을뿐더러 처음에는 그런대로 하다가 후반부에서 마구잡이식으로 끝내 버리는 청소년 특유의 반응자세에 대한 고려도 없다. 이러한 필요성에 의해 MMPI-A(Butcher et al., 1992)가 만들어지게 되었다. MMPI-A 역시 국내에 표준화가 되어 있다(김중술, 한경희 외, 2005).

MMPI-A는 478문항으로 되어 있다. 청소년에게 부적절한 문항이 삭제되었고, 그들에게 중요한 내용 영역의 문항이 추가되었다. 그리고 사용된 어휘를 포함하여 모든 문항이 청소년의 시각에 알맞게 표현되었다. 임상 척도, Harris-Lingoes 소척도, 성격병리 5요인 척도는 MMPI-2와 같다.

MMPI-A는 14~18세(한국의 경우 13~18세)의 청소년에게 실시할 수 있다. 적절한 검사환경을 제공하고 라포를 형성하는 것 등 실시 방법 역시 성인과 같다. 청소년과 검사 지시를 같이 살펴보면서 청소년의 읽기 수준을 파악하고, 또한 검사 문항에 대해 사전적 설명 이상의 도움을 주지 않도록 한다. 특히 검사받는 청소년을 시야 안에 두도록 한다. 검사 중 청소년을 혼자 내버려 두는 것이나 집에 가서 해 오도록 검사지를 주는 것은 금기사항이다. 한가하게 MMPI-A를 하고 있기에는 집에서 보내는 시간이 그들에게는 너무 짧다.

무응답(?)은 청소년의 경우 10개 이하는 보통이고 11~13개도 예상 외로 많다. 31개 이상은 드물고 타당하지 않은 프로파일로 간주한다. 성인의 경우와 마찬가지로 VRIN, TRIN>80T, F>90T, L, K>65T의 기준 역시 무효 프로파일을 판단하는 근거로 사용될 수 있다. 청소년에게 특유한 타당도 척도는 F1과 F2이다. 이 두 척도는 청소년들이 20% 이하로 반응한 66문항으로 되어 있다. F1이 전반부에서 선정된 33문항, F2가 후반부에서 선정된 33문항이다. 90T 이상이면 무효 프로파일로 간주할 수 있다. F1, F2의 차이가 20T 이상이면 검사 태도에서의 변화를 시사한다. 모두 '그렇다'나 모두 '아니다' 그리고 무선반응 패턴은 성인의 경우와 유사하다.

청소년에게 특유한 내용 척도로 A-aln, A-con, A-las, A-sch가 있다. A-aln은 대인관계에서 고립, 소외되고, 다른 사람들과 상당한 정서적 거리를 유지하는 청소년들을 확인하는 20문항으로 구성되어 있다. 높은 경우, 청소년들은 사회 교류에 대해 비관적으로 느끼고, 다른 사람들이 자신을 이해하지 못한다고 느낀다. 소년은 사회기술이 결여되어 있고 낮은 자존감을 보이며, 소녀는 지나치게 민감하고 사회적으로 철수되어 있으며 소규모의 또래집단을 갖는 경우가 많다. 이 척도에는 'A-aln1: 이해받지 못함' 'A-aln2: 사회적 소외' 'A-aln3: 대인관계 회의' 소척도가 있다.

A-con은 충동성, 무모한 행동, 반사회적 행동 등 다양한 영역에서 문제를 일으키는 청소년들을 확인하는 23문항으로 구성되어 있다. 높은 점수의 경우 범법행위, 정학의 기록이 있고 품행장애의 진단 가능성이 있다. 이들 청소년은 위법이나 착취 행위에 대해 죄책감이 없고 절도, 거짓말, 기물 파손, 욕설 등 행동상의 문제를 보인다. 소년은 절도,

무단결석, 약물 남용, 알코올 남용, 법적인 문제, 폭행의 이력을 보인다. 소녀는 가출, 무단결석, 반항, 불복종의 행동을 보인다. 치료자에 의하면 거짓말을 잘하고, 예측이 어렵고 쉽게 기분에 휩쓸리며, 속임수와 분노통제의 문제가 있다. 또한 도발적이고 충동적이며 참을성이 없는 모습을 보인다. 이 척도에는 'A-con1: 표출 행동''A-con2: 반사회적 태도''A-con3 : 또래집단의 부정적 영향'의 소척도가 있다.

A-las는 교육이나 인생에서 목표가 없는 청소년들을 확인하는 16문항으로 구성되어 있다. 높은 점수를 받는 청소년들은 전념하지 않고, 질질 끌고, 어렵거나 좌절을 주는 과제에 부딪히면 쉽게 포기한다. 또한 공부나 독서를 좋아하지 않고 특히 과학을 싫어하며 가능하면 다른 사람들이 문제를 해결하도록 내버려 둔다. 성적도 낮고 학교활동에 참여도도 낮다. 소년의 경우 가출, 무단결석, 법적으로 문제되거나 체포되는 경우가 많다. 소녀는 반항적이고 저항적인 태도, 성적 도발을 보이고, 어려움에 좌절과 분노로 반응한다. 이 척도에는 'A-las1: 낮은 성취성''A-las2: 주도성 결여'의 소척도가 있다.

A-sch은 학교장면에서 부딪히는 어려움과 관련된 20문항으로 구성되어 있다. 점수가 높은 경우, 학교를 좋아하지 않고 상당한 학업문제나 행동상의 문제를 보인다. 발달지체나 학습장애의 가능성이 있다. 이들 청소년은 학교에서 벌어지는 일에 심란해하며, 종종 무단결석이나 정학의 기록을 보인다. 낮은 성적, 과락, 훈육 조치와 근신, 정학 등 학업이나 행동상의 문제가 특징이다. 소년의 경우 법적 어려움, 약물 남용, 싸움, 가출의 이력이 있다. 소녀는 학업 부진과 실패, 학습장애, 반항 등을 보인다. 이 척도에는 'A-sch1: 학교 품행 문제''A-sch2: 부정적 태도의 소척도가 있다.

IMM(미성숙) 척도는 청소년에게 특유한 보충 척도이다. 이 척도는 Loevinger의 자아발달 개념을 근거로 청소년기의 심리적 성숙을 측정하는 43문항으로 되어 있다. 자신감의 결여, 비난의 외현화, 통찰이나 내성의 결여, 대인관계나 사회적 불편과 소외, 자기중심성, 적대감과 반사회적 태도가 주요 내용이다. 점수가 높은 청소년들은 충동적이고 자기중심적이며 자각의 역량이 제한되어 있다. 인생관이 단순하고 구체적이다. 대인관계에서 기회주의적이고, 착취적이며, 요구가 많다. 65T가 넘는 경우에 보이는 일반적인 특징은 쉽게 좌절하고 참을성이 없는 태도, 시끄럽고 가만있지 못하고 쉽게 분노함, 성실하지 못하고 약자를 괴롭힘, 학업이나 사회관계에서의 문제, 비협조적이고 반항적이며 저항적인 태도 등이다.

비행 청소년들의 경우 척도 4, 6, 9과 보충 척도 MAC-R, ACK, PRO, IMM, 내용 척도 A-cyn, A-sch, A-con, A-trt, A-sod, A-ang에서 상승을 보이며 전반적으로 외현화 경

향이 강하다. 특히 척도 4의 상승이나 4-9 코드 유형, ACK, PRO에서의 상승은 물질남용을 시사한다. 섭식장애의 경우 2-3/3-2 코드 유형을 보이며 A-sod, 척도 1, 7, 0 등이 상승한다. 폭식증의 경우, 거식증에 비해 외현화 경향이 강하고 척도 4, 6, 8, 9의 상승을 보인다. 성적 학대의 경우, 특정한 코드 유형보다는 다양한 척도가 상승하는 경향이 있다. 전형적으로 불안, 우울의 특징을 보이며 추가적으로 척도 4, 8이 상승한다. 내용척도 A-dep, A-ang, A-lse, A-sch, A-fam 등은 학대력과 관련이 있다.

청소년들에게서 특정 영역과 관련된 척도들이 상승한 경우, 이 역시 다루어 주어야 한다. 가족관계의 문제는 A-fam과 Pd에, 학교문제는 A-sch, A-las, A-lse, A-aln에, 건강문제는 척도 1, 3, A-hea, A-anx, A-dep에, 그리고 사고장애는 척도 8, 6, Sc6, 6-8/8-6 코드 유형에 잘 반영된다.

개인치료와 집단치료 중 어느 방식으로 할 것인가의 문제는 대인관계에서의 불편함(척도 0, A-sod)이나 사회적 접촉에 대한 욕구(낮은 척도 0)를 참고한다. 방어적인 성향이나 낮은 치료동기를 나타내는 지표들(척도 L, K, R, A-trt)은 치료의 초기단계에서 자기개방의 요구를 최소한 줄이고 관계 형성에 주력할 것을 강조한다. 유의한 행동장해의 증거들(척도 4, A-ang, A-con, A-cyn, A-sch, IMM, 4-9, 4-6 코드 유형)은 지지적인 틀에서의 한계설정(limit-setting) 개입을 강조한다. 심각하고 급격한 심리적 고통이 명백한 경우(척도 2, 7, A, A-dep, A-anx, A-obs, A-lse), 자살위기 평가, 위기개입, 입원 등을 고려해야 하며, 우선적으로 마음을 진정시키고 증상에서 벗어날 수 있도록 조치한다.

13. 해석전략

MMPI-2를 해석하는 과정은 복합적이다. 누가 의뢰했고, 다루어야 할 중요한 문제가 무엇인지 등 여러 가지 요인으로 인해 상당히 달라질 수 있다. 해석적인 노력에 공통된 단계들의 개요는 다음과 같다.

우선 검사에 임하는 수검자의 태도를 평가할 필요가 있다. 해석을 진행하기에 앞서 임상가는 반드시 수검자가 MMPI-2를 제대로 실시했는지 확인해야 한다. 먼저 일관성의 문제를 검토하고, 일관성의 문제가 없다면 수검자의 반응자세를 검토한다. 이 단계에서는 증상이나 불편함에 대한 과대, 과소 보고의 가능성을 살펴본다.

다음 단계는 검사결과에 반영된 심리적 고통의 전반적인 수준을 평가하는 것이다. 요인 1을 대표하는 A나 8개의 기본 척도의 평균 상승은 좋은 지표이다. 그 외에 RCd, Mt, PK, 척도 7(원점수)을 살펴본다. 이들 척도에서 평균 이상의 상승을 보인다면 그 수치를 구체적인 증상을 나타내는 DEP, WRK, TRT, NEGE, RC7, 척도 8, D1 등의 척도들과 비교함으로써 고통의 성질과 근원을 구체적으로 평가할 수 있다.

세 번째 단계는 수검자의 정서적, 행동적 통제력의 전반적인 적절성을 평가하는 것이다. 앞서 언급하였듯이 R과 L, D2, O-H는 정서적 과잉통제를, 그리고 DISC와 MAC-R, AGGR, ANG1, ASP2는 행동적 과소통제를 의미한다. 그 외에 낮은 수준의 ANG2와 TPA가 과잉통제를 평가하는 데, 그리고 낮은 Re와 GF가 행동적 과소통제를 평가하는 데 쓰일 수 있다.

네 번째 단계는 임상 척도의 프로파일이 네 가지 일차적 패턴 중 어느 것과 부합하는지 개략적으로 살펴보는 것이다. 일차적 패턴에는 척도 1과 척도 3이 상승한 신체적 패턴, 척도 2와 7이 상승한 정서적 불편감 패턴, 척도 4와 9에 의해 정의되는 반사회적/충동적 패턴, 그리고 척도 6과 8이 주로 상승한 정신병적 패턴이 있다. 프로파일이 이들 중 어느 하나와 어느 정도 부합된다면 임상가는 확인해 볼 만한 관련된 다른 척도 점수들에 민감해야 한다.

마지막 단계는 검사결과에서 시사되는 증상이나 호소 문제, 귀인양식, 행동 등을 한층 더 구체화하는 것이다. 주요 증상에 민감한 MMPI-2의 척도와 지표는 다음과 같다. 이들 척도와 지표를 이용한 MMPI-2의 구조적 해석의 예는 홍창희 등(2008)을 참고하기 바란다.

1) 불안/강박

ANX는 MMPI-2에서 가장 특정적으로 불안을 측정하는 척도이다. 하지만 다른 여러 척도도 불안의 다양한 측면을 민감하게 반영한다. 예로, 우려(FRS), 우울과 추동결핍(DEP, TRT), 심장이나 호흡기 등을 통한 신체적 발현(HEA), 자기회의와 부적절감(LSE), 수행염려(WRK) 등이 있다. 수줍음과 사회적 불안의 측면은 Si1, SOD2, Pd3(낮은), Hy1(낮은)에 나타난다.

척도 7이 상승하고 척도 8과의 차이가 $10T$ 이상이면, 그리고 많은 변량을 공유하는 A와 NEGE보다 $10T$ 이상 높으면 강박적 사고과정이 시사된다. OBS는 특히 우유부단에 민감하고, 강박적 사고의 초점이 감염이나 세균 등에 초점이 맞춰질 경우 HEA가 상승할 수 있다. 이러한 고려들은 자아동질적인 특성이 있는 강박적 성격 특질보다는 자아이 질적인 강박적 증상에 적용된다.

2) 우울

우울한 기분은 가장 직접적으로 DEP2, D1과 RC2로 평가되며, D5와 Pa2가 추가적인 정보를 제공한다. 비관적 사고, 무력감, 무망감, 무가치감, 불만족 등을 포함하는 우울한 사고와 태도는 DEP(특히 DEP1과 DEP3), Sc2, TRT1로 평가된다. 무쾌감증은 가장 직접적으로 SOD1과 INTR에 의해 시사된다. 무쾌감증과 관련된 다양한 측면은 Sc2(흥미의 상실), Sc4, DEP1 그리고 TRT1(무감동과 의욕상실), D2(정신운동 지체)에 포함되어 있다. 기억력, 주의력과 집중력, 판단력의 문제, 그리고 정신적 비효율성과 인지적 고갈의 문제는 일차적으로 D4와 Sc3에 나타난다. Sc2와 Sc4는 정서적 결핍에 민감하다. 정서적 결핍은 조현병의 특징이나 우울한 기분장해에서도 볼 수 있다. 죄책감, 죄책 경향성 그리고 부정적 자기존중감은 Pd5와 DEP3에, 이차적으로 D5와 LSE(특히 LSE1)에 시사된다. 거식증, 변비, 체중 감소/증가, 무력증/피로, 수면장해와 같은 우울의 생장 증상들은 D3, Hy3, D2, HEA(특히 HEA3) 그리고 낮은 Ma2에 반영된다. Lachar와 Wrobel(1979)의 결정적 문항 목록은 수면장해를 반영하는 6개의 문항을 포함하고 있다. 자살사고는 Koss-Butcher의 결정적 문항과 DEP4를 살펴본다.

3) 고양/과대성

가장 일반적인 지표는 D에 비해 높은 Ma이다. 두 척도의 차이가 $20T$ 이상이면 고양된 기분이 시사되며, $30T$ 이상이면 고양된 기분이 강하게 시사된다. 척도 9가 적어도 중등도로 상승했을 때, 낮은 척도 0($< 40T$)과 INTR은 고양된 기분의 좋은 이차적인 지표가 될 수 있다. 추가적으로 Ma4(자존감, 과대, 통제회피), DEP2와 LSE(둘 다 낮을 때; 과대), FRS(낮을 때; 겁 없음, 무모함), 척도 2와 DEP(둘 다 낮을 때; 일반적인 걱정과 염려가 없음) 등이 고양된 기분/다행감의 다양한 측면을 강조해 준다. 척도 2와 0이 낮은 경우, AGGR보다 높은 RC9 역시 비슷한 함의를 가질 수 있다.

4) 분노와 적대감

R과 DISC는 각각 정서통제와 행동통제에 폭넓게 민감하다. ANG와 TPA는 상태 분노에도 민감하지만 특성 분노에 더욱 민감하다. ANG1은 특히 좌절이나 통제결핍에 대한 반응으로, 느끼는 압력을 표출하고 분노 정서를 드러내는 것을 강조한다. ANG2와 TPA1은 쉽게 분노를 느끼는 특성 분노의 특징을 지니고 있으면서도 분노의 표출을 보다 잘 통제할 수 있음을 강조한다. TPA2와 AGGR은 명백히 보복적이고 가학적인 목적을 지닌 만성적인 적대 경향을 반영한다. 척도 8은 다른 사람들에 대한 확산되고 소외된 분노(특히 Sc1)나 격노의 형태로 나타날 수 있는 내적 혼돈과 불안정성(특히 Sc5)에 민감하다. 이들 척도 역시 적대감의 표출이나 분노의 강도, 분노가 발생하는 경우 및 분노가 향하는 초점(혹은 초점의 결여)에 영향을 미친다. 척도 6, Pa1은 원한에 민감하며, 그래서 분노나 적대적 표현의 역치에도 영향을 미친다.

척도 6으로 표현되는 분노는 초점적인 경향이 있고, 척도 4로 표현되는 분노는 확산적인 경향이 있다. 또한 ANG > TPA > Sc5일 경우, 분노표현은 특정 쟁점이나 사람 혹은 지각된 공격에 초점이 맞춰지는 경향이 있고, Sc5 > TPA > ANG이면 '맹목적'이고 확산적으로 표현된다. ANG1, ANG2, TPA1, Sc5는 원색적인 정서 표출 자체가 일차적인 목표인 '뜨거운' 분노 척도이다. 반면 AGG와 TPA2는 분노의 대상에게 정서적, 신체적 손상을 가하는 것이 목표인 계산된, 심지어는 약탈적인 욕구를 시사한다.

5) 편집증적/정신병적 사고과정

척도 6은 Pa1과 더불어 편집증적 사고과정에 가장 민감한 지표이다. 특히 RC6는 편집증적 사고과정에 보다 구체적인 정보를 제공한다. 추가적으로 BIZ, PSYC, CYN(특히 CYN2), RC3과 정도는 덜하나 Pd4, Sc1, Pa3(낮은)이 이러한 내용을 공유한다. 망상적 사고를 반영하는 문항은 RC6에 집중되어 있다. 반면 CYN, Pd4, Sc1 그리고 낮은 Pa3은 불신과 의심, 심각한 소외의 특징을 보여 준다.

BIZ2 > BIZ1 지표와 아울러 척도 Sc2, Ma2, F는 명백히 괴이하거나 정신병적이지는 않으나 흔치 않고 비관습적인 사고와 사고방식에 민감하다. 사실 MMPI-2에서 노골적으로 정신병적인 문항의 수는 많지 않다. 이들 척도가 상승하면 정신병적 내용의 비중이 비교적 높은 Pa1, RC6, BIZ1, PSYC, RC8에 유의해야 한다.

Goldberg 지표(Goldberg, 1965)는 L+Pa+Sc−Hy−Pt>45이면 정신병으로 판단하는 결정규칙을 적용한다. 비슷한 지표로 PSYC>NEGE가 있다. 8>7 그리고 PSYC>NEGE를 결정규칙으로 할 때, 구성요소들 간의 차이를 $10T$ 이상으로 하면 오류 긍정의 비율을 줄일 수 있다. RC6, RC8, BIZ1 척도들과 BIZ1>BIZ2 지표는 괴이하고 정신병적인 사고내용에 아주 예민한 지표이다. Pa1과 PSYC가 그다음으로 민감하다(홍창희 외, 2012; Nichols, 2011).

14. MMPI-2의 성격과 통합적인 해석

MMPI-2 프로파일에 대한 해석이 다소 단순하고 틀에 박힌 과정이라고 가정하는 임상가들도 일부 있다. 하지만 전혀 그렇지 않다. 특히 이 도구에 익숙한 사람들은 오히려 그 반대라고 인식하고 있다. MMPI-2는 이 검사의 미묘한 복잡성에 능통하고 관련된 통계적 개념들을 올바르게 인식하고 있는 숙련된 임상가에게는 아주 훌륭한 도구가 될 수 있는 반면, MMPI-2의 독특한 특성들을 무시한 채 그저 유명한 성격검사의 하나라고 무턱대고 사용하는 사람들의 손에서는 아주 위험한 흉기가 될 수도 있다. MMPI-2를 제대로 이해하고 사용하려면 무엇보다 심리검사로서 MMPI-2의 성격과 MMPI-2가 제공하는 정보의 수준을 검토해 볼 필요가 있다.

MMPI-2는 객관적인 검사인가? 부분적으로 그렇고 부분적으로는 아니다. 원래 객관적인 검사라고 할 때에는 제공하는 정보의 객관성보다는 객관식 시험(검사)에서처럼 채점자의 주관이 배제된 검사를 뜻했다. 따라서 '그렇다' 혹은 '아니다'로 답할 수 있도록 검사자극이 구조화되어 있고 실시와 채점 절차가 표준화되어 있으며 잘 확립된 규준이 있다는 점에서 MMPI-2는 객관적인 검사라 할 수 있다. 하지만 웩슬러 지능검사나 해밀턴 우울 평정척도처럼 제삼자가 관찰하고 평정하는 의미에서의 객관이라면 그렇지 않다. MMPI-2의 경우 임상가가 행동을 표집하고 이를 일반화할 수 있는 여지가 거의 없다. 물론 문항에 대해 응답하는 것 역시 행동이지만 문항이 현실적인 자극을 대신하지 못할뿐더러 응답이 실제 행동을 대신한다고 보기 어렵다. 환자가 '나는 우울하다'고 응답하는 것은 임상가가 관찰을 근거로 '우울하다'고 판단하는 것과 다르며, '나는 지능이 높다'고 응답하는 것은 과제에서의 수행을 근거로 '지능이 높다'고 판단하는 것과 다르다. 다시 말해서, MMPI-2에서 임상가가 분석하는 것은 검사자극에 대한 직접적인 반응이 아니라 수검자에 의해 일차적으로 분석된 문항에 대한 시인 여부와 이를 등간척도로 변환시킨 각 척도들의 표준점수이다. 이러한 맥락에서 MMPI-2는 객관적인 정보에 바탕을 둔 검사라기보다는 수검자의 주관적인 자기보고를 바탕으로 하는 검사이다. 필자가 MMPI-2를 잘 객관화된 자기보고형 검사라고 규정한 것도 MMPI-2가 형식적인 면에서 객관적인 검사이나 성격상 주관적인 자기보고형 검사이기 때문이다. MMPI-2에 타당도 척도를 둔 것도 이러한 자기보고형 검사의 한계를 극복하기 위한 시도라고 할 수 있다.

이러한 MMPI-2의 성격은 MMPI-2를 사용할 때 유념해야 할 부분이기도 하다. 만약 수검자가 자신에 대한 충분한 통찰이 있고 솔직하게 반응한다면 임상가는 수검자의 여러 가지 심리적인 특징을 잘 반영하는 MMPI-2 프로파일을 얻을 수 있을 것이다. 필자는 MMPI-2 워크숍이나 강의 중에 MMPI-2에 대한 이해를 돕는 과정의 일부로 참석자들의 프로파일을 해석해 주곤 한다. 이러한 장면에서 필자는 MMPI-2 결과가 아주 정확하다는 피드백을 약간의 감탄과 더불어 받는 경우가 종종 있다. 물론 MMPI-2에 대한 필자의 경험도 다소 작용을 했겠지만, 이러한 결과는 일차적으로는 참석자들 대부분이 자신에 대한 통찰이 있고 솔직하게 반응했기에 가능한 것이다. 그러나 인사 선발이나 교통사고의 후유증에 대한 판정 등 검사결과에 따라 이해가 엇갈리는 경우라든가, 혹은 수검자가 자신의 상태에 대한 통찰이 제한되어 있는 정신병 환자의 경우라면 문제는 달라진다. 물론 이러한 경우에 MMPI-2 결과가 의미가 없다는 말이 아니다. 보다 전체적인 맥락에서 MMPI-2 결과를 음미할 필요가 있다는 뜻이다.

검사의 성격을 이해하는 것은 검사 배터리에서 여러 검사결과를 이해하고 통합하는데 도움이 된다. 이 책에 소개되고 있는 여러 검사는 MMPI-2와 같은 자기보고형 검사, 웩슬러 지능검사와 같은 객관적인 검사, 그리고 로르샤하와 같은 투사적인 검사들로 나눌 수 있다. 각각의 검사가 일관된 결과를 내어놓는다면 검사결과를 통합하는 데 별 어려움이 없을 것이다. 그러나 임상장면에서는 검사결과들이 서로 모순되는 경우가 종종 있다. 이러한 경우, 각 검사가 어떠한 성격의 혹은 어떠한 수준의 정보를 제공하고 있는가를 참고할 필요가 있다. 만약 로르샤하 검사에서 와해된 모습을 보이는 반면 웩슬러 검사에서 그러한 징후가 없다면 병리가 잠재적으로 진행 중이거나 적어도 현실적으로 혹은 갈등이 없는 상황에서는 어느 정도 병리적인 측면이 방어되고 있음을 시사한다. 반대로 웩슬러 검사에서는 수행이 빈약하나 로르샤하 검사에서는 심각한 병리적 징후가 없는 경우라면 주로 환경적인 압력과 관련하여 어려운 모습을 보이고 있으나 병리가 그다지 깊지 않음을 시사한다. 마찬가지로 이 두 검사에서 와해된 모습을 보이는 반면 MMPI-2 결과가 비교적 깨끗하다면 자신의 정신병리를 인식하지 못할 만큼 상태가 심각하거나 아니면 명백한 정신병리에도 불구하고 간신히 피상적인 수준에서 방어가 이루어지고 있음을 시사한다. 이 경우 MMPI-2는 환자의 현재 상태를 정확하게 반영하고 있지는 못하지만 나름대로 의미 있는 정보를 제공하고 있다. 검사 배터리에서 적어도 MMPI-2만큼 환자가 자신을 어떻게 보고 있고 어떻게 보이고 싶어 하는가에 대한 정보를 제공해 주는 검사는 없다. 이러한 특징은 MMPI-2 프로파일이 함축하는 여러 해석적, 행동적 상관과 더불어 MMPI-2가 검사 배터리에서 자리 잡고 있는 고유한 영역이기도 하다.

이 장은 주로 MMPI/MMPI-2에 대한 필자의 경험과 Newmark(1985), Nichols(2011), Archer와 Krishnamuthy(2001)의 저서를 토대로 구성하였다. MMPI-2에 대해 좀 더 익숙해지길 원하는 독자는 먼저 『MMPI-2 평가의 핵심』(홍창희 외, 2012; Nichols, 2011)을 참조하기 바란다. Nichols의 풍부한 임상 경험과 통계적인 자료를 바탕으로 MMPI-2의 임상적 활용 전반에 걸쳐 체계적으로 소개하고 있는 좋은 입문서이다. 『MMPI-2: 성격 및 정신병리 평가』(이훈진, 문혜신, 박현진, 유성진, 김지영, 2007; Graham, 2006)는 MMPI-2 척도들의 제작과정과 심리측정적 특징에 대해 자세히 소개하고 있을뿐더러 임상적 추론의 근거가 될 수 있는 연구결과들을 풍부하게 제시하고 있다. MMPI-2의 심리측정적인 특징이나 제한점에 대해서는 Helmes와 Reddon(1993)에 잘 개관되어 있다. Trimboli과 Kilgored(1983)의 「MMPI 해석에서 정신역동적 접근」은 직관력이 뛰어난 논문으로 척도나 코드유형에 따른 해석을 넘어서 MMPI 프로파일의 해석에 대한 새로운 차원을 제시하고 있다. 그리고 Finn(1996)은 MMPI-2의 해석이 단순히 진단이나 평가를 위해서가 아니라 치료적인 목적으로 이용될 수 있음을 예시하고 있다. 이들 문헌은 MMPI/MMPI-2를 이해하는 데 필자에게 인상적으로 도움을 주었던 문헌들이다. 하지만 MMPI-2를 포함하여 심리검사, 특히 임상장면에 사용되는 심리검사에 대한 이해는 환자를 떠나서는 생각하기 어렵다. 필자는 얻어진 검사자료의 의미를 그 환자에 대한 사례회의가 끝나고 나서야 파악할 수 있었던 경우가 한두 번이 아니었다. 이러한 면에서 볼 때 MMPI-2에 익숙해지려면 경험 있는 임상가와 함께 자신이 본 환자나 내담자의 프로파일을 같이 검토할 기회를 갖는 것이 무엇보다 중요하다. 한 인간으로서의 환자에 대한 이해와 다양한 임상적인 정보를 바탕으로 검사 배터리의 맥락에서 MMPI-2 프로파일의 의미를 파악하려고 노력할 때 환자가 MMPI-2 프로파일을 통해서 이야기하는 바에 한

걸음 더 다가갈 수 있을 것이다.

 참고문헌 ●────────────────────────────────

김중술, 임지영, 이정흠, 민병배, 문경주(2005). 다면적인성검사 II 매뉴얼. 서울: 마음사랑.

김중술, 한경희, 임지영, 민병배, 이정흠, 문경주(2005). 다면적인성검사-청소년매뉴얼. 서울: 마음사랑.

배정규, 김중술, 안창일(1986). MMPI에서의 부정왜곡에 대한 탐지책략. 서울의대 정신의학, 11, 48-59.

이훈진, 문혜신, 박현진, 유성진, 김지영(2007). MMPI-2: 성격 및 정신병리평가. 서울: 시그마프레스.

한경희, 김중술, 임지영, 이정흠, 민병배, 문경주(2011). 다면적 인성검사 II 매뉴얼 개정판. 서울: 마음사랑.

한경희, 문경주, 이주영, 김지혜(2011). 다면적 인성검사 II 재구성판(MMPI-2-RF) 매뉴얼. 서울: 마음사랑.

홍창희, 정욱, 이민영(2008). MMPI-2를 이용한 치료적 개입. 서울: 박학사.

홍창희, 주영희, 민은정, 최성진, 김귀애, 이영미(2012). MMPI-2 평가의 핵심. 서울: 박학사.

Archer, R., & Krishnamurthy, R. (2001). *Essentials of MMPI-A Assessment*. New York: John Wiley & Sons.

Baer, R. A., Wetter, M. W., Nichols, D. S., Greene, R. L., & Berry, D. T. R. (1995). Sensitivity of MMPI-2 validity scales to underreporting of symptoms. *Psychological Assessment, 7,* 419-423.

Barron, F. (1953). An ego-strength scale which predicts response to psychotherapy. *Journal of Consultig Psychology, 17,* 327-333.

Ben-Porath, Y. S., Graham, J. R., & Tellegen, A. (2009). *The MMPI-2 Symptom Validity (FBS) Scale Development, Research Findings, and Interpretive Recommendations*. Minneapolis: University of Minnesota Press.

Ben-Porath, Y. S., & Tellegen, A. (2008). *MMPI-2RF: Manual for administration, scoring, and interpretation*. Minneapolis: University of Minnesota Press.

Butcher, J. N., Dahlstrom, W. G., Graham, J. R., Tellegen, Y. S., & Kaemmer, B. (1989). *Minnesota Multiphasic Personality Inventory-2: Manual for administration and scoring*. Minneapolis: University of Minnesota Press.

Butcher, J. N., Graham, J. R., Williams, C. L., & Ben-Porath, Y. S. (1990). *Development and use of the MMPI-2 content scales*. Minneapolis: University of Minnesota Press.

Butcher, J. N., & Han, K. (1995). Development of an MMPI-2 scale to assess the presentation of self in a superlative manner: The S scale. In J. N. Butcher & c. D. Spielberger (Eds.), *Advances in Personality Assessment, 10*, 25-50, Hillsdale, NJ: Erlbaum.

Butcher, J. N., & Owen, P. (1978). *Survey of personality inventories: Recent research developments and contemporary issues*. In B. Wolman (Ed.), *Handbook of clinical diagnosis*. New York: Plenum.

Butcher, J. N., & Williams, C. L. (1992). *Essentials of MMPI-2 and MMPI-A interpretation*. Minneapolis: University of Minnesota Press.

Butcher, J. N., Williams, C. L., Graham. J. R., Archer, R. P., Tellegen. A., Ben-Porath, Y. S., & Kaemmer, B. (1992). *Minneosta Multiphasic Perconality Inventory-Adolescent(MMPI-A): Manual for administration scoring, and interpretation*. Minneapolis: University of Minnesota Press.

Caldwell, A. D. (1969). *MMPI critical items*. Unpublished mimeograph. (Available from Caldwell Reports, 3122 Santa Monica Boulevard, Santa Monica, California 90404).

Cook, W. W., & Medley, D. M. (1954). Proposed hostility and Pharisaic-virtue scales for the MMPI. *Journal of Applied Psychology, 38,* 414-418.

Drake, L. E. (1946). A social I.E. scale for the MMPI. *Journal of Applied Psychology, 30,* 51-54

Emons, W. H. M., Sijtsma, K., & Meijer, R. R. (2007). On the consistency of individual classification using short scales. *Psychological Methods, 12,* 105-120.

Finn, S. E. (1996). *Manual for using the MMPI-2 as a therapeutic intervention*. Minneapolis: University of Minnesota Press

Gass, C. S., Williams, C. L., Cumella, E., Butcher, J. N., & Kally, Z. (2010). Ambiguous measures of unknown constructs: The MMPI-2 Fake Bad Scale (aka Symptom Validity Scale, FBS, FBS-r). *Psychological Injury and Law, 3,* 81-85.

Goldberg, L. R. (1965). Diagnosticians vs. diagnostic signs: The diagnosis of psychosis vs. neurosis for the MMPI. *Psychological Monographs, 79* (9, Whole No. 602).

Gough, H. G. (1950). The F minus K dissimulation index for the Minnesota Multiphasic Personality Inventory. *Journal of Consulting Psychology, 14,* 408-413.

Gough, H. G., McClosky, H., & Meehl, P. E. (1951). A personality scale for dominance. *Journal of Abnormal and Social Psychology, 46,* 360-366.

Gough, H. G., McClosky, H., & Meehl, P. E. (1952). A personality scale for social responsibility. *Journal of Abnormal and Social Psychology, 47,* 73-80.

Graham, J. R. (1979). The Minnesota Multiphasic Personality Inventory (MMPI). *In Clinical Diagnosis of Mental Disorders* (pp. 311-331). Springer US.

Graham, J. R. (2006). *MMPI-2: Assessing Personality and Psychopathology.* New York: Oxford University Press.

Grayson, H. M. (1951). *A psychological admission's testing program and manual.* Los Angeles: VA Center, Neuropsychiatric Hospital.

Greene, R. L. (2011). *The MMPI-2/MMPI-2-RF: An interpretive manual* (3rd ed.). Boston, MA: Allyn & Bacon.

Greene, R. L., Rouse, S. V., Butcher, J. N., Nichols, D. S., & Williams, C. L. (2009). The MMPI-2 Restructured Clinical (RC) Scales and Redundancy: Response to Tellegen, Ben-Porath, and Sellbom. *Journal of Personality Assessment, 91*(3), 222-226.

Harkness, A. R., McNulty, J. L., & Ben-Porath, Y. S. (1995). Psychometricc characteristics of the MMPI-2 Cook-Medley Hostility Scale. *Journal of Personality Assessment, 7,* 104-114.

Harris, R. E. & Lingoes, J. C. (1955). *Subscales for the Minnesota Multiphasic Personality Inventory: An aid to profile interpretation* (Mimeographed materials). San Francisco: University of California, Langley Porter Neuropsychiatric Institute.

Harris, R. E. & Lingoes, J. C. (1968). *Subscales for the Minnesota Multiphasic Personality Inventory: An aid to profile interpretation* (rev. ed.) (Mimeographed materials). San Francisco: University of California, Langley Porter Neuropsychiatric Institute.

Hathaway, S. R., & McKinley, J. C. (1942). A multiphasic personality schedule (Minnesota):III. The measurement of symptomatic depression. *Journal of psychology, 14,* 73-84.

Hathaway, S. R., & McKinley, J. C. (1943). *Minnesota Multiphasic Personality Inventory manual.* New York: Psychological Corp.

Helmes, E., & Reddon, J. R. (1993). A perspective on developments in assessing psychopathology: A critical review of the MMPI and MMPI-2. *Psychological Bulletin, 113,* 453-471.

Hjemboe, S., Almagor, M., & Butcher, J. N. (1992). Empirical assessment of marital distress: The Marital Distress Scale (MDS) for the MMPI-2. In C. D. Spielberger & J. N. Butcher (Eds.), *Advances in Personality Assessment* (Vol. 9, pp. 141-152). Hillsdale, NG: Erlbaum.

Keane, T. M., Malloy, P. F., & Fairbank, J. A. (1984). Empirical development of an MMPI subscale for the assessment of combat-related posttraumatic stress disorder. *Journal of Consulting and Clinical Psychology, 52,* 888-891.

Kleinmuntz, B. (1960). Identification of maladjusted college students. *Journal of Counseling Psychology, 7,* 209-211.

Koss, M. P. (1980). Assessing psychological emergencies with the MMPI. In J. Butcher, W. Dahlstrom, M. Gynther, & W. Schofield (Eds.), *Clinical notes on the MMPI* (No. 4). Minneapolis, MN: National Computer Systems.

Koss, M. P., & Butcher, J. N. (1973). A comparison of psychiatric patients' self-report with other sources of clinical information. *Journal of Research in Personality, 7,* 225-236.

Lachar, D., & Wrobel, T. A. (1979). Validating clinicians' hunches: Construction of a new MMPI critical item set. *Journal of Consulting and Clinical Psychology, 47,* 1349-1356.

Lanyon, R. I., & Golodstein, L. D. (1982). *Personality assessment.* New York: Wiley.

Lees-Haley, P. R., English L. T., & Glenn, W. J. (1991). A Fake Bad Scale on the MMPI-2 for personal injury claimants. *Psychological Reports, 68,* 203-210.

MacAndrew, C. (1965). The differentiation of male alcoholic outpatients from non alcoholic psychiatric patients by means of the MMPI. *Quarterly Journal of Studies on Alcohol, 26,* 238-246.

Marks, P. A., Seeman, W., & Haller, D. L. (1974). *The actuarial use of the MMPI with adolescents and adults.* Baltimore, MD: Williams & Wilkins.

McKenna, T., & Butcher, J. N. (1987). *Continuity of the MMPI with alcoholics.* Seattle, WA: 23rd Annual Symposium on Recent Developments in the Use of the MMPI.

Megargee, E. I., Cook, P. E., & Mendelsohn, G. A. (1967). Development and validation of an MMPI scale of assaultiveness in overcontrolled individuals. *Journal of Abnormal Psychology, 72,* 519-528.

Newmark, C. S. (1985). The MMPI. In C. S. Newmark (Ed.), *Majorpsycbological assessment instruments* (pp. 11-64). Boston, MA: Allyn & Bacon.

Nichols, D. S. (2011). *Essentials of MMPI-2 Assessment.* New York: John Wiley & Sons.

Pancoast, D. L., & Archer, R. P. (1989). Original adult MMPI norms in normal samples: A review with implications for future developments. *Journal of Personality Assessment, 53,* 376-395.

Peterson, C. D., & Dahlstrom, W. G. (1992). The derivation of gender-role scales GM and GF for the MMPI-2 and their relationship to scale 5 (Mf). *Journal of personality Assessment, 59,* 486-499.

Rosik, C. H., & Borisov, N. I. (2010). Can specific MMPI-2 scale predict treatment response among missionaries? *Journal of Psychology and Theology, 38,* 195-204.

Tellegen, A., & Ben-Porath, Y. S. (2008). *MMPI-2-RF technical manual.* Minneapolis: University of Minnesota Press.

Tellegen, A., Ben-Porath, Y. S., McNulty, J., Arbisi, P., Graham, J. R., & Kaemmer, B. (2003). *MMPI-2: Restructed clinical (RC) scales.* Minneapolis: University of Minnesota Press.

Terman, L. M., & Miles, C. C. (1938). *Manual of Information and Directions for Use of Attitude-interest Analysis Test (MF Test).* OH: McGraw-Hill Book Company.

Trimboli, R., & Kilgored, R. (1983). A psychodynamic approach to MMPI interpretation. *Journal of Personality Assessment, 47,* 614-626.

Weed, N. C., Butcher, J. N., McKenna, T., & Ben-Porath, Y. S. (1992). New measures for assessing alcohol and drug abuse with the MMPI-2: The APS and AAS. *Journal of Personality Assessment, 58,* 389-404.

Weiss, P. A., Bell, K. J., & Weiss, W. U. (2010). Use of the MMPI-2 Restructured Clinical(RC) scales in detecting criminal malingering. *Journal of Police and Criminal Psychology, 25,* 49-55.

Welsh, G. S. (1956). Factor dimensions A and R. In J. N. Butcher (Ed.), *Basic sources on the MMPI-2* (pp. 73-92). Minneapolis: University of Minnesota Press.

Wiggins, J. S. (1966). Substantive dimensions of self-report in the MMPI item pool. *Psychological Monographs, 80*(22, Whole No. 630), 1-42.

Wiggins, J. S. (1979). A psychological taxonomy of trait-descriptive terms: The interpersonal domain. *Journal of Personality and Social Psychology, 37,* 395-412.

제7장
객관적 성격검사 II: 성격평가질문지

1. 개관

임상장면에서 가장 많이 사용되고 있는 인벤토리형 성격검사는 MMPI이다. MMPI에 대해 많은 사람이 문제를 제기하고 비판의 목소리를 내고 있다. 이런 목소리들이 있음에도 불구하고 이 검사는 꾸준히 다양한 장면에서 널리 사용되고 있다. 이렇게 MMPI가 널리 사용되고 있는 가장 큰 이유는 아마도 그동안 MMPI에 관한 연구가 많이 이루어졌기 때문일 것이다. 그러나 가장 큰 단점은 검사가 개발된 지 너무 오래되어 현재 사용하고 있는 진단체계에 적합하지 않고 시대의 변화에 따른 임상적 문제의 중요성을 제대로 반영하기 어렵다는 점이다. 이런 문제를 다소나마 해결하기 위해 만들어진 검사가 성격평가질문지(Personality Assessment Inventory: PAI; Morey, 1991)이다(김영환, 오상우, 홍상황, 박은영, 2002).

PAI는 성격과 부적응 및 정신병리를 포괄적으로 평가하기 위한 자기보고형 검사이다. 또한 이 검사는 치료계획의 수립과 치료의 시행 및 평가에 관한 중요한 구성개념을 측정하는 검사도구이다. PAI가 표준화된 이후에 이 검사는 다양한 장면에서 널리 사용되고 있다. 기존의 다른 진단용 평가 도구, 특히 MMPI보다 타당도에 관한 연구가 부족함에도 불구하고 PAI가 널리 사용되는 것은 여러 가지 이유가 있다고 생각한다. 즉, PAI는 척도 구성이 정신의학적 진단분류에 적합한 많은 임상 척도, 중요한 성격장애와 물질사용장애를 평가할 수 있는 척도 및 치료와 대인관계에 관한 척도를 포함하고 있기 때문이다. 그리고 검사개발의 목적이 정상과 이상의 변별보다 이상집단 간의 변별에 초점을 두고 있고 다른 진단용 성격검사보다 해석이 더 용이하다. PAI가 가지고 있는 이런 장점은 이 검사에 대한 경험이 다소 부족하더라도 검사 사용을 가능하게 하는 것으로 생각된다.

1) PAI를 한눈에 살펴보기

(1) 일반적인 정보

① 검사명: 성격평가질문지(Personality Assessment Inventory: PAI)

② 저자: Leslie C. Morey

③ 출판연도: 1991

④ 저작권: Psychological Assessment Resources

⑤ 실시 가능 연령: 18세 이상

⑥ 소요 시간: 50~60분

⑦ 검사자 자격: 심리진단 평가와 관련된 학부 수준 이상의 훈련이 요구됨. PAI를 구입하려면 (1) 심리검사 실시 및 해석에 대한 적절한 훈련을 받았음을 증명할 수 있는 고급전문가 학위, (2) 적절한 수련과 경험을 통해 윤리적이고 유능하게 심리검사를 사용할 수 있음을 증명하는 기관의 자격증 또는 수료증

⑧ 출판사: Psychological Assessment Resources(PAR)

　　　　16204 N. Florida Avenue

　　　　Lutz, FL 33549

　　　　(800) 331-8378

(2) PAI의 특징

① DSM-IV(APA, 1994)의 진단분류에 가장 가까운 정보를 얻을 수 있다.

② MMPI와는 달리 척도명이 의미하는 구성개념과 실제 척도내용 간에 직접적 관계가 있다.

③ MMPI, MCMI와 같은 성격검사와는 달리 PAI의 22개 척도는 중복 문항이 없다.

④ MMPI와는 달리 4점 평정척도로 이루어져 있다.

⑤ 척도들은 타당도 척도와 임상 척도뿐만 아니라 내담자의 치료동기, 치료적 변화 및 치료결과에 민감한 치료고려 척도, 대인관계 척도를 포함하고 있다.

⑥ PAI의 각 척도는 34개의 하위척도로 구분되어 있어서 장애의 상대적 속성을 정확히 측정하고 평가할 수 있다.

⑦ PAI는 임상장면에서 반드시 체크해야 할 잠정적 위기 상황에 관한 27개의 결정문항(critical items)을 포함하고 있다.

(3) 척도 점수 정보

① 타당도 척도

- 일관성 정보: 비일관성 척도(inconsistency: *ICN*)

  　　　　　　　저빈도 척도(infrequency: *INF*)

- 정확성 정보: 부정적 인상 척도(negative impression: *NIM*)

  　　　　　　　긍정적 인상 척도(positive impression: *PIM*)

② 임상 척도

- 신경증적 척도군

  - 신체적 호소 척도(somatic complaints: *SOM*)

  - 불안 척도(anxiety: *ANX*)

  - 우울 척도(depression: *DEP*)

  - 불안관련 장애 척도(anxiety-related disorder: *ARD*)

- 정신병적 척도군

  - 조증 척도(mania: *MAN*)

  - 망상 척도(paranonia: *PAR*)

  - 조현병 척도(schizophrenia: *SCZ*)

- 행동문제 척도군

  - 경계선적 특징 척도(borderline features: *BOR*)

  - 반사회적 특징 척도(antisocial features: *ANT*)

  - 알코올 문제 척도(alcohol problems: *ALC*)

  - 약물 문제 척도(drug problems: *DRG*)

- 치료 고려 척도
  - 공격성 척도(aggression: *AGG*)
  - 자살 관념 척도(suicide ideation: *SUI*)
  - 스트레스 척도(stress: *STR*)
  - 비지지 척도(nonsupport: *NON*)
  - 치료 거부 척도(treatment rejection: *RXR*)
- 대인관계 척도
  - 지배성 척도(dominance: *DOM*)
  - 온정성 척도(warmth: *WRM*)
- PAI 보충지표
  - 꾀병 지표(malingering index: *MAL*)
  - Rogers 변별 함수(Rogers discriminant function: *RDF*)
  - 방어 지표(defensiveness index: *DEP*)
  - Cashel 변별 함수(Cashel discriminant function: *CDF*)
  - ALC 추정치(ALC estimated score: *ALC Est*)
  - DRG 추정치(DRG estimated score: *DRG Est*)
  - 치료과정 지표(treatment process index: *TPI*)
  - 폭력잠재 지표(violence potential index: *VPI*)
  - 자살잠재 지표(suicide potential index: *SPI*)
  - 평균 임상적 상승(mean clinical elevation: *MCE*)

(4) 점수정보
① 이용 가능한 점수: 원점수, 표준점수(*T* 점수)
② *T* 점수: 평균 50, 표준편차 10인 점수

(5) 규준정보
① 표준화 표본 크기: 성인 1,000명, 대학생 1,051명, 임상환자 1,246명
② 인구통계학적 변인: 나이, 성별, 인종, 교육수준, 지역, 결혼 상태, 직업
③ 검사요강의 신뢰도 유형: 내적 일치도, 검사-재검사 신뢰도
④ 검사요강의 타당도 유형: 구성타당도, 변별타당도, 내용타당도, 준거타당도

2) 한국판 PAI를 한눈에 살펴보기

(1) 일반적인 정보

① 검사명: 성격평가질문지(Personality Assessment Inventory: PAI)

② 저자: 김영환, 김지혜, 오상우, 임영란, 홍상황

③ 출판연도: 2001

④ 저작권: 학지사 부설 학지사심리검사연구소

⑤ 실시 가능 연령: 15세(고등학생) 이상

⑥ 소요시간: 50~60분

⑦ 검사자 자격: 심리진단 평가와 관련된 학부 수준 이상의 훈련 요구됨. (1) PAI를 실시하고 채점하기 위해서는 PAI를 실시하고 채점하는 훈련을 받아야 함, (2) 검사의 해석은 한국심리학회(2003)에 규정되어 있는 자격을 갖춘 임상심리전문가나 혹은 전문가가 아닌 경우에는 전문가의 지도·감독을 받아야 함

⑧ 출판사: 학지사 부설 학지사심리검사연구소
        서울시 마포구 양화로 15길 20 마인드월드빌딩
        Tel: 02-330-5133

(2) 한국판 PAI의 특징

① 환자집단의 성격 및 정신병리적 특징뿐만 아니라 정상 성인의 성격평가에 유용하다.

② DSM-IV의 진단분류에 가장 가까운 정보를 제공한다.

③ 정확한 평가에 도움을 주는 4점 척도로 구성되어 있다.

④ 분할 점수를 사용한 각종 장애 진단 및 반응 탐지에 유용하다.

⑤ 하위척도로 세분화하여 장애의 상대적 속성을 정확히 파악할 수 있다.

⑥ 높은 변별타당도 및 여러 가지 유용한 지표를 활용할 수 있다.

⑦ 정확한 임상평가를 위해 결정문항 기록지가 마련되어 있다.

⑧ 수검자가 경험하고 있는 다양한 증상이나 심리적 갈등을 이해하는 데 도움이 된다.

⑨ 채점 및 표준점수 환산과정이 편리하다.

(3) 척도점수 정보

척도 점수 정보는 미국판 PAI와 동일함

(4) 점수정보

점수 정보도 미국판 PAI와 동일함

(5) 규준정보

① 표준화 표본 크기: 고등학생 표본(1,150명), 대학생 표본(1,472명), 성인 표본(2,212명), 임상표본(836명)

② 표본 수집기간: 2000년 3월~2000년 10월

③ 표본 표집 방법

- 고등학생은 『교육통계연보』(교육부, 1999)를 근거로 지역, 성, 학년 및 인문계와 실업계로 구분하고 유층화하여 표집
- 대학생은 『교육통계연보』(교육부, 1999)를 근거로 16개 지역, 학년, 성별로 구분하여 유층 표집
- 성인 조사에 근거한 성인 표본은 2000년 추계인구(통계청, 1998)를 근거로 전국을 16개 지역, 성, 연령을 기준으로 유층화하여 표집

④ 검사요강의 신뢰도 유형: 내적 일치도, 검사-재검사 신뢰도

⑤ 검사요강의 타당도 유형: 다른 심리검사와의 상관

3) 한국판 PAI-A를 한눈에 살펴보기

(1) 일반적인 정보

① 검사명: 청소년 성격평가 질문지(Adolescent Personality Assessment Inventory: PAI-A)

② 저자: 김영환, 김지혜, 오상우, 이수정, 조은경, 홍상황

③ 출판연도: 2006

④ 저작권: 학지사 부설 학지사심리검사연구소

⑤ 실시 가능 연령: 12~17세(중학생, 고등학생, 비행 청소년)

⑥ 소요시간: 50~60분

⑦ 검사자 자격: 심리진단 평가와 관련된 학부 수준 이상의 훈련 요구됨. (1) PAI-A를

실시하고 채점하기 위해서는 PAI-A를 실시하고 채점하는 훈련을 받아야 함, (2) 검사의 해석은 한국심리학회(2003)에 규정되어 있는 자격을 갖춘 임상심리전문가나 혹은 전문가가 아닌 경우에는 전문가의 지도·감독을 받아야 함

⑧ 출판사: 학지사 부설 학지사심리검사연구소

　　　　서울시 마포구 양화로 15길 20 마인드월드빌딩

　　　　Tel: 02-330-5133

(2) 한국판 PAI-A의 특징

① 청소년용 규준

② 비행 청소년 규준 별도 마련

③ 규준의 성격을 고려한 검사 문항

④ 시대에 맞는 척도구성

⑤ 중·고등학생들의 남자, 여자 및 전체 T 점수와 백분위 점수 제공

(3) 척도점수 정보

미국판 PAI와 동일함

(4) 점수정보

미국판 PAI와 동일함

(5) 규준정보

① 표준화 표본 크기: 중학생 표본(1,653명), 고등학생 표본(1,780명), 비행 청소년 표본(510명)

② 표본 수집기간: 2005년 9월~2005년 12월

③ 표본 표집 방법

• 중학생은 『교육통계연보』(교육인적자원부, 2005)를 근거로 16개 지역, 성별, 학년으로 구분하고 유층화하여 표집

• 고등학생은 『교육통계연보』(교육인적자원부, 2005)를 근거로 16개 지역, 성별, 학년 및 인문계와 실업계를 구분하여 목표 수를 정하고 유층표집

• 비행 청소년 표본은 이수정, 김양곤, 이인식(2005)이 소년보호관찰자에 대한 분류

평가도구 개발 연구에서 수집한 자료를 사용하였음. 이 연구의 조사 대상자는 모두 남자이고 교도소 수감자 152명, 보호관찰 대상자 358명 외, 총 510명

④ 검사요강의 신뢰도 유형: 내적 합치도, 검사-재검사 신뢰도

⑤ 검사요강의 타당도 유형: 다른 심리검사 도구와의 상관

2. PAI 성격검사의 특징

이론적 관점에서 볼 때 PAI는 기존의 성격검사와 다른 여러 가지 특징이 있다.

첫째, PAI는 임상 증후군이 질병분류학과 현대의 정신장애 진단 실제에서 차지하는 중요성을 감안하여 척도를 선정하였고 우울, 불안, 조현병 등과 같은 I축 장애뿐만 아니라 반사회적, 경계선적 성격장애와 같은 II축 장애를 포함하고 있어서 DSM-IV(APA, 1994)의 진단분류에 가장 가까운 정보를 얻을 수 있다.

둘째, MMPI가 경험적 준거에서 문항을 선정한 것과는 달리 PAI는 합리적으로 문항과 척도를 구성하고 경험적으로 타당화함으로써 임상 척도의 문항들이 측정하고자 하는 임상적 구성개념의 현상을 직접 반영하고 있다. 즉, 척도명이 의미하는 구성개념과 실제 척도내용 간에 직접적 관계가 있다.

셋째, MMPI, MCMI와 같은 성격검사와는 달리 PAI의 22개 척도는 중복 문항이 없다. 즉, 하나의 문항이 한 척도에서만 채점되고 다른 척도에서는 채점되지 않는다. 따라서 PAI 척도 간의 관계는 개별적인 장애 간의 실제적인 관계를 반영하는 것이라고 볼 수 있다.

넷째, 대부분의 질문지형 성격검사가 '예-아니요'라는 이분법적 반응양식으로 되어 있다면, PAI는 형식적으로는 '전혀 그렇지 않다(⑩)' '약간 그렇다(①)' '대체로 그렇다(②)' '매우 그렇다(③)'의 4점 평정척도로 이루어져 있지만 내용상으로는 다른 성격검사와 마찬가지로 예-아니요의 이분법적 반응양식을 따르고 있다. 그러나 PAI는 예라고 할 경우 '약간, 대체로, 매우'라는 세 가지 수준에서 반응하게 되어 있어서 이분법적 반응양식보다 반응의 차이를 보다 민감하게 밝힐 수 있고, 장애의 정도나 주관적 불편감의 수준을 정확히 측정하고 평가할 수 있다.

다섯째, 22개의 척도를 타당성 척도, 임상 척도, 치료고려 척도, 대인관계 척도의 네 가지 척도군으로 분류하고 있는데, 이 중에서 환자의 치료동기, 치료적 변화 및 치료결과에 민감한 치료고려 척도, 대인관계를 지배와 복종 및 애정과 냉담이라는 두 가지 차

원으로 개념화하는 대인관계 척도를 포함하고 있는 것이 특징이다.

여섯째, PAI의 각 척도는 34개의 하위척도로 구분되어 있어서 장애의 상대적 속성을 정확히 측정하고 평가할 수 있다는 장점이 있다. 즉, 불안의 경우 인지적, 정서적, 생리적 불안으로 하위척도를 구분하고 있고 하위척도의 상대적 상승에 따른 해석적 가정을 제공하고 있다.

마지막으로, PAI는 임상장면에서 반드시 체크해야 할 잠정적 위기 상황에 관한 27개의 결정문항(critical items)을 포함하고 있다. 이 문항들은 정상인이 인정하는 비율이 매우 낮은 것으로 척도나 프로파일만 해석하는 데 그칠 것이 아니라, 검사자가 결정문항의 내용을 직접 물어봄으로써 수검자가 경험하고 있는 다양한 증상이나 심리적 갈등에 관한 추가적 정보를 수집할 수 있고 프로파일의 의미를 보다 구체적으로 해석하는 데 매우 유용하다.

3. PAI 전체척도와 하위척도

PAI는 총 344문항으로 구성되어 있고, 4개의 타당도 척도, 11개의 임상 척도, 5개의 치료 척도, 2개의 대인관계 척도 등 서로 다른 영역을 평가하는 척도들을 포함하고 있다. 22개의 척도 중 10개의 척도는 이론적 · 개념적으로 유도한 3~4개의 하위척도를 포함하고 있다(⟨표 7-1⟩ 참조).

표 7-1 PAI 전체 척도와 하위척도 개관

척도(척도명/문항 수)	기술
타당도 척도	
비일관성(*ICN*/ 10개의 문항 쌍)	문항에 대한 반응과정에서 수검자의 일관성 있는 반응태도를 알아보기 위한 정적 또는 부적 상관이 높은 문항 쌍
저빈도(*INF*/8)	부주의하거나 무선적인 반응태도를 확인하기 위하여 정신병적 측면에서 중립적이고 대부분의 사람이 극단적으로 인정하거나 인정하지 않는 문항들
부정적 인상(*NIM*/9)	지나치게 나쁜 인상을 주거나 꾀병을 부리는 태도와 관련이 있으나 임상집단에서는 이렇게 반응할 비율이 매우 낮음
긍정적 인상(*PIM*/9)	자신을 지나치게 좋게 보이려 하며 사소한 결점도 부인하려는 태도

임상 척도	
신체적 호소 (*SOM*/24)	건강과 관련된 문제에 대한 집착과 신체화장애 및 전환증상 등의 구체적인 신체적 불편감을 의미하는 문항들. 전환(*SOM-C*), 신체화(*SOM-S*), 건강염려(*SOM-H*)의 3개 하위척도가 있음
불안(*ANX*/24)	불안의 상이한 여러 특징을 평가하기 위해 불안현상과 객관적인 징후에 초점을 둔 문항들. 인지적(*ANX-C*), 정서적(*ANX-A*), 생리적(*ANX-P*) 불안의 3개 하위척도가 있음
불안관련 장애 (*ARD*/24)	구체적인 불안과 관련이 있는 증상과 행동에 초점을 둔 문항들. 강박증(*ARD-O*), 공포증(*ARD-P*), 외상적 스트레스(*ARD-T*)의 3개 하위척도가 있음.
우울-(*DEP*/24)	우울의 증상과 현상에 초점을 둔 문항들. 인지적(*DEP-C*), 정서적(*DEP-A*), 생리적(*DEP-P*) 우울의 3개 하위척도가 있음
조증(*MAN*/24)	조증과 경조증의 정서적, 인지적, 행동적 증상에 초점을 둔 문항들. 활동 수준(*MAN-A*), 과대성(*MAN-G*), 초조성(*MAN-I*)의 3개 하위척도가 있음
망상(*PAR*/24)	망상의 증상과 망상형 성격장애에 초점을 둔 문항들. 과경계(*PAR-H*), 피해망상(*PAR-P*), 원한(*PAR-R*)의 3개 하위척도가 있음
조현병(*SCZ*/24)	광범위한 조현병의 증상에 초점을 둔 문항들. 정신병적 경험(*SCZ-P*), 사회적 위축(*SCZ-S*), 사고장애(*SCZ-T*)의 3개 하위척도가 있음
경계선적 특징 (*BOR*/24)	불안정하고 유동적인 대인관계, 충동성, 정서적 가변성과 불안정, 통제할 수 없는 분노 등을 시사하는 경계선적 성격장애의 특징에 관한 문항들. 정서적 불안정(*BOR-A*), 정체성 문제(*BOR-I*), 부정적 관계(*BOR-N*), 자기손상(*BOR-S*)의 4개 하위척도가 있음
반사회적 특징 (*ANT*/24)	범죄행위, 권위적 인물과의 갈등, 자기중심성, 공감과 성실성의 부족, 불안정, 자극추구 등에 초점을 둔 문항들. 반사회적 행동(*ANT-A*), 자기중심성(*ANT-E*), 자극추구(*ANT-S*)의 3개 하위척도가 있음
알코올 문제 (*ALC*/12)	문제적 음주와 알코올 의존적 특징에 초점을 둔 문항들
약물 문제(*DRG*/12)	약물사용에 따른 문제와 약물의존적 특징에 초점을 둔 문항들
치료 고려 척도	
공격성(*AGG*/18)	언어적 및 신체적 공격행동이나 공격적 행동을 자극하려는 태도와 관련된 분노, 적대감 및 공격성과 관련된 특징과 태도에 관한 문항들. 공격적 태도(*AGG-A*), 언어적 공격(*AGG-V*), 신체적 공격(*AGG-P*)의 3개 하위척도가 있음
자살 관념(*SUI*/12)	무력감과 자살에 대한 일반적이고 모호한 생각에서부터 자살에 관한 구체적인 계획에 이르기까지 자살하려는 관념에 초점을 둔 문항들
스트레스(*STR*/8)	가족, 건강, 직장, 경제 및 다른 중요한 일상생활에서 현재 또는 최근에 경험하는 스트레스와 관련된 문항들

비지지(*NON*/8)	접근이 가능한 지지의 수준과 질을 고려해서 지각된 사회적 지지의 부족에 관한 내용
치료 거부(*RXR*/8)	심리적 및 정서적 측면의 변화에 대한 관심과 동기를 예언하기 위한 척도로 불편감과 불만감, 치료에 참여하려는 동기, 변화의 필요성에 대한 인식, 새로운 아이디어에 대한 개방성 및 책임을 수용하려는 의지 등에 관한 문항들
대인관계 척도	
지배성(*DOM*/12)	대인관계에서 개인적 통제와 독립성을 유지하는 정도를 평가하기 위한 척도로 대인관계적 행동방식을 지배와 복종이라는 차원으로 개념화. 점수가 높은 사람은 지배적이고 낮은 사람은 복종적임
온정성(*WRM*/12)	대인관계에서 지지적이고 공감적인 정도를 평가하기 위한 척도로 대인관계를 온정과 냉담 차원으로 개념화. 점수가 높은 사람은 온정적이고 외향적이지만 낮은 사람은 냉정하고 거절적임

4. 일반적인 해석

　PAI를 해석할 때는 단순히 PAI 결과만을 근거로 진단적 및 전형적 결정을 내리기는 어렵다. 이러한 결정을 내리기 위해서는 배경정보, 의뢰 사유, 임상면접의 결과, 행동관찰과 같은 매우 다양한 정보가 필요하다. PAI 결과에 관한 해석적 가정은 이 검사를 실시한 목적에 한정해야 하고, 검사점수도 그 의미를 해석할 수 있는 자격을 갖춘 사람에게만 제공해야 한다.

　다양한 정신병리를 평가하기 위해 고안된 도구로서 PAI에 들어 있는 척도와 척도에 관한 해석적 가정은 자격을 갖춘 전문가만이 구체적인 의미를 알 수 있도록 기술되어 있다. 일반인들은 대부분의 용어를 이해할 수 없고 수검자들이 잘못 해석하기 쉽도록 기술되어 있다. 따라서 수검자에게 PAI의 척도 점수를 제시하고 해석할 때에는 수검자들이 쉽게 이해할 수 있는 용어로 바꾸어야 한다.

5. 실시와 채점

1) 적용 대상

PAI는 원래 18세 이상에 속하는 성인의 임상적 문제를 평가하기 위해 제작되었다. PAI는 임상진단, 치료계획 및 정신병리의 전형(screening)에 필요한 정보를 얻기 위한 임상적 평가도구이지 정상적으로 적응하고 있는 사람의 성격을 종합적으로 평가하기 위한 인벤토리형 성격검사는 아니다(Morey, 1991).

그러나 한국에서는 표준화 과정에서 18세 미만의 고등학생을 대상으로도 실시할 수 있도록 하기 위해 고등학생 규준을 포함시켰다. 그래서 실시요강의 규준에는 ① 고등학생 남, 여, 전체, ② 대학생 남, 여, 전체, ③ 성인 남, 여, 전체, ④ 65세 이상 성인 남, 여, 전체, ⑤ 환자규준을 구분하여 제시하고 있다(김영환, 김지혜, 오상우, 임영란, 홍상황, 2001).

또한 한국에서는 중학생과 고등학생들의 성격평가를 위해 청소년 성격평가질문지(PAI-A)를 표준화했는데, 여기에서는 중학생과 고등학생 규준을 재설정하였다. 그래서 PAI-A에는 ① 중학생 규준표, ② 고등학생 규준표, ③ 중고생 전체 규준표, ④ 비행청소년집단 규준표, ⑤ 단축형 규준표를 제시하고 있다(김영환 외, 2006).

PAI를 실시하기 전에 수검자가 검사의 지시와 문항을 제대로 이해할 수 있는지를 확인하는 것이 중요하다. 원판 PAI 문항을 제대로 해독하려면 4년 정도의 교육수준이 필요하다고 한다. 그러나 대부분의 경우 문장을 읽고 이해할 수 있는 능력은 자신이 이수한 교육수준 이하이기 때문에 이수한 교육연한이 개인의 신뢰성 있는 독해력 지표가 될 수는 없다. 어떻든 간에 수검자가 교육수준 4년 정도의 독해력이 의심될 때에는 검사를 실시하기에 앞서 독해력을 확인해야 한다.

또한 검사를 제대로 실시하기 위해서는 수검자가 자기보고형 검사를 실시하는 데 필요한 신체적, 정서적 요건을 갖추고 있어야 한다. 약물 사용으로 인한 효과, 약물이나 알코올의 금단 증상, 유해한 화학물질에 대한 노출, 신경학적 장애나 질병으로 인한 지남력장애 등으로 인해 인지능력이 손상되어 있을 경우에도 신중하게 검사를 실시해야 한다. 이 외에도 심리적 장애 때문에 정신적 혼란, 정신운동 지체, 주의산만 또는 심한 정서적 불편이 있는 사람에게 검사를 실시할 때에도 주의해야 한다. 또한 검사를 실시하는 사람은 수검자의 신체적, 감각운동적 결함에 대해서도 주의를 기울여야 한다. 그리고 검사를 실시하고 해석하는 전문가는 검사 프로토콜의 타당성을 결정할 때 단순히 타당성 척도만 고려할 것이 아니라 수검자가 검사문항에 대해 반응할 수 있는 능력도 검토해야 한다.

2) 전문적 자격

PAI를 실시하고 채점하기는 비교적 간단하기 때문에 개인적 또는 집단적으로 자기보고형 검사를 실시하는 훈련을 받은 사람이면 누구나 실시하고 채점할 수 있다. 그러나 모든 검사자는 한국심리학회(2003)에 규정되어 있는 자격을 갖춘 전문가의 지도·감독을 받아야 한다. 지도·감독하는 전문가가 채점 절차를 믿을 수 있고 다른 점수를 산출하는 방식이 정확하다는 것을 보장할 수 있을 때 검사를 실시할 수 있는 자격을 갖추게 된다.

PAI 프로파일과 프로파일 유형을 해석하기 위해서는 자격을 갖춘 전문가라야 한다. 검사결과를 해석하기 위해서는 검사요강에 포함되어 있는 정보뿐만 아니라 공통적인 진단체계, 성격과 정신병리에 관한 이론 및 자기보고형 성격검사의 적절한 사용과 제한점에 대한 지식이 필수적이다. 임상적 측정도구로서 PAI의 유용성과 타당성은 프로파일을 해석하는 전문가의 지식 및 경험과 직접적인 관련이 있다.

3) 검사재료

(1) 검사지와 답지

PAI 검사지에는 지시문과 344개 문항이 들어 있고 답지와 같이 사용하도록 되어 있다. 일반적으로 수검자는 질문지를 탁자 위에 펼쳐 놓고 검사를 수행한다. 답지는 수채점(hand scoring)을 위한 것으로 개인적 또는 집단적으로 실시할 수 있다. 답지는 두 장이고 테두리에 풀칠을 해 두었다. 앞 장에는 각 문항에 대한 수검자의 반응을 기록할 수 있도록 되어 있고 뒷장에는 척도명과 채점에 필요한 칸이 따로 표시되어 있다. 따라서 수검자가 검사를 마치기 전에 답지를 분리하지 않도록 유의해야 한다. 그리고 답지에는 이름, 나이, 성별과 같은 수검자의 기본적인 신상자료를 기록하기 위한 여백이 있다.

(2) 프로파일 기록지

프로파일 기록지는 22개 척도와 하위척도의 원점수를 T점수로 환산하여 검사결과를 프로파일로 나타내기 위한 것으로 고등학생, 대학생 및 성인용이 있다. 그리고 기록지에는 임상표본들의 점수분포를 나타내기 위한 청색선이 그려져 있다.

(3) 결정문항 기록지

PAI 결정문항 기록지는 망상과 환각, 자해 가능성, 공격 가능성, 물질남용, 꾀병 가능성, 비신뢰성과 저항 그리고 외상적 스트레스인에 관련된 문항으로 구성되어 있는데, 문항 수는 27개이며, 별지로 되어 있다.

4) 실시

(1) 검사환경

PAI는 개별적 또는 집단적으로 실시할 수 있다. 개별적으로 실시하든 집단으로 실시하든 간에 수검자의 검사반응에 대한 비밀을 보장해야 하고 검사 수행에 적절한 조명을 유지하고 소음을 줄여야 한다.

(2) 지시

지시문은 PAI 질문지에 기록되어 있다. 수검자가 먼저 신상에 관한 정보를 기록한 뒤에 지시문을 잘 읽도록 해야 하고, 검사자는 수검자가 지시문을 읽고 제대로 이해했는지를 확인해야 한다.

각 문항에 대해 반응할 때 반드시 한 반응만 선택해야 한다는 것과 답지에 문항들이 세로로 배열되어 있다는 것을 강조해야 한다. 대부분의 경우 검사를 끝내는 데 약 50~60분 정도 소요된다. 만약 수검자가 어떤 문항을 제대로 이해하지 못하겠다고 하면 문항에 포함되어 있는 단어들을 간단하게 설명해 줄 수 있다. 그리고 수검자가 반응을 망설이고 있을 경우 자신과 가장 가깝다고 생각되는 반응을 선택하면 된다고 말해 줄 수 있다.

5) 채점 및 프로파일

(1) 일반적 절차

검사자는 먼저 답지를 검토해서 응답하지 않은 문항 수를 헤아려야 한다. 반응하지 않은 문항이 17개 이상일 경우 수검자에게 그 문항을 다시 읽어 보고 응답하도록 해야 한다. 답지는 2장으로 구성되어 있으므로 채점할 때는 답지 좌우의 점선 부분을 찢어서 윗 장을 떼어 낸다. 앞 페이지에는 각 문항에 대해 0~3점의 점수범위가 기록되어 있는 344개 문항이 있고 각 척도와 하위척도에 속하는 문항 및 척도들의 약어는 따로 기록되어 있다.

그리고 각 척도와 하위척도의 원점수는 프로파일 기록지 B면 하단에 기록하도록 되어 있다. 무응답 문항은 0점을 주고 척도별로 응답하지 않은 문항이 20% 이상일 때에는 해석하지 않아야 한다. 채점은 각 척도 문항들의 원점수를 계산하여 프로파일 기록지 B의 척도란에 기록하면 된다.

그리고 하위척도의 점수를 계산하여 해당 척도에 원점수를 기록한다. 마지막으로, 전체 22개 척도의 프로파일은 기록지 A면, 하위척도의 프로파일은 B면에 기록하고 T점수를 찾아서 그래프를 그린다.

(2) 비일관성 척도의 채점

비일관성 척도(inconsistancy: ICN)의 원점수 계산은 다소 복잡하므로 신중하게 채점해야 한다. 프로파일 기록지 B면에 비일관성 척도의 원점수를 계산하기 위한 곳이 있다. 10개의 문항 쌍으로 된 20문항과 각 문항에 대한 점수를 기록해야 한다.

각 항목에서 문항 쌍의 점수를 빼서 절대값을 계산한다. 예컨대, 아래 예에서 75번과 115번의 경우 각각 1과 2이므로 1-2=-1이고 그 절대값은 1이다. 이런 식으로 계산하지만 마지막 270번과 53번 문항 쌍은 절대값의 계산방식이 다르다. 이 문항의 경우 3에서 첫 번째 문항인 270번의 값을 먼저 뺀 뒤에 다시 두 번째 문항의 값을 빼어 절대값을 계산한다. 예컨대, 그림에서처럼 270번의 값이 0일 경우 3-0(270번)=3, 3-3(53번)=0이다. 이런 식으로 10쌍의 문항에 대해 계산한 절대값을 더해서 원점수를 계산하고 이를 기록한다.

ICN의 원점수 계산

절대값 (#34	1	minus #114	1	)	=	0
절대값 (#39	0	minus #79	0	)	=	0
절대값 (#55	2	minus #215	1	)	=	1
절대값 (#60	2	minus #100	2	)	=	0
절대값 (#75	1	minus #115	2	)	=	1
절대값 (#112	0	minus #152	0	)	=	0
절대값 (#126	0	minus #206	3	)	=	3
절대값 (#133	0	minus #293	2	)	=	2
절대값 (#145	0	minus #265	2	)	=	2
절대값 ([3 minus #270	0]	minus #53	3	)	=	0
			원 점 수	=		9

6. PAI의 해석

1) 해석에 앞서 고려해야 할 사항

(1) 누가 PAI를 시행할 수 있는가

PAI는 정신병리와 성격을 평가하고 정신의학적 진단을 목적으로 제작된 검사이지만, 예상 외로 해석의 객관성이 낮은 경우가 빈번하다. 그 이유로는 PAI 문항이나 해석법에 관련된 문제도 있겠으나, 보다 더 통제하기 어려운 사실은 비행을 저지른 청소년과 범죄자를 비롯한 수검자의 특정의 일부와 관련되기도 한다. 또한 어떤 경우에는 비행이나 범죄 혹은 정신질환의 속성 때문일 수도 있다. 수검자의 자기개방이 일반 성격검사의 경우와는 다르며 그것은 비행이나 범죄 혹은 범죄를 저지른 사람의 특징 중의 하나이기도 하다. 이와 같은 PAI의 한계를 해결하는 한 가지 방법은 검사자의 임상적 유능성이라 할 수 있다. 임상적 유능성에는 검사이론, 성격의 구조 및 정신역동에 대한 지식, 정신병리학, 정신과학 및 PAI 자체에 대한 지식, 즉 PAI의 제작과정, 특히 규준에 대한 정보 및 표준화 과정에 관한 정보를 알고 있을 것 등이 기본으로 포함되고, 그 밖의 다양한 정신과적 장애를 가진 환자 및 여러 부류의 정상인에 대한 PAI 반응과 다른 심리검사 반응에 관한 경험 등이 포함된다. 특히 여러 부류의 정상인에 대한 PAI 실시 경험은 임상가들이 흔히 간과하기 쉽고 소홀히 하기 쉬운 부분이라 할 수 있는데, 위양성(false-positive)과 위음성(false negative)을 알아볼 수 있는 식견을 갖추어야 유능한 PAI 시행자라 할 수 있는 것이다. 특히 유능한 임상가는 환자로 하여금 솔직하게 PAI 반응을 하도록 만들 줄 알아야 하며, 그러기 위해서는 검사 전 면담을 통하여 환자와 신뢰할 수 있는 협력적 관계를 형성해야 한다. 이것은 PAI 시행이 전체적인 심리치료의 일부임을 의미하는 것이다. 그러므로 이와 같은 임상적 유능성을 갖춘 임상가가 PAI를 실시할 경우에는 타당한 PAI 프로파일을 얻을 수 있고, 타당한 프로파일을 해석하면 임상적으로 매우 타당한 정보를 얻을 수 있다.

(2) PAI는 어떤 정보를 제공하는가

PAI가 환자에 대한 모든 정보를 제공하는 검사는 물론 아니다. PAI가 제공하는 가장 중요한 정보는 환자가 생각하고 또 타인에게 알리고 싶어 하는 혹은 알릴 수 있는 자신의 상태이다. 자신의 상태란 신체적 및 심리적인 상태를 의미하며 또한 행동적인 측면도 포함된다. 자신에게 문제가 있다고 생각하지 않을 때 혹은 문제가 있기는 하지만 타인에게 노출하고 싶지 않을 때 그의 PAI 프로파일은 정상반응이거나 정상보다 낮은 반응을 보인다. 자신의 상태 모두가 문제라고 생각할 때는 임상 척도 대부분이 상승하는 프로파일을 나타낸다. 그러나 때로는 자기가 통제하지 못하는 부분들이 있는데, 이는 자기의 의사에 반해서 자신을 노출시키는 경우이다.

소위 사례설계(case formulation)는 이와 같은 PAI의 기본적 정보에 기초하여 유추하는 고차원적인 추론이다. 그것은 광범위한 학문적 지식과 다양한 환자 경험을 바탕으로 하여 얻어지는 임상적 유능성의 산물이라 할 수 있다.

이 같은 생각의 틀 안에서 PAI를 통하여 일차적으로 얻을 수 있는 정보는 정신병리 현상과 진단적 소견이다. 같은 진단을 받은 환자도 그의 정신병리적 현상의 구성에는 차이가 있을 수 있다. 소위 핵심문제가 무엇인가 하는 것이 정신병리적 현상의 가장 중요한 부분이며, 이것을 밝히기 위하여 환자의 증상과 과거 성장 배경 및 병력 등을 중심으로 하는 임상적 면담자료와 다른 검사자료를 함께 고찰할 필요가 있다. 임상가는 환자의 다양한 증상 중에서 핵심적인 부분이 어디인가 하는 것을 항상 생각해야 한다.

다음으로, 가능하다면 정신병리의 발생기제에 대한 소견에 관하여 논할 필요가 있다. 왜 이와 같은 정신병리적 현상이 생기게 되었는가? 그러나 여기에는 임상가의 이론적 배경이 관여하지 않을 수 없으므로 주의할 필요가 있다. 대개의 경우 심리학자들은 학습이론적 배경과 인지이론적 배경을 갖고 있으므로 행동주의적 입장이나 인지적 입장에서 원인을 논하게 되나, 수검자에 따라서는 정신분석적 입장이나 인간중심적 입장 혹은 통합적 입장(특히 취약성-스트레스-대응능력 모형)에서 수검자의 이상심리에 대한 발생기제를 설명해야 할 것이다.

세 번째로는 치료 고려사항이다. 어떤 치료적 접근을 시도하는 것이 수검자의 문제를 해결하는 데 많은 도움이 되겠는가 하는 것으로서, 사실 모든 심리검사의 궁극적 목적은 여기에 있다 해도 과언이 아닐 것이다. 그러나 여기에서 한 가지 유의해야 할 사항은 PAI를 의뢰한 사유가 단순히 진단목적일 경우에는 이 부분은 필요 없는 것이 된다는 것이다. 그러나 우리는 PAI 의뢰 사유가 어떠한 것인가를 떠나서 항상 이 환자에게 가장 효과적인 치료방법과 그 결과에 대하여 생각할 줄 알아야 하며, 이것은 우리가 당연히 해야 하는 일이라 생각해야 한다.

(3) 의뢰 사유와 기초 신상자료를 면밀히 검토하였는가

PAI 프로파일 해석을 일관적이면서도 타당한 방식으로 조직화하려면 해석에 앞서 의뢰 사유를 분명해야 알아야 한다. 임상장면에서 보면 의뢰 사유가 심리검사를 실시하는 이유와 목적이 되는 경우가 많다. 의뢰 사유를 염두에 두고 이에 초점을 맞추어 해석을 진행하지 않는다면 아무리 많은 정보를 기술한다고 해도 검사의 소비자인 의뢰자에게는 불필요한 정보가 될 수도 있는 것이다. 의뢰 사유는 검사 해석의 나침반과 같은 구실을 해야 한다. 심리검사를 통해 알고 싶은 것이 무엇인가의 질문이 명확해야 그 목적에 맞게 심리검사를 선택하여 검사를 실시하고 해석할 수 있는 것이다. 따라서 의뢰 사유가 불분명할 경우에는 의뢰자와의 사전 의사소통을 통해서 의뢰 사유부터 분명히 하고 심리평가에 임하는 것이 바람직하다.

그다음으로는 PAI 프로파일 해석을 하기 전에 수검자의 기초 신상자료를 고려할 줄 알아야 한다. 수검자의 나이, 성, 학력, 인종, 출생지(성장지), 부모의 사회경제적 위치, 윤리적 배경과 같은 정보는 임상적 정보를 얻을 수 있는 맥락에 관한 가치 있는 실제적인 정보이다. 예컨데, 주요우울증은 남자보다 여자에게 2배 정도 많이 나타난다는 것이 일관되게 보고되고 있다(Sadock & Sadock, 2003). 그러나 우울증의 발병률은 인종, 교육, 수입, 결혼상태와는 관련이 없는 것으로 나타나고 있다(권석만, 2003). 또한 자살을 시도하는 비율은 대략 남자보다 여자가 3배 정도 더 높지만 자살 성공률은 여자보다 남자가 3~4배 더 높다(Clark & Fawcett, 1992). 결혼상태와 관련해서 특히 나이가 젊은 과부일

수록 자살률이 높은 반면 18세 이하의 자녀가 있는 기혼자의 자살률은 가장 낮다. 청소년과 젊은 층의 자살비율이 점점 증가하고 있으나 노년층의 자살도 흔히 나타나고 있는 추세이다. 이러한 요인들은 PAI를 해석할 때 염두에 두어야 할 중요한 정보가 될 수 있다(김영환 외, 2002).

2) 척도와 하위척도의 해석적 가정

(1) 타당성 척도

PAI 결과를 의미 있게 해석하기 위해서는 먼저 수검자가 응답하지 않은 문항의 수를 살펴보아야 한다. 일반적으로 검사결과를 의미 있게 해석하기 위해서는 95% 이상의 문항에 대해 응답해야 하고, 17문항 이상 응답하지 않았을 경우 프로파일을 해석하기 어렵다.

PAI에는 검사결과를 왜곡할 수 있는 요인을 평가하는 4개의 타당성 척도가 있다. PAI 프로파일의 의미를 해석하기 위한 두 번째 단계는 이러한 요인들 중 어떤 요인이 수검자의 반응에 영향을 주었는지를 밝히는 것이다. 타당성 척도 중 어느 한 척도라도 상승해 있을 경우 프로파일을 신중하게 해석해야 한다. 일반적으로 타당성 척도의 점수가 임상표본의 평균에서 2 표준편차 이상 벗어나면 프로파일이 왜곡되었을 가능성이 높고 타당하지 못한 프로파일로 볼 수 있다. 4개 타당성 척도의 논리적 근거와 해석은 다음과 같다.

① 비일관성 척도

비일관성 척도(inconsistency: ICN)는 경험적으로 도출한 척도로서 내용이 유사한 문항에 대한 수검자의 반응일치성을 평가하기 위한 척도이다.

② 저빈도 척도

저빈도 척도(infrequency: INF)는 무선반응, 무관심, 부주의, 정신적 혼란 또는 독해력 결함 등으로 인해 문항에 대해 제대로 반응하지 못한 수검자를 찾아내는 데 유용하다. 이 척도는 임상적 상태와 관계없이 모든 수검자가 유사하게 반응하도록 고안된 8개 문항으로 구성되어 있다. 8문항 중 4개 문항(예: 김정태 시인을 가장 좋아한다)에 대해서는 '전혀 그렇지 않다'고 반응하고 나머지 4개 문항(예: 터무니없이 비싼 물건은 사고 싶지 않다)에 대해서는 '매우 그렇다' 고 반응할 것이라고 기대할 수 있다. 이 척도는 문항내용과 관련된 특별한 주제는 없다. 단지 정상집단과 임상집단의 수검자들이 그렇다고 반응할 시인빈도가 매우 낮다는 근거에서 문항을 선정하였다. 이러한 문항들을 전체 문항에 골고루 포함시켜 반응과정에 작용할 수 있는 문제적 수검 태도를 밝히기 위한 것이다.

③ 부정적 인상 척도

부정적 인상 척도(negative impression: NIM)는 바람직하지 못한 인상을 과장하기 위해 반응을 왜곡하거나 또는 매우 기이하고 희한한 증상과 관련된 문항들을 포함하고 있다. 이 척도의 문항들은 정상집단과 외래환자 및 입원환자에게 일부러 병이 있는 것처럼 가장하도록 지시했을 경우에 나타나는 수검자의 점수분포를 검토하여 선정하였다. 이 척도의 문항들은 정상집단과 임상집단 모두 시인하는 빈도가 매우 낮았으나 정상집단보다 임상집단이 시인하는 빈도가 더 높았다. 그럼에도 불구하고 정상집단과 임상집단의 점수는 정신적 장애가 있는 것처럼 가장하도록 지시했을 경우보다 훨씬 낮았다.

④ 긍정적 인상 척도

긍정적 인상 척도(positve impression: PIM)의 문항은 수검자가 매우 바람직한 방향으로 반응했거나 어떠한 사소한 결점도 부정하려는 내용으로 구성되어 있다. 이 척도 역시 정상집단과 환자집단의 점수분포와 좋은 인상을 주도록 반응하라고 지시한 연구에서 얻은 점수분포를 근거로 문항을 선정하였다. 이 척도의 문항들은 정상집단과 임상집단에서 시인빈도가 낮은 문항을 선정하였으나 정상집단보다 임상집단의 시인율이 더 낮았다.

(2) 임상 척도

PAI 척도개발에 적용한 구성타당화 전략은 중요한 심리적 구성개념의 의미를 쉽게 해석할 수 있는 척도를 개발하기 위한 전략이다. 따라서 임상 척도의 문항들은 그 척도가 재려고 하는 임상적 구성개념의 현상과 증상을 직접 반영하고 있다. 즉, 어떤 척도에서 수검자의 점수가 상승해 있다면 그는 대부분의 사람보다 그 척도와 관련된 증상을 더 자주, 더 강하게 경험하고 있다는 것을 의미한다.

임상 척도를 해석할 때는 반드시 타당성 척도의 점수를 고려해야 한다. 비일관성 척도

(ICN)나 저빈도 척도(INF)가 상승해 있을 경우 수검자의 부주의 때문에 임상 척도가 상승했을 가능성을 고려해야 한다. 또한 부정적 인상 척도(NIM)가 상승해 있다면 수검자가 증상을 매우 특이하게 과장하는 경향이 있다는 점을 고려해서 해석해야 하고, 긍정적 인상 척도(PIM)가 상승해 있다면 수검자가 비교적 사소한 결점도 인정하지 않으려고 한다는 점을 고려해서 해석해야 한다. 어떻든 PAI를 해석할 때에는 개인력, 행동관찰 및 다른 부가적인 정보와 같은 모든 가용한 정보를 고려해서 해석해야 한다.

대부분의 임상 척도는 하위척도를 포함하고 있으므로 개별 척도 수준에서도 형태적 해석이 가능하다. 왜냐하면 어느 한 척도가 동일하게 상승하였더라도 그 척도에 속하는 하위척도의 형태에 따라 달리 해석할 수 있기 때문이다.

① 신체적 호소 척도

신체적 호소 척도(somatic complaints: SOM)는 신체적 기능 및 전반적인 건강과 관련된 문제에 대한 호소와 염려를 반영하는 문항들을 포함하고 있다. 신체상태에 대해 계속해서 생각하고 집착하는 것과 관련된 정보를 제공한다. 문항내용은 두통과 같은 사소한 신체적 불편을 반복해서 경험하는 것에서부터 마비와 같은 중요한 신체기관의 역기능에 이르기까지 다양한 신체형 장애에 관한 내용이다. 이 척도는 전환(conversion: SOM-C), 신체화(somatization: SOM-S), 건강염려(health concerns: SOM-H)의 3개 하위척도를 포함하고 있다.

- 전환(SOM-C): 중추신경계의 손상에 민감한 하위척도. 감각적 또는 운동적 역기능과 관련된 증상에 기인하는 기능장애
- 신체화(SOM-S): 두통, 요통, 통증, 소화기장애와 같은 다양한 신체적 증상이나 건강이 좋지 않다거나 피로감과 같은 모호한 증상을 호소. 때로는 신체적 증상에 수반하는 불안이나 우울
- 건강염려(SOM-H): 전형적으로 자신의 건강상태나 신체적 문제에 집착. 사회적 상호작용과 대화는 주로 자신의 건강문제에 집중되어 있고 신체건강이 좋지 않다는 믿음이 자기 이미지에 큰 영향을 줄 수 있음

② 불안 척도

불안 척도(anxiety: ANX)는 불안을 경험할 때 공통적으로 나타나는 임상적 특징을 측

정한다. 일반적 불안을 측정하려는 것이지 진단적 구성개념과 관련 있는 것은 아니고 다양한 불안 경험과 전형적으로 불안을 표현하는 방식과 관련이 있다. 문항내용은 불안의 여러 특징에 따라 반복되는 걱정, 주관적 염려, 긴장과 스트레스에 따른 신체적 징후와 같은 매우 다양한 특징을 포함하고 있다. 이 척도는 불안의 주된 특징을 반영하는 인지적 불안(cognitive: ANX-C), 정서적 불안(affective: ANX-A), 생리적 불안(physiological: ANX-P)의 하위척도로 구성되어 있다.

- 인지적 불안(ANX-C): 최근 자신이 직면한 문제에 대한 지나친 관심과 염려 및 이로 인한 주의력의 저하. 자신이 통제할 수 없는 사상이나 문제에 대한 지나친 염려
- 정서적 불안(ANX-A): 불안과 관련된 긴장감, 두려움, 신경과민을 측정. 유동불안과 관련이 있음. 스트레스에 취약하고 과도한 긴장이나 이완의 어려움 및 피로감
- 생리적 불안(ANX-P): 스트레스를 신체적으로 경험하고 표현하는 경향. 스트레스에 직면하면 긴장하여 손바닥에 땀이 많고 손이 떨리거나 불규칙한 심장 박동을 호소하거나 숨이 가쁘다는 등의 외현적 신체적 징후

③ 불안관련 장애 척도

불안관련 장애 척도(anxiety-related disorder: ARD)는 불안장애와 관련된 세 가지 상이한 증후군의 임상적 특징을 측정한다. 이 척도의 문항들은 공포증, 강박적 사고와 행동, 외상적 사건과 관련된 경험 및 특정 대상이나 상황과 관련된 구체적 공포에 관한 내용으로 구성되어 있다. 이 척도는 이러한 증상들을 측정하기 위해 강박장애(obsessive-compulsive: ARD-O), 공포장애(phobias: ARD-P) 및 외상적 스트레스장애(traumatic stress: ARD-T)의 3개 하위척도를 포함하고 있다.

- 강박장애(ARD-O): 오염에 대한 공포나 의식적 행동과 같은 증상적 특징과 완벽주의나 사소한 것에 지나치게 신경을 쓰는 것과 같은 성격적 특징. 점수가 높을 경우 매우 경직되어 있고 개인적인 행동규칙을 고수하고 완벽성을 추구하고 위축되어 있는 듯한 인상. 의사결정의 중요성을 인식하지 못하고 지나치게 사소한 것에 신경을 쓴 나머지 의사결정의 어려움. 일상적인 변화나 기대하지 않았던 사건에 직면하거나 상반된 정보를 접하면 스트레스를 경험. 자신의 충동을 두려워하거나 충동을 통제할 수 있는 능력을 의심

- 공포장애(*ARD-P*): 높은 장소, 폐쇄된 공간, 대중교통 및 사회적 노출 등과 같은 다양한 상황에 대한 일반적 두려움을 평가하기 위한 척도. 높을 경우 중요한 생활방식을 방해하는 공포증적 행동을 나타냄. 공포 대상을 회피하기 위해 경계심이 지나쳐서 늘 환경을 탐색하는 경향이 있고 일상적 활동이 매우 위축됨. 공포는 사회적 상황, 대중교통, 높은 장소, 폐쇄된 공간 또는 다른 특정한 대상일 수 있음. 점수가 높을수록 단순공포증보다는 중다공포증 또는 광장공포증과 같은 더 고통스러운 공포 경험. 지나치게 점수가 낮으면 무모하게 행동할 가능성
- 외상적 스트레스장애(*ARD-T*): 과거에 있었던 외상적 사건에 대한 계속적인 불편과 불안. 이러한 외상적 사건 때문에 자신이 근본적으로 바뀌었고 장애를 받고 있다는 느낌. 구체적인 외상적 스트레스인과 관련된 문항내용은 없지만 외상적 사건은 강간, 학대와 같은 고통, 전쟁, 생명에 위협적이었던 사고, 지진과 같은 천재지변을 포함하는 문항들. 임상표집에서 상승하는 경우가 매우 흔하므로 해석에 주의

④ 우울 척도

우울 척도(depression: *DEP*)는 우울증후군에 공통적인 임상적 특징을 측정한다. 문항 내용은 회의주의, 부정적 기대, 주관적 불행감과 무감동, 기력상실, 수면 및 식욕의 변화와 같은 신체적 징후를 포함한 여러 가지 특징과 관련되어 있다. 이 척도는 우울증후군의 세 가지 중요한 측면을 의미하는 인지적 우울(cognitive: *DEP-C*), 정서적 우울(affective: *DEP-A*), 생리적 우울(physiological: *DEP-P*)의 하위척도로 구성되어 있다.

- 인지적 우울(*DEP-C*): 부정적 기대, 무력감, 인지적 오류 등의 평가. 점수가 높을 경우 자신이 아무런 가치가 없고 희망도 없으며 실패자라는 생각. 우유부단하고 집중력이 저하됨
- 정서적 우울(*DEP-A*): 우울증에서 흔히 볼 수 있는 불행감, 불쾌감, 무감동 등의 평가. 점수가 높을 경우 비애감과 일상적인 활동에 대한 흥미의 상실 및 과거에 개인적으로 즐기던 일들에 대한 즐거움 상실
- 생리적 우울(*DEP-P*): 우울증이 있는 사람들에게서 흔히 관찰할 수 있는 생장적 증상과 수면, 식욕 및 성욕 장애 등과 같은 생리적 특징의 평가. 점수가 높을 경우 우울을 신체적인 형태로 경험하고 표현하는 경향. 신체기능, 활동 및 에너지 수준의 변화. 수면장애, 성적 관심의 저하, 식욕상실과 체중 감소

⑤ 조증 척도

조증 척도(mania: *MAN*)는 조증과 경조증의 임상적 특징을 측정한다. 문항내용은 고양된 기분(elevated mood), 확대(expansiveness) 및 과대성(grandiosity), 활동 수준의 증가, 초조성(irritability), 참을성 부족(impatience) 등과 같은 다양한 특징과 관련되어 있다. 이 척도는 조증의 세 가지 측면을 반영하는 활동 수준(activity level: MAN-A), 과대성(grandiosity: *MAN-G*) 및 초조성(irritability: *MAN-I*)의 3개 하위척도를 포함하고 있다.

- 활동 수준(*MAN-A*): 점수가 높을 경우 활동과 에너지 수준의 현저한 증가. 부적절한 방식으로 여러 가지 다양한 일을 한꺼번에 추구하고 사고과정이 빨라지므로 행동의 질은 저하되고 양은 증가. 낮을 경우 우울증 환자에서 나타나는 냉담과 무관심
- 과대성(*MAN-G*): 점수가 높을 경우 자존감의 고양, 확대 및 과대와 관련된 사고가 특징적이다. 이러한 사고는 망상에 가까울 정도로 자신은 다른 사람에게 없는 특별한 기술이 있다는 신념에서부터 자신이 유명해지고 부자가 될 수 있는 매우 독특하고 특이한 능력이 있다고 믿는 경향. 낮을 경우 자신을 부적절하게 느끼고 긍정적인 측면을 수용하거나 인정하기를 꺼리는 경향
- 초조성(*MAN-I*): 욕구 좌절이 있을 때 나타나는 초조성과 욕구 좌절에 대한 참을성이 낮은 것을 측정하기 위한 문항으로 구성되어 있음. 점수가 높을 경우 주위 사람들이 자신의 계획, 요구 또는 생각을 비현실적이라고 생각하고 들어 주려는 능력이나 의지가 없다는 좌절감 때문에 위축되어 있음. 극단적일 경우 주변에 있는 중요한 사람들이 자신이 성공하고 성취하려는 계획을 의도적으로 방해하고 있다고 비난

⑥ 망상 척도

망상 척도(paranoia: *PAR*)는 편집증적인 사람들이 가지고 있는 증상적 및 성격적 요소와 관련된 특징적 현상을 측정한다. 이 척도의 문항들은 주변 환경의 잠재적 위험에 대한 지나친 경계, 원한과 앙심을 품는 경향, 다른 사람으로부터 부당한 대우를 받고 있다는 것을 찾아내려는 경향 등과 관련되어 있다. 망상 척도는 망상의 세 가지 요소인 과경계(hypervigilance: *PAR-H*), 피해망상(persecution: *PAR-P*), 원한(resentment: *PAR-R*)의 3개 하위척도를 포함하고 있다.

- 과경계(*PAR-H*): 다른 사람과의 관계에서 지레짐작하고 민감하고 경계적인 경향을

반영. 점수가 높을 경우 다른 사람이 은밀하게 자신에게 해를 끼치고 있다는 생각을 가지고 있고 그 증거를 찾아내기 위해 주변을 감시함. 특별한 이유도 없이 타인의 동기에 대한 의심과 불신

- 피해망상(PAR-P): 심각한 망상과 관련된 전형적인 망상적 신념에 관한 문항으로 구성되어 있음. 점수가 높을 경우 자신이 부당하게 취급받고 있다고 느끼고 다른 사람들이 자신의 이익을 빼앗기 위해 모의하고 있다는 믿음
- 원한(PAR-R): 다른 사람에 대한 증오와 질투심 및 다른 사람들이 자신에게 불공정하게 대한다는 느낌과 관련되어 있음. 점수가 높을 경우 모욕당했거나 멸시받았다고 느끼고 이와 관련해서 원한을 가짐. 자신의 불행을 다른 사람의 무관심 탓으로 돌리고 다른 사람의 성공을 운에 귀인시키려는 경향. 다른 사람을 시기하고 다른 사람의 목적달성이나 성공을 도와주지 않음

⑦ **조현병 척도**

조현병 척도(schizophrenia: SCZ)는 조현병의 다양한 측면을 측정하기 위한 것이다. 이 척도의 문항들은 기이한 신념과 지각, 사회적 효율의 저하와 사회적 무쾌감, 주의력이나 집중력의 결핍 및 연상과정의 비효율성에 관한 내용들로 구성되어 있다. 양성 증상, 음성 증상 및 사고장애를 평가하기 위한 정신병적 경험(psychotic experiences: SCZ-P), 사회적 위축(social detachment: SCZ-S), 사고장애(thought disorder: SCZ-T)의 3개 하위척도가 있다.

- 정신병적 경험(SCZ-P): 조현병에서만 특징적으로 나타나는 증상을 기술. 비일상적인 지각과 마술적 사고에서부터 일급 정신병적 증상에 이르기까지 심각성이 다양한 양성 증상에 관한 문항들로 구성되어 있음
- 사회적 위축(SCZ-S): 사회적 무관심과 정서적 반응의 결핍에 초점을 두고 있음. 점수가 높을 경우 사회적으로 고립되어 있고 친밀하고 따뜻한 대인관계가 어렵고 중요한 대인관계적 행동에 대한 정상적인 뉘앙스를 해석하기 어려움. 대인관계적 상황에서 생기는 불편을 경험하지 않기 위한 사회적 고립과 무관심
- 사고장애(SCZ-T): 사고과정의 명료성에 관한 문항으로 구성되어 있음. 척도의 전체점수가 상승하지 않고 이 하위척도만 높을 경우 조현병이라기보다 다른 원인이 있을 수 있음. 심한 우울증, 뇌손상이나 뇌질환의 후유증, 약물치료, 약물이나 알코

올 남용 등이 잠정적 원인일 수 있음

⑧ 경계선적 특징 척도

경계선적 특징 척도(borderline features: BOR)는 심한 성격장애와 관련된 여러 특징을 평가하기 위한 척도이다. 이러한 특징들은 대부분 경계선 증후군과 밀접한 관련이 있기는 하지만 개별 특징들은 다른 장애에서도 흔히 찾아볼 수 있다. 이 척도의 문항은 주로 감정통제나 분노통제의 어려움, 강렬하고 때로는 투쟁적인 대인관계, 정체감과 자기가치에 관한 혼란, 자기파괴적인 충동적 행동에 관한 내용으로 구성되어 있다. 이 척도에는 정서적 불안정(affective instability: BOR-A), 정체성 문제(identity problems: BOR-I), 부정적 관계(negative relationships: BOR-N) 및 자기손상(self-harm: BOR-S)의 4개 하위 척도가 있다.

- 정서적 불안정(BOR-A): 갑작스럽고 극단적인 불안, 분노, 우울 또는 초조감의 형태로 나타나는 정서적 불안정을 반영. 매우 감정적으로 반응하고 기분장애에서 볼 수 있는 주기적 기분 변화보다는 빠르고 심한 기분 동요(mood swings). 분노를 잘 통제하지 못한 에피소드
- 정체성 문제(BOR-I): 정체감 문제나 자기감(sense of self)과 관련해서 자기개념이 불안정하고 일관성이 없다는 것을 시사. 중요한 인생의 문제들에 대해 불확실하고 목적의식의 상실. 공허하고 지루하고 불만족스러운 느낌
- 부정적 관계(BOR-N): 양가적이고 강렬하고 불안정한 대인관계를 맺은 경험. 친했던 사람에 대해 자주 적대감과 배신감의 경험
- 자기손상(BOR-S): 행동의 결과를 생각하지 않고 충동적으로 행동하려는 경향을 반영. 물질남용, 무분별한 성적 관계 및 특별한 계획도 없이 갑자기 직장을 그만두는 것과 같은, 종국에 가서는 자기손상적이거나 자기파괴적인 행동. 신체적 자해를 의미하는 것은 아님. 점수가 높을수록 자해나 자살을 시도할 위험이 증가

⑨ 반사회적 특징 척도

반사회적 특징 척도(antisocial features: ANT)는 반사회적 성격과 정신병질적 성격의 구성개념과 관련된 특징 및 행동을 평가하기 위한 척도이다. 이 척도의 문항들은 자기중심성, 모험심 또는 통찰의 부족에서 비롯된 반사회적 태도 및 행동과 관련된 내용으로

구성되어 있다. 그리고 이 척도에는 반사회적 성격장애의 상이한 측면을 의미하는 반사회적 행동(antisocial behaviors: *ANT-A*), 자기중심성(egocentricity: *ANT-E*) 및 자극추구(stimulus-seeking: *ANT-S*)의 3개 하위척도로 구성되어 있다.

- 반사회적 행동(*ANT-A*): 청년기와 아동기의 반사회적 행동에 관한 문항으로 구성되어 있음. 점수가 높을 경우 반사회적 행동이 있었거나 청소년기에 품행장애가 나타남. 불법적인 직업에 종사할 수 있고 절도, 재물파손, 다른 사람에 대한 신체적 공격 등을 포함한 범죄행위와 관련
- 자기중심성(*ANT-E*): 다른 사람과의 상호작용에서 정서적으로 냉담하고 공감할 수 있는 능력의 부족과 관련된 문항으로 구성되어 있음. 이러한 성격적 특성은 개념적으로 전통적인 정신병질과 가장 가깝지만 이 척도 자체가 정신병질적 요소를 의미하는 것은 아니고 오히려 히스테리나 자기애적인 성격과 관련된 자기중심성을 시사. *ANT-A, ANT-E, AGG*와 같은 척도가 동반 상승할 경우 정신병질적 성격을 시사
- 자극 추구(*ANT-S*): 위험을 감수하면서 새로운 것을 추구하려는 의지와 관련된 문항으로 구성되어 있음. 점수가 높을 경우 무모하게 자기 자신과 주위 사람들에게 위험한 행동. 흥분과 자극을 추구하고 일상적이고 관습적인 것에 대해 쉽게 싫증

⑩ 알코올 문제 척도

알코올 문제 척도(alcohol problems: *ALC*)는 알코올 사용, 남용, 의존과 관련된 행동과 그 결과를 평가하기 위한 척도이다. 이 척도의 문항은 금주, 잦은 음주, 음주로 인한 심각한 결과, 통제 불능, 알코올에 대한 갈망에 이르기까지 다양한 문제에 관한 내용으로 구성되어 있다. 직접 음주에 대해 물어보는 문항이 대부분이므로 알코올과 관련된 문제를 전적으로 부인하면 이 척도의 점수는 낮아진다. 이 척도의 원점수가 매우 낮으면서 긍정적 인상(*PIM*), 경계선적 특징(*BOR*), 반사회적 특징(*ANT*) 척도가 높거나 중간 정도로 상승할 경우 알코올 또는 알코올 사용과 관련된 문제에 대해 탐색해 보는 것이 바람직하다. 일반적으로 다른 정보원을 통해 간접적으로 추론하는 것보다 본인에게 직접 물어보면 더 자세한 정보를 얻을 수 있다.

⑪ **약물 문제 척도**

약물 문제 척도(drug problems: DRG)는 약물 사용, 남용, 의존과 관련된 행동과 그 결과를 평가하기 위한 척도이다. 문항내용은 자주 약물을 사용하는 것과 이로 인한 심각한 결과와 관련되어 있다. 알코올 문제와 마찬가지로 이 척도의 문항은 약물 사용 및 불법적인 약물 사용과 관련된 문제를 직접적으로 물어보는 문항으로 구성되어 있으므로 수검자가 이를 부인하면 점수가 낮아진다. 알코올 문제 척도(ALC)와 마찬가지로 약물 문제 척도(DRG)의 원점수가 매우 낮고 긍정적 인상 척도(PIM)가 상승해 있고 경계선(BOR) 및 반사회성(ANT) 척도가 중간 정도 상승해 있으면 약물 사용에 대해 추적해서 물어보는 것이 바람직하다. 그러나 일반적으로 다른 정보원을 통해 간접적으로 추론하는 것보다는 직접 물어보면 더 자세한 정보를 얻을 수 있다.

(3) 치료 고려 척도

① **공격성 척도**

공격성 척도(aggression: AGG)는 공격성, 분노, 적개심과 관련된 태도와 행동적 특징을 평가하기 위한 척도이다. 이 척도의 문항들은 언어적 주장성과 분노 통제력의 부족에서부터 폭력적 및 공격적 행동에 이르기까지 다양한 내용과 관련되어 있다. 이 척도는 공격성의 상이한 측면을 밝히기 위해 공격적 태도(aggressive attitude: AGG-A), 언어적 공격(verbal aggression: AGG-V), 신체적 공격(physical aggression: AGG-P)의 3개 하위 척도를 포함하고 있다.

- 공격적 태도(AGG-A): 쉽게 화를 내고 분노표현을 통제하기 어려우며 다른 사람들은 이들을 적대적이고 자극적이라고 지각
- 언어적 공격(AGG-V): 직면을 사용해서 위협하지 않고 감정을 자극하는 요인이 거의 없더라도 비판이나 모욕과 같은 언어적 방식으로 공격하려는 경향
- 신체적 공격(AGG-P): 재물파손, 폭력, 위협 등을 통해 분노를 신체적으로 표현하려는 경향. 주위에 있는 사람들은 이러한 성질을 겁내고 폭력을 두려워함

② **자살 관념 척도**

자살 관념 척도(suicide ideation: SUI)는 죽음이나 자살과 관련된 사고 및 아이디어를

평가하기 위한 척도이다. 이 척도의 문항들은 무망감, 죽음과 자살에 대한 일반적이고 모호한 생각 및 자살을 시도하기 위한 구체적 계획에 관한 내용으로 구성되어 있다. 자살관념을 직접적으로 묻는 문항으로 구성되어 있기 때문에 자살하고 싶은 의도를 숨기려는 사람일 경우 이 척도의 점수가 낮아진다. 따라서 이 척도의 원점수가 매우 낮고 우울(*DEP*), 불안(*ANX*), 비지지(*NON*), 스트레스(*STR*) 척도의 점수가 중간 정도 상승할 경우 자살의도에 대해 추후 질문을 시도하는 것이 바람직하다. 이런 경우라도 이 척도의 문항을 사용해서 직접 질문하는 것이 자살하려는 의도를 밝히는 데 효과적이다.

③ 스트레스 척도

스트레스 척도(stress: *STR*)는 개인이 현재 경험하고 있거나 최근에 경험한 생활 상황적 스트레스인을 평가하기 위한 척도이다. 이 척도의 문항들은 가족관계에 관한 문제, 경제적 문제, 직업과 관련된 문제, 최근에 발생했거나 현재 일어나고 있는 중요한 생활상의 변화에 관한 내용을 포함하고 있다.

④ 비지지 척도

비지지 척도(nonsupport: *NON*)는 사회적 관계의 가용성과 질을 포함한 지각된 사회적 지지의 부족을 평가하기 위한 척도이다. 이 척도의 문항들은 친지, 친구 및 가족 성원과 관계하는 상호작용의 성격과 수준에 관한 내용을 포함하고 있다. 이 척도의 점수가 낮으면 지각된 사회적 지지가 높다는 것을 반영하고, 높으면 사회적 환경을 매우 비지지적인 것으로 지각하는 경향을 지적하는 것이다.

⑤ 치료 거부 척도

치료 거부 척도(treatment rejection: *RXR*)는 심리적, 정서적 변화에 대한 개인적 관심과 관련된 속성과 태도를 평가하기 위한 척도이다. 이 척도의 문항들은 적극적으로 치료에 참여하려는 의지, 자신의 문제에 대한 인식 및 개인적 책임을 수용하려는 경향과 관련된 내용으로 여러 치료방법에 적용할 수 있도록 기술되어 있다. 이 척도의 점수가 높은 사람들은 치료적 동기가 매우 부족하다는 것을 지적하는 것이다. 여기서 한 가지 유의해야 할 점은 표집의 성격과 관련해서 치료집단이 아닌 정상집단을 대상으로 *T* 점수를 환산한 것이기 때문에 *T* 점수가 평균범위라 하더라도 치료적 동기가 낮을 수 있다는 것이다.

(4) 대인관계 척도

① 지배성 척도

지배성 척도(dominance: DOM)는 개인이 대인관계에서 통제적, 순종적 또는 자율적인 정도를 평가하기 위한 척도이다. 이 척도의 문항들은 대인관계에서 독립성, 주장성, 지시 및 조정에 관한 내용을 포함하고 있다. 이 척도는 양극적 차원을 나타내기 때문에 높은 점수뿐만 아니라 낮은 점수도 해석적 의미가 있다.

② 온정성 척도

온정성 척도(warmth: WRM)는 대인관계에서 관여하고 공감하는 정도와 거절적이고 불신하는 정도를 평가하기 위한 척도이다. 이 척도의 문항들은 사교적, 동정적, 친애적인 내용으로 구성되어 있다. 이 척도 역시 양극적 차원이기 때문에 높은 점수뿐만 아니라 낮은 점수도 해석적 의미가 있다.

3) 임상적 해석과정

PAI는 개발과정에서 수렴타당도와 변별타당도를 강조하였고 각 척도는 구체적인 구성개념을 평가하도록 구성하였기 때문에 비교적 해석이 용이하다(Morey, 1996). 예컨대, DEP 척도가 상승했을 경우 수검자는 우울증과 관련된 다양한 임상적 증상을 경험하고 있는 것으로 해석할 수 있다. PAI와 같은 여러 가지 척도로 구성된 인벤토리형 성격검사를 해석할 때는 먼저 수검자의 반응 태세를 검토하여 검사결과의 타당성을 결정한 후 보통 다음과 같은 단계적 해석과정을 거치게 된다. 즉, 결정문항, 하위척도, 전체척도 및 형태적 해석이라는 네 가지 단계를 거쳐 해석할 수 있다. 이러한 기본적 해석전략을 개괄하면 [그림 7-1]과 같이 나타낼 수 있다.

PAI 해석이 상황에 기초한 접근을 적절하게 이용할 만한 한 가지 유용한 방법은 순차적인 결정과정을 사용하는 것이다. 각각의 결정은 순차적으로 이후에 내려질 결정에 대한 맥락을 제공한다. 예들 들면, 프로파일 해석에서 내려야 하는 첫 번째 결정 중 하나는 프로파일이 어떤 왜곡을 반영하는가 하는 것이다. 따라서 만약 해석자가 검사 프로토콜이 무선반응인지 또는 정신 증상을 가장한 반응인지를 결정하면, 자살관념을 나타내는 항목에 대한 뒤따르는 해석은 크게 달라질 것이다.

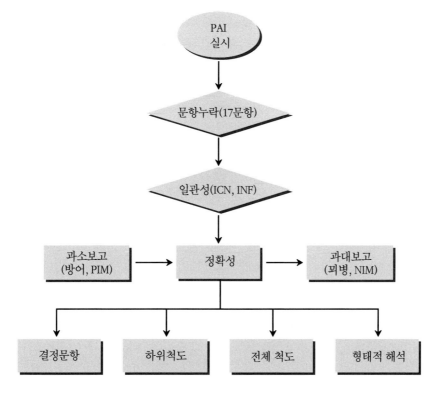

[그림 7-1] PAI의 기본적 해석전략

이러한 해석 순서는 4단계로 분류된다. 첫 번째 단계에서는 프로파일이 반응왜곡 가능성이 있는 범위를 결정해야 한다. 이러한 과정은 자주 프로파일의 타당성 결정으로 언급된다. 두 번째 단계에서는 해석자가 심사숙고하여 프로파일에 대한 적절한 규준집단의 비교를 참작해야 한다. 어떤 경우에는 이러한 비교가 순서들 중 첫 번째 단계에서 만들어진 결정들에 의해 이루어진다. 해석의 세 번째 단계에서는 개별 척도와 그것들의 구성요소를 검토한다. 마지막으로 네 번째 단계에서는 척도들의 특정 조합이나 구성들의 영향을 고려한다.

(1) 1단계: 프로파일의 왜곡 가능성 평가

일반적으로 자기보고형 검사들에 대한 해석의 출발점은 결과가 응답자의 경험을 정확하게 반영하는지 혹은 결과가 어떤 방식으로 왜곡되었는지에 대하여 결정하는 것이다. 이러한 과정은 PAI가 시행되기 전에 시작한다. 평가 의뢰의 성격, 검사결과의 이용의도, 검사결과 보고서를 받아 보는 사람 등 검사결과가 왜곡될 가능성에 영향을 미칠 수 있는 맥락들을 제공한다. 그러한 왜곡 반응으로는 부정왜곡과 긍정왜곡을 들 수 있다. 부정왜곡에서 알아보아야 할 사항으로는 부주의한 반응, 특이한 반응, 한 수준에 고정된 반응, 무선반응 그리고 가장하는 반응을 들 수 있다. 긍정왜곡에서 알아보아야 할 사항으로는 방어적인 반응, 긍정적 인상반응이 있다.

(2) 2단계: 적절한 준거집단 결정하기

주의 깊게 프로파일 왜곡에 대하여 살펴보고 나면, 다음 단계에서는 프로파일을 평가하기 위해 적절한 준거의 틀을 고려한다. 준거의 틀은 평가에 대한 다양한 양상에 따라 달라질 수 있다. 고려할 세 가지 중요한 기준이 되는 맥락은 기본 규준집단 대 임상집단, 왜곡집단 대 비왜곡 대조집단, 특정한 의뢰 상황들 내의 대조집단을 포함한다. 이러한 고려사항들은 다음에서 기술된다.

① 기본 규준집단 대 임상집단 규준

PAI의 T점수는 한국에 살고 있는 성인표본을 대상으로 하였다. 그 결과, T점수들은 특정 반응 패턴들이 전형적인 평균 성인들의 규준에 해당하는지 그렇지 않은지를 해석하는 데 있어서 중요하다. 예를 들면, 거의 대부분의 사람은 기분이 내려앉는 시기를 가지고 있다. 그러므로 검사 해석자는 이것이 정상의 범위인지 혹은 통계적으로 비정상적인 우울의 정도를 반영하는지를 결정해야 한다. 이 질문에 답하는 것은 또 다른 척도의 T점수를 통해 도움을 받을 수 있다. T점수 60은 증상과 특정한 유형의 문제들을 경험하는 기간 동안에 대략 백분위 84를 나타낸다. 반면에 T점수 70은 대부분의 척도에서 대략 백분위 96을 나타낸다(Morey, 1991). PAI 프로파일 형태 위의 참조선이 나타내는 T점수 70은 일반인들에게 있어서 매우 비정상적인 문제와 증상의 정도를 나타낸다. 그렇기 때문에 임상적으로 의미 있는 문제를 나타내는 것이기도 하다. 임상적 주의가 확인된 후에는(11개 임상 척도 중에서, AGG 또는 SUI가 떨어지거나 혹은 70점 이상), 맥락상의 참조점이 임상적 초점으로 옮겨져야 한다. 임상집단에서 척도점수들에 대한 기대는 여러 측면에서 일반집단에서 기대된 그것과는 다르다. 이러한 참조적 비교를 위한 방법들은 다양하다. 즉, PAI 검사요강은 임상적으로 표준화된 표본에 기초한 표준점수를 나타내는 부록을 포함한다. 이러한 프로파일의 예는 [그림 7-2]에서 볼 수 있다. 이 프로파일 형태의 상위 참조선(skyline)은 앞서 전술한 참조선이다.

상위 참조선의 제각각 높고 낮은 정도는 T점수 70점으로 이루어진 참조선과 대조를 이루어 임상집단과 규준집단에서 발견되는 다른 예측들을 설명한다. 이러한 현상에 대한 가장 좋은 예는 *RXR* 척도에서 볼 수 있다. 이 척도에서 프로파일 지평선은 70점 아래로 떨어지는 반면에, 다른 모든 척도의 임상적 지평선은 70점 위에 있다. 이러한 결과는 *RXR* 척도에 대한 점수가 일반집단에서보다 임상집단에서 보다 낮게 나타나는 경향이 있을 것이라 지적한다. 그러한 발견은 임상집단에 속한 개인들은 전형적으로 치료에 대해 관심을 보이는 반면, 일반집단은 대개 심리학적 치료가 그들에게 제공되어도 거부할 가능성이 많다는 점에서 의미 있다. 맥락에 대한 정보는 *RXR* *T* 점수 50에 대한 해석에 상당한 영향을 미친다. 그런데 이 점수는 일반인 집단에서 무작위로 선택된 개인들의 평균이지만, 일반인 집단에서 치료에 대해 보이는 반응이 평균 이상이라는 점은 주목할 만하다. 따라서 프로파일 정보 이외의 것에 의해 제공되는 맥락은 *RXR* 점수를 평가하는 데 있어 중요하다. 예를 들면, *T* 점수 60점 이상이 되는 임상 척도가 없을 때 *RXR* *T* 점수 50점은 놀랄 만한 것이 아닌데, 그 사람은 치료가 요구될 만한 아무런 임상적 어려움을 보고하지 않았기 때문이다. 그러나 임상집단이 아닌 일반인 집단에서 마치 임상집단의 반응에 가까운 듯한 점수로 한두 개의 척도가 *T* 점수 70점 이상으로 치솟은 사람의 점수는 해석상 치료에 대한 관심의 부족을 지적할 수 있을 것이다.

요약하면, 임상적 의미에서 문제를 제안하는 프로파일 상승이 나타날 때, 해석자는 임상집단의 맥락에 비추어 프로파일을 평가해야 한다. 그러한 문제들이 나타나지 않을 때, 일반집단 평균들과의 비교는 개인의 성격적인 특성들을 해석하는 데 더욱 많은 정보를 제공해 준다.

② 특정 맥락에 대한 규준

선택 상황에서의 참조에 대한 두 번째 예는 특정 상황에서 모은 자료를 기초로 표준화한 일정한 규준들을 사용한다. 그러한 특정 상황에 대한 한 가지 예는 직원 채용과정이다. 이러한 맥락에서 PAI는 특정 직원의 고용을 결정하기 위한 한 가지 요인으로 이용될 수 있다. 이러한 상황은 개인들이 전형적으로 가장 좋은 인상을 주려고 애쓰는 일반적 맥락을 나타내고, 대개 이러한 프로파일은 긍정적 인상 관리집단에서 나타나는 것과 비슷하다. 그러나 프로파일 상승에 대한 특정한 예측범위는 직업의 중요한 특징에 따라 다른데, 지원자들은 주어진 위치에서 어떠한 성격이 바람직하거나 바람직하지 않다고 바라볼 것이기 때문이다. 예를 들어, 경찰직에 합격하는 것과 관련된 성격 특성들의 유형은 비행 조종사나 원자력 설비기사에서 요구되는 것들과는 다를 것이다.

가장 잘 발전된 맥락적 표준들은 Roberts, Thompson과 Johnson(2000)에 의해 수집된 것들이다. 공공 안전직에 지원한 개인들은 고용결정에 있어서 그들이 예상하는 바람직할 것 같은 성격 특성에 대해 특정한 상황에서의 평가를 보여 준다. Roberts 등(2000)은 이러한 특별한 상황에서 검사를 완성한 1만 7,757명으로부터 자료를 모았고, 특정한 지원자를 특정 상황에 놓인 다른 지원자들과 비교하는 것에 기초한 평가과정을 고안하였다. 이 자료는 또한 경찰, 소방관, 교도관, 정보통신 종사자와 같은 특정 직업의 하위 유형들에서 채용기간을 성공적으로 완료했던 사람들에 대한 표준정보를 포함하고 있다. 이러한 특정 상황표준들이 참고 요점으로 사용될 때 평가 정황에 대한 최종적인 영향이 해석에 옮겨지게 되고, 이러한 상황에서 나타나는 개인차가 강조될 수 있다.

자료가 축적됨에 따라 서로 다른 평가적 상황들에서 나온 다양한 규준자료들이 이용 가능해질 것이다. 그러한 자료는 전문가들이 유사한 상황들에서 얻은 결과들을 해석하는 데 도움을 주겠지만, 동시에 PAI 표본들에 의해 제공되는 기초적인 정보들에 대한 시각을 잃지 않는 것이 중요하다. 예를 들면, 물질남용 치료장면에서 얻은 PAI 규준들은 약물과 알코올이 높은 평균점수를 갖게 될 것이다. 만약 그러한 표준들을 사용한다면, 그 장면에 있는 환자는 이러한 맥락상에 있는 표본들의 평균보다 낮은 점수를 얻을 수 있지만 일반집단 평균보다는 높을 것이다. 맥락적 규준들이 특정 상황에서 평가된 개인들 간의 예리한 구별을 돕기는 하지만, PAI의 표준화된 표본으로부터 얻은 규준들은 여전히 완전한 문제수준을 결정하는 데 유용한 참고물일 것이다.

(3) 3단계: 개별 척도에 대한 해석
프로파일의 타당성을 결정하고 관련된 맥락적 참조들에 대한 선택에 이어, 해석에서는 개별 PAI 척도치들을 검토한다. 검사의 각 척도는 다른 임상적 구성개념들의 주요한 면들에 대한 측정을 위해 고안되었다. 척도에 대한 자료의 해석은 일반적으로 전체척도 수준, 하위척도 수준 그리고 개별 척도문항 수준 순으로 행한다.

프로파일 왜곡이 거의 또는 전혀 없는 것으로 가정되면, 해석의 초점은 T 점수 70점 혹은 그 이상의 점수를 얻은 전체척도들에 모아져야 한다. 전체척도들에 나타난 그러한 점수들은 임상적 주의를 요하는 문제들의 분명한 패턴을 보여 준다. 주어진 점수들은 의미 있는 임상적 이슈들을 시사하고, 검사요강이나 채점 프로그램이 제공했던 정보를 사용함으로써 이 척도들에 대한 임상적 표본의 표준화된 점수들이 결정되어야 한다. 임상적으로 참고했던 표준점수들은 프로파일 해석에서 상승들을 결정하는 데 가장 중요하게 사용될 것이다. 예들 들면, *MAN* 척도 *T* 점수 75보다 *DEP* 척도 *T* 점수 80의 상승이 더욱 현저하지만, 전자가 임상장면에서 더욱 흔하게 나타난다.

  가장 두드러진 척도 상승을 확인한 후에, 척도 해석에서의 다음 단계는 하위척도들에 대해 평가하는 것이다. 10개의 PAI 척도는 개념적으로 검사가 측정하는 다른 임상적 구성개념들의 분리된 핵심요소인 보조개념들로서 구성된 하위척도들을 가지고 있다. 이러한 하위척도들은 전체척도 상승들의 의미를 명확히 할 수 있고, 진단을 결정 내리는 데 사용될 수 있다. 예를 들면, 전형적으로 많은 환자는 임상장면에서 고통과 불안을 겪게 되는데, 종종 가장 표면적인 우울 척도가 상승한다. 그러나 증상의 다른 징후들이 나타나지 않는다고 해도, 이것이 반드시 주요우울장애로 진단되는 징조는 아니다. 생리적인 징후, 낮은 자존감, 부정적인 기대와 같은 특징들이 없다면, 환자가 우울 척도의 뚜렷한 상승을 보인다고 할지라도 진단이 근거를 갖게 되지 못한다. PAI에서 *DEP-A*가 상승하는 패턴은 불안과 고통을 나타내지만, *DEP-P* 또는 *DEP-C*에서의 상승은 이끌지 않을 것이다. 그 결과, 이 예에서 *DEP*에 대한 전체적인 상승은 하위척도들의 구성으로부터 지지되는 자료가 부족하기 때문에 주요우울장애로 설명되지 않을 것이다. 척도들로부터의 가장 상세한 정보는 개별 문항의 반응에 대한 검토를 수반한다. 개별 문항반응을 검토하는 것은 검사의 구성개념과 방향으로 이루어지는데, 그 점에서 문항내용이 임상적 문제를 평가하는 데 유용한 결정인자라는 것이 가정되었다. 예를 들면, 각 문항은 그것의 내용이 직접적으로 질문의 임상적 구성개념들과 관련이 되는지 입증하기 위해 전문가 집단에 의해 검토되었다. 그 결과, 문항 내용에 대한 검토는 응답자에 의해 경험된 어려움이 성격에 대해 유용한 정보를 제공할 수 있다. 문항들에 대한 검토는 또한 어떤 척도 점수의 해석에 대한 잘못된 가정들을 교정할 것이다. 예들 들면, 공포증(*ARD-P*)을 평가하는 PAI 하위척도는 주로 임상적 관심에서 초점이 되는 대상과 상황들에 공포를 느끼는 항목들을 포함한다. 그러나 특정 문항들이 검토되지 않는다면, 해석자는 사회공포증, 공공장소에서의 두드러진 사회불안을 평가하도록 방향지어진 많은 질문을 포함하는 척도를 알아내지 못할 것이다. 경험 없는 해석자는 *ARD-P* 상승이 뱀이나 거미에 대한 두려움이라고 가정할지도 모른다. 그리고 상승에 기여한 사회 부적응을 놓칠 것이다. 즉, 이것은 전형적인 공포증이지만 좀처럼 임상적 관심의 초점이 되지 않는다. 게다가 문항에 기초한 척도 점수들을 해석하기 위해 27개의 PAI 문항이 잠재적인 위기 상황들에 대한 지표로 내용의 중요성에 바탕을 둔 결정문항이라는 것과 정상적인 개인들에서는 매우 낮은 비율이라는 것이 확인되었다. 이들 문항은 다른 많은 척도의 다양한 내용으로부터 선택되었다. 이 문항들의 증거는 더욱 상세한 질문을 통해 얻을 수 있다.

문항수준에 대한 해석이 유용할 수는 있으나, 전체척도를 해석하는 것보다 신뢰성이 제한적이라는 것에 각별한 주의가 있어야 할 것이다.

(4) 4단계: 프로파일 구조에 대한 해석

프로파일 구조는 검사도구의 가장 높은 해석적 수준을 나타낸다. 전통적으로, PAI와 같은 다차원적 질문들 뒤에 가려진 전제들은 다양한 척도에 의해 제공되는 정보의 조합이 각각의 부분보다 더 중요하다. 따라서 구조적 접근은 개별 척도에서부터 응답자의 진단과 치료에 대한 중요한 질문들에 대한 대답이 제공되는 전체적 패턴까지의 정보종합을 시도한다. PAI 해석에 대한 구조적 접근에는 프로파일 코드 유형, 평균 프로파일, 개념적 지표, 통계적인 결정규칙의 네 가지 다른 형태가 있다. 이러한 접근들 뒤에 숨은 논리와 그들의 강점과 약점은 다음에서 자세하게 기술된다.

① 프로파일 코드 유형

프로파일 구조를 기술하는 가장 간단한 방법 중 하나는 프로파일상에서 가장 높은 2개 임상 척도를 보이는 상승한 척도 쌍에 의한 분류이다. 프로파일 해석에서 상승한 척도 쌍의 해석은 전통적인 방법이기는 하나, 그러한 코드는 프로파일 구조에 대한 제한된 기술을 제공한다는 것을 알아야 한다. 첫째, 단지 상승 척도 쌍만을 이용한다는 것은 근본적으로 검사에서 다른 척도에 의해 제공되는 정보를 무시한다는 것이다. 둘째, PAI 임상 척도 대부분이 개념적 하위척도들로 조직되어 있기 때문에, 동일한 코드를 가진 사람들 간에도 상승 척도 쌍의 하위척도 구조기능에 따라 의미 있는 차이가 관찰될 수 있다. 마지막으로, 심리학적 도구로서 상승한 척도 쌍을 결정할 수 있는 작은 차이점들이 종종 신뢰성 있지 못하다는 것이다. 프로파일 코드 유형은 PAI 프로파일의 구조적 해석에 대한 대략적인 출발점을 제공하기는 하지만, 자세한 접근이 그 밖의 자료에서 보강되어야 할 것이다.

② 평균 프로파일

프로파일 구조를 이해하기 위한 이 접근은 PAI 프로파일과 특정한 유사성을 공유하는, 즉 진단이나 증상들이 유사한 개인들을 비교하는 것이다. 예를 들면, PAI-A 실시요강은 특정 진단(주요우울장애)이나 증상(자기손상 행위)에 바탕을 둔 각기 다른 집단으로부터 얻어진 평균 프로파일이나 문헌에서 기술된 추가적 평균 프로파일이 제시되어 있다. PAI 채점 프로그램은 응답자의 프로파일과 구조적 유사성의 측정을 제공하는 역상관의 사용을 통한 각각의 평균 프로파일에 대한 경험적 비교를 제공한다.

이 접근이 한 사례에 대해 흥미로운 가설을 가져올 수 있기는 하지만, 그 정보는 여러 측면에서 제한적이기 쉽다. 그러한 프로파일은 진단에 대한 전형적 프로파일을 재현하지 않는다. 왜냐하면 정서장애자들 간의 광범위한 공존성, 임상가들 간의 진단적 관례에서의 편차로 인해 주어진 진단에 대한 평균 프로파일 결과는 PAI의 요소들을 끌어안기에는 완전하지 못하기 때문이다. 그러므로 평균 프로파일은 프로파일 구조를 이해하는 시작점일 뿐이다.

③ 개념적 지표

PAI의 다양한 형태적 규칙이 발전되고 연구되어 왔다. 이런 다양한 규칙이나 전략은 축적되어 온 이론적 가설들이나 임상적 관찰들에 바탕을 두고 있다. 예를 들면, 프로파일 왜곡의 범위에 대한 고려사항은 꾀병과 방어 지표이다. 이러한 지표들은 왜곡 반응에 대한 시뮬레이션 연구를 통해 얻은 비정상적인 프로파일 구조들에 대한 관찰들이 보여 준다. 임상적 결정을 내리는 범위는 폭력잠재 지표, 자살잠재 지표, 치료과정 지표와 같은 구조적 지표들이다. 이러한 지표들은 특정한 이슈에 대한 이론적 서술이나 분명한 경험적 연구에 기초한다. 이러한 지표들이 연구문헌들에서 어느 정도 관심을 받기 시작하기는 했으나, 교차타당도 연구가 필요하다. 다른 구조적 전략과 함께 조합하여 사용될 때, 지표들에 기초한 이 이론은 프로파일 구조를 해석하는 데 유용할 수 있다.

④ 통계적 결정규칙

다변량 분석들은 결정을 위한 다양한 종류에 대한 통계적 방식을 확인하도록 문헌에서 기술되었다. 그중에서 예언적 결정규칙이란 직선적 logit 분석을 통해 진단에 필요한 규칙을 정하는 방법이다. 임상가가 제공하는 진단적 의사결정에 관한 모델을 구성하기 위해 logit 분석을 하고 이를 통해 만든 logot 기능을 컴퓨터 프로그램에 통합하여 컴퓨터에 의한 예언적 해석이 가능할 수 있다. 그러나 그러한 접근은 다변량 통계를 위한 대규모의 표본크기를 요구하기 때문에 제한되어 발전해 왔다. 또한 이에 수반되는 비용 역시 압도할 정도여서, 컴퓨터를 이용한 채점도구 정도의 제한된 비용을 들이는 경향이 있다.

4) 상승한 척도 쌍의 해석

임상장면에서 MMPI 프로파일을 해석할 때 전통적으로 상승하는 두 척도 쌍을 중심으로 해석하고 있는 것은 주지의 사실이다. PAI 프로파일을 해석할 때도 전통적으로 사용하는 두 쌍에 의한 형태적 해석이 가능하다. 코드형의 선택은 단일 임상 척도의 상승 코드형과 11개 임상 척도의 쌍인 55개 쌍을 코드형으로 처리하여 분류할 수 있다. 여기에서는 PAI에서 나타날 수 있는 55개 척도 쌍에 관한 주요 특징과 해석적 의미를 제시하였다. 이러한 상승 척도 쌍은 PAI의 11개 임상 척도에서 *T* 점수가 70 이상인 두 척도를 근거로 구성한 것이다. 상승한 척도 쌍에서 척도의 순서는 특별한 의미가 있는 것은 아니다. 예컨대, *DEP-ANX* 척도 쌍은 어느 척도가 더 상승하였는가에 관계없이 임상척도 중에서 *DEP*와 *ANX* 척도가 *T* 점수 70 이상 상승한 것을 말한다. 임상 집단에서 가장 빈번하게 나타나는 코드 유형은 *ALC-DRG*(9.0%), *SOM-DEP*(2.8%), *ARD-DEP*(2.5%), *DEP-BOR*(2.5%), *DEP-SCZ*(2.4%)이었다(Morey, 1991).

(1) *ALC/DRG*

- 이 패턴은 약물뿐만 아니라 알코올을 포함한 복합물질 남용의 과거력을 보여 준다. 반응자가 물질 사용에 의해 탈억제되었을 때, 다른 행동문제들 또한 뚜렷할 것이다. 물질남용은 아마도 사회적 관계와 일 수행에 있어서 심각한 방해요인이며, 이는 스트레스의 부가적 요인으로서 약을 사용하고 음주하는 경향을 더욱 악화시킨다.
- *STR*의 부가적 상승을 이 코드 유형에서 종종 관찰할 수 있고 전형적으로 물질 오용의 결과로서 사회적 역할 방해를 반영한다.
- 치료: 다른 현저한 프로파일 상승의 부재에서 이 프로파일은 초점화된 물질 사용 치료 프로그램을 위한 좋은 표식이 된다. 다른 프로파일 상승에서 기술되었듯이, 공존하는 정신병적 진단의 경향은 증가되고 있으며, 치료는 더욱 복잡해지고 다양한 치료목표를 가지게 될 것이다.
- 흔한 프로파일 형태로 임상환자들 사이에서 9.0% 이내로 관찰되며, 이는 알코올 혹은 약물 치료에서 대략 1/4을 차지하는 특징을 보인다.
- 물질남용 진단은 제쳐두고, 다른 진단적 상관성은 반사회적 성격장애와 경계선적 장애를 포함한다.

(2) SOM/DEP

- 자신의 신체적 기능과 관련한 걱정과 함께 현저한 고통과 불행감을 보고하는 사람을 시사한다. 자신의 생활이 다양한 신체적 문제로 인해 심각한 지장이 있다고 생각할 수 있으며, 이것은 개인에게 불행하다고 느끼게 할 수 있다. 중요한 생활 과제에 대해 집중하고 수행할 수 있는 에너지나 열정도 없고, 앞으로 더 좋아질 것이라는 희망도 없는 경우가 많다. 중요한 사회적 역할 수행이 결과적으로 어렵고, 이러한 부적절한 역할 수행은 다시 부가적인 스트레스 원인으로 작용할 수 있다.
- ANX의 부가적 상승이 많으며, 비록 이러한 상승이 주로 ANX-P에 의해 야기된다 할지라도 이러한 양상은 불안과 관련되기보다는 단순히 신체적 증상의 일부일 수 있다. 또한 SUI가 상승하는 경우도 흔한데, 이러한 코드 형태가 관찰될 때 자살사고의 가능성을 검토해 볼 필요성이 있으며, 특히 신체적 문제들이 만성적일 수 있음을 시사한다.
- 치료: 신체적 불평이 우울 발병을 반영할 수 있고(DEP-P 확인), 항불안제에 대한 검토가 요구된다.
- 비교적 흔한 프로파일 형태로 임상환자의 2.8%에서 관찰된다.
- 신체형 장애, 기질적 정신장애, 주요우울장애와 관련이 있다.

(3) ARD/DEP

- 이 척도 쌍의 상승은 상당한 긴장감과 불행감 및 회의적인 태도를 시사한다. 다양한 과거와 현재의 스트레스가 부정적인 영향을 미칠 수 있다. 이러한 유형을 보이는 사람들은 스스로를 삶을 변화시킬 힘이 없고 비효율적이라고 생각하는 경향이 있다. 혼란스러운 생활은 목표 및 일의 순서에 대해 확신이 없고 미래에 관해 두려워하거나 회의적이도록 조장할 수 있다. 또한 집중력과 의사결정의 어려움이 있고 무망감, 불안, 스트레스가 겹쳐질 경우 자기손상의 위험이 증가할 수 있다.
- ANX와 SUI의 부가적 상승이 자주 관찰되는데, 이는 자신에 대한 잠재적 위험과 크게 관련이 있다.
- 치료: 상당한 불편을 경험하고 실제로 도움이 필요하다는 것을 느끼지만 에너지 수준이 낮고 수동적이고 위축되는 경향이 있어서 치료를 받도록 끌어들이기 어려울 수 있다. 정신약물학적 치료는 자율신경계 증상이 있을 때 고려될 수 있으며 심리치료를 병행하는 것이 효과적이다.

- 비교적 흔한 프로파일 형태로 임상환자들의 2.5%에서 관찰된다.
- 외상후 스트레스 장애, 불안장애, 주요우울장애, 기분부전장애, 경계선 성격장애 및 정신분열성 정동장애와 관련이 높다.

(4) DEP/BOR

- 이 척도 쌍의 상승은 불행하다는 느낌, 정서적 불안정과 함께 상당한 분노를 시사한다. 이럴 경우 전형적으로 뚜렷한 심리적 고통과 우울증으로 인한 위기를 겪고 있을 가능성이 높다. 이런 사람들이 겪는 심리적 고통은 대인관계에서의 어려움이나 지각된 또는 실제적인 거절 경험과 관련이 있을 수 있다. 이럴 경우 가까운 사람들이 자신을 배신하거나 버렸다고 느끼며 이로 인해 무력감과 무망감을 느낄 수 있다. 이런 특징은 가까운 관계에 대한 불안한 양가감정의 보편적 양상일 수 있다. 이런 특징은 한편으로는 다른 사람에 대한 원망과 적개심을 느끼면서 다른 한편으로는 거절당할 가능성에 대한 불안과 의존성을 반영한다. 이런 사람들은 내면에 잠재된 분노가 발동하여 친한 사람들에게 충동적인 공격행동을 나타낼 수 있다. 이러한 분노는 다른 사람에 대한 분노로 나타나기도 하지만 대부분 자신에 대한 분노일 수 있다.
- 무망감, 적개심, 충동성이 결합할 경우 자기손상의 위험이 증가하고 SUI와 STR이 부가적으로 상승하는 경우가 많다.
- 치료: 변화에 대한 바람이 강하게 나타나는 것처럼 보이지만(낮은 RXR), 치료는 충동적이고 자기파괴적인 행동으로 인하여 방해받을 수 있다.
- 이 형태는 임상집단에서 2.5% 정도 관찰된다.
- 이 척도 쌍의 상승은 경계선적 성격장애, 주요우울장애, 적응장애와 관련이 있다.

(5) DEP/SCZ

- 이 척도 쌍의 상승은 심리적 고통과 불쾌감 및 사고력과 주의력에 관한 문제를 시사한다. 이러한 경우 사회적 관계에서 위축되고 고립되어 주위에 있는 사람들과 거리감을 느낄 수 있다. 이런 문제로 인해 그나마 유지되고 있는 친한 관계마저 위축될수 있다. 이런 사람들은 자신이 처해 있는 상황이 어느 정도 호전될 것이라는 희망도 거의 없고 이러한 무망감과 비관적인 생각이 판단력의 장애와 결합할 경우 자기손상의 위험이 증가할 수 있다. 이 척도 쌍이 상승할 경우 가끔 SUI가 부가적으로

상승할 수 있다.

- *DEP-P*가 *SCZ-P*보다 더 상승할 경우 정신병적인 장애보다 심각한 우울 삽화를 시사한다.
- 이 형태는 임상장면에서 꽤 흔하게 나타나며 표준 임상집단의 2.4%에서 관찰된다.
- 치료: 심각한 무감동과 우울 증상은 치료 초기에 약물치료로 개입하는 것이 정신사회적 치료의 측면에서 성공적일 것으로 볼 수 있다.
- 이런 척도 쌍의 상승은 정신분열형 정동장애, 외상후 스트레스 장애나 심각한 불안장애, 경계선적 성격장애, 주요우울장애 및 조현병과 관련이 있다.

(6) *ANT/ALC*

이 척도 쌍의 상승은 알코올 남용과 관련된 심각한 행동적 문제에 관한 경력을 시사한다. 이럴 경우 충동성과 음주문제 때문에 사회적 역할을 수행하는 데 심한 장애가 있고 무절제한 생활 태도로 인해 친하게 지내던 사람들과의 관계도 악화될 수 있다. 이런 사람들은 대부분 충동적이고 스릴을 추구하는 경향이 있고 알코올 사용은 판단력을 더 저해할 수 있다. 이들은 대인관계가 불안정하고 오래 유지하지도 못하며 자기중심적인 태도와 음주문제 때문에 가까스로 유지하던 관계도 위기를 맞을 수 있다. 이 척도 쌍이 상승할 경우 *DRG*가 부가적으로 상승하는 경우가 많고, *DRG*가 지나치게 낮을 경우 부인기제가 작용했을 가능성이 있다. 이 척도 쌍의 상승은 여러 종류의 물질남용과 관련이 있다.

(7) *ANT/DRG*

이 척도 쌍의 상승은 주로 물질남용과 관련된 행동적 문제의 경력을 시사한다. 이럴 경우 충동성과 약물 사용 때문에 안정적으로 직장을 유지하기가 매우 어렵고 무모한 생활 태도로 인해 가족이나 친구들과의 관계도 악화될 수 있다. 보통 충동적이고 스릴을 추구하는 경향이 있고 약물 사용은 더욱 심한 판단력의 장애를 초래할 수 있다. 이런 사람들은 대인관계가 피상적이고 불안정하며 오래 지속되기 어렵고 자기중심성과 약물 사용 때문에 겨우 유지하던 관계마저 심각한 마찰이 일어날 수 있다. 이 척도 쌍이 상승하고 부가적으로 *AGG*가 상승할 경우 약물 사용에 따른 일시적인 억제력 상실이 있을 수 있다. 이 척도 쌍의 상승은 약물의존, 경계선 성격장애, 경계선 성격을 가지고 있는 약물의존과 관련이 있다.

5) 군집분석 프로파일의 해석

Morey(1991)는 대규모의 정신과 환자와 정상인을 혼합하여 PAI 전체척도와 하위척도의 임상적 특징을 알아보기 위하여 군집분석을 실시하여 10개의 군집분석적 프로파일을 제시한 바 있다. 군집 분석적 프로파일이란 임상적–통계적으로 의미 있는 외적 지표를 활용해서 군집 분석하고 해석적 근거가 될 수 있는 프로파일 유형(modal profile)을 결정하는 것을 말한다. 이러한 군집분석적 프로파일 유형을 사용하면 한두 개 척도의 상승을 고려할 때보다 프로파일에 포함된 더 많은 정보를 활용할 수 있기 때문에 진정한 형태적 접근으로 볼 수 있다.

Morey(1991)의 연구에서 얻어진 프로파일 유형은 10개였다. 군집 1은 유의한 임상적 특징이 없는 형태였고, 군집 2는 우울하고 철수적인 집단이었으며, 군집 3은 알코올 남용과 신체적 호소집단이었다. 군집 4는 반사회적 특징과 우울로 인한 행동화 경향성 집단이었고, 군집 5는 급성 스트레스 반응으로 인한 정서적 불안정성 집단이었으며, 군집 6은 사회적 고립과 혼란된 사고를 가진 집단이었다. 군집 7은 우울, 불안 그리고 정서적 불안정성 집단이었고, 군집 8은 신체적 호소와 불안을 많이 호소하는 사람들로 구성되어 있었으며, 군집 9는 약물과 알코올 문제를 지닌 집단이었고, 마지막으로 군집 10은 자살사고와 정서적 고통을 호소하는 사람들로 구성되어 있었다. 더 나아가 Morey(1991)는 정신과 환자들과 정상인들이 10개의 군집 중 어느 군집에 얼마나 속하였는지도 살펴보았으며, 임상적 특징도 알아 보았다.

[그림 7-2]는 Morey(1991)가 제시한 군집 3 유형에 속하는 사람들의 PAI 전체척도 프로파일 유형을 보여 주고 있다.

이 프로파일의 특징으로는 우울(DEP)과 자살관념(SUI) 척도가 현저하게 상승되어 있고 조현병(SCZ), 스트레스(STR), 비지지(NON), 경계선적 특징(BOR) 척도와 신체화(SOM), 불안(ANX), 불안관련 장애(ARD) 등 신경증 척도들은 T 점수 65 이상으로 상승해 있다. 이 군집에 속하는 수검자 가운데 43%가 DEP 척도가 가장 높은 코드 유형이었다. 그리고 DEP의 세 가지 하위척도 모두가 상승해 있고 SCZ의 사회적 위축 및 ARD의 외상적 스트레스 하위척도가 T 점수 70에 가깝다.

이런 프로파일은 수검자가 매우 우울하고 위축되어 있다는 것을 시사하고 있다. 이 프로파일을 보이고 있는 사람들은 생활환경이 불행하고 과거 및 현재 주요 스트레스를 많이 호소한다. 이들은 또한 자신의 생활환경이 개선될 희망이 전혀 없고 문제를 해결하려

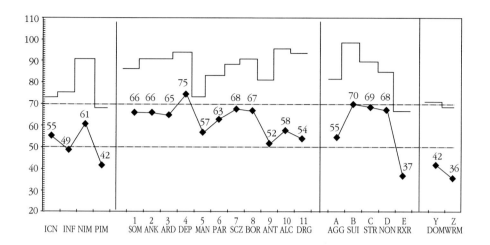

[그림 7-2] PAI 전체척도의 군집 3 프로파일 유형

는 수단으로 자살을 생각한다. 이들은 자신을 지지해 주지 않고 보살펴 주지도 않는다는 생각에서 주위에 있는 사람들과 관계를 끊고 있으며 일부 가까운 사람들을 원망하기도 한다. 이들은 자존감이 매우 낮고 자신은 자신의 인생을 바꿀 수 있는 능력도 없다고 생각한다. 이들은 또한 집중력이 떨어지고 의사결정이 어렵고 집착과 불안 때문에 사고력이 손상될 가능성이 높고 현재 경험하고 있는 스트레스로 인해 다양한 신체적 증상을 호소할 수도 있다.

이 군집에 속하는 환자들 가운데 대부분은 이전에 이미 심리치료를 받은 적이 있었다. 그리고 이들 중 약 73%가 약물치료를 받은 적이 있었고 이들 중 항우울제와 항정신 약물을 복용한 비율은 각각 38%와 21%이었다. 환자들은 처방된 약물을 잘못 사용하는 경우가 있지만 임상가들은 이러한 환자들 대부분은 치료에 순응적이고 조종적이거나 반항적인 행동은 없다고 보았다. 이런 프로파일을 보이는 환자들은 우울장애가 20%, 기분부전장애가 23%, 외상후 스트레스 장애가 대부분인 불안장애가 23%이었다. 이 프로파일을 보이는 환자들 중에서 *SCZ*의 점수가 더 높은 경향이 있는 하위집단은 조현병이나 정신분열형 정동장애로 진단되는 경우가 많았다.

7. PAI 성격검사 보고서

1) PAI 보고서 작성요령

PAI가 포함되는 평가 사례 보고서의 구성은 그 수검자에 대한 모든 유용한 정보 출처와 함께 해석에 필요한 정보들의 종합을 요구한다. 비록 어떤 상황에서는 그 사례에 관한 아무런 정보 없이 단지 PAI 프로파일만을 평가할 수도 있지만, 이는 바람직한 방법이라고는 볼 수 없다. PAI는 어떤 단일한 임상적 결정에 기초하여 좌우되지 않아야 하며, 단지 선별, 진단, 치료에 관한 결정들은 항상 전문가들의 수많은 가설 중 하나로서만 고려되어야 한다.

검사 보고서의 구성은 평가장면의 특성 및 요구에 따라 다양할 수 있지만, 전형적으로 다음과 같은 구성을 따른다. 먼저 내담자에 대한 기초적인 인구통계학적 정보를 포함한 몇 가지 배경에 관한 정보가 제공된다. 두 번째, 의뢰내용과 환자의 내력이 제공된다. 여기에는 평가가 법원 의뢰용인지, 왜 요구하는지, 또는 입학전형을 위한 것인지, 반배치를 위한 것인지 등의 의뢰 사유가 포함되어야 한다. 또한 내담자가 자신의 시각에서 보고한 평가 사유가 기술되어야 한다. 세 번째, 검사 중 내담자의 정신상태 및 검사 태도를 포함한 행동관찰이 제시된다. 네 번째, 실시한 검사들과 결과 및 해석이 언급된다. 먼저 관련 검사와 과정이 기입된다. 만일 PAI의 해석적 보고가 표준 임상집단이나 규준 표본집단에서 나타날 수 있는 보고들과 다르다면 이러한 보고들은 각각 주목되어야 한다. 그것이 제공해 주는 정보에 따라 검사결과들에 대한 해석이 제공되어야 하며, 일반적으로 검사결과들을 순차적으로 나열하기보다 종합하는 것이 가장 좋다. 즉, 이러한 방식으로 상이한 자료들 간의 수렴과 확산을 명확하게 기술하고 일치시켜 나가야 한다. 비록 평가한 검사들이 다양하고, 평가하는 임상가들이 자료 해석에 대한 책임성 때문에 보고서에 경험적 결과들을 기술하는 것은 꺼리지만(예: 모든 PAI 척도의 T 점수 기입), 보고서를 받는 사람들은 이러한 해석을 원하지 않는다. T 점수는 때때로 특정 척도에 관한 평가를 참고하는 데 유용할 수 있지만, 일반적으로 T 점수보다 백분위에 의하여 어떤 결과를 기술하는 것이 더 유용할 수 있다. 결정문항과 같은 특정 문항에 대한 반응 역시 하나의 실례로서는 유용할 수 있지만, 보고서의 해석이 어떤 한 문항에 대한 반응에 따라 결정되지 않도록 주의해야 한다.

PAI 결과를 제시할 때는 다음과 같은 아웃라인이 종종 필요할 수 있다. 먼저 PAI의 해석적 설명이 고려되어야 할 맥락을 제공하기 위해 검사 결과들에 대한 타당도가 기술되어야 한다. 다음으로는 표준화된 진단적 약어들을 사용하여 관련된 진단적 가정들에 대한 설명이 따르고, 치료적 고려사항과 권고사항들이 기술되어야 한다.

검사 결과는 해석적 진술들에 대한 근거를 명료화하기 위해 다른 임상적 자료들과 비교적 독립적으로 해석되었다. 즉, 통상적인 임상적 장면에서는 해석적 진술들이 다른 검사결과들과 임상적 자료들을 종합해야 할 필요가 있다. PAI가 기술된 예시는 Morey(2003)의 사례에서 찾아볼 수 있다.

2) PAI-A 사례: 후배에게 공갈하여 돈을 빼앗은 남자 중학생

다음에서는 후배에게 공갈하여 돈을 빼앗은 남자 중학생의 사례에 대한 PAI-A 결과를 제시하고 있다.

비행성 예측자료표

이름	○○○		성 별	남			비행명: 공갈		
			연 령	만 15세					

<table>
<tr><td rowspan="4">비행촉발요인</td><td colspan="2">조사항목</td><td>점수</td><td colspan="2">조사항목</td><td>점수</td><td colspan="2">총점</td><td></td><td>체크란</td></tr>
<tr><td colspan="2">1. 가족구조</td><td>1</td><td colspan="2">4. 가출경험</td><td>2</td><td colspan="2">0~10</td><td>낮다</td><td></td></tr>
<tr><td colspan="2">2. 가족기능</td><td>1</td><td colspan="2">5. 비행전력</td><td>6</td><td colspan="2">11~20</td><td>약간 높다</td><td>✓</td></tr>
<tr><td colspan="2">3. 학교생활</td><td>3</td><td colspan="2">6. 개인적 요인</td><td>4</td><td colspan="2">21 이상</td><td>높다</td><td></td></tr>
<tr><td colspan="2">총 점</td><td colspan="9">17</td></tr>
</table>

<table>
<tr><td rowspan="8">인성검사</td><td>척도</td><td>ICN
(비일관성)</td><td>INF
(저빈도)</td><td>NIM
(부정적인상)</td><td>PIM
(긍정적인상)</td><td>SOM
(신체적호소)</td><td>ANX
(불안)</td><td>ARD
(불안장애)</td><td>DEP
(우울)</td><td>MAN
(조증)</td><td>PAR
(망상)</td><td>SCZ
(조현병)</td></tr>
<tr><td>점수</td><td>34</td><td>53</td><td>58</td><td>62</td><td>39</td><td>45</td><td>34</td><td>62</td><td>43</td><td>48</td><td>44</td></tr>
<tr><td>척도</td><td>BOR
(경계선특징)</td><td>ANT
(반사회적특징)</td><td>ALC
(음주문제)</td><td>DRG
(약물사용)</td><td>AGG
(공격성)</td><td>SUI
(자살관념)</td><td>STR
(스트레스)</td><td>NON
(비지지)</td><td>RXR
(치료거부)</td><td>DOM
(지배성)</td><td>WRM
(온정성)</td></tr>
<tr><td>점수</td><td>45</td><td>59</td><td>45</td><td>46</td><td>51</td><td>57</td><td>63</td><td>49</td><td>40</td><td>41</td><td>66</td></tr>
</table>

인성검사소견

타당도 척도를 살펴보면, 전반적으로 검사에 대해 일관성 있게 반응하였음을 알 수 있다. 임상 척도에서는 우울(DEP)과 반사회적 특징(ANT)의 두 척도가 다른 척도에 비해 상승되어 있는데, 이는 심리적 불편과 비관적인 생각을 가지고 있고 충동성과 행동화적 경향이 결합되어 있을 가능성을 시사한다. 또한 반사회적 행동(ANT-A) 척도가 상승되어 있는데, 이는 과거에 충동적으로 비행을 저지른 적이 있으며, 이러한 행동이 추후에도 나타날 수 있는 가능성이 높은 것으로 볼 수 있다. 대인관계 척도에서는 지배성(DOM)이 낮고 온정성(WRM)이 매우 높아 피면담자가 대인관계에서 온정적이고 외향적이나 매우 순진하고 순응적일 것으로 여겨진다.

종합소견

재비행 위험성: ___ ① 낮다   ___ ② 약간 높다 ✓ ③ 높다

피면담자는 과거 수차례의 비행으로 인해 소년원 위탁을 받은 경험이 있고 현재 보호관찰 중이었음에도 범행을 저질렀으며 ANT-A(반사회적 행동: 70) 척도의 상승으로 보아 추후에도 범행을 저지를 가능성이 높을 것으로 보인다. 이런 점들을 종합해 볼 때, 피면담자의 재비행 가능성은 '높다'고 추정된다.

피면담자는 과거 수차례에 걸쳐 범행을 저질러 법적 처벌까지 받기도 하였으나 자신의 잘못을 크게 뉘우치고 있고 자신에게 부분적인 변화가 필요하다는 것을 인식하고 있으므로 행동 변화 가능성이 있다고 볼 수 있다. 비록 피면담자가 충동적으로 행동하는 경향이 강하고 어려운 일에 대한 대처능력이 부족하지만, 대인관계에서 양심적이고 공감적이며 온정적으로 반응하므로 행동치료를 활용하여 행동을 수정하면 재비행 가능성은 감소할 것으로 여겨진다. 이를 위해 피면담자가 청소년 동반자 프로그램에 참여하여 옳은 행동에는 칭찬을 해 주고 그릇된 행동에는 무시하는 행동수정 프로그램을 제공받아야 할 것으로 여겨진다.

작성일자	2014년 ○○월 ○○일	범죄심리사 ○○○ (인) 범죄심리전문가 ○○○ (인)

비행촉발요인조사서

이름: ○ ○ ○   성별: 남   주민번호: 나이: 만 15세   총점 : (17)점

1. 가족의 구조	(1)점	5. 비행전력 및 환경	(6)점 총 전과 수(0)회
1) 가정결손 여부: 　친부 혹은 친모 사망	아니다(0)∨ 그렇다(1)	1) 본 비행 전 지구대 혹은 경찰서 　입건	없음(0) 있음(1)∨
부모 이혼, 별거 혹은 가출	아니다(0) 그렇다(1)∨	2) 유죄 판결 전력	없음(0)∨ 있음(1)
독거	아니다(0)∨ 그렇다(1)	3) 소년원 혹은 소년교도소 경력	없음(0) 있음(1)∨
2) 생계를 책임지는 보호자	있음(0)∨ 없음(1)	4) 보호관찰 위반경력	없음(0) 있음(1)∨
		5) 대인피해 전력(본범 제외) 　폭력, 성범죄, 강도, 살인 등	없음(0) 있음(1)∨
2. 가족의 기능적 역할	**(1)점**	6) 본 비행내용	대물피해(0)∨ 대인피해(1)
1) 가정불화 · 냉담	심하지 않음(0)∨ 심함(1)	7) 본범 사전모의 혹은 계획여부	없음(0)∨ 있음(1)
2) 가족 간 신체 및 언어적 폭력	심하지 않음(0)∨ 심함(1)	8) 비행수법(장물처리 등)	모름(0) 앎(1)∨
3) 가족 간 심리적 학대	정상(0)∨ 비정상(1)	9) 비행전력의 점진적 심각성	없음(0) 있음(1)∨
4) 보호자의 애착 및 관심 정도	정상(0) 비정상(1)∨	10) 최초 비행연령이 만 10세	이상(0)∨ 이하(1)
5) 가족 구성원 중 전과자	없음(0)∨ 있음(1)		

3. 학교생활	(3)점	6. 개인적 위험요인	(4)점
1) 학력	중졸 이상 혹은 재학 중(0)∨ 중졸 이하 혹은 고퇴(1)	1) 술을	마시지 않음(0)∨ 자주 마심(1)
2) 장기결석 혹은 잦은 무단결석	없음(0) 있음(1)∨	2) 본드나 가스 등을 해 본 적이	없음(0)∨ 있음(1)

3) 학교생활 적응 문제
  (왕따 피해 혹은 가해 경험)
	없음(0)∨
	있음(1)
		3) 술이나 약물에 대한 중독,
		  남용 여부
			없음(0)∨
			있음(1)

4) 학교에서의 경고나 정학경험	없음(0) 있음(1)∨	4) 인터넷 게임 혹은 음란 사이트 중독여부	없음(0)∨ 있음(1)
5) 상급학교 진학예정	있음(0)∨ 없음(1)	5) 성경험으로 인한 문제	없음(0)∨ 있음(1)
6) 교우관계: 비행을 저질러 경찰서에 출입하는 친구	없음(0) 있음(1)∨	6) 성매매 경험	없음(0)∨ 있음(1)
		7) 본범에 대한 책임의식	있음(0)∨ 없음(1)
4. 가출경험	**(2)점**	8) 피해자의 입장이해	잘 이해(0)∨ 이해 못함(1)
1) 가출경험	상습적이지 않음(0) 상습적(1)	9) 행위의 결과에 대한 인식	인식함(0) 인식 못함(1)∨
2) 가출하여 어울릴 친구들	없음(0) 있음(1)∨	10) 준법의식	있음(0)∨ 없음(1)
3) 가출하여 집단으로 생활해 본 경험	없음(0) 있음(1)∨	11) 인생목표의 현실성 및 노력정도	열심(0) 노력 없음(1)∨
		12) 인지능력 손상	없음(0)∨ 있음(1)
		13) 정서상태	안정(0)∨ 불안정(1)
		14) 어려운 일에 대한 대처능력	있음(0) 없음(1)∨
		15) 충동적 행위 탐닉	없음(0) 있음(1)∨
		16) 분노경험	잘 조절(0)∨ 폭발(1)
		17) 상담 및 조사에 임하는 태도	우량(0)∨ 불량(1)

PAI-A 프로파일 기록지 A

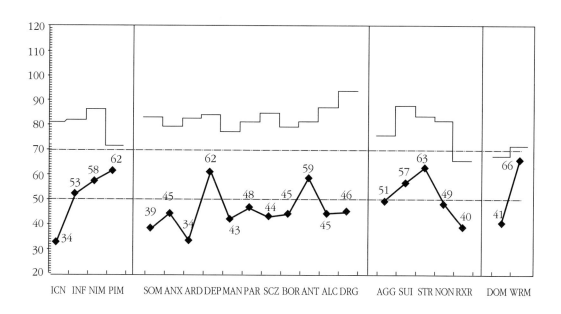

PAI-A 프로파일 기록지 B

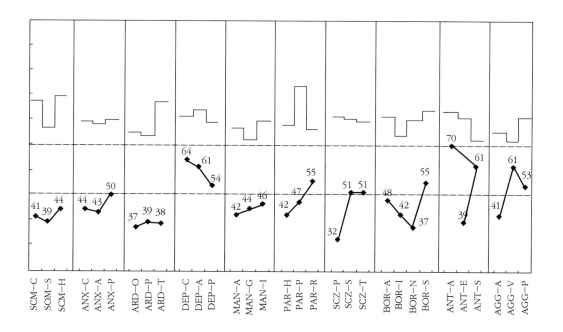

종합소견서

○ 본 비행명: 공갈

○ 본 비행경위 및 동기

피면담자는 2014년 **월 **일 오후 4시경 ○○○○ 아파트 상가 프리미엄 PC방에서 평소 알고 지내던 아는 후배에게 돈을 빼앗은 혐의로 경찰서에 입건되었다. 피면담자는 PC방에서 놀다가 나오려는데 돈이 부족하여 공범 1명과 함께 피해자에게 2천 원씩을 빼앗았다. 그 후 피해자가 경찰에 신고하여 경찰서에 입건되었다.

○ 비행전력 등

본범 이전에 절도, 공갈, 폭행 등으로 경찰서에 입건된 경험이 있을 뿐만 아니라 보호관찰, 소년원 위탁 등을 받은 경험도 있다.

○ 면담 및 검사 시 태도

피면담자는 면담 시 정상적인 인지 기능을 보여 면담자의 질문을 이해하는 데 어려움이 없었고 면담자의 질문에 성실히 응답하여 매우 협조적으로 임하였으나 검사 시 검사문항을 이해하지 못하여 답답해하는 모습을 보였다.

○ 비행환경에 관한 소견

피면담자는 만 15세로 현재 보호관찰 중이어서 ○○시 ○○동 소재 ○○○○ ○○○ 쉼터에서 거주하고 있다. 가족 내 갈등이 심한 편은 아니나 가족 간 대화가 거의 없고 친밀도가 낮아 가족구성력은 약한 것으로 여겨진다. 피면담자는 전 학교에서 공갈, 폭행 등의 비행전력으로 인해 퇴학 조치되어 ○○○○중학교로 학교를 옮기게 되었다. 피면담자는 학업에 있어 다소 어려움을 느끼고 있으나 다수의 친구와 원만한 관계를 유지하고 있어 현 학교의 적응 정도는 양호한 것으로 여겨진다.

○ 인성적인 특성에 관한 소견

타당도 척도를 살펴보면, 전반적으로 검사에 대해 일관성 있게 반응하였음을 알 수 있다. 임상 척도에서는 우울(DEP)과 반사회적 특징(ANT)의 두 척도가 다른 척도에 비해 상승되어 있는데, 이는 심리적 불편과 비관적인 생각을 가지고 있고 충동성과 행동화적 경향이 결합되어 있을 가능성을 시사한다. 또한 반사회적 행동(ANT-A) 척도가 상승되어 있는데, 이는 과거에 충동적으로 비행을 저지른 적이 있으며, 이러한 행동이 추후에도 나타날 수 있는 가능성이 높은 것으로 볼 수 있다. 대인관계 척도에서는 지배성(DOM)이 낮고 온정성(WRM)이 매우 높아 피면담자가 대인관계에서 온정적이고 외향적이나 매우 순진하고 순응적일 것으로 여겨진다.

○ 재비행 위험성 예측

피면담자는 과거 수차례의 비행으로 인해 소년원 위탁을 받은 경험이 있고 현재 보호관찰 중이었음에도 범행을 저질렀으며 ANT-A(반사회적 행동: 70) 척도의 상승으로 보아 추후에도 범행을 저지를 가능성이 높을 것으로 보인다. 이런 점들을 종합해 볼 때, 피면담자의 재비행 가능성은 '높다'고 추정된다.

○ 종합소견(선도 대책 등)

피면담자는 과거 수차례에 걸쳐 범행을 저질러 법적 처벌까지 받기도 하였으나 자신의 잘못을 크게 뉘우치고 있고 자신에게 부분적인 변화가 필요하다는 것을 인식하고 있으므로 행동 변화 가능성이 있다고 볼 수 있다. 비록 피면담자가 충동적으로 행동하는 경향이 강하고 어려운 일에 대한 대처능력이 부족하지만, 대인관계에서 양심적이고 공감적이며 온정적으로 반응하므로 행동치료를 활용하여 행동을 수정하면 재비행 가능성은 감소할 것으로 여겨진다. 이를 위해 피면담자가 청소년 동반자 프로그램에 참여하여 옳은 행동에는 칭찬을 해 주고 그릇된 행동에는 무시하는 행동수정 프로그램을 제공받아야 할 것으로 여겨진다.

작성일: 2014년 ○월 ○○일
작성자: 범죄심리사 ○○○ (인)

○ 검토 의견

적절한 강화와 무시 기법으로 학생의 행동을 수정하여 학생이 더 이상 비행에 관여하는 일이 없도록 하여야 할 것이다.

담당 슈퍼바이저 확인 : ○○○ (인)

참고문헌

교육부(1999). 교육통계연보. 서울: 한국교육개발원.

권석만(2003). 현대이상심리학. 서울: 학지사.

김영환, 김지혜, 오상우, 임영란, 홍상황(2001). 성격평가질문지 실시요강. 서울: 학지사.

김영환, 김지혜, 오상우, 이수정, 조은경, 홍상황(2006). 성격평가질문지-청소년용 실시요강. 서울: 학지사.

김영환, 오상우, 홍상황, 박은영(2002). PAI의 임상적 해석. 서울: 학지사.

오상우(2012). PAI-A 실시, 채점, 임상적 해석. 2012년도 후반기 한국 사회 및 성격심리학회 범죄심리사 1급 교육과정 자료집(pp. 79-163). 6월 27일. 경기도: 경기대학교 수원캠퍼스 종합강의동 209호.

오상우, 박은영, 홍상황(2012). 사례를 통한 PAI의 구조적 해석. 서울: 학지사.

이수정, 김양곤, 이인식(2005). 소년 보호관찰 대상자에 대한 분류평가도구개발에 관한 연구. 한국형사정책 연구원.

통계청(1998). 한국통계연감 CD. 서울: 인터벡.

한국심리학회 상벌 및 윤리위원회(2003). 심리학자 윤리기준. 한국심리학회.

American Psychiatric Association. (2000). *Diagnostic and Statistical Manual of Mental Disorders. 4th edition text revised (DSM-IV-TR)*. Washington, DC: Author.

Clark, D. C., & Fawcett, J. (1992). Review of empirical risk factors for evaluation of the suicidal patient. In B. Bongar (Ed.), *Suicide: Guidelines for assessment, management,and treatment* (pp. 16-48). New York: Oxford University Press.

Morey, L. C. (1991). *The Personality Assessment Inventory Manual*. Odessa, FL: Psychological Assessment Resources.

Morey, L. C. (1996). *An interpretive guide to the Personality Assessment Inventory*. Odessa, FL: Psychological Assessment Resources.

Morey, L .C. (2003). *Essentials of PAI Assessment*. New York: John Wiley & Sons.

Morey, L. C. (2007). *Personality Assessment Inventory (PAI) Professional Manual* (2nd ed.). Lutz, FL: PAR.

Roberts, M. D., Thompson, J. A., & Johnson, M. (2000). *PAI law enforcement, corrections, and public safety selection report module manual*. Odessa, FL: Psychological Assessment Resources.

Sadock, B. J., & Sadok, V. A. (2003). *Synopsis of Psychiatry* (9th ed.). Philadelphia: Lippincott Williams & Wilkins.

제8장
투사검사 I

투사검사란 투사기법을 사용한 검사이다. 투사검사의 가장 두드러진 특징은 객관식 검사에 비하여 덜 구조화되어 있다는 점이다. 투사검사에서는 가능하면 수검자의 반응에 제한을 두지 않으며, 검사 지시문은 매우 단순하고, 검사 자극은 대부분 모호하고 애매하다. 모호한 검사 자극과 검사 상황을 지각하고 해석하는 방식에서 수검사의 심리적인 특징이 나타날 수 있다고 보기 때문이다. 투사검사에서는 검사 도구를 수검자의 문제해결 방식, 사고방식, 내재된 욕구, 불안, 갈등 등을 '투사'하는 스크린으로 본다.

대부분의 투사검사는 정신분석학적 개념에 많은 영향을 받고 있는 것이 사실이다. 하지만 이에 더하여 현상학적 이론, 자극-반응 이론, 지각이론 등이 추가되기도 하였다. 따라서 투사기법에서 사용되고 있는 '투사'는 정신분석학적인 개념의 '투사'에 비하여 좀 더 포괄적인 의미로 사용된다. 정신분석학에서의 투사란 '의식으로 올라오는 것을 수용할 수 없어서 이를 무의식의 영역으로 억압하고, 그것의 책임을 다시 외부에 전가하려는 자기방어 체계'이다. 이에 비하여 투사기법에서 사용되는 '투사'는 일종의 '통각 왜곡'이다(Beck, 1952). 지각(perception)이 자극에 대한 반응인 반면, 통각(apperception)은 각 개인의 주관적인 상태가 지각에 영향을 준 상태로, '지각의 의미적 해석'으로 볼 수 있다. 같은 자극 대상에 대하여도 객관적인 지각 과정이 있는 반면, 이를 무시한 주관적 지각, 즉 통각 왜곡이 나타날 수도 있다. 투사검사에서 말하는 '투사'란 이렇게 이루어진 왜곡의 한 형태이다.

투사기법에서 수검자들은 자신의 반응이 어떻게 해석되는지 알지 못한다. 이는 자극이 덜 구조화되고 모호할수록 수검자가 방어적인 반응을 덜 하게 될 것이라는 가정에 근거를 두고 있다. 또한 투사기법은 성격평가에 대한 총체적인 접근을 특징으로 하고 있다. 성격의 부분적인 특징에 관심을 가지기보다는 전체적인 성격을 그려 내는 데 초점을 맞추게 된다. 투사기법은 감춰지고 잠재된 무의식적인 면을 드러내는 데 특히 효과적인 것으로 생각되고 있다.

투사기법에는 여러 가지 종류가 있다. 로르샤하 검사처럼 방대한 양의 연구가 이루어진 검사가 있는 반면 상대적으로 제한된 연구가 이루어진 검사도 있다. 따라서 여기서는 개개의 검사에 대하여 논의하기보다는 투사기법에 속하는 검사들의 일반적인 장점과 단점을 살펴보고자 한다.

먼저 투사기법의 장점을 간략히 소개하면 다음과 같다.

- 검사자와 수검자 사이의 라포를 형성시켜 준다. 대부분의 투사기법은 흥미롭기 때문에 검사 초기에 느끼는 불편감을 없애 줄 수 있다.
- 수검자의 자존감을 저하시키지 않는다. 상당한 융통성이 주어지는 검사들이 많으므로 수검자의 자존감을 손상시키지 않으면서 검사를 수행하는 것이 가능하다.
- 아동들처럼 언어적인 이해력에 제한이 있는 사람들에게 실시하기가 용이하다.
- 비언어적인 자극을 사용할 경우 언어 기능에 제한이 있는 수검자에게도 실시가 가능하다.
- 자기보고식 검사처럼 반응을 왜곡하기가 힘들다. 로르샤하 검사나 주제통각검사에서도 왜곡 반응이 일부 가능하기는 하지만 자기보고식 검사처럼 왜곡하기가 쉽지는 않다. 더구나 숙련된 평가자를 속인다는 것은 그리 쉬운 일이 아니다.

반면 투사기법의 단점을 간략히 정리하면 다음과 같다.

- 실시과정에 대한 표준화된 절차가 부족하다. 실시 과정에서 사용되는 검사자의 언어표현이 검사결과에 영향을 미칠 수 있으며, 동일한 언어표현을 사용한다 하더라도 검사자의 태도가 검사 반응에 영향을 미칠 수도 있다. 이러한 차이는 반응 수, 방

어기제, 상상 과정 그리고 기본적인 수행 성향 모두에 영향을 미치게 된다.

- 채점과 해석과정에서 객관성이 부족하다. 검사의 초기 자료에 대하여 객관적인 채점체계가 적용되었다 하더라도 결국 이 자료를 통합하고 해석하는 과정에서 검사자의 임상적 경험 및 이론적 성향이 영향을 미치게 된다. 가장 문제가 되는 것은 검사자료를 해석할 때 수검자의 투사가 영향을 끼치기보다는 검사자의 투사가 영향을 끼칠 가능성이 있다는 것이다. 즉, 수검자의 성격 역동을 나타내기보다는 검사자의 이론적인 성향, 선호하는 가설 등을 반영할 가능성이 있다.

- 규준자료에 대한 정보가 부족하다. 이 경우 검사자는 자신의 경험이나 자신이 선호하는 이론에 기초하여 해석을 하게 된다. 그러나 검사자가 접했던 대상이 전체 규준을 대표한다고 보기는 어렵다. 많은 경험이 있는 임상가의 경우, 때로는 정상인을 대상으로 한 경험이 부족할 수 있다. 이러한 단점을 보완하려고 노력한 대표적인 사람 중 하나가 Exner이다. Exner는 로르샤하 체계에서 이러한 단점을 보완하려고 노력하였다.

- 신뢰도와 관련된 문제이다. 투사기법의 경우, 채점 과정이 객관적이어야 할 뿐 아니라 마지막 통합 및 해석 과정에서의 신뢰도도 갖추어야 한다. 로르샤하 검사의 경우 양적인 측정치들이 규준에 따라 바로 해석되지는 않는다. 이 때문에 동일한 검사 결과라 할지라도 해석자에 따라 다른 결론에 도달할 수 있다. 검사-재검사 신뢰도 역시 많은 제한점을 지니고 있다. 검사-재검사 사이의 간격이 너무 긴 경우 그 기간 동안에 우리가 검사하고자 하는 성격의 일면이 변화했을 수도 있다. 상대적으로 검사-재검사의 간격이 너무 짧은 경우 재검사에서 이전 검사와는 무관하게 새로운 지각과 연상과정을 거쳐 나타나는 반응이라기보다는 단순히 원래 반응을 기억해 낸 것에 불과할 수도 있다.

- 가장 큰 제한점으로 다뤄지는 것이 타당도와 관련된 문제이다. 투사검사에서 대부분의 타당도 연구는 통계적인 분석이나 실험설계상 제한점이 있는 경우가 많다. 이 때문에 정확한 공존타당도를 제시하지 못하고 있는 경우가 대부분이다. 이는 검사 해석에서 직접적인 영향을 미칠 수 있다는 점을 유념해야 한다.

여기서는 임상장면에서 가장 많이 사용되는 투사법 검사 중의 하나인 로르샤하 검사에 대하여 살펴보고자 한다.

1. 로르샤하 검사

로르샤하 검사는 투사기법의 대명사라고 할 정도로 많이 사용되고 있는 검사이다. 이 검사는 10장의 잉크반점으로 이루어져 있으며, 각 카드의 잉크반점은 비구성적이고 대칭적인 모양으로 되어 있다. 로르샤하 검사는 스위스의 헤리사우에 있는 크롬바흐 정신병원에서 Herman Rorschach 스스로 '심리학적 실험'이라고 칭하여 환자들에게 잉크반점을 보여 준 것을 토대로, 1921년에 「심리진단: 지각에 기초한 진단 검사(Psychodiagnostics: A Diagnostic Test Based on Perception)」라는 연구논문을 출간함으로써 세상에 알려지게 되었다(Rorschach, 1942). Rorschach는 117명의 정상인을 포함하여 전체 405명 피험자의 반응을 분석하여 발표한 이 논문에서 잉크블롯 방법이 조현병을 진단하는 데 상당히 유용한 도구가 될 수 있다고 주장하였다. 그러나 Rorschach 스스로는 로르샤하 검사의 본질에 대해 단정적인 결론을 내리는 것을 조심스러워하였다. 동시에 "이 검사가 무의식을 탐구하는 도구로 오인되어서는 안 된다."고 주장하기도 하였다. 그 후 Rorschach는 이 검사도구에 대한 이해를 계속 발전시켜 나갔다. 그러나 1922년 4월 1일 Rorschach는 헤리사우 병원 응급실에서 갑작스럽게 세상을 떠나게 되었다. 이는 로르샤하 검사에 대한 연구를 시작한 지 4년도 되지 못한 시점으로, 아마 그가 연구 활동을 계속하였다면 이 검사의 성격과 전개 방향이 지금과는 달라졌을 것이다(Exner, 1993). 사망하기 몇 주 전에 Rorschach는 스위스의 정신분석학회에 로르샤하 검사와 정신분석 간의 관계에 대한 그간의 연구성과를 발표하기 위한 논문을 집필하고 있었다. 이 논문에서 그는 로르샤하 검사와 무의식의 관계에 대하여 이전과는 다른 입장을 기술하였다. 즉, 로르샤하 검사 반응이 수검자의 무의식에 대한 깊이 있는 통찰을 제공해 줄 수 있다고 보았다. 이는 로르샤하 자극을 실험적 기법으로 보았던 초기 입장과는 차이가 있는 것이다. 로르샤하 검사에 대한 이런 상반된 태도에 대한 논쟁은 이후에도 계속되어 왔으며, 동시에 로르샤하 검사는 수많은 사람의 관심의 대상이 되었다. 로르샤하 검사는 점차 수십만 명의 사람에게 실시되어 표준화된 성격평가 도구가 되었고, 수천 편의 연구논문이 발표되었으며, 일반대중에게까지도 유명한 검사로 발전하게 되었다.

로르샤하 검사에 대한 접근 방법은 매우 다양한데, 이는 다양한 입장에서 검사의 발전을 촉진시키는 역할을 하기도 하였으나 상대적으로 서로 다른 로르샤하 검사가 상존하는 문제점을 낳게도 되었다. 대표적인 학자들을 살펴보면, 먼저 엄격한 경험주의적 입장에 따라 이 검사의 채점, 부호화 방식을 중요시하였던 Beck(1937)과 Hertz(1936)가 있다. Beck은 경험적 입장을 지속적으로 강조하였던 반면, Hertz는 후반기에 가서는 로르샤하 반응의 질적인 측면을 강조하게 되었으며, 질적 분석을 위한 빈도표를 저서로 출간하기도 하였다. Klopfer와 Kelly(1942)는 현상주의적 배경과 정신분석적 입장에 기초한 주관적인 해석을 중요시하였다. 그 외에도 실험심리학적 접근을 중요시했던 Piotorwski(1950), 정신분석학적 접근을 기초로 해석했던 Rapaport, Gill과 Schafer(1946), Shafer(1954) 등이 있다. 이렇게 로르샤하 검사에 대한 다양한 접근방법이 발전되었으며, 이 검사에 대한 관심 또한 고조되었다. 하지만 1950년대와 1960년대에 이르러서는 로르샤하 검사의 진단의 정확성, 신뢰도 및 타당도와 같은 심리측정적인 속성들에 대한 여러 연구에서 부정적인 결과가 나타나면서 검사에 대한 비판이 확산되었고, 관심 역시 점차 감소하게 되었다. 많은 사람이 정신분적학적 이론에 대한 비판과 맞물리면서 로르샤하 검사를 제대로 이해하지 못한 채 임상장면에서 심리검사로서의 가치가 없다는 극단적인 지적을 하기도 하였다.

하지만 지난 20년 동안 로르샤하 검사에 대한 관심이 다시 부활하면서 두 가지 흐름으로 집약되고 있다. 그중 하나는 Exner의 연구(1974, 1993)와 그의 종합체계를 통해 예시된 실증적인 접근이다. 다른 하나는 로르샤하 검사 이론과 해석에 정신분석적 개념을 적용하려는 시도(Lerner, 1991)이다. 여기서는 Exner의 체계에 대하여 살펴보고자 한다. 후자에 대하여는 『로르샤하 검사에 대한 정신분석적 접근』(이우경, 이원혜 공역, 2003)을 참조하면 보다 자세한 내용을 알 수 있다.

2. Exner의 종합체계

Exner(1969)는 *The Rorschach Systems*라는 저서에서 그 당시 가장 많이 활용되고 있는 로르샤하 검사의 다섯 가지 접근 방법을 비교 분석하였다. Exner에 따르면 다섯 가지 방법의 차이를 분석한 결과, 먼저 검사 실시 방법의 차이로 인하여 각 방법마다 검사 반응에 차이가 나타나고 있으며, 둘째, 각 체계마다 경험적으로 입증되지 못한 채점 방식, 채점기준, 해석 지침 등이 포함되어 있었다. 반면 각 체계마다 경험적으로 입증된 채점 방식, 채점기준, 해석 역시 상존하고 있었다. 따라서 경험적으로 가장 좋은 검사가 이뤄지기 위해서는 특정 체계를 따라가기보다는 각 체계의 장점을 통합하는 방식이 바람직할 것이라는 결론에 도달하였다. 이러한 연구에 기초하여 Exner는 1970년 Research Rorschach Foundation을 창립하였고, *The Rorschach: A Comprehensive System Vol 1*(1974). *The Rorschach: A Comprehensive System, 2nd Edition*(1986), *The Rorschach: A Comprehensive System, 3rd Edition*(1993), *The Rorschach Workbook for the Comprehensive System*(1995)을 계속 발전시켰다.

Exner는 로르샤하 검사에서 수검자가 반응하는 과정이 일련의 문제해결 과정이라고 생각하였다. 이 과정 동안 개인 내부에서 진행되는 복잡한 심리과정을 다음과 같이 제시하고 있다.

- 제1단계: 1. 검사 자극의 입력
- 2. 검사 자극의 분류
- 제2단계: 3. 잠재 반응 중 우선 순위 결정
- 4. 잠재 반응 중 일부를 포기
- 제3단계: 5. 개인의 특성 및 반응양식에 따라 반응 선택
- 6. 개인의 현재 심리 상태에 따라 반응 선택

로르샤하 검사의 초발 반응시간의 평균은 5.8초 정도인 반면, 정상 성인이 첫 번째 카드를 시각적으로 탐색하는 데 걸리는 시간은 0.5초에 불과하다. Exner는 이 시간 간격 동안 수많은 의사결정이 이뤄진다고 본 것이다. 또 다른 자료에 의하면 검사자가 반응을 많이 할수록 강화를 주는 상황에서는 10개 카드에 대한 전체반응 수가 104~113개로 증가하였다(Exner, Armbruster, & Mittman, 1978). 이것 역시 수검자가 지각한 내용 중 일부를 선택하여 반응으로 제시한다는 것을 의미한다.

수검자의 문제해결 과정을 적절히 파악하고 또 해석하기 위해서는 검사의 실시 및 채점, 해석 과정에 대한 임상적, 경험적 연구들이 계속 축적되어야만 함은 물론, 실시 및 채점 등에 대한 표준화된 절차를 공유하고 있어야 한다. 먼저 실시 방법 및 채점에 대하여 검토해 보고자 한다.

지금부터 소개되는 로르샤하 검사의 실시, 채점 및 해석은 *The Rorschach Workbook for the Comprehensive System*(1995)의 번역서인 『로르샤하 워크북』(김영환 외 공역, 1999) 및 *Principles of Rorschach Interpretation*(1998)의 번역서인 『로르샤하 해석의 원리』(김영환 외 공역, 2003)에 기초하였다. 특히 로르샤하 검사의 채점 부분

에서 『로르샤하 워크북』의 표를 인용하였음을 밝혀 둔다.

1) 검사의 실시

검사자는 로르샤하 카드와 기록지를 준비해야 하며, 수검자가 검사에 집중할 수 있는 환경에서 검사가 이루어져야 한다. 검사자와 수검자의 좌석 배치의 경우, 수검자가 검사자의 얼굴을 마주 볼 수 있는 위치는 검사자의 비언어적인 행동이 수검자의 반응에 영향을 미칠 수 있기 때문에 바람직하지 않다. 검사를 시작하기 전에 수검자에게 로르샤하 검사에 대해 자세히 설명하는 것은 수검자에게 지나친 불안이나 저항을 야기할 수 있으므로 피해야 한다. 검사 실시는 세 단계, 즉 자유연상 단계, 질문단계 그리고 한계음미 단계로 구성된다.

자유연상 단계에서 지시는 "이제 몇 장의 잉크반점 카드를 보여 드리겠습니다. 이 카드가 무엇처럼 보이는지 말해 주십시오."라고 하면 된다. 자유연상 단계에서 지시문은 간단한 것이 좋으며, 로르샤하 검사가 상상력 검사라는 잘못된 인상을 주어서는 안 된다. 상상력 검사라고 생각하는 경우 수검자는 그들이 지각한 것을 반응하기보다는 연상한 것을 반응할 수 있기 때문이다. 수검자가 "카드를 돌려 봐도 됩니까?"라고 질문하면 "마음대로 하세요."라고 대답한다. 카드 I에서 하나의 반응만 하고 끝내려 하는 경우에는 카드 I에 한해서는 "그림을 좀 더 보세요. 또 다른 것을 볼 수도 있습니다."라고 반응한다. X번 카드까지 표준적인 방법으로 실시했는데 전체반응 수가 14개 미만의 짧은 기록일 경우 해석적인 가치가 줄어들 수 있다. 따라서 이런 경우 "이제 어떻게 하는지 아시겠죠. 그런데 반응 수가 충분하지 않으므로 다시 시작하겠습니다. 이번에는 좀 더 많은 반응을 해 주시기 바랍니다. 아까 말씀하신 것을 다시 말해도 괜찮습니다."라고 지시하여 검사를 다시 실시한다. 반대로 수검자가 카드 I에 대해 5개의 반응을 한 후 더 많은 반응을 하려고 하면 "이제 다음 카드로 넘어갑시다."라고 개입한다. II번 카드까지는 5개 이상의 반응을 하려고 하면 이와 동일하게 개입한다.

자유연상 단계가 표준적인 방법으로 다 실시된 경우 다시 I번 카드부터 보여 주면서 질문단계로 넘어가게 된다. 질문단계의 목적은 자유연상 단계에서의 반응을 정확하게 기호화하고 채점하려는 것이다. 따라서 수검자가 보았던 것을 검사자가 그대로 볼 수 있어야 하고, 수검자가 반응을 본 위치가 어디인지, 반점의 어떤 특징 때문에 그렇게 보았는지를 파악하는 것이 중요하다. 표준적인 지시문은 "지금까지 잘 대답해 주셨습니다. 이제 카드를 다시 한 번 보여 드리겠습니다. 어느 부분에서 반응을 보았고, 또 왜 그렇게 보았는지를 말해 주세요. 당신이 본 것처럼 나도 볼 수 있도록 설명해 주시기 바랍니다."와 같다.

수검자에게 다시 카드를 한 장씩 차례로 주며 "조금 전에 당신은 ……라고 했습니다"라고 수검자의 반응을 그대로 반복해 준다. 질문단계를 통해서 수검자는 반응 영역과 특징을 설명하게 된다. 이 과정에서 검사자는 반응 영역(어디서 보았는지), 반응 결정인(무엇 때문에 그렇게 보았는지), 반응 내용(무엇으로 보았는지)을 정확히 채점할 수 있어야 한다. 이 단계에서 직접적인 질문을 하지 않도록 주의해야 한다. 예컨대, "모양 때문에 그렇게 보였습니까?" 또는 "박쥐가 날고 있는 모습인가요?" 등과 같이 직접적으로 유도하는 질문은 적절하지 않다. 유도 질문은 이후 반응에 대한 수검자의 기술에 영향을 미칠 수 있다.

질문단계가 다 끝난 후에는 마지막 단계인 한계음미 단계를 실시하기도 한다. 이 단계는 채점에는 포함시키지 않지만 수검자의 상태를 좀 더 정확히 파악하는 데 필요하다고 판단되는 경우에 사용하는 절차이다. 이 단계에서는 대부분의 사람이 많이 보고하는 평범반응을 보고하지 않았을 경우 수검자가 그러한 반응을 볼 수 있는지를 평가할 수 있다. 질문단계를 마친 후 검사자는 평범반응이 나타나지 않은 2~3개의 잉크반점을 선택한 후 "이제 검사를 마쳤습니다. 그런데 다른 사람들이 이 카드에서 ……를 봅니다. 당신도 그렇게 보이세요?"라고 질문을 하게 된다. 독창적인 반응을 하느라고 평범반응을 하지 않은 수검자는 쉽게 평범반응을 지각하지만, 심하게 손상된 정신과 환자는 다른 사람들의 반응을 의아하게 생각함을 알 수 있다.

이상에서 로르샤하 검사 실시의 기본적인 단계인 자유연상 단계, 질문단계, 한계음미 단계에 대하여 살펴보았다. 검사 실시가 다 끝나면 수검자의 반응에 대해 채점을 한다. 검사자가 채점에 대하여 자세히 알수록 이상의 실시단계를 정확하게 또 효과적으로 수행할 수 있다.

2) 검사의 채점

로르샤하 검사의 채점과정에서는 각 반응을 검토하여 반응 영역과 발달질, 결정인, 형태질, 반응 내용과 평범반응, 조직화 활동, 특수점수 등에 대한 점수를 부여하고, 이 절차가 완료되면 구조적 요약으로 넘어간다.

(1) 반응 영역과 발달질

반응 영역의 채점은 두 가지 차원에서 이뤄진다. 하나는 반응 영역 자체를 평가하는 것(W, D, Dd, S)이고, 다른 하나는 이와 관련된 인지적 활동을 평가하는 것(DQ: $+$, o, v/$+$, v)이다. 먼저 반응 영역을 채점하는 차원(W, D, Dd와 S)에 대하여 살펴보자.

- **W**: 수검자가 반점 전체를 반응에 사용한 경우이다. 잉크반점의 전체를 근거로 반응했을 경우 전체반응이라 하고 W로 기호화한다. 반점 중 아무리 작은 부분이라도 제외되면 W로 기호화할 수 없다.
- **D**: W가 아니라면 D 또는 Dd가 된다. 사람들이 흔히 사용하는 부분에 대해 반응한 경우 D로 기호화한다. 종합체계에서는 D 영역, 즉 '흔히 사용되는 영역'을 79개로 제시하고 있다. D로 기호화하기 위해서는 Exner의 종합체계에 제시된 D 영역을 확인하고 기호화하여야 한다.
- **Dd**: W반응, D반응이 아니면 자동적으로 Dd로 기호화한다.
- **S**: 흰 공간 부분이 반응에 사용되었을 경우 S기호를 사용한다. 흰 공간은 다른 영역과 함께 사용하는 경우도 있고 흰 공간만을 사용할 수도 있다. 어떤 경우든 S는 단독으로 기호화할 수 없고 WS, DS 또는 DdS처럼 항상 다른 기호와 같이 사용한다.

반응 영역의 기호화를 요약하면 〈표 8-1〉과 같다.

반응 영역 채점의 또 다른 차원은 '발달질(DQ)'이다. 발달질을 평가할 때는 두 가지 측면을 고려해야 한다. 하나는 지각한 대상에 형태가 있는가를 고려해야 하고, 다른 하나는 지각한 대상들 간에 상호작용이 있는지 여부를 평가해야 한다. 지각한 대상에 구체적인 형태가 있는 경우 $+$ 혹은 o로 채점한다. 구체적인 형태가 있는 대상이란 사람, 자

표 8-1 반응 영역 채점기호

W	전체반응(Whole Response)	반점 전체를 사용하여 반응한 경우
D	평범 부분반응(Common Detail Response)	흔히 사용하는 반점 영역을 사용한 부분반응
Dd	이상 부분반응(Unusual Detail Response)	드물게 사용하는 반점 영역을 사용한 부분반응
S	공간반응(Space Response)	흰 공간 부분이 사용된 경우(WS, DS 또는 DdS처럼 다른 반응 영역 기호와 같이 사용)

동차, 책상, 나무, 나비, 곰, 집 등과 같이 대상이 구체적인 형태를 가지고 있는 경우를
말한다. 즉, 각 대상이 나타내는 공통적인 특징 혹은 형태를 가지고 있으면 o(ordinary)
또는 +(synthesis)로 채점한다. 구체적인 형태를 가지고 있지 않은 대상도 있다. 구름,
연기, 안개, 섬, 잎, 피, 추상적 예술 등이 여기에 해당한다. 이 경우 v 또는 v/+
(synthesis)로 채점한다. 원래는 구체적인 형태가 없었으나 반응을 정교화하는 과정에서
형태가 부여될 수도 있다. 예를 들면 '구름'이라는 반응은 v로 채점하지만, '토끼 모양
의 구름'으로 형태가 정교해지는 경우는 o로 채점한다.

　　발달질 채점에서 고려해야 할 또 하나의 측면은 지각한 대상들 간에 상호작용이 있는
지 여부이다. 상호작용이 있는 경우, 즉 '분리되어 있지만 상호 관련이 있는 반응'을 통
합반응(synthesis response)이라고 하며 + 또는 v/+로 채점한다. 여기서 한 반응에 포함
된 대상들 중 하나라도 형태가 있으면 +로, 형태가 있는 대상이 전혀 사용되지 않은 경
우 v/+로 채점한다. 만약 '두 사람'이라고 반응했다면 두 대상을 지각하였으나 두 대상
간 상호작용은 없는 상태이고, 사람은 형태가 있으므로 o로 채점한다. 반면 '서로 사랑
을 나누고 있는 두 사람'이라면 두 대상 간에 상호작용이 있고 형태도 있으므로 +로 채
점하게 된다. 형태가 없는 안개와 같은 경우, '안개와 햇빛'이라고 반응했다면 v로 채점
해야 한다. 하지만 '안개 사이에 비추는 햇빛'이라고 반응했다면 두 대상 모두 형태는
없으나 상호작용은 있으므로 v/+로 채점한다. 〈표 8-2〉에는 발달질 채점기호의 간략한
설명과 반응 예를 제시하였다.

표 8-2   발달질 채점기호

+	Synthesized Response	분리되어 있는 대상이 둘 이상이며, 서로 상호작용이 있고, 그 중 하나는 형태가 있음(예: 바람을 막고 있는 소년, 물장난을 하는 아이, 싸우고 있는 두 사람)
o	Ordinary Response	하나의 대상이 형태를 가지고 있거나 대상 묘사가 구체적인 형태를 나타내는 경우(예: 박쥐, 나비, 에펠탑, 크리스마스트리)
v/+	Synthesized Response	두 가지 이상의 대상이 분리되어 있지만 상호 관련이 있을 경우, 포함된 대상들이 구체적인 형태를 가지고 있지 않아야 한다(예: 바위와 바다가 어우러져서 있다. 구름과 햇빛이 섞여 있다).
v	Vague	구체적인 형태가 없는 대상을 보고하고 그 대상의 구체적인 형태를 언급하지 않을 경우(예: 연기, 구름, 하늘, 안개)

(2) 결정인

검사를 제대로 실시하기 위해서는 결정인 준거를 정확하게 숙지하고 있어야 한다. 채점 과정에서 반응 결정인을 결정하는 것이 가장 복잡한 과정이다. 이 과정에서 검사자는 수검자가 '왜 그렇게 보았는지'를 확인하여 채점해야 한다. 결정인에는 크게 일곱 가지 범주가 있다. 일곱 가지 범주는 독립적으로 사용되기도 하고 다른 범주와 함께 사용되기도 한다.

① 형태 F

가장 흔히 나타나는 결정인이다. 독립적으로 사용되기도 하고, 다른 결정인과 함께 사용되기도 한다. 수검자가 반점의 형태를 보고 반응한 경우 채점을 하게 된다. 수검자는 형태라는 단어를 직접 사용하기보다는 자신이 본 대상의 특징을 기술하는 경우가 대부분이다. '이것은 사람의 머리, 몸, 다리입니다'와 같이 대상의 형태 특징이 나타나는 경우에는 형태 반응으로 채점하게 된다. 형태 특징이 다른 특징과 함께 사용되었을 경우, '빨간색 꽃 모양' 같은 반응의 경우, 색채를 나타내는 C와 형태를 나타내는 F 반응이 함께 사용된다. 이 경우 CF, FC 채점 모두 가능한데, 어느 것이 우선되었는가에 따라 우선된 결정인을 앞에 놓으면 된다. 이러한 채점방식은 음영반응, 무채색 반응에서도 모두 적용된다. 다만 M(인간 운동반응)과 m(무생물 운동반응)은 기본적으로 형태를 포함하고 있다고 보므로 F를 따로 기록하지 않는다.

② 운동 M FM m

인간 운동, 동물 운동, 무생물 운동으로 구분하며, 모든 운동반응은 능동반응인지 수동반응인지를 구별하여 채점하여야 한다.

M 인간 운동반응   모든 종류의 인간 움직임은 M으로 채점한다. 이에 더하여 '요리를 만드는 곰'과 같이 종 특유의 행동이 아닌 상상 속의 행동도 모두 M으로 채점한다.

FM 동물 운동반응   모든 종류의 동물 움직임은 FM으로 채점한다. 단, 이때의 움직임은 그 종과 적합한 것이어야 한다. '하늘을 나는 물고기, 노래하는 토끼' 등과 같이 그 종의 동물에서 나타나지 않는 운동인 경우 M으로 채점한다.

$\boxed{m}$ **무생물 운동반응**   '폭포' '불꽃놀이' '화산 폭발' 등이 무생물 운동반응에 포함된다. 하지만 '빨래 줄에 걸려 있는 옷' 도 무생물 운동반응에 해당된다. 즉, 자연스럽지 않게, 중력에 반하여 긴장감을 나타내는 무생물의 상태도 m으로 채점한다.

$\boxed{a와 p}$ **능동적 운동과 수동적 운동**   모든 운동반응은 그 운동이 능동적인지 수동적인지를 나타내는 기호를 첨자로 표시한다. 이야기를 하고 있다(talking)는 동사는 수동으로 채점하며 이를 수동과 능동으로 채점할 때 기준점으로 사용한다. 따라서 '서 있다, 쳐다보다, 속삭이다' 등은 수동으로 채점하고 '싸우다, 토론하다, 소리를 지르다' 등은 능동으로 채점한다. '두 사람이 싸우고 있는 사진' 과 같이 능동적인 운동이라도 그림 추상화 등으로 표현한 경우는 모두 p로 채점한다.

③ 유채색 $\boxed{FC}$ $\boxed{CF}$ $\boxed{C}$ $\boxed{Cn}$

유채색 반응을 채점하는 데 있어 FC와 CF 또는 C와 CF를 구분하는 것은 쉬운 일이 아니다. 기본적으로는 형태가 우선인 경우는 FC를, 색채가 우선인 경우는 CF를 채점하나, 이에 대한 명확한 기준은 찾기가 쉽지 않다.

$\boxed{CF}$ **색채-형태 반응**   색채가 분명하게 드러나고 형태 특징이 이차적 결정인인 경우에 채점한다. '색깔이 화려해서 꽃 같다. 색색가지로 만들어 그릇에 담은 아이스크림이다' 등과 같이 대상을 지각하는 데 일차적으로 색이 결정인으로 사용된 경우이다. 즉, 언뜻 보기에 어떤 반응들은 순수 색채 반응(*pure C*)인 것처럼 보이지만 최소한의 형태 요소가 포함되어 있기 때문에 CF로 채점한다. 예를 들면, '빨간 피가 흘러내리는 것 같다' '여러 색의 불꽃이 폭발하는 것 같다' 등 최소한의 형태를 나타내기 때문에 CF반응으로 채점해야 한다.

$\boxed{FC}$ **형태-색채 반응**   형태가 일차적으로 사용된 경우이다. '날개, 더듬이, 그리고 색깔도 나비 색깔이네요. 여기 줄기가 있고, 잎이 있고, 빨간색이 예쁘네요' 와 같이 색이 사용되었지만 주로 형태로 강조했기 때문에 FC로 채점한다.

$\boxed{C}$ **순수 색채 반응**   '파래서 하늘 같다. 빨개서 피이다' 등과 같이 색채를 사용하였지만 형태 요소가 포함되지 않은 경우이다.

[Cn] 색채 명명 반응 직접 이건 '빨간색이다. 이건 노란색이다'와 같이 색채의 이름을 명명한 경우이다. 색채반응을 채점할 경우 다음과 같은 점을 주의하여야 한다. 첫째, 많은 수검자는 '이 빨간색은 나비같이 보인다' '이 파란색은 곰 같다'와 같이 대상의 위치를 나타내기 위해 색깔을 사용하기도 한다. 이러한 반응들은 단순히 위치를 지정하기 위해 색채를 사용한 것이므로 색채반응으로 채점하지 않는다. 색채 결정인을 채점하기 위해서는 색채가 결정인으로서의 역할을 했는지를 확인해야만 한다. 둘째, 수검자가 유채색 카드에서 '너무 아름답다'와 같은 반응을 한 경우이다. 수검자의 반응에 색채가 영향을 준 것으로 추측되기는 하나, 질문단계에서 "아름답다고 했습니까?"라고 해도 "예, 오밀조밀하네요."라고만 대답한다면 색채로 채점할 수 없다. 즉, 수검자의 언어적 표현에 기초하여 채점해야만 한다.

④ 무채색 [C'] [C'F] [FC']

무채색 반응은 '검정색' '흰색' 또는 '회색'과 같은 단어를 포함하고 있기 때문에 쉽게 구분할 수 있으며 일반적으로 유채색보다 반응빈도가 낮다. 유채색과 마찬가지로 무채색을 기호화할 때도 형태가 우선적으로 사용되었는지, 아니면 무채색이 우선적으로 사용되었는지에 따라 달라진다. '까만색 때문에 박쥐 같아요' '하얀색 때문에 눈같이 보여요'와 같은 반응이 무채색을 사용하고 있는 예이다. 하지만 때로는 무채색에 기초한 반응인지, 아니면 음영에 기초한 반응인지를 식별하기 힘든 경우도 있다. 예를 들면, '어두운 밤 같다'는 반응의 경우 '어두운'이라고 지각한 이유가 검은색 때문이라면 무채색 반응으로 채점해야 하지만, '뿌옇고 어둡게 느껴진다'고 기술했다면 음영반응인지 여부를 더 탐색해 보아야 한다.

또한 유채색 반응의 경우와 마찬가지로 '검은색 부분이 사람처럼 보인다'라는 반응은 무채색이 단지 위치를 나타내기 위해서 사용되었을 수 있다. 즉, 수검자가 분명하고 명확히 무채색에 기초하여 반응한 경우에만 무채색 반응을 채점해야 한다. 유채색 반응의 경우와 마찬가지로 형태를 사용한 정도에 따라 각기 다른 세 가지 기호(FC´, C´F, C´)를 사용한다.

⑤ 음영 [T] [TF] [FT] [V] [VF] [FV] [Y] [YF] [FY]

음영을 사용한 방식에 따라 음영-재질, 음영-깊이, 음영-확산의 세 가지 하위범주로 나눈다.

음영-재질 $\boxed{T}$ $\boxed{TF}$ $\boxed{FT}$ 음영이 거친, 부드러운, 매끈한, 털이 복슬복슬한 등과 같이 촉감을 나타내기 위하여 사용된 경우로 재질반응으로 채점한다. 이때 음영을 통하여 재질을 지각하고 있음을 확인하는 것이 중요하다. 수검자들은 '음영' 이라는 단어를 잘 사용하지 않으며, 어린 수검자의 경우 단지 카드를 문질러 보는 행동을 나타내기도 한다. 또는 '색깔이 서로 달라서 그렇게 보이네요' 와 같이 '색깔' 이라는 단어를 말하기도 한다. 따라서 검사자는 수검자가 의도하는 바를 추가적인 질문을 통하여 정확히 파악해야만 한다.

음영-차원 $\boxed{V}$ $\boxed{VF}$ $\boxed{FV}$ 음영을 통하여 입체적인 지각을 한 경우이다. '~의 뒤에 있다' '~밑에 있다' '깊숙히 들어가 있는 것 같다' '~를 공중에서 보는 것과 같다' 는 반응처럼 깊이나 차원을 나타내기 위해 음영 특징을 사용했다면 차원기호를 사용한다. 이러한 입체적인 지각이 음영에 근거하지 않고 반점의 크기나 윤곽 특징에 근거하여 이루어졌다면 차원반응이 아닌 *FD*로 기호화한다.

음영-확산 $\boxed{Y}$ $\boxed{YF}$ $\boxed{FY}$ 재질이나 차원이 아닌 음영반응은 대부분 음영-확산 반응이다. 밝다거나 어둡다는 특성이 무채색으로 사용되었다고 확신할 수 있으면 무채색 반응으로 채점하고 그렇지 않으면 확산음영으로 채점해야 한다. 또한 '빨간색이 더럽혀져 있다' '구름이 얼룩얼룩해 보인다' '색깔들이 혼합된 것 같다' 는 반응처럼 색깔이 대비되어 나타나는 경우에도 음영-확산 반응으로 채점한다.

⑥ 형태차원 $\boxed{FD}$

크기나 모양을 근거로 입체적으로 지각한 경우이다. '발이 머리에 비해 너무 크게 보이는 것을 보니 밑에서 보는 것 같다' '매우 작게 보이는 것을 보니 멀리 떨어져 있는 것 같다' 는 반응처럼 입체적인 지각을 하는 데 반점 크기의 차이가 중요한 요소로 작용한 경우이다. 또한 '다리가 뒤에 있어 보이지 않네요' 라는 반응처럼 대상의 일부가 제외되어 있는 경우에도 *FD*로 채점한다.

⑦ 쌍반응과 반사반응

쌍반응과 반사반응은 동일한 두 대상을 나타내기 위해 반점의 대칭을 사용한 반응으로, 항상 형태를 포함하고 반점의 대칭에 근거해서 반응하는 경우이다.

쌍반응 [2]   수검자들은 '두 개가 있다'고 보고하기도 하지만, 단지 '사람들' 처럼 복수를 사용하기도 한다. 어떤 수검자는 한 대상만을 말한 뒤 질문단계에서 '양쪽에 한 마리씩 있다'고 말할 수 있다. 이 경우에도 쌍반응으로 채점한다. 때로 '두 사람이 있다'는 쌍반응을 한 뒤 '한 사람은 남성이고 한 사람은 여성이다'고 기술하는 경우는 쌍반응으로 채점하지 않는다. 쌍반응 기호(2)는 다른 결정인과 형태질 기호 오른쪽에 표시한다.

반사반응 [Fr] [rF]   반사반응은 대상이 대칭적이고 동일하다는 점에서는 쌍반응과 같지만 수검자가 보고한 대상이 반사된 것 또는 거울상이어야 한다. 예컨대, '여자이고 이쪽은 거울에 비친 모습' ' 곰이 호수에 비친 자신의 모습을 보고 있다'와 같은 반응은 반사반응으로 채점한다. 쌍반응 기호는 결정인 기호의 오른쪽에 표시하지만 반사반응 기호는 Fr과 rF처럼 결정인 기호의 한 부분을 차지한다. 반사 결정인으로 채점한 경우 쌍반응은 기록하지 않는다.

마지막으로 복합결정인-혼합반응에 대하여 살펴보자. 복합결정인이란 한 가지 반응에 하나 이상의 결정인이 사용되는 경우를 말한다. 결정인이 여러 개일 경우 혼합반응 기호인 점(.)으로 구분하여 기록한다. 복합결정인의 수는 제한되어 있지 않다. 혼합반응은 반응 결정인이 나타난 순서대로 기록한다. 따라서 질문을 통해 반응할 때 사용한 결정인의 순서를 알아내어야 한다.

이상에서 언급한 일곱 가지 범주는 스물네 가지 기호를 통해서 채점하게 된다. 각각의 범주와 채점은 〈표 8-3〉과 같다.

표 8-3 결정인 기호와 기준

범주	기호	기준
형태(form)	F	형태반응. 전적으로 반점의 형태에 근거하여 반응
운동(movement)	M	인간 운동반응. 인간의 움직임 혹은 동물이나 가공적인 인물이 인간과 같은 동작을 하고 있는 반응
	FM	동물 운동반응. 동물의 운동을 포함하는 반응. 단, 그 동물의 종 특유 행동과 일치하는 운동이어야 함
	m	무생물 운동반응. 무생물의 움직임을 포함하고 있는 반응
유채색 (chromatic color)	C	순수 색채 반응. 유채색에만 근거한 반응
	CF	색채-형태 반응. 일차적으로 반점의 색채에 근거해서 반응하였으나 이차적인 결정인으로 형태를 사용했을 경우
	FC	형태-색채 반응. 주로 형태 특징에 근거해서 반응했고 이차적 결정인으로 색채를 사용했을 경우
	Cn	색채 명명 반응. 반점의 색채를 명명한 경우로 색채명이 반응으로 나타남
무채색 (achromatic color)	C′	순수 무채색 반응. 회색, 검정색 또는 흰색에만 근거한 반응
	C′F	무채색-형태 반응. 주로 반점의 검정, 흰색 또는 회색을 사용하지만 이차적 결정인으로 형태를 사용했을 경우
	FC′	형태-무채색 반응. 형태 특징에 근거한 반응이고 무채색을 이차적 결정인으로 사용했을 경우
음영-재질 (shading-texture)	T	순수 재질 반응. 반점의 음영적 요소가 촉감을 나타낼 경우
	TF	재질-형태 반응. 음영이 촉감을 나타내고 형태를 이차적으로 사용한 경우
	FT	형태-재질 반응. 일차적으로 반점의 형태에 근거를 두고 있고 음영이 이차 결정인으로 사용했을 경우
음영-차원 (shading-dimension)	V	순수-차원 반응. 음영이 깊이 또는 차원으로 지각된 반응
	VF	차원-형태 반응. 음영을 근거로 깊이 또는 차원으로 반응하고 형태를 이차적 결정인으로 사용했을 경우
	FV	형태-차원 반응. 반점의 형태 특징이 일차적인 결정인이고 음영을 근거로 깊이 또는 차원을 나타내었으나 이차적 결정인인 경우
음영-확산 (shading-diffuse)	Y	순수 음영 반응. 음영에만 근거한 반응
	YF	음영-형태 반응. 일차적 결정인이 반점의 음영이고 형태는 이차적 결정인인 경우
	FY	형태-음영 반응. 일차적으로 반점의 형태 특징에 근거한 반응이고 음영을 이차적 결정인으로 사용한 경우
형태차원(form dimension)	FD	형태에 근거한 차원반응. 반점의 크기나 모양에 근거해서 깊이, 거리 및 차원이 결정된 반응
쌍반응(pairs)과 반사반응 (reflections)	(2)	쌍반응. 반점의 대칭에 근거해서 두 개의 동일한 대상을 보고했을 경우
	rF	반사-형태 반응. 반점의 대칭성 때문에 반사된 것 또는 거울에 비친 상으로 보고한 반응 구름, 경치, 그림자와 같이 원래 일정한 형태를 가지고 있지 않은 대상으로 보고했을 경우
	Fr	형태-반사 반응. 반점의 대칭에 근거해서 반사된 것 또는 거울상으로 보고했을 경우 구체적인 형태 특징에 근거한 반응으로 일정한 형태가 있는 경우

(3) 형태질

형태질은 수검자가 사용한 반점 영역의 형태가 지각한 대상의 형태와 일치하는 정도를 평가하는 것이다. 형태질을 정확하게 채점하는 것은 매우 중요하다. 왜냐하면 형태질은 수검자가 객관적인 세계와 접촉하는 방식을 나타내는 것으로, 현실 검증능력과 밀접한 관련이 있다고 간주되기 때문이다. 심각한 정신병리가 있는 사람들은 외부 대상을 객관적으로 지각하지 못하므로 지각한 대상과 반점 영역이 잘 일치하지 않을 수 있다. 형태질 기호는 결정인 기호의 제일 마지막에 기록한다.

형태가 적합한지 여부는 네 가지 기호를 사용하여 채점한다. 이 중 두 가지 기호는 형태가 적합할 때 사용하며, 세 번째 기호는 형태는 적절하지만 수검자가 보고한 내용의 반응빈도가 매우 낮을 경우, 그리고 네 번째 기호는 형태가 부적절하거나 왜곡되었을 때 사용한다.

형태질에 대한 평가는 『로르샤하 워크북』을 참고하여 채점할 수 있다. Exner는 정상 성인 3,200명, 조현병을 가지고 있지 않은 외래환자 3,500명, 조현병을 비롯한 정신증이 없는 입원환자 2,800명 등 총 9,500명의 기록에 기초하여 네 가지 범주의 예를 제시하고 있다.

*o*와 +　　*o*반응은 *W*나 *D* 영역에서 9,500명 중 최소한 2%(190명) 이상이 보고한 반응으로, 잉크반점에 있는 형태를 명시하고 있고, 반점의 특징과 수검자가 지각한 형태가 적절하게 일치하는 경우이다. *Dd* 영역의 *o*는 최소한 50명 이상의 수검자가 지각한 것을 기준으로 했고 그 영역을 사용한 수검자 중 2/3가 지각한 것으로, 실제로 반점의 형태와 유사한 경우이다. +반응은 *o*반응을 좀 더 세밀하게 기술한 경우이다. 단순히 '나비'로 지각하면 *o*로 채점하나, '검은색이라서 화려하고 아름다우며, 고귀한 모습의 나비'라고 기술했다면 반응을 더 정교화하였으므로 +를 채점해야 한다. +와 *o*를 판단할 때에는 검사자의 주관적 판단이 상당히 많이 개입되지만 일반적으로 쉽게 구분할 수 있다. 지능이나 교육 수준이 높은 수검자들의 반응기록에는 대개 한두 개의 +반응이 포함되어 있다.

*u*와 −　　*W*나 *D* 영역에서 *u*로 표시하는 반응은 9,500명의 수검자 중 2% 미만이 반응한 것이지만 적어도 세 명의 검사자가 대상을 빨리, 쉽게 알아볼 수 있고 윤곽이 적절하게 사용되었다고 동의한 반응이다. *Dd* 영역에서 *u*는 50명 이하의 수검자가 보고한

반응이지만, 이 역시 세 명의 검사자가 대상을 빨리, 쉽게 알아볼 수 있고 윤곽이 적절하게 사용되었다고 판단한 반응이다. 어떤 반응은 반응빈도가 낮지 않은데도 − 반응으로 채점된다. 반점에 존재하지 않는 윤곽을 만들어서 반응한 경우에는 −로 채점한다. 가장 대표적인 예가 X번 카드에서 카드를 돌려 얼굴로 지각하는 경우이다. u와 o를 구별하는 방법으로는 빨리, 쉽게 알아볼 수 있고 반점의 윤곽을 크게 벗어난 것이 아니면 u로 채점해야 한다. 그렇지 않다면 −로 기호화한다.

때로는 형태질이 서로 다른 여러 대상을 지각할 수도 있다. 일반적으로 전체반응에 형태질이 다른 대상이 포함되어 있다면 전체반응의 형태질은 '수준이 낮은 형태질'을 적용한다. 즉 o보다 u, u보다 − 반응이 형태질 수준이 낮다. 그러나 이러한 규칙은 전체반응에서 중요한 대상들에게만 적용한다. 반면에 전체반응에서 그다지 중요하지 않은 대상의 형태질이 반응에 포함된 다른 대상의 형태질 수준보다 낮다면 수준이 높은 형태질을 적용할 수 있다.

형태질의 채점과 기준은 〈표 8-4〉와 같다.

표 8-4 형태질의 기호와 기준

부호	정의	기준
+	Superior − Overelaborated	형태를 매우 정확하게 기술하였으며, 형태 사용이 적절해서 반응의 질적 수준이 향상되었을 경우
o	Ordinary	대상을 설명하기 위해 형태특징을 분명하게 사용한 반응. 이 반응은 형태질 평가표(data pool)를 근거로 W와 D 영역에서는 2% 이상, Dd 영역에서는 수검자 중 최소한 50명 이상이 보고한 반응
u	Unusual	형태의 윤곽이 크게 벗어나지 않은 저빈도의 반응으로, 빨리 쉽게 알아볼 수 있는 비일상적 반응
−	Minus	반점의 형태가 왜곡되고 인위적이고 비현실적일 경우. 반점의 구조 또는 사용한 반점 영역을 거의 또는 완전히 무시한 반응. 흔히 반점에 없는 인위적 선이나 윤곽을 만들어서 반응하는 경우가 많음

(4) 반응 내용과 평범반응

반응 내용의 채점은 수검자가 보고한 대상이 속하는 범주를 나타내는 것이다. 반응 내용의 기호와 기준은 〈표 8-5〉와 같다.

2. Exner의 종합체계   319

표 8-5   반응 내용의 기호와 기준

분류	기호	기준
인간, 전체 (Whole Human)	H	사람을 전체 형태로 지각한 반응. 이순신, 나폴레옹 등과 같은 역사적 실존인물을 포함한다면 *Ay*를 추가 채점함
가공의 인간, 전체 (Whole Human, Fictional or Mythological)	(H)	가공적이거나 신화에 나오는 인간을 전체적으로 지각한 반응. 예컨대, 광대, 요정, 거인, 악마, 유령, 우주인과 같은 공상과학 인물이나 인간을 닮은 괴물
인간, 부분 (Human Detail)	Hd	팔, 다리, 손가락, 발과 같은 인간 신체의 부분, 머리가 없는 사람같이 불완전한 인간을 지각한 반응
가공의 인간, 부분 (Human Detail, Fictional or Mythological)	(Hd)	가공적이거나 신화에 나오는 불완전한 인간 형태 반응. 예컨대, 악마의 머리, 마녀의 팔, 천사의 눈, 우주인, 도깨비와 같은 공상과학적 대상, 모든 종류의 가면 등
인간 경험 (Human Experience)	Hx	사랑, 증오, 우울, 행복, 소리, 냄새, 공포 등과 같은 인간의 정서나 감각적 경험과 관련 있는 내용. 특수점수 AB도 포함됨. *Hx*는 인간의 정서나 감각적 경험을 포함하는 반응에서 이차내용으로 채점함. 예컨대, 깊이 사랑하는 두 사람이 바라보고 있다, 매우 슬픈 고양이, 화가 난 두 사람, 악취를 풍기는 여자, 행복해 보이는 두 사람, 매우 흥분한 남자 등
동물, 전체(Whole Animal)	A	동물 형태를 전체적으로 지각한 반응
가공의 동물, 전체 (Whole Animal, Fictional or Mythological)	(A)	가공적이거나 신화에 나오는 동물을 전체적으로 지각한 반응. 예컨대, 유니콘, 용, 마술개구리, 날아 다니는 말, Black Beauty, 갈매기, 조나단 리빙스턴 등
동물, 부분 (Animal Detail)	Ad	불완전한 동물 형태를 지각한 반응. 예컨대, 말발굽, 가재의 집게발, 개의 머리, 모피 등
가공의 동물, 부분 (Animal Detail, Fictional or Mythological)	(Ad)	가공적이거나 신화에 나오는 불완전한 동물 형태를 지각한 반응. 예컨대, 페가수스의 날개, 토끼 피터의 머리, 곰 푸의 다리 등
해부(Anatomy)	An	골격, 근육, 뼈구조, 두개골, 갈비뼈, 심장, 폐, 위, 간, 근섬유, 척추, 뇌와 같은 내부 기관 반응. 조직 슬라이드(tissue slide)를 포함하고 있다면 *Art* 기호를 부가함
예술(Art)	Art	추상화든 구상화든 간에 동상, 보석, 샹들리에, 촛대, 배지, 인장, 장식품 같은 대상을 그린 예술작품. 인디언이 꽂은 깃털(feather)은 *Art*로 채점할 수 있지만 아이가 머리에 꽂은 깃털은 *Ad*로 채점하는 것이 더 적절함(예컨대, 카드 VII). *Art* 반응들은 두 마리의 개를 그린 작품(*Art, A*) 또는 두 마녀의 조각상(*Art, (H)*)과 같은 반응처럼 다른 이차적인 내용을 포함하고 있는 경우가 많음

인류학(Anthropology)	*Ay*	토템, 로마시대의 투구, 대헌장, 산타마리아, 나폴레옹의 모자, 클레오파트라의 왕관, 화살촉, 선사시대의 도끼, 인디언의 전쟁모자와 같은 역사적·문화적 의미를 담고 있는 내용
피(Blood)	*Bl*	인간이나 동물의 피반응
식물(Botany)	*Bt*	관목, 꽃, 해초류, 나무와 같은 식물의 전체를 지각한 반응. 잎, 꽃잎, 나무줄기, 뿌리, 새둥지와 같은 식물의 일부분을 지각한 반응
의복(Clothing)	*Cg*	모자, 장화, 벨트, 넥타이, 재킷, 바지, 스카프 같은 의복반응
구름(Clouds)	*Cl*	구름반응에 한해서 채점. 안개 또는 노을과 같은 대상은 *Na*로 채점
폭발(Explosion)	*Ex*	불꽃, 폭탄, 폭풍과 같은 폭발반응
불(Fire)	*Fi*	불이나 연기를 지각한 반응
음식(Food)	*Fd*	통닭, 아이스크림, 새우튀김, 채소, 솜사탕, 껌, 스테이크, 등심살과 같은 사람이 일반적으로 먹을 수 있는 것 또는 새가 벌레나 곤충을 먹는 것처럼 그 종의 동물이 일반적으로 먹는 먹이를 지각한 반응
지도(Geography)	*Ge*	지명을 말하든 하지 않든 간에 지도를 지각한 반응
가정용품(Household)	*Hb*	고기 써는 큰칼, 의자, 부엌가구, 컵, 정원호스, 유리잔, 램프, 잔디용 의자, *Ad*로 채점하는 모피깔개를 제외한 깔개, 은식기 등과 같은 가구용품. *Hb*로 채점하는 품목 중에서 큰 촛대, 샹들리에와 같은 예술작품들은 *Art*로도 채점할 수 있음
풍경(Landscape)	*Ls*	산, 산맥, 언덕, 섬, 동굴, 바위, 사막, 늪(습지), 산호초나 바다 속 같은 풍경에 대한 반응
자연현상(Nature)	*Na*	태양, 달, 행성, 하늘, 물, 대양, 강, 얼음, 눈, 비, 안개, 노을, 무지개, 폭풍우, 회오리바람, 밤, 빗방울과 같은 *Bt*, *Ls*로 채점하지 않는 다양한 자연적 대상
과학(Science)	*Sc*	비행기, 건물, 다리, 차, 전구, 현미경, 오토바이, 발동기, 악기, 레이더기지, 로켓기지, 배, 우주선, 기차, 전화, TV 안테나, 무기 등과 같은 직간접적인 과학적 산물이나 공상과학과 관련 있는 내용
성(Sex)	*Sx*	남근, 질, 엉덩이, 가슴, 고환, 월경, 유산, 성관계처럼 성기관이나 성적인 행동과 관련 있는 반응(인간의 성별을 확인하는 데 사용할 때에는 제외함). *Sx*는 *H*, *Hd*, *An*과 같은 일차적인 반응 내용과 더불어 이차적인 반응 내용으로 분류하는 경우가 많음
X선(X-ray)	*Xy*	X선 반응으로 뼈나 내부기관을 포함할 수 있음. *Xy*로 채점하면 해부와 관련 있는 내용이 있다고 하더라도 *An*으로 채점하지 않음

때로는 하나 이상의 대상이 한 반응에 포함되기도 한다. 자연(*Na*), 식물(*Bt*), 풍경(*Ls*) 반응이 동시에 나타날 때를 제외하고는 반응에 포함된 모든 내용을 기호화해야 한다. *Na*는 항상 *Bt*, *Ls*보다 우선해서 기호화한다. 즉, 반응이 *Na*와 *Bt* 또는 *Ls*를 포함하고 있다면 *Na*만 채점한다. *Na*를 포함하지 않고 *Bt*와 *Ls*를 포함하고 있다면 그중 하나만 채점한다. 자연, 식물, 풍경 반응과 관련해서 이러한 규칙을 설정한 이유는 세 가지 반응 모두가 소외지표(Isolation Index)를 계산하는 데 포함되므로, 한 반응이 이 지표를 계산하는 데 지나치게 많은 영향을 주지 않도록 하기 위해서이다. 한 반응에 여러 내용이 포함되어 있을 경우 그 반응에 가장 핵심적인 내용의 기호를 먼저 제시하고 다른 내용들과 쉼표로 구분한다. 반응을 기호화할 때는 모든 내용을 포함시키는 것이 가장 중요하다. 왜냐하면 해석할 때 사용하는 비율들은 모두 전체 내용 반응의 수에 근거를 둔 것이므로 어떤 내용들을 빠뜨리게 되면 잘못된 자료가 될 수 있기 때문이다. 어떤 반응 범주와도 일치하지 않는 반응도 있다. 이 경우 구조적 요약표 중의 특이한 내용(idiographic content: Id)란에 그대로 기입하면 된다.

(5) 평범반응

평범반응(popular response)이란 수검자 집단에서 반응빈도가 높게 나타난 13개의 반응을 말하며, *P*로 기호화하고 반응 내용의 기호 뒤에 기록한다. 평범반응과 매우 비슷하지만 실제 평범반응과 완전히 일치하지 않는 경우, 또는 반응 내용과 사용한 영역이 완전히 일치하지 않는 경우는 *P*로 채점하지 않는다. *P*로 기호화하기 위해서는 꼭 카드를 똑바로 보고 반응할 필요는 없으나, 인간이나 동물의 머리가 포함되어 있는 반응이라면 머리의 위치가 반점을 바로 세웠을 때의 위치와 같아야 한다. I번과 V번 카드를 뒤집어서 박쥐라고 했다면 *W*로 채점할 수 있는데, 머리의 위치가 카드를 바로 세웠을 때의 위치와 동일하다면 *P*로 기호화한다.

종합체계에서 사용하는 평범반응의 종류와 위치 및 기준은 〈표 8-6〉과 같다.

표 8-6 평범반응

카드	위치	기준
I	W	박쥐. 반점의 꼭대기를 박쥐의 상단부로 지각해야 하고 항상 전체 반점 영역을 포함해야 함
I	W	나비. 반점의 꼭대기를 나비의 상단부로 지각해야 하고 항상 전체 반점 영역을 포함해야 함
II	D1	곰, 개, 코끼리, 양과 같은 구체적인 동물. 전체 동물을 포함하고 있어야 함
III	D9	인간모습이나 인형 또는 만화와 같은 것으로 표현함. D1을 두 명의 사람 모습이라고 했다면 D7을 인간의 일부분으로 포함시키지 않아야 P로 기호화할 수 있음
IV	W or D7	인간이나 거인. 괴물, 공상과학에서 나오는 생물체와 같은 인간을 닮은 대상
V	W	박쥐. 반점의 꼭대기를 박쥐의 상단부로 지각해야 하고 항상 전체 반점 영역을 포함해야 함
V	W	나비. 반점의 꼭대기를 나비의 상단부로 지각해야 하고 항상 전체 반점 영역을 포함해야 함
VI	W or D1	동물가죽, 짐승가죽, 융단이나 모피. 흔히 가죽, 융단이나 모피는 자연적이든 인공적이든 고양이, 여우와 같은 동물을 전체적으로 기술하는 데 포함됨. 이러한 반응을 평범반응으로 채점할 때는 수검자가 동물가죽을 실제로 묘사했는지, 아니면 수검자의 반응에 분명하게 내포되어 있는지에 따라 다름
VII	D9	사람의 머리나 얼굴. 구체적으로 여자나 아이, 인디언이라고 말하는 경우도 있으나 성별을 말하지 않을 수도 있음. 흔히 D1, D2, D23 영역에 대해 평범반응이 나타남. D1을 사용하였다면 위쪽(D5)은 머리나 날개로 지각됨. D2나 Dd23 영역을 포함하는 반응이라면 D9 영역에 한해서 머리나 얼굴이라고 할 때만 P로 기호화함
VIII	D1	개, 고양이, 다람쥐 같은 종류의 전체 동물모습. D4 영역과 가까운 부분을 동물의 머리라고 함
IX	D3	인간이나 마녀, 거인, 괴물, 공상과학에 나오는 생물체와 같은 인간과 유사한 대상
X	D1	게. 모든 부속기관이 D1 영역에 한정되어 있어야 함
X	D1	거미. 모든 부속기관이 D1 영역에 한정되어 있어야 함

(6) 조직화 활동

조직화 활동(organizational activity)은 Z점수를 통해 값을 매긴다. 조직화 활동의 빈도(Zf)와 총합($Zsum$)은 수검자가 자극 영역을 조직화하려는 정도와 효율성에 관한 정보를 제공해 준다. 조직화 활동은 자극 간에 관계를 형성할 때 나타나는 것으로 본다. 반점의 한 부분을 보고 반응한 경우, 혹은 대칭을 기술한 경우에는 의미 있는 관계를 형성하려는 노력, 즉 자극 영역의 자료들을 조직화하려는 노력을 했다고 볼 수 없다. 하지만 동물을 지각한 후 '산을 오르고 있다'고 기술하였다면 동물과 산 사이에 통합하려는 노력이 이루어졌다고 볼 수 있으므로 Z점수를 채점하게 된다. 즉, 자극 영역을 조직화하려는 인지적 활동 수준을 Z점수를 통해 나타내게 된다. Z점수는 다음 중 적어도 한 가지 기준을 만족시키는 형태를 포함하는 반응에 대해 채점한다.

① *ZW*: 전체반응이고, 발달질이 +, v/+ 또는 o인 경우
② *ZA*: 인접한 부분에서 2개 이상의 개별적인 대상을 지각하고 이러한 대상들이 서로 의미 있는 관계를 이루고 있을 경우
③ *ZD*: 인접하지 않은 부분에서 2개 이상의 개별적인 대상을 지각하고 그 대상들이 서로 의미 있는 관계를 이루고 있을 경우
④ *ZS*: 반점의 공간과 다른 영역을 통합하여 반응했을 경우

*Z*를 채점하기 위해서는 반드시 형태가 사용되어야 하며, 인접한 반점이건 인접하지 않은 반점이건 서로 의미 있는 관계를 맺고 있어야 한다. 공백 공간을 포함하고 있는 반응에 대해 *Z*점수를 채점하려면 반점의 다른 영역도 포함하고 있어야 한다. I번 카드의 전체 영역을 가면이라고 하면서 흰 공간을 눈이라고 기술하는 경우이다. 각 카드별 조직화 활동 값은 〈표 8-7〉에 제시하였다. 반응에 대해 한 가지 이상의 *Z*기준을 적용할 수 있다면 그중 더 높은 값을 선택한다. 기록은 반응 내용과 평범반응 뒤에 기록한다.

표 8-7 각 카드별 조직화 활동 값(*Z*)

카드	조직화 활동 유형			
	W (*DQ*: +, v/+, o)	인접 부분	비인접 부분	흰 공간 통합
I	1.0	4.0	6.0	3.5
II	4.5	3.0	5.5	4.5
III	5.5	3.0	4.0	4.5
IV	2.0	4.0	3.5	5.0
V	1.0	2.5	5.0	4.0
VI	2.5	2.5	6.0	6.5
VII	2.5	1.0	3.0	4.0
VIII	4.5	3.0	3.0	4.0
IX	5.5	2.5	4.5	5.0
X	5.5	4.0	4.5	6.0

(7) 특수점수

특수점수는 특이한 반응에 대하여 채점한다. 이를 통하여 과거에 질적으로만 해석하던 여러 가지 반응 특징을 수량화할 수 있게 되었다. 특이한 언어반응(세부 항목 6개), 반응 반복, 통합 실패, 특수 내용(세부 항목 4개), 개인적 반응, 특수 색채 현상의 총 14개 특수점수가 있다.

① 특이한 언어반응(세부 항목 6개)

특이한 언어반응은 다시 Deviant Verbalizations(두 가지: DV, DR), Inappropriate Combinations(세 가지: *INCOM, FABCOM, CONTAM*), Inappropriate Logic(한 가지: *ALOG*)으로 구분할 수 있다. 이 중 Deviant Verbalizations(두 가지: *DV, DR*), Inappropriate Combinations(세 가지: *INCOM, FABCOM, CONTAM*)는 반응 내용이 기괴한 정도에 따라 다시 수준 1과 수준 2로 나누어 주고 *DV*1 혹은 *DV*2와 같이 명시해 준다. 이러한 분류를 하는 이유는 각 반응에서 나타내는 인지장애의 폭이 매우 크기 때문이다.

- 수준 1: 부적합한 단어를 사용하고 잘못된 판단을 하기도 하지만 기이한 반응은 아닌 경우이다. 이 수준의 반응은 교육기회가 제한되어 있거나, 심사숙고하지 않은 반응, 미성숙한 반응 등이 포함된다.
- 수준 2: 비논리적이고 우회적이며 사고의 흐름이 적절하지 않을 때 채점한다. 판단상의 오류가 두드러지고 일탈되어 있으며 기괴하고 부적절한 경우이다.

특이한 언어반응의 세부 항목들을 살펴보고자 한다.

Deviant Verbalization   의사소통에 방해가 되는 개인 특유의 표현방식
Deviant Verbalization(DV)   검사자에게 특이하다는 인상을 주는 반응

- ***Neologism***: 수검자의 언어능력으로 볼 때 충분히 정확하게 표현할 수 있음에도 불구하고 부적절한 단어를 사용하거나 새로운 용어를 사용하는 경우이다. 수준 1과 수준 2로 구분할 수 있다.
- ***Redundancy***: 개인의 어휘력이 제한되어서 나타나는 것이 아닌 특이한 언어 사용을 말하고 수검자가 대상의 성질을 두 번 보고하는 경우도 여기에 포함한다.

Deviant Response(DR) 수검자의 언어 사용이 매우 부적절한 것이 특징이다. DV를 포함하는 DR반응이 있는 경우 DR만을 기록한다.

- ***Inappropriate phrases***: 매우 부적절하게 아무런 관련이 없는 구를 사용한 경우이다. 반응 자체에 부적절한 구가 포함되어 있거나 반응과 관련된 구의 사용이 부적절할 때 *DR*을 채점한다.
- ***Circumstantial responses***: 주제에서 벗어나서 애초에 말하려고 했던 목적지에 도달하지 못한 반응이다.

Inappropriate Combinations 반점들이 서로 부적절하게 결합된 경우이다. 세 가지 종류가 있으며 INCOM과 FABCOM은 수준 1과 2로 구분해서 채점한다.

- ***Incongruous Combination(INCOM)***: 반점의 부분들이 부적절하게 하나의 대상으로 합쳐진 반응이다. INCOM의 수준 1반응은 우연적으로 나타날 수 있는 반응인 반면, 수준 2반응은 비현실적이고 기괴한 반응이다.
- ***Fabulized Combination(FABCOM)***: 두 가지 이상의 대상이 부적절하게 관계를 맺고 있는 반응이다. 항상 분리되어 있는 둘 이상의 반점을 포함한다. *FABCOM*의 수준 1반응은 주로 만화에서 묘사되는 것과 같은 반응들이어서 특수채점을 하지 않을 수도 있지만 수준 2반응은 현실성이 없는 기이한 방식으로 기술되는 반응이다.
- ***Contamination(CONTAM)***: 부적절한 반응결합 중에서 가장 기괴한 반응이다. 두 가지 또는 그 이상의 모습이 비현실적으로 하나의 반응에 중첩된 것을 말한다. *CONTAM* 반응은 반점의 한 부분만 사용하며, 한 부분에 반응이 중첩되어 나타나는 경우이다. *CONTAM* 반응이 다른 특수점수 반응과 함께 나타난 경우, *CONTAM* 이외의 다른 특수점수는 채점하지 않는다.

Inappropriate Logic(ALOG) 수검자가 자신의 반응을 정당화하기 위하여 자발적으로 비논리적인 표현을 한 경우이다. 언어적 표현에서 연상의 이완이 나타나거나 사고가 지나치게 단순화되어 있을 때 채점한다.

② 반응 반복

같은 반점에 대해 두 가지 또는 그 이상의 동일한 반응이 나타나거나 이전에 나타났던 반응이 다른 반점 부분에 대해 반복되는 경우이다. 반응 반복(Perseveration: PSV)에는 세 가지 종류가 있다.

카드 내 반응 반복(within card perseveration) 동일 카드에서 위치, 발달질, 결정인, 형태질, 내용 및 Z점수가 동일한 반응이 연속적으로 나타나는 경우이다. 카드 내 *PSV* 반응의 경우 특수점수를 제외한 다른 모든 기호는 동일해야 하고 반응이 연속적이어야 한다.

내용 반복(content perseveration) 앞 카드에서 말한 대상이 뒤 카드에서도 동일하게 반복될 때 내용 반복으로 채점한다. 채점이 같지 않을 수 있고 때로는 완전히 다를 수도 있다. 한 카드에 대해 '박쥐'라고 하고 그다음 카드에 대해 '또 그 박쥐인데 지금은 날아가고 있네'라고 말할 수 있다. 수검자가 다른 카드의 새로운 대상을 이전에 보고했던 대상과 동일하게 보고한 것인지를 확인하는 것이 중요한다.

기계적 반응 반복(mechanical perseveration) 신경학적 손상이 있는 수검자들에서 가장 흔히 나타난다. 일반적으로 짧고 간단하며 수검자는 동일한 대상을 기계적으로 반복해서 보고한다. 예컨대, 카드 I에서 박쥐, 카드 II에서 또 박쥐, 카드 III에 대해서도 계속해서 박쥐라고 보고하는 경우이다.

③ 통합 실패

반점의 일부에 대한 반응이 반점 전체에 과일반화되는 경우이다. 이러한 반응 유형은 인지장애가 있을 가능성을 시사한다.

Confabulation(CONFAB) 반점의 한 부분에 대해 주의를 기울여 반응한 후 보다 큰 영역 또는 반점 전체로 일반화하는 경우가 있다. 부분반응으로는 적절하지만 전체 영역에 대한 반응으로는 부적절할 수 있다. 예컨대, 카드 I의 D1 영역에 초점을 두고 '이것은 손이고 그래서 전체가 사람이다'고 반응할 수 있다. 수검자가 반점 전체를 사용했다고 주장하더라도 이러한 *CONFAB* 반응에 대해서는 Z점수를 채점하지 않는다. *CONFAB* 반응은 매우 심각한 병리적 특성과 지각적-인지적 손상을 시사하며, *ALOG*

가 의심되어도 함께 채점하지 않는다.

④ 특수 내용(세부 항목 4개)
네 가지 특수점수가 있다.

추상적 내용(abstract content: *AB*)   추상적 내용에는 두 가지 유형이 있다. 하나는 인간의 정서나 감각적 경험을 나타내는 것으로 반응 내용 기호인 인간경험(human experience: *Hx*)과 함께 나타나는 경우이다. *Hx*반응은 형태가 있는 경우에만 채점된다. '분노, 우울' 과 같은 반응은 형태가 없는 *M*반응이다. 이 경우는 AB만 채점한다. 또 하나는 좀 더 구체적인 상징표현을 한 경우이다. 예를 들면, '평화를 상징하는 비둘기, 악마를 상징하는 가면' 등과 같이 형태가 사용되고 대상에 대한 상징적 의미가 부여된 경우이다.

공격적 운동(aggressive movement: *AG*)   운동반응(*M*, *FM*, *m*)에 '싸우는 것, 서로 빼앗은 것, 매우 화가 난 것' 등 분명히 공격적인 내용이 포함되어 있는 경우이다. 공격자가 포함되어 있어야 하면, '맞아서 멍이 든 얼굴, 총을 맞은 곰' 처럼 공격을 당한 경우에는 *AG*로 채점하지 않는다.

협조적 운동(cooperative movement: *COP*)   둘 이상의 대상이 적극적인 또는 협조적인 상호작용을 하는 운동반응(*M*, *FM*, *m*)을 말한다. '서로 바라보는 두 사람' 과 같은 반응은 *COP*로 채점하지 않는다.

병적인 내용(morbid content: *MOR*)   두 가지 경우이다. 먼저 '죽거나 다친 혹은 파괴된' 대상을 지각한 경우이다. 부서진 꽃병, 다친 곰, 썩은 나뭇잎 등이다. 다른 하나는 대상에 대해 우울한 감정을 부여한 반응으로, '울고 있는 여자, 불행한 나무, 음침한 집' 등이다.

⑤ 인간표상반응[1]
카드에 대한 지각 내용 중 인간과 관련된 반응에서 채점한다. 인간표상반응이 채점되는 인간과 관련된 반응은 인간과 관련된 내용[H, (H), Hd, (Hd), Hx]이거나, 결정인에

---

[1] 종합체계가 개정되면서 추가된 변인 중 하나임.

인간 운동반응 M을 포함하거나, 특수점수 COP나 AG를 포함하는 동물운동반응 FM인 경우이다. 인간에 대한 긍정적 표상을 담고 있고 형태질이 u 이상일 때 '좋은 인간표상(Good Human Representation: GHR)'으로 채점한다. 반면에 반응 내용 면에서 전체 인간표상이 아니고(Hd), 공격적이거나(AG), 여타 부정적 내용(An, MOR)을 담고 있거나, 특수점수 FABCOM, INCOM, ALOG, CONTAM, DR로 채점될 만큼 표상과정에 분열적 성향을 보이거나 형태질이 −인 반응은 '나쁜 인간표상(Poor Human Representation: PHR)'으로 채점한다.

⑥ 개인적 반응

자신의 반응을 정당화하기 위해 개인적 지식이나 경험을 사용한 경우 개인적 반응(Personal: PER)으로 채점한다. 흔히 '나는, 나에게, 나의 또는 우리'와 같은 대명사를 포함하기도 한다. 중요한 것은 자신의 반응을 정당화하기 위해 개인적 지식이나 경험을 사용하고 있다는 것이다. 예를 들면, '우리 집에서 이런 것을 본 적 있다. 해부학 시간에 배운 것과 똑같다' 등이다.

⑦ 특수 색채 현상

수검자가 색채명을 잘못 말하는 경우, 언어적 실수인지 혹은 색맹인지 여부를 확인해야 한다. 색맹이 아닌 언어적 실수인 경우 DV로 채점한다.

색채투사(color projection: CP) 무채색 반점을 유채색으로 보고하는 경우이다. 무채색 카드에서 '아, 아름다운 노란색 나비입니다'는 반응처럼, 무채색 반점 영역에 대해 유채색을 보고할 때 채점한다. 반점의 음영 특징을 사용하여 유채색을 말한 경우 음영 확산(FY, YF, Y)을 결정인으로 채점할 필요가 있다. 반점에 유채색이 없기 때문에 색채 결정인(FC, CF, C)을 사용해서 채점하지는 않는다.

⑧ 다중적 특수점수

하나 이상의 특수채점이 적용되는 경우 특수점수를 모두 포함시킨다. 열네 가지 특수점수 중에서 여덟 가지(PSV, CONFAB, AB, AG, COP, MOR, PER, CP)는 서로 독립적이기 때문에 그 기준을 만족시키는 반응이면 모두 채점한다. 그러나 '여섯 가지 결정적 특수점수(DV, DR, INCOM, FABCOM, ALOG, CONTAM)'는 상호 관련이 있기 때문에 단일반응에 대해 한 가지 이상의 특수채점을 할 때는 주의해야 한다. *CONFAB*로 채점한 반응은 그 반응에 *ALOG* 채점기준을 만족시키는 요소가 있다고 하더라도 *ALOG*를 채점에 추가하지 않는다. 왜냐하면 *CONFAB*는 일반적으로 매우 심각한 인지적 역기능을 의미하고 *ALOG*를 추가해 채점하면 그 결과를 모호하게 만들기 때문이다.

마찬가지로 나머지 다섯 가지 결정적 특수점수(*DV, DR, INCOM, FABCOM, ALOG*)도 *CONTAM*과 같이 채점할 수 없다. 즉, *CONTAM*으로 일단 채점했다면 나머지 다섯 가지 특수점수를 추가할 수 없다. 나머지 다섯 가지 특수점수는 반응을 개별적인 것으로 서로 분리할 수 있으면 같이 채점할 수 있다. 그러나 독립적이지 않고 중첩된다면 가중치(*WSum6*)가 높은 점수 하나만 채점한다.

3) 구조적 요약

구조적 요약을 하려면, 먼저 반응의 점수 계열을 기록하고, 다음 각 변인의 빈도를 기록한 후 비율, 백분율, 산출한 점수 등을 기록하여야 한다.

(1) 반응의 점수계열

구조적 요약지의 점수계열에는 각 카드의 번호, 반응번호, 사용한 범주의 기호들을 포함한다. 〈표 8-8〉과 〈표 8-9〉는 24세 여자 수검자의 점수계열과 구조적 요약표이다.

(2) 각 변인의 빈도 기록 및 비율, 백분율, 산출한 점수 등의 기록

위치　반응 영역과 관련해서 다음 세 가지 사항을 기록한다.

- 조직화 활동: *Z*반응의 수, 즉 *Z*빈도(*Zf*), 가중치를 부여한 *Z*점수의 총합(*Zsum*) 및 〈표 8-10〉을 근거로 추정한 가중치 *Zsum*(*Zest*). *Zest*는 *Zf*에 해당하는 값이다. 앞의 예에서 *Zf*가 19이므로 이에 해당하는 *Zest*는 63.0이다.
- 영역기호: 기본적인 영역기호 각각의 빈도를 계산한다. *S*반응의 빈도도 계산해야 한다. *S*반응은 다른 영역기호인 *W, D, Dd*와 분리해서 그 빈도를 계산한다.
- 발달질: 발달질 기호 각각의 빈도를 계산하며, 오른쪽 괄호에는 −반응의 빈도를 기록한다.

표 8-8 점수계열(예)

카드 번호	반응 번호	영역과 발달질	결정인과 형태질	(2)	내용	평범 반응	Z점수	특수점수
I	1	Wo	Fo		A	P	1.0	
	2	Ddo	Fo		An		1.0	
	3	Wo	FMao		A	P	1.0	
II	4	D+	Mao	2	A		3.0	FABCOM1
	5	DS+	Fu		Id		3.0	
	6	D+	FMa.CFo	2	A. Bl	P		AG
III	7	Dd+	Ma-	2	H, Id		3.0	
	8	Ddo	FMpo		A		2.0	
	9	DdSo	FC'-	2	Hd			
IV	10	Wo	Fo		Ad		2.0	
	11	Wo	FMao		A		2.0	
V	12	Wo	FMao		A	P	1.0	
	13	Wo	Fo		A		1.0	DV1
	14	Wo	Fu		Id		1.0	
VI	15	Do	F-		Id			
VII	16	Ddo	mp-		Id			
	17	W+	Mao	2	A, Na		2.5	FABCOM1
VIII	18	Wo	FCu		Bt		4.5	
	19	W+	FMao	2	A, Bt	P	4.5	
IX	20	Ddo	F-		Ad			
	21	WSo	Ma-		Ad		5.5	FABCOM1, PHR
	22	DdSo	Mao		Hx, Ad		5.0	AG
	23	W+	FMa, FC-	2	A, Fd		5.5	
X	24	Wo	FMa, FC-		A		5.5	
	25	Wo	Fo		A		5.5	
	26	D+	Mp-a-		Id		4.0	AG, PHR

표 8-9 구조적 요약(예)

반응 영역		결정인		반응 내용	접근방식	
		혼합	단일		카드:	위치
Zf	= 19	FM.CF	M = 6	H = 1, 0	I :	W,Dd,W
Zsum	= 60.5	FM.FC	FM = 5	(H) = 0, 0	II :	D,DS,D
ZEst	= 63.0	FM.FC	m =1	Hd = 1, 0	III :	Dd,Dd,DdS
			FC =1	Hx = 0, 0	IV :	W,W
W	= 14		CF =0	A = 13,0	V :	W,W,W
(Wv	= 0)		C =0	(A) = 0, 0	VI :	D
D	= 5		Cn =0	Ad = 3, 1	VII :	Dd,W
Dd	= 7		FC'=1	(Ad) = 0, 0	VIII :	W,W
S	= 4		C'F=0	An = 1, 0	IX :	Dd,WS,DdS,W
			C' =0	Art = 0, 0	X :	W,W,D
DQ			FT =0	Ay = 0, 0		
	..............(FQ-)		TF =0	Bl = 0, 1	특수 점수	
+	= 8 (3)		T =0	Bt = 1, 1	Lvl-1	Lvl-2
o	= 18 (6)		FV =0	Cg = 0, 0	DV= 1 x1	0×2
v/+	= 0 (0)		VF =0	Cl = 0, 0	INC=0 x2	0×4
v	= 0 (0)		V =0	Ex = 0, 0	DR= 0 x3	0×6
			FY =0	Fd = 0, 1	FAB=3 x4	0×7
			YF =0	Fi = 0, 0	ALOG=0x5	
			Y =0	Ge = 0, 0	CON= 0 x7	
	형태질		Fr =0	Hh = 0, 0		
FQx FQf MQual W+D			rF =0	Ls = 0, 0	Raw Score6 = 4	
+ = 0 + =0 + = 0 += 0			FD =0	Na = 0, 1	Wgtd Sum6 = 13	
o = 14 o = 5 o = 3 o =11			F =9	Sc = 0, 0	AB = 0	GHR= 0
u = 3 u = 2 u = 0 u =3				Sx = 0, 0	AG = 3	PHR= 3
- = 9 - = 2 - = 3 - =5				Xy = 0, 0	AG = 3	MOR= 0
none=0 -- none=0 none=0			(2) = 7	Idio = 5, 1	CFB= 0	PER = 0
					COP= 0	PSV= 0

Ratio, Percentages, & Derivations

R= 26	L= 0.53				

AFFECT

INTERPERSONAL

EB= 6 : 2.5	EA= 8.5	EBPer= 2.4	FC : CF+ C = 3 : 1	COP = 0 AG = 3
eb= 9 : 1	es= 10	D= 0	Pure C = 0	Food = 1
	Adj es= 10	Adj d= 0		Isolate/R = .15
			Afr = 0.53	H : (H) + Hd + (Hd) = 1 : 1
			S = 4	(H)+(Hd):(A)+(Ad)= 0 : 0
FM= 8	C'= 1	T= 0	Blends : R = 3 : 26	H + A : Hd + Ad= 14 : 5
m= 1	V= 0	Y= 0	CP = 0	

IDEATION

a : p = 13 : 3	Sum6 = 4
Ma : Mp = 6 : 1	Lvl2 = 0
2AB + (Art + Ay) = 0	Wsum6= 13
M- = 3	Mnone = 0

MEDIATION

XA%= .65
WDA%= .89
X-%= .35
S-%= .22
P = 5
X+%= .54
Xu%= .12

PROCESSING

Zf = 19
Zd = -2.5
W:D:Dd = 14 : 5 : 7
W : M = 14 : 6
DQ+ = 8
DQv = 0

SELF-PERCEPTION

3r+(2)/R=0.27
Fr+rF = 0
Sum V = 0
FD = 0
An+Xy = 1
MOR = 0
H:(H)+Hd+(Hd)

□ PTI=1	□ DEPI= 4	□ CDI = 2	□ S-Con = 5	□ HVI = NO	□ OBS=NO

표 8-10 최적의 *Zsum*값 추정(*Zf*를 아는 경우)

Zf	Zest	Zf	Zest		Zf	Zest	Zf	Zest
1	-	14	45.5		26	88.0	39	134.0
2	2.5	15	49.0		27	91.5	40	137.5
3	6.0	16	52.5		28	95.0	41	141.0
4	10.0	17	56.0		29	98.5	42	144.5
5	13.5	18	59.5		30	102.5	43	148.0
6	17.0	19	63.0		31	105.5	44	152.0
7	20.5	20	66.5		32	109.5	45	155.5
8	24.0	21	70.0		33	112.5	46	159.0
9	27.5	22	73.5		34	116.5	47	162.5
10	31.0	23	77.0		35	120.0	48	166.0
11	34.5	24	81.0		36	123.5	49	169.5
12	38.0	25	84.5		37	127.0	50	173.0
13	41.5				38	130.5		

결정인   각각 따로 기록한다. 혼합반응은 혼합반응 난에만 기록하고 혼합반응에 포함된 결정인은 단일 결정인의 빈도 계산에 포함하지 않는다.

형태질   네 가지 종류가 있다.

- ***FQx***(Form Quality Extended): 형태를 사용한 모든 반응을 포함한다.
- ***FQf***(Form Quality-Form): 형태를 유일한 결정인으로 사용한 반응(FQ)의 빈도이다.
- ***M Qual***: 인간 운동반응의 형태질이다.
- ***SQx***(From Quality-Space): 공간을 사용한 모든 반응의 형태질 빈도이다.

내용   스물일곱 가지 유목이 있다. 일차반응과 이차반응은 쉼표로 구분하여 앞뒤로 기록한다.

접근방식 요약   오른쪽 상단에는 수검자가 선택한 반응 영역의 순서를 그대로 기록한다.

특수점수   14개 특수점수의 빈도를 기록하고 두 가지 점수를 계산한다.

- **Raw Sum6**: 6개 특수점수(DV, INCOM, DR, FACOM, ALOG, CONTAM)의 원점수 합을 수준 1과 2로 구분해서 계산하여 기록한다.
- **Wsum6**(Weighted Sum): 6개 특수점수의 원점수에 가중치를 곱하고 더해서 기록한다.

6개 특수점수에 대한 가중치 계산은 다음과 같다.

$$Wsum6 = (1) \times DV + (2) \times DV2 + (2) \times INCOM + (4) \times INCOM2 + (3) \times DR + (6) \times DR2 + (4) \times FACOM + (7) \times FACOM2 + (5) \times ALOG + (7) \times CONTAM$$

핵심 영역   먼저 전체반응 수를 나타내는 R과 FM, m, C, T, V, Y의 빈도를 기록한다 (이때 FC′, FT, FV, FY도 모두 하나의 반응으로 계산한다).

- **L**(Lambda): 전체반응에서 순수 형태 반응이 차지하는 비율로, 다음과 같이 계산한다.

$$L = \frac{F(순수\ 형태\ 반응의\ 수)}{R-F(전체반응\ 수-순수\ 형태\ 반응의\ 수)}$$

- **EB**(Erlebnistypus): 인간 운동반응(M)과 가중치를 부여한 유채색 반응의 합 간의 관계, 즉 Sum M과 WSumC(Weighted Sum Color)의 비율로, 계산공식은 다음과 같다.

$$WSumC = (0.5) \times FC + (1.0) \times CF + (1.5) \times C$$

- **EA**(Experience Actual): Sum M과 WSumC의 합이다.
- **EBPer**(EB Pervasive): EB를 계산하는 데 필요한 두 점수 중 큰 점수를 작은 점수로 나누어 계산한다(주의: EBPer는 EB값이 뚜렷한 차이가 있을 때만 계산한다. 즉 EA값이 10.0 또는 그 이하이면 한 가지 EB값이 다른 값보다 최소한 2.0점 이상이 클 때, 또는 EA 값이 10.0 또는 그 이상이면 한 가지 EB값이 다른 값보다 최소한 2.5점 이상 클 때 계산한다).

- **eb**(Experience Base): *Sum FM+ m : Sum all C′ + all T+ all Y+ all V*로 나타 낸다.

- **es**(Experience Stimulation): *Sum FM+ m+ all C′ + all T+ all Y+ all V*를 합한 것이다.

- **D**(D Score): 두 변인 *EA*와 *es*의 원점수 차이(*EA-es*)를 계산하고 해당되는 기호를 표시하고, 이 원점수 차이를 표준편차 2.5를 기준으로 한 표준점수로 변환시킨다. 따라서 *EA-es*의 원점수 차이가 +2.5~-2.5 범위라면 두 점수 간의 차이는 유의 미하지 않고 이때의 *D*점수는 0이다. *EA-es*의 원점수 차이가 +2.5보다 크고 2.5 점씩 커질 때 *D*점수는 +1만큼 증가한다. 또한 *EA-es*의 원점수가 -2.5만큼 적어 질 때 -1만큼 감소한다. *D*점수의 환산은 〈표 8-11〉에 따라 한다.

- **Adj es**(Adjusted es): *D*점수에서 상황적 요소의 영향을 받는 요소를 제외한 점수이 다. 계산 방법은 *m*과 *Y*(*FY, YF*를 포함)에서 각각 1을 뺀 모든 *m*과 *Y*값을 더해서 *es* 에서 빼면 된다.

- **Adj D**(Adjusted D Score): *Adj D* 점수는 *EA-Adj es*를 구하여 *D*점수 환산표에 적 용해 구한다. 앞에 제시한 예에서 *D*점수를 구하는 것과 동일한 방식으로 구한다. *EA*는 11, *Adj es*는 3이므로 11-3 = +8.0이고 이에 해당되는 *D*점수는 +3이다.

표 8-11 EA-es, D점수 환산표

(EA-es)값	D점수
+13.0 to +15.0	+5
+10.5 to +12.5	+4
+8.0 to +10.0	+3
+5.5 to +7.5	+2
+3.0 to +5.0	+1
-2.5 to +2.5	0
-3.0 to -5.0	-1
-5.5 to -7.5	-2
-8.0 to -10.0	-3
-10.5 to -12.5	-4
-13.0 to -15.0	-5

Ideation Section

- ***a:p***(Active:Passive Ratio): 능동 운동반응($Ma + FMa + ma$)의 반응 수와 수동 운동반응 수의 비율이다. $a-p$ 첨자로 기호화한 운동 결정인은 양쪽 모두에 포함시킨다.
- ***Ma:Mp***(M Active:Passive Ratio): 인간 운동반응의 능동 운동과 수동 운동의 비율이다. M^{a-p}는 양쪽 모두에 포함시킨다.
- ***2AB+(Art+Ay)***(Intellectualization Index): AB의 반응 수에 2를 곱하고 Art와 Ay 내용의 반응 수를 더해서 구한다. 이때 일차와 이차 반응 내용을 모두 포함시킨다.

Affect Section

- ***FC:CF +C***(Form-Color Ratio): 정서조절 능력을 평가한다. FC 결정인을 사용한 총 반응 수와 $CF + C + Cn$ 반응 수의 비율이다. 여기서는 색채반응의 가중치가 동일하다.
- ***SumC´:WSumC***(Constriction Ratio): 정서를 내면화하는 정도를 나타낸다. C' 결정인($FC' + C'F + C'$)을 사용한 총 반응 수와 $WSumC$의 비율이다.
- ***Afr***(Affective Ratio): 정서적 자극에 대한 관심 정도를 나타내는 것으로, I번에서 VII번 카드까지의 반응 수와 나머지 VIII번에서 X번 카드까지의 반응 수 비율이다.

$$Afr = \frac{\text{카드 VIII, IX, X의 총 반응 수}}{\text{카드 I, II, III, IV, V, VI, VII의 총 반응 수}}$$

- ***Blends:R***(Complexity Ratio): 이 비율은 혼합반응의 수와 총 반응 수의 비율이다.

Mediation Section

- ***XA%***(Form Appropriate Extended): 반점의 형태를 알맞고 적합하게 사용한 정도를 나타낸다.

$$XA\% = \frac{\text{FQx} +, \text{o, u인 반응의 합}}{\text{R}}$$

- **WDA%**(Form Appropriate Extended): 반점 W와 D 영역 반응의 형태질을 고려한 것으로, 잉크반점 형태를 적절하게 사용했는지의 정도를 나타낸다.

$$XDA\% = \frac{\text{W와 D반응 중 FQx+, o, u의 반응의 합}}{\text{W와 D반응의 합}}$$

- **X+%**(Conventional Form): 형태를 관습적으로 사용한 정도를 나타낸다.

$$X+\% = \frac{\text{Sum FQx+ and o(ordinary)}}{R}$$

- **F+%**(Conventional Pure Form): 순수 형태 반응에서 관습적으로 사용한 정도이다.

$$F+\% = \frac{\text{Sum F+ and Fo}}{\text{sum FQf}}$$

- **X-%**(Distorted Form): 지각적 왜곡의 정도를 나타내는 비율이다.

$$X-\% = \frac{\text{Sum FQx-}}{R}$$

- **S-%**(White Space Distortion): 흰 공간을 사용한 반응 중 왜곡된 반응비율이다.

$$S-\% = \frac{\text{Sum SQ-}}{\text{Sum FQx-}}$$

- **Xu%**(Unusual Form): 윤곽을 적절히 사용했지만 비관습적으로 사용한 반응의 비율이다.

$$Xu\% = \frac{\text{Sum FQxu}}{R}$$

Processing Section

- ***W:D:Dd***(Economy Index): W반응 수, D반응 수, Dd반응 수의 비율이다.
- ***W:M***(Aspirational Index): W반응 수와 M반응 수의 비율이다.
- ***Zd***(Processing Efficiency): Zd는 $Zsum$에서 $Zest$를 뺀 값이다.

Interpersonal Section

- ***Isolate/R***(Isolation Index): 사회적 고립 정도를 측정하는 것으로, 식물, 구름, 지도, 풍경, 자연 내용 범주의 일차 및 이차 반응 내용을 모두 포함시킨다.

$$Isolate/R = \frac{Bt + 2Cl + Ge + Ls + 2Na}{R}$$

- ***IH:(H)+Hd+(Hd)***(Interpersonal Interest): 사람에 대한 관심을 나타내고 일차 및 이차 반응 내용을 모두 포함시켜 계산한다. 순수한 인간반응(*Pure H*)과 그 외의 인간반응의 비율이다.
- ***I(H)+(Hd):(A)+(Ad)***: 대인관계에서 상상에 근거를 두는 정도를 측정한다. 일차 및 이차 반응 내용 모두를 포함한다.
- ***H+A:Hd+Ad***: 이 비율은 인간과 동물의 전체반응 수와 부분반응 수의 비율이고 일차와 이차 반응 내용을 모두 포함한다.

Self Perception Section

- ***Egocentricity Index, 3r+(2)/R***: 자존감(self esteem)과 관련된 지표이다. 전체반응 기록에서 반사반응과 쌍반응의 비율이다. 반사반응에는 가중치를 부여하여 계산한다.

$$3r+(2)/R = \frac{3 \times (Fr+rF) + Sum(2)}{R}$$

(3) 특수지표

구조적 요약의 맨 아래에는 지각적 사고지표(Perceptual Thinking Index: *PTI*), 우울지표(Depression Index: *DEPI*), 대처손상지표(Coping Deficit Index: *CDI*), 자살지표(Suicide Constellation: *S-CON*), 과잉경계지표(Hypervigilance Index: HVI), 강박성향지표(Obsessive Style Index: *OBS*) 등 여섯 가지 지표가 있다. 이 지표들은 〈표 8-12〉 Constellation Worksheet에 제시하였다. 그리고 각각의 지표에 positive로 체크한 것은 구조적 요약의 지표에 체크하여야 한다.

*DEPI*의 자아중심성 지표(egocentricity index)와 *PTI*의 X+%, Sum6 및 Wsum6의 분할점수(cut-off score)는 〈표 8-12〉, 〈표 8-13〉, 〈표 8-14〉를 참고하여 연령에 맞게 교정하여야 한다.

표 8-12 Sum6와 WSum6의 연령교정

5~9세: Sum6 > 11   또는 WSum6 > 20

10~12세: Sum6 > 10   또는 WSum6 > 18

13~14세: Sum6 > 9   또는 WSum6 > 17

15~16세: Sum6 > 8   또는 WSum6 > 17

표 8-13 Afr의 연령교정

5세와 6세: Afr < .57

7~9세: Afr < .55

10~13세: Afr < .53

표 8-14 자아중심성 지표의 연령교정

연령	3r+(2)/R이 아래보다 작을 경우 유의미	3r+(2)/R이 아래보다 클 경우 유의미
5	.55	.83
6	.52	.82
7	.52	.77
8	.48	.74
9	.45	.69

10	.45	.63
11	.45	.58
12	.38	.58
13	.38	.56
14	.37	.54
15	.33	.50
16	.33	.48

표 8-15 Constellation Worksheet

S-Constellation(Suicide Potential)	PTI(Perceptual-Thinkin Index)
□8개 이상 해당될 경우 체크 　주의: 14세 이상의 수검자에게만 적용 　□FV+VF+V+FD > 2 　□Color-Shading Blends > 0 　□3r+(2)/R < .31 or > .44 　□MOR > 3 　□Zd > +3.5 or Zd < -3.5 　□es > EA 　□CF+C > FC 　□X+% < .70 　□S > 3 　□P < 3 또는 P > 8 　□Pure H < 2 　□R < 17	□XA% < .70 and WDA% < .75 □X-% > .29 □Sum Level 2 > 2 and FAB2 > 0 □R<17 and WSUM6 > 12 　or R<16 and WSUM6 > 16 □EITHER: (M- > 1) 　OR: (X-% > .40)

DEPI(Depression Index)	CDI(Coping Deficit Index)
□5개 이상 해당될 경우 체크 　□(FV+VF+V > 0) OR (FD > 2) 　□(Col-Shd Blends > 0) OR (S > 2) 　□(3r+(2)/R > .44 and Fr+rF=0) 　　OR 3r+(2)/R < .33) 　□(Afr < .46) OR (Blends < 4) 　□(Sum Shading > FM+m) OR(Sum C' > 2) 　□(MOR > 2) OR (2×AB+Art +Ay > 3) 　□(COP < 2) OR 　　([Bt+2×C'+Ge+Ls+2×Na]/R > .24)	□4개 또는 5개 이상이면 체크 　□(EA < 6) OR (AdjD < 0) 　□(COP < 2) and (AG < 2) 　□(Weighted Sum C < 2.5) OR (Afr < .46) 　□(Passive > Active+1) Or (Pure H < 2) 　□(Sum T > 1) 　　OR (Isolate/R > .24) 　　OR (Food > 0)

HVI(Hypervigilance Index)	OBS(Obsessive Style Index)
□ 1번을 만족시키고 아래 7개 중 최소한 4개가 해당될 경우 체크 □ (1) FT + TF + T=0 ───────── □ (2) Zf > 12 □ (3) Zd > +3.5 □ (4) S > 3 □ (5) H + (H) + Hd + (Hd) > 6 □ (6) (H) + (A) + (Hd) + (Ad) > 3 □ (7) H + A : Hd + Ad < 4 : 1 □ (8) Cg > 3	□ (1) Dd > 3 □ (2) Zf > 12 □ (3) Zd > +3.0 □ (4) Populars > 7 □ (5) FQ+ > 1 ───────── □ 아래 한 가지 이상 해당될 경우 체크 □ (1)~(5) 모두 해당 □ (1)~(4) 중에서 2개 이상이 해당되고 FQ+ > 3 □ (1)~(5) 중에서 3개 이상이 해당되고 X+% > .89 □ FQ+ > 3 AND X+% > .89

주의: 아동의 경우 교정점수를 적용.

3. 로르샤하 검사의 해석

Exner가 개발한 로르샤하 종합체계(Exner, 1991, 1993; Exner & Weiner, 1995)는 검사의 실시 및 채점과정이 체계적이고 객관적일 뿐만 아니라 검사 해석에도 매우 유용하다. 하지만 로르샤하 검사자는 구조적 요약지를 보는 순간 방대한 양의 자료에 쉽게 압도될 것이다. 어디서부터, 어떤 방향으로 이 자료들을 검토해야 하는가?

Klopfer(Klopfer, Ainsworth, Klopfer, & Holt, 1954, 10~11장)는 양적 자료를 분석한 다음 계열분석을 하고, 마지막으로 반응 내용을 검토할 것을 제안하였다. 그러나 어떤 점수부터 먼저 검토해야 하며, 다음 순서는 어떻게 해야 할지를 구체적으로 제시하지 않았다. Exner(1978, 4장)는 초기에는 로르샤하 검사를 해석할 때 '4각(four square)' 부터 먼저 분석할 것을 제안하였다. 4각이란 *EB*(경험균형), *EA*(경험실제), *eb*(경험기초) 및 *es*(경험자극)이라는 네 변인을 나타내기 위해 만든 용어이다. 이 네 가지 요약점수를 우선적으로 해석하도록 선택한 이유는 이 점수들은 각 개인의 적응 가능한 자원과 대처양식에 관한 기초적인 정보를 주며, 또한 구조적 요약을 생산적이고 효율적으로 해석할 수 있는 방향을 제시해 주기 때문이었다. 하지만 이러한 해석 방법은 여전히 명확한 해석 순서가 없고 방향성이 결여되어 있어 해석과정에서 유용한 정보를 놓쳐 버릴 위험이 있다.

Exner(1991)는 더욱 향상된 해석전략을 제시하였다. '종합체계 탐색전략' 은 그의 해

석 기법을 나타내는 지침서로, 이 탐색전략은 두 가지의 기본 요소로 이루어졌다. ① 로
르샤하 변인들의 군집화, ② 군집화된 변인들의 검토 순서를 제시해 주는 계열적 탐색전
략의 구축.

1) 변인들의 군집화

변인들의 군집화의 기본 가정은 수검자의 성격기능을 측정하는 구조적 변인들 간에
공통점이 있다는 연구결과에 기초하였다. 임상적으로 수검자의 정서 기능을 평가할 때
$FC:CF+C$와 같이 색채에 대한 반응을 나타내는 변인과 정서비(Afr)를 함께 고려해 온
것처럼 상호 관련성이 높은 변인들 간의 관계를 먼저 군집분석을 통하여 확인하였다.
〈표 8-16〉과 같이 일곱 개의 군집을 확인하고 명명하였으며 각각의 군집이 나타내는 영
역을 약술하였다.

다음 Exner는 각 군집에 해당하는 변인 및 탐색 순서를 제시하였다. 군집의 해석단계
및 변인들은 〈표 8-17〉에 기록되어 있다. 일곱 개의 종합체계 군집은 성격기능의 일곱
가지 핵심 측면과 관련된 구조적, 주제적 자료 모두를 포함하고 있다고 보았다. 해석과
정에서는 하나의 군집 내에 포함된 변인들을 모두 철저하게 탐색한 다음 다른 군집을 살
펴야 한다. 〈표 8-17〉에서 볼 수 있는 바와 같이 일곱 개 군집에 상황관련 스트레스가 8
번째 변인의 집단으로 추가되어 있다. 이 집단에 포함된 변인들은 서로 상관을 보이지는
않으므로 하나의 독립 군집으로 볼 수는 없으나 상황적 스트레스와 관련된 요인들로 구
성되어 있어, 스트레스로 인한 심각한 문제를 가진 사람의 프로토콜을 해석할 때 주의를

표 8-16 변인 군집의 명칭과 내용 영역

군집의 종류	나타내는 영역
정보-처리 군집	자신의 세계에 주의를 기울이는 방식
인지적 중재	주의를 기울이는 대상을 지각하는 방식
관념	지각한 것에 대해 생각하는 방식
통제와 스트레스 인내	요구(demand)에 대처해 나가고 스트레스를 관리하는 데 유용한 적응자원
감정적 속성	정서 상황을 다루는 방식과 느낌을 경험하고 표현하는 방식
자기지각	자기 자신에 대한 관점
대인관계 지각	다른 사람에 대한 관점과 관계를 맺는 방식

표 8-17 군집의 해석단계 및 변인

정보처리		단계 4	eb의 우항
단계 1	Lambda	단계 5	SumC′:WSumC
단계 2	OBS & HVI	단계 6	정서비
단계 3	ZF, W:D:Dd, W:M	단계 7	색채투사
단계 4	Location Sequencing	단계 8	FC:CF + C
단계 5	DQ	단계 9	순수 C
단계 6	Zd	단계 10	공간반응
단계 7	PSV	단계 11	혼합
		단계 12	m & Y 혼합
인지적 중재		단계 13	혼합반응의 복잡성(Blend complexity)
단계 1	Lambda	단계 14	색채음영 혼합
단계 2	OBS	단계 15	음영 혼합
단계 3	평범반응		
단계 4	FQx+	**자기지각**	
단계 5	X+%	단계 1	반사
단계 6	FQnone	단계 2	Egocentricity Index
단계 7	Xu%	단계 3	HVI & OBS
단계 8	X-%, S-%	단계 4	FD & Vista(review history)
단계 9	Sequence of minus	단계 5	H:Hd+ (H)+ (Hd)
단계 10	-의 동질성	단계 6	An+Xy
단계 11	-의 왜곡수준	단계 7	Sum MOR
		단계 8	MOR 내용
관념		단계 9	-반응의 내용
단계 1	EB	단계 10	M반응의 내용
단계 2	EBPer	단계 11	FM & m 반응의 내용
단계 3	eb좌항	단계 12	윤색반응의 내용
단계 4	HVI & OBS		
단계 5	a:p	**대인지각**	
단계 6	Ma:Mp	단계 1	CDI
단계 7	주지화 지표	단계 2	HVI
단계 8	MOR 빈도	단계 3	a:p 비율
단계 9	Sum6 Spec Score	단계 4	음식반응
단계 10	WSum6	단계 5	Sum T
단계 11	Quality 6 Spec Score	단계 6	Sum Human Content
단계 12	M 형태질	단계 7	Sum pure H
단계 13	M-의 왜곡수준	단계 8	PER
단계 14	M반응의 질	단계 9	COP & AG
		단계 10	Isolation Index
통제와 스트레스 인내		단계 11	M response with pairs
단계 1	AjD & CDI	단계 12	FM responses with pairs
단계 2	EA	단계 13	인간반응 내용
단계 3	EB & Lambda		
단계 4	es & Adjes	**상황관련 스트레스**	
단계 5	eb	단계 1	D in relation to es & Adjes
		단계 2	D in relation to Adjes
정서적 속성		단계 3	T(also review history), m, & Y
단계 1	DEPI	단계 4	V in relation to Egocentricity Index and history
단계 2	EB	단계 5	혼합
단계 3	EBPer	단계 6	색채음영 혼합

기울여야 하는 변인들을 제시해 주고 있다.

이러한 군집분석은 거의 완벽하게 자료를 검토하게 해 주지만 먼저 고려해야 할 점이 있다. 그중 하나가 *R*(전체반응 수)이고 나머지가 자살지표(*S-CON*)와 군집분석에서 제외된 변인들이다.

*R*은 해석과정에서 매우 중요하다. 반응 수가 14개 미만인 경우는 '짧은' 기록으로 간주하여, 타당하지 않기 때문에 해석하지 않는 것이 일반적이다. 그러나 여기에도 예외가 있고 타당하지 않다고 해서 짧은 반응기록이 모두 의미 없는 것은 아니다. 짧은 기록은 일반적으로 방어적인 수검 태도에서 비롯되므로 높은 람다, 많은 평범반응, 높은 X+%, *D*반응 증가, 혼합반응 결여, 내용 유목범위의 협소화 및 언어적 반응의 최소화와 같이 방어적 태도의 전형적인 특성을 나타내게 된다. 반면에 짧은 기록에서도 수검자의 기능에 대하여 신뢰성 있는 정보를 제공해 줄 수 있다. 예를 들어 수검자의 전체반응 수가 12개인데도 *PTI*가 3 이상인 경우, 수검자의 전반적인 성격에 대하여 기술하는 데는 한계가 있으나, 수검자가 조현병일 가능성은 매우 높다는 것을 시사한다. 짧은 기록 중 절반이 *Morbid* 반응인 경우, 비관적 사고나 부정적인 신체 이미지를 갖고 있을 가능성이 높다. 이와 같이 방어적인 성향으로 짧고 일반적으로도 타당하지 않은 기록인데도 두드러지게 나타나고 있는 비정상적인 반응과 극적인 반응들은 수검사의 성격 특성에 대하여 꽤 신뢰성 있고 유용한 성격 특성에 관한 정보를 줄 수 있다. 이러한 맥락에서 볼 때 짧은 기록도 유용한 정보를 제공할 수 있다는 점은 명심해야 하나, 동시에 검사자들은 14개 미만의 반응은 일반적으로는 너무 짧아 신뢰성 있는 정보를 주지 못하며, 따라서 타당한 해석을 하기 힘들다는 면을 기억해야 한다. 따라서 종합체계에서 핵심 변인의 탐색을 시작하기 전에 기록이 타당하다는 것을 입증하는 필수조건인 '최소한 14개 이상의 반응' 이라는 준거에 충족되는지 검토해야 한다.

로르샤하 기록을 해석할 검사자들은 제일 먼저 *R*을 검토한 다음 두 번째 단계에서 *S-CON*을 검토해야 한다. 또한 피(blood), 폭발(explosion), 가구(집기, household), 인간경험(human experience), 과학(science) 및 성(sex) 반응은 군집 유목에 포함되지는 않으나, 이러한 반응에 운동반응, 형태왜곡, 윤색반응이 나타날 경우 신중히 고려해야 한다. 군집에서 제외되었다고 해서 이런 내용이 담긴 반응이 아무런 정보도 제공하지 못한다는 것을 의미하지는 않는다.

2) 군집화된 변인들의 검토 순서-계열적 탐색전략

프로토콜을 정보처리 군집에서부터 대인지각 군집으로 해석하든, 대인지각 군집에서 정보처리 군집 순으로 해석하든 간에 그 결과는 동일할 것이다. 하지만 좀 더 효율적으로 탐색해 나가려면 어떠한 방법을 취해야 할까? 즉, 어떻게 탐색 순서를 결정하는 것이 최선의 방법인가? 이에 대한 답은 수검자의 성격 기능에 관하여 가장 중요한 기술을 해 주는 군집변인부터 해석을 해 나가야 한다는 것이다.

Exner(1991, 5~9장)는 핵심변인(*key variables*)들에 근거한 계열적 탐색전략을 제시하였다. 핵심변인은 경험적 자료에 기초하여 특정 군집과 관련성이 높은 변인들을 묶은 것이다. 예를 들면, 관념 군집과 가장 관련성이 높은 것은 정신분열병 지표의 상승(*PTI* > 3)이므로 이것이 관념 군집의 핵심변인이며, *PTI*가 4점 이상인 경우 관념 군집 변인부터 검토하는 것이 가장 바람직함을 시사한다. 정서 군집에서는 우울증 지표(*DEPI*)가 5 이상인 경우 핵심변인으로 보았다. 이상에 해당되지 않는 경우를 대비하여 부가적으로 핵심 변인을 설정하였다. 관념 군집과 부가적으로 관련성이 높은 핵심 변인은 내향적인 *EB*이다. 따라서 내향적 *EB*는 *PTI* > 3과 함께 관념 군집부터 해석해야 하는 것을 시사하는 변인이 되었다. 이러한 절차를 통해 11개 핵심변인을 만들었는데, 이에 따라 *R*과 *S-CON*을 살펴본 이후 로르샤하 프로토콜을 해석할 때 우선적으로 다루어야 하는 군집이 무엇인지를 알려 주게 된다. 첫 번째 군집은 수검자와 관련된 해석적 정보를 가장 많이 제공해 주고 나머지 6개의 군집은 탐색 순서대로 제공하는 정보의 양이 줄어들 것으로 예상할 수 있다. 즉, 로르샤하 검사 자체가 해석 순서를 제시하게 된다.

핵심변인이 하나 이상 나타날 경우는 임상적 중요성에 기초하여 분석하는 순서를 결정하게 된다. 〈표 8-18〉은 이러한 분석결과이다. 11개 핵심변인을 우선 순위에 따라 나열하고 해당하는 핵심변인이 있을 때 적용해야 하는 계열들이 제시되어 있다. 예를 들면, *PTI*나 *DEPI* 중 어떤 것도 상승하지 않았다면 *D*와 *AdjD* 점수 간의 관계에 근거해서 세 번째 핵심변인을 확인한다. 때로는 어떤 핵심변인에도 해당하지 않는 경우도 있다. 이런 경우를 대비하여 Exner(1991, p. 151)는 부가적인 9개의 '제3변인'을 제시하였다. 〈표 8-19〉에 기록되어 있는 제3변인들은 핵심변인과 동일한 방법으로 사용할 수 있다. 해석 지침을 얻기 위해 검사자는 해당하는 변인을 발견할 때까지 목록을 차례로 읽어 가고 그런 다음 제3변인에 맞게 탐색 순서를 적용하면 된다.

표 8-18 종합체계 탐색전략: 핵심변인과 군집계열

지각적 사고지표가 3 이상($PTI > 3$)
　정보처리 > 중재 > 관념 > 통제 > 정서 > 자기지각 > 대인지각

우울지표가 5 이상($DEPI > 5$)
　정서 〉통제 > 자기지각 > 대인지각 > 정보처리 > 중재 > 관념

D점수가 조정된 D점수보다 작음($D < AdjD$)
　통제 > 상황적 스트레스 > (다음으로 해당하는 핵심변인에 따라 이후 탐색계열 결정)

대응손상지표가 3 이상($CDI > 3$)
　통제 > 정서 > 자기지각 > 대인지각 > 정보처리 > 중재 > 관념

조정된 D점수가 0보다 작음($AdjD < 0$)
　통제 > (다음으로 해당하는 핵심변인에 따라 이후 탐색계열 결정)

$Lambda$가 .99보다 큼($Lambda > .99$)
　정보처리 > 중재 > 관념 > 통제 > 정서 > 자기지각 > 대인지각

반사반응 있음($Fr + rF > 0$)
　자기지각 > 대인지각 > 통제 > (다음으로 해당하는 핵심변인이나 제3변인의 목록에 따라 이후 탐색계열 결정)

내향적 EB
　관념 > 정보처리 > 중재 > 통제 > 정서 > 자기지각 > 대인지각

외향적 EB
　정서 > 자기지각 > 대인지각 > 통제 > 정보처리 > 중재 > 관념

수동적 운동이 능동적 운동보다 1 이상 많음($p > a + 1$)
　관념 > 정보처리 > 중재 > 통제 > 자기지각 > 대인지각 > 정서

과민성 지표 해당(HVI)
　관념 > 정보처리 > 중재 > 통제 > 자기지각 > 대인지각 > 정서

표 8-19 종합체계 탐색전략: 제3변인과 군집계열

강박성 지표 해당(OBS)
　정보처리 > 중재 > 관념 > 통제 > 정서 > 자기지각 > 대인지각

우울지표 5($DEPI = 5$)
　정서 > 통제 > 자기지각 > 대인지각 > 정보처리 > 중재 > 관념

경험실제가 12 이상($EA > 12$)
　통제 > 관념 > 정보처리 > 중재 > 정서 > 자기지각 > 대인지각

$M- > 0$ 또는 $Mp > Ma$ 또는 $Sum6\ Spec\ Sc > 5$
　관념 > 중재 > 정보처리 > 통제 > 정서 > 자기지각 > 대인지각

Sum Shading > FM + m 또는 CF + C > FC + 1 또는 Afr < .46

　　정서 > 통제 > 자기지각 > 대인지각 > 정보처리 > 중재 > 관념

X-% > 20% 또는 Zd > +3.0 또는 < −3.0

　　정보처리 > 중재 > 관념 > 통제 > 정서 > 자기지각 > 대인지각

자아중심성 지표가 .33보다 작음(3r + (2)/R < .33)

　　자기지각 > 대인지각 > 정서 > 통제 > 정보처리 > 중재 > 관념

MOR > 2 또는 AG > 2

　　자기지각 > 대인지각 > 통제 > 관념 > 정보처리 > 중재 > 정서

재질반응 하나 또는 그 이상(T = 1, T > 1)

　　자기지각 > 대인지각 > 정서 > 통제 > 정보처리 > 중재 > 관념

---

3) 정신병리 유형의 감별

PTI 상승은 조현병 연속선상의 장애, DEPI 상승은 정서적 계열의 장애, D < AdjD 는 불안관련 장애일 가능성이 높음을 시사한다. CDI 상승은 발달상의 지연이나 외상적 사건의 결과로 심각한 기능손상이 발생하여 대처능력에 만성적인 장애가 있는 경우를 시사한다. CDI가 상승하면 적응문제를 의심해 볼 수 있다. CDI > 3 다음에 제시된 세 가지 핵심변인도 성격 스타일을 나타내 주는 변인들이다. AdjD < 0은 스트레스로 인해 심한 혼란감을 겪은 상태는 아니지만, 상당 기간 동안 만성적인 문제를 지니고 왔음을 나타내 준다. Lambda > .99는 단순하고 세련되지 못하며 편협한 방식으로 외부 세계를 경험함을 시사한다. Fr + rF > 0은 자신의 성격 특성에 만족하고, 다른 사람의 요구보다는 자신의 요구를 우선시하며, 자신이 원하는 바를 가지는 것이 당연하다고 느끼고, 자신의 문제나 단점에 대한 책임을 외부로 돌리는 등의 경향이 있음을 시사한다.

따라서 CDI > 3, AdjD < 0, Lambda > .99, Fr + rF > 0의 네 가지 핵심변인으로 구성되는 두 번째 범주는 증후군과 관련되어 있기보다는 성격적, 발달적 측면과 관련되어 있다. 성인 수검자의 기록에서 CDI가 상승하고 그래서 대처능력의 지속적인 결함이 시사되는 것은 대체로 아동기 때부터 같은 양상을 보였을 가능성이 높다.

AdjD가 −값인 경우, Lambda > .99 및 반사반응도 마찬가지이다. 즉, 예외적인 경우를 제외한다면 아동기 이후 경험의 영향으로 로르샤하 검사에서 이러한 반응이 나타나는 사례는 드물다. 청소년, 성인 수검자의 기록에서 이러한 반응이 나타난다면 그들이 아동기였을 때 로르샤하 검사를 했더라도 이러한 반응이 나타났을 가능성이 높다. 반대

로 아동기 때 이러한 반응을 나타내지 않았다면 청소년이나 성인이 되어서도 이러한 반응은 거의 나타나지 않지만, 성격 특성을 부적응적으로 변화시킬 만한 사건을 경험하면 이러한 반응이 나타날 수도 있다.

핵심변인의 순서에 따라 $Fr + rF > 0$ 다음에 제시되는 두 핵심변인은 수검자가 내향적인 EB인지 외향적인 EB인지를 보여 준다. 내향적 또는 외향적 양식 자체가 심리적 장애와 관련된 것은 아니다. 실제로 대부분의 사람(약 80%)은 내향적이거나 외향적이며 EB양식 중 어느 하나를 선호하며, 이는 서로 선호하는 양식이 다르다는 것을 보여 주는 것으로 해석할 수 있다.

마지막 두 개 핵심변인으로 p < a+1은 사회적 상황에서 수동적이고 복종적인 성향을 시사하고, HVI는 다른 사람들을 경계하고 거리를 두고 의심하는 성향을 시사한다. 대인관계에서 수동적이거나 거리를 두는 것은 부적응적일 수 있다. 그러나 첫 7개 핵심변인 중 어느 하나도 상승하지 않으면서 $p > a+1$ 또는 HVI 중 어느 하나가 상승한 사람은 다른 사람들보다 대인관계에서 다소 복종적이거나 조심스러운 경향을 보이긴 하지만 정상적인 범위 내에서 비교적 잘 기능한다.

따라서 마지막 네 가지 핵심변인(내향적 EB, 외향적 EB, $p > a+1$ 및 HVI positive)은 정신병리와 관련된 증상을 나타내기보다는 정상범위에 속하는 성격의 차이를 시사한다. 제3의 변인은 역시 일탈된 성격을 기술하기보다는 정상 범위 내의 성격 특성을 지적해 준다. 따라서 계열 탐색에서 EB양식보다 현저하게 상승한 핵심변인을 발견할 수 없다면 수검자의 심리적 적응상태가 비교적 정상적이라고 볼 수 있다.

4) 구조변인의 해석

구조변인의 해석은 Weiner(1998)가 제시한 바와 같이 환경에 주의를 기울이고 이를 지각하는 방식, 자신의 경험에 대하여 생각하고 사고하는 방식, 감정을 조절하는 방식, 스트레스를 조절하는 방식, 자기 자신에 대하여 생각하는 방식, 다른 사람과 관계를 맺는 방식의 여섯 가지 영역으로 나누어, 각 영역과 관련이 높은 구조변인들을 탐색해 보고자 한다.

(1) 환경에 주의를 기울이고 이를 지각하는 방식
Lambda 주변 상황에 관심을 기울이는 정도와 관심의 폭을 평가해 준다. 정상 범

위는 .30~.99이다. *Lambda* > .99인 사람은 관심의 폭이 좁고 폐쇄적이며 융통성이 부족하다. 다른 사람들의 요구에 둔감한 편이다. 대체로 익숙한 환경이나 익숙한 사람을 선호한다. 장점으로는 일을 할 때 한눈을 팔지 않고 한 가지에만 집중할 수 있다. *Lambda* < .30인 경우 다양한 경험을 갖는 것을 좋아하며 모험을 즐기고, 폭넓은 대인 관계를 맺기를 좋아한다. 상대적으로 산만한 면을 보일 수 있으며, 한 가지 일을 지속적으로 해 나가는 데 어려움을 보인다.

Zd   정보를 효율적으로 조직화하는 능력을 측정한다. 정상 범위는 +3.0 ~ -3.0이다. 이 범위에 속하는 사람들은 적절한 수준의 정보를 수집할 줄 알며, 이를 통하여 효율적으로 문제를 해결한다. *Zd* > +3.0인 경우 필요 이상으로 많은 정보를 수집하는 경향이 있다. 충분한 시간이 주어지는 경우 이러한 면은 장점으로 작용할 수 있으나, 빠른 의사결정이 필요한 과제에서는 효율성이 떨어지게 된다. *Zd* > +3.0은 강박유형 지표(Obsessive Style Index: OBS)에 포함되고, *Zd* > +3.5는 과경계 지표(Hypervigilence Index: HVI)에 포함된다. *Zd* < -.30인 사람은 제대로 정보를 모으지 않은 채 의사결정을 하는 경향이 있다. 빨리 의사결정을 하고 과제를 신속히 끝낼 수는 있으나, 주요한 측면을 간과할 가능성이 있으며, 이로 인해 자신의 능력을 충분히 발휘하지 못하게 된다.

X-%   현실을 지각할 때 왜곡되어 있는 정도를 평가한다. *X-%* < .15인 경우, 현실을 객관적으로 지각할 수 있음을 시사한다. 반면 *X-%*가 .15보다 클수록 현실을 정확하게 지각하지 못하고 있음을 시사하며, 이에 기초하여 상황을 잘못 판단하고 잘못된 행동을 할 가능성이 높다.

W:D:Dd   정상 성인의 경우 반응 중 1/2은 보통 부분반응(common details: D)이고, 1/2~1/3은 전체반응(*W*)이고, 나머지는 1/6 혹은 그보다 적은 비율에서 드문 부분반응(unusual detail: *Dd*)을 보인다. 이와 같은 비율로 반응하면 주변 상황을 적절히 인식하는 것이 가능하며, 어떤 것이 보편적인지를 알고 있다. *D*반응이 지나치게 많으면 주변 상황을 보편적인 방식으로만 보려는 경향이 있다. 높은 *Lambda*를 보인 사람처럼 *D*가 높은 사람 역시 지나치게 관습적이어서 단순하고, 반복적인 일상적인 일들만 처리하는 것을 선호하는 경향이 있다. 때로는 전체적인 방향감각이 부족하여 '나무만 보지 숲을 보지 못한다'는 평을 듣기도 한다. *D*에 비해 *W*나 *Dd* 반응이 더 많다면 평범하거나 일상적인

것보다는 자극의 독특한 특성에 주의를 기울이는 성향이 있음을 시사한다. 이들은 융통성이 있고, 개성이 존중되며, 권위적이지 않은 상황에서 좀 더 잘 적응할 수 있다.

Xu% 성인의 *Xu%*의 평균은 약 15%이다. 10~20% 범위에 속하는 사람은 주변 상황을 정확하게 지각할 수 있으며, 잘 적응하는 사람이다. *Xu%*가 10% 미만인 사람은 대부분의 사람보다 더 관습적으로 지각하는 사람이다. *Xu%*가 20%를 넘는 사람은 주변 상황을 지각하는 방식이 독특하며, 관습적인 일보다는 모험적인 일을 선호한다.

P 성인의 평범반응의 수는 4~7의 범위이다. $P < 4$는 독특한 면이 있음을 나타내는 반면, $P > 7$은 지나치게 순응적임을 나타낸다. 로르샤하 검사에서 *P*반응 수가 평균 또는 평균 이상인 것은 수검자가 관습적으로 지각하는 것이 가능하다는 것을 보여 주는 것이며, *Xu%*가 높아지는 것은 선택의 자유가 주어졌을 때는 자기만의 독특한 방식을 고집하려는 성향이 있음을 나타낸다. $P < 4$이면서 동시에 *X-%*가 상승되었다면, 이는 관습적이지 않은 정도를 넘어서 주변 상황을 부정확하게 지각하고 해석할 가능성이 높음을 시사한다. 즉, 현실 검증력이 손상되었을 가능성을 의심케 한다.

(2) 자신의 경험에 대하여 생각하고 사고하기
WSum6 여섯 개의 결정적 특수 점수의 가중치 합으로 점수가 클수록 비논리적이고 혼란된 사고가 있음을 시사한다. 성인과 청소년이 $WSum6 > 15$이면 논리적이고 합리적인 사고를 하는 데 문제가 있음을 시사하며 *WSum6*값이 커질수록 연상이완이나 혼란된 사고를 보일 가능성이 높아진다. 대화 도중에도 조리 있게 말을 하지 못하고 앞뒤 순서 없이 중얼거리거나, 자신의 생각을 두서없이 기술하여 다른 사람이 알아들을 수 없게 된다. 성인의 경우 *WSum6* 점수가 17점 이상이면 조현병 지표(*SCIZ*)의 항목으로 채점된다.

a:p 사고의 융통성을 평가하는 지표이다. 능동과 수동 운동반응이 거의 동일할 경우, 사고에 융통성이 있음을 시사한다. 반면 *a:p*값의 합이 4 이상이고 한 값이 다른 값의 2배가 넘을 경우 인지적으로 경직되어 있음을 나타낸다. 이러한 사람은 새로운 정보에 기초하여 자신의 신념을 재평가하고 수정해야 하는 상황에서도 자신의 생각을 바꾸려고 하지 않는다. 따라서 변화에 잘 적응하지 못한다.

Ma:Mp   건설적으로 사고하는 능력을 평가한다. 인간 운동(M)반응은 효과적으로 사고할 수 있는 능력을 나타내는 지표이고 특히 운동이 능동적인 경우 바람직한 것으로 보고 있다. 하지만 수동 인간 운동(Mp)이 능동 인간 운동(Ma)의 수를 초과할 때는 건설적으로 문제를 해결하기보다는 환상에 몰두할 가능성이 높다. 즉, $Mp > Ma$인 경우 환상을 남용하는 경향이 있으며, 적극적으로 문제를 해결하기보다는 막연히 운명이 해결해 주기를 꿈꾸는 모습을 보이게 된다.

EBPer EB유형은 문제해결 방식을 나타내 주는 것으로, 내향적이든 외향적이든 각기 다른 장단점을 지니게 된다. 하지만 관념을 효과적으로 사용하는 능력은 적절한 내향적인 EB 유형에서 많이 나타난다(감정을 적절히 처리하는 능력은 외향적인 EB의 장점으로, 이는 감정을 처리하는 능력에서 다시 다루도록 한다). 적절한 내향적인 EB 유형이란 M이 $WSumC$값보다 1.5배($EA > 10$일 경우 2.0 이상) 많고 2.5배 이하여야 한다. 이런 사람은 신중하고 심사숙고하면서도 융통성이 있다. 반면 지나치게 내향적인 경우(M과 $WSumC$의 비율이 2.5:1 이상) 과도하게 신중하고, 융통성이 결여되어 적응적이지 못하다.

INTELL $INTELL$을 구성하는 세 반응(Art, Ay, AB)은 현재 직면하는 것과 거리를 두려는 반응들이다. $INTELL$이 4~5개이면 현재 다루기 어려운 감정을 주지화를 통해 대처하려는 경향이 두드러지고 있음을 나타낸다. 이 점수가 상승할수록 자신의 감정을 제대로 다루지 못하고 있음을 나타내는 것으로, 내면에 있는 고통스러운 정서에 대하여 과도하게 방어하고 있음을 나타내는 것일 수 있다. 따라서 $INTELL$은 $DEPI$ 준거변인에 포함된다.

FM+m   동물 운동(FM)과 무생물 운동(m) 반응은 의식적인 통제가 이뤄지지 않는 침투적인 사고를 나타낸다. FM 수가 많을수록 충족되지 못한 욕구를 끊임없이 반추하는 경향이 있음을 나타내며, m은 스스로 자신을 통제할 수 없는 상황에 대하여 무기력해져 있음을 시사한다. FM은 자각하지 않으려 해도 끊임없이 떠오르는 상념으로, 누구나 이러한 상념에 사로잡힌 경험이 있을 것이다. 따라서 정상 성인도 3~5개 정도의 FM 반응을 한다. 반대로 $FM < 3$인 성인은 대체로 만족하고 있는 상태를 나타내는 것이나, 때로는 어떠한 욕구도 느끼지 못한 채 무미건조한 생활을 보내는 것을 나타낼 수도 있다. m은 모든 연령에서 1개 정도 나타나며, m이 하나도 없는 수검자는 매사에 무관심하

거나 걱정을 하지 않는 성향이 있다. 이들은 입학시험, 취직 등 중요한 결정을 해야 하는 상황에서도 무관심하고 무심한 태도를 보이곤 한다. 반면 m반응이 증가할수록 자신이 통제할 수 없는 힘에 대한 무력함을 경험하고 이에 대한 염려가 증가함을 나타낸다. $FM+m$이 6개 이하면 정상 범위이다. 반면 $FM+m > 6$은 마음에서 떨쳐 버리고 싶지만 그렇게 할 수 없는 생각들로 무기력해져 있으며, 주의가 산만해져서 업무나 학업에 몰두하는 데 어려움을 경험할 수 있고, 수면장애를 나타낼 수 있다.

(3) 감정을 조절하기

Afr　성인의 평균 *Afr*은 .69이다. $Afr > .49$인 경우 정서적 자극을 적절히 처리하고 있음을 나타낸다. $Afr < .50$인 성인은 감정표현을 잘 하지 않기 때문에 다소 부적응적인 면을 보이며 사회적으로 철수되어 있을 가능성이 높다.

WSumC:SumC′　*WSumC*가 2.5 이상인 경우 정서를 경험하고 표현할 수 있는 기본적인 능력이 있음을 시사한다. 반면 *WSumC*가 2.5 이하이면 감정을 제대로 처리하기 힘든 상태로, 정서를 유발하는 상황 자체를 피하려고 하며, 낮은 *Afr*과 함께 나타나는 경우가 많다. *SumC′*는 감정을 표현하기보다는 내재화하는 정도를 나타낸다. $SumC′ > WSumC$에서 불균형을 이루는 사람은 감정을 억누르는 데 지나치게 에너지를 소모한다. 때로는 억눌린 감정을 두통과 위장장애와 같은 신체 증상으로 표출한다.

SumC′　*C′*의 사용빈도는 성인집단에서 중앙값이 1개이다. $C′ > 2$는 고통스러운 감정이 내재화되어 있어 적응상에 문제가 있음을 시사하며 *DEPI*의 준거지표이다. *SumC′*가 상승할 경우 슬픔, 침울, 불행감 및 심리적인 고통감을 나타내 준다.

Col-Shd Bld　모든 연령의 비환자 집단에서 *Col-Shd Bld* 빈도의 중앙값은 0이며, 1개의 반응만 있어도 양가감정을 느끼고 있으며 불쾌한 기분이 있음을 시사한다. $Col-Shd Bld > 0$인 사람은 스스로 자신의 감정을 잘 파악하지 못하며, 유쾌한 순간에도 다른 좋지 못한 일이 생길 것을 예상한다. $Col-Shd Bld > 0$은 *DEPI*의 준거점수이고 $SumC′ > 2$와 함께 우울감을 나타내 주는 주요한 두 요소가 된다.

SumShd　*eb*의 오른쪽 항인 이 변인은 성인에서 반응빈도는 중앙값이 3이다.

*SumShd*가 *FM*+ *m*을 초과하는 경우는 정서적 스트레스를 경험하고 있음을 시사한다. *SumShd*을 구성하는 네 가지 요소 중 C′는 우울감을 나타낸다. *Y*(음영) > 1은 무력감, 무망감을 나타낸다. *T*(재질) > 1은 자신이 원하는 만큼 다른 사람과 친밀한 관계를 맺지 못하고 있는 것에 대한 우려를 시사한다. *V*(조망) > 0은 스스로를 비난하는 태도와 관련이 있다. 이 네 변인이 조합하여 *SumShd* > *FM*+ *m*으로 된다면, 이는 정서적 스트레스가 있음을 나타내는 신호가 되며 부적응적인 불쾌한 감정을 경험하고 있다는 증거이다. *SumShd* > *FM*+ *m*은 DEPI의 또 다른 준거이기도 하다.

S　검사 지시문에서는 잉크반점을 보고 무엇처럼 보이는지를 말하도록 한다. 잉크반점 대신 흰 공간을 보고 반응을 한다면, 이는 지시사항에 반대하는 것이다. 공간반응의 비율이 지나치게 많다면 반항적인 성향을 반영할 수 있으며, 내재된 분노나 적개심과도 관련될 수 있다. 성인집단은 *S* 중앙값이 1개로, *S* > 2인 경우는 드물다. 이 경우 상당한 분노와 적개심이 내재되어 있는 것으로, 문제행동을 일으킬 가능성이 높다.

EBPer　적절하게 외향적인 *EB* 유형은 자신과 다른 사람의 감정을 잘 인식하고 반응할 수 있다. 하지만 *WSumC*가 *M*을 초과하는 비율이 2.5:1 이상인 경우 지나치게 감정적으로 문제를 해결하려는 성향을 나타낼 수 있다. 즉, 의사결정 시 지나치게 직관적이고 심사숙고하지 못하는 성향이 있다.

FC:CF+C　형태-색채 비율의 균형은 자신이 처한 상황에 맞게 정서적 양식을 사용할 수 있는 능력을 나타낸다. FC반응은 정서를 적절히 조절하고 보유하는 능력을 나타내 준다. CF반응과 C반응은 감정조절이 잘되지 않으며, 감정의 강도는 매우 강하나 피상적인 경향이 있음을 나타내 준다. 성인 규준자료에서 *FC:CF:C* 비율의 중앙값은 외향적인 사람이 5:3:0, 내향적인 사람은 3:2:0이다. 외향적인 수검자는 내향적인 수검자에 비해 색채반응을 더 많이 하지만 평균적으로 두 성인집단 모두 *FC*가 *CF*+ *C*보다는 많다. *CF*+ *C* > *FC*+1인 경우 정서적으로 미성숙하며 감정을 극적이고 강렬하게 표현하지만, 감정 자체는 매우 피상적이고 깊이가 있지 못하다. 또한 과도하게 흥분하기도 하며, 심각한 대화에는 좀처럼 참여하지 않으려고 한다. *FC* > (*CF*+C)+3인 사람은 감정을 매우 깊고 오랫동안 느끼지만 좀처럼 그러한 감정을 표현하지는 않는다. 차분하고 흥분하거나 화를 내는 일이 드물다. 하지만 어떤 감정이건 일단 느끼면 상당 기간 지속된다. 대인관계는 안정적이고 소수의 사람과만 절친한 관계를 유지한다. 단점으로는 정서 표현을 너무 억제하며, 정서적인 상호작용을 하는 것을 편안해하지 않는다.

CP 검고 회색인 잉크반점이 유채색으로 되어 있다고 주장하는 반응을 색채투사 (Color Projection: *CP*)라고 한다. 즉, 자극의 불쾌한 카드 속성을 밝은 특성으로 바꾸려는 것으로, 대개 '예쁜 꽃' 또는 '화려한 나비'와 같이 즐거운 지각을 하게 된다. *CP*가 1개 이상인 경우, 부인을 통해 자신의 우울한 감정을 방어하려고 노력하는 사람이다. 하지만 지나치게 인위적인 노력으로, 정서적으로 불안정하며, 방어 노력이 효과적이지 못하다.

(4) 스트레스를 다루기

EA 의사결정을 해야 하고 문제를 해결해야 하는 상황에서 신중하게 전략을 세우고 수행하는 데 필요한 자원이 얼마나 있는가를 반영해 주는 지표로, *M*과 *WSumC*의 합으로 나타내게 된다. *EA*가 높을수록 적응 능력이 뛰어나고 많은 자산을 가지고 있음을 보여 준다. *EA*가 높다는 것은 잘 적응할 수 있을 가능성을 높여 주지만, *M*이나 *WSumC* 중 어느 하나가 부족하면 과도하게 내향적이거나 외향적임을 나타내므로, 편안하고 효과적으로 대처할 수 있는 상황이 제한되어 있다. 내향적이든 외향적이든 간에 적어도 2개의 *M*반응과 2.5개의 *WSumC*는 있어야 한다. *EA*의 크기와 관계없이 $M < 2$는 그 상황에 대해 사고하고 처리하는 능력이 제한되어 있어 부적응적임을 시사한다. $WSumC < 2.5$는 정서를 경험하고 표현하는 능력이 제한되어 있어 부적응적임을 나타낸다. *M*과 *WSumC*가 모두 적정 수준을 보여 관념적인 면이나 감정적인 면 모두 적절히 처리하는 데 부족하지 않다고 할 수 있는 경우에만 *EA*의 상승이 적절한 심리적 자원의 지표로 간주될 수 있다. 성인의 *EA* 평균빈도는 8.83이므로, $M > 1$이고 $WSumC > 2.0$이며 최소한 *EA*가 6은 되어야 넓은 의미의 평균 범위에 속하므로 적응 능력이 있음을 시사한다. $EA < 6$인 경우, 대처자원이 제한되어 있어 부적절하고 비효율적인 방식으로 문제를 해결하게 된다.

CDI Coping Deficit Index(*CDI*)는 성격 특성을 나타내는 것으로, 상승되었을 때에만 해석상 의미가 있다. *CDI*의 상승은 부적응의 지표로, $CDI > 3$인 경우 일상생활에서 부적절하고 비효과적인 방식으로 대처하고 있음을 나타내 준다. 스스로 심리적 자산이 결핍되었다고 느끼며, 만성적인 무력감을 보인다.

D   D는 EA와 Experienced Stimulation(es)의 두 가지 구성요소로 이루어져 있다. EA는 문제 상황에서 신중하게 계획하고 대처해 가는 능력을 나타내 주는 지표이다. 또 다른 구성요소인 Experienced Stimulation(es) 변인은 개인에게 부과되는 스트레스의 합을 나타내 준다. D가 0인 경우는 EA와 es 간의 차이가 2.5 이하로 정상 범위에 속하며, 적응적인 상태를 나타낸다. D+인 사람은 필요할 때 쓸 수 있는 대처능력과 자원이 풍부하므로, 스트레스에 대한 내성이 강하고 침착하게 문제를 해결할 수 있다. 하지만 자신의 입장이 너무 견고해서 변화를 쉽게 받아들이지 못한다. D=−1인 경우는 주관적인 고통감을 경험하고 있으나, 적응에 심각한 영향을 주는 정도는 아니다. D-minus가 1이 넘을 경우, 주관적인 불편감이 매우 심하며 혼란감을 느끼고 있는 상태이다.

AdjD   지속적인 스트레스와 상황적인 스트레스를 구별하는 데 사용된다. es를 구성하는 여섯 결정인 중에서 FM, T, C′ 및 V는 안정적인 반면 다른 두 결정인 m과 Y는 안정적이지 못하다. Adjusted es는 m과 Y의 값 각각에서 1을 뺀 값을 더하여(각 값이 1보다 큰 경우에만 해당) es에서 뺀 값이고, Adjusted es와 EA를 비교하여 AdjD를 계산한다. 이는 상황적인 스트레스로 설명할 수 없는 주관적인 불편감의 정도를 나타내 준다. D < AdjD는 상황으로 인한 불편감을 시사하는 지표가 된다. AdjD-minus 값이 클수록 성격상 취약성이 많다는 것을 시사한다.

EA Style   경험에 대하여 기본적으로 선호하는 대처 방식(일관성)을 평가함과 동시에 융통성을 평가한다. EBPer 변인은 지나치게 내향적인지 외향적인지를 나타내 주는 변인으로, 어느 쪽이든 지나치면 융통성이 부족하여 부적응적이 된다. 일관성은 수검자가 EBPer은 아니지만, 내향성이나 외향성의 준거를 충족하기에 충분할 정도(M과 WSumC 간의 차이가 1.5 이상이거나 EA >10이면서 2.0 이상)로 관념(M) 혹은 표현성(WSumC) 양식 중 어느 하나를 선호할 때 나타난다. 내향성이든 외향성이든 선호하는 양식이 없는 경우는 양가적인 EB유형으로, 이들은 적응해 갈 때 융통성이 결여되어 있고 일관성 역시 결여되어 있어 적응적이지 못하다.

(5) 자기 자신에 대해 살펴보기

Fr + rF   자기중심적이고, 자신을 지나치게 중요시하고, 다른 사람의 욕구는 무시하는 성향을 나타내 준다. 정상 성인의 경우 7%만이 반사반응을 하므로, Fr+rF >0인 경우는 적응상에 문제가 있을 가능성이 있다. 이기적이고 자만심이 있고, 자기 권한을 과도하게 주장하며, 책임은 외부로 돌리는 태도를 보여 대인관계를 어렵게 만들 수 있다.

3r+(2)/R　자아중심성 지표는 자기 자신과 다른 사람에게 관심을 기울이는 정도의 균형을 나타낸다. 정상 성인집단의 $3r+(2)/R$의 평균은 .40이고 일반적으로 .33~.44 범위에 속하게 된다. 적정한 자아중심성 지표를 보이는 사람은 자신에게 관심을 기울이면서도, 다른 사람에게 무신경한 채 자기 자신에게만 몰두하지는 않는다. $3r+(2)/R < .33$인 성인은 자신에 대하여 충분한 주의를 기울이지 않으며, 자신의 가치를 낮게 평가하기도 한다. 스스로를 실패자로 생각하고 가치 없는 사람으로 보므로, $DEPI$ 준거변인에 속하게 된다. 성인이 $3r+(2)/R > .44$인 경우, 반사반응과 함께 나타나는 경우가 많다. 상승된 자아중심성 지표는 $Fr+rF > 0$이 시사하는 자기애적인 특징들을 더욱 강하게 드러내게 된다. 반면 $Fr+rF = 0$이면서 자아중심성 지표가 높은 경우는 자기지각을 좋아하지 않기 때문에 자아중심성 지표가 낮은 경우와 같은 의미를 가지므로 $DEPI$의 준거변인이 된다.

V　$V > 0$은 자기 자신을 비난하는 태도를 반영해 주며, V값이 증가할수록 이러한 성향이 더욱 두드러짐을 나타낸다. $Fr+rF = 0$이면서 낮거나 높은 자아중심성 지표가 V반응과 함께 나타난다면 이는 만성적인 자기비난과 지속적인 자존감, 부정적인 자기관점을 나타낸다. 최근에 좋지 않은 사건이 있었으며, $Fr+rF > 0$이고 자아중심성 지표가 상승되었다면, $V > 0$은 상황과 관련된 자기비난 태도를 나타낼 가능성이 높다.

MOR　MOR 반응빈도의 중앙값은 0이다. 5~10세 사이의 수검자의 중앙값은 0~2개이므로, 모든 연령대에서 $MOR > 2$인 경우는 매우 드물다. 따라서 MOR 반응이 3개 이상이라면 자기관점이 적응에 바람직하지 않으며, 이러한 이유는 자신의 신체가 손상되었고 제대로 기능할 수 없다고 지각한 데서 기인할 가능성이 높다.

FD　내성할 수 있는 능력을 나타내는 지표이다. 성인의 79%는 FD반응을 보인다. 청소년이나 성인이 $FD = 0$이라면 내성하는 능력이 부족함을 시사한다. $FD > 2$는 지나치게 내성을 하는 것, 즉 자기반성을 하고 있는 것과 관련되어 있다.

H:Hd+(H)+(Hd)   *H*반응이 2개 이상이면서 *H*반응 수가 [*Hd*+(*H*)+(*Hd*)]와 같거나 보다 많다면 적절한 동일시가 이루어졌다는 것을 의미한다. 모든 연령에서 *H*의 빈도가 얼마든 간에 *H* < [*Hd*+(*H*)+(*Hd*)]이라면 정체감이 부족한 상태이다.

(6) 다른 사람과의 관계

SumH   모든 인간반응의 총합 수(*SumH*), 즉 전체, 부분, 실제 그리고 가상 인물에 대한 반응의 총합으로 다른 사람에게 주의를 기울이는 정도를 나타낸다. 성인은 대개 5~6개의 *SumH* 반응을 하게 되며, *SumH* < 4는 타인에 대한 관심이 제한되어 있음을 나타낸다.

ISOL   Isolation Index는 인간이 배제된 다섯 가지 내용 반응(식물, 구름, 지리, 전경, 자연)빈도에 기초하여 대인관계에서 소외된 정도를 나타내 준다. 전체반응 수에서 *ISOL*의 비율은 비환자 성인의 경우 평균이 .20이다. 모든 연령에서 *ISOL* > .33은 사회적 상호작용을 피하고 있거나 대인관계 접촉기회 자체가 결여되어 있음을 나타내는 지표로 생각해야 한다.

T   재질(*T*) 결정인은 누군가에게 다가가고 싶은 욕구를 반영한다. 대부분의 성인은 1개의 재질반응을 하므로, *T*=0이나 *T* > 1은 모두 적응상에 문제점이 있음을 시사한다. *T*반응이 없을 경우 다른 사람과 친밀한 애착관계를 형성할 수 있는 능력이 부족하며, 이러한 관계를 맺는 것을 원하지도 않는 경우가 많다. *T* > 1은 현재 자신이 처한 환경에서 충족될 수 있는 것보다 친밀감에 대한 욕구가 더 많이 있다는 것을 시사한다. 즉, 정서적으로 박탈감을 느끼고 있으며, 더욱 친밀한 대인관계를 원하고 있는 상태이다.

HVI   정상 성인이 Hypervigilance Index(*HVI*)가 +인 경우는 매우 드물다. 이러한 사람들은 친밀한 대인관계를 불편해하고 경계하며, 다른 사람들과 거리를 유지하려고 회피적인 태도를 취한다. 과도하게 경계하는 모습을 보인다.

COP   다른 사람과 협동적인 관계를 맺는 데 관심을 기울이는 정도를 나타낸다. 정상 성인에서 COP의 평균빈도는 2.07이다. *COP* > 2는 호감이 가고 외향적인 사람으로 볼 수 있다. COP=0일 경우 협동적이지 않으며, 다른 사람에게 거리감을 두려는 사람이다.

AG　공격적 운동(AG)반응은 대인관계에서 주장이 강하고 경쟁적인 태도를 지니고 있음을 나타낸다. $AG > 2$인 경우 지나치게 자기주장이 강하고 때로는 경쟁적인 태도로 인하여 과도하게 공격적이고 호전적인 태도를 보일 수 있다. 반면 $AG = 0$인 경우는 자기주장을 해야만 하는 상황에서도 그렇게 하지 못할 수 있다.

a:p　수동 운동이 능동 운동보다 2개 이상 많은 경우, 즉 $p > a+1$인 경우에는 다른 사람과 관계를 형성하는 데 지나치게 순종적이고 의존적이어서 적응상의 문제를 나타낼 수 있다.

M　사회적 지각의 정확도, 대인관계에서 현실적으로 지각할 수 있는 능력을 평가해 준다. 정확한 M반응(M+, Mo, Mu)은 공감능력이 있음을 나타내는 반면 지각적으로 왜곡된 M반응(M-)은 공감능력의 결함을 나타내 준다. 모든 연령집단에서 두 개 이상의 정확한 M반응을 할 경우 적절한 공감능력을 지적하는 반면 $M- > 1$은 PTI 준거점수이며, 사회적 지각이 손상되었음을 시사한다.

4. 로르샤하 반응에서 투사와 카드 속성에 기초한 해석

투사(projection)에 대한 정의는 이미 앞서 언급된 바와 같다. 하지만 로르샤하 카드는 카드 나름대로의 특징이 있으며, 이를 카드 속성(card pull)이라고 정의한다. 수검자가 개인적 연상에 기초하여 반응했다면, 이 반응은 투사에 의해 형성된 것이라고 볼 수 있다. 반면 수검자가 잉크반점의 자극 특성에 대하여 반응했다면, 그들의 반응은 카드 속성에 근거했을 것이다. 모든 로르샤하 반응은 지각과 연상 과정이 어느 정도 결합되어 나타난다. 카드 V는 대부분의 사람에게 박쥐처럼 보이지만, 카드 V가 박쥐를 보고 정밀하게 그대로 그려 낸 그림이라고 생각하지는 않는다. 따라서 '박쥐'라고 반응하려면 어느 정도의 연상 과정이 필요하다. 이러한 면 때문에 로르샤하 검사를 실시할 때 수검자들에게 "이것은 무엇입니까?"라고 하지 않고 "무엇처럼 보입니까?"라고 질문하는 것이다. 로르샤하 검사를 효율적으로 해석하려면 각 반응이 형성되는 데 투사와 카드 속성이 상대적으로 영향을 미친 정도를 파악할 수 있어야 한다. 투사에 의해 형성된 반응은 각 수검자마다 독특하고 각 수검자에게 내재된 욕구, 태도, 갈등 및 관심사의 다양한 측면을 보여 준다. 반면 주로 카드 속성에 의해 형성된 반응은 수검자마다 서로 유사한 경우가 많으며, 각 개인의 독특한 성격역동에 대하여 많은 정보를 제공해 주지는 않는다. Weiner(1998)에 따르면 반응에 투사가 많이 이뤄질수록 그 반응은 수검자에 대하여 많은 것을 알려 주며 특히 주제 심상을 통해 많은 정보를 얻을 수 있다. 따라서 해석 과정에 더 많은 주의를 기울여야 한다. 또한 카드 속성이 반응에 결정되는 정도가 클수록 투사된 내용은 적어질 것이고 그 주제 심상에 주의를 적게 기울여야 한다. 동시에 수검자의 반응이 카드 속성에 영향을 받는 정도가 대부분의 사람과 유사하게 반응하는 정도를 나타내 준다. 마지막으로, 각 잉크반점이 전형적으로 나타내는 지각구조, 주제 심상 및 검사행동을 알고 있으면 각 잉크반점에 대하여 수검자가 무엇을 반응했고 무엇을 반응하지 않았는지에 기초하여 해석상 중요성을 파악하는 데 유용하다고 보았다.

따라서 여기서는 카드의 속성에 대하여 좀 더 살펴봄으로써 해석에 도움을 얻고자 한다.

1) 명백한 카드 특성

로르샤하 검사를 구성하는 10개의 잉크반점은 거의 모든 수검자가 직접 선택하고 구조화하고 언어적으로 표현하는 것이 가능한 다양한 종류의 카드 특성을 포함하고 있다. 이러한 명백한 자극 특징들에는 ① 잉크반점들이 단순하고 붙어 있는 형태(카드 I, IV, V, VI, VII)인지, 아니면 복잡하고 흩어져 있는 형태(카드 II, III, VIII, IX, X)인지 여부, ② Exner(1996)가 결정적인 조각들(critical bits)이라고 부른, 움직임 반응을 유발하는 잉크반점들의 형태, 음영, 색채 속성, ③ 다양한 사물과의 전반적인 유사성 등이 포함된다 (Weiner, 1998).

Weiner(1998)에 따르면, W반응은 조각난 반점보다 덩어리진 반점에서 더 나타나기 쉬우며 조각난 반점은 덩어리진 반점보다 D반응을 이끌어 낼 가능성이 크다. 또 결정인자와 내용 범주를 보자면, 종합체계의 규준자료는 한 개 이상의 M, FM, FC, CF, F, 쌍반응, 인간반응, 동물반응 그리고 식물반응이 93~100%에 이르는 수검자에게서 나온다고 제시하고 있다. 게다가 정상 성인집단에서 m, C′, T, FD, 예술반응, 의복반응, 가구반응, 풍경반응, 과학반응의 최빈치가 1이다. 따라서 이 결정인자와 내용 범주 각각은 검사기록당 하나씩 발생할 것으로 기대되는 반면, 규준자료의 최빈치가 0인 것들(C, V, Y, 반사반응 그리고 나머지 내용 범주)은 보통 나타나지 않을 것으로 기대된다. 일반적으로 덜 빈번하게 발생하는 결정인자와 내용 범주일수록 검사기록에서 단 한 개가 나타나더라도 해석적인 의미를 더 많이 지니게 된다. 더구나 이 모든 변인의 경우 그 해석적 의미는 반응의 빈도뿐만이 아니라 어느 카드에서 반응되었는지에 따라 다르다. 다시 말해 카드 특성의 문제로서, 그런 반응이 가장 흔하게 나오는 것으로 예상되는 카드에서 그 반응이 나왔는지 여부가 중요한 것이다. 또한 카드 특성 정보의 활용은 로르샤하 프로토콜의 구조적 자료의 해석에만 국한되는 것이 아니라 자료의 주제상의 특징과 행동상의 특징에까지 확장될 수 있다. 누군가 2번 카드가 아닌 8번 카드에서 공격적인 테마를 정교하게 표현한다면, 이는 카드 특성에 의해서 유발되는 전형적인 주제에서 벗어나는 것이다. 그리고 카드 IX가 아닌 카드 V를 넘겨받으면서 "이건 어려운데요."라고 얘기하는 것도 마찬가지로 이례적인 경우이다.

2) 모호한 카드 특성

카드 특성의 모호한 측면은 수검자가 거의 언급하지는 않지만 그래도 그들의 반응에는 영향을 미치는 잉크반점의 특징을 말한다. 어떤 경우에 언급되지 않은 특징들은 수검자가 완전히 인식하고 있지만 검사자에게 보고하기보다는 검열해 버리는 지각된 대상(예: 발가벗은 여자)이나 그와 연합된 주제(예, 서로 죽이려고 하는 피 흘리는 짐승들)로 구성되어 있다. 또 어떤 경우에는 반점의 특징들이 수검자가 의식적으로는 깨닫지 못하는 가운데 반응과 수검행동에 영향을 미치는 상징적 의미를 수검자에게 전달할 수도 있다. 검열은 로르샤하 반응과정의 한 부분으로서 늘 일어난다. 여러 반응 중에서 무엇을 취할 것인지를 결정하는 수검자는 각 반응의 사회적 바람직성을 재어 보기 마련이다. 낯선 사람과의 대인관계 상호작용에서처럼, 더군다나 공식적으로 평가받고 있는 상황에서라면 로르샤하 검사를 받는 사람들은 검사자에게 이상하다거나 부적절하다거나 불쾌하게 여겨질 만한 인상들은 나쁘게 생각하고 억제하는 경향이 있다.

Weiner(1998)는 카드 VI의 D6 영역에 대한 2명의 여자 수검자의 기술을 소개한 바 있다. 이 영역은 많은 수검자가 쉽게 '남근'으로 볼 수 있는 부분이며, 따라서 '남근' 반응은 양호한 수준의 형태질로 채점된다는 것을 고려할 필요가 있다. 한 여자 수검자는 이 영역을 '야단스럽게 장식되고 윤기나게 닦인 나무 조각인데 내 침대기둥으로 쓰면 좋겠다'고 묘사하였다. 그리고 다른 여자 수검자는 '호되게 맞으면 정말 심하게 다칠 수 있는 커다란 곤봉'이라고 묘사했다. 이 두 반응 간의 차이는 사소한 것일 수 있다. 다른 한편 프로토콜의 다른 반응들이나 다른 원천에서 얻어진 자료들에서 나타나는 확증적인 자료를 함께 고려한다면 이 반응들은 전자의 경우에는 이성애적 성교에 대한 긍정적이고 유쾌한 태도를, 후자의 경우에는 공포스러운 태도를 반영하는 것일 수 있다. 모호한 카드 특성의 이러한 예에서 두 수검자는 카드 VI의 D6 영역을 남근으로 인식하는 것을 삼가기로 의식적으로 결정하고 대신에 다른 무엇인가로 보기로 결정했을 수 있다. 비록 그것이 남근과 유사한 것일지라도 말이다. 덧붙여서 이런 경우에 수검자가 그 영역을 남근으로 보지 않았거나 적어도 의식적으로는 그렇게 하는 것을 깨닫지 못했을 가능성이 늘 있다. 하지만 의식적인 자각이 없다고 해서 이 영역이 남근적인 특징을 상징화하고 그와 관련된 연상들을 자극하는 것을 방해받는 것은 아니다. 이런 종류의 표상이 일어나면, 반점의 특징은 수검자가 상징적인 의미나 그 영향을 인식하지 못하더라도 수검자의 반응에 영향을 미치는 상징적 의미를 전달함으로써 모호한 카드 특성을 생성할 수 있다(Weiner, 1998).

로르샤하 검사와 무의식을 연관 짓는 것에 대해서 부정적인 태도를 취했던 사람들이 제기하는 비판 중의 하나는 로르샤하 검사에 대해서 sign 식의 접근을 하는 것에 대한 문제 제기였다. sign 식의 접근이란 '4번 카드는 아버지 카드, 7번 카드는 어머니 카드 그리고 6번 카드는 섹스 카드' 하는 식으로 다루는 것을 뜻한다. 하지만 로르샤하 반응은 본질적으로 상징(symbol)에 해당된다. 그리고 카드의 상징적 의미는 상당히 개인적인 문제이다. 꿈에서 나타나는 상징처럼, 로르샤하 검사에서 나타나는 주제상의 상징적 의미는 오직 개개인의 참조 틀이란 관점에서만 해석되고 이해될 수 있다. 특정한 내용이든 특정한 카드든 간에 sign 식의 접근은 개념적 토대와 경험적 토대 모두에 의거하여 비판될 수 있다. Weiner(1998)에 따르면 한 대학생 표본은 4번 카드가 7번 카드보다 더 딱딱하고, 더 크고, 더 강하고, 더 엄격하고, 더 남성적이고, 더 공격적인 것으로 보고하였다고 한다. 그리고 7번 카드에서는 부드럽고, 작고, 약하고, 관대하고, 여성적이고, 소극적이라고 보고하였다. 하지만 전반적인 문헌들은 4번 및 7번 카드와 관련된 보편적인 아버지 상징이나 어머니 상징의 개념을 지지하지는 않는다. 예를 들어, 한 수검자가 실제로 크고 강하고 공격적인 어머니와 작고 약하고 너그러운 아버지를 가지고 있다면 이 사람에게는 4번 카드가 어머니 카드가 되고 7번 카드가 아버지 카드가 될 수도 있다. 이런 맥락에서 보면, 수검자가 4번 카드에 반응하는 방식이 반드시 아버지를 어떻게 생각하느냐를 보여 주는 것이 아니라 권위적인 강한 인물에 대해서 어떻게 느끼는지에 대해 뭔가 이야기해 주는 것으로 생각할 수 있다.

3) 10개 잉크반점의 공통된 의미

Weiner는 로르샤하 반점을 정확히 파악해야 수검자의 반응에 영향을 미치는 투사와 카드 속성의 두 가지 측면을 제대로 해석할 수 있다고 보았다. 먼저 각 카드가 유발하는 반응의 특성을 파악하고 있어야 하며 두 번째로 수검자가 어떤 카드를 불편해하는가를 파악할 수 있어야 한다. 즉, 수검자가 다른 카드에 반응할 때보다 반응시간이 지연될 경우, 또 카드가 맘에 들지 않는다거나 반응하기 어렵다는 등의 부정적인 논평을 하는 경우, 수검자가 모호하거나 마이너스 형태질의 반응을 하는 경우 등은 수검자가 카드를 불편해하고 있다고 추론할 수 있다. Weiner는 10개 카드에 대하여 종합체계 변인에 기초한 경험적 연구결과들과 이론적으로는 정신역동적 추론을 통합하여 다음과 같이 카드별 특성을 제시하였다.

카드 I   첫 번째 접하게 되는 카드이므로 수검자가 새로운 상황에 대처하는 방식을 나타내 준다. 카드 I에서 얼마나 많은 반응을 해야 하는지, 카드 전체를 사용해야 하는지, 카드를 돌려서 봐도 괜찮은지 등의 질문을 하는 것은 흔히 나타나는 행동이므로 중요한 것은 아니다. 카드 I의 특징은 처음으로 제시되는 카드라는 점이다. 따라서 수검자들이 편안하고 효율적인 방식으로 카드 I에 접근한다면 이는 수검자가 자신의 삶에서도 새로운 스트레스 상황을 효율적으로 처리해 나간다는 단서를 제공해 줄 것이다. 카드 I은 일반적으로 수검자들에게 어렵지 않은 카드이다. '박쥐'와 '나비'라는 평범반응이 쉽게 나올 수 있으며, 수검자들은 비교적 무난하고 간단한 반응으로 답할 수 있다. 다만 카드 I의 형태와 어두운 색깔 때문에 때로는 부정적인 느낌을 기술하기도 한다. 따라서 우울감, 불행감, 죄책감 등의 감정으로 괴로워하는 수검자들은 카드 I과 다른 4개의 흑백 카드에 반응하는 것을 불편해하고 힘들어할 수 있다.

카드 II   카드 II에는 밝은 붉은색 영역이 있으며, 수검자들은 이것을 쉽게 피로 볼 수 있으며, 이것이 분노의 감정, 상처받은 것 등을 연상하는 반응을 유발한다. 외상 후 스트레스를 경험하고 있는 경우, 적개심을 지니고 있는 경우, 혹은 건강염려증이 있는 경우, 수검자는 이 카드에서 힘들어할 수 있다. 카드 II의 상위 검정색 부분(D4)은 남근으로, 중앙의 아래 붉은색 부분(D3) 또는 아래 중앙의 붉은색 영역(Dd24)은 질로 보는 경우가 많다. 따라서 수검자가 카드 II에 반응하는 방식은 수검자가 성에 관심 있는 정도를 나타내 준다.

카드 III   카드 III은 쉽게 사람을 지각할 수 있는 카드이다. 이때 두 사람은 서로 무관한 사람일 수도 있고, 서로 상호작용을 하는 사람일 수도 있다. 이 카드에 어떻게 반응하는가가 수검자의 대인관계를 맺을 때 가지는 태도를 나타낼 수 있다. 카드 III에서 힘들어할수록 수검자가 사회적 상호작용에 대하여 매우 부정적이고 혐오적인 태도를 가질 가능성도 높아진다.

카드 IV   카드 IV를 '아버지 카드'로 단정적으로 기술하는 것은 바람직하지 않으나, 이 카드가 크고, 강하고, 힘차고, 무겁고, 강력하고, 권위적이고, 때로는 위협적인 것을 연상시킨다는 것은 입증되었다. 이러한 연상에 더하여, 카드 IV의 경우 수검자들은 흔히 '밑에서 올려다본 것'이라는 말을 덧붙여서 수검자 자신을 약하고 열등한 위치에서 관찰되는 대상으로 둔다는 점도 함께 나타나고 있다. 이와 같은 맥락에서 이 카드는 흔히 거인, 괴물, 고릴라나 아주 큰 사람으로 지각되며, 대부분의 경우 남자로 지각되며 여성으로 지각되는 경우는 거의 없다. 따라서 카드 IV를 신뢰할 수 있고 복종해야 하는 권위 또는 권위적 인물로, 대개는 남성이지만 여성일 수도 있는 것으로 생각하는 것은 상당히 합리적인 것이다. 카드 IV의 특성에 의하여, 카드 IV에 반응하는 방식은 권위나 권위적 인물에 대한 수검자의 태도에 대하여 정보를 줄 수 있으며, 카드 IV에 반응하는 것을 힘들어하는 것은 이러한 영역에서 수검자가 불편감을 느끼고 있음을 시사할 가능성이 높다.

카드 V   이 카드는 평범반응인 '박쥐' '나비'와 매우 비슷해 보이므로, 로르샤하 카드 중 가장 쉽게 반응을 할 수 있는 카드이다. 카드 V에는 카드 I~IV에서 느꼈던 고통에서 벗어나 편안함을 느낄 수 있다. 이 카드는 '휴식' 카드로 볼 수 있고, 수검자도 특히 쉬운 카드로 평가한다. 따라서 수검자들은 "이 카드는 알 것 같아요. 박쥐예요." 또는 "이건 별로 어렵지 않게 나비로 보이네요."와 같이 반응한다. 수검자가 카드 V에 반응하는 것을 어려워한다면 이는 카드 V 반점 때문이라기보다는 카드 IV에서 경험했던 불안이 지속되었기 때문일 가능성이 높다.

카드 VI   카드 VI의 주된 특징은 검은색과 회색 음영에서 시사되는 재질 특성이다. 카드 VI은 대인관계에서의 친밀성과 관련된 연상을 쉽게 유발하므로, 수검자의 반응 방식을 통하여 대인관계에 대한 태도와 이에 관한 정보를 얻을 수 있다. 마찬가지로 카드 VI에서 반응하는 것을 힘들어한다면, 이는 다른 사람과 신체적으로나 심리적으로 접촉하는 것에 대해 두려움을 지니고 있음을 시사한다.

　카드 VI은 성적으로 중요한 의미를 주는 경우도 많다. 카드 VI은 성과 관련된 해부학적 구조를 쉽게 지각할 수 있고, 특히 카드 VI의 D6은 '남근', D12는 '질'과 매우 유사하므로 정확히 지각한 반응으로 볼 수 있다. 따라서 수검자가 카드 VI을 기술하는 방식과 카드 VI에 반응하는 것을 힘들어하는 정도를 통하여 성적인 면에 대한 태도를 탐색해 볼 수 있다.

　카드 VII　카드 IV와 비교했을 때 카드 VII은 위협적이기보다 정감이 가고, 단단하기보다 부드럽고, 강하기보다 약하게 보인다. 따라서 카드 IV가 전형적으로 남성성과 관련된 특징으로 구성된 반면, 카드 VII은 전통적으로 여성적인 것과 관련된 특성을 많이 포함한다. 따라서 카드 VII에서 수검자의 반응, 검사행동은 여성에 대한 수검자의 감정과 태도를 나타낼 수 있다. 그러나 이런 감정과 태도가 일반적인 여성에 대한 것인지 또는 수검자의 어머니, 할머니, 자매, 연인 등 특정 여성상과 관련된 것인지는 알 수 없다. 카드 IV에 대한 반응을 해석하는 것과 마찬가지로 카드 VII에 대한 반응도 각 수검자의 구체적이고 부가적인 정보가 있어야만 해석할 수 있다.

　카드 VII은 흔히 여성성과 관련된 연상을 유도하기 때문에, 이 카드에 반응하기 힘들어하는 수검자는 자신의 삶에 있는 여성과 관련해서 고통스럽거나 해결되지 않은 불안을 느끼고 있다는 점을 추측하게 한다.

　카드 VIII　카드 VIII은 파스텔 톤의 부드러운 색채로 이뤄져 있고 양쪽 측면의 반점 영역에서 평범반응인 동물 형상을 쉽게 지각할 수 있다. 따라서 카드 V와 마찬가지로 카드 VIII은 종종 수검자가 잠시 이완하고 카드 IV~VII에서보다는 더 효율적으로 반응할 수 있는 '휴식' 카드가 된다. 수검자들은 카드 VIII을 보고는 "이 카드는 좋아요." "이제 예쁜 카드가 나오네요." "이것은 쉬워요."라는 말로 자신의 안도감을 나타낸다. 어떤 수검자들에게는 카드 VIII이 또 다른 어려움을 줄 수도 있다. 이 카드는 전체적으로 조각이 나뉜 듯한 느낌이 들고 큰 영역들이 흩어져 있으며 다양한 색채가 함께 나타나는 첫 카드라는 점에서 앞선 7개의 카드보다 더 복잡하다. 복잡한 상황을 구성하는 요소들을 정리해서 통합하는 데 어려움을 경험하는 수검자들은 카드 Ⅷ을 위협적으로 느낄 수 있으며 평범 반응 이외의 반응을 하기 힘들어할 수 있다. 감정을 유발시키는 상황을 불편해하거나 감정적 자극을 회피하기를 선호하는 수검자들도 카드 Ⅷ에 반응할 때 즐거움과 안도감보다는 불안감을 느끼고 회피하고자 한다.

카드 Ⅸ   카드 Ⅸ는 모호하고 산만한 카드이다. 카드 Ⅸ는 수검자에게 특징이 없는 것같이 느껴지게 하며 반응하기 힘들게 한다. 이 카드에 반응하기 힘들어하는 것은 수검자가 복잡하고 비구조화된 상황을 적절히 파악하지 못하고 있으며, 이러한 상황을 좋아하지 않는다는 것을 반영한다.

카드 Ⅹ   카드 Ⅹ은 명확하게 구별되는 유채색 부분들이 있지만 부분으로 나눠진 느낌을 준다. 동시에 여러 가지 다양한 형태와 색채는 카드 Ⅹ을 불확실하고 복잡하게 만든다. 카드Ⅹ은 쉽게 볼 수 있는 부분들로 이루어져 있지만, 그것을 효과적으로 조직화하기가 어렵기 때문에 카드 Ⅸ 이후로 두 번째로 어려운 카드이다. 특히 많은 것을 동시에 처리하는 것에 압도당하거나 심한 부담을 느끼는 수검자의 경우 카드 Ⅹ에 반응하기를 싫어하고 검사를 빨리 끝내고 싶어 한다. 더욱이 이 카드는 마지막으로 제시되는 카드이므로, 마무리를 어떻게 하느냐를 통하여 수검자의 태도를 나타낼 수도 있다.

 참고문헌

김영환, 김지혜, 홍상황, 배금예, 장문선, 박은영 역(1995). 로르샤하 워크북. 서울: 학지사.
김영환, 김지혜, 홍상황 외(1998). 로르샤하 해석의 원리. 서울: 학지사.
이우경, 이원혜 역(2003). 로샤 검사에 대한 정신분석적 접근. 서울: 학지사.

Beck, S. J. (1937). Introduction to the Rorschach method: A manual of personality study. *American Orthopsychiatric Association monograph, 1.*
Beck, S. J. (1952). *Rorschach's Test III: Advances in interpretation.* New York: Grune & Station.

Exner, J. E. (1969). *The Rorschach system*. New York: Grune & Stratton.

Exner, J. E. (1978). *The Rorschach: A Comprehensive system, Vol. 2*. Recent research and advanced interpretation. New York: Wiley.

Exner, J. E. (1986). *The Rorschach: A Comprehensive system, Vol 1*. John Wiley & Sons, Inc.

Exner, J. E. (1991). *The Rorschach: A Comprehensive system, Vol 2: Interpretation (2nd ed.)*. New York: Wiley.

Exner, J. E. (1993). *The Rorschach: A Comprehensive system, Vol 1: Basic Foundation (3rd ed.)*. New York: Wiley.

Exner, J. E., Armbruster, G. L., & Mittman, B. (1978). The Rorschach response process. *Journal of Personality Assessment, 42*, 27–38.

Exner, J. E. & Weiner, I. B. (1982). *The Rorschach: A Comprehensive System, Volume 3: Assessment of children and adolescents*. New York: Wiley.

Hertz, M. R. (1936). *Frequency tables to be used in scoring the Rorschach Ink-Blot Test*. Cleveland, OH: Western Reserve University, Brush Foundation.

Klopfer, B., & Kelly, D. (1942). *The Rorschach technique*. Yonkers-on-Hudson, NY: World Books.

Klopfer, B., Ainsworth, M., Klopfer, W., Holt, R. (1954). *Developments in the Rorschach technique. I: Theory and technique*. Yonkers-on-Hudson, NY: World Books.

Piotrowski, Z. (1950). A Rorschach compendium: Revised and enlarged. In J. A. Brussel, K. S. Hitch, & Z. A. Piotrowski (Eds.), *A Rorschach training manual*. Utica, NY: State Hospitals Press.

Rapaport, D., Gill, M., & Schafer, R. (1946). *Diagnostic psychological testing, Vols, 1 & 2*. Chicago: Yearbook Publishers.

Rorschach, H. (1942). *Psychodiagnostic* (Hans huber, Trans.). Bern, Switzerland: Verlag. (Original work published 1921)

Schafer, R. (1954). *Psychoanalytic interpretation in Rorschach testing*. New York: Grune & Stratton.

Weiner, I. B. (1998). *Principles of Rorschach Interpretation*. Mahwah, NJ: Lawrence Erlbaum Associates.

제9장
투사검사 II: 주제통각검사(TAT)
및 기타 투사적 검사

1. 주제통각검사

주제통각검사(Thematic Apperception Test: TAT)는 Murray(1943)에 의해 만들어졌고, 현재 임상장면에서 심리학자에 의해 사용되고 있는 많은 검사 중 웩슬러 지능검사 (WAIS), 미네소타 다면적 인성검사(MMPI), 로르샤하(Rorschach) 검사에 이어 사용빈도 면에서 볼 때 다섯 손가락 안에 들 정도로 애용되고 있는 검사이다. Murray 이전에도 수 검자로 하여금 그림을 통해 이야기를 구성하도록 하여 내적인 역동을 알아보는 몇몇 연 구가 있기는 하였다(Clark, 1926). Schwartz(1932)는 비행 청소년들을 상대로 초기 임상 면접에 그림검사(Social Situation Picture Test)를 활용하기도 하였다. TAT가 개발된 이후 에도 유사한 많은 검사가 있었지만 실제 임상장면에서 가장 활용도가 높은 이야기 구성 방식의 투사적 검사는 TAT라고 할 수 있다.

Murray(1893~1988)는 애초에는 '심리학' 과는 거리가 먼 사람이며 경력도 특이하다. 그는 외과의사 수련을 받은 후 케임브리지 대학에서 '생화학' 으로 1927년 박사학위를 받았다. 이후 거의 우연에 가깝게 하버드 대학의 심리클리닉의 감독자로 자리를 잡게 되면서 자신의 생애에 있어서 '두 번째의 탄생(rebirth)'을 경험하게 되었고, 이후 인간의 내적인 세계를 탐구하는 일에 몰입하게 된다. 그는 Freud와 Jung의 정신분석학 이론을 접하면서 그 이론이 "인간에게 있어서 '지각(perception)'보다는 '상상(imagination)'이 더 근본적이다."라는 그의 신념을 확증해 주는 것이라 생각했다(Gieser & Stein, 1999). 이처럼 상상을 통한 인간 내면의 내용들을 탐구하는 데 영감을 준 또 다른 사람은 동료이자 연인이며 예술가이자 Jung 학파의 정신분석에 관심을 가지고 연구하고 있던 C. Morgan 이었다. Morgan은 현재 TAT에서 사용되는 그림 중에서 상당 부분(1, 3BM, 6BM, 14, 18BM)을 직접 그린 장본인이기도 하다. 이 검사가 처음 출간될 당시에는 두 사람이 공동 저자(Morgan이 첫 번째 저자)로 발표되었으나 이후에는 Murray 단독으로 출간되었다.

심리학 연구에 진입하면서 Murray는 당시의 아카데믹한 심리학에 실망하였고, 그런 연구 방식으로는 "인간의 본성에 대해 아무것도 실제적으로 알려 주는 것이 없다." (Murray, 1981, p. 339)고 생각하면서 자신만의 독특한 내면 탐구 방식을 개발하게 되었다. 그 결과가 바로 이 TAT 카드이며, 이 카드는 1936년 하버드 심리클리닉에서 처음 배포되기 시작하였다. 이때 배포된 카드는 바탕종이에 사진을 붙인 방식이었다. 그 후 세 번의 개정을 거친 끝에 1943년 하버드 대학 출판부에서 출판된 이후 현재까지 동일한 카드가 사용되고 있다.

1) 이론적 근거

문자가 없던 원시시대부터 구전으로 이어 내려온 신화와 민담, 전설과 설화, 그리고 문자가 생긴 이후로 기록에 의해 창조된 소설과 역사 속의 이야기, TV 드라마나 영화와 같은 창작품, 가끔씩 누구나 백일몽이나 공상 속에서 그려 보는 자신에 관한 이야기를 포함하여 이 세상에는 이미 많은 '이야기'가 있다. TAT가 만들어지기 이전에도, 사람들은 그 이야기를 듣고 기억하고 전하면서 그 이야기가 말해 주는 내용뿐 아니라 그 이야기를 만들어 낸 사람의 특성에 관해 막연하게나마 직관적으로 무엇인가를 느껴 왔을 것이다. 어떤 의미에서는 그런 식으로 이야기가 한 민족 내에서 긴 세월을 거쳐 조금씩 수정되며 전해지는 과정 자체를 하나의 집단적 문학 창작행위로 간주할 수도 있을 것이다. 그렇게 전해진 이야기 속에 그 민족 전체의 공유된 정서가 스며들어 그 민족에게만 특징적이며 그 민족만이 공감할 수 있는 어떤 완성된 형태의 신화나 전설이 만들어졌을 때 그 이야기도 하나의 '민족적 TAT 반응'이라고 할 수 있을 것이다. 그래서 그 민족이 만들어 낸 그러한 신화나 전설, 혹은 그 민족 모두가 즐기고 공감하는 어떤 위대한 시인이나 소설가의 작품은 그 민족만의 독특한 정서나 특성을 이해할 수 있는 지름길이 되는 것이다.

그러면 이러한 이야기가 어떻게 하여 그 이야기를 만들어 낸 사람의 내적 심리를 추론할 수 있게 해 주며, 어떻게 하여 심리검사의 일부로 사용될 수 있는가? 이 질문에 답하기 위해서는 우선 이 검사를 실시하고 해석할 수 있는 근거가 되는 기본 가정이 무엇인지를 살펴볼 필요가 있다. 그것은 정신분석학에서 제시하는 중요한 개념들에 기초하고 있다. 즉, 투사(projection), 지각(perception) 및 통각(apperception), 그리고 자유연상(free association)과 심리적 결정론(psychic determinism)이라는 개념이다.

(1) 투사

'투사'는 방어기제의 하나로서 주로 편집적 망상이 나타나는 과정을 설명하는 가운데 자주 이용된다. Freud는 Schreber의 사례를 분석하는 가운데, 그가 보이는 아버지에 대한 피해망상이 그의 동성애적 소망이 투사의 과정을 거쳐서 나타난 것으로 분석한다. '나는 아버지를 사랑한다'는 동성애적 소망은 자아에 의해 수용될 수 없다. 따라서 '나는 아버지를 미워한다'는 내용으로 바뀐다(반동형성). 그러나 아버지를 미워하는 것 역시 위험한 생각이다. 결국 자신이 아버지를 미워한다는 생각은 '아버지가 나를 미워한다'는 생각으로 투사되어 그 대상이 바뀌는 것이다. 그러나 Freud는 투사가 반드시 이러한 피해망상과 같은 정신병적인 과정에만 국한되어 나타나거나 경직된 방어기제로만 작동하는 것은 아니며 발생학적으로 인간의 인지가 기능하는 매우 기본적이면서도 보편적인 방식이라고 생각했다. 그는 투사를 우리의 지각과 사고과정이 정상적인 상태에서도 작동하는 보편적이며 일상적인 방식으로 보았고, 급기야 인류의 종교와 문명이 탄생하고 발전해 나가는 과정에서 다름 아닌 이 '투사'의 기제가 중요한 역할을 했다는 결론에까지 이르게 된다.

> 그러나 투사(projection)는 방어의 목적으로만 만들어진 것이 아니다. 그것은 아무런 갈등이 없는 곳에서도 발생한다. 내부지각을 외부로 투사하는 것은 우리의 감각지각이 종속되어 있는, 그리고 그 결과로 외부세계가 취하는 형태를 결정하는 데 대체로 매우 큰 역할을 한다. (외부세계의) 그 특성이 아직 충분히 확립되지 않은 상황에서는 정서적인 과정과 이성적인 과정에 대한 내적인 지각이 감각적 지각과 동일한 방식으로 외부로

투사될 수 있다. 이렇게 해서 그 내적인 지각은 외부세계를 구축하는 데 봉사하고 있지만 당연히 내부세계의 일부분으로 남아 있을 수밖에는 없다. 이것은 주의의 기능이 원래 내부세계가 아닌 외부세계로부터 유입된 자극들로 향해진다는 사실, 그리고 그 기능이 가지고 있는 내부 심리과정에 대한 정보는 쾌와 불쾌의 감정으로부터만 수용된다는 사실과 어떤 발생적인 관련성을 가지고 있는 것 같다. 추상적 사고에 대한 언어가 발달하고 나서야, 즉 감각적 잔여물에 대한 언어적 표상이 내부 심리적 과정과 연계되고 나서야 점차 내적 과정 자체가 지각될 수 있게 되었다. 그러기 전에는 내적인 지각의 외부로의 투사로 인하여, 원시인들은 우리가 우리의 강화된 의식적 지각으로 지금 다시 심리학 내로 번역하여야 할 어떤 외부세계에 대한 심상에 도달했다(Freud, 1913).

(편집적 망상에서 보이는) 이러한 (대상의) 변환은 매우 단순하다. 이는 정상적인 삶에서도 매우 보편적으로 사용되고 있는 심리적 메커니즘을 남용하고 있는가의 문제이다. 내적인 어떤 변화가 발생할 때마다 우리는 그것이 내적 혹은 외적 원인에 의한 것인지를 선택해야 한다. 내적인 것에 의해 무엇인가가 방해를 하면, 우리는 자연적으로 외적인 것을 포착하게 된다(Freud, 1894).

Freud는 이처럼 '투사'라는 것은 그것이 남용되어 병적인 과정에 개입되지 않는 한 우리가 내적인 어떤 감정이나 감각을 인식하기 위해 사용하는 불가피하면서도 자연스러운 지각의 한 과정으로 보고 있다. Murray 역시 이러한 견해를 따른다. 그는 투사를 "충분한 객관적 근거가 없이 욕구, 감정, 정서 또는 그 정서 상태에 의해 활성화된 이미지와 그 이미지의 맥락과 같은 정신적인 요소들이 그 경험하는 주체에 의해 외부세계로 옮겨지는 과정이다."라고 정의하고 있다(Gieser & Stein, 1999).

(2) 통각

한편 통각(apperception)이란 용어는 투사와 유사한 개념이긴 하지만 보다 포괄적이고 일반적인 심리학적인 용어로서, Freud가 '투사'라는 개념을 사용하기 이전부터 독일의 심리학자들 사이에서 사용되어 왔다. Bellak(1986)은 "새로운 경험이 과거의 경험의 잔재에 의해 동화되고 변환되어 새로운 전체를 형성하는 것이며, 이 과거 경험의 잔재를 '통각적 질료(apperceptive mass)라고 한다."라는 사전적 정의를 인용한다. 그는 이러한 용어를 검토하면서 결국 통각이란 "지각에 대한 의미 있는 해석이며, 모든 주관적인 해석은 역동적으로 의미 있는 '통각적 왜곡과정(apperceptive distortion)'을 거친다. 순수하게 인지적인 지각은 가설로만 남아 있을 뿐이며 모든 사람이 통각적으로 왜곡을 하며, 단지 그 왜곡의 정도만 다를 뿐이다."라고 결론을 맺는다. Murray(1981)는 '지각(perception)'이란 감각 인상에 근거한 인식인 반면 '통각'이란 이 지각에 더하여 의미가 부가되는 것이라고 말한다. 즉, '통각'이란 지각과정을 포함하는 것이며 외부의 세계에 대한 객관적인 지각과정에 주관적인 요소가 개입된 보다 통합적인 인식과정이라고 말할 수 있다. 사실 이러한 통각이라는 개념은 인간의 인식과정에 대한 경험론과 합리론 사이의 오랜 철학적 논쟁, 그리고 결국 '내용 없는 사상은 공허하고 개념 없는 직관은 맹목적이다'라는 유명한 명제로 종합되어 인간의 인식과정이 분리된 요소적 과정이 아닌 '통합적인 인식능력'에 의해 일어난다는 것을 강조하게 된 과정과 연결되어 있다. 이러한 순수한 철학적 인식론적 논쟁을 넘어서서 정신분석학에서 제시하는 성격의 구조에 대한 이론과 정신결정론의 개념과 연결되면서, '통각'이라는 개념이 한 개인의 인식 작용뿐 아니라 내면의 정서적이고 역동적인 과정까지도 드러내게 할 수 있는 투사적 검사에 적용된 것이다.

(3) 심리적 결정론

TAT뿐 아니라 모든 투사적 검사에는 자유연상의 과정이 포함되며 그 검사 결과의 해석에 있어서 심리적 결정론(psychic determinism)을 전제한다. 즉, 검사자가 지시 혹은 유도하는 어떤 일정하고 분명한 방향으로 수검자의 사고가 진행된다면 그 수검자만이 가진 독특한 내적인 내용이 드러나지 않을 것이며, 따라서 투사적 검사에서는 가급적 외적인 영향력을 줄이고 자신의 반응에 대한 수검자의 의식적 통제 노력을 배제하려고 한다. 그래서 모든 투사적 검사의 자극은 애매하기 마련이고, '무엇이건 떠오르는 대로' '가급적 빨리'라는 식의 지시문이 포함된다. 이렇게 해서 수검자가 제공한 연상 내용을 그저 무의미하고 우연적이며 사소한 생각의 조각들일 뿐이라고 간주한다면 투사적 검사를 실시할 필요가 없다. 일견 사소하고 우연적인 것처럼 보이는 인간의 정신 활동도 사실은 중요한 의미를 담고 있을 수 있다는 심리적 결정론적인 관점을 제안했다는 점이 Freud의 중요한 공헌이며, 이러한 관점을 적용하지 않는다면 투사적 검사의 결과는 그저 우연적인 사고의 산물일 뿐이다. 요컨대, TAT 검사를 통해 임상가가 수검자의 주관적인 내적 세계를 알아낼 수 있다고 생각하는 것은 TAT 카드를 보고 수검자가 구성해 낸 이야기가 단지 그림에 대한 객관적인 설명이 아니며, 수검자가 현재 만들어 내는 연

상 속에 그의 과거의 경험과 내적인 세계가 역동적으로 작용하여 반영될 수밖에 없다고
가정할 수 있기 때문이다.

2) 다른 투사적 검사와 다른 점

투사적 검사는 미네소타 다면적 인성검사(MMPI)처럼 '예-아니요'로만 응답하거나
웩슬러 지능검사(WAIS)와 같이 어떤 고정된 하나의 '정답'을 향해 조직적으로 사고를
진행해 나가야 하는 것과는 달리, 수검자의 반응 자유도가 거의 무제한이며 확산적인 사
고(divergent thinking)를 요한다는 점에서 모두 공통점을 가지고 있다. 물론 투사적 검사
에서도 특정한 검사 자극을 제시하고 어떤 지시를 준다는 점에서는 수검자의 반응범위
를 제한하고 있지만, 그 자극에 대한 반응은 전적으로 수검자의 자유에 맡겨져 있다. 예
를 들면, 인물화 검사에서는 '사람을 한 사람만 그려 보라'는 지시는 주지만 어떤 사람
을 어떻게 그릴 것인지는 수검자의 자유이다. 문장완성검사에서 완성되지 않은 뒤 문장
을 어떻게 완성해 나갈 것인지, 단어연상검사에서 자극어에 대해 어떤 단어가 생각나는
지, 로르샤하 검사에서 잉크반점이 무엇처럼 보이는지에 대해 어떻게 반응할지도 역시
전적으로 수검자의 몫이다. 요컨대, 이러한 종류의 모든 검사는 자유연상에 의해 자발적
이고 자연스러운 사고의 흐름을 유도하고, 그 과정에 투사가 개입되며, 그 연상된 결과
에 대해서 심리적 결정론에 따라 과거의 경험이나 기억과 인과관계의 고리를 추론해 낼
수 있다고 보는 점에서는 모두 공통점을 가지고 있다.

TAT는 흔히 로르샤하(Rorschach) 검사와 상호 보완적으로 사용된다. 그러나 TAT는
사고의 형식적인 측면이 아닌 '내용'을 주로 볼 수 있게 해 준다는 점에서 가치를 지닌
다(Bellak, 1986). 로르샤하 검사 역시 내용분석을 할 수도 있지만 사고과정의 형식적이
고 표현적인 속성, 정서를 조직하는 양상과 같은 지각적인 과정을 분석하는 데 더 유용
한 검사이다. 반면에 TAT는 가족관계, 남녀관계를 포함하여 대인관계 상황에 포함된 욕
구의 내용, 욕구의 위계, 이드(id), 자아(ego), 초자아(superego) 사이의 타협구조와 같은
역동적인 측면을 볼 수 있게 해 준다(Bellak, 1950). 어째서 그러한지는 TAT 카드에 그려
진 그림들을 한번 보는 것만으로도 충분하다. TAT 그림카드에는 로르샤하 검사와 같은
무의미하고 모호한 잉크반점이 아니라 다양한 특성을 가진 인물들이 등장하는 '사회적
장면'이 연출되어 있다. 이러한 카드에 대해서 수검자는 자신의 다양한 대인관계 경험
과 대인관계 양식과 관련된 내적인 경험과 갈등을 투사하게 된다. TAT는 숙련된 해석가

에 의해 성격의 우세한 추동(drive), 감정, 콤플렉스, 갈등을 드러내게 할 수 있는 방법이
며, 수검자(혹은 환자)가 기꺼이 인정하지 않거나 혹은 그것에 대해 의식할 수 없기 때문
에 인정할 수 없는 내재된 억압된 경향성을 노출할 수 있게 해 주는 가치를 지니고 있다
(Murray, 1943). 더 나아가 Murray는 TAT 검사가 일련의 심리치료 과정의 첫 단계로, 혹
은 단기 정신분석치료 과정으로 사용할 수도 있다고 제안한다.

3) 검사의 개발과정

우선 '하버드 심리클리닉(Havard Psychological Clinic)'에서 치료를 받던 14세에서 40세
까지의 참여자들에게 다양한 평가 방법을 통해 상당 기간 동안 철저한 연구가 행해졌고
그들의 성격에 대한 심리학적 진단이 완료되었다. 이미 Murray는 투사적 과정을 연구하
기 위해 수천 장의 그림카드를 가지고 있었지만, 최초의 TAT 그림 세트는 Murray뿐 아
니라 하버드 클리닉의 여러 동료가 추천한 잡지의 일러스트레이션이나 실제 화가의 작
품을 찍은 컬러 사진들이었다([그림 9-1] 참조). 이 그림들을 참여자들에게 모두 제시하고
이야기를 구성하도록 하였으며, 그 이야기를 통해 최종진단에 기여할 수 있는 정보를 얼
마나 많이 제공해 줄 수 있는지 평정하여 각 그림이 가지고 있는 '자극적인 힘
(stimulating power)'을 측정하였다. 이 외에도 몇 가지 다른 기준도 고려하여 최종적인
카드를 선정하였는데, 그 기준은 다음과 같다(Gieser & Stein, 1999 재인용).

① 그림이 얼마나 일반적이고 포괄적인(comprehensive) 내용을 연상시킬 수 있는가?

[그림 9-1] Murray가 TAT 카드를 만들기 위해 예비적으로 모았던 자료의 예

출처: History of Projective Testing(http://projectivetests.umwblogs.org/popular-test/thematic-apperception-test-tat/).

② 얼마나 모호한가? 예를 들면, '3BM' 카드에 등장하는 인물의 성별을 확인하기 어렵도록 몇 차례 수정하였고, 그 옆에 놓인 물체가 총인지, 칼인지, 열쇠인지 분간하기 어렵도록 애매하게 그렸다.

③ 수검자가 쉽게 동일시할 수 있는 인물이 적어도 한 명은 포함될 수 있어야 한다.

④ 어떤 그림이 가장 큰 '자극적 힘'을 가지고 있는가? 즉, 그 환자의 핵심적 성격 특성을 반영하는 이야기를 얼마나 불러일으킬 수 있는가 하는 정도이다.

마지막으로 덧붙인다면, 자신도 인식하지 못했지만 Murray 자신의 개인적 취향도 개입되었다. 이는 그와의 인터뷰 과정(Anderson, 1988)에서도 스스로 인정한 부분이다. 즉, 그림의 대부분이 비극적이고 우울한 색채를 띠고 있는 것은 그런 그림들이 환자들의 비정상적인 경험내용을 보다 잘 자극할 수 있기 때문이기도 하지만, Murray 자신이 희극보다는 비극이나 슬픈 내용의 소설들을 더 즐겨 읽었던 점과도 관련이 있다고 스스로 인정하고 있다.

4) 카드

흑백으로 인쇄된 30장의 그림카드와 한 장의 백지카드로 구성된다. 뒷면에는 카드의 번호와 연령별로 적합한 카드의 유형을 분류한 기호가 적혀 있다. 14세 이상의 성인 남성일 경우 M(male), 성인 여성일 경우는 F(female), 그보다 어린 소년일 경우는 B(boy), 소녀일 경우는 G(girl)라는 알파벳 약자가 적혀 있고, 숫자만으로 표시된 카드는 모든 연령과 모든 성별에 공통으로 적용될 수 있는 카드(No. 1, 2, 4 ,5 ,10, 11, 14, 15, 16, 19, 20)이다. 예를 들면, 'BM'은 그 그림이 소년이나 성인 남성 모두에게 적합하다는 것, 'GF'는 소녀와 성인 여성 모두에게 적합하다는 것, 'MF'는 14세 이상의 성인 남성과 여성 모두에게 적합하다는 것을 의미한다.

5) 실시방법

(1) 라포 형성
'의식의 흐름'을 방해하지 않고 수검자와 함께 그의 정서적 리듬을 타고 잘 따라가는 것이 중요하다. 그러기 위해서는 수검자가 연상하는 이야기 내용에 주의를 기울이고 그 이야기에 담긴 정서에 공감하며 다음에 나올 이야기를 예상하면서 그 흐름에서 벗어나지 않는 것이 필요하다. 그러나 아무리 그렇게 노력해도 당시에는 간과하고 지나가는 점이 있기 마련이다. 이런 경우에 대비하여 수검자가 카드를 보고 반응하는 모든 언어적 혹은 비언어적 반응 및 반응 특성을 가급적 있는 그대로 잘 기록해 두는 것이 좋다. 카드가 제시된 후 수검자가 카드를 보고 생각하다가 첫 마디가 나오기 시작한 시점과 첫 반응이 시작된 후 이야기를 마치기까지 걸린 시간, 이야기 도중 멈칫거리거나 더듬거리는 행동, 갑자기 말을 끊고 생각에 잠긴 시간의 정도, 이야기의 속도가 갑자기 빨라졌다가 느려지는 경우, 목소리가 갑자기 높아지거나 작아지는 경우, 이야기와는 직접적으로 관련이 없는 혼잣말("이 그림은 누가 그린 거죠?" "이건 꼭 얼마 전에 본 영화의 한 장면 같네요."), 감탄사("오! 너무 잔인하다." "아! 이건 너무 어두워요."), 말의 수정, 말의 실수, 반응의 거부("이 카드는 보고 싶지 않아요, 안 하겠어요." "그냥 사람이 서 있는 그림일 뿐이네요, 더 이상 무슨 얘기를……"), 갑작스러운 인상의 찡그림이나 미소와 같은 표정의 변화와 같은 것들이 그것이다. 이러한 모든 사항을 세밀하게 잘 기록하기 위해서는 검사자 자신만이 능숙하게 사용할 수 있는 약어와 기호, 표시법에 익숙해질 필요가 있다. 수검자가 하는 말을 하나하나 다 그대로 받아 적고 모든 비언어적 행동까지 다 기록한다는 것은 사실 쉬운 일이 아니다. 그래서 Murray는 속기사를 옆에 두고 실시하거나 녹음기를 사용하는 것도 좋은 방법이라고 제안한다. 이러한 정보들이 모두 담긴 기록을 나중에 다시 읽어 보면 당시에는 깨닫지 못했던 중요한 점들을 발견하게 되는 경우가 대부분이다.

떠오르는 대로 이야기를 만들어 가는 '자유연상(free association)'은 일견 매우 수동적인 과정인 듯 보이지만, 검사에 임하는 수검자의 자발성이 어느 정도인가에 따라 반응의 질이 크게 달라진다. 또한 검사자와의 라포 관계, 검사자의 성별이나 성격과 같은 검사자의 특성, 수검자의 창의성과 지적 능력, 검사 당시의 상황과 정서적 상태와 같은 미묘한 요인에 의해서도 매우 민감하게 영향을 받을 수 있다. 따라서 만일 수검자의 반응이 지극히 상투적이거나 이야기 내용이 빈약하다면 현재 어떤 요인들이 영향을 주고 있는지를 생각해 보아야 한다. 때로는 검사자 편에서 지속적으로 흥미를 유도하고 연상이 촉진될 수 있도록 중간에 간단한 암시가 담긴 짧은 질문을 해 보는 것도 도움이 된다. 그러나 여기서 중요한 것은 그런 검사자의 그 질문이 과연 그 상황에서 자유연상과 자발성을 촉진하는지 혹은 저해하고 있는지, 검사자의 암시에만 전적으로 영향을 받은 내용인지 아닌지 민감하게 살펴보고 그때그때 대응방식을 수정해 나가야 한다는 점이다.

(2) 좌석 배치

어떤 형태의 투사적 검사건 그 검사에서 얼마나 중요한 정보를 얻을 수 있는가 하는 것은 수검자의 자유연상이 당시 상황에서 얼마나 자유롭게 발휘되고 있는가 하는 점에 달려 있다. 따라서 검사를 수행하는 상황에 내재된 모든 조건이 과연 수검자의 자유연상을 촉진 혹은 저해하는 요인이 될 수 있는지 주의 깊게 고려해 보아야 한다. 이러한 조건들 중에서 좌석 배치는 중요한 요인이다. Freud가 했던 방식을 그대로 따르는 정통 정신분석치료에서는 환자를 장의자에 눕히고 치료자는 환자의 머리 뒤에 앉아 눈을 감게 하고는 자유연상을 유도한다. 이렇게 하는 이유는 환자가 자신의 머리에 떠오르는 생각 이외에는 그 어떤 것으로부터도 방해받지 않게 하기 위함이다. Murray도 TAT를 실시할 때 아이나 정신병적인 환자를 제외하면, 안락한 의자나 장의자에 환자를 편안히 앉거나 눕게 한 후 검사자는 되도록 환자의 '뒤편'에 앉도록 권유하고 있다. Bellak(1950) 역시 수검자는 검사자가 보이지 않지만 검사자는 수검자의 표정을 충분히 관찰할 수 있는 위치(수검자의 뒤나 옆)를 권한다.

그러나 상황에 따라서는 현실적으로 이런 좌석 배치를 적용하기 어려운 경우도 있고, 매우 의심이 많고 예민하거나 정서적으로 혼란스러운 수검자의 경우는 굳이 이런 좌석 배치를 고집할 필요가 없다. 오히려 이러한 좌석 배치를 무리하게 강요하는 것이 수검자를 불편하게 만드는 요인이 된다면 차라리 마주 보는 좌석이 더 좋을 수도 있다. 중요한 것은 형식적으로 자리를 어떻게 배치하여야 한다는 규정이 아니다. 그러한 자리 배치가 수검자로 하여금 현재 그 투사적 검사를 받는 상황을 더 편하게 느끼고 자유연상을 촉진할 수 있는가 하는 점에서 결정할 일이다.

(3) 지시문, 실시 절차

Murray(1943)는 검사 실시요강에서 수검자의 유형에 따라 두 가지 지시문 형식을 제시하고 있다.

• 형식 A: 청소년이나 평균 지능을 가진 성인을 위한 지시문

"이것은 지능의 한 형태인 상상력 검사입니다. 지금부터 한 번에 한 장씩 몇 장의 그림을 보여 드리겠습니다. 각각의 그림을 보면서 될 수 있는 한 드라마틱한 이야기를 만들어 내십시오. 그림에 나타난 장면이 있기까지 어떤 일들이 있었고, 현재 무슨 일이 일어나고 있으며, 그림 속의 인물들이 무엇을 느끼고 생각하고 있는지 얘기해 주십시오.

그리고 현재의 상황이 어떤 결과로 이어질지도 얘기해 주십시오. 머리에 떠오르는 대로 얘기해 주십시오. 자, 어떻게 하는 것인지 이해가 갑니까? 10장의 카드를 보는 데 50분의 시간이 걸릴 테니, 한 카드당 5분 정도 얘기할 수 있습니다. 자, 여기 첫 번째 그림이 있습니다."

• 형식 B: 아동, 교육수준이나 지능이 낮은 성인, 조현병 환자를 위한 지시문

"이것은 이야기를 만들어 내는 검사입니다. 여기 당신에게 보여 줄 몇 장의 그림이 있습니다 . 각 그림을 가지고 이야기를 만들어 보십시오. 이 그림을 보고 이전에 무슨 일이 있었고 현재는 무슨 일이 일어나고 있는지 말해 주십시오. 그림 속의 사람들이 무엇을 느끼고 생각하며, 그 결과 어떻게 될지도 얘기해 주십시오. 어떤 이야기를 만들어도 상관없습니다. 자, 어떻게 하는 것인지 이해가 갑니까? 그러면 여기 첫 번째 그림이 있습니다. 그림 한 장에 5분의 시간을 드리겠습니다. 자, 얼마나 잘 할 수 있는지 한번 봅시다."

이 지시문은 나이, 지능수준, 성격, 상황에 따라 변경될 수 있다. Bellak(1986)의 경우, Murray가 제시한 지시문 중에서 "이것은 일종의 지능인 상상력 검사입니다."라는 말은 생략하고 대신, "자유롭게 하고 싶은 대로 하십시오."라고 말한다. 왜냐하면 임상장면에서는 그러한 지시문이 부적절하다고 생각하기 때문이다.

첫 번째 그림에 대한 이야기를 다 하고 나서 지시문대로 수행되지 않는 경우 다시 한 번 지시문을 일깨워 줄 필요가 있다. 예를 들면, 다음과 같이 말해 줄 수도 있다. "거참 정말 재미있는 이야기군요. 하지만 엄마가 그를 혼냈을 때 그 소년이 어떻게 행동했는지, 그리고 어떻게 되었는지 얘기하지 않았습니다. 이야기의 결말이 없습니다. 3분 정도 얘기했는데 더 길게 얘기해도 됩니다. 그러면 다음 그림에서는 어떤지 한번 봅시다."

그리고 나서 이후부터 검사자는 가급적 아무 말도 하지 않는 것이 좋다. 다만 수검자가 너무 빠르게 혹은 너무 느리게 진행해 나간다거나 가끔씩 격려를 해 줄 필요가 있다거나 하는 경우는 개입할 수도 있다. 만일 수검자가 세부적인 사항에 대해 질문을 하면 "그냥 하고 싶은 대로하면 됩니다." 또는 "떠오르는 생각을 바탕으로 자연스럽게 얘기를 만들어 주세요."라고 말해 주어야 한다.

시간상의 이유로 그리고 임상가의 취향에 따라 검사에 할당하는 시간이나 각자 선호하는 카드의 종류, 실시 방법, 채점과 해석방법 등은 각기 다르다. 예를 들면, Bellak의 경우 그림카드와 실시방법 및 지시문을 인쇄하여 수검자에게 주고 집이나 사무실에서 각 카드에 대한 이야기를 종이에 적어 오게 하는 방법, 그림을 스크린에 비추어 주고 집단으로 실시하는 방법을 사용했다. 또 그는 실시 방법에 있어서도 Murray의 제안과는 달리 한 번만 시행하며 모든 카드를 다 제시하기보다는 10~12장만 제시하는 것을 선호했다(Bellak, 1986).

하지만 원래 Murray는 실시요강에서 TAT를 두 번에 걸쳐 나누어 시행해야 하며, 두 번의 시행 사이에는 적어도 하루 정도의 시간 간격이 있어야 한다고 제안한다. 첫 번째 시행이 끝난 후에는 다음번 시행 날짜를 약속하되 또다시 이야기를 만드는 검사를 할 것이라는 등의 얘기는 하지 말아야 한다. 왜냐하면 그런 얘기를 들었을 경우 이전에 본 책이나 영화와 같이 자신의 사적인 경험과는 직접 관련이 없는 이야기를 미리 준비하여 구성해 올 수 있기 때문이다. 첫 번째 시행에서는 1, 2, 3BM, 3GF, 4, 5, 6BM, 6GF, 7BM, 7GF, 8BM, 8GF, 9BM, 9GF, 10번 카드와 같이 보다 현실적인 인간관계가 묘사된 카드를 시행하며, 두 번째 시행에서는 11, 12M, 12F, 12BG, 13MF, 13B, 13G, 14, 15, 16, 17BM, 17GF, 18BM, 18GF, 19, 20번 카드와 같이 의도적으로 더 일상적이지 않고 극적이며 기이한 장면을 묘사한 그림을 제시하며 더 자유로운 상상을 할 것을 지시한다. 두 번째 시행에서 주어지는 지시문은 다음과 같다.

- **형식 A: 청소년이나 평균 지능을 가진 성인을 위한 지시문**

"오늘은 어제와 같습니다. 단지 더 자유롭게 상상해 주실 수 있을 것입니다. 지난번 본 열 장의 그림도 좋은 것이긴 하지만, 일상생활에서 마주치는 사실들에 이야기를 제한해야 했습니다. 이제 그런 일상적 현실을 무시하고 상상하고 싶은 대로 상상하십시오. 신화, 동화, 우화와 같이 말입니다. 자, 여기 첫 번째 그림이 있습니다."

- **형식 B: 아동, 교육수준이나 지능이 낮은 성인, 조현병 환자를 위한 지시문**

"오늘은 몇 장의 그림을 더 보여 줄 것입니다. 이 그림은 더 좋고 재미있기 때문에 이번에는 더 쉬울 것입니다. 지난번에 아주 좋은 얘기를 해 주었는데, 이번에 조금 더 잘할 수 있을지 봅시다. 할 수 있다면 지난번 했던 것보다 더 흥미 있는 이야기를 만들어 주세요. 꿈이나 동화처럼 말입니다. 여기 첫 번째 그림이 있습니다."

• **백지카드: 16번 카드에는 특별한 지시문이 따른다.**

　"이 백지카드에서 무엇을 볼 수 있는지 한번 봅시다. 이 백지에서 어떤 그림을 상상해 보고 자세하게 얘기해 주세요." 만일 수검자가 그렇게 잘 하지 못한다면 "자, 눈을 감아 보세요. 그리고 무언가를 상상해 보세요."라고 말한다. 그리고 나서 수검자가 상상한 것을 충분히 기술하면, "자 그럼 이제 그것에 관해 이야기를 만들어 주세요."라고 말해 준다.

　때로 방어가 심하거나 융통성이 없는 수검자들은 이 백지카드에 대해 연상하는 것을 어려워한다. 이때는 다음과 같은 지시문을 주는 것이 도움이 될 수 있다.

　"자, 이번에는 아무 그림도 그려지지 않은 하나의 백지카드를 드리겠습니다. 이번에는 OOO씨가 마음속으로 이 흰 백지 위에 그리고 싶은 그림을 상상으로 그려 보십시오. 다 그려졌으면 조금 전에 했던 방식대로 그것이 어떤 장면인지 저에게 말씀해 주시면 됩니다."

(4) 채점

　보편적으로 사용되는 채점체계가 있는 로르샤하 검사와는 달리, TAT는 표준화된 채점체계도 없고 따라서 공식화된 규준자료도 없다. 검사 개발자인 Murray가 각 카드에 대한 각 이야기를 요구(need)와 압력(pressure)의 측면에서 분석하는 해석체계를 제시하였으나, 실제적으로 임상현장에서 사용하기에는 지나치게 시간 소비적이고 불편하여 그의 채점체계를 사용하는 임상심리학자는 거의 없다. 이에 Bellak은 조금은 더 간편한 채점 및 분석 방식을 제시하였는데, 그가 구성한 분석양식 용지는 〈표 9-1〉과 같다. 그러나 TAT의 각 카드에 대한 반응 하나하나를 이러한 양식에 의거하여 분석하는 것 역시 그리 간단한 일은 아니다. 따라서 현재 대개의 임상심리학자는 Murray의 욕구-압력 분석법이나 Bellack의 분석항목에서 가장 중요한 요소인 주인공의 '욕구'와 '압력' 그리고 '주요 주제' 및 그 주제가 내포하고 있는 등장인물 간의 갈등내용과 유형이 각 카드마다 어떤 방식으로 얼마나 반복되고 있는지를 종합적으로 탐색하고, 세부적으로 중요한 반응에 대해 심층분석을 해 나가는 비공식적인 방법으로 TAT 반응을 분석하여 해석하고 있다.

표 9-1   Bellak의 TAT 분석용지 양식

Name _____ Stroy No. _____ (TAT Picture No. ___)

1. Main Theme:

2. Main hero: age _____ sex _____ vocation _____
   interests _____ traits _____ abilities _____
   adequacy(√, √√, √√√) _____ body image or self image
3. Main needs and drives of hero:
   a) behavioral need of hero(as in story) _____
   _____

   dynamic inference: _____
   b) figures, object, or circumstances introduced: _____
   _____

   implying need for or to: _____
   c) figures, object, or circumstances omitted: _____
   _____

   implying need for or to: _____
4. Conception of environment(world) as: _____
5. Parental figures(m _____, f _____) are seen as _____ and subject's reaction in _____
   Contemp. figures(m _____, f _____) are seen as _____ and subject's reaction in _____
   junior figures (m _____, f _____) are seen as _____ and subject's reaction in _____
6. Significant conflicts: _____
7. Nature of anxieties:(√)
   of physical harm and/or punishment _____ of illness or injury _____
   of disapproval _____ of deprivation _____
   of lack or loss of love _____ of being devoured _____
   of being deserted _____ of being overpowered and helpless _____
   other _____
8. Main defenses of conflicts and fears:(√)
   repression _____ reaction formation _____ rationalization _____ isolation _____
   regression _____ introjection _____ denial _____ undoing _____ other _____
9. Adequacy of superego as manifested by 'punishment" for "crime" being: (√, √√, √√√)
   appropriate _____ inappropriate _____
   too severe(also indicated by immediacy of punishment) _____
   inconsistent _____ too lenient _____
   also: _____
   delayed initial response or pauses _____
   stammer _____ other manifestations of superego interference _____
10. Integration of ego, manifesting itself in:(√, √√, √√√)
    adequacy of hero _____ outcome: happy _____ unhappy _____
                                     realistic _____ unrealistic _____
                                     solution: adequate _____ inadequate _____
    thought processes as revealed by plot being:(√, √√, √√√)
    structured _____ unstructured _____ stereotyped _____ original _____ appropriate _____
    rational _____ bizarre _____ complete _____ incomplete _____ inappropriate _____
    Intelligence:(√) superior _____ above average _____ average _____ below average _____ defective _____

Bellak(1986), p. 72에서 인용.

(5) 카드의 선택기준

TAT 카드의 뒷면에 부여된 부호에 따라, Murray가 제시한 기준대로 성별과 연령에 따라 그에 맞는 카드를 선택하여 실시할 수도 있다. 그러나 현실적인 이유로 혹은 각 수검자마다 지니고 있는 어떤 특수한 심리적 속성상, 남성 수검자에게도 F 혹은 G 카드를 포함시킬 수도 있고, 남성이라고 하여 남성에게 해당하는 모든 카드를 다 실시할 필요가 없다고 판단되는 그런 상황이 있을 수 있다. 또한 어떤 카드는 대부분의 수검자에게 크게 유용한 연상을 이끌어 내기 어렵기 때문에 잘 사용되지 않는 경향이 있다. 일반적으로 가장 풍부한 연상을 이끌어 낼 수 있기 때문에 임상현장에서 가장 빈번하게 사용되는 카드 목록을 성별로 나열하면 다음과 같다.

- 남자: 1, 2, 3BM, 4, 5, 6BM, 7BM, 8BM, 9BM, 10, 12M, 13MF, 14, (17BM), 16
- 여자: 1, 2, 3GF, 4, 5, 6GF, 7GF, 8GF, 9GF, 10, 12F, 13MF, 14, (17GF), 16

6) 해석

다른 투사법 검사와 마찬가지로 TAT를 해석하는 데 전제가 되는 가장 기본적인 가정은 물론 '심리적 결정론(psychic determinism)'이다. 즉, TAT 검사에서 수검자가 만들어 낸 이야기의 모든 구성 요소는 그의 내적인 역동에서 파생된 결과이며, 따라서 표면적으로 드러난 이야기 내용이나 구조와 그의 내적 상태 사이에는 반드시 인과관계의 고리를 찾아낼 수 있다는 가정이다. Lindzey(1952, Bellak, 1986 재인용)에 의하면 TAT 해석의 가장 일차적인 전제는 미완성된 비구조화된 상황을 완성하는 데 있어서 그 개인 자신의 동기, 성향 그리고 갈등을 드러낼 수 있다는 점이다. 그는 그 외에도 다섯 가지의 기본 전제를 더 들고 있다.

① 이야기를 구성하는 사람은 그 이야기 속의 한 사람과 동일시하게 되며, 그 동일시된 가상적 인물이 가지고 있는 소망, 욕구, 갈등은 이야기하는 사람 자신의 그것을 반영한다.
② 이야기를 만들어 내는 사람의 성향, 욕구, 갈등은 이따금씩 간접적이거나 상징적인 방식으로 표현된다.
③ 충동과 갈등을 진단해 내는 데 있어서 모든 이야기가 다 동등한 중요성을 가지는

것은 아니다. 어떤 결정적인 이야기는 매우 광범위한 진단적 자료를 제공해 주는 반면, 또 다른 이야기는 거의 아무런 정보를 주지 않을 수도 있다.

④ 그림 자체의 속성에 의해 직접적으로 도출된 듯한 주제는 그렇지 않은 경우보다 중요성이 덜할 수 있다.

⑤ 반복되는 주제는 이야기를 만들어 내는 사람 자신의 충동과 갈등을 특히 잘 반영하는 것일 수 있다.

TAT는 그것을 사용하는 사람의 수만큼이나 다양한 실시방법과 해석방법이 있다고 할 정도로, 여전히 공식적이고 보편적으로 통용되는 표준화된 해석 방식이 있는 것은 아니다. 정도의 차이는 있지만 이것은 다른 투사법 검사도 비슷하다. 투사법 검사를 제작하게 된 이론적 근거가 정신분석이론에 바탕을 두고 있고, 투사법 검사는 인간의 성격 차원을 미리 어떤 범주로 나누고 그 범주 내에서 개인 간의 차이를 수량적으로 비교하여 규준을 만들고 표준화하기 위한 목적으로 개발된 것이 아니기 때문이다. 특히 TAT는 그 개인만이 가지고 있는 독특한 성격의 구조나 욕구, 갈등의 구체적인 내용이 무엇인지를 알아보고자 만들어진 검사이기 때문에 더욱 그러하다. 더구나 Murray 자신이 말하고 있듯이 TAT는 이야기를 만들어 내는 사람이 의식적으로 인지하기 어려운 혹은 숨기고 있는 부분을 드러내기 위한 도구이므로 '의식적으로 보고한 내용' 자체에 대해 크게 가치를 두지 않을 수도 있다. "나는 TAT가 수검자가 인지하기 어려운 억압된 무의식적 과정을 밝혀 주길 바란다."(Anderson, 1988 재인용)

현재 임상심리학자들이 TAT를 실시하고 해석함에 있어 Murray가 실시요강에서 제시한 사항들을 나름대로 약간씩 변형하거나 아니면 자신의 고유한 방법을 사용하기도 한다. 그러나 우선 Murray 자신이 제시한 해석법에 대해 살펴보기로 하자.

(1) Murray의 욕구-압력 분석법

우선 그는 자신의 분석법에서 사용하는 몇 가지 개념을 정의하고 있다. ① 이야기를 만들어 내는 사람(storyteller)은 하나의 그림에서 하나의 인물과 가장 강하게 동일시한다. ② 이 인물은 이야기의 '주인공(hero)'이 된다. ③ 주인공의 내부에서 분출되는 욕구나 힘은 '욕구(needs)'라 한다. ④ 그 욕구들의 표현에 영향을 미치는 환경적인 힘이나 상황조건들은 '압력(press)'이라 한다. ⑤ 욕구와 압력 사이의 상호작용은 정서적 '결과(outcome)'를 초래한다. 욕구, 압력, 그리고 그 결과 사이의 상호작용에서 파생되는 행동은 '주제(theme)'라 한다. ⑥ 일련의 이야기에서 발견되는 '주제'의 패턴은 이야기를 만들어 내는 사람의 성격의 핵을 드러낸다(Gieser & Stein, 1999).

이러한 관점에서 볼 때 '욕구-압력 분석법'은 수검자가 만들어 낸 이야기의 모든 문장은 주인공이 가진 욕구와 그가 노출된 환경의 힘이 무엇인가에 관한 분석이라고 볼 수 있다. 간단한 예를 들자면, '그(주인공)는 그녀를 사랑하고 있지만, 그녀는 그를 미워한다'는 이야기의 경우, 사랑에 대한 욕구가 미움이라는 압력에 직면에 있는 것이다 (Bellak, 1950).

해석을 시작하기 전에 심리학자는 성별, 나이, 부모의 생존 여부, 형제의 나이와 성별, 직업, 결혼 여부와 같은 수검자에 대한 기본적인 신상정보를 알고 있어야 한다. 이러한 정보는 TAT의 반응 자체만을 통해서는 알 수 없으며, 이 정보가 없다면 수검자가 만든 이야기를 읽어 나가는 데 있어서 방향을 잡기 어렵다. 이런 무정보 해석(blind-interpretation)은 성공적일 수도 아닐 수도 있는 하나의 모험이다(Murray, 1943).

(2) 내용분석의 영역

① 주인공
이야기를 분석하는 첫 단계는 수검자가 자신과 동일시하는 그림 속의 인물이 누구인지를 찾아내는 것이다. 다음과 같은 인물이 주인공(the hero)일 가능성이 높다.

- 이야기를 만들어 내는 사람이 뚜렷하게 흥미를 보이는 인물, 시점이 고정되는 사람, 느낌과 동기가 가장 세밀하게 그려지는 인물
- 성별, 나이, 사회적 지위나 역할에 있어서 수검자와 가장 비슷한 인물, 혹은 그의 취향이나 목표를 어느 정도 공유하고 있는 인물
- 그 이야기 속에서 주도적인 역할을 하고 있는 인물, 이야기의 초반에 등장하며 결말에도 불가피하게 등장하는 인물

대부분의 이야기가 한 명의 주인공을 갖지만, 해석가는 다음과 같은 몇 가지 사항을 고려해야 한다.

- 주인공들의 순서: 동일시하는 인물은 이야기가 진행함에 따라 변할 수 있다.

- 심리내적인 주제(endopsychic thema): 수검자의 내부에 존재하는 두 가지 심리적 힘이 상이한 두 명의 인물을 통해 표현될 수 있다. 예를 들면, 범죄행위로 표현되는 반사회적 동기와 법률적 강제로 나타나는 양심의 동기가 나타날 수 있다.
- 일차적 주인공과 이차적 주인공: 이야기 속에 또 다른 이야기가 포함되어 있고 주인공은 그 이야기 속에서 공감을 섞어서 또 다른 인물을 묘사하는 경우
- 자신과 반대되는 성을 가진 인물과 동일시할 수도 있다. 이는 자신의 성격 속에 잠재된 다른 성의 속성을 표현하는 것일 수 있다.
- 단일한 주인공을 쉽게 찾아내기 어려운 경우도 있다. 이때는 동등하고 중요하고 동등하게 분화된 일군의 인물로 주인공의 속성이 분산된다.
- 주체와 객체의 관계에서 중심 특성이 객체 속에서 표현되는 경우도 있다. 이때 그 객체는 수검자 자신의 성격 특성이 아니라 그가 처한 환경요인이다.

② 주인공의 동기, 성향, 느낌

다음 단계는 각각의 이야기에서 확인된 주인공들이 느끼고 생각하고 행한 것을 세밀하게 관찰하고 성격의 유형이나 정신병리를 나타내는 증거들을 확인하는 것이다. 더불어 통상적이지 않거나 독특한 것 또는 공통적으로 나타나기는 하지만 그 강도나 빈도가 너무 높거나 낮은 것을 확인해 낸다. TAT에는 통일된 채점체계도 없고 공식적으로 사용할 만한 규준자료가 누적되어 있지 않으므로, 각 카드에서 어떤 반응이 통상적인 기준(규준)에서 벗어나는 일탈적인 요소인지는 임상가의 경험에 의존할 수밖에 없다. 따라서 무엇이 통상적이지 않은 것인지를 구분해 내기 위해서는 해석가가 이 검사에 대한 상당한 경험을 가지고 있어야 하며, 적어도 50 혹은 그 이상의 이야기 세트를 공부해야 한다. 아직까지 빈도에 대한 만족스러운 표준이 마련되어 있지 않기 때문이다.

주인공의 행동이 지향하는 즉각적인 목표나 방향에 따라 Murray는 스물여덟 가지의 욕구(혹은 충동) 목록을 제시한다. 욕구는 어떤 충동, 소망 또는 의도와 같은 표현을 빌려 주관적으로 표현되기도 하고, 외현적 행동의 성향이라는 표현을 빌려 객관적으로 표현되기도 한다. 욕구는 융합되어 있을 수도 있는데, 하나의 행위가 한 번에 둘 혹은 그 이상의 욕구를 만족시킬 수도 있고 하나의 욕구가 보다 우세한 다른 욕구에 종속되어 그 욕구를 충족하는 수단적인 힘으로 기능할 수도 있다. 욕구 외에도 주인공에 속하는 또 다른 변인의 목록으로는 몇몇 내적인 상태나 정서가 있다. 예를 들면, Murray는 굴종의 욕구, 성취 욕구, 공격 욕구, 우월 욕구, 자기처벌 욕구, 양육 욕구, 수동 욕구, 성 욕구,

의존 욕구 등을 들고 있다.

각각의 다양한 욕구와 정서가 가지고 있는 힘의 '강도'는 하나의 이야기에서 1점에서 5점 사이의 점수로 평정된다. 이 강도를 평가하는 기준은 그 욕구의 강렬함과 지속시간, 빈도, 그리고 이야기 줄거리 내에서의 중요성이다. 예를 들면, 약간의 짜증이 비쳤다면 1점을, 반면에 사나운 분노감을 나타냈다거나 '계속적으로 다툼을 유발하는 것'과 같이 경미한 형태의 분노감이 지속되거나 반복되었다면 5점을 준다. 20개의 이야기에 대해 이런 식으로 점수를 매기고 한 후, 각각의 변인에 대한 점수의 합은 표준점수와 비교해 본다.

③ 주인공이 처한 환경의 힘

주인공이 처한 상황의 일반적인 특징뿐 아니라 세부적인 내용까지 잘 검토해 보아야 한다. 이 과정에서도 역시 독특함, 강도, 빈도를 기록해야 한다. 또한 그림 자체에는 나타나 있지 않지만 수검자의 상상에 의해 만들어진 물리적 대상이나 인물이 있는지도 주목해 보아야 한다. 주인공이 대하는 사람들이 우호적인지 적대적인지, 여성이 더 우호적인지 혹은 남성이 더 우호적인지, 나이 많은 여성(어머니상)이나 나이 많은 남성(아버지상)은 어떤 특성을 보이는지도 검토해 본다.

Murray는 친밀에 대한 압력, 공격에 대한 압력, 우월에 대한 압력, 양육에 대한 압력, 배척에 대한 압력, 결핍으로부터 오는 압력, 물리적 위험에서 오는 압력, 물리적 손상 등을 예로 들고 있다. Murray가 제시하는 압력의 목록 중에서 절반 이상을 차지하는 것이 주인공 이외의 인물들이 보이는 행동 경향성이다. 또한 그 상황에서 필요한 유익한 압력이 결여되어 있는 상황 자체도 압력으로 작용할 수 있으며, 주인공의 신체적 고통이나 죄의식, 열등감, 내부 심리적 요인도 압력이 될 수 있다. 압력의 강도에 대한 평정 역시 욕구를 평정했던 것과 동일한 방식으로 점수를 매긴다.

④ 결과

'결과(consequences)'는 주인공이 가진 서로 길항적인 힘들 간의 내적 역동이 현실에서 표출된 결과를 말한다. 즉, 주인공이 가진 욕구가 현실에서 만족될 수 있는지 아닌지, 두 힘 사이의 타협은 어떤 식으로 일어날지, 그 타협의 결과 현실에서의 타협점은 어떻게 수렴되는지는 결국 두 힘 사이의 상대적 크기에 달려 있다.

따라서 주인공으로부터 나오는 욕구의 힘과 환경으로부터 그 욕구에 대해 가해지는 힘 사이의 상대적인 강도를 비교해 보아야 한다. 주인공은 얼마나 많은 힘(에너지, 결의, 인내력, 능력)을 나타내고 있는지, 주인공이 욕구를 만족시키는 데 있어서 방해가 되거나 해로운 힘들에 비해 촉진하고 이익이 되는 힘들은 얼마나 되는지 그 강도를 비교해 보아야 한다. 또한 그 저항에 직면하여 주인공은 새로운 힘을 내는가 혹은 무너지는가, 주인공이 상황을 초래하는가 혹은 상황이 그에게 어떤 일을 초래하는가, 주인공이 강요하는가 혹은 강요를 받는가, 어떤 상황에서 누구의 도움을 받아 그가 성공하며 어떤 상황에서는 무엇 때문에 실패하는가를 살펴보아야 한다.

공격이나 범죄 행동을 저지른 후에 주인공은 적절하게 처벌을 받는가, 그는 죄의식을 느끼는가, 잘못을 고백하고 그 행동을 보상하는가, 아니면 그런 행동이 전혀 도덕적인 중요성을 갖지 않는가, 처벌이나 중대한 결과 없이 그저 순탄하게 지나가는가 등도 검토해 볼 필요가 있다.

주인공이 겪는 고난과 좌절, 성공과 실패의 정도를 평가해 보아야 하며, 이야기가 해피엔딩으로 끝난 경우와 그렇지 않은 경우의 비율도 계산해 보아야 한다.

⑤ 주제

주인공의 욕구와 환경에서 오는 힘 사이의 상호작용 그리고 그 결과는 '단순주제 (simple thema)'를 구성하며, 이 단순주제들이 서로 맞물리거나 일련의 순서를 이루어 조합될 때 그것을 '복합주제(complex thema)'라 한다. 이 '주제'라는 용어를 좀 더 정확하게 정의한다면 '어떤 에피소드가 가지고 있는 추상적인 역동구조'라 할 수 있으며, 이 용어를 조금 느슨하게 정의한다면 '줄거리, 동기, 주제, 그 이야기의 일차적 특성'이라고 할 수 있다.

달리 표현한다면, 이야기 속에서 표현되는 어떤 사항, 갈등이나 딜레마가 주인공에게 가장 큰 관심거리인가가 '주제'라고 할 수 있다. 예를 들면, 성취, 경쟁, 사랑, 결핍, 강제와 구속, 공격과 처벌, 욕망에 따른 갈등, 모험, 전쟁과 같은 주제들이 있을 수 있다.

참고로 Bellak(1986)은 마치 우리가 한 권의 소설을 읽고 그 주제가 무엇인지 한마디로 요약할 수 있는 것처럼 TAT의 각 이야기를 한마디로 요약할 수 있는 표현이 무엇인지가 바로 '주제'라고 말한다. 그는 주제를 다섯 가지 수준으로 분해하여 요약해 보는 연습을 하는 것이 도움이 될 것이라 제안한다.

• 기술적(descriptive) 수준: 이 수준에서의 주제는 그 이야기가 담고 있는 의미를 평이

한 용어로 다시 한 번 요약해 본다. 그 과정을 통해 이야기들 간의 공통적인 성향이나 특징들은 약어나 짧은 단어의 형태로 다시 기술해 본다.

- 해석적(interpretive) 수준: 이 수준에서는 이야기 속으로 한 단계 더 깊이 들어가 의미를 탐색하면서 보편적인 방식으로 기술해 본다. 이 단계에서는 '만일 ……했다면 (If one ……)' 과 같은 형식으로 기술해 본다.
- 진단적(diagnostic) 수준: 해석적 수준에서 추론된 내용을 하나의 '정의' 를 내릴 수 있는 문자로 다시 기술해 본다.
- 상징적(symbolic) 수준: 정신분석적 가설에 따라 이야기에 등장한 상징이 무엇인지 찾아내고 이를 해석해 본다. 이 단계는 이야기에 드러난 사실적 내용(fact)으로부터 더 멀리 떨어져 나가는 것이므로, 아주 보수적인 태도로 조심해서 시도해 보아야 한다.
- 세부적(elaborative) 수준: 이야기에 포함된 특수한 내용들에 대해 수검자에게 부가적 설명을 요구하거나 자유연상을 시도하여 보다 상세한 개인적인 연상 내용을 보강한다.

그가 예로 든 6BM 카드에 대한 어떤 이야기를 통해 주제를 요약하고 해석하는 방식을 보면 다음과 같다.

"이 사람은 성공한 젊은 엔지니어입니다. 그는 가정에서 독자이고, 그의 아버지는 돌아가셨고, 그는 엄마와 아주 친밀한 사이입니다. 그는 지금 석유사업을 하고 있는데, 바다 건너 동인도로 진출하자고 하는 계약을 맺자고 제의를 받았습니다. 그는 계약서에 서명을 하고 지금 막 떠나려고 하는 참입니다. 그는 지금 어머니와 작별인사를 나누면서 마음이 찢어질 것 같습니다. 그녀는 한동안 너무 외로웠고, 드디어 동인도로 아들을 따라가야겠다는 결심을 합니다. 지금은 전시인데, 그녀는 어찌어찌하여 아들이 있는 섬으로 갈 수 있는 배에 승선 허가를 얻어 내었습니다. 그런데 적군의 잠수함 공격으로 그 배는 침몰하게 되고 그녀는 죽었습니다. 그 아들은 어머니의 이러한 계획을 알지 못하고 있었고, 자기 나름대로는 불시에 어머니를 방문하여 그녀를 깜짝 놀라게 해 드리려고 하고 있었습니다. 그는 고향을 깜짝 방문하려고 결심하였습니다. 그가 올라탄 배는 어머니가 그에게 오려 했던 똑같은 항로를 타고 나아가고 있습니다. 어머니가 탄 배가 침몰했던 바로 그 지점에 이르자, 또 다른 적의 잠수함에 의해 어뢰 공격을 받아 그도 역시 죽게 됩니다(TAT: 6BM)."

이 이야기를 Bellack이 제시한 다섯 가지 수준으로 그 주제를 요약해 보면 다음과 같다.

- 기술적 수준: 한 아들이 그가 사랑하는 어머니와 혼자 살고 있고 그녀를 떠나려 한다. 그 두 사람이 모두 다시 만나려는 순간 그들은 똑같은 장소에서 죽게 된다.
- 해석적 수준: 어머니와 함께 사는 것과 같이, 이 수검자는 자신이 근친상간적 환상을 가지려고 한다면 둘 다 죽는다고 생각하고 있는 것 같다.
- 진단적 수준: 이 수검자는 근친상간적인 문제와 오이디푸스적 갈등을 지니고 있으며, 그것이 그에게 심각한 죄책감을 유발하고 있다.
- 상징적 수준: 이 이야기에 등장하는 '어뢰'는 은밀하게 시도된 모자간의 접촉에 대해 벌로서 어머니와 아들의 관계를 위협하고 파괴하는 아버지의 남근적 상징으로 사용되었다.
- 세부적 수준: 이 이야기 속에 표현된 '동인도'나 '엔지니어' '석유사업' 등에 대해서, 이 수검자에게만 독특한 과거의 경험 내용으로 무엇이 있는지 탐색해 본다.

⑥ 흥미와 취향

어떤 특정한 대상을 향한 주인공의 태도나 감정이 긍정적인 색채를 띠는가, 아니면 부정적인 색채를 띠는가를 살펴본다. 여기서 특히 중요한 것은 연상의 여성(어머니상)이나 연상의 남성(아버지상), 혹은 동성 혹은 이성의 인물(형제상일 수도 있다)에게 긍정적 혹은 부정적 태도나 감정이 표현되는지를 알아보는 것이다.

(3) 심층분석

나타난 이야기의 내용을 통해 억압된 무의식적 경향성을 해석해 내기 위해서는 정신분석이론에 대한 지식과 정신분석 과정을 실습해 보아야 한다. 심층분석을 위해서는 마치 이야기를 구성해 낸 수검자가 한 아이이며, 상징적인 수단을 통해 자신의 신체, 신체의 어떤 기관, 타인의 신체, 그의 부모나 형제, 자신이 과거에 겪은 외상적 경험들을 객관화하려고 시도했던 것처럼 각 이야기와 그 구성 요소를 바라볼 필요가 있다.

(4) 반응 형식에 대한 분석

주제를 기술하는 다양한 표현법, 이야기의 구조, 스타일, 정서, 현실감의 정도, 줄거리가 가지고 있는 호소력, 사용되는 어휘들을 분석해 본다. 이런 분석을 통해 수검자의 기질, 정서적 성숙도, 관찰 능력, 지능, 심미적 상상력, 문학적 능력, 언어표현 능력, 심리적 통찰력, 현실감, 내-외향성, 인지적 통합성 등을 추론해 볼 수 있다. 예를 들면, 강박적 성향, 조증 혹은 울증 경향은 쉽게 확인될 수 있다. 주제와 언어의 통합성이 결여되어 있다거나 느낌과 행동 사이의 불일치, 기괴한 요인들이 나타난다면 정신적인 혼란 상태를 반영하는 것이다.

Murray는 이러한 분석을 통해 최종적인 결론을 내리기 전에 다음과 같은 몇 가지 사항을 고려해 보아야 한다고 제안한다.

- 검사가 미숙하게 실행되었거나 수검자가 과제에 정서적으로 몰입하지 않았거나 이야기가 짧고 피상적이라면, 그 이야기의 내용은 대부분 수검자의 사적인 요소와는 무관한 내용들로 구성된 부적절한 것일 수 있다.
- 평균적으로 30% 정도의 이야기는 사적인 내용과는 무관한 범주에 속한다.
- 그것이 수검자 자신의 사적인 내용인지 아닌지에 대한 수검자 자신의 판단에 너무 의존해서는 안 된다.
- TAT는 단지 수검자가 가진 사고의 스무 가지 정도 되는 작은 표본을 추출한 것에 불과한 것이며, 이 이야기를 통해 수검자 성격의 뼈대가 드러난다고 생각하는 것은 지나치게 낙관적인 것이다. 일련의 면담이나 정신분석 과정에서도 전적으로 비생산적인 시간이 있을 수 있듯이, TAT 이야기 속에도 매우 피상적이거나 성적의 내재된 결정요인을 추론하기 불가능한 것들이 있다.
- 사람에 따라 관념과 행동 간의 일치 정도가 다르다. 즉, TAT의 이야기는 단지 그의 정신활동일 뿐이며 그의 외현적 행동이나 그 행동의 가능성을 나타내지 않는 수검자도 있을 수 있음을 염두에 두어야 한다.
- 정상적으로 사회화된 성격은 적어도 세 개의 층을 구별할 수 있다. 내층에는 그 원래의 형태가 사고나 행동으로 객관화되기가 결코 혹은 거의 불가능한 무의식적 성향들이 억압되어 있다. 중간층에 있는 경향성들은 위장되지 않은 형태로 생각을 통해 나타나거나 행동을 통해 객관화될 수 있다. 외층은 공적으로 주장되거나 인정되는 또는 공개적인 행동으로 표현되는 경향성들로 구성되어 있다. 해석가는 TAT 이

야기에서 나타나는 변인이 어떤 층에 속하는 것인지를 구분해 보아야 한다.

• 성격의 전체 구조를 가장 잘 이해하기 위한 방법은 TAT에서 발견된 내용과 수검자의 표현된 행동의 특성을 관련시켜 고려하는 것이다.

• 일반적으로 TAT에서 보이는 이미지 표현의 강도는 행동적 표현의 강도와 정적인 상관이 있지만, 평상시에는 억압되어 있는 어떤 특정한 정서나 충동은 오히려 그 반대일 수도 있다. 사고의 흐름은 최근에 충분히 만족되었던 욕구보다는 오랫동안 억압되거나 남아 있던 욕구에 의해 더 강력한 영향을 받는다는 원리를 기억하고 있어야 한다. 따라서 TAT에서 드러난 것은 수검자가 일상생활 속에서 의식적으로 말하고 행하는 것과는 종종 정반대가 된다.

• 검사자의 성별이나 검사자의 태도와 같은 변인 역시 고려해야 한다. 특히 검사자와 동일한 성을 가진 사람에 대해 비정상적인 적대감을 가지고 있는 수검자의 이야기를 분석할 경우가 해당된다.

• 수검자가 현재 처한 인생 상황과 현재의 정서 상태는 중요한 변인이 된다.

Murray의 욕구-압력 분석법이나 이와 비슷한 Bellak의 해석법은 특히 연구를 위한 목적으로 TAT를 해석하고자 할 때 유용한 방법이다. 그러나 이 분석법에서 사용되는 개념이나 정신분석학적 역동구조 혹은 자아심리학적 가정들을 숙달하는 것은 쉽지 않으며, 또 각각의 20장의 그림카드에 대해서 모두 이런 식으로 분석하기 위해서는 4~5시간이 걸린다. 이러한 시간상의 이유로 TAT를 해석하는 다양한 시도가 있어 왔다. Wyatt(1947)가 정리해 본 몇 가지 다른 해석법을 살펴보자(Bellak, 1986 재인용).

Rotter는 TAT를 해석하는 세 단계를 제시한다.

• TAT 반응에서 다음과 같은 11개의 측면을 검토해 보아야 한다.
  – 이야기의 어떤 부분에 수검자 자신의 개인적인 속성이 포함되어 있는가?
  – 이야기의 앞뒤가 조리 있게 잘 맞는가?
  – 우세한 정서는 무엇인가?
  – 성별을 다루는 양식은 어떠한가?
  – 이야기의 결말과 그 결말이 이야기와 어떤 관련이 있는가?
  – 반복되는 주제는 무엇인가?

- 통상적으로 사용되지 않는 표현법들은 무엇인가?
- 자신을 둘러싼 외부세계에 대해 어떤 태도를 가지고 있는가?
- 주인공은 어떤 성격을 가지고 있는가?
- 문제를 해결해 나가는 전형적인 양식은 무엇인가?
- 어머니, 아버지, 아들 등과 동일시하고 있는 인물은 어떤 성격을 가지고 있는가?

• 해석의 다섯 가지 원리를 적용한다.
- 어떤 관념이 어떤 빈도로 나타나는가?
- 줄거리, 언어 사용법, 잘못 지각한 것에 있어서 전형적이지 않은 것들은 무엇인가?
- 누구와 동일시하고 있는가?
- 상투적으로 나타나는 표현들은 무엇인가?
- 달리 해석할 수 있는 방법은 무엇인가?

• 성격 경향성에 관한 질적인 분석

Rapaport는 각각의 그림에서 통상적으로 나타나는 이야기가 무엇이며, 그 통상적인 기준에서 수검자의 이야기가 어떻게 빗나가고 있는가 하는 점을 해석의 기본적인 방향으로 삼아야 한다고 제안한다. 이 기준에 따라 분석되어야 할 두 가지 큰 범주는 다음과 같다.

• 이야기 구조의 형식적인 특성: 세 가지 측면이 있다.
- 지시에 대한 순응 혹은 일탈의 정도는 어떠한가? 예를 들면, 생략하거나 왜곡한 부분, 강조점을 엉뚱한 곳에 둔 부분, 그림에서 묘사된 상황이 아닌 그림 자체에 몰입하는 경우, 그림에 나타나지 않은 인물이나 물체를 제시하는 경우가 있을 수 있다.
- 이야기의 일관성 정도에서 다른 사람들의 반응과 어떻게 다른가? 예를 들면, 자신을 드러내거나 공격적으로 표현하는 정도가 다른 이야기에 비해 얼마나 벗어나 있는가, 어떤 특정한 그림이 갖는 통상적인 중요성에서 얼마나 벗어나 있는가, 단어 사용이나 표현 형식이 얼마나 벗어나 있는가 하는 정도에서, 그리고 수검자 자신의 반응 내에서 얼마나 일관성을 갖는가도 검토한다.
- 언어 표현법의 특성이 얼마나 일탈되어 있는가?

- 이야기 내용의 형식적 특성
  - 이야기에서 나타나는 전반적인 정서적 색채
  - 이야기에서 동일시하는 인물과 기억표상들
  - 추구하는 욕구와 태도
  - 장애물들

Henry는 Murray 못지않게 광범위하고 상세한 해석의 틀을 제시한다.

- 형식적 특징: 6개의 범주로 나뉘며 각 범주는 여러 가지 하위범주를 갖는다.
  - 이야기의 양과 종류: 이야기의 길이, 제시된 내용의 양과 종류, 뚜렷함의 정도, 독창성의 정도, 리듬과 강약, 이 모든 요인에서의 일탈과 일관성 정도
  - 조직화 특징: 선행 이야기나 결말이 제시되었는지 결여되어 있는지, 조직화의 수준, 일관성이나 논리성, 중심개념에 접근하는 양식, 상세한 설명이 얼마나 덧붙여지는지의 정도, 그리고 이 모든 요인에서의 변화 정도
  - 개념의 정교함, 관찰력, 세부요소들의 통합력
  - 언어구조: 운동, 행위, 속성 부여, 기술단어 등
  - 원인을 찾는 양식(내적 귀인/외적 귀인)
  - 전체 사고의 내용과 이야기의 관련성(압축, 억압)
- 내용적 특징
  - 전반적인 정서적 색채: 긍정적 혹은 부정적 언어표현, 수동적 혹은 공격적 언어표현, 공개된 혹은 숨겨진 갈등, 공개된 혹은 숨겨진 대인관계의 조화, 친밀한 행동 및 사고
  - 양성적 내용: 이야기에서 기술된 인물들, 대인관계, 이야기에서 중심이 되는 행위
  - 음성적 내용: 수검자가 말하지 못했던 것, 그가 말할 수도 있었던 것
  - 내용의 역동적 구조: 상징, 연상
- 형식적 특성과 내용적인 특성의 관계 내에서는 여덟 가지 영역이 고려되어야 한다.
  - 대상에 대해 심리적으로 접근하는 방식, 창의력과 상상력, 대상에 대해 행동적으로 접근하는 방식, 가족역동, 내적 적응, 정서적 반응성, 성적 적응, 기술적이고 해석적인 요약

Tomkins는 공상 내용을 논리적으로 일관성 있게 분석하는 데 있어서 네 가지 주요 범주를 제시한다. Tomkins의 방법은 채점과 해석 부분으로 구성되어 있는데, 각각의 이야기는 다음 네 가지 범주에 따라 채점된다.

- 욕구를 구성하는 벡터 요인: '~을 위한' '~에 맞서는' '~에 내재된' '~에 의한' '~을 벗어난' '~부터 파생되는' '~에 속한'
- 공상이 표현되는 수준: 소망 혹은 백일몽
- 외적인 힘으로 작용하는 조건들(Murray의 '압력'), 불안이나 우울과 같은 내적 상태, 욕구의 목표로 언급된 것이 아닌 개인의 내부 혹은 외부에 이미 주어진 것으로 언급된 조건들
- 강도, 확고함, 시간적 고려사항들과 같은 속성들

Wyatt는 TAT를 해석하기 위한 열다섯 가지 변인을 제안하였다. 각각을 소개하면 다음과 같다. ① 이야기 기술방식, ② 자극을 지각하는 방식, ③ 통상적인 반응에서 일탈된 것, ④ 자신의 통상적 반응에서 일탈된 것, ⑤ 시간 사용방식, ⑥ 해석의 수준, ⑦ 이야기의 전반적인 색조, ⑧ 화법의 질적인 속성, ⑨ 중심 인물, ⑩ 주변 인물, ⑪ 개인적 관계, ⑫ 추구, 회피, ⑬ 압력, ⑭ 결과, ⑮ 주제.

마지막으로 가장 단순한 해석법은 그저 이야기의 내용을 죽 검토해 보는 것이다(Bellak, 1950). 즉, 그 이야기가 무엇인가 심리적으로 의미 있는 내용을 전달하고자 하는 것으로 간주하면서 그냥 이야기를 죽 읽어 나가는 것이다. 그러면서 중요하거나 특별하거나 독특한 것으로 보이는 것에 줄을 쳐 본다. 경험이 많은 임상가라면 그 이야기를 두 번째 읽어 보았을 때 반복되는 패턴을 쉽게 찾을 수 있으며, 각각의 이야기가 의미 있는 전체 속에서 어디에 위치하는지 발견할 수 있다. 이 방법은 TAT 검사에 더 많은 경험을 쌓을수록, 더 많은 임상 경험(특히 정신분석학적 임상 경험)을 가지고 있을수록 더 쉽게 사용할 수 있다.

7) 각 그림별로 주로 도출되는 내용 및 사례

(1) 도판 1

"탁자 위에 올려놓은 바이올린을 보면서 한 소년이 생각에 잠겨 있다."

이 그림은 대부분의 수검자에게 있어 상당히 풍부하고 많은 연상이 도출될 수 있다. 이 그림에 나온 소년과는 대체로 쉽게 동일시되는 편이다. 이 그림에서는 부모와의 관계가 투사되곤 한다. 부모가 바이올린을 배우도록 강요하지만 소년은 하기 싫어서(어떻게 할지 몰라서, 더 잘 하고 싶어서, 놀고 싶어서 ……) 어떻게 할지 고민하고 있다는 내용이 전형적인 한 가지 예이다. 따라서 어떤 권위적 인물의 요구와 자율성 간의 갈등, 이 갈등이 어떻게 해결되어 나가는지, 성취 욕구는 어떤 식으로 어떻게 달성되는가 하는 관련 주제들이 함께 연결되는 것이 보통이다.

또 한 가지 중요한 것은 성적인 욕구와 관련된 주제가 상징적으로 표현될 수 있다는 것이다. 바이올린은 여성이며 바이올린을 켜는 활은 남성이고, 바이올린 연주는 상징적으로 자위행위나 성행위를 의미한다. 따라서 바이올린을 제대로 인식하지 못하거나 다른 물건으로 지각하는 경우 성적 억압이나 죄책감이 있는지 검토해 볼 필요가 있다. 예를 들면, 어떤 수검자는 소년의 앞에 놓인 물체가 무엇인지 반응이 끝날 때까지 인식하지 못하는 경우도 있고, 카드가 제시된 후 한참만에야 "아, 바이올린이군요."라고 말하는 경우도 드물지 않다. 또한 바이올린 자체는 자신의 신체 이미지(body image)와 동일시되는 경향도 있다. 따라서 바이올린의 줄이 끊어졌다거나 바이올린이 부서지거나 망가졌다거나, 빌려온 바이올린을 갖고 싶어 물끄러미 쳐다보고 있다거나, 바이올린을 팔아야 하기 때문에 고민한다는 식으로 연상하는 경우는 자기 이미지가 매우 부정적이거나 손상되었던 경험이 있을 수 있다.

[사례] 20대 미혼여성

"애기가 바이올린을 하기 싫어… 엄마는 하라고 하는데… 어떻게 하면 이걸 안 할까 생각을 하는 것… 어떻게 하면 이건 내 적성이 아닌데, 엄마가 학원 가라는 것 안 하고… 이 바이올린 샀는데 돈이 많이 들었을 텐데… 안 하자니 엄마에게 미안하고… 결국에는 엄마가 하라는 대로 연습은 하고 연주는 하겠지만 되게 하기 싫어해요. 그렇지만 하는 도중 의외로 바이올린에 재미를 느끼고… 해피엔딩으로 생각한다면 유명한 바이올리니스트… 즐기고 있겠고, 나쁜 쪽으로 본다면 가출, 문제아가 될 수도 있겠네요."

☞ 이 사례에서는 부모와의 관계에서 파생되는 전형적인 의존과 독립 욕구 사이의 갈등이 표현되고 있다. 주인공을 '애기'라고 지칭하면서 이야기를 시작하는 점이 주목할 만하다. 이 이야기 속에는 주인공이 분명하고 어느 정도 수검자와의 동일시도 이루어지고 있는 것으로 보이므로, 수검자 자신의 자기 이미지가 보통의 다른 사람들에 비해 어리거나 미숙하다는 것을 암시한다. 주인공은 싫지만 수동적으로 엄마의 의지에 복종해서 성공한다는 주제와, 그와는 반대로 문제아가 될 수도 있다는 상반되는 내용이 그러한 갈등의 주제를 잘 드러내고 있다.

(2) 도판 2

"시골의 농촌 장면으로, 앞에는 젊은 여자가 책을 들고 서 있고 배경에는 한 남자가 들에서 일을 하고 있고 한 아주머니는 나무에 기대어 그것을 바라보고 있다."

이 그림 역시 몇 장의 카드만으로 선별하여 실시할 경우에는 반드시 포함시켜야 될 중요한 카드이다. 세 사람 간의 관계는 주로 한 가족(어머니, 오빠, 여동생 혹은 어머니, 아버지, 딸)으로 기술되며, 딸은 공부를 하거나 교회에 가기 위해 책이나 성경책을 들고 있는 내용으로 구성되는 경우가 많다. 이 카드에서는 가족 간의 역동적 관계에 대한 풍부한 정보가 나타날 수 있다. 젊은 여성이 전면에 서 있기 때문에 수검자가 여성인 경우는 물론이고 남성인 경우에도 이 여성과 동일시하는 경우가 많다. 자기애적인 경향이 강한 경우, 극단적으로는 주인공(앞의 여성)을 제외한 뒤의 두 사람은 배경의 그림으로 지각하면서 주인공이 그림 앞에 서 있다고 하거나, 혹은 보통의 경우 배경의 인물들을 주인공과는 전혀 관계없는 부수적인 인물들로 처리를 하곤 한다.

그림의 크기나 전경-배경의 차이뿐 아니라, 앞의 여성과 뒤의 두 사람의 차림새, 하고 있는 일이 이질적인 점을 들어 가족과 자신의 대립구조나 갈등이 묘사되는 경우가 빈번하다. 따라서 이 카드에서는 전통적인 가치관을 가진 가족과 주인공이 겪는 갈등을 주제로 한 이야기가 전형적이다. 이러한 갈등이 기술될 경우 주인공이 가진 자율성과 성취욕구가 어떻게 좌절되거나 충족되는가 하는 점이 해석의 포인트가 된다.

또한 뒤에 서 있는 아주머니의 배는 분명히 불룩하다. 따라서 그녀가 임신한 것으로 지각하는 경우도 많은데, 이를 통해 임신에 대한 태도가 투사될 수도 있다. 때로 임신에 대한 두려움이 있는 경우에는 애써 아주머니의 배에 대한 언급을 회피하기도 한다. 수검자가 남성인 경우, 뒤에 있는 남성이 웃통을 벗고 근육질의 몸을 노출시키고 있는 점과 관련하여 수검자의 남성성(masculinity)이 어떤 식으로 표현되는지도 살펴볼 수 있다. 예를 들면, 자신의 남성성에 대해 열등감을 가지고 있던 남성 수검자는 이 카드에 등장하는 세 명의 인물 중 예외적으로 뒤 배경에 있는 이 남성에 대해서 먼저 이야기를 시작하고, 아니면 가장 나중에 '마지못한' 태도로 이야기하기도 한다. 여성인 경우는 이 남성에 대한 태도와 남성과의 관계가 어떻게 전개될 것인지에 따라 이성관계를 형성하는 패턴이나 이성애와 관련하여 잠재된 갈등의 일부가 드러나기도 한다. 또한 남성과 여성으로서뿐만 아니라 각자가 맡은 일을 어떻게 지각하는가에 따라 성역할에 대한 태도가 나타난다.

[사례] 우울증을 보이는 40대 여성

"추수철인 것 같아요. 밭고랑이 이렇게 깊은데… 논은 아니고 밭인데… 밭길 따라 여학생이 학교 갔다 오는데… 세 사람이 아무 사이도 아닌데, 그냥 같이 등장한 것… 주인공은 여학생이고… 주변은 그냥 엑스트라… 주변의 그림은 다 배경이고 주인공은 이런 마을에 살았고… 먼 미래를 생각하는 눈빛이거든요… 장래희망이랄까… 주인공은 차분한 성격에 그러면서도 냉철할 것… 욕심이 아주 많을 것… 자기에 대한… 자아가 강한… 그런 사람인데, 그렇게… 꿈을 가지고… 하지만 그렇게 밝지는 않을 것… 다시 고향으로 돌아와서 지금처럼 여기에 서서 이런 생각들을… 그때 내가 그런 생각들을 했지….'

☞ 오직 주인공만을 중심으로 이야기가 진행되는 것은 수검자의 자기애적 성격의 단면을 보여 준다. 또한 후반부로 진행되면서 그러한 자기애적 욕구가 수검자가 처한 어떤 현실의 문제들로 인해 좌절되면서 겪고 있는 우울감이 나타나고 있다.

---

(3) 도판 3BM

"마룻바닥의 소파에 기대어 한 소년의 형태를 한 인물이 고개를 파묻고 있고 그 옆에는 권총이 놓여 있다."

이 그림은 남성뿐 아니라 여성에게서도 중요한 정보를 얻을 수 있다. 이 카드에서는 옆에 놓인 물체(권총)가 어떤 식으로 사용되었다고 지각되는가에 따라 적대감이 어떤 식으로 처리되는가(내부로 향하는가, 외부로 향하는가) 하는 것을 알 수 있다. 예를 들면, 이 그림에 나타나지 않은 누군가 다른 사람이 주인공을 총으로 쏜 후의 장면으로 기술하는 경우도 있고, 반대로 이 그림에 나타나 있는 주인공이 누군가를 총으로 쏘고 난 후의 장면(혹은 권총으로 자살을 한 후의 장면)으로 묘사하는 경우도 있다.

만일 누군가를 총으로 쏜 것으로 연상된 경우 그 이후에 주인공이 어떤 처벌을 어떤 식으로 받게 되는지에 따라 초자아의 강도와 그 경직성 같은 것이 드러나기도 한다. 한편 옆에 놓인 물체가 뚜렷한 권총의 형태가 아니기 때문에 다른 물체(예: 열쇠)로 지각하거나 아니면 전혀 그 물체에 대해 언급하지 않는 경우도 있는데, 이는 적대감을 얼마나 억압하는 경향이 있는지 나타내는 지표로 삼을 수도 있다.

또한 그 그림에 나타난 인물의 성별은 고의적으로 모호하게 그려져 있는데, 이 인물을 어떤 성별로 지각하는가에 따라 성적인 정체감이나 동성애적 경향이 암시될 수도 있다. 이 카드는 자살 충동이 어떻게 표현되는지를 알 수 있기 때문에 우울 성향을 가진 수검자에게는 반드시 실시해 보아야 하며, 옆에 놓인 물체가 무엇인지를 확인하기 위해 연상이 많이 지체된다면 강박적 성향이 있는지도 검토해 보아야 한다.

[사례] 우울증을 보이는 30대 남성

"이 그림은 굉장히 암울하네요. 이 여자가… 아니, 남자인가… 하여튼 몸이, 등에 혹이 있는 것 같은데 꼽추인가 봐요. 이렇게 살아오다가 자기 자신의 처지를 비관해서 자살한 것 같은데… 이게 총인가요? 아마도 총으로 자살을 해서… 이렇게 된 것 같아요. 이런 그림은 오래 보고 싶지 않네요."

☞ 수검자의 정서가 그림의 암울한 느낌에 의해 지배되어 있으며, 꼽추로 연상한 부정적인 신체상은 수검자의 자아상을 반영하여 자살하는 것으로 끝을 맺고 있다. 마지막에는 연상이 계속 진행되면서 수검자의 내부에서 증폭되는 우울감을 견디지 못하여 방어하려는 시도가 엿보인다.

(4) 도판 3GF

"한 젊은 여자(?)가 고개를 숙인 채 오른손으로 얼굴을 가리고 있으며 왼손은 문의 손잡이를 잡고 있다."

이 그림에서는 3BM과 마찬가지로 거의 예외 없이 우울감이 표현된다. 그리고 그 우울감은 부모관계나 배우자 관계에서 파생되는 어떤 갈등의 일부분으로 묘사되는 경우가 많다. 따라서 수검자가 가진 우울감이 어느 정도의 강도로 표현되는지, 그것이 무엇에 의해 초래된 것인지, 앞으로 그 우울감을 어떻게 다루어 나갈지 등을 예상해 볼 수 있다. 기혼 여성인 경우에는 부부간에 어떤 갈등이 내재되어 있는지 드러나는 경우도 많다.

[사례] 남편과의 갈등을 겪고 있는 40대 여성

"남편이 바람피우고 막 들어오지 않아서 문을 잡고 기다리다가 울고 있는 모습이군요. 남편이 들어와서 이 여자를 더욱더 힘들게 하겠지요. 그리고 남편이 떠나가고 이 여자는 계속 이 남자를 외롭게 기다리다가, 돌아왔지만 아무것도 이 남자한테서 건질 수가 없는… 나중에는 꿋꿋하게 홀로 설 수 있을 거예요. 그러나 그것은 시간이 많이 흐른 다음에야 그렇게 되겠지요. 이렇게 절망적인 상태는 쉽게 벗어날 수 없을 거예요."

☞ 이 여성은 자신이 현재 겪고 있는 남편과의 문제를 이 카드에서 그대로 투사하고 있다.

(5) 도판 4

"한 여성이 한 남자의 어깨를 잡고 있고, 그 남성은 몸과 고개를 돌린 채 마치 그녀를 뿌리치고 어디론가 달려갈 듯한 자세를 취하고 있다."

이 그림의 등장인물은 남녀의 성적 특징이 분명하며, 강렬한 정서가 표정에 묘사되어 있다. 따라서 수검자의 이성관계에 대한 태도와 이성관계를 맺는 방식이 무엇인지 드러난다. 그림에 묘사된 두 남녀는 부부나 애인 관계보다는 주로 불륜관계로 묘사되곤 하는데, 성미가 급하고 과격한 남성이 무슨 일을 벌이려고 하는데 여성이 그것을 만류하는 것으로 연상되는 것이 보통이다. 이 카드에서는 여성의 남성에 대한, 남성의 여성에 대한 태도가 투사되기 쉽다. 무시되고 언급되지 않는 경우가 대부분이지만 간혹 배경에 옷을 벗고 있는 여성이 그림으로 혹은 실제의 여성으로 지각되는 수가 있으며, 이를 통해 성적욕구에 대한 억압이나 갈등, 삼각관계에 놓인 상황에서 갈등이 암시되기도 한다.

[사례] 30대 여성

"부정적인 생각이 떠오르는데… 남자가 화가 난 것 같은데요. 여자는 남자의 감정에 상관없이 역시 자기 생각만 하고 있는 것 같고, 그러니까 요즘 공주병 걸린 여자랄까… 남자는 그런 여자의 공주병을 참아 나가기가 어려워서 다른 곳을 보면서 화를 삭이고 있는 것. 여자는 자기만 봐 주길 원하고, 자길 사랑한다고 얘기해 주길 원하는 그런 여자….”

☞ 수검자가 현재 겪고 있는 남편과의 갈등이 투사되고 있으며, 그 관계 내에 있는 수검자 자신의 욕구와 특성, 그리고 그 특성이 현재의 갈등에 미치는 영향, 갈등의 주된 주제가 무엇인지도 암시되고 있다.

(6) 도판 5

“한 중년의 여성이 문을 반쯤 연 채로 방 안을 살펴보고 있다.”

이 그림에는 한 사람만 등장한다. 그럼에도 불구하고 주로 부모와 자녀의 관계가 연상되는데, 주인과 하녀의 관계로 기술되는 경우도 꽤 있고, 때로는 부부관계가 투사되기도 한다. ‘어머니가 자녀의 방을 들여다보고 있고, 자녀는 뭔가 어머니에게 숨겨야 할 행동을 하는 광경이 방 안에서 벌어지고 있다’고 하거나, ‘밤늦게 불이 켜진 것 같아 방을 들여다보았더니 자녀는 밤늦게 공부를 하고 있다’는 식의 이야기가 주로 나타난다. 숨겨야 할 일로는 주로 성적인 행위(자위행위, 남자친구나 여자친구와 같이 있다)가 연상되는 경우가 많다. 모자간의 갈등 내용이나 부모의 태도, 자녀의 적대감, 성적인 죄책감, 관음증적 욕구 등이 주로 나타난다. 대인관계의 불안감이나 낯선 사람에 대한 공포감, 분열성적 성향이 강한 수검자인 경우, 도둑이나 강도가 침입한 것으로 연상하는 경우도 있다.

[사례] 20대 여성

“엄마랑 아빠랑… 아는 사람한테 아이를 맡기고 어딜 갔어요. 아줌마가… 아이가 방에서 잘 지내고 있는지, 밥 먹으라고 부르기 위해 온 것 같네요. 아줌마는 아이를 크게 사랑하는 것 같지는 않고 그냥 맡은 바의 일을 하는 것 같아요. 타성에 젖는 얼굴, 반복적으로 일을 하는….”

☞ 그림에서는 나타나지 않고 있는 부모를 언급하고 있는 점이 이례적이다. 전반적인 이야기의 주제도 자신을 방치하고 있는 부모 및 주변 사람들에 대한 불만이 섞여 있지만, 그 불만이 노골적으로는 표출되지 않고 있다.

(7) 도판 6BM

"나이 지긋한 여성이 등을 돌린 채 창밖을 바라보고 있고, 키 크고 젊은 남성이 약간 고개를 숙인 채 뭔가 안 좋은 표정으로 옆에 서 있다."

이 그림은 남성 수검자일 경우 반드시 포함시켜야 한다. 거의 대부분 어머니와 아들 간의 관계를 연상한다. '뭔가 어머니의 뜻에 반하는 내용을 고백하기 위해 찾아온 아들' 혹은 '먼 길을 떠나기 전 작별을 고하기 위해 찾아온 아들'로 연상되곤 한다. 때로 어머니가 아닌 집안의 하녀로 지각하는 경우도 많은데, 이 경우 '하녀'라는 위치를 통해 어머니가 집안에서 차지하고 있는 위치(혹은 부모간의 역학관계)가 드러나기도 한다.

이 카드에 아버지는 나타나 있지 않기 때문에 아버지의 존재를 어떻게 처리하고 있는가를 부가적으로 질문해 보는 것도 좋다. 예를 들어, 누군가가 죽었기 때문에(이때 그것이 누구인지는 대체로 밝히지 않는다) 슬픔에 잠겨 있는 모자관계로 연상되기도 하며, 모자간의 갈등만 있을 뿐 아버지는 이미 돌아가시고 없다는 식으로 아버지의 존재를 부인하기도 한다. 어쨌든 부-모-아들 간의 삼각관계(오이디푸스적 갈등)가 잘 나타날 수 있는 카드이다.

[사례] 40대 남성

"부부관계로 봐야 되나, 모자관계로 봐야 되나… 그건 제가 느끼는 대로 봐야 되나요? 모자관계 같은데요. 엄마에게 호출을 받아서 뭔가 잘못을 했는데, 야단 좀 치려고 부른 것 같아요. 자식이 잘못한 게 있지 않을까. 저 같은 경우는 지금도 엄마가 부르면 가슴이 덜컹거리고 그러거든요. 친척집에 자주 안 가 본다거나… 근데 이 사람은… 본의 아니게 하루 밤 새워 노름을 했다거나… 그런 것 같은데요. 남자가 다시 잘 마음을 잡고… 엄마한테 불려가는 일은 없을 것 같네요."

☞ 어머니와의 밀착된 의존관계가 투사되고 있다. 어머니에게 '호출을 받는다'거나 '불려간다'는 표현은 매우 독특하다. 초반부에 부부관계인지 모자관계인지 결정을 못하고 있는 점도 눈여겨볼 만하며, 이는 오이디푸스적 갈등이 내재되어 있을 것이란 가설을 세워 볼 수 있다. 어머니의 기대에 반하는 행동을 하는 데 대한 죄책감, 어머니로부터 처벌, 그 처벌을 피하기 위한 절대적인 복종의 태도가 드러난다.

(8) 도판 6GF

"한 젊은 여성이 소파에 앉아서 어깨 너머로 뒤를 돌아보고 있는데 뒤에는 나이 많은 남성이 파이프 담배를 문 채 그녀를 바라보고 있다."

이 카드에 등장하는 남녀 역시 전형적인 남성과 여성의 특징을 분명히 가지고 있는 것으로 묘사되어 있기 때문에 수검자의 남녀관계에 대한 생각을 탐색해 볼 수 있는 유용한 카드이다. 이 그림에는 딸과 아버지 간의 관계가 투사되기 쉽다. 따라서 6BM과 상응하는 카드로, 여성 수검자에게는 반드시 포함시킬 필요가 있다. 나이 차이가 많아 보이기 때문에 두 남녀의 관계를 부부나 애인으로 보는 경우는 많지 않으며, 그보다는 대체로 얼굴만 아는 정도의 사이 혹은 전혀 모르는 사이로 본다. 대체로 남자가 여자에게 추파를 던지거나 유혹하는 장면으로, 혹은 남자가 어떤 적대적인 의도를 가지고 접근한다고 보는 경우가 많다. 아버지나 남성에 대해 어떤 태도를 가지고 있는지, 이성의 접근에 대해 어떤 식으로 반응하는지, 이성관계에 대해 어떤 갈등이 내재되어 있는지를 알아볼 수 있는 중요한 정보가 드러날 수 있다.

이 그림에 등장하는 담배 파이프는 전형적인 남성적 상징물로서, 수검자가 그 부분을 어떻게 처리하는지, 혹은 처리하기 어려워하거나 어떤 정서를 보이는지도 주목해 볼 필요가 있다.

[사례] 30대 여성

"탐정이에요, 이 남자가. 지금 어떤 사건에 대해서… 살인사건이든 도난사건이든… 이 여자를 심리적으로 압박하고 있어요. 이 여자는 알리바이 대고 있고, 굉장히 지적이고 우아하고 논리적이고… 하지만 이 남자의 집요한 추궁에 당황하고 있어요…. 그런데 이 여자가 빠져나가지 못할 것… 결국은 범인이 드러날 것… 이 남자는 아주 능수능란하고 집요하고… 사람 마음을 두세 배 더 알고 있는 그런 남자… 살인사건을 추적하고 있죠… 남편 살인사건…."

☞ 이 사례에서는 수검자 자신이 TAT 검사를 받고 있는 상황 자체를 마치 수사를 받고 있는 듯 느끼고 있고 이에 대한 수검자의 방어적 태세가 투사되고 있다. 그 뿐 아니라 수검자가 현재 직면한 남편에 대한 적대감도 표현되고 있다. 이 적대감은 현재 '남편 살인사건'을 일으킨 주인공의 모습으로 투사되고 있는 동시에 자신이 가진 적대감이 드러나지 않도록 하기 위해 애써 방어하고 있는 이중적인 갈등이 그려진다. 이 수검자는 실제로 남편, 아이양육, 시부모를 둘러싼 갈등 상황이 오랫동안 자신을 억압해 왔다고 생각하고 있었다.

(9) 도판 7BM

"백발의 남자가 다른 곳을 응시하고 있는 한 젊은 남자를 보고 있다."

이 그림은 부자간의 관계 혹은 그와 등가물인 권위적 인물과의 관계(예: 직장 상사와 하급자, 조직의 보스와 후계자 등)에 내재된 갈등이 투사되기 쉽다. 따라서 남성 수검자일 경우 아버지와의 관계를 탐색하기 위해 반드시 포함시킬 필요가 있다. 대체로 뭔가 음모를 꾀하고 있는 상하관계의 인물로 연상되는 경우가 많고, 때로는 협력관계에 있는 상하관계(교수와 제자, 직장상사와 부하직원)로 묘사되기도 한다. 이 인물들에 대해 수검자가 어떤 식으로 내면의 정서를 투사하는지 세심하게 분석해 볼 필요가 있다. 대부분 나이 많은 것으로 지각되는 남자를 권위적인 인상을 가지고 있고 억압하며 나쁜 의도를 가진 것으로 묘사하지만, 그에 못지않게 자애로운 멘토나 후원자의 역할을 하는 것으로도 묘사되곤 한다. 대체로 전면에 등장하는 나이가 젊어 보이는 사람을 주인공으로 묘사하는 경우가 많은데, 이 주인공이 지니고 있는 욕구가 나이 든 사람에 의해 방해를 받는지 후원을 받는지, 방해받는다면 결말은 어떻게 이루어지는지 등을 주의 깊게 살펴볼 필요가 있다.

[사례] 20대 남성

"아버지와 아들 같고요, 아버지가 아들에게 뭘 말하는 것 같아요…. 무슨 충고나 뭐 인생에 관해서… 아들은 표정이 그렇게 기분 좋아하지는 않고 듣기 싫어하는 것 같아요…. 자기 의견과 안 맞거나 너무 많이 들어서 지겹거나… 아들은 고집이 세고, 자기중심적이고, 자존심이 강할 것 같고, 아버지가 더 권위적으로 보입니다. 아들은 못 들은 척하고 그냥 갈 것 … 서로 싸우다가 아들은 뛰쳐나가고 그럴 것 같아요, 이 상황을 벗어나려고."

☞ 아버지에 대한 부정적인 인상이 주로 묘사되고 있으며, 아들에게는 권위적인 아버지로부터 벗어나려는 욕구가 투사되고 있다. 또한 권위적인 대상으로부터 받는 압력을 처리해 나가는 방식도 드러난다. 이 이야기에서는 아직 그 갈등의 결말이 어떻게 된 것인지 그려지지 않고 있다.

(10) 도판 7GF

"인형(?)을 안고서 다른 곳을 응시하고 있는 소녀의 옆에서 한 아주머니가 책을 보고 있다."

이 그림에서는 주로 모녀간의 갈등이 투사되기 쉽다. 그러나 두 인물의 차림새나 분위기 등이 상당히 차이가 나기 때문인지 주인집 딸과 하녀로 묘사되는 경우가 더 많다. 그림의 구도상 소녀의 시선이나 앉은 자세가 책을 읽어 주는 듯한 아주머니에게 부정적인 태도를 암시하는 방향으로 잡혀 있기 때문에, 특히 긍정적인 정서보다는 어머니상 (mother-figure)에 대해 억압되어 있는 부정적 정서의 내용들이 드러나기 쉽다.

한편 소녀가 손에 안고 있는 것을 어떻게 처리하는지 살펴볼 필요도 있다. 인형으로 보든가 나이 어린 동생이나 조카로 보는 경우가 대부분이지만, 불의의 성 관계에 의해 태어난 사생아로 보는 경우도 꽤 있다. 처음에 이것을 인형으로 볼지 혹은 살아 있는 아기로 볼지 한참을 망설이거나 검사자에게 물어보는 경우도 있는데, 이런 경우는 대부분 그 아이의 출생이 암시하는 비도덕적인 성관계에 대한 연상을 억누르기 위한 갈등을 시사한다. 드물기는 하지만, 소녀가 손에 안고 있는 것에 대해 아무런 언급을 하지 않은 채 이야기를 끝맺거나, 연상이 끝난 후 추후 질문을 하면 그것을 보지 못했거나 신경을 쓰지 못했다고 응답하는 경우도 있다. 이는 성관계나 임신에 대한 강한 억압적 태도가 내재되어 있음을 시사한다. 즉, 이 카드에서는 일반적으로 모녀관계에 내재된 갈등이나 성적인 태도가 투사되기 쉽다.

[사례]

"이 여자의 집이 너무 형편이 어려워서, 아이를 다른 집에 양녀로 들여놓으려고 해서… 예쁘게 막 꾸며 주고, 자기가 가지고 놀던 인형을 쥐어 주고 잘 살아라 하고 보냈는데, 언젠가는 형편이 나아지면 데리고 올 생각이었는데, 그러지 못하고 시간이 너무 많이 흘러 버려서…."

☞ 이 사례에서는 형편이 나은 집의 양녀로 들여보내려는 어머니와 그러한 어머니에 대한 딸의 감정이 표현되고 있다. 이러한 반응은 상당히 독특한 것으로, 실제 수검자가 지니고 있는 심리적 갈등의 단면을 반영하는 것일 가능성이 높다. 실제로 수검자의 집안 경제 수준이나 어머니와의 관계가 어떠했는지 탐색해 볼 필요가 있다.

(11) 도판 8BM

"청소년기의 나이로 보이는 한 소년이 그림의 전면을 응시하고 있고 그 옆에는 장총의 총신이 보인다. 그 뒤 배경으로는 누워 있는 누군가의 배를 향해 몇 명의 남자에게 둘러싸인 한 사람이 칼을 들고 있는 희미한 장면이 나타나 있다."

이 그림은 남성 수검자에게 특히 유용하며, 대부분 전면에 보이는 소년과 동일시한다. 총과 칼 모양의 물건들이 등장하기 때문에 주로 도출되는 주제는 공격성과 관련되어 있다. '누군가가 총에 맞아 수술을 하고 있는 장면' 혹은 '훌륭한 의사가 되고픈 장면을 상상하고 있는 소년'으로 연상되는 경우가 대부분이다. 앞에 있는 총은 비교적 큰 크기로 뚜렷하게 그려져 있음에도 불구하고 이 총에 대해 전혀 언급하지 않거나 지각하지 못하는 경우도 많은데, 이는 공격적인 충동에 대한 부인이나 억압을 의미할 수 있다. 소년과 칼을 들고 있는 사람 그리고 누워 있는 세 사람과의 관계가 어떻게 구성되는지 유심히 살펴볼 필요가 있다. 이 관계 속에는 대체로 아버지에 대한 오이디푸스적 갈등이 투사되며 아버지에 대한 감정이 어떤 식으로 표현되는지, 일반적으로 권위적인 남성에 대해 어떤 태도를 취하는지, 그 감정표현 방식의 단면을 엿볼 수 있기 때문이다. 예를 들면, 누워 있는 사람이 누군가의 총에 맞아 죽어 가고 있는 자신의 아버지로 묘사되는 경우도 있고, 칼을 들고 있는 사람이 자기의 아버지인데 의사라고 보는 경우도 있다. 이것은 수검자가 지니고 있는 공격성이 얼마나 승화된 형태로 표현될 수 있는지를 알려 줌으로써 자아기능의 발달 수준, 품고 있는 공격성의 생생함 등을 드러낼 수 있는 내용들이다. 한편 때때로 전면의 인물을 여성이라고 하는 경우도 드물지 않은데, 이때는 이것이 성적인 정체감의 문제(즉, 아버지와 아들의 관계에서 느끼는 성적인 정체감의 문제)와 관련된 것인지 검토해 볼 필요가 있다.

[사례] 20대 남성

"강도 두 명이 무단 침입해서… 웬 사람을 잡아 놓고 칼로 죽이려 하고 있습니다. 결국 이 사건은 두 범인이 잡혀서 법정에 서게 됩니다. 이 여자는 검사이고, 이 두 사람을 기소하기 위해 갖은 법률적인 지식을 다 동원해서 두 사람을 기소해요. 이 두 사람은 일차 공판에서는 증거 불충분으로 무혐의 처리되지만… 이 사람이 다시 고군분투해서 증거를 수집하고, 결국 감옥에 가게 됩니다. 이 두 사람은 성장과정이 되게 불우하고 폭력적이고, 반면에 이 여자는 어려운 환경을 이기고 공부해서 검사가 되고….”

☞ 이 사례에서 수검자는 남성임에도 불구하고 여성으로 묘사하고 있는 전면의 인물과 동일시하고 있는 점이 특징이다. 더구나 그림 속의 주인공이 어려움을 이기고 공부하여 검사가 되고 폭력을 행사하는 남성들을 고발하고 처벌한다는 내용으로 이야기가 전개된다. 이는 한편으로는 초자아의 강도를 드러내며, 또한 성역할과 관련된 내면의 갈등을 암시하고 있다.

(12) 도판 8GF

"한 젊은 여성이 턱을 손에 괴고서 허공을 응시하며 생각에 잠겨 있다."

이 그림에서 심도 있는 연상이 이루어지는 경우는 드물며 대체로 이야기의 길이가 짧은 편이다. 하지만 가끔씩 여성 수검자에게서 그녀가 가진 꿈과 희망이 구체적으로 표현되기도 한다. 이 그림에서는 주인공의 정서가 부정적 혹은 긍정적으로 묘사되는 빈도가 거의 비슷하지만, 대체로 우울한 쪽으로 이야기를 만들어내 내는 경우가 약간 더 많다. '한 젊은 주부(혹은 미혼여성)가 자신의 미래에 대해 공상을 하고 있거나 지금까지의 삶을 되돌아보고 있다' 는 내용이 대부분이다. 간혹 자기애적인 성향 혹은 히스테리적 성향이 강한 여성 수검자인 경우, '그림을 그리는 화가 앞에 서서 포즈를 취하고 있는 모델' 혹은 '사진을 찍기 위해 자세를 취하고 있는 여성' 으로 연상하거나, 이 그림의 주인공이 어떤 예술이나 무용을 하는 사람인데 공상에 잠겨 있는 것으로 인식하기도 한다.

[사례] 30대 여성

"20대 중반의… 아름다운 아가씨 같아요. 총명한 부분도 있고, 인기도 많은 것 같아요. 주변 사람들은 이 여자가 성공했고, 아름다운 여자로 부러워하는데, 그런데… 뭔가 채워지지 않은 듯한 표정을 하고 있어요. 주변에 사람들도 많은 것 같고… 어떤 사람들은 이 여자를 부러워하기도 하는데… 이 여자는 항상 채워지지 않는 갈증들이 있는 것 같아요…. 일, 사랑… 전반적인 생활에 있어서… 그런 것들이… 다…. 자기의 이상은 지금… 현실보다 훨씬 높이 있는데, 이상과 현실이 같은 선에 있지 않기 때문에."

☞ 이 사례에서는 일관되게 자기애적 욕구와 그것을 채울 수 없는 현실 사이의 갈등이 표현되고 있다.

(13) 도판 9BM

"네 명 정도 되는 젊은 남자가 풀밭에 편한 자세로 누워 있다."

이 그림에서는 남성 수검자인 경우 동년배 남성들과의 사회적 관계에서 취하는 정서적 태도가 투사되기 쉽다. 대체로 '미국 서부의 목동들이 점심을 먹은 후 잠시 한가로운 오수(午睡)를 즐기고 있다' 혹은 '탐험대가 탐험 중에 잠시 쉬고 있다' 는 내용으로 묘사된다. 남자들이 쓰고 있는 카우보이 모자나 '목동' 혹은 '서부의 총잡이' 를 연상시키는 이국적인 요소 때문인지 이 그림에서 우리나라 수검자들이 깊은 동일시를 하고 심도 있는 연상을 하는 경우는 그리 많지 않다.

[사례] 20대 남성

"서부영화 같은데… 엎어져 있는 사람들은 도둑들이고, 가운데 이렇게 여유롭게 누워 있는 사람은 도둑의 우두머리. 되게 낭만파 도둑… 가난한 사람들 것은 빼앗지 않고 부자들 것만 뺏는. 부하들 중 한 명이 몰래 일어나서 죽이고 돈을 뺏으려 하다가… 자고 있는 척하지만 보고 있다가 결국 부하가 죽게 되고… 결국 이 갱단이 은행을 털고 열차를 털다가 보안관의 총에 맞아 죽게 되는… 의적의 무용담… 주인공 남자 두목은 의협심이 강하고 정의롭고 매너 있고 남자답고… 유명한 총잡이… 그런 서부영화로…."

☞ 이 사례는 8BM의 사례와 동일 인물의 반응이다. '의적' 이라는 모티브가 등장하고 있는 점이 특징이며, 앞서 나타난 '어려운 가정환경' 을 극복하려는 성취동기가 이 카드에서는 부자들 것만 뺏는 '의적' 이라는 이야기로 연결되고 있다. 앞서 8BM에서의 연상과는 달리 이번에는 그림의 중앙에 있는 '남성다운' 인물과 강하게 동일시하고 있다.

---

(14) 도판 9GF

"한 젊은 여성이 나무 뒤에서 한 손에 수건과 책을 들고 있고, 드레스를 손으로 잡고서 다른 곳을 향해 달려가고 있는 또 다른 젊은 여성을 바라보고 있다."

이 카드는 여성 수검자에게 유용한 정보를 이끌어 낼 수 있다. 이 그림에 나타난 두 여성의 나이, 차림새나 외모가 서로 경쟁심을 암시하기 쉽도록 묘사된 때문인지 이 그림에서는 동년배의 여성과 여성 사이의 관계에 포함된 경쟁적 정서가 자주 나타난다. 대체로 두 젊은 여성은 서로 경쟁심을 느끼고서 상대방을 견제하거나 음해를 꾸미는 '자매' 혹은 '친구'로 묘사되는 경우가 많다. 이때의 경쟁심은 이 그림에서 나타나지 않은 한 남성을 설정해 놓고 삼각관계 속에서 기술되곤 한다. 드문 경우는 아니지만 '착한 하녀와 철부지 주인집 딸' 간의 관계로 기술하는 경우도 있는데, 이때의 주제는 대체로 '신데렐라의 공상' 혹은 '콩쥐 팥쥐'의 모티브를 담고 있는 경우가 많다. 어쨌건 이 카드는 자매간의 갈등을 자극하는 요소들이 풍부하게 배치되어 있기 때문에 주로 히스테리적인 여성들이 품고 있는 애정관계에서의 경쟁심과 신데렐라 콤플렉스로 이어지는 경우가 대부분이다.

[사례]

"아래 여자는 허겁지겁 어디론가 가고, 나무 위의 여자는… 거기서 책을 읽고 있다가 이 여자를 보고 아는 척을 하다가 허겁지겁 뛰어가는 것을 보고 부르지 못해요…. 이 둘은 친구… 나무 위의 책을 좋아하는 친구는… 이 뛰어가는 친구를… 아, 아니에요. 자매관계인 것 같아요…. 동생인데… 언니가 동생을 많이 좋아해요. 그런데… 동생은 항상 바쁜 것 같아요. 그래서 이렇게 책을 읽고 있는 게 나쁘다고 생각하지는 않는데, 동생의 이런 모습을 보면 자기도 조급해지는 것… 내가 이렇게 책을 읽고 있는 여유조차도 너무 정체된 느낌… 그래서 언니는 동생을 많이 닮아 가려고 노력해요."

☞ 이 사례에서는 언니의 입장에서 동일시하면서 이야기가 전개된다. 노골적인 경쟁심보다는 동생에 비해 정체되고 뒤떨어진 것이 아닐까 하는 불안감, 초조감, 우울감이 더 우세하게 표현되고 있다.

(15) 도판 10

"한 여성과 남성이 서서 서로를 안고 있다."

이 그림은 두 사람의 성별이 그리 분명치 않지만 대체로 남녀관계(대부분 부부관계)로 묘사된다. '중년을 넘은 노부부가 오랫동안 헤어졌다가 다시 만나서 포옹하는 장면' 혹은 '다정한 부부가 불가피한 상황으로 인해 못내 이별하는 장면'으로 기술되는 경우가 많다. 이 그림에서 심도 있는 연상이 이루어지는 경우는 드물다. 가끔씩 부녀지간 혹은 모자지간으로 지각하는 경우도 있는데, 이때는 부모에 대한 태도와 감정이 드러나기도 한다.

> **[사례]**
>
> "둘이 되게 행복해 보이고… 남자가 여자를 더 사랑스러워하는 것… 여자를 되게 아끼는 것 같고… 여자도 남자에게 되게 편안함을 느끼고 기대는… 행복하게 오래 살아서 늙은 부부… 가족들과도 사이도 좋고 자식들도 착하고 부모에게 잘하고… 죽을 때까지 잘 먹고 잘 살 것… 사랑하면서… 되게 좋아 보여요…. 특히 남자가 여자를 너무 막… 존경하면서 사랑스러워해요."
>
> ☞ 사랑받고 살아온 아내에 대해 동일시하면서 애정 욕구가 충족되고 있는 상황이 그려지고 있다. 실제의 상황인지, 결핍된 욕구를 보상하고자 하는 시도인지 탐색해 볼 필요가 있다.

(16) 도판 11

"깎아지른 절벽 위로 산길이 나 있고 그 길 위쪽으로 멀리서 모호한 형상이 보이며 길 위의 바위벽 위에는 용처럼 생긴 동물의 머리와 목이 튀어나와 있다."

이 그림은 상당히 비현실적이면서도 모호하며 다양한 상징을 담고 있다. 이 그림에서는 유아적이고 원시적인 두려움이 표현될 수 있다. 다양한 위험 상황에 대해 어떤 태도를 지니고 있으며 어떻게 대처해 나가는지에 대한 단서가 나타나기도 한다. 예를 들면, 절벽에서 튀어나온 용의 머리를 남성의 성기와 관련지어 공격(혹은 공격당하는) 상황으로 연상한다거나 구강적 공격 욕구가 투사되기도 한다. 이러한 주제일 경우 남성과 여성 모두에게서 의미 있는 성적 갈등이 상징적으로 표현되는 경우가 있다.

(17) 도판 12M

"한 젊은 남자(소년)가 눈을 감고서 소파(침대)에 누워 있고, 그 옆에는 한 수척한 노인이 몸을 구부린 채 이 누워 있는 남자의 얼굴 위로 손을 뻗는다."

이 그림에서는 수검자가 가진 의존 욕구나 '수동성'이 어떤 식으로 처리되는지, 자신의 의존할 수 있는 대상에게 어떤 태도를 취하는지가 나타난다. 보통 '젊은 남자에게 최면을 걸고 있다'거나 '젊은이가 자고 있는지 아닌지 손을 흔들어 살펴보고 있다'는 등의 연상이 많다. Rapaport, Gill과 Schafer(1968)는 이 그림이 수검자에게 치료에 대한 느낌과 희망을 표현할 수 있게 해 주며 이것이 치료의 성공 여부를 예언해 주는 지표가 될 수 있다고 했지만, Bellak(1986)은 치료자에 대해 초반에 긍정적 혹은 부정적 느낌을 갖고 있다는 사실만으로 치료의 성공 여부를 예언하기는 어렵다고 말한다. 정신분석치료에 익숙한 수검자라면 그림에서 보이는 남자처럼 누운 자세가 치료과정을 연상시키기 쉽고 그 결과 Rapaport 등의 견해처럼 치료자와의 관계가 투사되기 쉽지만, 우리나라 수검자의 경우에는 '치료관계'를 암시할 만한 뚜렷한 연상을 하는 경우는 생각보다 많지 않다. 그림에서 보이는 노인에 대해서는 좋은 의도를 가진 혹은 나쁜 의도를 가진 것으로 지각하는 경우가 반반이다. 예를 들면, '노인이 누워 있는 남자의 보호자이며 남자는 병이 들거나 잠이 들어 있는데 상태가 어떠한지 머리를 짚어 보려 하거나 잠을 잘 자고 있는지 보살펴 준다' 혹은 '노인의 모습은 죽은 후의 영혼으로 나타난 것인데, 손자를 보호해 주는 수호자의 역할을 한다'는 연상은 전자의 경우이다. 반면 남자에게 최면을 걸거나 어떤 나쁜 의도를 가지고 접근하려는 것으로 보는 것은 후자의 경우이다. 이런 경우에는 수검자가 가진 편집증적인 태도가 드러나기 쉽다.

[사례] 20대 남자

"기치료를 하는 장면인데… 얼굴 부분부터 더듬어 가겠지요…. 그림이 너무 어둡군요…. 근데… 자세히 보면 기치료 장소가 아닌 것 같아요…. 이런 장면이 나온다는 게 좀 무서운데요…. 또 보니까… 이 남자가 어린애를 입을 막을 것 같아요, 숨을 못 쉬게 할 것… 도둑질을 하러 온 게 아닐까요…."

☞ 처음에는 치료자와 환자의 관계로 인식하다가, 그림의 어두운 배경에 점차 영향을 받아 공포감이 동반된 편집증적 태도를 드러내고 있다.

(18) 도판 12F

"한 젊은 여성(?)이 전면에 나와 있고 그 뒤에는 이상한 차림의 노파가 숄을 머리에 쓴 채 옆에 있다."

이 그림에서 앞의 인물은 성별을 구분하기가 애매하며 대체로 여성으로 보지만 남성으로 보는 경우도 적지 않다. 뒤의 인물은 현실에 존재하는 인물보다는 '마녀'와 같이 동화 속에 등장하는 악한 이미지로 연상되는 경우가 많다. 그 때문인지 수검자가 여성인 경우 '백설공주와 마녀'의 이야기를 연상하는 경우가 많다. 즉, 앞의 인물은 상당히 선한 사람인데, 뒤의 악한 사람이 뭔가 음모를 꾸미거나 하는 일을 방해하고 있는 것으로 보곤 한다. 모녀관계로 지각하는 경우는 예상 외로 많지 않지만, 때로 모녀간의 내재된 갈등에 대한 의미 있는 내용이 드러나는 경우도 있다.

(19) 도판 12BG

"숲 속의 냇가 기슭에 나룻배 하나가 있다."

이 그림에는 인물이 등장하지 않는다. 이 카드는 자살 공상을 가지고 있거나 우울 경향이 있다고 생각되는 수검자가 아니면 특별히 유용한 연상이 나타나는 경우는 별로 없다(Bellak, 1986).

(20) 도판 13MF

"한 젊은 남자가 한 손을 들어 얼굴을 가린 채 고개를 숙이고 서 있고 그의 뒤에는 한 젊은 여자가 가슴을 반쯤 드러낸 채 침대에 누워 있다."

이 그림은 성적인 갈등을 노출시키는 데 있어서 남녀 모두에게 매우 유용한 정보를 이끌어 낼 수 있다. 이 그림에 등장하는 인물은 젊은 남자와 매춘부, 혹은 불륜관계로 묘사되는 경우가 많다. '한 남자가 술김에 매춘부와 하룻밤을 새우고 아침에 일어나 허탈감이나 죄책감을 느끼고 집으로 가려고 하고 있다'는 투의 이야기가 전형적이다. Bellak(1986)에 의하면 이 그림은 특히 성적인 억압이 강한 수검자에게 '성에 대한 충격'을 일으킬 수 있다. 누워 있는 여성의 노출된 가슴을 언급하는 데 망설임이 많은 경우 그러한 성적인 억압과 망설임이 잘 나타난다. 예를 들면, '남자는 정장 차림으로 옷을 다 입고 있는데 왜 여자가 저렇게 옷을 벗고 있어야 되는지 상황에 맞지 않아 이야기를 만들기 어렵다'는 식으로 합리적인 이유를 대며 한참을 망설이거나 거부하는 경우도 있다. 여성 수검자인 경우 이 그림에서 남성에게 당하는 강간이나 여타 폭력적 행위에 대한 공포감이 나타날 수 있다. 남성 수검자일 경우, '원치 않는 혹은 일시적인 쾌락에 이끌려 충동적인 성행위를 하고 난 후에 죄책감을 느끼고 있다'는 식으로 성행위에 대한 죄책감이 유발되기 쉽다. 기혼여성인 경우에는 부부관계에 내재된 (성적) 갈등이 투사되는 경우도 많다. 드문 경우이지만, 모성에 대한 의존 욕구가 매우 강하거나 모성애의 결핍감을 상처로 간직하고 있는 수검자인 경우 이 그림에서 누워 있는 여자를 서 있는 남자의 어머니로 지각하면서 오이디푸스적 갈등(애정과 죄책감 혹은 분노감)이 표현되는 경우도 있다.

[사례] 30대 남성

"만취한 아내를… 옷을 벗기고 씻겨 주고 침대 위에 눕혀서 재워 주고 남자는 이마의 땀을 닦고 있는 장면이고, 홀로 고요히 자기 방에서 따로 잠을 청하는… 삶이 힘들다… 그런 생각을 하겠지요. 남자는 어떻게든 해결을 보려고 노력하는데… 결말이 날지 안 날지 모르겠는데… 결말이 썩 좋을 거 같지는 않네요. 아내의 방황을 어떻게 잡아 줄 것인가… 결국 못 잡아 주고… ."

☞ 이 그림에서 연상된 상황은 수검자의 현재 상황과 밀접한 관련이 있다. 이 수검자는 실제로 아내와 비슷한 상황에 놓여 있었다.

(21) 도판 13B

"한 아이가 통나무로 만든 오두막 집 문턱에 앉아 있다."

이 그림은 아동 수검자에게 실시할 경우 대체로 그림 속의 소년을 고아로 인식하거나 부모가 모두 직장에 나가서 혼자서 집을 보고 있는 것으로 지각한다. 따라서 '분리불안'이나 여타 부모에 대한 태도가 드러날 수 있다. 아동이나 청소년에게 실시할 경우 유용한 정보를 얻을 수 있다.

(22) 도판 13G

"한 어린 소녀가 나선형의 계단을 올라가고 있다."

이 그림은 나선형의 계단, 그 계단을 오르는 소녀와 같은 성적인 상징을 담고 있기 때문에 아동이나 청소년의 경우 성적 욕구나 그와 관련된 죄의식 등이 드러나는 경우가 많다. 그러나 성인의 경우는 그림에서 보이는 상황만 피상적으로 기술하는 경우가 많다.

(23) 도판 14

"깜깜한 방 안에서 밝은 빛이 들어오는 창문턱에 한 발을 올려놓고 있는 한 남자(?)의 실루엣이 보인다."

이 그림의 인물은 윤곽만 나타나 있기 때문에 성별을 구분하기 어렵지만 여성으로 지각하는 경우는 거의 없다. '한 젊은 남자가 한밤중(혹은 새벽이나 동이 틀 무렵)에 일어나 창문을 열고 하늘을 보면서 자신의 미래에 대해 어떤 생각을 하고 있다'는 식의 이야기가 대부분이다. 이 그림은 뭔가 명상적인 분위기를 자주 유도하며 따라서 수검자가 평소에 품고 있던 백일몽이나 공상, 혹은 자신의 인생에 대한 전망이 드러나는 경우가 많다. 방 안쪽은 깜깜하고 창밖은 밝은 빛이 비추고 있는 대조적인 그림의 구도로 인해 주인공이 하는 생각이나 정서 상태가 희망적인 것과 절망적인 내용으로 나뉘지만, 대체로 희망적인 분위기로 기술되는 경우가 더 우세하다. 우울감을 경험하고 있는 수검자인 경우, 창문에 한발을 드리우고 있는 주인공의 모습을 통해 '주인공이 창문에서 뛰어내리려고 한다'는 식으로 자살에 대한 공상이나 충동이 드러나는 경우도 있다. 또한 부모(가족)에 대한 의존과 독립 욕구 사이의 갈등이 나타나는 경우도 드물지 않다. 예를 들면, '그림 속의 주인공이 어떤 물리적 혹은 심리적 구속 상태에 놓여 있었지만 그 구속의 공간을 탈출해 나간다'는 이야기를 자주 볼 수 있는데, 이 구속 상태는 부모에 대한 감정과 관련되는 경우가 많다.

[사례] 20대 남성

"어떤 남자가 자기 집 창문을 열고 밖을 바라보고 있는 것 같아요. 시선으로 봐서 하늘을 바라보거나 탑 같은 조금 높이 있는 것을 보고 있고 자기가 살고 있는 데 대해서 불만이나 갑갑한 마음을 가지고 있어서 넓은 세계를 보면서 답답한 마음을 풀어 보려고 하는 것. 곧 짐 싸들고 집을 나가 버릴 것 같은데요, 지금 자기가 처한 일상이 너무 답답해서 넓은 세상으로… 자기가 살고 있는 일상생활이 너무 갑갑하고 틀에 매인 것 같고, 뭔가 자기에게는 맞지 않는 것 같아서."

☞ 부모에 대해 구속된 듯한 느낌을 가지고 있으면서도 대학 졸업 후의 진로에 대해 뚜렷한 결정을 내리지 못하고 있는 수검자의 실제 심리적 상황을 투사하고 있다.

---

(24) 도판 15

"남루한 행색의 한 남자가 두 손을 쥔 채 묘비 앞에 서 있다."

이 그림은 다소 비현실적이다. 여기서는 수검자가 가진 적대감과 그에 대한 죄책감, 죽음에 대한 공포, 그가 가진 우울증적 경향이 노출되기 쉽다.

(25) 도판 16(백지카드)

백지카드는 아무런 투사적 자극이 없는 그야말로 백지이다. 따라서 수검자는 오직 지시문에서 얻은 단서에만 의지하여 자유연상이 이루어진다. Murray가 제안한 지시문대로 아무런 방향 제시 없이 '그림을 떠올려 보라'고 하면, 수검자는 당혹스러운 표정을 보이며 어찌해야 좋을지 모르는 경우가 많다. 이런 경우 보다 자유롭게 연상될 수 있도록 지시문을 상황에 맞게 변경해 볼 필요가 있다. 대부분 자신이 평소에 품고 있던 소망이나 환상, 백일몽을 그려 보는 경우가 많다. 드물게는 과거에 당했던 충격적인 일들이 떠오른다고 하지만, 대체로 근래에 겪었던 일, 현재 겪고 있는 일과 관련하여 앞으로의 소망을 떠올리는 경우가 보통이다. 이 카드는 보통 제일 마지막에 제시한다.

(26) 도판 17BM

"알몸의 남자가 밧줄을 잡고 공중에 매달려 올라(내려)가고 있다."

이 그림에서는 '뭔가 긴급 상황에서 탈출하거나 도망가는 것'으로 연상하는 경우가 대부분이다. 체조 선수가 운동연습을 하는 경우로 보는 경우도 있다. 또한 '재크와 콩나무'의 동화를 연상하는 경우도 있다. 이와 비슷한 내용이 나올 경우에는 어떤 상황(사람)으로부터 도망가는 것인지를 살펴볼 필요가 있다. 아버지나 권위적 대상과의 갈등내용이 직접적으로 혹은 상징적으로 노출되는 경우도 많기 때문이다. 그림 속의 인물이 알몸의 근육질로 묘사되어 있기 때문인지 자신의 신체 이미지나 남성적 정체감의 내용이 투사되곤 한다.

[사례] 40대 남성

"기를 쓰고 지금… 어떤 건물이나… 아니면 암벽 타기에 올라가는 그런 장면… 운동을 목적으로… 근육을 자랑한다거나, 타는 실력을 자랑한다거나. 그런데 이 사람은 전문적인 운동선수는 아니고, 육체미를 많이 해 오고 나이 좀 든 사람이 젊은 사람에게 힘을 보여 주는… 관객들은 대단하다… 하면서 경이로운 눈으로 보고 있지요… ."

☞ 이 반응은 동일시하고 있는 그림 속의 주인공이 건강한 몸을 관객에게 과시한다는 자기애적 욕구를 표현하는 동시에, 수검자가 겪고 있는 우울감과 위축감에 대해 심리적 보상을 시도하고 있다.

(27) 도판 17GF

"강물 위에 다리가 있고 그 다리의 난간에 한 여자가 몸을 앞으로 숙이고 서 있다. 뒷배경의 다리 밑에는 높은 빌딩과 몇몇 남자가 멀리 보인다."

이 그림에서는 우울감의 정도나 '자살'의 공상이 노출되기 쉽다. 여성의 경우 자살 공상이나 충동이 있는지를 알아볼 수 있는 유용한 그림이다. 이 경우 대체로 '실연의 아픔을 이기지 못해 다리 위에서 뛰어내릴 준비를 하고 있다'는 이야기가 대부분이다. 이 그림은 상당히 환상적인 특징이 많기 때문에 우울감뿐만 아니라 수검자만이 가지고 있던 어떤 환상적 공상이 투사되기도 한다.

[사례] 20대 여성

"이거는… 일단 태양이… 상당히 어려운데… 공상 SF영화 보면 앞으로 미래 세계에 대한 영화가 많은데… 태양은 있고, 지상세계가 있고, 지하세계가 있고… 이쪽이 지배계급, 이 아래는 피지배계급… 이 계급은 항상 일하고 어두운 곳에서… 육체적으로는… 그런데 따뜻한 사람은 더 많고… 반면 지상 사람은 부리고 감독하고, 그렇지만 고독하게… 인간적으로는…."

☞ 그림에 나타난 다리를 경계로 하여 태양이 비치는 곳과 비치지 않는 곳을 지배와 피지배 관계로 설정하고 있고, 수검자는 지배받는 쪽의 사람들에게 동일시하고 있다. 이 이야기에서는 '태양'에 의해 양분되어 있는 두 세계 사이의 갈등이 뚜렷하게 구분되어 있다. 이 수검자는 실제로 아버지와 유사한 심리적 상황에 놓여 있었다.

(28) 도판 18BM

"한 남자를 뒤에서 잡고 있는 세 개의 손만 보일 뿐 인물은 보이지 않는다."

'술 취한 사람이 누군가의 부축을 받는다거나 강도를 당하고 있다'는 이야기가 많이 나온다. 분노감이나 중독 상태에 대한 개인의 태도가 노출되기도 한다(Rapaport, Gill, & Schafer, 1968). 사고과정의 장애가 의심되는 수검자인 경우 그림의 남자를 붙들고 있는 손을 어떻게 처리하는가를 주의 깊게 살펴볼 필요가 있다(Bellak, 1986).

(29) 도판 18GF

"한 여자가 계단 밑에서 또 다른 여자의 목을 손으로 받치면서 안고 서 있고 그 여자의 목은 뒤로 젖혀져 있다."

이 카드에 등장하는 두 인물의 표정이나 동작 배경 그림에는 상반되는 공격 욕구와 의존 욕구가 자극될 만한 소지가 잘 조화되어 있다. 따라서 이 카드에 대한 연상내용이 이 두 가지 욕구 중 어느 쪽으로 주로 향하는지 살펴볼 필요가 있다.

이 그림의 두 여성은 대체로 나이 차이가 많이 나는 것으로 지각하며 모녀지간, 자매지간으로 보는 경우가 많다. 따라서 모녀간에 내재된 적대적 감정이 자주 노출된다. 이 경우 계단에서 밀려서(혹은 강제로 밀어서) 떨어졌다거나 다른 어떤 공격을 당했던 것으로 기술하기도 하지만, 그림에서 나타난 '계단'과의 관련성을 생각해 내지 못하는(부인하는) 경우도 많다. 위에 있는 여성의 손이 아래 여성의 목을 조른다고 지각하는 경우도 꽤 있다. 이러한 적대적 갈등이 나타나지 않는 경우에는 지쳐서 쓰러져 있다거나 해서 도움을 받고 있는 것으로 지각하는데, 이 과정에서 수검자가 가진 의존 욕구와 그 처리방식이 드러나곤 한다.

[사례] 20대 여성

"이 아줌마 딸이 결혼했는데, 남편이 막 술주정꾼이고 난봉꾼이에요, 만날 술 마시면 때리고 결국 자기 친정으로 돌아왔는데, 딸이 너무 불쌍해서… 이 여자가 또 정신적으로 너무 힘들어서… 약도 먹으려고 하고 자해도 하고, 그럴 때마다… 엄마가 보듬어 주고… 결국… 이 여자 둘이 모녀가… 나름대로 행복을 즐기면서… 지내요."

☞ 이 수검자의 실제 면담내용과 관련지어 이 사례를 검토해 보면, 이 카드에서의 연상은 어머니와 수검자 자신이 정서적으로 강하게 동일시되어 주인공과 대상(어머니)이 잘 구분되지 않고 있음을 알 수 있다. 즉, 이야기의 전반부에 딸이 당한 고통은 사실은 어머니가 아버지로부터 당한 고통을 투사한 것이다. 후반부에 그 고통을 처리하는 방식(약을 먹고 자해를 하는 방식)은 이번에는 수검자 자신의 대응방식이 투사되고 있다. 결과적으로 이 사례에서 묘사되는 어머니와 딸은 아버지로부터 박해를 당하는 동일한 정서적 위치에 놓여 있음을 알 수 있다.

(30) 도판 19

"시골의 눈 덮인 오두막집 위로 구름이 걸려 있다."

이 그림은 TAT의 그림 중 가장 모호하고 동화적이다. 성인의 경우 풍부한 연상이 이루어지는 경우는 별로 없다. 지각적 통합 능력을 보는 데는 유용할 수 있다(Rapaport et al., 1968).

(31) 도판 20

"깜깜한 한밤중에 한 남자(?)가 가로등을 등지고 있는 모습이 희미하게 드러나 있다."

이 그림에서는 대체로 고독감이나 어둠 또는 불확실한 상황에 대한 불안감과 관련된 주제가 많이 나타난다. 그림 속의 인물은 약간의 실루엣만 나타나 있기에 성별을 구분하기 곤란하지만 남자로 보는 경우가 더 많다.

8) TAT 해석을 위해 고려해야 할 몇 가지 측면

TAT에서 표준화된 객관적 채점 및 해석 체계가 사용되기 어려운 이유는 우선 다른 어떤 검사보다도 TAT가 질적인 자료를 풍부하게 함축하고 있기 때문일 것이다. 게다가 투사적 검사의 해석은 표면적으로 드러난 내용에 대한 객관적 분석을 넘어서서 보다 깊은 수준의 무의식적 자료에 대한 분석까지도 포괄하고 있으므로, 객관적 채점체계에 의한 양적 분석이 가능하다 하더라도 그것만으로 해석을 완료하는 것은 TAT를 충분히 활용하지 못하는 것이다.

TAT에 대한 그러한 포괄적인 해석을 하기 위해 단일한 지침이나 규준적 해석규칙을 제시하기는 어렵기 때문에, 여기서는 가장 일반적인 몇 가지 지침을 제시해 보고자 한다. 다만 어떠한 수검자도 TAT에서 동일한 이야기를 만들어 내지는 않기 때문에, 여기서 제시하는 지침을 일괄적으로 적용하려 해서는 안 된다는 점에 주의할 필요가 있다. 여기서는 일반적으로 TAT 자료에 접근하고 해석의 포인트로 삼는 데 있어서 도움이 될 만한 몇 가지 사항을 제시해 보고자 한다.

(1) 보편적 vs 일탈적 반응 특성은 무엇인가

이것은 책을 읽고서 알 수 있는 것 외에도 어느 정도 TAT에 대한 실제 경험이 누적되어야 가능하다. 여기서의 보편성이란 TAT 검사를 수행하는 동안 수검자가 보이는 모든 측면에 대해 적용될 수 있다. TAT 수행에 있어서 수검자의 어떤 특성이 일탈된 것인지 알려면 일반적으로 보통의 수검자들은 TAT를 어떻게 수행하는지 알아야 한다. 이것은 일종의 규준(norm)자료로서, TAT와 같이 공식적인 규준이 없는 검사에서는 검사자 자신의 누적된 경험에 따라 판단할 수밖에 없다. 이러한 보편-일탈에 걸쳐 수검자가 보이는 특성은 크게 세 가지 영역(수검 태도, 이야기의 형식적 측면, 이야기의 내용적 측면)으로 구분하여 살펴볼 수 있다.

① 수검 태도

현재 임상현장에서는 TAT가 단독으로 수행되기보다는 종합심리검사의 일부로 사용되며, 보통 마지막에 실시된다. 따라서 TAT를 수행하는 시점에는 검사자와의 라포가 어느 정도 형성되었고, 초반에 보였던 검사에 대한 긴장감도 어느 정도 완화되어 있기 마련이다. 따라서 수검자가 대체로 종합심리검사에 포함되어 있던 다른 검사보다도 TAT를 더 편하게 대하며 다른 검사보다 흥미를 가지고 임하는 것이 보통이다. 물론 수검자가 심리적 상태나 성격 특성에 따라서 다른 사람들보다 TAT에 더 흥미를 가질 수도 있고, TAT 검사가 가장 수행하기 어려웠다고 말하는 경우도 있다. 그러나 대체로 종합심리검사로 포함된 다른 검사들보다 TAT가 더 편하게 여기며 이완된 상태로 수행할 수 있는 것이 보통이라고 할 수 있다. 그럼에도 불구하고 TAT를 시행할 시점까지 여전히 처음의 긴장을 풀지 못하거나 TAT가 가장 수행하기 어려운 검사였다고 말하는 수검자가 있다면 그것을 일탈된 특징으로 간주할 수 있다. 따라서 이때 검사자는 TAT의 어떤 면이 그 수검자에게 그런 어려움을 초래하고 있는 것인지 가설을 세워 보아야 한다.

일반적으로는 히스테리적 성향이 강한 수검자들이 TAT를 가장 흥미로운 검사로 여기며, TAT 카드에 쉽게 감정 이입하고, 이야기를 만들어 나가면서 다른 사람들보다 더 쉽게 몰입되며, 결과적으로 반응도 풍부하고 많은 편이다. 반면에 강박적 성향이나 분열성 성향이 더 강한 수검자들은 지나치게 꼼꼼하게 응답하려고 하거나 마치 어떤 정답이 있는 이야기처럼 논리 정연하게 이야기를 구조화하려고 하기 때문에, 10장 정도의 카드만 수행한다고 해도 TAT가 상당한 스트레스를 주는 힘겨운 검사로 여길 수 있다. 즉, '자기표현'의 측면에서 볼 때 일반적으로 억제적 성향이 강한 사람보다는 쉽게 이완할 수 있고 외향적인 기질을 가진 사람이 TAT에서 더 풍부한 반응을 하기 쉽다. 단, 양적인 면에서 이야기를 길게 만들어 낸다고 하여 반드시 심리적으로 풍부한 내용이 포함되어 있다고 말할 수는 없다.

  카드를 돌려서 볼 수도 있는 로르샤하 검사와는 달리, TAT의 카드는 16번 카드를 제외하면 돌려서 보기 어려운 내용들이 그려져 있다. 따라서 대부분의 수검자는 TAT 카드를 받았을 때 검사자가 건네준 그대로 응시하면서 연상하고 이야기를 만들어 나간다. 따라서 카드를 멀찍이 떨어뜨려 놓거나 아니면 얼굴에 가까이 대거나 하면서 카드를 취급하는 데 많은 동작을 취하는 것은 전형적인 경우가 아니라고 할 수 있다. 이러한 동작이 처음부터 끝까지 일관되게 나타나는 것도 일탈된 경우이며, 특정한 카드에서만 나타나는 것도 일탈된 특성이라 할 수 있다. 따라서 이때 검사자는 수검자가 왜 TAT 카드에 대해 그런 행동을 보일 수밖에 없는 것인지 가설을 세워 보아야 한다.

  일반적으로 각 카드가 제시될 때마다 그 장면에 따라 특징적인 정서적 반응을 어느 정도는 보이는 것이 보통이다. TAT 카드를 번호순으로 제시할 때, 뒷번호로 갈수록 초반에 제시되는 카드의 그림보다 더 강렬한 정서가 자극될 만한 자극적인 그림들이 제시된다. 예를 들어, 1번 카드는 비교적 중립적인 감정을 유지하며 반응할 수 있더라도 3BM이나 3GF 카드는 갑작스럽게 우울하고 슬픈 기분을 자극하기 쉽다. 그리고 4번이나 6GF 카드에도 강렬한 표정을 담은 인물들이 등장하고, 8BM이나 13MF 카드에는 공격적이고 성적인 자극을 받기 쉬운 꽤 강렬한 장면이 등장한다. 즉, TAT 카드는 주로 우울감을 자극하는 카드(1, 3BM, 3GF, 6BM, 7GF, 14, 17GF), 적대감을 자극하는 카드(4, 8BM, 18BM), 성적인 자극이 되기 쉬운 카드(13MF, 4, 2, 5), 그리고 비교적 중립적인 편안한 카드(8GF, 2, 9BM, 10)로 그 유형을 분류할 수 있다. 이러한 유형별로 수검자가 그에 적절한 정서를 내보이면서 TAT를 수행해 나가는지, 아니면 지나치게 강렬한 정서가 유발되거나 혹은 전혀 정서가 자극되지 않는지 등을 세심하게 살펴볼 필요가 있다. 즉, 그러한 다양한 유형의 카드별로 지나친 정서자극을 받는 경우도, 거의 정서 반응을 보이지 않는 경우도 모두 일탈된 특징으로 간주할 수 있다.

② 이야기의 형식적 측면

  카드를 받아들고 첫 마디가 나오기까지 걸린 시간, 이야기의 길이, 사용하는 어휘의 수준, 이야기의 논리적 조직화의 정도, 이야기가 중간에 중단되는 빈도 등이 여기에 해당된다. 로르샤하 검사와 달리 TAT에서는 '이야기'를 만들어 내야 하므로, 아무리 충동적인 수검자라 하더라도 카드를 받자마자 반응을 보이는 경우는 거의 없다. 하지만 머릿속에서 이야기가 완벽하게 구성될 때까지 너무 오랫동안 고심하다가 반응을 보이는 것도 드문 경우이다. 카드를 받아들고 첫 반응이 나오기까지의 시간은 일반적으로 로르샤하 카드에 대한 평균 반응보다는 약간 긴 편이지만 10초를 넘기는 경우는 드물며, 아무리 복잡한 이야기를 머릿속에 그리고 있었다 하더라도 20초 이상 걸리는 경우는 더욱 드물다고 할 수 있다.

이야기의 길이는 A4용지에 기록한다고 했을 때 보통 4~5줄 이내이다. 물론 상상력이 풍부하거나 마음속의 갈등이 복잡한 경우 한 카드에 대해 몇 가지 다른 이야기를 만들어 내는 탓에 그보다 매우 긴 이야기를 산출하는 경우도 있기는 하지만 이것은 예외적인 경우라 할 수 있을 것이다. 더 상세히 살펴보아야 할 점은 형식적 측면에서 개인 내적 일탈(intra-individual deviation)이 일어나고 있는가이다. 2줄 정도의 짧은 반응으로 일관하다가 어떤 특정한 카드에서는 갑자기 이야기의 양이 많아지거나 내용이 풍부해지는지, 대부분 중립적이고 무미건조한 이야기만 이어지다가 특정한 카드에서 독특한 내용이 도출되는지, 무표정한 태도로 이야기를 기술하다가 특정한 카드와 특정한 주제의 이야기에서 정서가 고양되면서 이야기가 많아지는지 등이 그러한 측면들이다.

사용하는 어휘의 수준이나 논리적 조직화의 정도는 수검자의 지적인 측면에 대해 추론해 볼 수 있는 자료가 될 수 있다. 일반적으로 지능 수준이 높을수록 추상적인 어휘의 빈도가 늘어나고 이야기 역시 기승전결을 갖추면서 세부 내용들 역시 체계적이고 논리적으로 조직화되는 경향이 있다. 따라서 지능 수준이 그리 높지 않은 수검자가 지나치게 현학적인 표현이나 추상적인 어휘를 많이 사용한다거나, 반대로 지능수준이 높은 수검자가 지나치게 구체적인 어휘만을 사용하면서 감정적이고 산만하게 이야기를 구성해 나간다면 그것을 일탈된 특징으로 볼 수 있다.

이 외에도 일반적으로 보기 힘든 독특한 비유나 은유법, 널리 사용되지 않는 어휘, 독특한 형용사의 사용, 그림카드에서는 도저히 추론되기 어려운 지나치게 구체적이고 사적인 내용, 한마디 말로 구성할 수 있는 문장의 길이, 실질적 내용에 비해 이야기의 길이가 지나치게 길지만 내용은 공허한 경우, 이야기의 구성 중간 중간 말이 끊기는 빈도 등의 측면에서도 그것이 대체로 수용 가능한 일반적인 특징인지 혹은 일탈된 특징인지 살펴볼 필요가 있다.

③ 이야기의 내용적 측면

TAT의 각 카드에 대한 이야기의 내용은 얼마나 전형적이거나 일탈되어 있는가? 이는 로르샤하 검사에서 각 카드별 전형적인 반응들(P반응)이 무엇인지 파악하고 있어야 해석에 도움이 되는 것과도 유사한 측면이다. 특정 카드에서 보통은 나오기 어려운 이야기를 만들어 내고 있다면, 그것은 그 수검자에게 매우 독특한 의미를 지니고 있으며 해석되어야 할 포인트가 된다. 예를 들어, 1번 카드에서 '바이올린을 앞에 두고 손으로 턱을 괴고 앉아 있는 소년'이라는 반응은 매우 전형적인 것이다. 이러한 반응에서는 개인적으로 독특한(idiosyncratic) 어떤 것도 찾아보기 어려우며, 따라서 해석적 가치는 떨어지는 반응이라 할 수 있다. 더 극단적으로 TAT의 모든 카드에서 '바이올린을 앞에 두고 소년이 앉아 있다'와 같이 거의 해석적 의미를 탐색할 없는 무미건조한 반응만으로 일관하는 사례라면 말할 것도 없다. 이것은 마치 로르샤하 검사에서 평범반응(P)으로만 일관한 경우와 같다고 할 수 있다. 이러한 특징 역시 일탈된 것으로, 대부분의 수검자는 10장 정도의 카드 중 적어도 몇 개 카드에서는 의미 있는 이야기를 만들어 내는 것이 보통이다.

한편 전형적인 범주에서 벗어나는 독특한 이야기를 만드는 경우, 그것이 카드의 특정한 부분에 국한된 측면일 수도 있고 이야기의 전반적인 줄거리나 주제와 같이 전반적인 내용에 관한 것일 수도 있다. 어떤 수검자가 1번 카드에서 "얘가 지금 그림을 그리려고 하는데, 무슨 그림을 그릴까 생각하고 있는 것? 아니면 발명품을 생각해 내는 것. 골똘하게 생각하고 있어요, 책상 앞에서."라고 반응했다. 이 수검자의 이야기는 전반적인 내용이 보편적인 반응기준에서 크게 벗어난 것은 아니다. 그러나 이 수검자는 카드의 특정한 부분(대부분의 수검자가 '바이올린'으로 지각하는 책상 위의 물체)에서 지각이 일탈되고 있다. 이는 로르샤하 검사에서라면 형태질(form quality)이 나쁜 반응에 해당한다. 이 수검자의 이러한 지각 일탈이 1번 카드에서만 발생했다면 하나의 잠정적 가설만을 세워 두고 다른 검사나 수검자의 배경정보 등을 통해 증거를 탐색해 보아야 할 것이다. 그러나 만일 이 수검자가 2번 카드에서도 '말'을 전혀 언급하지 않았고, 6GF 카드에서는 남자 주인공이 물고 있는 '파이프 담배'를 언급하지 않았고(아니면 파이프 담배에 예민한 반응을 보였고), 8BM 카드에서는 전면의 '총'을 지각하지 못했고, 13MF 카드에서는 누워 있는 여자의 가슴이 드러난 것과 관련된 이야기가 전혀 나오지 않았다면, 이 수검자는 바이올린이나 바이올린 연주가 상징하는 바의 성적인 자극을 애써 부인하려는 내적인 역동 때문에 지각 수준에서 일탈이 일어난 것으로 해석하는 것이 더욱 타당해진다.

이처럼 그림의 특정한 지각 내용에서만 일탈되는 경우가 있지만, 큰 이야기의 줄거리가 특이한 경우도 있다. TAT에서는 각 카드별로 대다수의 수검자가 보편적으로 만들어 내는 이야기의 주제가 있다. 물론 각 카드에 따라 보편적인 주제의 이야기를 만들어 내기 쉬운 카드도 있고 수검자들마다 다양한 주제로 분산되기 쉬운 카드도 있기는 하다. 이는 각 카드가 지니고 있는 애매함의 정도에 차이가 있기 때문이다. 예를 들어, 1, 3BM, 3GF, 4, 9GF, 13MF 카드는 대체로 전형적인 이야기들이 더 자주 산출되는 반면, 7GF, 8BM, 8GF, 10, 12M 카드는 상대적으로 이질적인 이야기들이 더 많이 만들어지는 경향이 있다. 어쨌건 정도의 차이는 있지만 대부분의 수검자가 각 카드에서 만들어 내는 이야기가 보편적인 범주에 속하는지 아닌지를 알아 두는 것은 검사자가 수검자의 '일탈'에 예민하게 주목하여 해석의 포인트로 삼아야 할지를 결정하는 데 중요하다. 전형적으로 산출되는 각 카드별 이야기 내용이나 주제는 앞의 '각 그림별로 주로 도출되는 내용 및 사례' 부분에서 살펴본 바 있다.

(2) 내용요소가 얼마나 구체화되었는가

이야기가 더욱 구체화된 내용일수록 생생한 느낌을 주며, 그러한 이야기일수록 수검자의 내적 역동이 보다 잘 투사되어 있는 이야기라고 가정할 수 있다. 크게 일탈되지 않은 똑같이 보편적인 반응이라 하더라도 구체성의 측면에서는 각 수검자마다 그리고 각 카드에 대한 이야기마다 차이가 있다. 이러한 예들은 〈표 9-2〉에 제시하였다. 수검자 1의 이야기에서는 오직 카드의 객관적인 요소들만으로 이야기가 종결되었으며, 수검자 내부의 주관적인 요소(감정, 욕구 등)가 반영된 것이라고 볼 만한 것이 아무것도 없다. 수검자 2의 이야기에는 '고민'이라는 요소가 추가되었다. 이러한 감정적 묘사는 주인공의 애매한 얼굴 표정을 통해 '추론'된 것으로, 각 수검자마다 달라질 수 있는 부분이기 때

표 9-2 구체성의 측면에서 차이를 보이는 1번 카드에 대한 반응 예

수검자 1	"한 아이가 바이올린을 책상 앞에 놓고 앉아 있네요."
수검자 2	"한 아이가 바이올린을 앞에 두고 **고민**하고 있네요."
수검자 3	"한 아이가 바이올린을 앞에 두고 있어요.. 이걸 해야 하긴 하는데? **잘 할 수 있을지 고민**하고 있어요."
수검자 4	"한 아이가 바이올린을 앞에 두고, **시무룩한 표정**으로 앉아 있어요. **얘네 엄마**는 이걸 하라고 하는데. 얘는 **하기 싫어서** 그런가 봐요."
수검자 5	"한 아이가 바이올린을 앞에 두고 있어요. 이 바이올린은 자기 것이 아니라 **빌려온 것**이에요. 얘네 집은 **가난해서** 바이올린을 살 수가 없어요. 지금 **부모님 몰래** 어떤 할아버지에게 바이올린을 배우러 다니고 있는데, **부모님이 그걸 알면 혼낼 것이 뻔하기 때문**이에요."

문에 해석적 의미가 있다. 즉, 1번 카드에 그려진 그림의 요소들 중 주인공의 얼굴 표정은 바이올린보다는 애매하기 때문에 주관적 요소가 덧붙여질 가능성이 더 크다. 하지만 수검자 2는 그 고민의 내용에 대해서는 아직 구체화하지 않고 있다. 반면에 수검자 3의 이야기 속에는 1번 카드에서 흔히 나타나는 '고민'이라는 보편적 주제를 보다 구체화하고 있는데, 자신감 문제로 고민하고 있음을 알 수 있고, 따라서 이야기가 조금 더 생생해졌다. 수검자 4의 반응 역시 특이한 반응은 아니지만, 그림 속의 아이의 표정이 왜 그런지에 대한 상세한 내용이 보다 구체적으로 덧붙여진다. 그 고민의 구체적인 내용은 바이올린을 하기 싫어하는 주인공과 하기를 원하는 엄마 사이의 갈등으로 구체화되었다. 이러한 반응 속에는 이 그림카드에 묘사되지 않은 또 다른 인물(엄마)을 추가하여 이야기를 구성하고 있다는 점에서 분명한 투사가 개입된 반응이다. 수검자 5의 이야기 역시 보편성의 기준에서 크게 일탈한 주제는 아니지만, 나머지 4명의 수검자보다 훨씬 생생하게 구체화된 이야기를 만들어 내고 있다. 수검자 5는 1번 카드에서는 흔히 나올 수 있는 '주인공과 부모 사이의 갈등'이라는 보편적 범주에 속해 있는 이야기를 만들어 낸 것이긴 하지만, 그럼에도 매우 독특하고 구체적인 요소들이 추가되어 있다. 예를 들어, '집안이 가난해서 빌려온 바이올린' '부모님 몰래 어떤 할아버지에게 바이올린을 배운다'는 내용은 이야기의 큰 줄거리와 모순되지도 않으면서 이야기의 내용을 더욱 생생하게 만들어 주는 매우 독특한 내용인 것이다. 수검자 5의 반응은 1번 카드에 등장하지 않는 인물을 두 명이나 더 추가한 것이다. 이렇듯 TAT에 대한 수검자들의 이야기 중에서 어떤 요소에 주목해야 하고 어떤 요소가 수검자의 내적 역동을 더 반영하고 있는 것이며 해석되어야 할 부분인지는 이야기 내용이 어떤 카드에서 얼마나 독특한 방식으로 구체화되어 있는지 정도를 통해 판단할 수 있다.

(3) 반복의 정도

비슷한 내용이 얼마나 반복되는가 하는 점은 해석적으로 중요한 포인트가 된다. 표면적인 내용상 비슷한 내용의 주제가 각 카드에서 반복되는 빈도, 표면적인 내용 아래에 잠복되어 있다고 추정되는 갈등이 반복되는 빈도 등을 통해 수검자의 내면에 자리 잡고 있는 인생 주제가 얼마나 중요한 것이고 선명한 것인지를 추론해 볼 수 있다. 만일 수검자가 현재 어떤 특정한 갈등구도에 너무 몰입되어 있는 상태이고 그것이 수검자의 현재 삶에 있어서 중대한 영향을 미치고 있다면, 카드에서 묘사된 그림이 어떤 것이건 결국은 그런 갈등의 주제와 관련되는 이야기를 반복할 수밖에 없다. 그러나 만일 그 갈등이 과

거의 잔재로 남아 있고 현재의 삶에 미치는 영향이 미미하다면 TAT의 10여 장의 카드에서 그 주제가 자주 반복되기는 어렵고, 그 갈등의 주제를 자극할 만한 특정한 카드에서만 희미한 흔적을 나타낼 것이다.

(4) 생략, 부인, 정정

특정한 카드에는 대체로 이야기 속에 언급되기 마련인 그런 요소가 빠져 있다면, 그리고 그러한 생략이 자주 발견된다면, 그것은 수검자가 암묵적으로 회피하려는 관념 내용을 담고 있는 것일 가능성이 높다. 따라서 그러한 생략된 요소들 간에 어떤 공통요소가 존재하는지 추론해 보는 것은 해석의 또 다른 중요한 포인트가 된다. 1번 카드의 바이올린이 가장 대표적인 예이다. 이 카드에서 구성되는 이야기 속에 바이올린이 포함되지 않는 것은 드문 일이기 때문이다. 그 밖에도 3BM에서 바닥에 떨어져 있는 물체, 4번 카드에서 배경에 있는 나체의 그림, 7GF에서 소녀가 안고 있는 아기(혹은 인형), 8BM의 전면부에 있는 장총이나 배경의 인물이 들고 있는 뾰족한 물체 등은 대체로 언급되기 쉬운 대상들이다. 이러한 대상들이 생략된 빈도, 이야기의 내용 속에 결합되어 있는 긴밀성의 강도는 그 물체에 의해 연상되는 내적 관념이나 정서를 억압하려는 시도라고 해석할 수 있다. 이러한 생략은 검사를 받는 당시에 수검자가 지각은 했으나 이야기 속에 포함시키지 않았을 수도 있고, 검사자가 나중에 지적해 주었을 때도 지각하지 못할 정도로 처음부터 지각의 장 속으로 편입되지 못했을 수도 있다. 혹은 검사를 받는 동안 언급되었다가 스스로 정정하며 잘못 보았다며 이야기를 다시 수정하거나, 아예 다른 이야기를 만들어 나가는 경우도 있다. 어떤 방식으로 나타나건 이러한 특징들이 일관되게 반복된다면, 그것은 그 물체나 대상이 야기하는 정서적 갈등이나 긴장감을 견디기 어렵기 때문에 회피하려는 시도일 가능성이 높다.

(5) 상징관계

Freud는 환자들의 꿈을 해석해 나가는 가운데 더 이상 자유연상이 진전되지 않는 막다른 지점에 직면하곤 하였다. 그는 할 수 없이 꿈 사고의 전체 맥락을 고려하여 풀리지 않는 그러한 연상의 '공백'이 지니고 있을 수밖에 없는 의미를 탐색해 나가기 시작했고, 결국 많은 환자의 꿈속에서 발견되는 그러한 연상의 공백 지점들이 지니고 있을 의미들의 교집합을 수렴하여 상징관계를 발견하였다. 그 상징들은 한 개인으로서의 사적인 경험과 얽혀 있는 기억들의 연상권 내에 있는 것이 아니었기 때문에 자유연상으로는 의미를 탐색할 수 없었던 것이다. 그것은 개인을 뛰어넘는 인류의 보편적이고 반복적인 경험에 의해 어떤 정형화된 의미를 지니면서 마치 계통 발생적 유물처럼 무의식적으로 사용되는 것이라고밖에는 설명할 수 없었다. 그렇기 때문에 꿈을 꾼 자신도 알지 못하는 상태에서 그러한 상징관계가 사용된 것이다. 이후 그는 상징에 대한 지식을 활용하면 힘겨운 자유연상 과정을 거치지 않고도 꿈의 어떤 요소가 지니고 있는 의미를 알 수 있다는 것을 알게 되었고, 따라서 상징에 대한 지식은 꿈을 해석하는 데 도움이 될 만한 유용한 지식이 된다고 제안하였다. 그는 이 상징관계들이 꿈속에서만 발견되는 것이 아니며, 신화, 전설, 설화, 예술작품들은 상징의 보고(寶庫)라고 하였다.

TAT를 해석하는 데 있어서도 그러한 상징관계에 대한 지식이 도움이 될 수 있다. 특히 수검자가 구성해 낸 이야기의 어떤 부분이 전체 맥락과 잘 연결되지 않거나, TAT 수행과정에서 촉진적 질문을 통해 아무리 그 이야기의 줄거리를 명료화하여도 여전히 불분명하게 남아 있는 부분이 있거나, 또는 수검자의 배경정보나 개인력 등을 종합하여 해석을 시도해 보아도 맞아떨어지지 않는 부분에 직면했을 때 그러하다. TAT의 각 카드에는 수검자들이 개인적 연상의 범위를 넘어서서 자신도 모르게 그러한 상징적 의미를 도입하여 이야기를 구성해 낼 만한 요소들이 포함되어 있다. 물론, Freud의 경고처럼 상징관계에 대한 지식을 마치 불변의 일대일 관계인 것처럼 생각하여 도식적으로 적용해서는 안 된다. 관건은 그러한 상징관계의 지식이 현재 수검자가 만들어 낸 이야기의 전체 맥락 속에서 의미를 지니고 있는지, 의미를 지니고 있다면 그 하나의 카드에 대한 반응뿐 아니라 TAT의 전체 카드에서 흐르고 있는 공통적 주제와도 합치될 수 있는지 등을 종합적으로 고려하여 판단하여야 한다. 상징적 요소가 분명하게 포함되어 있는 똑같은 TAT 카드에 대해서도 각 수검자마다 그 상징 요소를 이야기 구성에 포함시킬 수도 있고 아닐 수도 있다. 그것은 그가 만들어 낸 이야기의 속성, 그 개인이 안고 있는 내부 심리적 갈등의 속성 차이가 그 상징적 요소를 활용하기가 얼마나 용이한지를 결정할 것이기 때문이다.

다음은 TAT의 각 카드별로 상징관계로 사용되기 쉬운 그림의 요소들이 무엇이며 어떤 상징적 의미로 사용될 수 있는지 요약해 본 것이다.

① 카드 1: 바이올린

악기는 흔히 (여성의) 몸을, 그리고 악기 연주는 성적인 행위를 상징한다. 특히 바이올린 계통의 현악기는 여성의 몸이 지닌 곡선과 유사점이 있다는 점에서 더욱 그러하다.

Man Ray의 〈Le Violom d' Ingres〉(1924)   Balthus의 〈Guitar lesson〉(1934)

[그림 9-2] 악기의 상징적 사용 예

출처: Wikipaintings(http://wikipaintings.org.)

참고로 [그림 9-2]는 이러한 상징과 관련된 예술작품의 예이다.

② 카드 2: 말, 밭고랑, 책

카드 2에는 어떤 TAT 카드보다 포함되어 있는 요소가 많고 복잡하다. 그중에서도 '말'은 남성의 성적 이미지와 연관이 있다. 이와 대비되는 밭(田, 땅)은 여성적 이미지이다. 따라서 말로 밭을 갈고 있고 그 결과 고랑이 패어 있으며 그것도 웃통을 벗은 남성이 밭을 갈고 있는 것은 전형적인 남성적 이미지(男)와 여성적 이미지의 상호작용, 즉 원초적 성행위의 상징이다.

책은 이러한 원시적 요소들과는 대비되는 지성적 요소를 상징한다. 따라서 2번 카드는 전반적으로 원초적 성적 요소가 더 많기는 하지만 그와 대비되는 이성(혹은 지성)의 요소도 포함되어 있다는 점에서 이 두 요소가 대립하는 어떤 갈등구도를 담고 있는 이야기가 산출될 수 있다.

③ 카드 3BM: 권총(?), 소파

소파 옆에 떨어져 있는 물체는 다소 불분명하게 묘사되어 있지만, 대개는 권총으로, 때로 열쇠나 칼 등으로 연상되기도 한다. 권총, 칼, 열쇠 등은 일반적으로 모두 공격하고 파괴하는 데 쓰이는 도구이며, Freud는 모두 남성 성기의 상징으로 보았다.

소파는 쉴 수 있고 의존할 수 있는 가구로 여성적 의미가 더 강하다.

④ 카드 3GF: 문, 배경의 암흑

이 카드에서는 뚜렷하게 돌출된 상징물은 없으며 상징관계가 이야기의 주요소로 잘 사용되지 않는 경향이 있다. 그러나 열고 닫는 의미의 문과 우울감, 절망 등을 암시하는 문 뒤편의 컴컴한 방은 분명히 절망과 그로부터의 탈출 가능성을 담고 있는 힘겹고 우울한 이야기를 구성하는 데 사용될 수 있는 소재이다.

⑤ 카드 4: 배경의 그림

상징물은 아니고 배경의 그림이 멀리 떨어져 있어 불분명하긴 하지만 대체로 나체의 여인을 그린 그림으로 지각된다.

⑥ 카드 5: 관음증적 행동, 꽃병 및 가구류(탁자, 서가 등), 책

이 카드에서는 물체보다는 인물의 행동이 보편적 상징을 담고 있다. 문을 반쯤 열고 안을 들여다보는 동작으로 그려져 있기 때문에 타인의 성적인 행동을 몰래 훔쳐보는 관음증적 욕구가 자극되기 쉽다.

꽃병이나 가구는 여성적 이미지가 강하며, 책은 지적인 측면을 나타낸다.

⑦ 카드 6BM: 외투, 넥타이, 모자

이 카드에는 돌출된 상징물이 없다. 다만 전면의 남성 주인공의 외투나 넥타이, 들고 있는 모자 등이 이따금씩 이야기를 구성하는 남성적 요소들을 강화하는 데 사용될 수 있다.

⑧ 카드 6GF: 담배, 여성의 옷, 단추, 탁자

이 카드에서 가장 두드러지는 상징물은 남자가 물고 있는 파이프 담배이다. Freud는 담배를 전형적인 남성 성기의 상징물로 간주하였다. 따라서 여성 수검자가 이 파이프 담배에 대해 어떤 식으로 반응하는지 살펴볼 필요가 있다.

여주인공의 옷차림과 단추, 기대고 있는 탁자 등이 그림의 소품으로 등장하며 이는 대체로 여성적 이미지가 강한 것들이다. 그러나 대체로 6GF 카드에서는 이러한 것들이 이야기의 주제를 구성하는 결정적 상징물로 잘 사용되지는 않는다. 그러한 부분적 소재들은 너무나 강렬하고 분명한 그림 속 남자와 여자의 인상에 의해 가려질 만큼 사소해 보이기 때문이다.

⑨ 카드 7BM: 넥타이, 수염

이 카드에서는 돌출된 상징물이 없다. 다만 두 명의 남자가 등장하며 넥타이, 외투, 수염 등 전형적인 남성적 요소들로만 채워진 그림이라는 점에서 남성들이 주로 겪기 쉬운 갈등을 담은 이야기를 자극하기 쉽다.

⑩ 카드 7GF: 인형(아기?), 의자 및 소파, 구두

인형이건 아기건 여성에게는 중요한 성적인 상징물이다. 등장인물이 모두 여성이며 배경의 의자나 소파 등 여성적 상징물로 둘러싸여 있기 때문에 이 카드에서는 임신이나 출산과 관련된 여성적 성역할을 둘러싼 갈등을 담은 이야기가 자극되기 쉽다.

이 카드에서 주인공의 구두가 이야기의 주요 모티프로 사용되는 일은 거의 없지만, 구두는 서양의 '신데렐라' 이야기나 우리나라의 '콩쥐 팥쥐' 이야기에서 모두 결혼을 매개하는 중요한 상징물로 사용되어 왔다. 오늘날에도 애인의 배신을 '신발(고무신)을 바꾸어(거꾸로) 신는다'라고 빗대어 표현한다.

⑪ 카드 8BM: 총, 칼, 넥타이

총과 칼은 명백히 공격용 무기이며, 성적으로는 남성 성기의 상징이다. 목에 길게 드리우는 넥타이도 마찬가지이다. 이 카드는 이러한 공격적이고 남성적인 상징들로 둘러싸여 있는 반면에 전면에 있는 주인공의 얼굴은 그리 남성적 이미지를 풍기지 않기 때문에, 이러한 대비적 요소가 성 정체감에 내재된 어떤 갈등의 주제를 자극하는 경우가 있다.

⑫ 카드 8GF: 여성 의복(긴 치마)

이 카드에서는 돌출된 상징물은 없지만, 전체적으로 한 사람의 여성과 여성적 이미지들만이 나타나고 있다.

⑬ 카드 9BM: 모자, 누워 있는 자세, 남자들

Freud는 모자를 남성 성기의 상징물로 보았다. 이 그림에서 총은 등장하지 않지만, 그림 속 인물을 미국의 카우보이들로 지각하는 경우가 대부분이어서, 전체적으로 남성의 공격적 욕구나 지배 욕구를 암묵적으로 자극하기 쉬운 분위기이다.

아울러 세 사람의 남성이 누워 있고, 전면의 남자는 한 사람을 깔고 자는 듯한 모습이기 때문에 동성애적 행동을 암시하는 상징적 분위기가 내포되어 있다.

⑭ 카드 9GF: 계곡, 나무 풍경, 엿보는 듯한 행동, 치마

계곡과 그 계곡을 흐르는 물을 담고 있는 풍경은 여성의 성기와 몸을 상징한다. 등장하는 두 명의 인물이 모두 전형적인 여성적 의복을 입고 있고, 아래의 인물은 마치 치마가 물에 닿지 않기 위해서인 듯 치마를 들고 뛰어가며 신고 있는 구두가 한 짝 살짝 드러나 있다. 그림의 모든 이러한 구성물은 전형적으로 '신데렐라(콩쥐 팥쥐)'의 모티프를 자극하기에 충분한 요소와 구도로 배치되어 있다. 실제로 이 카드에서는 그러한 주제와 관련된 이야기들이 빈번하게 연상된다.

⑮ 카드 10: 흑백의 대비

이 카드에 돌출적인 상징물은 없다. 다만 14, 17GF 카드를 제외하면 빛과 어둠의 대비가 꽤 강렬한 그림 중의 하나이다. 이러한 흑백의 상징은 기쁨과 슬픔, 선과 악, 삶과 죽음이 교차하는 어떤 갈등구도를 담은 이야기를 자극할 만한 요소들이다.

⑯ 카드 12M: 침대, 누워 있는 자세

침대에 누워 있는 모습은 수면상태, 병에 걸려 치료받고 있는 장면 등을 연상시키기 쉽다. 이는 모두 의존성 및 퇴행적 정서 상태를 자극하기 쉬운 요소들이다.

⑰ 카드 13B: 문 입구, 쪼그리고 앉아 있는 아이

문은 여성적 상징(성기, 자궁)으로서, 그 안쪽 공간은 근원적인 고향, 쉼터 등을 상징한다. 그 입구에 한 아이가 쪼그리고 앉아 있는 장면은 그 고향으로부터 세상으로 나가는 출발점, 독립, 혹은 그러한 독립에 대한 두려움 등 퇴행적 욕구와 독립 욕구 사이의 양가감정을 자극할 만한 요소들이다. 즉, 아동들에게 있어서의 분리불안을 자극할 만한 카드이다.

⑱ 카드 13MF: 여성의 가슴, 침대, 넥타이, 책, 탁자, 누워 있는 자세

이 카드에서 가장 돌출적인 요소는 여성의 노출된 가슴이다. 이는 근원적으로는 모성의 근원인 동시에 성적인 상징이다. 아울러 여성의 누워 있는 자세, 서 있는 남성, 그 남성의 넥타이 등은 이 카드를 다분히 성적인 상징들로 가득 찬 구도로 만든다. 다만 탁자

위에 놓여 있는 책만이 이러한 성적인 구도와 이질적인 요소로 대비되어 있다. 그 때문 인지 가끔 이 책을 성경책으로 지각하면서 성적 욕구에 대비되는 죄책감을 담고 있는 이 야기로 구성하는 경우가 가끔 있다. 또한 여성은 노출되어 있으나 남성은 넥타이까지 하 고 옷을 다 입은 모습 또한 조화되기 어려운 갈등구도를 자극한다.

⑲ 카드 14: 창문, 흑과 백

흑과 백으로 명백히 나뉜 구도는 삶과 죽음, 선과 악, 우울과 고양감 등의 양가적 감정 구도를 자극하기 쉽다.

창문은 세상 밖으로의 통로라는 의미에서 어머니의 자궁으로부터 세상으로 태어나는 것, 즉 출생 상황을 상징하는 이미지로도 사용될 수 있다. 이러한 출생 상황은 어머니로 부터의 분리와 독립, 자궁 회귀를 바라는 퇴행적 욕구와 세상으로 나아가고 싶다는 독립 욕구 사이의 근원적 갈등구도를 상징한다. 출생 상황은 정신분석적 관점에서 가장 근원 적 외상의 경험을 하게 되는 상황이며, 그것은 무력하게 이 세상으로 던져진 최초의 경 험이다. 이는 출생인 동시에 죽음이다. 더구나 이 그림에는 창문에 발을 걸치고 있는 인 물이 실루엣으로 묘사되어 있기 때문에 '(투신)자살'이라는 이미지를 자극하기에 매우 좋은 요소를 갖추고 있다. 이러한 모든 요소는 18GF 카드와 기본적으로 같은 구도를 형 성한다.

(6) 수검 시의 행동

투사적 검사들 중에서 로르샤하 검사는 무정형의 검고 빨간 색깔의 잉크 자국이 불러 일으키는 모호함과 낯선 느낌 때문에 꽤 많은 수검자가 경계심을 갖고 임한다. 그림검사 (DAP 등)는 성인에게 실시할 경우 유치하다는 생각 때문에 오히려 거부감을 나타내는 수검자들도 있다. 반면 TAT는 그림카드를 제시했을 때 대개 흥미를 느끼며 편안한 마음 을 갖는 수검자들이 더 많다. 로르샤하 카드보다는 더 분명하고 친숙한 장면이 그려져 있기도 하고 이야기를 자유롭게 만들어 낸다는 점에서 부담을 주지 않는다. 따라서 TAT 검사를 불편해하는 수검자라면 대부분의 다른 투사적 검사도 불편하게 느낄 가능성이 높으며, 투사적 검사에서 요구되는 자유연상 과정에 필요한 개방성과 유연함이 부족하 고 심리적 억압이 강한 사람이라고 생각해 볼 수 있다.

하지만 아무리 개방적이고 유연한 수검자라 하여도 그 정도의 차이일 뿐 TAT 검사를 수행하는 동안 마음속에서 일어나고 있는 정서적 자극에 대해 어떤 식으론가 반응을 할 수밖에 없다. 검사자는 그러한 다양한 비언어적 행동과 TAT 카드에 대한 언어적 반응들을 동시에 고려하여 가장 합리적인 해석을 이끌어 내야 한다. 우울한 정서가 지배적인 수검자는 우울한 이야기를 만들어 내며, 그러한 정서는 이야기를 만들어 내는 표정과 몸짓에서도 동시에 반영되기 마련이다. 극단적으로는 자신이 만드는 이야기에 너무 몰입한 나머지 흐느끼며 우는 경우도 심심치 않게 볼 수 있다. 이러한 언어적-비언어적 통로로 표출되는 정서가 일치한다면 더 분명한 해석을 할 수 있다.

일반적으로 어떤 불편한 관념이나 정서에 직면할 때 수검자들은 그것을 억제하거나 회피하려는 다양한 비언어적 행동을 보일 수 있다. 가장 객관적으로 측정할 수 있는 것은 반응시간의 지연이다. 이것은 Jung이 단어연상검사를 만들었던 이론적 배경이다. 즉, TAT의 카드에서 수검자들이 이야기를 만들어 내는 속도와 리듬에 주목해 보아야 한다. 빠른 템포로 이야기를 만들어 나가던 수검자가 어느 순간 갑자기 말을 멈추거나 말을 더듬기 시작했다면 그 순간 저항이 작용하고 있다는 신호일 수 있다. 따라서 그러한 속도의 변화가 나타나기 시작한 시점이 어디이며 그 이후부터 어떤 내용의 이야기들이 만들어지는지 살펴보아야 한다. 그러한 시점에 이야기의 내용이 갑자기 이전과는 반대의 방향으로 바뀌거나, 현재까지의 흐름과는 맞지 않는 내용들이 나오기 시작한다면 더욱 의미심장하다.

이야기를 만들어 나가는 중에 나타나는 표정의 변화, 말의 높낮이, 이야기와는 직접 관련이 없는 개인적 논평이나 감탄사의 사용, 그림카드를 갑자기 멀리 떨어뜨려 놓거나 눈앞에 가까이 대고 보는 등의 행동 변화, 편안한 자세로 이야기를 하다가 갑자기 의자를 끌어당기며 곧게 앉아서 생각에 잠긴다거나 하는 등의 자세 변화도 잘 살펴보아야 한다. 이러한 변화들이 카드의 그림 속성, 혹은 전개되는 이야기의 어떤 시점에 일어나는지 세심하게 고려해 보면, 그 이야기 자체가 주는 의미를 더욱 분명하게 해 주는 유용한 보조적 정보가 된다. 이야기가 어떤 특정한 내용에 이르렀을 때마다 유사한 행동 변화가 반복 관찰된다면, 검사자는 더욱 확신을 가질 수 있다. 따라서 검사자는 TAT의 카드들 중 유사한 주제의 이야기가 자극되기 쉬운 카드가 제시되는 순간, 그 이전의 유사한 카드에서 보였던 행동들이 다시 나타날 것인지 예의 주시하며 관찰해 보아야 한다. 이런 식으로 이야기의 내용과 그것이 표현될 때의 다양한 검사행동이 일치하면 할수록 더 분명한 해석적 가설을 설정해 볼 수 있게 된다.

(7) 대상관계적 관점에서의 접근

TAT의 카드에는 로르샤하 카드의 잉크반점과는 달리 분명한 인물들이 등장하기 때문에 로르샤하 검사에서보다 더 분명하게 대상관계의 역동이 투사되기 쉽다. 따라서 이러한 이론적 틀 내에서 해석을 시도해 보면 보다 심층적인 내적 역동을 파악하는 데 도움이 된다. 즉, 수검자가 만들어 낸 이야기 속에 등장하는 모든 인물을 수검자가 창조해 낸 하나의 대상으로 간주하는 것이다. 다시 말해, 수검자가 만들어 낸 이야기는 수검자의 내적 환상이 투사된 것으로, 그 이야기 속에 등장하는 인물들과 인물들의 상호작용 및 그 상호작용에서 파생되는 모든 갈등을 수검자의 내적 환상 속의 대상들에 대한 이야기로 간주하고 해석을 시도해 보는 것이다. 이는 수검자가 구성해 낸 이야기를 마치 수검자가 꾼 하나의 꿈처럼 간주하고 꿈을 해석할 때처럼 접근하는 것과도 유사하다. 꿈속에 등장하는 인물들이나 TAT 카드에 대한 이야기 속에 등장하는 인물들은 결국 모두 수검자의 환상을 구성하는 대상들이 투영된 것으로, 결국은 수검자의 전체 자기표상을 구성하는 부분적인 대상표상들로 간주하는 것이다.

다음 사례의 수검자는 생리 전 우울 증상이 심하여 내원하였고, 우수한 지능을 가지고 있지만 부모의 압력에 의해 원치 않는 학교에서 원치 않는 분야의 공부를 하고 있는 어떤 20대 여성이 TAT 2번 카드에서 구성해 낸 이야기이다.

[사례]

"여기는 유럽의 시골이나… 아니면 미국의 개척시대나… 아니면 캐나다의 시골이나 그런 곳처럼 보여요. 말로 밭을 가는 남자랑 임신한 여자랑 둘이 부부인데… 근데 사실은 여기 책 들고 있는 여자가 밭을 가는 남자하고… 그… 임신한 여자하고, 가족 친구인데… 이웃사촌인데… 이 책 든 여자는 공부 같은 것 많이 해서 도시에서 와서. 글자 같은 것을 이 사람들에게 가르쳐 주는데… 말로 밭 가는 남자랑 무슨 관계가 있는 것 같아요… [어떤 관계?] 불륜… 근데 이 임신한 여자도 그 사실을 알고 있는데… 자기가 임신도 했고, 사회가 보수적이라서… 남자가 자기를 떠날까 봐 얘기를 못하고… 이 여자가 젊고 예쁘니까 질투를 하는데… [그래서 어떻게 될까요?] 근데… 이 남자가 되게 좀… 머리가 꾀가 없어서, 이 책 든 여자가 도망가자고 하는데 도망 못하고 이러고 있다가… 이 임신한 여자가 결국… 이 두 사람을 죽이거나, 아니면 자기가 죽거나…." (TAT, #2)

☞ '유럽의 시골, 미국의 개척시대, 캐나다의 시골': TAT 카드의 배경이나 등장인물들은 모

두 한국적인 배경이 아니기 때문에 수검자가 이렇게 묘사하는 것은 객관적인 지각의 산물이다. 즉, 수검자는 이야기의 도입을 객관적인 배경기술부터 시작하고 있는데, 이는 또한 수검자의 지적인 특성을 보여 주는 것이기도 하다. 동시에 이것은 이야기의 배경에 해당하는 물리적 공간이지만, 또한 수검자의 심리적 공간일 수도 있다. 실제로 수검자는 현재 부모의 뜻에 따라 외국 유학 중이다. 한편 이러한 이국적인 느낌은 수검자의 내면에 있는 공상이 현실과는 분리된 세계에 있음을 나타내는 것일 수도 있다. 특히 '개척시대'라는 표현은 현재 수검자가 처한 상황과도 관련지을 수 있는 요소로서, 수검자가 지닌 독립 욕구를 상징하는 표현으로도 볼 수 있다.

☞ '말로 밭 가는 남자': 2번 카드에는 말과 3명의 사람이 등장하는, TAT의 카드들 중에서는 상당히 복잡한 카드 중의 하나이다. 따라서 이런 경우 카드의 등장인물들 중 누구를 먼저 등장시키는지 그 순서를 살펴보는 것도 의미가 있다. 그런데 수검자는 '말로 밭 가는 남자'를 가장 먼저 언급한다. 이것은 2번 카드에서는 일탈적 요소이며, 따라서 중요한 해석적 단서가 될 수 있다. 왜냐하면 대체로 2번 카드에서는 전면에 등장하는 여자를 먼저 언급하며 이야기가 진행되는 것이 보통이기 때문이다. 더구나 '남자'와 '말'은 상징적 의미를 내포하고 있는 대상으로서, 여성인 수검자에게 있어서 원초적인 성적 욕구의 대상이기도 하다. '말로 밭 가는 남자'에 이어 '임신'한 여성을 곧바로 언급하는 것도 이와 관련이 있다. 즉, 수검자의 연상의 흐름 속에서, 수검자는 2번 카드를 접하면서 이성관계나 성적인 역동을 가장 먼저 지각하고 있는 것이다.

☞ '가족 친구' '이웃사촌' '공부 많이 한 도시 여자': 등장인물들을 모두 '가족'이나 '이웃사촌'과 같이 매우 밀접한 관계로 묘사하고 있다. 이것은 이 인물들이 표상하고 있는 수검자의 내적 대상들이 현재 매우 긴밀하게 연결되어 있음을 나타내는 동시에, 수검자가 주인공으로 삼은 듯한 전면의 여자는 그럼에도 불구하고 어떤 차별성이나 우월성을 지닌 존재(공부를 많이 한 도시의 여자)로 묘사됨으로써 자기애적 역동의 단면이 드러난다. 즉, 차별성을 지니고자 하는 욕구와 친족관계로 묶이고자 하는 욕구 사이의 대립관계가 서서히 드러나기 시작한다. 이후의 이야기에서는 이 여성이 중심적인 역할을 하고 있고, 따라서 이 여성은 수검자에게는 일종의 '이상화된 자아상'을 나타낸다고 볼 수 있다. 한편 '이웃'과 '사촌' '가족'은 긴밀한 관계이며, 이는 수검자의 내적 대상들 사이에 맺어진 긴밀한 관계를 암시한다. 반면에 '사촌'이라는 혈족적 의미의 관계와 '이웃'이라는 우연히 맺어진 비혈족적 관계를 동시에 연상하고 있다는 점에 대해서는 생각해 볼 점이 있다. 즉, 운명처럼 맺어진 혈족적 가족관계와 그렇지 않은 관계라는 이중적인 의미는 수검자의 가족관계 내에 잠재하는 갈등의 구조를 나타내는 것으로도 볼 수 있다. 또한 임신한 여자와 밭 가는 남자는 부부로서 시골에 거주하는 사람인데, 이는 전통적 가치관의 세계 속에서 살아가는 인물들을 대표하며, 아마도 수검자의 부모에 대한 이미지와도 통하는 것이다. 현재 수검자는 실제로 부모의 가치관에 의해 억압받고 있는 상황이다. 이어지는 이야기 역시 그러한 추론을 뒷받침해 줄 만한 내용이다.

☞ '불륜': 그림 속 전면에 등장하는 여자와 말로 밭을 가는 남자 사이의 관계에 대해 수검자는 명확한 언급을 회피하며 '무슨 관계가 있다'고만 표현하다가 검자자의 질문에 마지못해 '불륜'이라고 명료화한다. 책을 든 여자가 지성을 상징하는 이상화된 자아의 한 부분이라면, 말로 밭을 가는 남자는 원초적 욕망을 품고 있는 자아의 한 부분으로, 프로이트적 정신구도에 따르면 이드적 자아인 것이다. 수검자가 '불륜'이라고 정의한 관계의 속성은 그러한 두 자아상 사이의 관계를 보여 준다. 즉, 합법적으로는 절대 맺어져서는 안 되는 관계로, 수검자가 자신의 내부에 있는 원초적 욕구를 대하는 태도의 일면을 나타낸다. 사회규범과 윤리적 측면에서는 맺어져서는 안 되는 관계이지만 현실적으로 맺어진 깊은 관계를 나타내는 상당히 모순적인 의미를 내포하고 있는 것이다.

☞ 삼각관계의 해결방법 및 결말: 그림 속의 세 등장인물은 결국 불륜관계로 묶인 삼각관계로 정리된다. 수검자는 이 삼각관계가 어떤 구도에 의해 유지되고 어떻게 해결되는 것으로 이야기를 만들고 있는가? 수검자의 현실이고 이상화된 자아는 남자에게 도망가자고 한다. 그런데 남자는 '꾀가 없어서' 못 가고 있다. 임신한 여자 역시 보수적 가치관을 가지고 있고 임신도 했기 때문에 남자가 자신을 떠날까 봐 얘기를 못하고 있다. 이 '임신한 여성'은 수검자가 어머니와의 관계에서 형성한 또 다른 자아이자 어머니의 이미지가 투사되고 있는 것으로 볼 수 있다. 실제로 이 수검자는 현재 어머니와의 사이에서 심한 갈등을 겪고 있다. 이 이야기 속의 이러한 삼각관계 속에서 첨예하게 돌출된 갈등 상황을 어떻게 해결할 것인가? 이것이 수검자의 핵심 딜레마이자 현재 겪고 있는 정신적 문제(우울증?)를 유발하는 역동적 요인이며, 향후 이 수검자가 어떻게 현실의 갈등을 헤쳐 나갈 수 있는지 예상해 볼 수 있는 하나의 암시가 될 수 있다. 수검자가 엮어 낸 갈등 해법은 매우 파국적이다. 임신한 여자가 나머지 두 사람을 죽이거나 자신도 죽는다는 것이다. 새롭게 눈뜬 독립된, 이상화된, 현실적 자아를 죽이고, 애정 욕구의 주체인 이드적 자아도 죽이고, 부모의 가치관에 따라 살고 있는 부모적 자아도 죽는다는 매우 비극적이며 파괴적인 결말이다. 수검자가 실제로 이러한 파괴적 행동을 할지 아닐지는 TAT에서의 반응만으로 예측할 수는 없고 향후 상황 전개에 의해서도 달라질 수 있지만, 적어도 수검자의 마음속에 이러한 충동이 도사리고 있을 수 있다는 추론은 가능하다.

이 사례를 통해 대상관계적 관점에서 분석해 본 이 수검자의 이야기를 도식적으로 요약해 보자면 [그림 9-3]과 같다. 수검자는 TAT의 각기 다른 세 사람이 등장하는 2번 카드에서 현실의 대상이자 자신의 내적 대상인 자아의 세 가지 측면을 드러내고 있고, 그러한 세 가지 측면이 현재 어떤 갈등구도를 안고 있으며 어떻게 그 갈등을 해결해 나가는지를 보여 주는 사례라고 할 수 있다.

[그림 9-3]　TAT 2번 카드에 대한 대상관계적 분석의 도식 예

2. 인물화 검사

그림은 문자보다 오랜 역사를 갖고 있다. 이는 인류 전체의 문명발달 단계뿐 아니라 개체로서의 인간발달 단계에서도 관찰된다. 아이들은 문자보다 그림을 먼저 시작한다. 그리고 문자가 발전하는 과정 역시 세상과 사물의 형상을 본떠서 만드는 것부터 시작되었다. 이런 점에서 볼 때 그림은 문자의 가장 원초적인 형태라고 할 수 있을 것이다.

인물화 검사(Draw-A-Person Test)는 이 원초적 언어인 그림을 사용하여 그 그림을 그린 개인의 성격을 추론할 수 있게 해 주는 도구이다. 인물화 검사는 비록 정량화하고 표준화된 해석체계를 갖추기 어렵다는 단점이 있음에도 불구하고 다른 투사법 검사가 갖지 못한 몇 가지 장점을 지니고 있다. 예를 들어, 종이와 연필과 그림을 그릴 수 있는 공간만 있다면 누구에게나 어디서나 실시할 수 있으며, 결과를 얻기까지 길어야 10분 정도의 시간만 있으면 되고, 실시하는 데 복잡한 지시나 설명이 필요하지 않고, 해석하는 데 있어서도 복잡한 채점체계를 거치지 않고 직접적인 해석이 가능하다. 그리고 언어소통이 곤란한 언어장애자나 외국인 또는 문맹자에게도 실시할 수 있고, 예술적 능력이나 지적 능력을 요구하지도 않는다. 이러한 간편함과 단순성에 비해 때로는 의미심장한 중요한 정보를 제공해 줄 수 있다는 점이 인물화 검사의 가장 큰 강점이라 할 수 있다.

그렇다면 투사법 검사로서의 인물화 검사는 그 그림을 그린 사람이 가진 무엇을 드러내는가? 우선적으로 인물화는 그 그림을 그린 사람의 신체 이미지(body image), 넓게는 자기 이미지(self-image)를 투사한다고 가정한다. Machover(1949)는 '자기표현의 수단으로서의 신체'를 강조하면서 투사(projection)를 통한 동일시와 내사(introjection)를 통한 동일시가 만나는 지점이 신체이며, 신체 또는 자기(self)는 어떤 심적 활동에 있어서도 가장 친근한 참조의 준거가 된다고 언급한다. 그는 또한 "투사된 신체 심상은 수검자의 충동, 불안, 갈등, 보상 등을 반영한다."고 주장하였다. Klepsch(1982)는 개인의 성격, 타인과의 관계 속에 있는 자기(self), 그가 속한 집단의 가치규범, 그의 태도가 인물화에서 드러난다고 보았다. Ogden(1982)은 자기 이미지뿐 아니라 되고 싶은 자신의 모습(ideal self), 또는 자신의 인생에서 가장 중요한 인물이 가진 어떤 속성이 인물화 검사에서 투사되는 경우가 많다고 언급한다. 그뿐 아니라 인물화에서 그려진 첫 번째 인물이 어떤 성이며, 그려진 인물의 성적인 특징이 어떻게 나타나는지를 비교해 봄으로써 성적인 정체감(sexual identity)이 얼마나 확고하고 안정적인지도 드러난다(정승아, 김재환, 1997).

1) 도구

2B 연필, 지우개, 백지 2장

2) 지시

다른 투사적 검사와 마찬가지로 수검자의 반응을 구속하지 않고 자유연상이 촉진될 수 있도록 가급적 비지시적인 방식으로 설명해 준다. 즉, '사람을 한 사람만 그려 보라'고 얘기해 주며, 수검자의 반응을 유도하거나 제약할 만한 어떤 암시가 섞인 지시나 설명은 가급적 삼가는 것이 좋다. 이렇게 지시하면 그림을 잘 그리지 못한다거나, 어떻게 혹은 누구를 그려야 하는지 묻는 수검자들이 있다. 이런 경우에도 그저 '그림 솜씨를 보려는 것은 아니니 그리고 싶은 대로 그리면 된다'는 정도의 설명만 해 주면 된다.

3) 실시방법

종이는 세로로 제시하며, 종이가 제시된 후 그림을 완성하기까지의 시간을 기록한다.

만일 수검자가 지나치게 만화 캐릭터와 같은 방식으로 혹은 너무 단순하게(마치 허수아비처럼) 그리면 다시 그리도록 지시해 줄 수도 있다. 수검자가 그림을 다 그렸다고 하면 그림으로 나타난 인물이 남자인지 여자인지 묻고 남자라면 여자를, 여자라면 남자를 한 번 더 그려 보도록 지시해 준다. 수검자가 그림을 그리는 동안에 관찰되는 모든 특징적인 행동은 기록해 두는 것이 좋다. 예를 들면, 머리부터 그리는지 혹은 다른 곳부터 시작하는지, 그림을 그리는 방식은 충동적인지 강박적인지, 그림을 그리는 동안 혼잣말을 한다거나, 어느 순간 표정 변화가 나타난다거나, 특히 어떤 부분을 묘사하는 데 더 어려움을 겪는다거나 하는 등의 행동들이 그러하다.

그림이 모두 완성되면, 그림에 대한 연상을 이끌어 낼 수 있는 다양한 질문을 할 수 있다. 그려진 인물을 통해 연상되는 사람, 그려진 인물의 성별, 나이, 직업, 자세, 표정, 기분, 성격이나 인상, 미래의 꿈이나 소망, 가장 마음에 들게 잘 그려진 곳과 아닌 곳 등을 질문한다. 그러나 기계적으로 미리 준비된 질문을 틀에 맞추듯이 질문하는 것보다는 그때그때의 상황에 맞게 수검자의 자유연상이 방해받지 않도록 자연스럽게 질문 목록을 선택하거나, 뭔가 중요한 주제와 관련된 연상이 나왔다 싶으면 즉흥적으로 그와 관련된 다른 질문을 해 나갈 수도 있다.

4) 해석

지능검사가 아닌 성격검사로서의 인물화 검사를 해석하기 위해서는 먼저 그 그림이 다른 보통의 경우에 비해 어떤 일탈되는 특징들을 지니고 있는지를 살펴보아야 한다. 그 이후에는 그 특징들이 성격의 어떤 측면 혹은 현재의 어떤 심리상태를 반영하는지 정신역동적인 의미를 탐색해 본다.

(1) 특이점에 대한 해석

가장 먼저 검토해 보아야 할 것은, 보편적인 경우에 비해 일탈되는 특징이 무엇인지 살펴보는 것이다. '성격'이란 그 개인이 속한 특정한 집단이 공유하고 있는 공통적인 특성인 동시에, 그 집단과는 차별되는 그 개인만의 독특한 측면을 말하는 것이기 때문이다. Urban(1963)은 인물화 검사에서 정상적인 것으로 간주될 수 있는 보편적인 특성들을 다음과 같이 요약하고 있다.

① 그림을 다 그리는 데 평균 10~12분 정도 걸리며, 용지의 전체 크기와 그림의 크기가 적절하게 균형을 맞추고 있다.

② 인물은 용지의 중앙 또는 약간 아래에 그리는 경향이 있다.

③ 머리나 얼굴을 먼저 그린다.

④ 사지의 균형이 대체로 맞으며, 약간의 동작이나 자세를 취하게 그리는 경우도 있다.

⑤ 그림은 대체로 대칭이며 보기가 좋다.

⑥ 지우개는 거의 사용하지 않으며, 사용할 경우에는 그림이 개선된다.

⑦ 필압은 일정한 편이다.

⑧ 자신과 동일한 성의 인물을 먼저 그리며, 더 많은 시간을 투자하여 세부 묘사를 한다.

⑨ 성별에 따른 이차적 성적 특징이 묘사된다. 예를 들면, 남자는 어깨가 넓고 머리가 짧고, 여자는 가슴이 나오고 머리가 길고 엉덩이가 크게 그려지곤 한다.

⑩ 눈동자는 그리지만 콧구멍은 그리지 않는 경향이 있다.

⑪ 옷을 입은 모습으로 그린다.

⑫ 다리나 귀는 크게 강조하거나 세밀하게 그리지 않는다.

⑬ 잘 그릴 수 없거나 생략하는 부분은 보기 좋게 처리된다.

⑭ 사소한 세부만이 생략될 뿐, 대체로 인물 전체를 다 그린다.

(2) 정신분석학적인 해석

그림에서 관찰되는 일탈된 혹은 독특한 특징들이 어떤 의미가 있는지 정신분석학적 관점에서 해석해 볼 필요도 있다. 정신역동적인 해석은 신경증이나 조현병 환자들이 보이는 증상 혹은 꿈 내용에 포함된 다양한 상징의 의미에 관해 정신분석학이 제시하는 가정이나 연구결과에 근거한다. 따라서 역동적 해석을 하기 위해서는 인물화에서 묘사된 각 신체 부위와 자아, 초자아, 이드와 같이 정신역동이론에서 가정하는 심리구조와의 상징관계, 그러한 심리적 구조 사이의 갈등이 신체 이미지를 통해 표현되는 방식에 관한 지식이 필요하다. 또한 꿈, 신화, 전설, 예술작품에서 표현되는 다양한 이미지의 의미와 상징체계 등에 관한 인류학적 지식도 요구된다.

정신분석적 관점에서 인물화 검사를 해석하는 데 주의해야 할 점은 정신분석이론에서 제시하는 상징관계를 일대일로 기계적으로 적용해서는 안 된다는 것이다. 이는 꿈을 해석하는 데 있어서 Freud가 상징관계를 남용하여 해석해서는 안 된다고 했던 것과도 같은 맥락이다. 즉, 모든 상징관계는 한 개인을 넘어서는 인류 공통의 집단적 보편성을 담고 있는 동시에, 그 개인에게만 독특한 사적인 경험에 의해 정교화된 특수한 의미도 포함되어 있기 때문이다. 따라서 인물화 검사의 어떤 특징들이 일관성 있게 어떤 성격 특성이나 심리내적 갈등구도를 담고 있는지, 그 상징이 그 개인에게 어떤 특별한 의미가 있는지, 그리고 면담내용이나 다른 검사 내용에서 시사되는 바와 얼마나 부합될 수 있는 지 함께 고려하여 해석해 보아야 한다.

정신분석학적인 관점에서 해석하기 위해 검토해 보아야 할 세부 영역들은 다음과 같이 나누어 볼 수 있다.

(3) 용지의 사용 및 인물의 위치

Machover(1949)는 "인물화 검사에서 그려진 인물은 바로 그 사람이며 종이는 환경을 의미한다."고 하였다. 따라서 그려진 인물이 용지의 어디에 위치해 있으며 인물의 크기 는 어느 정도인가 하는 점은 그 개인과 그의 환경 간의 관계를 나타내는 상징적 표현으로 해석된다. 정상적인 경우에는 용지 크기와 비례하여 중앙에 적절한 크기로 그려진다.

반면에 그림의 크기가 지나치게 작거나 용지의 구석에 그려진 경우는 현재 환경적인 압력에 비해 자아상이 위축되어 있거나 심리적으로 고립되어 있음을 반영한다. 일반적으로 그림의 크기가 지나치게 크거나 용지의 위쪽으로 치우친 그림은 높은 에너지 수준이나 성취 욕구 또는 낙관주의를 반영하기도 하지만, 때로는 그 반대의 측면을 보상하기 위한 표현일 수도 있다. 또한 지나치게 용지의 바닥에 치우친 그림은 불안정감, 우울감 또는 의존 욕구를 반영한다.

(4) 그림의 크기

용지에 꽉 찬 느낌을 줄 정도이거나 혹은 너무 크게 그리다 보니 하체를 그릴 여유가 없는 경우에는 조증(manic) 상태, 혹은 과대한(grandiose) 자아상을 나타내며, 때로는 부적절감이나 억압 성향을 보상하는 것일 수도 있다. 일반적으로 아동은 그림의 크기가 큰 편이며, 성인의 경우 그림이 지나치게 크게 그려졌다면 그것은 정서적 미성숙성이나 아이다운 자기중심성을 반영하는 것일 수 있다.

반면에 그림의 크기가 지나치게 작다면 열등감이나 낮은 자존감, 부적절감, 소외감을 반영한다. 또한 소심하거나 수줍음이 많고 지나치게 억제되어 있는 성격을 지닌 경우일

수도 있다. 한편 현실로부터 철수되고 퇴행적인 상태에 있는 조현병 환자일 경우 그림의
크기가 지나치게 작을 뿐 아니라 그림의 내용 자체도 단순하고 빈약하다.

(5) 지우개의 사용

통상적으로 지우개는 거의 사용하지 않는 것이 보통이다. 하지만 지우개를 지나치게
많이 사용하는 경우 자아상에 대한 불만, 불확실감, 강박적 성향을 나타낸다. 특히 신체
의 특정한 부분을 그리는 데 지우개를 더 많이 사용했다면 그 신체 부위와 관련된 역동
적 의미를 탐색해 볼 필요가 있다.

(6) 그림을 그리는 순서

일반적으로 얼굴이나 머리부터 시작하여 아래로 그려 나가는 것이 보통이다. 반면에
발이나 몸통, 팔, 다리부터 그리기 시작하는 경우는 매우 드물다. 만일 이처럼 지나치게
일탈된 순서가 관찰되는 경우에는 심각한 정신병리나 사고장애가 없는지 검토해 보아야
한다.

(7) 필압

일반적으로 필압은 지나치거나 모자라지 않고, 그림이 끝날 때까지 대체로 일정한 필
압을 유지하는 것이 보통이다. 필압이 강한 경우, 에너지와 포부 수준이 높거나 자기주
장이 강하거나 공격적인 성격을 반영하는 것일 수 있다. 그러나 부자연스럽게 강한 필압
은 지나친 긴장감, 충동성 및 행동화 경향, 불안감, 편집적 성향을 반영하며, 때로는 기
질적 장애가 있는 경우일 수도 있다. 반면에 지나치게 필압이 약하다면 우유부단, 소심,
두려움, 억제, 낮은 에너지 수준 그리고 우울감이 있지 않은지 검토해 볼 필요가 있다.

(8) 선을 긋는 방식

수평방향의 선을 많이 사용한다면 두려움, 자기방어적 성향, 여성적 성향을, 수직 방
향의 선은 남성적 주장, 단호함을 시사한다. 망설임 없이 단호하게 그은 직선은 안정감,
일관성, 야망을, 반면에 자주 중단되거나 곡선으로 연결되는 선은 의존성, 우유부단함
을 나타낸다. 짧고 약한 선으로 스케치하듯 여러 번에 걸쳐 세부를 묘사하거나 또는 그
림에 음영이 지나치게 많은 경우는 불안감, 자신감 결여, 우울감을 반영한다.

(9) 대칭

통상적으로 그려진 인물의 좌우가 균형 잡혀 있지만, 이러한 대칭 혹은 균형이 무너져 있지 않은지 혹은 지나치게 그림의 대칭을 맞추려고 신경을 썼는지 살펴볼 필요가 있다. 대칭이 불균형을 보이는 그림은 불안정감이나 부적절감, 또는 자기개념의 불균형(특히 성역할과 관련된)을 반영한다. 반면에 지나치게 대칭성을 강조한 그림은 강박적 정서통제, 억압, 과도한 주지화, 정서적 냉담성, 경직성을 나타낸다. 편집형 조현병 환자인 경우 기계적으로 자로 잰 듯 부자연스럽게 대칭성을 표현하는 경우도 있다.

(10) 투명한 그림

옷을 입었는지 안 입었는지 구분이 안 되거나 옷과 몸이 동시에 표현되는 것과 같은 그림은 판단력의 장애나 현실검증력의 결핍과 같은 보다 심각한 정신병리를 반영하는 경우가 많다. 드문 경우이긴 하지만, 조현병 환자인 경우 내장기관을 묘사하는 경우도 있다. 보다 덜 심각한 경우로는 관음증적 성향, 노출증 성향, 동성애 성향과 같은 성 도착적 성향이 반영된 것일 수도 있다.

(11) 기타 세부적인 사항

일반적으로 인체의 핵심 부분(머리, 몸통, 다리, 눈, 코, 입)은 반드시 그림에 포함된다. 이러한 핵심 부분이 생략 혹은 왜곡되거나 또는 지나치게 세부적인 사항까지 묘사되어 있는 그림이라면 그 의미를 검토해 보아야 한다.

- 머리: 머리는 지적 기능이나 공상 활동과 관련된 신체 부위이며, 정신분석학적인 용어로 말한다면 '자아(ego)'의 기능과 관련된다. 따라서 정상적인 경우에는 다른 어떤 신체 부위보다 머리 부분을 그리는 데 더 많은 정성을 기울이며, 나머지 신체 부위와 균형 잡힌 그림으로 묘사되는 것이 보통이다. 이와는 달리 균형이 맞지 않을 정도로 머리를 크게 그린 그림은 지나친 공상 경향, 또는 지적 성취에 대한 열망, 과대한 자아상을 시사한다. 또한 머리의 크기가 지나치게 클 뿐 아니라 눈, 코, 입 등 세부사항까지 지나치게 정교하게 묘사하는 경우도 있는데, 편집증(paranoia) 환자인 경우 이러한 양상을 보이는 경우가 많다. 한편 아동의 경우에는 일반적으로 균형에 맞지 않게 머리를 크게 그리는 경향이 있으며, 다른 심각한 정신병리가 관찰되지 않는 성인의 경우에는 정서적인 미성숙함(immaturity)을 반영하는 경우가 많

다. 반면에 머리의 크기가 지나치게 작다면 자아기능이 약하거나 지적, 성적, 사회적으로 약하고 부적절한 성향을 반영한다.

- 머리카락: 머리카락이 강조된 그림은 남성인 경우 남성다움에 대한 집착, 성적 욕구에의 몰입, 공격 성향을, 여성인 경우에는 자기애적 성향이나 동성애적 성향을 시사한다. 만일 음영이 강하게 머리카락을 묘사한다면 분노나 적대감 또는 불안감을 반영한다.

- 눈: 유달리 눈이 강조되거나 지나치게 세부적으로 묘사되었다면 의심이나 피해망상과 같은 편집적 성향을 나타낸다. 여성은 남성보다 일반적으로 눈을 크게 그리는 경향이 있으며, 남성인 경우 동성애적 성향을 반영할 수 있다. 반면에 눈이 지나치게 작거나 눈을 감고 있거나 아니면 눈동자가 생략된 그림은 내향적 성향, 자기몰입, 불안이나 우울 성향을 나타낸다.

- 코: 남성의 경우 코는 성기의 상징이며, 여성의 경우 자존심을 나타낸다. 따라서 코가 강조된 그림은 성기능의 약화나 부적절감, 성적인 불능과 관련된 성적 집착 혹은 보상하기 위한 시도일 수 있다. 일반적으로 코가 강조되었지만 크게 기괴한 방식으로 묘사된 것이 아니라면 자기주장, 공격성을 시사한다.

- 입: 정신분석이론에 의하면 발달단계상 입은 모든 욕구 만족을 위한 최초의 통로이다. 따라서 입이 강조된 그림이라면 그것이 구강적 의존성 혹은 구강 공격성을 나타내는 것인지 검토해 보아야 한다.

- 귀: 귀가 강조된 그림은 편집적 망상이나 환청 증상을 보이는 조현병 환자에게서 자주 나타난다. 정신병적 증상이 없더라도, 타인의 비판에 민감하거나 의심이 많은 편집적 성향을 가진 사람인 경우에도 귀를 강조하는 경우가 많다.

- 다리, 발: 다리나 발은 머리와 몸통을 지탱하며 현실과 접촉하는 부분이다. 따라서 머리나 상체에 비해 다리가 빈약하게 묘사되거나 대충 그린 그림, 또는 다리를 생략한 그림 등은 지나친 공상 경향, 현실감의 결여, 또는 현실검증력의 약화를 시사한다. 여성인 경우에는 신발까지 세부적으로 묘사하는 경우가 드물지 않지만, 남성인 경우에 신발은 대충 묘사하는 경우가 많다. 일반적으로 다리에 비해 발은 대충 그리거나 생략하는 경우가 많다.

- 팔, 손: 팔과 손은 세상과 접촉하고 세상을 조작하고 통제하는 기관이다. 따라서 팔을 뒤로 감추고 있거나 몸체에 붙여 경직된 자세로 그린 그림은 대인관계에서 위축되어 있음을 반영한다. 반면에 팔을 지나치게 벌리고 있는 그림은 의존성을, 손을

감추고 있거나 주머니에 넣고 있는 그림은 성적인 죄책감이나 수치심을 반영하는 것일 수 있다. 손가락을 세부적으로 묘사하는 경우는 드물며 적절하게 생략된 형태로 자연스럽게 그리는 것이 보통이다. 손가락을 그리는 데 지나치게 신경을 쓰는 경우라면 자기애적 성향이 있지 않은지 검토해 볼 필요가 있다. 손톱까지 묘사하는 경우는 더욱 드물다. 만일 이런 그림을 그렸다면 편집적인 정신병적 성향, 공격 성향 또는 동성애적 성향을 반영할 수 있다.

• 옷차림: 일반적으로 옷을 입고 있는 것으로 그리는 것이 보통이다. 미술을 전공하는 사람인 경우 누드를 그리는 경우가 있으나, 일반적으로 누드 그림은 나르시시즘적인 성향을 반영하는 경우가 많다. 그 외에도 노출증적 성향과 같은 도착적인 욕구가 표현되기도 한다. 정신병적 성향이 있는 수검자인 경우 때로 누드에 성기가 묘사되기도 한다. 옷차림에 단추가 강조되는 경우는 의존 욕구나 퇴행적 경향, 또는 충동을 통제하려는 욕구를 반영하기도 한다. 옷의 주머니나 손에 가방을 들고 있는 것은 미성숙한 의존 욕구 혹은 모성 결핍감을 시사하는데, 여성이 주머니를 강조하는 경우는 드물다. 허리띠 역시 의존 욕구와 관련이 있다. 그 밖에 모자, 담배 등은 남성의 상징이며, 이것이 강조된 그림은 그러한 성적 욕구에 대한 집착 혹은 성적 정체감의 문제들이 시사된다.

3. 문장완성검사

모든 투사적 검사는 사실상 어떤 형태건 수검자의 주관적 경험에 의해 '완성' 시켜야 할 모호한 부분을 포함하고 있기 마련이다. 로르샤하 검사와 주제통각검사가 모호한 형태의 시각적 자극을 제공하여 투사를 유도한다면, 문장완성검사(Sentence Completion Test)는 미완성된 언어(문장)를 제공하는 형태의 검사라고 할 수 있다.

문장완성검사는 투사적 검사 중에서도 가장 간편하면서도 매우 유용한 검사 중 하나이다. 검사의 종류에 따라 문항 수가 다르지만 대개 수행시간은 20~30분 정도이면 충분하며 자기보고식 검사이기 때문에 혼자서 수행할 수 있고 집단을 대상으로 할 수도 있다. "머릿속에 처음 떠오른 생각으로 뒤 문장을 가능하면 빨리 완성하십시오."라는 식의 간단한 지시문만 제시된다. 이런 식으로 수검자는 몇 개의 단어로 시작하는 불완전한 문장이 적혀 있는 용지를 받게 되고 그 문장들의 뒷부분을 이어서 채우면 된다. 검사의 종류에 따라 다르지만, 앞부분에 미리 제시된 불완전한 문장은 대체로 수검자 내면의 동기와 갈등, 중요한 인물들에 대한 정서적 태도, 그의 가치관 등이 투사될 수 있는 단서가 포함되어 있다. 검사의 목적이 어떤 특정한 감정이나 태도를 이끌어 내고자 하는 것이라면 그 목적에 맞는 문항을 필요에 맞게 만들어서 사용할 수도 있다. 대부분의 문장완성 검사는 4~15가지 주제를 담고 있는 40~100문항 정도로 구성된다. 문장완성검사의 한 예는 아래와 같다. 이 예는 Sack의 문장완성검사(Sack Sentence Completion Test: SSCT) 중 일부를 인용한 것이다(Abt & Bellak, 1950).

지시문: 다음에 제시된 문장은 뒷부분이 빠져 있습니다. 각 문장을 읽으면서 맨 먼저 떠오르는 생각으로 뒷부분을 이어 문장이 완성되도록 하면 됩니다. 시간의 제한은 없으나 되도록 빨리 하십시오.

1. 나에게 이상한 일이 생겼을 때…
2. 내 생각에 가끔 아버지는…
3. 나의 장래는…
4. 어리석게도 내가 두려워하는 것은…
5. 내 생각에 참다운 친구는…
6. 내가 어렸을 때는…
7. 남자에 대해 무엇보다 좋지 않게 생각하는 것은…
8. 내가 바라는 여인상은…
9. 남녀가 같이 있는 것을 볼 때…
10. 내가 늘 원하기는…

---

1) 역사적 배경

그 동안 많은 문장완성검사가 개발되었다. 이 중에는 공식적으로 출판되지 않은 것들이 대부분이며 표준화하지 않고 특별한 임상적 목적에 부합되도록 자체 개발하여 사용되곤 한다. 문장을 완성하는 방식의 검사는 Ebbinghaus나 Binet로까지 거슬러 올라간다. 이들은 처음에 이 검사를 개인의 지적 능력(통합하는 능력)을 측정하기 위해 사용하였지만 이후부터는 성격과 태도를 평가하는 검사로 자리 잡기 시작했다. 이러한 문장완성 방식으로 성격의 어떤 측면을 측정하려고 했다는 점에서는 Jung이 만든 단어연상검사가 그 시초라고 할 수 있다. 그러나 현재와 같은 방식의 성격검사로 문장완성검사를 처음으로 사용한 것은 Payne(1928)이며, 이후 Tendler(1930)는 정서 반응을 평가하기 위해 이 검사를 사용하였고, Cameron(1938)은 언어와 사고의 형식적 측면을 탐색하기 위해 이 검사를 사용하기도 했다(Abt & Bellak, 1950 재인용). 이후 제2차 세계대전이 시작되면서 병사를 선발해야 하는 실제적인 목적을 가지고 대규모의 인원에게 실시하여 효율적으로 부적합자를 걸러 내기 위한 목적으로 실시되었는데, 이때는 일대일의 직접적인 면담을 대신하는 도구로 사용되었다. 제2차 세계대전이 끝나면서 문장완성검사는 심리검사의 한 배터리로서 포함되기 시작하였고, 연구의 목적을 위해서 각 연구자마다 그 목적에 걸맞은 다양한 문장완성검사를 제작하여 사용하기도 했다.

2) 특징

투사적 검사는 제시되는 검사 자극이 너무 구조화된 것이어도, 또 너무 구조화되어 있지 않아도 수검자의 의미 있는 투사적 내용을 이끌어 내기가 어렵다. 문장완성검사는 대체로 로르샤하나 TAT보다도 더 구조화되어 있고 더 직접적인 검사로 간주되며 또 투사적 검사로 보기 어렵다는 견해도 있다(Wolman, 1978). 왜냐하면 이 검사용지를 받아든 수검자는 다른 투사적 검사에서보다도 이 검사가 무엇을 알아보고자 하는지 쉽게 알 수 있기 때문이다. 검사의 목적을 알고 수행하는 수검자는 자신이 드러내고 싶지 않은 질문을 하는 문장에 대해서는 의식적으로 통제를 할 수 있다. 이렇게 되어 검사자가 피상적이고 의도된 내용밖에 얻을 수 없다고 가정한다면 투사적 검사로서의 문장완성검사는 그 가치가 떨어진다고 볼 수도 있다.

그러나 반드시 그렇지만은 않다. 우선 문장완성검사의 종류마다 그 앞 문장의 모호함이 다르고, 또 동일한 검사 내에서도 각 문항이 수검자에게 주는 모호함의 정도는 다르다. 예를 들면, '나는…'과 같은 문항과 '나의 평생 가장 하고 싶은 일은…'이라는 문항은 그 모호함(혹은 앞 문장이 제시하는 방향제시의 강도)이 다르다. 더 중요한 것은 '투사(projection)'라는 것이 문장의 내용이나 의미 속에서만 이루어지는 것이 아니며, 투사되는 정서적 내용들이 표현되는 미묘한 방식 역시 수검자만의 어떤 독특한 면을 드러낸다는 것이다. 겉보기에는 비슷한 내용이라도 그 표현에 있어 미묘한 뉘앙스의 차이가 있을 수 있고, 다른 문항에 비해 표현된 문장의 분량에 차이가 있을 수 있으며, 그 밖에도 수사법, 표현의 정확성이나 모호함, 반응시간, 수정된 부분 등과 같은 형식적 특성들도 중요한 의미를 지닌다. 예를 들면, 동일한 문항에 대한 아래와 같은 반응 예를 살펴보자. 다음 예는 '내 생각에 가끔 아버지는…' 이라는 문항에 대한 몇몇 실제 반응이다.

① 가족에게 부담만 주고 가신 것 같다.

② 악한 분이다.

③ 너무 하다는 생각이 든다.

④ 무섭고 엄하다.

⑤ 생각하기도 싫다.

⑥ 어떤 때는 사람이 아닌 것 같다.

⑦ 무뚝뚝하다.

⑧ 좋게 말해 주관이 강하다고나 할까.

　이 반응들을 살펴보면, 모두 아버지에 대해 부정적인 정서적 태도가 표현되고 있다는 점에서는 공통점을 가지고 있다. 그러나 그 표현의 강도나 뉘앙스는 각각 다르다. 1, 2번의 경우, 부정적 감정이긴 하지만 아버지에 대해 존칭을 사용하고 있으며 뭔가 조심스러운 태도가 보인다. 그러나 6번이나 8번은 그렇지 않다. 2, 4번의 경우 표현이 매우 단정적이지만, 1, 3번의 경우 '같다' '생각이 든다' 와 같이 약간은 유보적인 태도가 엿보인다. 1번은 부정적 감정의 구체적인 단서가 엿보이지만, 2, 3, 5, 6번은 무엇이 어떻다는 것인지 구체적인 내용은 알 길이 없다. 6번은 '어떤 때는' 이라는 표현을 사용함으로써 제시된 앞 문장 중의 '가끔 아버지는' 이라는 표현과 문법적으로 상응하는 문장을 만들려는 흔적이 보인다. 7번은 감정적 색채를 배제한 '방관자' 의 태도로 표현되어 있으며, 8번은 한발 물러서서 비꼬듯 바라보는 냉소적 태도가 엿보인다.

　이러한 예를 살펴보면, 문장완성검사의 단순한 반응 속에도 많은 미묘한 특성이 투사될 수 있음을 알 수 있다. 즉, 표현된 정서의 강도와 억압의 정도, 수동적 혹은 능동적 태도, 대상에 대한 정서적 개입의 정도, 그리고 정서의 내용과 같은 많은 것이 반영되어 있는 것이다. Rohde(Abt & Bellak, 1950 재인용)는 문장완성검사가 수검자의 욕구, 내적 상태, 성격 특성, 압력, 취향, 가치관, 자아구조, 지적 수준, 정서적 성숙도 등을 드러내게 한다고 주장한다. 이러한 특성을 보다 풍부하게 담아내기 위해서 그녀는 문장완성검사의 문항을 구성할 때 지켜야 할 몇 가지 기준을 제시하고 있다. ① 각 문항은 성격의 모든 측면에 관한 정보를 다 이끌어 낼 수 있을 정도로 폭이 넓어야 한다. ② 수검자가 표현할 수 있는 자유도를 제약하지 않도록 제시되는 앞 문장이 가능하면 모호해야 한다. ③ 작성하는 데 너무 많은 시간이 걸리지 않도록 해야 한다.

3) 실시방법

문장완성검사의 가장 큰 장점은 그 실시와 해석의 간편함에 비해 그리 피상적이지 않은 유용한 정보를 이끌어 낼 수 있다는 데 있다. 대체로 자기보고식 검사의 형태로 배부하며 지시문을 읽고 그대로 해 오면 된다. 용지에는 간단한 신상정보(이름, 성별, 나이 등)와 실시일, 지시문, 시작한 시간과 끝낸 시간 등을 기록할 수 있는 칸이 마련되어 있다. 수검자가 작성해 온 후에는 검사자가 그 내용을 살펴보고 모호하게 언급된 것에 대해 질문해 보는 시간을 갖는 것도 큰 도움이 될 때가 많다.

4) 종류, 해석방법

문장완성검사는 대체로 임상가의 경험과 지식에 의거하여 직관적으로 해석하는 경우가 많지만, 반응을 객관적인 범주에 따라 분류하여 그 표현 강도에 따라 점수를 부여하여 수량적으로 해석할 수도 있다. 문장완성검사의 대표적인 몇 가지 종류와 채점방법 등을 보면 다음과 같다.

(1) Rotter의 문장완성검사(Rotter Incomplete Sentence Blank: RISB)

이 검사는 원래 미국 공군 병원에서 초기에 부적합 자를 걸러 내기 위해 사용되었고 총 40문항으로 구성되어 있다. 이 검사에서는 '적응점수(adjustment score)'를 산출하여 수검자의 전반적인 적응 정도를 통해 초기 진단과정의 일부로 문장완성검사를 사용할 것을 제안한다(Wolman, 1978). 이 검사에서 각 반응은 '갈등 혹은 불건강한 반응' '긍정적 혹은 건강한 반응' '중립적 반응'의 세 가지 범주로 채점된다. 갈등 반응에는 그 강도에 따라 +1~+3점이 부여되고 중립반응에는 0점이, 긍정적 반응에는 −1~−3점이 부여된다. 각각의 점수를 합산하여 점수가 높을수록 부적응의 정도가 큰 것으로 판단한다.

반응을 분류하고 채점하는 기준과 예를 보면 다음과 같다.

• 누락반응: 반응이 없거나 의미를 추론하기 어려울 정도로 간단한 반응

- 갈등반응: 적대감이나 불행한 감정을 시사하는 반응

  예) 나는… 온 세상을… 미워한다.
- 긍정적 반응: 긍정적이고 희망적인 태도를 나타내는 반응

  예) 가장 좋은 것은… 아직 오지 않았다.
- 중립적 반응: 긍정 혹은 부정적 정서가 담기지 않은 단순 기술반응

  예) 대부분의 소녀는… 여자다.

(2) Sacks의 문장완성검사(Sacks Sentence Completion Test: SSCT)

적응에 있어서 중요한 네 가지 대표적인 영역에 관한 임상적 자료를 얻기 위해 개발되었다. 그 네 가지 영역은 가족, 성, 대인관계, 자기개념을 포함하는 총 60문항으로 구성되어 있다. 각 영역을 구체적으로 보면 다음과 같다.

① 가족(12문항)

어머니, 아버지, 가족에 대한 태도를 담고 있는 문항으로 구성되어 있다. 몇 가지 예를 들면 다음과 같다.

- '나의 아버지는 좀처럼…'
- '나는 어머니를 좋아했지만…'
- '대부분의 다른 가족에 비해서 나의 가족은…'

② 성(8문항)

여성, 결혼, 성 관계에 관한 태도를 표현할 수 있는 문항으로 구성되어 있다. 몇 가지 예를 들면 다음과 같다.

- '내가 생각하기에 대부분의 여자는…'
- '남녀가 함께 있는 것을 볼 때면…'
- '나의 성생활은…'

③ 대인관계(16문항)

친구, 지인, 직장동료, 직장상사에 관한 태도를 포함한다. 몇 가지 예를 들면 다음과

같다.

- '내 생각에 진정한 친구란…'
- '윗사람이 오는 것을 보면… '
- '내가 함께 일하는 사람들은…"

④ 자기개념(24문항)

두려움, 죄의식, 목표, 자신의 능력, 과거와 미래에 대한 태도가 포함되며, 이런 표현을 통해서 임상가는 수검자가 자신을 어떻게 생각하고 있는지를 알 수 있다. 몇 가지 예를 들면 다음과 같다.

- '어리석게도 내가 두려워하는 것은…'
- '나의 가장 큰 실수는… '
- '행운이 나를 외면할 때는… '
- '내가 어렸을 때는… '
- '언젠가 나는…'
- '내 인생에서 가장 원하는 것은…'

이러한 각각의 영역에 대하여 수검자가 어느 정도의 혼란과 부적응을 겪고 있는지 평정하게 되는데, 다음과 같은 기준에 따라 각각의 반응에 대해 점수를 부여한다.

- X: 불충분한 응답
- 0: 해당 영역에 있어서 아무런 의미 있는 부적응이 없음
- 1: 경미한 혼란이 있음. 이 영역에서 정서적 갈등이 있지만 치료자의 도움 없이도 다루어 나갈 수 있을 것으로 보임
- 2: 심각하게 혼란되어 있음. 이 영역에서 보이는 정서적 갈등을 다루기 위해 치료자의 도움이 필요할 것으로 보임

(3) Rohde의 문장완성검사(Rohde Sentence Completion Method: RSCM)

다른 문장완성검사에 비해서는 제시되는 문장이 모호하며, 개방형 질문을 포함하는

65개의 문항으로 구성되어 있다. 지시문은 "다음의 문장을 가능하면 빨리 완성시키십시오. 당신의 진정한 느낌과 견해를 표현할 수 있도록 노력해 주십시오." 와 같이 제시되는데, 이 지시문을 보면 가능한 한 빨리 응답하게 함으로써 의식적 조절이 개입되지 않게 하면서도 중요한 느낌들이 노출될 수 있도록 유도한다는 것을 알 수 있다. 그녀가 이 문항을 어떤 기준에 의하여 만들었는지는 앞에서 언급한 바 있다.

대표적인 몇 가지 문항을 보면 다음과 같다.

- '미래는… '
- '나는 …을 기억한다'
- '대부분의 사람은…'
- '나는 …을 느낀다'
- '나의 가장 나쁜… '

Rohde(1957)는 수검자의 반응을 해석하는 세 가지 접근법을 제시한다. ① 겉으로 드러난 내용, ② 반응의 형식적 측면, ③ 표면적 혹은 잠재적 내용을 통해 추론된 성격의 역동. 그녀는 더 나아가 Murray의 욕구-압력 분석법에 근거하여 해석할 수 있는 해석체계도 발전시켰다.

(4) Loevinger의 문장완성검사(Washington University Sentence Completion Test: WUSC)

문장완성검사는 대체로 연구의 목적보다는 실제 현장에서 유연하게 활동할 수 있는 도구로서 더 많이 사용되고 있지만, Loevinger(1979)는 이 문장완성검사를 통하여 가장 세분화되고 광범위한 연구를 수행하였다. 그녀는 이 문장완성검사를 통해 7단계로 나누어 자아발달의 수준을 세밀하게 평가할 수 있는 체계를 만들어 내었다. 즉, 수검자의 반응을 전사회적 혹은 공생적, 충동적, 자기방어적, 순응적, 양심적, 자율적, 통합적 수준으로 나누어 각각의 반응에 대해 점수를 부여한다. WUSC는 성인 남성과 여성, 그리고 청소년을 위한 별개의 형식이 있다. 광범위한 경험적 자료를 토대로 각 문항에 대한 수검자의 반응을 각 수준별로 채점할 수 있는 지침이 마련되어 있다.

4. 단어연상검사

19세기 후반 유럽 대륙에서 심리학이 철학의 영역에서 분리되어 근대 실험심리학이 태동하기 시작하기 이전에도 영국의 철학자들 사이에서는 매우 복잡하고 추상적인 것처럼 보이는 인간의 정신 작용도 단지 관념과 관념 간의 '연합(association)'이라는 아주 단순한 과정을 기초로 하여 이루어지는 것일 뿐이라고 생각하였다. 이러한 생각은 이후 미국 대륙으로 옮겨져 '행동주의'와 '학습이론'이라는 미국 심리학의 주류를 형성하는 토대가 되었다. 19세기 후반, 유럽에서는 이러한 '연합' 과정이 의식의 내용을 구성하는 방식을 탐구하기 위해 Wundt를 비롯한 몇몇 연구자에 의해 연상 실험들이 이루어지고 있었고(이의철, 1986), 1903년 Jung 역시 이러한 검사법을 도입하여 정신과 환자들을 진단하는 도구로 사용하였다(Jung, 1973b). 이 과정에서 Jung은 진단 그 자체보다도 연상과정에서 일어나는 여러 가지 연상의 장애현상들에 주목하였고, 이러한 현상을 설명하기 위해 정립된 이론이 그의 '콤플렉스(complex)' 이론이다. Jung 이전에도 Freud는 꿈의 내용에 관한 자유연상을 진행하는 도중 연상이 어려워지는 부분에 빈번히 직면하게 되었는데, 그는 이러한 연상의 장애를 그의 억압과 에너지 이론으로 설명하였다. 적어도 이러한 연상과정의 장애가 어떤 중요한 심리적 의미를 지니고 있다고 본 점에서는 Freud와 Jung의 생각은 일치한다고 볼 수 있다.

1) 이론적 배경

현재 '콤플렉스(complex)'란 말은 열등감이란 말과 동의어처럼 사용되고 있지만, 사실 열등감은 콤플렉스의 일종일 뿐이다. 콤플렉스란 어떤 정서적 에너지에 의해 밀접하게 연관(연합)되어 있는 관념 혹은 심상들의 군집체라고 말할 수 있다. 따라서 어떤 관념이 자극받게 되었을 때 뭔가 정서적인 경험을 하게 된다면 그것은 콤플렉스를 건드렸기 때문이며 그러한 정서와 직간접적으로 관련된 관념을 연상하는 데 장애가 발생하게 된다. 이러한 장애현상을 일으키는 관념들이 무엇일지 체계적으로 탐색해 볼 수 있다면 그 콤플렉스의 내용을 보다 자세히 알게 될 수 있을 것이다. 콤플렉스 이론은 단어연상검사 (Word Association Test)에만 적용된다거나 어떤 병리적 현상만을 설명하는 것이 아니라 보편적인 인간의 정신과정을 설명하는 이론이다. 그러므로 단어연상검사만이 아닌 다른 어떤 투사적 검사에서도 갑자기 연상의 흐름이 부자연스러운 특징을 나타낸다면 그 순간 콤플렉스가 작용하고 있지 않나 검토해 보아야 한다. 물론 이러한 현상은 '검사 상황'에서만 발생하는 것은 아니며 그러한 이론을 알기 전에도 우리는 일상적인 경험을 통해 갑자기 어느 순간 말을 더듬게 되거나 생각이 잘 떠오르지 않을 때 뭔가 그 생각과 관련된 마음속의 갈등이 있음을 짐작할 수 있다. 단어연상검사는 그러한 연상의 장애와 그 장애 밑에 내재된 마음의 갈등이 무엇인지 객관화된 방법을 통해 측정할 수 있게 해 주는 도구이다.

2) 개발과정

1908년 Jung이 사용한 연상검사는 빈도사전에 의해 최대빈도를 지닌 단어 100개를 선택한 후 명사와 형용사 또는 부사를 무작위로 나열한 것이다. 미국에서는 Rapaport가 그 단어의 내용과 시행의 편의를 위해 60개의 단어를 다시 선택하여 사용하였다. 한국에서는 이철과 이부영(1976)이 대학생을 대상으로 한 연구에서 Jung이 사용하던 단어를 수정 번역하여 사용한 연구가 있다. 다음은 Rapaport가 사용한 자극어인데, 이 자극어들은 가족관계, 집안 물건, 구강적, 항문적, 공격적, 공포증적 그리고 상징적으로 변형된 성적인 단어들로 구성되어 있다(Rapaport et al., 1968).

1. 모자	2. 전등	3. 사랑	4. 책	5. 아버지	6. 종이
7. 유방	8. 커튼	9. 트렁크	10. 마신다	11. 파티	12. 봄
13. 내장운동	14. 깔개	15. 남자친구	16. 의자	17. 스크린	18. 음경
19. 전열판	20. 격자	21. 자살	22. 산	23. 뱀	24. 집
25. 질	26. 담배	27. 입	28. 말	29. 자위행위	30. 아내
31. 탁자	32. 싸움	33. 소고기	34. 위장	35. 농장	36. 남자
37. 세금	38. 젖꼭지	39. 의사	40. 더러움	41. 상처	42. 영화
43. 바퀴벌레	44. 깨물다	45. 개	46. 춤	47. 총	48. 물
49. 남편	50. 진흙	51. 여자	52. 불	53. 빨다	54. 돈
55. 어머니	56. 병원	57. 여자친구	58. 택시	59. 성교	60. 배고픔

3) 시행 및 해석

검사는 두 과정으로 나누어진다. 우선 자극어가 인쇄된 용지와 필기도구, 반응시간을 기록할 기록시계(stop watch)가 준비된다. 첫 번째 과정에서 수검자에게는 "이제부터 단어를 하나씩 불러 줄 테니 그 단어를 듣고 제일 먼저 머리에 떠오르는 단어 한 개를 될 수 있는 대로 빨리 대답해 보십시오."라는 지시문을 불러 준다. 검사자는 자극어 목록에 제시된 단어의 발음이 끝남과 동시에 기록시계를 누르고, 수검자가 반응어(reaction word)를 발음하기 시작하는 순간부터 연상되기까지의 시간을 기록하게 된다. 두 번째 '재생과정(reproduction)' 과정에서는 첫 번째 과정에서 제시된 자극어를 다시 불러 주고 각 자극어에 대해 첫 번째 시행에서 응답했던 단어를 다시 회상해서 대답해 보라고 요구한다. 이때의 재생어(reproduction word)가 원래의 반응어와 일치하면 '+', 일치하지 않으면 '−'로 표시하고 그 일치하지 않은 응답도 그대로 기록한다. 검사가 끝난 후 왜 그런 반응을 했는지 질문해 보는 단계를 포함시켜도 유용한 정보를 얻을 수 있다.

검사의 해석은 수검자의 콤플렉스가 어떤 관념 영역에 있는지, 그리고 어떤 양상으로 연상의 장애가 나타나는지를 확인하는 것을 목적으로 한다. 이를 확인하는 방법은 반응의 형식적인 면과 내용적인 면을 분석하는 것이며, Rapaport는 연상과정의 '장애'가 나타났다고 판단하기 위한 세 가지 기준을 제시한다. ① 지시문과 일치하지 않는 반응의 측면들, ② 대체로 연상되는 반응으로부터 의미 있게 일탈되어 있는 반응들, ③ 두 번째 과정에서의 지시와 일치하지 않는 반응들(Rapaport et al., 1968).

(1) 반응의 형식적인 면에 대한 분석

우선 고려해 보아야 할 것은 '반응시간'에 관한 것이다. 이부영(1986)은 반응시간의 지연이 '의미가 있다'고 판단하는 기준은 전체 반응시간의 중앙치(median)보다 2/5초 이상 지연된 경우로 제안하고 있다. 이철과 이부영(1976)의 연구에서 대상으로 한 건강한 한국 대학생의 경우 그 평균 반응시간은 남자 2.10초, 여자 2.14초로 나타나고 있다. 이러한 반응시간의 지연 외에도, 반응을 하지 못한다거나, 앞선 반응을 반복한다거나(perseveration), 자극어와 반응어 사이에 객관적으로 어떤 의미도 찾기 어려운 반응을 한다거나, 의미가 아닌 발음의 특성에 따라 반응한다거나(clang association), 단어가 아닌 문장으로 응답한다거나, 자극어를 다시 반복하는 경우(이부영, 1986)와 같이 연상과정의 형식적인 면에 대해 분석해 볼 필요가 있다.

Rapaport 등(1968)은 형식적인 면에서 나타나는 이러한 연상의 장애를 크게 '근거리 반응(close reaction)'과 '원거리 반응(distance reaction)'으로 개념화하여 설명한다.

① 근거리 반응

자극어 자체와 너무 밀착되어 있는 반응이기 때문에 수검자의 사적인 연상내용이 반영되지 않은 반응일 경우가 이에 해당한다. 그 정도의 차이에 따라 몇 가지 예를 들면, 자극어를 그대로 반응어로 사용하는 경우, 복합단어로 자극어를 설명하는 경우(집- '들어가서 사는'), 자극어에 대해 자기참조적인 반응만을 하는 경우(집- '우리집'), 자극어를 포함해 혹은 축소해 반응하는 경우(불- '산불', 남자친구- '남자'), 자극어의 음가에 따라서 반응하는 경우, 검사실에 있는 사물들을 보고서 응답하는 경우 등이 있다.

② 원거리 반응

자극어와 거의 관련이 없는 듯한 반응들 역시 주목해 보아야 한다. 예를 들면, 일견 자극어와 전혀 관련이 없는 듯한 반응을 하는 경우(책- '칠면조'), 희미하게 자극어와 관련될 수는 있지만 불합리하거나 임의적인 경우(춤- '먹는다', 연회장 같은 곳에서는 대개 식사를 함께 하므로)를 볼 수 있다.

(2) 반응의 내용적인 면에 대한 분석

내용분석의 주안점은 앞서 형식적 측면의 분석에서 기술한 다양한 방식의 연상장애가 일어나는 자극어와 반응어 혹은 재생어가 무엇인지, 그 단어의 내용 사이에 어떤 표면적, 상징적, 무의식적 연관이 있는지를 찾아내는 것이다. 만일 어떤 특정한 의미계열에 있는 공통된 단어들에서 연상장애가 일관성 있게 일어난다면 그 단어와 관련된 콤플렉스가 내재되어 있다고 가정할 수 있다. 단어연상검사가 처음 소개되었을 당시 '콤플렉스가 잠재되어 있음을 알려 주는 지표(complex indicators)'를 통계적인 방법을 써서 찾아내려는 많은 연구가 있었지만 그 결과는 그리 성공적이지 못했다. Rapaport는 그 이유가 연상과정의 장애라는 것이 연상의 실패나 반응시간의 지연뿐 아니라 다양한 형식을 취하는 데 있다고 생각했다. 어떤 특정한 유형의 연상장애가 일어나면 그와 동시에 다른 유형의 연상장애가 일어날 확률이 높아지기도 하지만, 하나의 연상장애가 다른 연상장애를 대체하기도 하기 때문이다. 그래서 그는 내용분석을 위한 주안점이 다음과 같은 측면에 맞추어져야 한다고 제안한다. "연상의 장애 증상이 어떤 특정한 연상내용(반응어 혹은 재생어)에 집중되면 될수록 그 자극어에 의해 참조할 수 있는 관념 영역은 수검자에게 가장 정서적으로 의미 있는 영역이다. 또한 전체 반응기록 내용상 연상장애 증상이 더 많으면 많을수록, 그리고 반응시간이나 재생시간 혹은 재생의 실패 외의 다른 형태를 취하면 취할수록 그 부적응의 정도와 사고조직의 손상이 더 심각할 가능성이 높다." (Rapaport et al., 1968)

 참고문헌

김재은, 김동극, 여광응(1994). 인물화에 의한 간편지능검사. 서울: 교육과학사.

박영숙(1998). 심리평가의 실제. 서울: 하나의학사.

이부영(1986). 분석심리학: C. G. Jung의 인간인성론. 서울: 일조각.

이의철(1986). 심리학사. 서울: 서울대학교 출판부.

이철, 이부영(1976). 한국 대학생에 대한 연상검사의 예비적 연구. 신경정신의학, 15(1), 65-76.

정승아, 김재환(1997). 인물화검사에서 반대 성을 먼저 그리는 정신과 성인환자의 심리적 특성. 한국심리학회지: 임상, 16(2), 277-288.

Abt, L. E., & Bellak, L. (Eds.). (1950). *Projective Psychology: Clinical approaches to the total personality* (pp. 185-229). New York: Grove Press.

Anderson, J. W. (1988). Henry Murray's early career: A psychobiographical exploration. *Journal of Personality, 56*, 139-171.

Balthus(1934). Guitar lesson. http://www.wikiart.org/en/search/The%20Guitar%20Lesson,%201934#supersized-search-244705

Bellak, L. (1986). *The TAT, CAT, and SAT in clinical use* (4th ed.). Orlando: Grune & Stratton, Inc.

Clark, L. P. (1926). The phantasy method of analyzing narcissistic neuroses. *Medical Journal Review, 123*, 154-158.

DiLeo, J. H. (1973). *Children's Drawings as Diagnostic Aids*. New York: Brunner/Mazel Publishers.

Freud, S. (1955). *The standard edition of the complete psychological works of Sigmund Freud* (Vol. 13). London: Hogarth Press.

Freud, S. (1966). *The standard edition of the complete psychological works of*

Sigmund Freud (Vol. 1). London: Hogarth Press.

Gieser, L., & Stein, M. I. (Eds.). (1999). *Evocative images: the thematic apperception test and art of projection.* Washington: American Psychological Association.

Goodnow, J. (1977). *Children Drawing.* Cambridge. London: Open Books.

Gregory, R. J. (2000). *Psychological Testing: history, principles, and applications* (3rd ed.). Needham Heights, MA: Allyn and Bacon, Inc.

Jung, C. G. (1973a). *A Review of Complex Theory, Collected Works of C. G. Jung* (Vol. 8, pp. 92-104). NJ: Princeton Univ. Press.

Jung, C. G. (1973b). *Experimental Researches, Collected Works of C. G. Jung* (Vol. 2). NJ: Princeton Univ. Press.

Klepsch, M. (1982). *Children Draw and Tell.* Bristol: Brunner/Mazel Publishers.

Loevinger, J., Wessler, R., & Redmore, C. (1970). *Measuring Ego Development: scoring manuals for woman and girls* (Vol. 2). New York: Jossey-Bass Inc.

Loevinger, J. (1979). Construct validity of sentence completion test of ego development. *Applied Psychological Measurement, 3,* 281-311.

Machover, K. (1949). *Personality Projection in the Drawings of the Human Figure* (8th printing). Springfield, IL: Charles C Thomas.

Man Ray(1924). Le Violon d'Ingres. http://www.wikiart.org/en/search/man%20ray/1#supersized-search-210880

Murray, H. A. (1943). *Thematic Apperception Test: manual.* Cambridge, MA: Havard University Press.

Murray, H. A. (1981). Psychology and the university. In E. Shneidman (Ed.), *Endeavors in psychology: Selections from the personology of Henry A. Murray.* New York: Harper & Row.

Ogden, D. P. (1982). *Psychodiagnostics and Personality Assessment: A Handbook.* Los. Angeles: Western psychological services.

Rapaport, D., Gill, M. M., & Schafer, R. (1968). *Diagnostic psychological testing.* Internation university press, Inc.

Schaefer, W. (1975). The relationship between self concept and the Draw-A-Person Test. *Journal of Clinical Psychology, 31,* 135-136.

Schwartz, C. A. (1932). Social-situations pictures in the psychiatric interview. *American Journal of Orthopsychiatry, 2,* 124-133.

Urban, W. H. (1963). *The Draw-A-Person Catalogue for Interpretive Analysis.* Los Angles: Western Psychological Services.

Wolman, B. B. (Ed.). (1978). *Clinical Diagnosis of Mental Disorders: A Handbook.* New York: Plenum.

제10장
아동·청소년의 심리평가

모든 심리평가는 기본적으로 수검자의 전반적인 심리 상태와 기능을 파악하는 것을 목표로 하며, 이 때문에 각 검사가 측정하고 있는 심리적 기능의 일부를 검사도구를 통해 확인하고 구체화하는 과정을 거친다. 특히 적응과 부적응의 문제, 일탈의 문제를 확인하고자 할 때는 정상적인 기능을 하는 사람들의 일반적인 특징에 대한 이해가 선행되어야 하며, 특정 발달단계에 있는 아동 및 청소년의 경우에는 정상적인 발달과정에서 나타나는 특징에 대한 이해가 선행되어야 비로소 부적응이나 일탈의 문제를 언급할 수 있게 된다.

흔히 심리평가를 단순히 검사자료를 통해 얻어진 정보를 가지고 수검자를 일정한 기준에 끼워 맞추는 과정으로 오해하기 쉽다. 그러나 심리평가는 평가자의 심리학적 지식과 임상 경험을 바탕으로 심리적 기능을 측정하는 검사도구를 활용하여 개인에 대한 이해를 높이고, 또한 장단점을 포함한 심리적 기능에 대한 파악을 통해 개인이 가진 심리적 자산을 보다 효율적으로 키워 나갈 수 있도록 도와주는 과정의 하나라는 점을 이해해야 한다.

특히 아동 및 청소년의 경우 심리적 특징에 대한 보다 정교한 이해를 필요로 하며, 개인을 통합적으로 이해하기 위해 필요한 정보가 무엇인지에 대한 준비가 되어 있어야 심리평가의 과정을 효율적으로 진행할 수 있다. 이 장에서는 먼저 아동·청소년기 발달단계의 특징 및 평가 과정에서 파악해야 할 정보를 개략적으로 살펴본 후에 아동 및 청소년의 심리평가에 활용되는 도구를 살펴볼 것이다.

1. 아동·청소년의 발달과정

1) 영아기(출생~생후 1년)

영아기의 생리적 발달은 주로 잠자기와 먹기가 부모의 조절에서 벗어나 자기조절로 옮겨 가는 것이며, 생후 1년경에는 성인과 유사한 수면 형태를 갖추게 되는 것이다. 이 시기의 신생아는 대부분의 감각이 매우 예민하여 어머니의 체취를 통해 어머니와 다른 사람을 구분할 수 있으며, 어머니 얼굴을 알아보고, 생후 1주일만 되어도 어머니의 목소리를 알아듣게 된다.

또 이 시기에 이미 기질이 나타난다. 기질은 개인의 성격을 특징짓는 주요한 생래적 특성들로 정의된다. Chess와 Tomas는 1960년대에 기본적인 9개의 기질적 특성에 대해 언급한 바 있다. 그들이 언급한 특질은 활동 수준, 생물학적 기능의 규칙성, 새로운 자극에 대한 접근 대 회피, 자극에 대한 반응의 감각역, 적응력, 반응의 강도, 기분, 주의산만, 주의력 범위와 지속성 등이다.

운동능력의 경우 최초의 '빨기' 운동에서 시작하여 머리의 움직임을 조절하게 되며, 손에 놓인 물체를 잡는 것과 같은 본능적 행동으로부터 점차적으로 목적을 갖는 의도적인 움직임으로 발달이 진행된다. 운동조절은 머리에서 발로, 연결 부위의 가까운 곳에서 먼 곳으로 진행된다. 이 시기의 유아는 의미를 알 수 없는 '우우' 소리부터 발성을 시작하며, 대략 3개월 무렵에는 성인의 말에 반응하는 발성이 시작되고 점차 옹알이가 나타난다.

정서와 사회성 발달의 경우 생후 8주에는 미소를 통해 부모와의 상호작용을 촉진하며, 10개월 즈음에는 부모, 형제 등 친숙한 사람과 선택적으로 애착을 형성한다. 낯가림은 8~12개월에 나타나며, 낯선 사람과 관계를 가질 때 나타난다. 또한 이 시기에는 부모와 감정적인 경험을 공유하게 되며, 다른 사람의 감정으로부터 영향을 받는다.

심리평가 과정에서 영아기에 있는 유아들로부터 직접 정보를 얻기는 어려우므로 대개는 아이의 부모를 통해 또는 부모–자녀 상호작용에 대한 관찰을 통해 정보를 얻게 된다. 이때 확인해야 할 내용은 '계획된 임신인가?' '특별한 사건과 관련 없는 일반적인 임신인가?' '이 아이는 왜 이렇게 민감할까?' '얼마나 달래기가 쉬운가?' '식사와 수면이 얼마나 규칙적인가?' '실제 미숙아나 기형아이거나 그렇게 의심되는 이상에 대해 부모들은 어떻게 대처하고 있는가?' '부모가 아이들의 상태를 받아들이거나 잘못된 부모 노릇에 대해 죄의식을 느끼거나 문제점으로서 받아들이고 있는 것은 아닌가?' '부모가 아이의 나이에 맞는 현실적인 기대를 하고 있는가, 아니면 실수를 계속하면서 결국은 열등감과 죄책감을 갖게 할 위험은 없는가?' 등에 관한 것이다.

아이로부터 직접적으로 얻는 정보는 아이가 다른 사람과의 상호작용에서 어떤 특징을 보이는지, 자신의 발달단계에 맞는 감각, 운동, 인지적 특징을 보이는지 살펴보는 것 등이다. 아이를 부모의 무릎 위에 앉혀 놓은 채로 행동을 살펴볼 수 있는데, 시선 접촉이나 응시 행동이 적절한지, 물체를 응시하거나 움직임에 따라 시선도 적절하게 따라가는지, 소리에 대한 반응 및 사람 사이의 관계에서 일어나는 반응(예를 들어 웃고, 피하고, 울고)은 적절한지 등을 살펴보아야 한다. 전반적인 발달을 살펴보아야 하는데, 아이가 건강하고 정상적으로 보이는지, 예컨대 다운증후군과 같이 성장이 방해를 받거나 발달이 이루어지지 못하고 있다는 징후는 없는지, 이미 '까꿍놀이'를 선호할 때가 지난 시기인데도 그러한 놀이에 지나치게 몰두하는 것은 아닌지, 부모와 떨어지게 되는 상황에서 어떻게 반응하는지, 잠시 훌쩍이다가 곧 잊어버리는지, 비탄에 잠긴 채 슬퍼하는지, 아니면 무관심한지 등이다. 이 시기의 유아는 쉽게 지치기 때문에 초기면접을 위해서는 1회기 이상을 할애해 놓는 것이 좋다.

이 시기의 유아들에 관한 정보를 수집하는 과정에서 특히 주목해야 할 증상에는 다음과 같은 것들이 있다.

- 체중이나 키가 늘지 않는 것
- 사회적 반응이 빈약한 것(웃지 않거나 안아 달라는 몸짓이 없는 것)
- 식이문제(새로운 음식에 대한 까다로움, 여러 가지 음식에 대한 알러지, 음식을 먹을 때 짜증을 내는 것, 빈번히 음식을 토하거나 되새김하는 것, 음식이 아닌 것을 먹는 것 등)
- 수면조절 문제(잠의 주기를 맞추지 못함, 과도한 낮잠, 지나치게 밤에 잠을 자지 않음 등)
- 음성과 유사한 소리를 내는 일이 적음
- 모르는 사람에 대한 과도한 공포나 강한 반응, 또는 모르는 사람과 친근한 사람을

적절히 구분하지 못하거나 구분에 많은 시간이 걸리는 것

2) 걸음마기(1~3세)

이 시기의 아동은 주 양육자와의 사회적 유대감을 형성하고 독립을 위한 투쟁을 시작한다. 걸음마기는 소위 '미운 두 살'로 불리는 시기로, '아니'라는 거짓말이 처음으로 출현한다. 예를 들어, 아이가 우유를 쏟아 소파가 젖어 있을 때 양육자가 "누가 우유 쏟았니?"라고 물어보면 아이는 "나 아니야."라고 대답한다. 이러한 거짓말은 분리, 개별화가 발달하고 있음을 말해 주는 지표가 된다. 유아는 다른 사람과 자기를 구별하기 시작하며, 성인의 행동을 인식할 수 있고 숙달의 소망이 나타난다. 어른 행동의 연습으로 상상놀이도 나타난다. 장난감은 성인세계에서 중요하게 여겨지는 어떤 대상을 상징하고 대표하기 시작한다. 이 시기에 새로운 형제가 생기기도 한다. 이는 놀이 친구에 대한 기대를 갖게 하고 형이 될 기회가 되지만 부모의 관심이 줄어들기도 한다.

또 이 시기에는 호기심이 증가하고 가능성에 대한 발견을 즐긴다. 이 때문에 유아는 전구 소켓, 혼잡한 거리, 뜨거운 것 등의 위험에 노출되기 쉬우며, 유아의 탐색과 부모의 지속적인 훈육 간의 균형이 필요한 시기이다. 이 시기에 자기통제가 생겨나지만 전적으로 자기중심적인 특징이 남아 있다. 유아가 남과 같이 공유하고, 순서를 지키고, 기다리는 것을 배워야 하는 것도 이 때문이다. 또 슬픔, 화, 울음 등 보다 다양한 정서가 발달한다. 감정을 표현하는 것과 제한을 받아들이는 것도 중요한 과제이다.

언어발달의 경우 울음과 손짓을 대신하는 언어적 능력이 생긴다. 새로운 단어의 습득이 매우 활발하게 이루어져 어휘 수가 1~2단어에서 대략 1,000단어 정도로 증가하고, 단일어에서 정확한 문법으로 표현된 문장으로 발전한다. 운동능력은 불확실하고 불안정한 발걸음에서 달리고 뛰고 세발자전거 페달을 움직일 정도로 발전한다. 운동능력의 발달과 함께 자기관리가 가능해진다. 스스로 옷을 입고 벗을 수 있게 되며, 음식을 선택할 수 있고 숟가락과 컵으로 먹기 시작한다.

심리평가 과정에서 이 단계 또한 유아로부터 믿을 수 있는 정보를 얻기는 어려우며, 짧은 면담과 관찰 회기를 여러 번 반복하는 것이 필요하다. 영아기와 마찬가지로 모든 개인력은 부모로부터 얻는다. 부모와의 상호작용, 부모가 잠깐 방을 떠났을 때 아동의 반응을 관찰하는 것이 중요하다. 부모가 잠깐 나갔을 때 아이를 놀이로 이끌어 관계를 관찰하고, 새로운 장난감 탐색, 낯선 사람에 대한 두려움 등을 관찰한다. 부모가 돌아왔

을 때 반응의 특징은 어떠한지 살펴보는 것도 필요하다. 이전에 병이 있었거나 병원에 입원했거나 기타 헤어져 지냈던 경험이 있는 아이는 혼자 면담하는 것에 심하게 저항할 수도 있으므로 초기에는 부모와 함께 아이를 면담한다.

이 시기의 아이들에게는 놀이를 하는 동안에도 탐색을 위한 질문이나 구조화가 더 필요하다. 질문을 하거나 놀이를 할 때도 여러 개 가운데서 하나를 선택할 수 있도록 질문을 하는 것이 좋다. 비교적 말이 없는 아이도 지금 하는 놀이에 직접적으로 관련된 질문에는 대답을 할 수 있다. 아이의 언어 사용 능력(어휘, 문장구조의 정교함)과 정서(정서의 유형, 범위, 적절성)를 관찰하고 섬세한 운동통제 능력을 평가하며, 공 던지기, 받기, 차기 등을 통해 우세 손과 발에 대한 평가도 하도록 한다. 과도하게 수줍어하거나 혹은 지나치게 억제가 안 되는 모습을 보일 수도 있으므로 놀이실에서 얼마만큼 통제가 필요한지를 살펴보아야 한다.

영아기에 나타나는 대부분의 증상이 생후 1~2년 시기에도 계속 나타나며, 이 시기에 새로운 증상이 나타나기도 한다. 정보를 수집하는 과정에서 특히 주목해야 할 증상에는 다음과 같은 것들이 있다.

- 심한 울음, 밤에 잠을 자지 못하거나 자지 않으려 함
- 극도의 부정적 행동: 과도한 떼쓰기(temper tantrum), 거짓말, 협조하지 않음, 장난감을 부숨, 잔인한 행동, 폭력
- 부끄러움이 심하고, 위축되고 감정 반응이 없는 듯 보임
- 부적절한 사회적 행동(눈 맞춤이나 몸으로 표현하는 언어가 적고, 관심과 즐거움을 나누지 못하며, 부적절한 상상놀이가 많고, 대화를 지속시키지 못함)
- 늘 되어 오던 일상적인 방식에 융통성 없이 집착함
- 언어지체(예를 들어 18개월까지 언어 사용 없음, 30~36개월까지 구문의 사용 없음)
- 많은 문제와 장애를 일으키는 과잉 활동
- 부모나 양육자와 떨어져 있지 않으려 함, 필사적으로 관심을 받으려 함, 버릇없음
- 상동적인 행동
- 배변훈련이 잘 안 되거나 새로운 음식을 먹지 않으려 함
- 한계를 시험하려는 듯 '악동이 됨'

3) 학령전기(3~6세)

발달이 진행되면서 아동은 부모와 조부모 외에도 다른 어른들이 있음을 깨닫는다. 부모와의 안정적인 관계가 중요하고 관계로부터 만족감을 형성한다. 이와 함께 아동은 운동장, 보육시설, 이웃에서 만나는 같은 또래의 놀이 친구들에 대한 관심이 점차 증가한다. 친구의 생일파티나 다른 가족 모임에도 참석하기 시작한다.

이 시기에는 복잡하고 상징적인 놀이를 통해 사회화가 증진된다. 놀이는 긴장을 줄이고, 문제 해결을 돕고, 숙달감과 독자성을 형성하는 데 도움이 된다. 사회적 상황에서 성차가 나타난다. 동성 친구와의 활동이 증대되고, 놀이활동은 여아는 예쁜 인형, 남아는 모험심을 기르는 장난감 등 성별에 따라 특화되어 가지만 최근에는 놀이가 섞이는 경향이 있다.

학령전기 말에 언어적 의사소통 능력의 기본 요소들이 잘 갖추어진다. 아동은 논리적으로 문법에 맞게 완전한 문장으로 대화할 수 있고, 손과 눈의 협응을 통해 그림을 그리고 쓸 수 있게 된다. 신체적 움직임이 순조로워지고 모든 대근육 활동이 잘 조절된다. 이 시기 아동은 무한한 에너지와 호기심을 가지고 있다. 그러나 판단력은 아직 제한되어 있어서 여전히 위험에 대한 보호가 필요한 시기이다. 학령기로 갈수록 충동성은 점차 줄어든다.

학령기에 가까워지면 아동은 처음에는 엄격하고 융통성이 부족하지만 옳고 그름에 대한 분별력, 좋고 나쁨, 정당함 등 도덕적 가치를 받아들이기 시작한다. 아동은 부모나 친구의 걱정에 대해 감정이입을 하기 시작한다. 이 시기 아동은 타인에게 호감을 주기를 원한다. 동시에 아동은 질투심과 경쟁심을 수용할 수 있고 비밀을 선호하게 된다.

심리평가 과정에서 학령전기 아동에 대한 정보는 직접 대화를 통해 얻을 수 있지만 정보의 대부분은 여전히 비언어적 몸짓, 얼굴 표정, 면담자와의 관계에서 얻는다. 면담은 '지금-여기'에 초점을 맞춘다. 아동은 보통 한 단어 혹은 짧은 구문으로 대답을 한다. 나이가 어리고 경험도 부족하여 스스로 자신의 개인사에 대한 충분한 정보를 주지는 못하지만 때로는 자신의 가족 기능에 대해 놀랄 만한 통찰을 보이기도 한다.

처음 질문은 아동이 쉽게 대답할 수 있는 나이, 주소, 가족 구성원 등에 대한 질문에서부터 시작하는 것이 좋으며, 라포가 좀 더 형성되고 난 후에는 부모나 형제에 대한 느낌을 묻는다. 아동의 신체상, 소망, 생활환경, 자신에 대한 평가 등에 대해 알아보기 위해서는 "네 모습이나 너에 대한 것 중에서 어떤 걸 바꿨으면 좋겠니?"와 같은 질문이 도움이 될 수 있다. 미래에 대한 생각이나 포부 등을 살펴볼 때는 직접적으로 질문하거나 소년 혹은 소녀를 주인공으로 한 이야기를 시작하고 완성해 보도록 할 수도 있다. 기분을 평가하기 위해서는 간단한 척도에 표시해 보도록 할 수도 있지만 대답내용과 비언어적인 행동 간의 일치와 불일치를 잘 살펴보는 것도 도움이 된다.

어린 아동의 경우, 놀이면담을 통해 직접적인 질문으로는 알아내기 어려운 정보를 얻을 수도 있다. 아동이 다른 아이들과 상호작용하는 것을 관찰함으로써 혹은 놀이에서 어떤 놀잇감을 선택하고, 어떻게 감정조절을 하며, 활동 수준은 어떠하고, 주의집중이나 좌절에 어떻게 대응하며, 과제를 얼마나 지속하는지 등을 평가할 수 있다.

정보를 수집하는 과정에서 특히 주목해야 할 증상에는 다음과 같은 것들이 있다.

- 불안 증상(놀이나 꿈에서 나타나기도 함)
- 부모와의 분리불안
- 배변 혹은 생식기 문제: 야뇨증, 유분증, 생식기 만짐/자위, 성기 노출(특히 이는 성학대를 암시할 수 있다)
- 동생에 대한 지나친 질투
- 친구가 아주 적거나 전혀 없음
- 자기파괴적인 충동성(찻길에서 달리기, 칼날을 움켜쥐기, 자살시도, 약물이나 이물질을 먹음)
- 여러 가지 공포 증상(심한 부끄러움이나 위축된 행동으로도 나타날 수 있음)
- 악몽, 어둠에 대한 공포
- 지시를 따르지 않음
- 위험한 일을 시도함(부적절할 정도로 두려움이 전혀 없음)
- 슬픔이나 스트레스를 신체화하는 경향(복통, 두통, 기분이 좋지 않음 등의 증상)
- 이해하기 어려운 언어, 말더듬
- 과도한 떼쓰기 혹은 공격적 감정 폭발

4) 학령기(6~12세)

이 시기 아동은 또래들과의 사회적 관계가 현저하게 늘어나며, 초등학교 저학년 때까지 동성 놀이 친구가 선호된다. 성에 따라 놀이의 유형과 행동이 다르다. 소년들은 경험을 나누는 위주로 큰 그룹에서 거친 놀이를 선호하며, 환경을 탐색하는 데 많은 시간을 보낸다. 소녀들은 믿음을 나누는 위주로 실내 또는 집 근처에서 작은 그룹으로 노는 것을 선호한다. 집단 동일시를 통한 사회화가 진행된다. 게임이나 놀이에서 정교한 규칙을 갖추게 된다. 처음에는 집 주위에서 활동이 주로 이루어지지만 나이가 들수록 하이킹, 캠핑여행, 멀리 가는 스포츠 시합 등 집을 떠나서 하는 활동을 한다.

숙달과 경쟁은 이 시기 아동들의 중요한 발달 과업이다. 아동의 관심은 삶을 살아가는 데 있어 기초가 되는 것들을 연습하는 학교 과제(읽기, 쓰기, 수학 등 교육적 능력을 숙달하는 것)로 이동한다. 학습능력의 발달과 배우는 것에 대해 긍정적인 감정을 갖는 것이 중요하다.

처음에 아동은 새로운 권위 인물인 선생님을 따르게 되고 교육에 있어서 부모의 가치관을 재평가하기도 한다. 학령기 아동은 점차 현실과 환상을 구별하게 되고 늘어나는 경험과 판단력으로 세상을 보게 된다. 8세 이하의 아동은 신체적 모습으로 타인을 묘사한다. 후에 아동은 더 추상적인 용어를 사용할 것이다. 아동은 원인과 결과 사이의 복잡한 견해나 관계를 설명하는 방식에 있어서 놀이로 표현하던 것을 언어로 표현하는 능력이 발달한다.

이 시기 아동은 정보를 보유하고 조작하는 능력이 증가한다. 처음에는 완고하고 도덕적이기 때문에 자신의 기준에 못 미쳤을 때 죄의식을 느끼고 후회한다. 아동은 또한 감정을 조절할 수 있고 내적으로 느끼는 것과 다른 감정을 보일 수 있게 된다. 이 시기에는 대근육 운동 능력의 발달이 완성된다. 달리기, 뛰기, 던지기를 정확히 하고 힘이 증가한다.

심리평가 과정에서 여전히 부모나 교사와 이야기를 나누어야 하지만 아동 본인을 통해서 중요한 개인력 정보를 직접 얻을 수 있다. 먼저 평가의 이유를 명확히 설명하는 것이 필요하다. 평가와 관련된 기대나 비밀보장에 대한 간단하고 솔직한 대화가 도움이 될 수 있다. 이 시기의 아동에게도 놀이는 여전히 대화를 촉진해 주며, 놀이에서의 행동이 아동의 일상 활동과 관심을 반영하기도 한다. 아동은 때때로 상담실을 벗어나 걷거나 밖에 앉아서 하는 면담을 더 편안하게 느낄 수도 있다. 우선 면담이나 평가를 받게 된 이유를 아동이 알고 있는지를 질문하고, 과정이나 절차에 대한 간단한 설명을 해 주는 것이 불안을 줄이는 데 도움이 될 수 있다. 미소나 적절한 시선 접촉, 기타 환영의 몸짓을 통해 비판단적인 분위기를 만드는 것이 필요하며, 편안하게 자기 이야기를 할 수 있는 분위기를 만들도록 한다.

놀이를 통한 면담을 할 때는 아동이 면담을 이끌어 갈 수 있도록 해 주는 것이 대화를 촉진할 수 있으며, 유머를 사용하는 것도 라포를 맺는 데는 도움이 될 수 있다. "가족들에 대해 말해 주겠니." 보다는 설거지와 같이 일상적인 활동을 할 때 누가 지시를 내리고 누가 접시를 닦는지 등의 얘기를 해 보도록 하는 것이 도움이 될 수 있다. 또 다른 상황에서는 어떻게 반응하는지를 알아보기 위해 '만약 ~라면 어떻게 하겠니?' 와 같은 질문을 사용하기도 하고, 아동의 공상세계나 미래에 대한 생각을 알아보기 위해 세 가지 소원을 이야기해 보도록 할 수도 있다.

아동은 판단(사건이나 행동이 좋은지 나쁜지, 자주 일어나는지 아닌지)보다는 사실(무슨 일이 정확히 일어났는지)에 대해 더 정확하다. 그러므로 '왜' 라는 질문은 유용하지 않다. 원인에 대한 추론은 부모면담, 검사, 다른 정보로부터 얻은 증거의 취합을 통해 이루어진다. 놀이나 대화에서는 얼마나 자발적으로 시작하는지, 얼마나 논리적이고 목표 지향적인지를 평가하는 것이 중요하다. 아동이 질문에 답하지 않으면 놀이 상황에서 추론하거나 주제를 바꿀 필요가 있다. 발음 결함이나 이해 부족 같은 음성언어학적 증상을 관찰해야 하며, 가족 그림에 아동이 명칭을 붙이도록 함으로써 철자와 쓰는 것을 평가한다. 아동의 기질, 좌절에 대한 인내, 면담자와 관계하는 능력을 관찰한다.

슬픔, 무가치감과 우울한 정서는 놀이나 말로 표현될 수 있다. 아동의 정서는 부모보다는 아동 자신을 통해 더 잘 알 수 있다. 그러나 우울이나 부정적인 정서에 대한 진단을 위해서는 보다 많은 횡단적인 관찰이 필요하다.

또한 부모와의 면담을 통해 아동의 인지적 활동, 한글 습득이나 셈하기 등이 어느 시기에 어떤 방식으로 이루어졌는지, 학업성취는 어떠한지에 대한 확인이 필요하며, 또래관계의 양상은 어떠한지, 어떠한 방식으로, 얼마나 또래관계가 유지되는지에 관한 정보, 부모의 자녀 양육방식, 교육방식 등을 살펴보는 것이 도움이 된다.

정보를 수집하는 과정에서 특히 주목해야 할 증상에는 다음과 같은 것들이 있다.

- 사회적 상황에서 말이 없음
- 분노 감정
- 우울
- 의도적으로 타인을 비난함
- 야뇨증
- 과잉행동, 안절부절못함, 지나치게 말이 많음

- 충동성(순서를 기다리지 못함, 훼방)
- 수업 중 주의집중이 안 됨
- 학습문제
- 성질부리기, 논쟁하기, 저항, 심술부리기
- 악몽
- 공황발작
- 신체화
- 약물 남용
- 말더듬과 기타 언어의 유창성 문제
- 분노 폭발
- 틱
- 읽기, 쓰기, 수학의 문제
- 위축이나 고립

5) 초기 청소년기(12~15세)

이 시기에는 독립하고자 하는 욕구가 여전히 크지만 그럼에도 불구하고 가족들은 여전히 강한 영향력을 미친다. 부모와 청소년이 정치나 약물 남용, 성적인 문제와 같은 사회적 이슈들에서 때로는 대립하기도 하지만 방향 자체가 다른 것이라기보다는 강도에서의 차이가 있는 경우가 많으며, 대개는 가족의 가치관 내에서 부모 및 또래와 친밀하고 지지적인 관계를 맺고 있다.

이 시기에는 동성에서 이성으로 관심과 활동이 이동하는 것이 큰 특징이다. 청소년들은 또래 그룹에 강한 애착을 느낀다. 소속감이 중요해지며 전화, 방과 후의 체육활동, 사회적인 이벤트를 통해 또래들과 계속적으로 접촉한다. 형제간 경쟁관계가 뚜렷해지는데, 특히 형제가 동성이고 비슷한 나이이며 관심사가 유사하다면 형제간 경쟁은 때때로 더 격렬해질 수 있다. 가족 외에도 다양한 영역(운동능력, 매력, 지적인 성취)에서 경쟁은 치열해진다.

초기 청소년기는 성장이 폭발적으로 이루어진다. 소녀의 성장은 소년보다 1년 정도 빠른 11세경에 시작되며, 초경이 대략 12세 반에 시작된다. 조숙한 남아는 일반적으로 잘 적응하며 또래, 성인들과의 관계를 잘하지만, 여아는 일찍 성숙하면 놀림을 받거나 자의식이 높아져서 심리사회적 상처가 될 수도 있다.

10대 중반까지 지적 발달은 성인과 거의 동등해진다. 도덕적 문제와 타인(특히 부모)에 대한 옳고 그름의 판단이 발달하지만 자신의 행동에 대한 판단은 자주 실패한다. 상처 입지 않을 것이라는 청소년들의 환상은 위험을 무릅쓰게 하고 때때로 약물, 성행위 혹은 위법적 행동을 시험하게 한다.

심리평가 과정에서는 청소년 본인으로부터 직접 정확한 정보를 얻을 수 있다. 청소년은 자신의 개인사를 잘 알고 있고 대등하게 의사소통할 수 있다. 부모와 함께 오는 경우 청소년을 먼저 면담한 후에 청소년이 있는 자리에서 부모면담을 해야 한다.

청소년들과의 면담에서는 신뢰를 수립하고 라포를 형성하는 것이 가장 중요하다. 이를 위해 먼저 비밀보장과 함께 비밀보장이 되지 않는 조건을 설명해 준다. 다음과 같은 말이 신뢰 형성에 도움이 될 수 있다. "원하지 않는 건 말하지 않아도 좋아. 그렇지만 거짓말은 안 했으면 해. 진실을 말할 수 없으면 다른 것에 대해 이야기하자고 하면 돼." 때때로 청소년들은 자신이 아닌 친구가 경험했던 것이라면서 이야기하려 할 수도 있다.

면담자는 친절하고 호의적이어야 하며, 나이와는 상관없이 존중하는 태도를 가져야 한다. 운동선수, 연예인 등 청소년들의 관심사에 대한 지식을 가지고 있는 것이 유용하지만 지나치게 친절하거나 유행에 대해 잘 알고 있는 것처럼 행동하지 말아야 한다. 특히 다음 사항을 면밀하게 평가할 필요가 있다.

- 가족 상황(청소년과 부모 양쪽의 관점에서 파악해야 함)
- 성관계, 임신, 피임기구의 사용 등을 포함한 성적 지식과 경험
- 담배, 불법 또는 처방 약물, 알코올의 사용
- 비행, 무단결석, 범죄집단의 참여
- 또래들과의 우정 방식과 행동
- 의존과 독립의 문제(사회의 요구를 충족하기 위해 얼마나 준비되어 있는가?)
- 정체성 형성(나는 누구인가? 세상에서 내 자리는 어디인가?)
- 자존감
- 감정이입(형제나 친구에게 문제가 있을 때 이를 얼마나 마음에 두는가?)
- 양심의 발달

정보를 수집하는 과정에서 특히 주목해야 할 증상에는 다음과 같은 것들이 있다.

- 머리 염색이나 피어싱을 포함한 음식, 옷, 유행에 대한 집착
- 사춘기를 늦게 경험한 소년, 소녀들의 불안 증상
- 충동성
- 외로움, 슬픔, 자살생각
- 공공연한 공격성, 개인 재산의 파괴, 도둑질, 규칙위반
- 잦은 결석(비행에 의한 것이든 회피 증상에 의한 것이든)
- 권위에 대한 반항
- 신체 증상

성인에게 하듯이 몇 가지 요약을 해 주면서 면담을 끝내도록 한다. 가능하면 긍정적으로 초기 인상을 말한다. 치료를 위한 제안, 이후 만남 약속, 부모에게 무엇을 얘기할 것인가 등에 관한 내용을 얘기하면서 마무리한다.

6) 후기 청소년기(15~21세)

이 시기에는 성인으로서의 책임과 관점을 점차 수용한다. 어느 시기에 이러한 발달 과제를 이루는가는 개인마다 다양하며, 대략 1/3은 늦게 성숙되는 편이다. 사회적 환경과 부모의 도덕관에 따라 이성교제가 시작된다. 이때는 성인으로서 성숙한 사랑을 할 능력을 발달시킨다. 판단력이 향상되고 10대 말 청소년들은 점차 직업이나 진학에 대해 중요하게 받아들이게 된다.

심리평가 과정에서 후기 청소년들은 부모나 기타 외부적 정보원이 없이도 자신의 이야기를 할 수 있다. 면담의 형식은 성인과 같다. 정보를 수집하는 과정에서 특히 주목해야 할 증상에는 다음과 같은 것들이 있다.

- 자위행위에 대한 관심, 다른 성적 행동들
- 동성연애(여성보다는 남성에게서 먼저 나타나게 됨)

2. 아동 · 청소년 심리평가의 종류

1) 면담

면담은 비구조화된 면담과 구조화 또는 반구조화된 면담으로 구분할 수 있다. 비구조화된 면담은 개방형의 질문을 주로 사용하고, 구조화가 덜 되어 있으며, 상황에 따라 매우 유연하게 진행되는 면담 형식을 말한다. 아동 · 청소년을 면담할 때는 부모와 교사로부터 정보를 얻는 과정과 아동 및 청소년 본인과 면담을 하는 과정이 포함된다.

부모 및 교사와의 면담은 구체적인 문제가 무엇인지를 확인하고 치료계획을 세우기 위해, 그리고 배경정보를 통해 행동적 문제와 정서적 문제의 원인 및 잠재적인 해결방법의 단서를 찾아내기 위해서 실시한다. 또한 배경정보를 얻는 과정에서 면담자는 부모, 교사와 신뢰할 수 있는 관계를 맺게 되고 이는 치료계획을 착수할 때 중요한 도움이 될 수 있다.

부모와 교사로부터 얻는 정보의 내용은 의학적인 측면의 과거력, 발달력, 사회 · 정서적 기능, 교육상태, 단체 활동의 참여의 총 다섯 가지 일반적 범주에 대한 것이다. 각 분야에 해당되는 질문의 내용을 살펴보면, 우선 질병력에서는 임신 및 출산 동안의 문제, 고열이나 열성 경련 혹은 심각한 질병력이 있는지, 심각한 질병이나 사고를 당한 적이 있는지, 현재의 건강상 문제나 약물치료를 받고 있는 문제는 없는지, 심각한 질병에 대한 가족력이 있는지 등을 질문한다. 둘째, 발달력에 대해서는 각각의 발달 지표인 기기, 말하기, 걷기, 배변훈련 등이 습득된 연령은 언제인지, 발달지연을 보인 것은 없는지, 형제나 또래와 비교해서 발달상태가 어떠했는지 등에 관한 것을 질문한다. 셋째, 사회 · 정서적 기능과 관련해서는 유아기의 기질은 어떠했는지, 양육자와의 애착은 적절했는지, 부모와의 관계, 또래 및 형제와의 관계는 어떠했는지, 집이나 단체생활에서 문제행동을 보이는지, 외상적 경험은 없는지, 책임감이 있는지, 방과 후 누가 보살피는지에 대한 것을 질문한다. 넷째, 교육 상태에 관한 것은 처음 학교에 갈 때 적응은 어떠했는지, 학업 성취는 어떠한지, 학교에서 문제행동을 보이는지, 학교 친구들과의 관계는 어떠한지, 좋아하는 과목이 무엇이고 좋아하는 선생님은 어떤 분인지에 대한 질문이다. 마지막으로 단체 활동 참여에 대해서는 친척들과의 관계는 어떠한지, 스카우트나 YMCA 같은 활동을 하는지, 스포츠 팀에 참여하는지, 종교 활동은 어떠한지에 대한 질문 등이다.

아동 및 청소년 본인과의 면담에서는 평가의 두 가지 중요한 요소에 대한 정보를 얻을 수 있다. 즉, 통제된 환경에서 아동 및 청소년의 행동을 직접 관찰하여 얻은 정보와 자신의 걱정거리, 문제, 목표와 희망에 관해 면담과정에서 아동·청소년이 스스로 보고한 정보를 얻을 수 있다. 행동관찰은 신체적 특징, 행동 특징, 사회적 및 정서적 기능, 인지 기능의 네 가지 영역에서 이루어진다. 이 모든 영역에 대한 관찰을 한꺼번에 할 수도 있고, 좀 더 광범위한 평가의 일부로서 할 경우에는 처음 면담에서 관찰된 특징들을 기록해 두었다가 나중에 보다 심층적으로 살펴볼 수도 있다.

비구조화된 면담의 경우 면담 대상의 연령에 따라 면담기법이 달라질 수는 있지만 대개 5개의 범주에 대한 질문을 하게 된다. 5개의 범주에는 개인 내적 기능, 가족관계, 또래관계, 학교 적응, 단체 활동 참여에 대한 것이 포함되어 있다. 개인 내적 기능에는 수면 및 식사 습관, 정서 상태, 자기(self)에 대한 느낌, 사고의 명확성, 방어성, 면담하는 이유를 이해하고 있는지 등이 포함되며, 가족관계에는 부모·형제와의 관계, 일상적인 가족관계, 가족 내 책임감, 친척들과의 관계, 가족 내 갈등 등이 포함된다. 또래관계에는 친밀한 친구의 수, 친구와 어떤 활동을 즐기는지, 또래와의 갈등, 우정을 만들기 위한 대인관계 기술, 또래의 거부나 외로움에 대한 호소 등이 포함된다. 학교 적응에는 학교에 대한 전반적인 느낌, 학업성취, 좋아하고 잘하는 과목, 싫어하고 못하는 과목, 특별활동 참여도, 학교에서 갈등이나 불공정성을 느끼는지 등이 포함된다. 단체 활동 참가에는 동아리나 조직 활동에 참가하는지, 단체나 클럽 내의 다른 사람과의 관계는 어떠한지 등이 포함된다.

아동·청소년에 대한 구조화된 면담을 개발하기 위한 노력은 1970년대 이후로 지속되어 왔다. 이 유형의 면담은 주로 정신과 병원에서 활용되거나 역학 연구에 사용되어 왔다. 가장 널리 사용되어 온 면담도구는 K-SADS(Schedule for Affective Disorders and Schizophrenia, School-Age Children; Puig-Antich & Chambers, 1978)와 DICA-R(Diagnostic Interview for Children and Adolescents-Revised; Reich & Welner, 1989)이다.

K-SADS는 6~17세 연령에 해당되는 아동 및 청소년을 위한 반구조화된 면담으로, 성인을 대상으로 한 SADS(Schedule for Affective Disorders and Schizophrenia; Endicott & Spitzer, 1978)의 연장선상에서 개발되었다. 처음에는 정서장애나 정신병을 평가하기 위한 목적으로 개발되었으나 광범위한 영역의 정서·행동 문제를 살펴보고 DSM 진단준거에 따라 문제를 분류하는 데 널리 사용되고 있다. K-SADS는 이를 활용한 면담을 위해 특별히 훈련을 받은 숙달되고 노련한 면담자가 시행하여야 하며, 형식이 꽤 복잡하고

섬세한 판단을 필요로 한다. K-SADS는 우선 부모면담을 하고 난 후 아동 혹은 청소년을 면담하도록 되어 있으며, 각각 1시간가량 소요되어서 총 2~3시간 정도가 필요하다. 면담에는 비구조화된 혹은 개방형 질문과 매우 구체적인 증상 및 그 정도에 대한 평정척도가 포함되어 있는 질문이 섞여 있다. 특정한 영역의 질문들은 해당되지 않는 경우 지나갈 수 있으며, 개방형 질문과 구조화된 질문을 하고 나서 전반적인 행동 특성이나 피면담자의 수행 정도에 대한 평정을 하도록 되어 있다.

DICA-R은 6~17세 아동 · 청소년을 위한 매우 구조화된 면담 도구이다. DICA-R은 성인용 진단면접 도구인 DIS(Diagnostic Interview Schedule; Robins, Helzer, Croughan, & Radcliff, 1981)를 기초로 구성한 원판 DICA(Herjanic & Reich, 1982)의 개정판이다. DICA-R은 6~12세 아동, 13~17세 청소년, 6~17세 사이 자녀를 둔 부모에게 시행될 수 있도록 세 가지 형태로 만들어졌다. 각 연령별로 적절한 표현을 사용한 것을 제외하면 세 가지 내용은 매우 유사하다.

DICA-R을 시행하는 데는 대략 1시간이 걸리며, 총 267개의 문항에 '예' '아니요' '가끔' '좀처럼 드문'과 같은 답에 구조화된 방식으로 표시하도록 되어 있다. 면담은 마지막으로 심리사회적 스트레스 요인, 행동관찰 체크리스트, 임상적인 인상을 평가자가 완성하는 것으로 구성되어 있다. 면담자료는 구체적인 준거에 따라 점수를 매기고 DSM의 I축 진단에 따라 진단을 한다. 경험이 많지 않은 면담자도 시행할 수 있지만 면담의 신뢰도 및 타당도를 높이기 위해서는 면담자의 훈련이 필요하다.

이와 같은 구조화 혹은 반구조화된 면담은 아동 및 청소년의 평가 영역에서 상당한 발전을 이루어 왔다. 하지만 아직까지 주로 정신과 영역에서만 중요한 역할을 발휘하고 있는 것으로 보이므로 일반 학교나 다양한 임상장면에서 어떻게 활용될 수 있을지에 대해서는 좀 더 많은 연구가 필요한 상황이다. 우리나라의 경우에도 구조화된 면담은 아직까지 충분히 활용되지 못하고 있으며, 몇몇 임상 연구에서 진단적 준거의 확인을 위해 활용하고 있는 실정이므로 앞으로 구조화된 면담에 대한 더욱 많은 관심과 실질적인 활용을 위한 노력이 필요하다.

2) 행동평정척도

행동평정척도는 표준화된 형태의 척도에서 아동 및 청소년의 행동 특성에 관한 종합적인 판단을 그들을 잘 알고 있는 정보제공자(부모, 교사 등)로부터 얻어 내는 것이다. 평가 방법 면에서 보면 행동평정척도는 직접적인 행동관찰이나 구조화된 행동면접 방법에 비해서는 덜 직접적인데, 어떤 행동이 존재하는지를 일차적으로 측정하는 것이라기보다는 특정 행동에 대한 정보제공자의 '지각'을 측정하는 것이기 때문이다. 그러나 평정척도는 비구조화된 임상면접이나 투사적 기법에 비해서는 보다 믿을 만한 자료를 얻어 낼 수 있는 방법이다.

단순한 체크리스트와 평정척도의 차이로는 체크리스트가 특정 행동의 유무에 대한 응답만을 하는 것이라면 평정척도는 특정 증상의 유무와 그 정도를 평정하도록 하는 방법이다. 보통은 3점 척도를 사용하는데, 0점은 '전혀 아님', 1점은 '가끔 그런 편임', 2점은 '자주 그런 편임'을 나타내며, 0~2점 정도를 평정하도록 되어 있다. 이와 같은 방법을 사용하면 행동 빈도와 강도에 대한 보다 면밀한 평가가 가능하게 된다.

행동평정척도를 사용하게 되면 관찰 회기 내에 측정할 수 없는 발생빈도는 낮지만 중요한 행동들을 확인하는 것이 가능하며, 자신들의 문제에 대해 스스로 정보를 제공하지 않으려는 수검자에 대한 평가가 가능하다. 그리고 자연적인 환경(집 혹은 학교)에서 일정 기간 동안 이루어진 관찰 결과를 이용할 수 있고, 부모나 교사와 같은 아동이나 청소년의 행동에 익숙한 사람들로부터 정보를 얻을 수 있게 된다.

그러나 단점 또한 고려하지 않으면 안 되는데, 평정척도는 규준에 비추어 평정을 하기보다는 평정자의 개별 평정에서 결과를 산출한다는 점이다. 이 때문에 세 가지 오류가 발생할 수 있다. 즉, 평정할 문항의 내용과 관련 없는 긍정적이거나 부정적인 특징들 때문에 학생을 긍정적 혹은 부정적으로 평정하려는 경향이 반응 편파를 낳을 수 있고, 수검자에 관계없이 평정자가 지나치게 관대하거나 혹은 지나치게 비판적인 반응 태세를 갖고 있어서 이러한 태세가 영향을 줄 수 있으며, 대체로 평정자가 극단적인 척도 점수를 피하고 중간 정도에 해당되는 반응 경향성을 보여서 편파가 발생할 수 있다. 이 밖에도 행동이 시간이 지남에 따라 변화할 가능성이 있고, 시간이 지남에 따라 평정 과제 자체에 대한 평정자의 태도가 달라질 수 있으며, 특정 행동이 어떤 상황에서는 나타나지만 어떤 상황에서는 안 나타나는 상황 특정적인 변산이 있을 수 있고, 평정척도가 다르면 가설적인 구인도 다른 것을 측정할 수 있는 도구의 변산이 있을 수 있다. 이러한 장단점을 고려하여 행동평정척도를 해석하는 것이 바람직하며, 이러한 변산을 줄이기 위한 노력을 기울이는 것 역시 필요하다.

우리나라에서 주로 많이 활용되고 있는 행동평정척도에는 ASEBA(Achenbach System of Empirically Based Assessment) 아동 · 청소년 행동평가척도와 유아 행동평가척도가 있으며, 코너스 평정척도와 광범위성 발달장애에 특정적인 아동용 자폐 평정척도가 있다.

(1) ASEBA 아동 · 청소년 행동평가척도

ASEBA 아동 · 청소년 행동평가척도(ASEBA School-age Forms)는 Achenbach와 Edelbrock이 1983년 개발한 아동청소년 행동평가척도(Child Behavior Checklist) 및 청소년 자기 행동평가척도(Youth Self-Report)와 1991년에 개발한 교사용 아동 행동평가척도(Teacher's Report Form)에 기반을 두고 있다. ASEBA(Achenbach System of Empirically Based Assessment)는 Achenbach 연구팀이 이제까지 진행되어 온 행동평가척도들을 바탕으로 평가 대상 및 평정자 관계를 구조화하여 전 연령대에 걸쳐 행동문제를 평가하는 체계로 구성하였다. 이 가운데 ASEBA 아동 · 청소년 행동평가척도는 기존의 아동 · 청소년기 행동평가척도 문항 가운데 일부를 새롭게 대체하고 규준을 시대의 흐름에 맞게 적용하여 제작되었다. ASEBA 아동 · 청소년 행동평가척도의 각 주체별 자격 요건은 〈표 10-1〉과 같다.

척도의 구성을 살펴보면 기존의 문제행동 척도에 DSM 진단 척도, 문제행동 특수 척도가 추가되었다. CBCL 6-18과 TRF는 모두 120개, YSR은 119개의 문제행동 항목을 포함하고 있으며, 0점은 '전혀 해당되지 않는다', 1점은 '가끔 그렇거나 그런 편이다', 2점은 '자주 그런 일이 있거나 많이 그렇다'로 3점 척도에 평정하도록 되어 있다.

또한 문제행동 평정뿐 아니라 적응행동에 관한 정보를 '적응 척도'로 분류하고 CBCL 6-18과 YSR에서는 사회성과 학업 수행, 학과외 활동 참여도를 평정하도록 하였다. TRF의 경우는 '성적'과 '학교 적응'을 측정하도록 하였다.

원점수는 합산하여 T점수로 전환하도록 하였으며, CBCL 6-18과 YSR 모두 내재화/외현화 점수 총점과 총 문제행동 점수, 문제행동 하위척도 점수를 계산하도록 하였다. 하위척도는 총 9개로 불안/우울, 위축/우울, 신체 증상, 규칙위반, 공격행동, 사회적 미성

표 10-1 ASEBA 아동 · 청소년 행동평가척도의 각 주체별 자격 요건

검사	평가 대상	검사지 작성자 (검사 실시)	검사 사용자 (실시관리/채점/해석)
CBCL 6-18	초등학생, 중학생, 고등학생(만 6~18세)	양육자(부모)	실시 및 채점: 매뉴얼을 숙지한 관리자
YSR	중학생, 고등학생(만 11~18세)	청소년 본인	
TRF	초등학생, 중학생, 고등학생(만 6~18세)	교사	해석: 임상가

숙, 사고문제, 주의집중문제, 기타 문제이다.

국내에서도 미국판 ASEBA 아동 · 청소년 행동평가척도를 바탕으로 한국판 아동 · 청소년 행동평가척도를 제작하였으며(오경자, 김영아, 2010), 아동 · 청소년 행동평가척도 부모용, 청소년 행동평가척도 자기보고용, 아동 · 청소년 행동평가척도 교사용으로 구성되어 있다. 각 척도는 문제행동 척도와 적응 척도로 구성되어 있다. 문제행동 척도는 미국판 원검사와 동일하게 문제행동 증후군 척도, DSM 진단 척도 및 특수 척도들로 구성되어 있다. 문제행동 척도의 구성 및 내용에 대한 간략한 소개는 〈표 10-2〉에 제시되어 있다. 적응 척도는 아동 · 청소년이 집, 학교 등에서 가족 및 친구와 관계를 유지하고 학업을 수행하는 면에서 어느 정도 적응 수준을 보이는지를 평가한다. 미국판 CBCL 6-18과 YSR에는 학과외 활동 참여도가 포함되어 있으나 이 내용이 우리나라의 상황과는 부합되지 않아 포함시키지 않았다. 따라서 한국판 CBCL 6-18의 적응 척도는 사회성 척도(친구의 수와 어울리는 횟수 및 각 관계—친구, 형제, 부모, 혹은 혼자 있는 경우—별로 얼마나 잘 어울리고 시간을 잘 보내는가를 평가)와 학업 수행 척도(교과목 수행 정도, 학업 수행 수준을 평가)의 2개 척도로 이루어져 있으며, 한국판 YSR 적응 척도는 사회성 척도와 성적 척도로 구성되어 있다.

이상의 척도들로 구성된 평가척도의 해석에서 문제가 있는 것으로 판별하는 기준을 무엇으로 정하는가 하는 문제는 어떤 목적으로 척도를 시행하는가와도 밀접하게 관련되어 있다. 대략적으로 정상집단을 임상집단으로 잘못 판별하거나 임상집단을 정상집단으로 잘못 판별할 가능성 사이에서 적절한 절단점을 마련하는 것이 필요하다. 아동 · 청소년 행동평가척도는 기준을 두 단계로 나눠 임상범위와 준임상범위로 표시한다. 문제행동 총점, 내재화, 외현화 척도의 경우 T점수 64 이상이면 임상범위 T점수 60 미만은 정상 범위, T점수 60~63은 준임상범위로 본다. 하위척도인 문제행동증후군 척도, DSM 진단 척도 및 문제행동 특수 척도는 T점수 70 이상이면 임상범위, T점수 65 미만은 정상범위, T점수 65~69는 준임상범위로 판단한다. 검사 결과에 대한 보다 자세한 해석은 『아동 · 청소년 행동평가척도 매뉴얼』(오경자, 김영아, 2010)을 참조하기 바란다.

아동 · 청소년 행동평가척도는 서로 다른 평가자들의 평가 결과를 비교하여 문제행동이 발생하게 된 원인과 맥락을 파악하고 치료적 개입을 계획하고 결정하는 데 도움을 받을 수 있다. 또한 정신과를 비롯한 기타 병원현장에서 아동 · 청소년에 대한 진단을 내리는 데 유용한 정보로 사용될 수 있다. 비교적 빠른 시간에 아동 · 청소년의 행동 전반을

표 10-2　한국판 아동 · 청소년 행동평가척도의 구성 및 내용

척도명			척도 내용
증후군 척도	내재화	불안/우울	정서적으로 우울하고 지나치게 걱정이 많거나 불안해하는 것과 관련된 13개 문항
		위축/우울	위축되고 소극적인 태도, 주변에 대한 흥미를 보이지 않는 것과 관련된 8개 문항
		신체 증상	의학적으로 확인된 질병이 없음에도 불구하고 다양한 신체 증상을 호소하는 것과 관련된 11개 문항
	내재화 총점		(불안/우울)+(위축/우울)+(신체 증상)
	외현화	규칙위반	규칙을 잘 지키지 못하거나 사회적 규범에 어긋나는 문제행동을 충동적으로 하는 것과 관련된 17개 문항
		공격행동	언어적, 신체적으로 파괴적이고 공격적인 행동이나 적대적인 태도와 관련된 18개 문항
	외현화 총점		(규칙위반)+(공격행동)
	사회적 미성숙		나이에 비해 어리고 미성숙한 면, 비사교적인 측면 등 사회적 발달과 관련된 11개 문항
	사고문제		어떤 특정한 행동이나 생각을 지나치게 반복하거나 실제로는 존재하지 않는 현상을 보거나 소리를 듣는 등의 비현실적이고 기이한 사고 및 행동과 관련된 15개 문항
	주의집중문제		주의력 부족이나 과다한 행동 양상, 계획을 수립하는 것에 곤란을 겪는 것 등과 관련된 10개 문항
	기타 문제		이상의 여덟 가지에 해당되지 않지만 유의미한 빈도로 나타나는 문제행동과 관련된 17개 문항
	총 문제행동 점수		내재화 총점+외현화 총점+사회적 미성숙+사고문제+주의집중문제+기타 문제
DSM 진단 척도	DSM 정서문제		정서 문제와 관련된 13개 문항
	DSM 불안문제		불안증상과 유사한 행동을 평가하거나 구체적인 상황에서의 불안을 측정하는 6개 문항
	DSM 신체화 문제		심리적인 불안정, 긴장이 해소되지 않을 경우 나타날 수 있는 신체적인 불편 또는 통증을 호소하는 것과 관련된 7개 문항
	DSM ADHD		행동에 일관성이 없고 부산하거나 한 가지 일에 주의 집중하는 데 어려움을 겪고 즉각적인 욕구 충족을 바라는 것과 관련된 7개 문항
	DSM 반항행동문제		행동적으로 나타나는 폭력성, 비협조적 행동 등과 관련된 5개 문항
	DSM 품행문제		사회적으로 용납되지 않는 행동을 반복적으로 하는 것과 관련된 17개 문항
문제행동 특수 척도	강박증상		특정 사고나 행동을 반복적으로 하는 것과 관련된 8개 문항
	외상후 스트레스 문제		심각한 외상적 사건에 직면한 후 나타나는 문제행동과 관련된 14개 문항
	인지속도부진		정신 및 신체적으로 수동적이고 활동 저하와 관련된 4개 문항

정확하게 이해할 수 있도록 해 주는 장점이 있어서 미처 보고하지 못해서 중요한 문제를 놓치는 실수를 줄일 수 있으며, 좀 더 심층적으로 탐색해 봐야 할 문제의 영역을 구체화하는 데도 도움이 될 수 있다. 임상현장에서뿐 아니라 일선 교육기관에서도 아동·청소년의 문제를 파악하고 적절한 개입을 하는 데 활용할 수 있다.

(2) ASEBA 유아 행동평가척도

ASEBA 유아 행동평가척도(ASEBA Preschool Forms)는 영유아의 문제행동을 평가하기 위해 개발하였으며, 1.5세부터 5세에 해당되는 유아의 주 양육자(주로 부모, CBCL 1.5-5)와 교사/보육사(C-TRF)가 작성하도록 되어 있다. 미국에서는 1987년 2~3세 유아들을 대상으로 하는 CBCL 2-3(Achenbach, Edelbrock, & Howell, 1987)이 출간되었으며, 이를 CBCL 1.5-5의 전신으로 볼 수 있다. ASEBA 시스템이 구축되는 과정에서 CBCL 2-3은 18개월에서 만 5세 연령의 유아를 대상으로 하는 CBCL 1.5-5로 개편되었고, C-TRF 역시 대상 연령대를 1.5~5세로 확장하였다. 일부 변별력이 낮은 문항의 내용을 수정하여 반영하였으며 임상범위 판단의 경계선을 수정하였고, DSM 기준을 활용한 척도를 추가하여 임상적 활용도를 보강하였다. CBCL 1.5-5에는 언어발달검사(Language Development Survey: LDS)를 추가하여 유아기 적응 상황을 폭넓게 살펴볼 수 있도록 하였다(오경자, 김영아, 2013).

한국판 유아 행동평가척도는 문제행동 척도와 언어발달 검사(LDS)로 구성되어 있다. 문제행동 척도는 문제행동 문항에 대한 경험적 분석을 통해 증후군 척도를 구성하고, 특정한 증후군으로 묶이지 않은 문항들은 기타 문제 척도로 분류하였다. 부모에 비해 어린이집/유치원 등의 교사 및 보육사는 영유아의 주요 수면 습관을 관찰하기 어렵기 때문에 수면문제 척도는 CBCL 1.5-5에만 포함되어 있고 C-TRF에서는 제외되었다. 문제행동을 평가하는 문항은 100개이며, 각 문항에 대하여 지난 2개월 내에 유아가 그 행동을 보였는지를 판단하여, 0-1-2(전혀 해당되지 않는다-가끔 그렇거나 그런 편이다-자주 그런 일이 있거나 많이 그렇다)의 3점 척도로 평가하도록 되어 있다. 마지막 100번 문항은 1~99번에서 제시되는 내용 외에 유아가 보이는 문제행동이 있을 경우 이를 직접 기술하고 그 수준을 평정하는 개방형 문항이다.

문제행동 척도의 구성 및 내용은 CBCL 6-18의 구성과 유사하나 유아의 연령에 맞게 조정되었으며, 〈표 10-3〉에 제시되어 있다. 언어발달 검사는 18~35개월 유아의 어휘력과 24~35개월 유아의 문장 길이를 평가하는 내용으로 구성되었다. 어휘력은 동물, 장

표 10-3 한국판 유아 행동평가척도 검사별 문제행동 척도의 구성 및 내용

척도명			척도 내용
증후군 척도	내재화	정서적 반응성	낯선 상황에 대한 불안, 일상생활의 변화에 대한 저항, 짜증, 걱정 등 정서적 안정성과 관련된 9개 문항
		불안/우울	날카롭게 곤두선 기분, 긴장, 스스로의 행동이나 감정 표현에 대해서 지나치게 의식하며 불안해하고 전반적으로 슬퍼 보이는 등 부정적인 감정과 관련된 8개 문항
		신체 증상	의학적 원인이 없음에도 불구하고 다양한 신체 증상을 호소하거나, 물건이 제자리에 있지 않으면 견디지 못하는 등의 불분명한 예민함과 관련된 11개 문항
		위축	연령대에 기대되는 것보다 위축되고 어린 행동, 애정표현이나 주변의 즐거운 놀이에 대한 무관심과 관련된 8개 문항
	내재화 총점		(정서적 반응성)+(불안/우울)+(신체 증상)+(위축)
	외현화	주의집중문제	안절부절못하고 부산하게 움직이는 과잉행동 등과 관련된 5개 문항
		공격행동	타인에 대한 물리적 공격 및 물건 파괴 등의 행동적 측면과 자신의 요구를 고집스럽게 주장하고 여의치 않을 경우 쉽게 좌절하고 분노발작을 하는 등의 정서적 측면과 관련된 19개 문항
	외현화 총점		(주의집중문제)+(공격행동)
	수면문제		혼자 자려 하지 않고 연속적인 수면을 이루지 못하며 악몽, 잠꼬대 등으로 수면의 질이 좋지 않은 것과 관련된 7개 문항
	기타 문제		위의 증후군에는 포함되지 않지만 유의미한 빈도로 나타나는 문제행동과 관련된 33개 문항
	총 문제행동 점수		내재화 총점+외현화 총점+수면문제+기타 문제
DSM 진단 척도	DSM 정서문제		정서문제와 관련된 10개 문항
	DSM 불안문제		전반적인 혹은 구체적인 상황에서의 불안을 측정하는 10개 문항
	DSM 전반적 발달문제		사회성과 언어를 비롯한 전반적인 영역에서의 발달 지연과 관련된 13개 문항
	DSM ADHD		행동에 일관성이 없고 부산하거나 한 가지 일에 주의 집중하는 데 어려움을 겪고 즉각적인 욕구 충족을 바라는 것과 관련된 6개 문항
	DSM 반항행동문제		행동적으로 나타나는 폭력성, 비협조적 행동, 부정적 정서 등과 관련된 6개 문항

소, 수식어 등 14개 영역의 310개 단어 목록에 대해 유아가 어휘의 의미를 알고 사용할 수 있다고 보고된 단어 수를 평가한다. 문장 길이는 유아가 실제로 사용하는 문장의 5개 예시를 기록하도록 한 후 문장당 평균 단어(어절) 수를 점수화하도록 되어 있다(오경자, 김영아, 2013).

ASEBA 유아 행동평가척도는 아동 · 청소년 행동평가척도와 마찬가지로 CBCL 1.5-5(부모용)를 통해 부/모가 각각 유아의 행동을 평가한 내용을 비교할 수 있고, C-TRF(교사용)에 공통적으로 포함된 항목을 선별하여 부모와 교사의 평가를 비교할 수 있어서, 유아의 문제행동이 발생하게 된 원인과 맥락을 파악하고 개입을 계획하고 결정하는 데 도움을 받을 수 있다. 또한 소아정신과를 포함한 기타 병원현장에서 유아에 대한 진단을 내리는 데 유용한 정보로 활용할 수 있으며, 유아의 행동 전반을 빠르고 정확하게 이해할 수 있도록 해 주는 면담의 보조도구로 활용할 수 있다. 치료적 프로그램의 효과를 평가하고 치료 시작 전후 혹은 중간 단계에서 검사를 실시하여 문제행동의 변화 추이를 살펴보는 데 유용하다. 임상장면뿐 아니라 교육기관에서는 유아 행동평가척도와 같이 통계적 근거가 확보된 객관적인 척도를 사용하여 유아의 문제행동을 이해하고 적절한 개입 방식을 찾는 데 도움을 얻을 수 있다. 이 밖의 자세한 내용은 『유아 행동평가척도 매뉴얼』(오경자, 김영아, 2013)을 참조하기 바란다.

(3) 한국판 코너스 평정척도

코너스 평정척도(Conners, 1990)는 개념적으로도 유사하고 문항도 많이 겹치는 4개의 행동평정 세트(부모용 두 가지, 교사용 두 가지)로 구성되어 있다. 이들 척도는 1969년 Conners가 과잉행동, 주의력 문제, 이와 관련되는 행동 문제에 대한 표준화된 객관적 행동평가 자료를 얻기 위해 개발하였다. 1990년 코너스 척도가 상품화되면서 광범위하게 사용되기 시작하였고, 4개 척도의 사용과 채점에 관한 통합된 내용이 출판되었다. 1997년에는 개정되고, 증보되고 새롭게 표준화되었으며, 코너스 평정척도로 출판되었다.

코너스 척도는 교사용 코너스 척도에 해당되는 39문항과 28문항의 평정척도가 있으며, 부모용에 해당되는 48문항과 93문항의 척도가 있다. 미국에서는 교사용 코너스 척도 39문항과 부모용 코너스 척도 48문항의 형태가 가장 널리 사용되고 있다. 코너스 척도는 4점 척도로 구성되어 있으며, 0점은 '전혀 아니다', 1점은 '약간 그렇다', 2점은 '꽤 그렇다', 3점은 '매우 그렇다'에 해당된다. 교사용 코너스 척도는 3~14세, 부모용 코너스 척도는 3~17세에 해당되는 규준이 있다.

1997년 개정판 코너스 평정척도는 청소년용 자기보고 척도를 포함하여 6개의 주요 척도와 5개의 간략한 보조 척도를 포함하는 통합 평가체계로 만들어졌다. 개정판은 부모용 코너스 평정척도가 80문항, 단축형이 27문항이며, 교사용 평정척도가 59문항, 단축형이 28문항이다. 개정판 코너스 평정척도는 주의력결핍 과잉행동장애의 평가를 위해 주로 사용되지만 그 밖에도 가족문제, 정서문제, 분노조절 문제, 불안문제 등을 평가하는 하위척도를 포함하고 있다. 이전 척도와 마찬가지로 4점 척도로 평정하며, T 점수와 백분위 점수로 전환하는 방식을 사용한다.

우리나라에서도 코너스 부모 평정척도와 코너스 교사 평정척도의 단축형이 연구 대상의 선발이나 치료효과 검증에 널리 사용되고 있다. 부모용 코너스 평정척도는 '충동성-과잉행동' 요인을 구성하는 10문항으로 이루어진 단축형 척도가 자주 사용되며, 16점 이상이면 주의력결핍 과잉행동장애로 진단할 수 있다(오경자, 이혜련, 1989). 문항의 예는 '차분하지 못하고 너무 활동적이다' '주의력이 없고 쉽게 주의분산이 된다' 등으로 '전혀 없음' '약간' '상당히' '아주 심함'의 4점 척도로 평정하도록 되어 있다. 교사용의 경우도 10문항으로 구성된 단축형 척도가 사용되며, 단축형 교사용 평정척도의 주의력결핍 과잉행동장애의 절단점은 17점이다.

(4) 한국판 아동기 자폐증 평정척도

아동기 자폐증 평정척도(Childhood Autism Rating Scale: CARS; Schopler, Reichler, & Renner, 1988)는 자폐장애를 알아보기 위해 만들어진 15문항짜리 행동평정척도이다. 교육, 의료, 정신건강 분야에서 일하는 아동 전문가들이 평정하도록 되어 있으며, 2세 이상의 아동에게 시행할 수 있다. CARS의 항목은 정상 범주로부터 몹시 비정상적인 상태까지 7점 척도에 따라 평정하도록 되어 있으며, CARS의 문항 내용은 DSM을 포함한 여러 진단체계에서 자폐증에 대한 광범위한 검토에 바탕을 두고 구성되었다. 특정 상황에서 아동 행동에 대한 직접적인 관찰, 주 양육자와의 면담, 일정 시간 동안의 관찰에서 받은 인상에 기초하여 평정하게 되며, 각 항목에서 얻은 점수를 합하여 총점을 계산하고 총점의 범위에 따라 자폐가 아님, 가볍거나 중등도의 자폐, 심한 자폐로 구분을 한다. 여러 종류의 아동 자폐행동을 측정하는 척도들이 있지만, CARS는 비교적 심리측정적 속성이 우수하고 사용이 쉬우며 오랜 전통을 가진 검사라고 할 수 있다.

우리나라에서도 김태련과 박랑규(1996)가 이 척도를 번안하였고, 신민섭과 김융희(1998)가 한국 표준화 연구를 수행하였다. 연구 결과 K-CARS의 내적 일치도 계수는 .87

이었으며, 평정자 간 상관계수도 .94로 높은 일치도를 보였고, 재검사 신뢰도도 .91로 나타났다. 요인분석에서도 '사회성-의사소통' '제한되고 반복적인 상동적 행동' '특이한 감각반응'의 세 가지 요인이 추출되었는데, 자폐장애 아동에게서 보이는 핵심적인 증상과 일치하는 것으로 생각해 볼 수 있으며, 적절한 구성타당도를 지닌 것으로 나타났다. K-CARS의 경우는 자폐와 비자폐 장애를 구분하는 분할점이 28점인 것으로 나타났으며, 분류 적중률도 80.4%로 비교적 양호한 편에 속하는 것으로 나타났다.

3) 심리검사

(1) 인지기능 및 인지발달 검사

① 지능검사

아동에게 시행되는 인지평가 가운데 가장 널리 알려진 것이 지능검사이다. 지능검사는 수치를 통해 지능 수준에 대한 정보를 제공하고 인지적 특징을 알려 주는 기능을 한다. 대부분의 경우 지능지수는 5세 이후에는 비교적 안정적이라고 알려져 있으며, 전반적인 적응을 예언하는 데는 그리 우수한 지표가 되지 못하지만(Zigler & Faber, 1985) 학업성취와는 밀접한 관련을 갖는다(McCall, 1977). 지능검사는 의뢰 사유나 임상관찰과 통합하여 인지적인 어려움에 관한 구체적인 가설을 세울 수 있도록 해 준다. 이를 바탕으로 보다 심층적인 신경심리학적 평가를 통해 인지 영역의 문제를 구체화할 수 있다.

또한 지능평가는 정신지체, 영재, 혹은 특정학습장애의 진단을 포함한 임상적인 문제를 평가하는 데 필수적인 기능을 하며, 치료에 대한 예후를 예측하는 중요한 요인이 되기도 한다. 우리나라에서 아동 및 청소년을 대상으로 가장 널리 사용되는 지능평가는 웩슬러 아동용 지능검사와 웩슬러 유아용 지능검사가 있다. 웩슬러 아동용 지능검사는 곽금주, 오상우와 김청택(2011)이 WISC-IV를 번안하여 한국 웩슬러 아동 지능검사를 표준화하였고, 웩슬러 유아용 지능검사는 박혜원, 곽금주, 박광배(1996)가 WPPSI를 번안하여 표준화하였다. 웩슬러 아동용 지능검사는 6세~16세 11개월의 아동을 대상으로 시행하며, 웩슬러 유아용 지능검사는 만 3세~7세 3개월의 아동을 대상으로 시행한다. 이 두 가지 검사에 대한 내용은 웩슬러 지능검사 부분을 참조하기 바란다.

웩슬러 아동용 지능검사나 웩슬러 유아용 지능검사 모두 일반적인 아동의 지적 발달이나 능력을 측정하는 데 가장 널리 사용되고 있는 검사이지만, 비교적 광범위한 영역의 지적 능력을 측정하고 있음에도 불구하고 이들 검사는 언어적인 능력의 발달에 한계를 가진 아동 혹은 동작에 장애를 보이는 아동에게 시행되었을 때 지능이 과소평가될 가능성이 있다는 제한점을 지닌다. 기본적으로 인지검사는 그 개인이 가지고 있는 능력을 최대한으로 발휘할 수 있도록 시행되어야 하고, 검사를 통해 측정된 결과가 지적 능력 이외의 요소에 의해 타당하게 평가될 수 있어야 한다는 점을 고려한다면, 언어표현 능력의 발달이 제한되거나 동작에 어려움을 겪는 아동들에게 적합한 측정방식이 필요하게 된다. 이러한 점에 착안하여 말이나 동작으로 반응하지 않아도 대답을 할 수 있는 지능검사로 개발된 것이 그림 지능검사이다(French, 1964).

그림 지능검사는 그림으로 된 사지선다형의 지능검사로, 검사자가 말로 질문을 하면 아동이 4개의 그림 중에서 정답이 되는 한 개의 그림을 골라내도록 한 검사이다. 이때 대답은 말로 해도 되고, 말이 서툴거나 말을 못하는 아동은 손가락이나 눈짓으로 정답을 가리킬 수 있다. 또한 질문이 그림으로 제시되므로 동작성 능력을 많이 필요로 하지 않으면서 시행할 수 있는 장점을 지닌다. 그림 지능검사는 이와 같이 간단한 지시를 알아들을 수 있는 아동이면 시행이 가능하며, 언어나 동작에 장애가 있고, 정서적인 문제가 있거나 자폐증 등으로 언어 표현력의 발달이 제한된 경우, 뇌성마비와 같이 운동 협응에 어려움을 겪는 아동에게 불이익을 최소화하면서 시행할 수 있는 검사이다.

그림 지능검사는 어휘능력 검사, 형태변별 검사, 상식 및 이해 검사, 유사성 찾기 검사, 크기와 수개념 검사, 회상능력 검사로 구성되어 있다.

우리나라에서는 서봉연, 정보인과 최옥순(1986)이 그림 지능검사를 번안하여 한국판 그림 지능검사(K-PTI)를 만들었으며, 만 4세에서 7세까지 연령의 아동을 대상으로 표준화하였다. 한국판 웩슬러 아동용 지능검사(K-WISC; 이창우, 서봉연, 1978)와의 공인타당도는 .95였으며, 8주 간격의 재검사 신뢰도도 .98이었다.

한국판 그림 지능검사는 French의 제작 의도와 마찬가지로 언어장애와 동작장애를 지닌 특수 아동들에게 사용하기에 매우 유용한 검사이며, 연령규준이 제시되어 있지 않은 만 7세 이상의 아동에게도 정신연령이나 지능지수(IQ)를 추정하는 데 많이 활용되는 검사이다. 규준을 넘어선 범위에 있는 연령이 높은 지능지체 아동의 정신연령 산출 방법이나 보다 자세한 해석 방법은 『유아 아동용 그림 지능검사: 한국판 PTI 실시요강』(서봉연 외, 1986)을 참조하기 바란다.

② 적응기능 검사

일상생활에서 아동의 기능 수준을 알아보는 것은 아동에게 정신지체의 진단을 내리는 것이 과연 적절한지를 결정하는 데 매우 중요하다. 또한 주의력결핍 과잉행동장애(attention deficit hyperactivity disorder) 아동이나 광범위성 발달장애(pervasive developmental disorder) 아동과 같은 경우에도 기능 수준을 알아보는 것이 정확한 평가에 도움이 될 수 있다. 적응기능 평가를 통해 적응에서 취약성을 알아내어 심리사회적 치료에서 목표행동으로 삼을 수 있고, 때로는 강점을 알아내어 그 부분을 격려함으로써 적응 기능을 증대시키는 데 도움을 받을 수 있다.

국내에서 가장 널리 사용되고 있는 발달적 성숙이나 기능에 대한 검사로는 사회성숙도 검사가 있다. 사회성숙도 검사(김승국, 김옥기, 1985)는 Vineland Social Maturity Scale(Doll, 1965)을 번안한 것으로 크게 여섯 가지 영역에 대한 발달 정도를 측정하는데, 자조(SH-self help), 이동(L-locomotion), 작업(O-occupation), 의사소통(C-communication), 자기관리(SD-self-direction), 사회화(S-socialization) 등과 같은 적응행동에서 표본이 된다고 할 수 있는 117개 문항으로 구성되어 있다. 각 연령구간에 해당되는 검사 문항의 예는 〈표 10-4〉와 같다. 검사는 수검자를 잘 아는 부모, 부모가 없을 경우는 그의 형이나 누나 혹은 그를 잘 아는 친척이나 후견인과의 면접을 통해서 시행되며, 수검자가 자신에 관한 정보를 제공할 수 있을 정도로 성숙해 있다 하더라도 직접 수검자를 면접 대상으로 하지는 못하도록 하였다. 각 문항에 대한 판단기준은 수행이 보다 완전한 경우에서부터 수행이 불완전하거나 불가능한 경우에 이르기까지 ＋, F＋, ＋No, ±, ㅡ의 다섯 가지 단계로 이루어져 있다.

규준자료의 수집은 만 0세부터 만 30세까지의 도시 거주 남녀를 대상으로 0~23개월까지 월령별 남녀 각 10명과 2~30세까지 연령별 남녀 각 30명을 대상으로 이루어졌다.

표 10-4 **사회성숙도 검사의 문항 예**

II–III
SHG …… 7. 간단한 위험을 피한다; 비를 피하거나, 낯선 사람을 경계하거나, 높은 곳에서 떨어지지 않기 위해 조심한다 ················· 2.02
SHD …… 8. 젖은 손을 수건으로 비교적 잘 닦는다 ······································· 2.22
SHD …… 9. 외투를 혼자서 벗는다 ·· 2.23
SHE …… 10. 물이 먹고 싶을 때에는 자기가 직접 물을 따라 먹거나 떠먹는다 ·········· 2.34
S …… 11. 다른 어린이들과 같이 어울려 논다; 소꿉놀이 같은 집단 활동을 한다 ········· 2.48

검사 타당화를 위하여 한국판 웩슬러 아동용 지능검사(K-WISC), 인물화에 의한 간편 지능검사, 지필검사인 일반지능검사와의 상관을 살펴보았으며, 각각은 .63, .47, .42였다. 정상군과 교육 가능 정신지체군, 훈련 가능 정신지체군 간의 사회성 지수는 각각 102.1, 64.1, 49.9로 유의한 차이를 나타냈으며, 정신지체군을 판별하는 도구로서 유용성이 있음을 나타내었다. 검사의 실시 및 채점, 사회성 지수 산출 방법 및 타당화 연구 결과에 대해서는 『사회성숙도 검사』(김승국, 김옥기, 1985)를 참조하기 바란다.

사회성숙도 검사는 앞서도 언급하였듯이 수검자의 사회적응 능력의 발달 수준을 살펴봄으로써 아동의 인지적 성숙도를 간접적으로 측정할 수 있으며, 적응 수준을 예측하는 데 도움이 될 수 있다. 실제로 동일한 점수로 중등도의 정신지체 수준에 속하는 지능지수가 산출된 경우에도, 어떤 수검자는 사회지수가 비교적 높아서 일상생활에 적응할 수 있는 능력은 상대적으로 교육 가능한 정신지체(educable mental retardation) 수준에 속하는 반면 어떤 수검자는 사회성 지수가 요보호 정신지체의 수준이라면, 지적 기능에 있어서 동일한 결과가 산출되었다 하더라도 실제로 적응수준의 폭에서는 큰 차이가 나타날 수 있다.

또한 적응 수준의 하위 영역을 여섯 가지 범주로 구분해 놓음으로써 각 영역에 따른 발달 수준을 평가해 볼 수 있으며, 정신지체의 수준이라고 할 때 어떤 영역을 중심으로 적응능력을 발달시켜 나갈 수 있을 것인지를 예측하고 계획을 수립해 나가는 지표로 활용할 수 있다.

이 밖에 다양한 지적 기능의 평가 도구가 제한된 상황에서 직접적으로 지적 기능을 산출해 낼 수 없는 경우 보호자와의 면접을 통해 수검자의 대략적인 적응 수준을 평가할 수 있으며, 이를 통해 간접적으로 지능지수를 유추해 보는 도구로서도 활용될 수 있다. 또한 본래 정상적인 발달 상태를 보였으나 사고나 질병 등을 이유로 발달에 장애가 나타나는 경우에도 회복이 가능한 수준을 예측하고 재활의 목표를 구체화하기 위한 목적으로 활용될 수도 있을 것이다.

③ 성취도 검사

지적 영역 가운데 학업을 통한 성취의 수준을 알아보기 위해 아동을 대상으로 시행되는 검사이다. 주로 학습문제가 있거나 학습과 관련된 장애를 보이는 경우에 활용되며, 특수교육의 결정이나 계획을 세우기 위한 목적으로 시행한다. 우리나라에서 성취도 수준을 알아보기 위해 제작되고 사용되는 검사는 그리 많지 않은데, 비교적 학습 영역에서

광범위한 성취 수준을 확인할 수 있는 검사는 기초학습기능검사이며, 1989년에 한국교
육개발원에서 제작되고 표준화되었다. 학업성취의 규준은 학년기준과 연령기준으로 각
각 표준화하였으며, 학년기준은 유치원에서 초등 6학년까지, 연령기준은 만 5세 0개월
~12세 11개월이다. 개별화된 성취도 검사의 경우 특정 학습내용이 습득되었는지에 대
한 확인뿐 아니라 실패나 오류의 양상을 분석하여 학습성취에서 발생하는 문제가 음성
학적 요소의 문제인지, 시각적이거나 청각적인 처리과정의 문제인지, 단어에 친숙하지
않아서인지, 언어의 규칙을 잘 습득하지 못해서인지, 아니면 기억의 문제인지 등의 학습
성취의 개별 요소가 미치는 영향을 보다 구체화할 수 있는 장점이 있다. 우리나라의 기초
학습기능검사는 신경심리학적 기초에 바탕을 두고 제작되었다기보다는 학력검사로 제
작되어서 앞서 개별화된 성취도 검사의 장점을 충분히 살리지 못하는 한계가 있기는 하
지만 아동의 학습 수준이 어느 정도 저하되어 있는지를 알아보거나 학습집단 배치에서
어느 정도 수준의 아동집단에 들어가야 하는가를 결정하는 데 도움이 되며, 구체적인 개
별화 교수안을 짜는 데 도움이 될 수 있다. 기초학습기능검사의 구성은 〈표 10-5〉와 같
다. 이 검사의 시행에 관한 자세한 내용은 『기초학습 기능 검사 실시요강』(박경숙, 윤점
룡, 박효정, 2001)을 참조하기 바란다.

〈표 10-5〉에 나타난 것처럼 정보처리기능은 관찰과 조직, 관계 짓기의 측정요소가 포
함되어 있으며, '정보처리'라는 하위검사로 구성되어 있다. 언어기능의 경우는 문자와
낱말의 재인은 '읽기 I', 철자의 재인은 '쓰기', 독해력은 '읽기 II'의 하위검사로 구성
되어 있다. 수기능은 '셈하기'라는 하위검사로 구성되어 있으며, 수에 관한 기초개념부
터 계산능력, 문제해결력을 살펴보는 내용이 포함되어 있다.

국내에는 학업성취도 수준을 평가할 수 있는 개인 검사도구의 개발이 미흡한 실정이

표 10-5   기초학습기능검사 개발모형

학교 외의 학습		
학교에서 다루는 교과목 국어, 수학, 역사, 지리, 생물, 화학, 문학 등		
정보처리기능	언어기능	수기능(셈하기)
관계 짓기	독해력	문제해결능력
조직	철자의 재인	계산능력
관찰	문자와 낱말의 재인	기초개념 이해

며, 기초학습기능검사는 아동의 실질적인 학업성취 정도를 평가할 수 있는 객관화되고 유용한 도구로 활용될 수 있다. 또한 각 학년이나 영역별 성취 수준에 대한 평가를 통해 대략적인 학업성취 부진의 영역들을 확인할 수 있도록 도와주며, 학습장애나 기타 학습 부진의 문제를 진단하고 그 양상이나 정도를 파악할 수 있는 도구로 활용이 가능하다. 예컨대, 동일한 학습성취의 문제를 겪는다 하더라도 산수 소검사의 수행에서만 현저한 수행 저하를 보인다면 수개념이나 수리적인 계산 능력의 발달과 관련된 영역에 대한 취약성을 생각해 볼 수 있으며, 쓰기 영역에서만 문제를 보이는 경우는 철자의 인식과 습득에 있어서의 문제를 고려해 볼 수 있을 것이다.

　기초학습기능검사를 표준적으로 활용하는 것 외에 실패한 문항들의 내용을 개별적으로 확인하고 점검하면 학업성취의 취약 영역에 대한 구체적 내용을 파악하는 데 도움을 받을 수 있다.

④ 주의력검사

　주의력의 평가에는 각성(vigilance) 및 지속적 주의력검사와 충동성검사가 사용된다. 각성(vigilance) 및 지속적 주의력검사는 주로 주의력결핍 과잉행동장애(ADHD) 집단을 대상으로 주의 유지능력을 측정하기 위해 사용되는 방법 가운데 하나로 연속수행검사(Continuous Performance Test: CPT)의 형식을 활용한 검사이다. 연속수행검사는 여러 가지 형태가 있으나 가장 일반적으로 사용되는 방식은 철자 혹은 숫자가 아주 빠른 속도로 스크린에 제시되는 동안 특정 자극이 나타나면 단추나 자판을 누르는 방식으로 반응을 하도록 하는 검사이다. 반응 양상에 대한 평가는 연속수행검사에서 정반응(correct response) 수와 누락 오류(ommission error: 목표자극이 출현했는데 반응을 보이지 않은 경우) 수, 오경보 오류(commission error: 목표자극이 출현하지 않았는데 반응을 한 경우) 수로부터 민감도와 반응 결정 기준이라는 지표를 산출하고 이를 규준집단과 비교하여 정상집단으로부터의 이탈 정도를 평가하도록 한다.

　국내에서는 TOVA(Test of Variables of Attention)와 ATA(Advanced Test of Attention), CAT(Comprehensive Attention Test)가 아동의 지속적인 주의력 평가에 활용되고 있다. TOVA는 주의력결핍 과잉행동장애를 가진 아동과 성인의 진단 및 약물 효과를 평가하기 위해 제작된 연속수행검사로, 시각과 청각의 두 가지 양식으로 지속적인 주의력을 측정한다(Dupuy & Greenberg, 1993). 이 과제에서 자극으로 사용되는 것은 수직으로 세워진 직사각형 내부의 위쪽 혹은 아래쪽에 정사각형 도형이 제시되는 것으로 목표자극은 직사각형 내부의 위쪽에 정사각형이 위치해 있는 도형이다. 총 수행시간은 각각의 양식에 대해 23분이며, 자극 제시시간은 0.1초이고, 자극 제시 간격은 2초이다. 결과는 누락 오류, 오경보 오류, 목표자극에 대한 평균 정반응시간과 반응시간의 표준편차를 통해 산출하며, 각 4개의 변인에서 T점수 65 이상이면 주의력결핍 과잉행동장애를 의심해 볼 수 있다.

ATA는 지속적인 주의력을 평가하기 위해 홍강의, 신민섭과 조성준(2010)이 기존에 제작한 주의력 장애 진단 시스템(Attention Diagnosis System: 이하 ADS, 1999)의 문제점을 개선한 주의력결핍 과잉행동장애의 검사 프로그램이며, 객관적이고 표준화된 연속수행검사이다. ATA 역시 시각자극과 청각자극으로 구성되어 있으며, 비언어적으로 전산화된 검사로 자극 제시시간과 자극 제시 간격은 각각 0.1초와 2초로 TOVA와 동일하다. 총 검사시간은 시각과 청각 버전 각각에 대해 15분간(단, 5세는 5분간, 6세는 10분간)이며, 5~15세 아동, 청소년 847명을 표집하여 표준화하였다. ATA 변인의 설명과 측정요인이 〈표 10-6〉에 제시되어 있다. ATA는 임상장면에서 사용하는 경우 T 점수가 60~65일 때 ADHD가 의심되는 상태임을 나타내며, 60T 이하인 경우 주의집중 능력이 정상 수준임을 의미한다(홍강의 외, 2010). 또한 ADHD 지수(ADHD Index)와 주의집중력 연령(Attention Age)이 산출되는데, ADHD 지수는 수검자가 ADHD에 가까운 정도를 평가하는 지표로서 평균적인 수검자는 100의 값을 가지며, 그 크기가 클수록 ADHD일 가능성이 높다는 것을 의미한다. 주의집중력 연령은 수검자의 주의집중 능력이 몇 세 정도의 주의집중력의 평균과 일치하는지 측정된 값이다. 주의집중력 연령이 실제 연령보다 높을 경우 같은 연령대의 아동들보다 주의집중력이 더 높다는 것을 의미하며, 반대로 주의집중력 연령이 실제 연령보다 낮을 경우 같은 연령대의 아동들보다 주의집중력이 더 낮다는 것을 의미한다.

CAT(Comprehensive Attention Test)는 정신과 의사들을 중심으로 (주)해피마인드에서 제작한 주의력검사이다. CAT는 서울 및 수도권에 거주하는 만 4~15세 아동, 청소년 912명을 대상으로 표준화를 시행하였다(유한익 외, 2009). CAT는 ADHD가 주의력, 작업기억력, 실행 기능과 같은 광범위한 신경심리학적 이상 소견을 보이는 질환이라는 점에 착안하여 국내 ADHD의 임상과 연구에 사용할 수 있는 비교적 다양하고 포괄적인 주의력과 작업실행기능 평가도구의 필요성에 따라 개발되었다. CAT의 소검사 종류 및 검사 방법이 〈표 10-7〉에 제시되어 있다. 각 소검사의 소요시간은 다양하며, 3~10분 사이이다. 검사 결과는 각 주의력검사 결과를 정상/경계/저하의 세 가지로 제시한다. '정상'은 같은 연령, 같은 성별의 일반 정상군 분포에서 1 표준편차 미만에 포함되는 경우를 의미

표 10-6 ATA의 변인 및 측정요인

변인	측정요인
누락 오류 (omission error)	목표 자극에 반응하지 못한 경우 부주의(inattention) 특성을 측정하는 지표 (누락 오류 수/목표 자극 수)×100
오경보 오류 (commission error)	비목표 자극에 반응하는 경우 반응 억제 장애(disinhibition)와 충동성(impulsivity)의 측정지표
정반응시간 평균 (response time mean: RTM)	자극에 대해 정확하게 반응하는 데 걸리는 처리시간의 평균 반응시간이 느린 경우 주의력결핍 과잉행동장애의 지표
정반응시간 편차 (response time deviation: RTD)	목표 자극에 대한 정반응시간의 표준편차 반응의 일관성과 주의력의 유동성을 측정하는 지표
반응 민감도 (response sensitivity: d' score)	오경보 비율에 대한 정반응의 비율 시간 경과에 따른 수행 감소의 측정치 목표 자극을 비목표 자극으로부터 변별해 내는 정도를 측정
반응기준 (response criterion: beta score)	충동성의 지표 점수가 낮을수록 충동적으로 반응함을 의미
다중반응 (multiple response)	목표/비목표 자극에 대하여 1회 이상 반응하는 경우의 수 신경과적 문제의 가능성을 나타냄

표 10-7 CAT의 소검사 종류 및 내용

CAT 소검사		내용 및 검사 방법
단순선택 주의력(시각)	내용	원하는 시각 자극에 반응하는 능력을 측정하며, 지시에 따라 화면에 나오는 여러 개의 시각적 자극을 보고 특정 자극을 찾아내는 검사
	방법	원모양이 나올 때마다 버튼을 최대한 빨리 누르고 다른 모양에는 누르지 않음
단순선택 주의력(청각)	내용	원하는 청각 자극에 반응하는 능력을 측정하며 지시에 따라 화면에 나오는 여러 개의 청각적 자극을 듣고 특정 자극을 찾아내는 검사
	방법	종소리가 들릴 때마다 버튼을 최대한 빨리 누르고 다른 소리에는 누르지 않음
억제지속 주의력	내용	지속적으로 주의를 유지하며 충동성을 억제하는 능력을 측정하며 하나의 특정 자극을 제외한 모든 자극에 똑같은 반응을 보임으로써 특정 자극에 대한 억제가 유지되는지를 평가하는 검사
	방법	X자 모양을 제외한 그림이 나올 때마다 버튼을 최대한 빨리 누름

간섭선택 주의력	내용	주위의 간섭 자극을 무시하고 필요한 자극에 반응하는 능력을 측정하며 여러 개의 시각적 자극을 한꺼번에 보여 주고, 그중에서 특정 자극을 정확히 찾아 주어진 지시대로 수행하는 능력을 평가하는 검사
	방법	화면에 한 면이 조금씩 열려 있는 다섯 개의 상자가 나오며, 세 개의 상자 중 가운데 상자의 열린 방향과 동일한 방향의 화살표 버튼을 최대한 빨리 누름
분할 주의력	내용	두 가지 이상의 자극을 동시에 처리할 수 있는 능력을 측정하며, 시각과 청각 자극을 동시에 연속적으로 제시하고 이를 처리하는 높은 수준의 주의력을 평가하는 검사
	방법	화면에 그림과 소리가 동시에 제시되며, 앞서 제시된 소리 혹은 그림이 반복되는 경우에 버튼을 최대한 빨리 누름
작업 기억력	내용	일련의 자극을 순서대로 기억하며 처리하는 능력을 반영하며 시각 자극을 바로 혹은 거꾸로 정확하게 기억하는 정도를 평가하는 검사
	방법	화면에 박스들이 순서대로 제시되고 이를 기억하고 있다가 마우스를 이용해 박스가 나온 순서 혹은 역순으로 박스를 누름

하고, '경계'는 정상군 분포에서 1 표준편차 이상부터 1.6 표준편차 미만에 포함되는 경우를 말한다. '저하'는 정상군 분포에서 1.6 표준편차 이상에 해당되는 경우를 나타낸다. CAT의 결과는 각 검사 결과를 연령별 곡선 위에 표시함으로써 수검자의 주의력 상태가 몇 세 수준인지 파악할 수 있도록 되어 있다.

ATA 가운데 오경보 오류가 충동성을 측정하는 변인으로 활용될 수 있으며, 이에 더하여 Kagan(1966)이 개발한 같은 그림 찾기(Matching Familiar Figures Test: 이하 MFFT)는 정상 및 부적응 아동, 청소년의 충동통제에 대한 정보를 제공해 줄 수 있다. MFFT는 아동들에게 익숙한 그림을 제시하고 밑에 배열되어 있는 6개 그림 가운데 동일한 그림을 찾아내도록 하는 검사이다. 총 12개의 시행으로 이루어져 있으며, 첫 반응까지의 반응 잠재시간과 맞는 답을 하기까지의 총 오류 시행 수를 통해 점수를 산출한다. 반응 잠재시간이나 총 오류 수는 연령별로 백분위점수로 표시되며, 반응 잠재시간이 짧고 총 오류 수가 많은 아동이라면 충동조절에 어려움을 겪는 것으로 생각해 볼 수 있다. 그러나 애초의 검사 제작이 임상적 활용을 위한 것이기보다는 연구용으로 제작되었으므로 주의력결핍 과잉행동장애를 진단하는 데는 다소 제한을 보일 수 있다(Barkley, DuPaul, & McMurray, 1990; Milch & Kramer, 1985)는 지적도 있으므로 MFFT 결과만으로 주의력결핍 과잉행동장애를 진단하는 것은 신중하여야 한다.

(2) 성격검사

성격검사는 객관적 성격검사와 투사적 검사로 구분할 수 있다. 객관적 성격검사란 질문지 형식으로 구성되어 있어 검사 문항과 반응범위가 일정하게 정해져 있고, 실시와 채점이 엄격하게 표준화되어 있는 검사를 말한다. 객관적 성격검사로는 한국아동인성평정척도(KPRC), 청소년용 다면적 인성검사(MMPI-A), 기질 및 성격검사 등이 사용되고 있다.

투사적 검사는 주로 정신역동적인 견해를 갖는 임상가들에게 활용되는 방법으로, 모호하고 비구조화된 자극에 대한 반응을 통해 정서 상태와 성격을 추론하는 검사들을 말한다. 8장에서 자세히 소개된 로르샤하 검사와 9장에서 소개된 주제통각검사나 그림검사 등이 이 범주에 속한다. 투사적 검사는 최근에 직접적인 행동관찰법이나 행동평가 방법, 객관적인 성격평가 방법들이 개발되고 광범위하게 확산되면서 객관성의 측면에서 일부 비판을 받고 있지만 임상현장에서 보편적으로 활용되는 방법 가운데 하나이다.

① 한국아동인성평정척도

한국아동인성평정척도(Korean Personality Rating Scale for Children: KPRC)는 한국아동인성검사(Korean Personality Inventory for Children: KPI-C)를 부분적으로 수정하여 개발되었다. 한국아동인성검사는 임상장면에서 아동의 정신과적 문제를 선별 진단하고 학교장면에서 심리적인 도움을 필요로 하는 아동을 조기 발견하여 도움을 주는 것을 목적으로 고안된 검사이다(김지혜, 조선미, 홍창희, 황순택, 2005). 한국아동인성검사는 미국에서 개발된 아동용 성격검사(Personality Inventory for Children: PIC)의 문항 및 검사 개발 당시 축적되어 있던 약 10년간 국내 임상자료를 바탕으로 아동평가와 관련된 문헌들로부터 아동의 정신병리나 적응 잠재력을 나타내는 문항들을 광범위하게 수집하여 문항을 구성하였다. 검사는 총 16개의 척도로 된 255문항이며, 만 4~15세 아동을 대상으로 표준화되었다(김승태 외, 1997).

한국아동인성검사(KPI-C)가 개발된 이래로 다양한 장면에서 아동의 인지와 정서 및 행동 특성을 다차원적으로 평가할 수 있는 검사로 활용되었지만 사용 과정에서 몇 가지 제한점을 보이게 되었다. 즉, 응답자 입장에서 문항 수가 너무 많다는 점, '예-아니요'로 판단하기가 어렵다는 점, 자폐증 척도의 경우 측정하고자 하는 부적응 영역을 효과적으로 반영하지 못하는 점 등이 문제점으로 지적되었다. 이를 보완하기 위해 한국아동인성평정척도(KPRC)가 제작되었다. 이 척도는 반응 방식을 '예-아니요'에서 4점 척도로 평정하도록 하였고, 의미가 모호하고 불분명하거나 의미가 중복되는 문항을 삭제 혹은 수정하였으며, 자폐증 척도를 삭제하였고, 최종적으로 177문항을 선정하였다.

검사 실시는 한국아동인성검사(KPI-C)와 마찬가지로 아동과 매우 친숙한 어른이 응답하도록 되어 있으며, 이 검사를 실시하기 전 적어도 6개월 동안은 아동과 긴밀한 관계를 갖고 있는 사람이 응답하도록 한다. 검사가 실시 가능한 연령은 3~17세이며, 각 척도명과 척도에서 측정하고 있는 내용이 〈표 10-8〉에 제시되어 있다.

한국아동인성평정척도의 심리측정적 요소를 살펴보면, 규준집단의 경우, 내적 일치도는 .65~.89로 나타났으며, 검사-재검사 신뢰도도 .42~.80으로 나타났다. 척도의 수렴 및 변별 타당도가 높게 나타났으며, 하위척도 점수가 DSM-IV의 소아·청소년기 장애(예: 주의력결핍 과잉행동장애, 분리불안장애, 자폐성 장애, 주요우울장애, 반항성 장애, 범불안장애 등) 고위험집단과 정상집단을 변별할 수 있는 것으로 나타났다.

이 검사는 타당도 척도가 포함되어 있어서 관찰자의 지각에 따른 편향이나 왜곡을 탐지해 낼 수 있다는 장점을 갖고 있으며, 임상장면에서 국내 임상자료를 바탕으로 제작되어 아동의 정신과적인 문제를 선별, 진단하고, 학교장면에서 심리적인 도움을 필요로 하는 아동들을 조기에 발견하여 도움을 제공하는 데 유용하다. 또한 단순한 행동상의 특징에 대한 확인이 아니므로 특정 임상 척도의 상승은 그와 관련되는 병리의 가능성을 파악해 내는 데 직접적인 도움이 될 수 있다.

표 10-8) 한국아동인성평정척도의 구성 및 내용

	척도명	세부 내용
타당도척도	검사-재검사 척도(T-R)	수검자가 각 문항에 대해 얼마나 주의를 기울여 일관성 있게 응답했는가를 알아보기 위해 만들어졌다. 이 척도의 상승은 수검자가 부주의하고 일관성 없이 응답했을 가능성을 시사한다.
	L척도(L)	문제행동을 부정하고 아주 바람직한 아동으로 기술하려는 보호자의 방어적인 태도를 측정하기 위해 만들어졌다. 문제가 없거나 실제보다 문제가 덜 있는 것으로 보이고자 의도적인 시도를 할 때 상승한다. L척도는 특히 비행이나 반사회적인 행동, 혹은 대인관계 영역에서 문제의 부재나 부정을 반영한다. 정신과 표본에서 L척도가 유의하게 상승한 아동은 종종 내성적이고 주장적이지 않은 것으로 기술된다. 정서적, 행동적 장애를 시사하는 프로파일에서 L척도가 60T 이상 상승하는 경우가 있는데, 이것은 아동에 대한 응답자의 양가 감정을 반영하는 것으로 치료의 조급한 종결 가능성이 있다.

	F척도(F)	의도적이거나 비의도적인 증상의 과장이나 무선반응과 같은 일탈된 반응자세를 가려내기 위해 만들어진 척도이다.
	자아탄력성 척도 (ERS)	여러 가지 심리적인 문제에 대한 아동의 대처능력이나 적응잠재력을 측정하기 위해 만들어졌다. 자아탄력성이란 내적, 외적 스트레스에 융통성 있고 적절하게 대처하는 개인의 전반적인 능력을 의미하며, 여러 가지 정신병리의 발현에 대한 중요한 역지표이고 또한 정신병리의 발현 시 환경적 요인의 심각성과 아울러 치료에 대한 능동적인 참여 및 좋은 예후를 시사하는 지표이다.
임상 척도	언어발달척도(VDL)	언어적 능력에서 발달의 지체나 기능상의 손상을 측정하기 위해 고안되었다. 전반적인 지적 수준에 대한 평가 및 언어이해, 읽기, 쓰기, 기본적인 연상능력, 시간 개념 등 언어발달과 관련된 문항으로 구성되어 있다.
	운동발달척도 (PDL)	정신운동기능이나 동작성 능력에서 발달의 지체나 기능상의 손상을 측정하기 위해 고안되었다. 전반적인 지적 수준에 대한 평가 및 운동능력의 발달, 정교한 정신운동성 협응, 위생관리, 일상적인 위험에의 대처능력 등을 측정하는 문항으로 구성되어 있다.
	불안척도 (ANX)	자연현상이나 동물, 대인관계 혹은 사회관계에서의 두려움이나 불안, 긴장을 측정하기 위하여 만들어졌다. 자연현상이나 동물에 대한 공포, 대인불안, 당황, 초조, 우유부단, 걱정, 자율신경계의 각성 등 공포나 불안 혹은 이와 관련된 증상들을 측정하는 문항으로 구성되어 있다.
	우울척도 (DEP)	우울한 기분, 자신감 결여, 활동성의 저하, 가정불화, 흥미의 감소, 사회적 철수 등 아동기의 우울과 관련된 문항으로 구성되어 있다.
	신체화 척도 (SOM)	전반적인 건강 정도와 다양한 신체 증상을 측정하는 문항으로 구성되어 있다. 신체 증상이 실제로 있는가에 관계없이 통증과 고통을 호소함을 시사하며, 신체 증상들은 책임감을 피하기 위해 사용하거나 불편한 상황으로부터 도피하기 위해 사용하는 것일 수도 있다.
	비행척도 (DLQ)	아동의 비행 성향을 측정하고 품행장애가 있는 아동들을 가려내기 위하여 만들어졌다. 반항과 불복종, 공격성과 적대감, 거짓말, 도벽 등 비행이나 품행상의 문제를 측정하는 문항으로 구성되어 있다.
	과잉행동척도 (HPR)	주의력결핍 과잉행동장애(ADHD)의 특징을 보이는 아동을 가려내기 위해서 만들어졌다. 주의산만, 과잉행동, 충동성과 함께 이에 수반되는 학습이나 대인관계의 어려움, 우울 등을 측정하는 문항으로 이루어져 있다.
	가족관계 척도 (FAM)	가족 내의 역동이 아동의 부적응이나 정신병리에 영향을 미치는 정도를 평가하기 위해 만들어졌다. 가정불화와 가정 내의 긴장, 부모와 자녀의 관계, 부부관계의 위기, 자녀에 대한 무관심 등을 측정하는 문항으로 구성되어 있다.
	사회관계 척도 (SOM)	또래 관계나 어른들과의 관계 등 아동의 사회관계에서 어려움을 측정하기 위하여 만들어졌다. 또래 관계에서의 소외, 리더십과 자신감의 부재, 대인관계의 불안, 수줍음, 제한된 인내력과 포용력을 측정하는 문항으로 구성되어 있다.
	정신증 척도 (PSY)	정신병적인 증상이 있는 아동을 가려내기 위해 만들어졌다. 상동적인 행동, 부적절하고 특이한 언행, 망상과 환각, 비현실감 등 언어, 사고, 행동의 특이함이나 현실접촉의 어려움을 측정하는 문항으로 구성되어 있다.

② 청소년용 다면적 인성검사

다면적 인성검사(Minnesota Multiphasic Personality Inventory: MMPI)는 1943년 미국의 미네소타 대학에서 진단적인 성인 성격평가로 시작되어 활용되었으며, 자기보고식 객관적 성격검사 가운데 가장 널리 사용되어 왔다. 다면적 인성검사에 대한 내용은 6장에서 소개한 바 있다. 다면적 인성검사에 이어 청소년용 다면적 인성검사(MMPI-A)는 미국에서 1992년에 출간되었으며, 우리나라에서도 이 검사의 한국판이 표준화되어 출간되었다.

다면적 인성검사는 본래 성인용으로 제작되었지만 매우 오랜 기간 청소년에게 시행되고 청소년을 위한 임상적 적용에 관한 많은 연구도 축적되어 왔다(Merrel, 1999 재인용; Acher & Gordon, 1988; Ball, 1962; Baughman & Dahlstrom, 1968; Ehrenworth & Archer, 1985; Marks, Seeman, & Haller, 1974; Rutter, Graham, Chadwick, & Yule, 1976). 그러나 다면적 인성검사가 오랫동안 청소년들에게 사용되어 왔음에도 불구하고 청소년에게 적용되었을 때 문제점이 없는 것은 아니다. Acher(1987)는 다면적 인성검사가 청소년에게 널리 사용되고 있으면서도 남용되고 있는 점을 지적하였는데, 청소년들에게 다면적 인성검사를 잘 사용할 수 있으려면 청소년의 정상적인 발달을 먼저 이해하는 것이 필요하다고 주장하였다.

성인용 다면적 인성검사를 청소년에게 적용할 때의 문제점을 개선하기 위해 1992년에 처음으로 청소년용 다면적 인성검사가 제작되었다. 이 검사는 성인용 다면적 인성검사에 비해 100문항 정도가 적은 총 478개의 문항으로 구성되었다. 문항은 대개 다면적 인성검사의 문항을 바탕으로 하였으나 청소년에게만 적용될 수 있는 문항, 척도, 규준 등이 포함되었다. 여기에 포함된 항목은 알코올 및 기타 약물 남용의 문제, 학교 적응문제, 가족 갈등문제, 부적응적인 식사문제들이며, 14~18세 청소년을 대상으로 시행한다. 청소년용 다면적 인성검사에 포함된 척도들을 살펴보면, 기본적인 타당도 척도나 임상 척도는 성인용과 유사하며, 내용 척도 가운데 성인용에는 포함되어 있는 공포 척도(FRS), 반사회적 특성 척도(ASP), A유형행동 척도(TPA), 직업적 곤란 척도(WRK)가 제외되고, 소외 척도(A-aln), 품행문제 척도(A-con), 낮은 포부 척도(A-las), 학교문제 척도(A-sch)가 포함되었다.

한국판 MMPI-A의 해석은 『다면적 인성검사-청소년 매뉴얼』(김중술 외, 2005)을 참조하기 바라며, 이 장에서는 각 척도의 척도명과 측정내용을 간략하게 살펴보고자 한다.

기본 척도   한국판 청소년용 다면적 인성검사의 기본 척도는 타당도 척도 5개와 임

표 10-9) 청소년용 다면적 인성검사의 타당도 척도 및 임상 척도

척도명	측정 내용
타당도 척도	
?(무응답)	응답하지 않았거나 예, 아니요 모두에 응답한 문항의 전체 수
VRIN(무선 반응 비일관성)	검사문항에 대해 무분별하게 응답하는 경향을 측정
TRIN(고정 반응 비일관성)	무분별하게 '예' 혹은 '아니요'로 답한 경향을 측정
F1(비전형1)	문항 1~350번 사이인 검사 전반부의 비전형 양상을 측정
F2(비전형2)	문항 242번부터 시작되는 검사 후반부의 비전형 양상을 측정
F (비전형)	심각한 부적응, 지나치게 솔직한 경향, 부주의 혹은 일관되지 않게 반응하는 경향을 측정
L(부인)	비교적 사소한 결점이나 단점들을 부인하는 방식으로 응답하였는지를 측정
K(방어성)	방어적인 검사 태도의 가능성을 측정
임상 척도	
1 Hs (건강염려증)	건강, 질병 및 신체 기능에 대한 과도한 집착을 측정
2 D (우울증)	낙담, 무망감, 사기 저하를 포함한 자신의 삶에 대한 전반적인 불만족의 지표로 의기소침과 무감동, 과도한 민감성, 정신운동 지체 등의 신체적 문제와 관련된 내용을 포함
3 Hy (히스테리)	(1) 신체적인 관심, 문제나 어려움의 부인, (2) 사회적인 수용과 승인의 추구를 측정
4 Pd (반사회성)	품행 문제 및 학교 적응 문제를 측정함. 알코올 및 약물 남용, 거짓말, 사기, 절도, 분노 폭발 및 공격성과 관련됨
5 Mf (남성성-여성성)	흥미의 남성성 혹은 여성성을 측정함. 남자에게 이 척도의 상승은 여성적인 흥미와 관심을 반영하며, 여자에서의 상승은 남성적 흥미와 관심을 나타냄
6 Pa (편집증)	관계사고, 의심, 피해의식, 완고함, 도덕적인 자기정당화와 관련된 내용 영역 포함
7 Pt (강박증)	불안, 우울 및 다른 정서적 고통을 측정함. 신체적 호소, 불행감, 주의집중 곤란, 강박적 사고, 불안, 열등감 등의 다양한 증상 영역을 포함
8 Sc (조현병)	기태적인 사고 과정, 특이한 지각 경험, 사회적 고립, 기분과 행동의 장애, 주의집중 및 충동 통제의 어려움 등의 내용 영역 포함
9 Ma (경조증)	과장성, 흥분성, 사고의 비약, 자기중심성, 기분의 고양, 인지적 · 행동적 과잉활동 등의 내용 영역을 포함
0 Si (내향성)	사회적 내향성 · 외향성을 측정. 높은 점수를 받는 청소년들은 내향적이고 수줍음이 많으며 소심하고 친구를 사귀는 데 어려움

상 척도 10개로 구성되어 있으며, 각 척도명과 측정 내용은 〈표 10-9〉에 제시되어 있다. 기본 척도들의 검사-재검사 신뢰도는 .59~.88로서 비교적 안정적인 속성을 보여 주었으며, 기본 척도들의 내적 일치도의 경우 남녀 모두 Mf 척도(남자 .17, 여자 .25)를 제외한 나머지 척도의 내적 일치도 계수가 .48~.82로 중간 수준에서 높은 수준 정도의 내적 일치도를 보였다.

내용 척도   내용 척도는 총 15개로 구성되어 있으며, 각 척도명 및 측정내용은 〈표 10-10〉에 제시되어 있다. 내용 척도의 재검사 신뢰도는 .75~.85로 전반적으로 높은 편이며, 내적 일치도 계수도 .60~.83으로 비교적 양호한 내적 일치도를 보이고 있다.

보충 척도/성격병리 5요인 척도   보충 척도는 6개로 구성되어 있으며, 이 중 세 가지 척도(A, R, MAC-R)는 원판 MMPI에서 사용되어 온 척도들을 청소년에 맞게 일부 수정한

표 10-10 청소년용 다면적 인성검사의 내용 척도

척도명	측정 내용
A-anx(불안)	긴장, 잦은 걱정, 수면장애 등의 불안증상, 혼란, 주의집중의 어려움, 과제 지속의 어려움 측정
A-obs(강박성)	사소한 일에 대한 과도한 걱정, 나쁜 말에 대한 반추적 사고, 결정 어려워함
A-dep(우울)	우울 증상의 측정
A-hea(건강염려)	신체 증상에 대한 호소를 측정
A-aln(소외)	타인과의 정서적 거리감 측정
A-biz (기태적 정신상태)	정상집단은 일반적인 부적응과 관련되며, 임상집단은 기태적인 감각 경험이나 정신병과 관련된 다른 증상 및 행동을 측정
A-ang(분노)	분노조절과 관련된 문제를 측정
A-cyn(냉소적 태도)	염세적인 태도를 측정
A-con(품행문제)	절도, 좀도둑질, 거짓말, 기물파손, 무례, 욕설, 반항적 행동과 같은 다양한 행동문제를 측정
A-lse(낮은 자존감)	자신에 대한 부정적인 견해를 측정
A-las(낮은 포부)	저조한 학업 수행 및 학교 활동 참가 회피를 측정
A-sod (사회적 불편감)	사회적 불편감 및 사회적 위축을 측정
A-fam(가정문제)	부모와의 갈등 및 부모간 갈등을 측정
A-sch(학교문제)	학업 문제 및 학교에서의 행동 문제들을 측정. 일반적 부적응의 좋은 지표
A-trt (부정적 치료지표)	의사나 정신건강 전문가에 대한 부정적인 태도를 측정

것이고, 다른 세 척도(ACK, PRO, IMM)는 MMPI-A를 위해 새로 개발된 것이다. 성격병
리 5요인 척도는 MMPI-A 검사를 받은 수검자의 주요한 성격 특성에 대한 간략한 특징
을 제공하기 위하여 만들어졌다. 성격병리 5요인 척도는 주요 정신병리의 분류보다는
특질이나 성향의 개인차에 강조를 둔다는 점에서 MMPI-A의 다른 척도들과 구분될 수
있다(김중술 외, 2005). MMPI-A의 보충 척도와 성격병리 5요인 척도의 척도명 및 측정내
용은 〈표 10-11〉에 제시되어 있다.

표 10-11 청소년용 다면적 인성검사의 보충 척도와 성격병리 5요인 척도

척도명	측정 내용
보충 척도	
MAC-R(MacAndrew의 알코올중독)	물질남용과 관련된 문제를 측정. 외향적이고 자기과시적이며 모험적인 경향성을 측정
ACK(알코올/약물문제 인정)	알코올이나 다른 약물 사용과 관련된 문제를 인정하는 정도를 측정
PRO(알코올/약물문제 가능성)	알코올이나 약물 문제를 보일 가능성을 측정
IMM(미성숙)	대인관계 양식, 인지적 복합성, 자기인식, 판단력 및 충동조절의 측면에서 미성숙함을 측정
A(불안)	심리적 고통 불안, 불편감, 일반적인 정서적 혼란을 측정
R(억압)	관습적이고 복종적인 태도, 불쾌한 상황에 대한 회피 경향성을 측정
PSY-5(Personality Psychopathology Five Scales: 성격병리 5요인)	
AGGR(공격성)	공세적이고 도구적인 공격성을 측정
PSYC(정신증)	현실과의 단절, 즉 이상한 감각·지각의 경험, 현실 감각의 결여, 이상한 믿음이나 태도를 측정
DISC(통제결여)	위험을 추구하고 충동적이며 관습에 얽매이지 않는 성향을 측정
NEGE(부정적 정서성/신경증)	광범위한 영역의 불쾌한 정서, 특히 불안, 걱정, 죄책감 등의 정서를 측정
INTR(내향성/낮은 긍정적 정서성)	유쾌한 감정을 경험하기 힘들고, 사회생활을 회피하며, 목표를 추구하거나 책임을 완수할 에너지가 부족한 정서적 성향을 측정

③ 기질 및 성격검사

기질 및 성격검사-청소년용(The Junior Temperament and Character Inventory 12-18: JTCI 12-18)은 청소년의 기질과 성격을 평가하기 위한 검사이다. 독일판 'JTCI 12-18'

을 기초로 제작되었으며, 독일에서는 본래 12세에서 18세까지의 청소년을 대상으로 실시하는 검사이지만 한국판 '기질 및 성격검사-청소년용'은 대상범위를 다소 확장하여 중·고등학생 및 대학생을 대상으로 실시하도록 구성되었다. 4개의 기질척도와 3개의 성격척도를 포함하는 7개의 기본 척도로 이루어져 있고, 총 82개의 문항으로 구성되었다(오현숙, 민병배, 2004).

JTCI는 Cloninger의 심리생물학적 인성 모델에 기초하여 개발된 검사이며, 인성(personality)은 기질(temperament)과 성격(character)이라는 두 개의 큰 구조로 이루어져 있다는 주장에 따라 유전적 영향에 따른 기질과 환경적 영향에 따른 성격이라는 요소의 상호작용을 통해 인성이 발달되는 것이라는 견해를 바탕으로 검사가 구성되었다. JTCI는 Cloninger, Przybeck, Svrakic과 Wetzel(1994)이 성인을 대상으로 개발한 TCI(The Temperament and Character Inventory)에 기초를 두고 있으며, TCI와 같은 해, 같은 연구자들에 의해 미국에서 개발되었다(Cloninger, Przybeck, Svrakic, & Wetzel, 1994). 성인용 TCI와 마찬가지로 자극추구, 위험회피, 보상의존성, 인내력의 4개의 기질척도와 자율성, 연대감, 자기초월을 측정하는 3개의 성격척도로 구성되어 있다. 미국에서는 JTCI의 제작 및 보급이 그다지 성공적이지 못했으나 독일에서는 Cloninger와의 협의하에 유아, 아동 및 청소년 분야에서 매우 활발하게 연구가 진행되었고, 독일의 JTCI가 검사의 신뢰도와 타당도의 면에서 미국의 것보다 더 나은 결과를 나타내었다. 한국판 JTCI도 독일판 JTCI를 근거로 개발되었으며, 성인용 TCI, 유아용, 아동용 JTCI가 (주)마음사랑에서 개발될 예정으로 있다. JTCI의 척도명 및 각 척도의 내용은 〈표 10-12〉에 제시되어 있다.

한국판 JTCI는 전국에 걸쳐 중·고등학생 및 대학생 총 2,139명이 규준집단에 포함되었다. 전체 규준집단의 결과를 중심으로 살펴볼 때, 7개 척도의 신뢰도 계수는 .65~.82의 범위를 보이고 있고, 재검사 신뢰도도 척도에 따라 .81~.95 범위로 비교적 양호한 수준의 재검사 신뢰도 계수를 나타내었다.

JTCI는 기존의 성격검사와는 달리 기질 차원과 성격 차원으로 인성의 구성 요소를 파악하여 개인에게 있어서 좀처럼 변화하기 어렵고 이해를 통한 수용이 필요한 인성의 요소와 환경과의 상호작용을 통해 꾸준히 변화, 성숙시켜 나가야 하는 성격의 요소로 구분을 시도함으로써 심리적 적응에 있어 수용의 대상과 변화의 대상을 구분해 놓았다는 점에서 실제적인 활용도가 높은 검사라고 할 수 있겠다. 개인의 적응을 위협하는 미숙한 성격의 발달 영역이 무엇인지를 확인하여 구체적인 치료목표를 설정하고 도움을 제공하

표 10-12 한국판 기질 및 성격검사-청소년용(JTCI) 척도 구성 및 내용

	척도	해석
기질척도	자극추구 (Novelty Seeking)	새로운 자극이나 잠재적인 보상 단서에 접하면 이러한 자극에 끌리면서 행동이 활성화되는 유전적인 경향성을 나타낸다. 즉, 보상과 흥분을 추구하는 탐색활동을 하며, 처벌과 단조로움을 적극적으로 회피하는 성향을 나타낸다.
	위험회피 (Harm Avoidance)	위험하거나 혐오스러운 자극에 접하면 행동이 억제되고 위축되는 유전적인 경향성을 말한다. 처벌이나 위험이 예상될 때 이를 회피하기 위해 행동이 억제되며 이전에 하던 행동을 중단하는 성향을 나타낸다.
	사회적 민감성 (Reward Dependence)	따뜻한 사회적 애착을 이루기 위해 사회적 보상 신호에 민감하게 반응하는 유전적 경향성을 나타낸다. 사회적 보상 신호(타인의 칭찬, 찡그림 등)와 타인의 감정(기쁨, 슬픔, 분노, 고통 등)을 민감하게 파악하고, 이에 따라 정서반응이나 행동반응이 달라지는 양상을 나타낸다. 즉, 사회적 애착에 대한 의존성의 개인차, 사회적 보상 신호와 타인의 감정에 대한 민감성에서의 개인차를 측정하기 위한 척도이다.
	인내력 (Persistence)	지속적인 강화가 없더라도 한번 보상된 행동을 일정한 시간 동안 꾸준히 지속하려는 유전적인 경향성을 나타낸다. 미래의 보상이 예상되지만 지금 당장은 보상이 주어지지 않거나 심지어 간헐적인 처벌이 주어지더라도 한번 시작한 행동을 계속하려는 성향을 측정하기 위한 척도이다.
성격척도	자율성 (Self-Directedness)	자신을 '자율적 개인'으로 이해하고 동일시하는 정도를 측정한다. 자신이 선택한 목표와 가치를 이루기 위하여 자신의 행동을 상황에 맞게 통제, 조절, 적응시키는 능력을 나타낸다.
	연대감 (Cooperativeness)	자신을 '인류 혹은 사회의 통합적 한 부분'으로 이해하고 동일시하는 정도를 측정한다. 타인에 대한 수용능력 및 타인과의 동일시 능력에서의 개인차를 측정한다.
	자기 초월 (Self-Transcendence)	자신을 '우주의 통합적 한 부분'으로 이해하고 동일시하는 정도를 측정한다. 우주 만물과 자연을 수용하고 동일시하며 이들과 일체감을 느끼는 능력에서의 개인차를 측정한다.

는 것이 가능하며, 임상·상담 장면에서 부모-자녀 관계, 대인관계의 이해와 개선에 다양한 방식으로 활용할 수 있는 기초자료가 될 수 있다.

④ 집-나무-사람 그림검사

집-나무-사람 그림검사(House-Tree-Person: HTP)는 Buck(1948, 1966)이 개발하고 Buck과 Hammer(1969)가 발전시킨 것으로, 흰 종이에 집, 나무, 사람을 그려 보도록 하는 검사이다. 집-나무-사람이 그림의 소재로 선택된 이유는 아동들에게 자유롭게 그림을 그리도록 했을 때 아동이 가장 선호하는 것은 집, 나무, 사람이기 때문이다. 집은 일

반적으로 자아의 투영(self portrait)이기도 하고, 가정생활, 가족관계를 반영하기도 한다. 때로는 자신이 현재 살고 있는 집, 과거에 살았던 집, 앞으로 살기를 바라는 집을 그리기도 하고, 이 모든 것이 통합되어 표현되기도 한다. 대개 집 그림을 통해서 자아지각과 가족생활의 질을 추론하기도 한다. 나무는 Hammer(1958)가 주장하듯이 가장 공감적인 동일시가 일어난다고 생각되는 그림이며, 집이나 사람 그림보다 더욱 중요한 임상적 정보를 제공하기도 한다. 개인 내, 개인 간 그리고 환경적 적응을 알 수 있다. Buck(1948)에 따르면 정상인의 경우 나무줄기, 가지를 포함한 그림을 그리는데 비교적 어린 아동에게서도 지적인 성장의 영향을 덜 받으면서 성격적인 특성이 드러나는 그림이라고 할 수 있다. 사람 그림의 경우는 그림을 그리는 사람의 자신에 대한 지각과 신체상에 대한 지각을 나타내며, 때로는 태도나 기분 면에서 상황에 따라 유발된 일시적인 변화를 반영하기도 하는 것으로 알려져 있다. 또한 Suinn과 Oskamp(1969)에 따르면 어린 아동에게는 자신의 신체상이 아닌 이상적인 자아 혹은 자기에게 중요한 타인의 이미지가 투영되는 경우도 있는 것으로 나타난다.

⊙ 검사의 실시

집-나무-사람 그림검사의 실시는 별도의 용지를 주고 각각에 하나씩 집, 나무, 사람을 그리도록 하는 것이다. 집은 가로로, 나무와 사람은 세로로 제시하며, 그림이 완성되면 완성된 그림을 가지고 사후 질문을 하며, 아동의 반응을 그대로 기록한다. 사후 질문의 내용을 정리하면 다음과 같다.

• 집 그림: 누구의 집인가? 누가 살고 있는가? 집안 분위기는 어떠한가? 무엇으로 만들어졌는가? 나중에 집이 어떻게 될 것 같은가?
• 나무 그림: 이 나무는 어떤 종류의 나무인가? 나무의 나이는 몇 살인가? 나무가 죽었는가 살았는가? 나무의 건강은 어떠한가? 나무 주변에는 어떤 것들이 있는가? 나무의 소원은 무엇인가? 나중에 이 나무는 어떻게 될 것인가? 나무를 그리면서 생각나는 사람이 누구인가?
• 사람 그림: 이 사람은 누구인가? 이 사람은 몇 살인가? 이 사람은 무엇을 하고 있는가? 이 사람은 어떤 생각을 하고 있는가? 이 사람의 기분은 어떠한가? 이 사람의 소원이 있다면 무엇일까? 나중에 이 사람은 어떻게 될 것인가?

⊙ 그림의 구조적 특징과 관련된 해석

지우개의 사용   지나치게 잦은 지우개의 사용은 심리적으로 과도한 불안, 강박적 특성, 우유부단함과 관련되며, 자주 지우개를 사용함에도 불구하고 그림의 질이 나아지지 않는 경우는 뇌에 기질적 문제가 있을 수 있다.

그림의 위치   중앙에 그림이 위치하는 경우 가장 일반적이라고 할 수 있다. 그림이 좌측 혹은 우측에 극단적으로 위치한다거나 용지의 상단 혹은 하단에 집중되어 있는 경우에 해석적 의미들이 부여되고 있으나, 이는 그림검사 외의 검사 결과에서 유사한 특징이 발견되는 경우에 한하여 해석의 여지가 있다. 단, 용지의 코너에 위치하는 경우, 회피 경향성으로 해석해 볼 수 있다.

필압   과도하게 강한 필압으로 그려져 있는 경우 긴장 수준이 높거나 공격적이고 행동화의 경향성이 높은 경우에 해당될 수 있고, 자기주장적이고 포부수준이 높은 경우에도 강한 필압이 나타날 수 있다. 이와 반대로 필압이 지나치게 약한 경우는 우유부단하고 유약하며 불안정한 성격 특성을 가진 경우들이 많으며, 불안하거나 에너지 수준이 낮은 경우에도 이러한 특징이 나타날 수 있다.

그림의 크기   그림의 크기는 용지에 비례하여 결정하여야 하며, 용지에 비해 과도하게 큰 그림은 자아팽창적이고, 과도한 자아상을 보이는 경우일 수 있으며, 때로는 약하고 부적절한 자아상에 대한 과도한 보상으로 지나치게 큰 그림을 그리기도 한다. 그림의 크기가 지나치게 작은 경우는 대개 불안과 관련되며, 억제되어 있고, 수줍음이 많으며, 회피적인 성향을 갖고 있거나 우울한 경우에 해당될 수 있다.

선과 음영   선이 굵고 주저함이 없이 강한 경우 안정적이고 일관되며 포부수준이 높은 특성을 가질 수 있고, 스케치하듯 그린 선은 불안정하며 소심한 특징 혹은 완벽주의적이고 세심한 특성을 나타낼 수 있다. 음영의 경우, 진한 음영이 반복되어서 나타나면 정서적인 적응상의 문제를 가질 수 있고, 불안과 관련된 특징을 보일 가능성이 높다.

⊙ 집 그림의 내용과 관련된 해석

집 그림은 자아상이 상징적으로 투사된 것이며, 그 사람의 가정생활, 가족관계를 반영하는 것으로 알려져 있다. 집은 수검자의 실제적인 물리적 특성을 반영하는 가정일 수도 있고, 과거 가정, 자신이 살고 싶은 가정 혹은 이 모든 것이 결합되어 나타나기도 한다. 때로는 집 그림이 어머니를 상징하거나 어머니에 대한 느낌을 나타내기도 한다. 크고 거창한 집은 높은 포부수준 혹은 과대한 야망을 나타내는 반면, 작고 초라한 집은 보다 겸손한 생활 방식을 나타내는 것일 수 있다(Ogden, 1977).

대개 집 그림에는 하나의 문, 하나의 창문, 벽, 지붕, 그리고 굴뚝이 포함된다. 6세 이상의 아동에게서 이 중 어떤 부분이 생략되었다면 지적 기능에 문제가 있거나 심각한 정서적 문제가 있는 것은 아닌지를 검토해 보아야 한다(Beck, 1955; Buck, 1948; Jolles, 1964). 집 그림의 자세한 해석은 신민섭 등(2002)의 『그림을 통한 아동의 진단과 이해』를 참조하기 바라며, 주요 요소에 대한 해석을 인용하면 다음과 같다.

문 문은 집과 외부세계를 연결하는 통로이다. 이 때문에 타인이 자신의 삶에 들어오도록 허용하는 것, 그리고 자신이 세상으로 나아가는 통로를 나타내며, 세상과 자기 자신 간의 접근 가능성을 나타낸다. 따라서 문은 친밀한 관계에 대한 욕구나 소망 정도, 친밀한 관계 형성에 대해 느끼는 불안감이나 두려움, 거부감, 양가감정, 자신을 공개하는 것에 대한 불편감이나 긴장감, 친밀한 관계 형성에 필요한 공감 능력, 타인의 인정이나 애정에 의존적인 정도 및 이에 대한 욕구와 소망, 실제로 얼마나 현실과 세상과의 접촉이 되고 있는가, 얼마나 고립되고 위축되어 있는가 등을 나타낸다.

창문 창문은 세상을 내다보고 또 세상과 타인이 집 안을 들여다볼 수 있는 통로이다. 이 때문에 대인관계와 관련된 수검자의 주관적인 경험, 자기 혹은 자기 대상이 환경과 상호작용할 수 있는 능력에 대해 스스로 느끼는 감정들과 관련될 수 있다.

벽 벽은 집이 견고히 서 있도록 지탱해 주고, 외부와 내부를 분리시키며, 외적인 환경에서 집의 내부를 보호해 주는 역할을 한다. 그러므로 집 그림에서 벽은 외적인 위협은 물론 정신증으로 자아가 붕괴되는 것으로부터 자기 자신을 보호하는 역할, 즉 자아강도와 자아통제력을 나타낸다.

굴뚝 굴뚝은 집에서 난로를 피웠을 때 연기가 나오는 곳이고, 난로는 가족들이 함께 모여 불을 쬐거나 요리를 하는 것과 같이 온정적인 일과 관련된다. 이 때문에 굴뚝은 가족 내의 관계와 분위기, 가족들 간의 애정과 교류에 관한 정보를 제공해 줄 수 있고, 굴뚝의 연기 등은 이러한 애정 욕구, 애정 욕구와 관련된 좌절감이나 상실감, 우울감 등에 대해 시사해 준다.

지붕   지붕은 사람의 머리에 해당되는 부분이므로, 내적인 공상활동, 자기 자신의 생각이나 관념, 기억과 같은 내적 인지과정과 관련되는 것으로 가정할 수 있다.

⊙ 나무 그림의 내용과 관련된 해석

Hammer(1958)에 따르면 나무는 '가장 공감적으로 나타나는 동일시' 대상이다. 전반적인 임상적 특징은 집이나 사람 그림에 비해 더욱 중요한 의미를 지닐 수 있는데, 개인 내적 세계, 대인관계, 환경적 적응을 나타내 준다. 나무 그림에는 보통 줄기, 가지가 포함되며, 이들 가운데 어떠한 요소가 생략되었다면 인지적 기능 저하를 고려해 보아야 한다. 나무 그림은 대략 7세 이후에는 인지적 발달에 크게 영향을 받지 않는 것으로 알려져 있다(Fukada, 1969). 나무 그림에 대한 세부적인 해석 역시 신민섭 등(2002)의 『그림을 통한 아동의 진단과 이해』를 참조하기 바라며, 나무 그림의 각 기본 요소에 대한 설명만을 인용하면 다음과 같다.

나무 기둥   나무의 기둥은 나무를 지탱해 주는 기능을 하는 가장 기본적인 부분이며, 상징적으로 그 수검자의 성격구조가 얼마나 견고한지, 즉 자기 혹은 내면화된 자기 대상의 힘을 나타내 준다.

뿌리   뿌리는 땅에 그 나무가 설 수 있도록, 땅에 든든히 기반할 수 있도록 해 주는 부분이다. 그래서 나무 그림에서의 뿌리는 상징적으로 그 사람이 내적으로 느끼는 자기 자신에 대한 안정감, 자기 자신의 근본적인 모습에 대한 이해와 관련될 수 있다.

가지   나무의 가지는 나무가 양분을 흡수하여 성장하고 세상을 향해 뻗어 나가는 부분을 나타낸다. 따라서 나뭇가지는 수검자가 환경에서 만족을 추구할 수 있는 자원과 다른 사람들에게 접촉하는 데 필요한 자원, 현재 상황에 대처할 수 있는 능력, 지금보다 나아질 수 있는 자원, 성취하고자 하는 소망과 이를 위해 노력하는 태도 등을 반영할 수 있다.

⊙ 사람 그림의 내용과 관련된 해석

사람 그림 역시 '자기개념'이 투사되어 나타나게 되며, 보다 의식적인 수준에서 나타나는 자기개념, 자기에 대해 가지고 있는 태도나 여러 가지 감정이 투사되어 나타난다. 사람 그림과 관련한 해석은 8장을 참고하기 바란다.

⑤ 운동성 가족화검사

그림검사 가운데 가족 구성원을 그림으로 그려 보도록 하는 과정을 통하여 가족의 역동, 정서적인 관계, 가족 내에서 아동의 위치 등을 살펴보는 검사가 가족화검사이다. 가족화검사는 1950년대까지 아동의 심리평가에서 매우 널리 사용된 검사이며, 1970년대 Burns와 Kaufman(1970, 1972)이 운동성 가족화 그림(Kinetic Family Drawing: KFD)이라는 명칭으로 변화시켰으며, 초기 가족화 그림과는 달리 상대적으로 보다 자유롭게 그리는 형식을 도입하였다. 운동성 가족화 그림이 소개된 이후 가족화 기법이 보다 널리 활용되었으며, 활동성에 초점이 맞추어졌다. Handler와 Hanbenicht(1994)는 "아주 사소한 지시문의 변화인 것 같은데, 이런 변화가 가족역동에 대한 놀라운 정보를 드러내며, 가족 구성원 간의 정서적 관계와 상호작용을 명확하게 보여 준다. 집-나무-사람 그림검사 기법에서는 좀처럼 잘 드러나지 않던 문제나 갈등, 어려움 등이 운동성 가족화 그림에서 나타나기도 한다."고 기술하고 있다. 이러한 특성은 아동이 가족을 적극적인 단위로 보며, 가족 내에서 생각하고 표현하며, 아동이 가족의 상호작용에 대해 어떻게 생각하고 있는지를 잘 드러내 준다(Burns, 1982; Burns & Kaufmann, 1970, 1972).

운동성 가족화검사의 시행 절차는 비교적 간단하며, A4 크기에 해당되는 백지와 연필, 지우개를 주고 다음과 같은 지시를 준다.

> "자신을 포함해서 가족 구성원 모두가 어떤 행동이든지, 무엇인가를 하고 있는 그림을 그려 보세요. 사람은 전체 모습을 그리고 만화 그림이나 막대기로만 사람을 표현하지는 마세요. 모두가 무언가를 하고 있는 그림을 그리세요."

그림을 그리는 동안 검사자는 아동의 행동을 유심히 관찰하고 아동이 하는 말은 기록하며, 기타 행동관찰을 통한 정보를 기록해 놓는다. 시간제한은 없으며, 아동이 시행 절차에 대한 질문을 하는 경우 그림의 내용에 영향을 줄 만한 이야기는 하지 않으며 중립적인 입장에서 대답을 해 준다. 그림이 완성되면 질문단계에서 그림과 관련된 부가적인 내용에 관한 아동의 생각을 보기 위해 그림에 대한 질문을 한다. 그림에 그려진 사람은 누구이고 아동과의 관계는 어떠하며, 그림에서 무엇을 하고 있고, 무엇을 느끼며, 무슨 생각을 하고 있는지, 각 사람의 좋은 점과 나쁜 점은 무엇인지, 그림 그리는 동안 무슨 생각을 했는지, 그림을 보고 무슨 생각이 나는지, 그림의 날씨는 어떤지, 그림에서 어떤 것을 바꾸고 싶은지에 대한 질문을 한다.

가족화검사의 채점체계는 여러 가지가 있지만 원저자의 방식 가운데서도 가장 최근의 접근은 여전히 심리역동적이며, 4개의 주요 채점 범주, 즉 활동, 거리/장벽/위치, 인물의 신체적 특징과 스타일에 관한 것이다. 활동 범주에는 각 인물이 어떤 종류의 활동을 하고 있는지에 대한 내용이 포함되는데, 협동, 의사소통, 피학성(masochism), 자기도취(narcissism), 양육, 가학성, 긴장 등을 상징하는 내용으로 분류할 수 있다. 신체적 특징의 범주에는 신체의 중요 부위들이 다 포함되어 있는지, 인물의 크기는 어떠한지, 인물의 상대적 크기는 어떻게 나타나는지, 각종 신체 부위의 크기는 어떠한지, 표정은 어떻게 나타나고 있는지에 관한 것들이다. 거리/장벽/위치 범주는 그림에 있는 주요 인물 간에 몇 개의 장벽이 그려져 있는지, 각 인물의 얼굴이 어떤 방향을 향하고 있는지, 인물 간 거리는 어떠한지에 관한 내용을 포함한다. 스타일 범주는 용지에서 인물의 배열이나 조직이 어떠한지를 포함한다. 스타일과 관련된 변인은 정신병리 혹은 정서적인 장애를 반영하는 것으로 의도적으로 가족 구성원을 분리해 놓았다든지, 다른 물건들로 인물들을 고립시켜 놓았다든지, 종이를 여러 칸이 되도록 접어서 각 인물을 각각 한 칸에 그려 놓았다든지 그림의 바닥이나 윗부분에 하나 이상의 선을 그려 놓았다든지, 인물 한 명 각각에 밑줄을 쳐 놓았다든지, 위에서 내려다보거나 아래에서 올려다보는 것처럼 그림을 그려 내는 등의 특징이 포함된다. 가족화 그림의 채점 및 해석과 관련된 내용은 신민섭 등(2002)을 참조하기 바란다.

투사검사가 임상장면에서 많이 활용되면서도 가장 많은 비판을 받는 부분은 검사 결과의 해석이 개인의 전문적인 지식이나 경험의 정도에 비례해서 다소 차이를 보일 수 있다는 점이다. 운동성 가족화검사 역시 1970년대 초에 사용되기 시작한 이래로 검사의 심리측정적인 속성에 대한 자료가 부족하여 비판을 많이 받았다. 미국에서는 Handler와 Hanbenicht(1994)가 운동성 가족화 그림에 대한 평정자 간 일치도에 관한 연구들을 검토하면서 대체로 일치도가 .87~.95 정도의 범위에 분포하며, 각종 채점체계는 비교적 높은 평정자 간 신뢰도를 보인다고 하였다. 그러나 재검사 신뢰도 면에서는 많은 의문이 제기되어 왔으며, 재검사 신뢰도의 범위는 .40~.90으로 매우 넓은 범위에 분포하며, 짧은 간격의 재검사 신뢰도는 .40~.50에 불과하다. 정서적이고 사회적인 측면을 보기 위한 검사 가운데 다른 평가 절차를 활용하는 경우(예: 객관적인 자기보고검사, 행동평정 척도 등)에 견주어 볼 때, 짧은 간격 동안 운동성 가족화의 재검사 신뢰도가 .40~.50의 범위에 있다는 것은 비일관성의 증거로 해석될 수 있다(Merrell, 1999). 이러한 낮은 재검사 신뢰도를 보면, 가족성 운동검사는 일면 상태 의존적인 측정방법이며, 검사 직전에 어떠한 상태에 있었는지가 중요한 영향을 미치는 것으로 생각해 볼 수 있다(Cummings, 1980; Mangold, 1982).

또한 타당도에 관한 연구에서도 다른 유형의 사회·정서적 측정치들, 예컨대 자기개념검사나 가족관계검사, 행동평정척도들과의 관계를 살펴보았을 때 유의한 상관을 보이기는 하지만 중간 정도에 해당되는 것으로 나타난다(Handler & Habenicht, 1994). 최근에 가족화 그림에서의 경향은 각종의 사인이나 상징을 해석하기보다는 전반적이고 통합적인 접근을 취하는데, Tharinger와 Stark(1990)은 "아동의 입장에 자신을 놓고 생각할 때야 비로소 유연하고 창의적인 해석에 대한 명확한 감각이 얻어질 수 있다."라고 하면서 총체적인 접근법을 활용하여 임상집단과 비임상집단을 구분해 내는 데 강조를 두었다.

따라서 가족운동화검사를 활용할 때는 개별 사인을 직접적으로 해석하거나 양적인 정보를 합산적으로 적용하려 하기보다는 보다 자연스러운 임상적 방법을 활용하는 것이 필요하며, 임상적인 유용성을 갖는 검사로서 심리측정적 요소에 대해서도 보다 많은 뒷받침이 필요한 것으로 보인다.

⑥ 아동용 주제통각검사

아동용 주제통각검사(Children's Apperception Test: CAT)는 1942년 Bellak이 주제통각검사의 적용 연령을 보다 어린 아동들로 확대하기 위해 주로 3~10세의 아동을 대상으로 개발되었다. 아동용 주제통각검사(CAT)는 10장의 카드로 구성되어 있으며, 동물 주인공(사자, 곰, 원숭이, 개, 닭, 고양이 등)을 사용한다. 동물 주인공을 사용하는 이유는 어린 아동의 경우 사람보다는 동물 주인공을 더 친숙하게 느끼고 덜 위협적으로 지각하기 때문이다. 아동용 주제통각검사(CAT)와 함께 동물 대신 사람을 포함하는 형태의 아동용 주제통각검사(CAT-H)로도 개발이 되었으며, 좀 더 나이가 든 아동기 후반의 아동을 대상으로 시행된다.

아동용 주제통각검사는 주제통각검사와 개념적이고 이론적인 측면에서 동일하며, 일반적인 해석의 원칙 역시 주제통각검사와 유사하다. 아동용 주제통각검사 제작자인 Bellak(1975)은 아동용 주제통각검사에서 꾸며진 이야기의 내용을 해석할 때 다음의 열 가지 변인에 초점을 맞추어서 시행할 것을 권고하였다. 주요 주제가 무엇인가, 주인공은 누구인가, 주인공의 주요 욕구와 추동(drive)은 무엇인가, 환경의 개념, 인물들을 어떤 식으로 지각하는가, 주요한 갈등, 불안의 성격, 갈등과 두려움에 대한 주요 방어기제, '죄에 대한 처벌'로 드러나는 초자아의 적절성과 자아의 통합성 등이다. 이러한 해석방 식은 정신분석적이고 정신역동적인 이론에서 많은 영향을 받았다. 정신분석적인 지향 을 그리 강조하지 않는 경우, 아동용 주제통각검사는 아동이 가장 편안해하는 이야기 내 용에 나타나는 쟁점과 변인들에 초점을 맞추는 것이 도움이 될 수 있다. 다음에는 10개 의 주요 변인을 간략하게 소개하겠다.

주제　　여기서는 아동이 그림을 통해 어떤 이야기를 구성해 내는가 하는 데 관심이 있으며, 이 그림에 왜 그렇게 반응하는지를 설명하는 것이 필요하다. 주제는 하나의 이 야기로 나타날 수도 있고 여러 개의 이야기를 통해 나타날 수도 있다. 따라서 아동이 만 들어 낸 이야기의 내용에서 주제가 무엇인지를 파악해 내야 하며, 만약 주제가 여러 개 나타나고 있다면 여러 개 모두에 대해 간략하게 진술하는 것이 필요하다. 그러나 주제가 여러 개 나타나고 있다 하더라도 서로 간에 복잡하게 얽혀 있을 수도 있다.

주인공　　주인공이란 그 사람을 중심으로 이야기가 구성되는 인물을 말하며, 검사를 받는 사람과 나이나 성별이 비슷한 사람인 경우가 많다. 하나 이상의 주인공이 있을 수 있고, 처음에는 한 인물과 동일시하다가 그다음에는 다른 인물과 동일시할 수도 있다. 때로 이야기에서 부차적인 중요성을 갖는 인물이 보다 깊숙이 억압된 무의식적 태도를 나타내기도 한다. 주인공이 드러내는 관심, 소망, 재능, 손실, 능력들은 수검 아동이 갖 고 있거나 갖고 싶거나 혹은 그럴까 봐 두려워하는 것들을 보여 줄 수 있다.

주인공의 주요 욕구와 추동　　주인공에게서 드러나는 욕구는 수검자 자신의 욕구와 직 접적으로 연결된 것일 수도 있고, 때로는 부분적으로 수검자의 실제 생활에서 행동적으 로 나타나기도 할 수 있으며, 반면 실제적인 행동과는 정반대로 공상 속에서 대리 만족 되는 내용일 수도 있다. 즉, 매우 공격적인 내용의 이야기인 경우 실제로 공격적인 특성 을 보이는 수검자가 꾸민 이야기일 수도 있고, 혹은 수동 공격적이고 유약한 수검자가 공격적인 공상의 내용을 꾸민 것일 수도 있다는 것이다. 이야기에 나타나 있는 주인공의 욕구는 보다 넓은 관점에서 수검자가 가지는 추동의 다양한 변형과 변종일 수 있다는 점을 잘 살펴보고 이해해야 한다. 여기에서 어느 정도가 실제 수검자의 성격과 관련되는 것인가를 결정하는 것은 검사 이외의 좀 더 심층적인 수검자의 과거력에 대한 정보나 실제 행동에 대한 정보가 도움이 될 수 있다. 이야기를 구성하는 데 실제로 그림에 나와 있지 않은 자극을 집어넣어 이야기를 꾸미는 것이 때로는 해석에 중요한 역할을 하는데, 여러 개의 이야기에서 음식이 중요한 부분을 차지하고 있다든지 혹은 그림에 없는 무기들이 등장했다면, 이는 구강기적인 만족이나 공격 욕구를 갖고 있는 특징으로 파악될 수 있다. 마찬가지로 특정 인물이 생략되거나 이야기 전개에서 무시되고 있다면, 이 또한 그 인물 혹은 대상에 대한 적대감이나 갈등을 반영하는 것으로 생각할 수 있고, 이에 대한 가설적인 해석을 세워 볼 수 있다.

환경(세계)에 대한 개념　환경에 대한 개념은 무의식적인 자기지각이나 기억에 의한 지각의 왜곡이 혼합되어 나타나는 것이며, 환경에 대한 기술이 일관되게 나타날수록 수검자의 성격 형성이나 일상생활의 반응에 대한 유용한 단서로 활용할 수 있다. 즉, 주변 상황을 적대적인 곳으로 지각하느냐, 친절하고 다정한 곳으로 지각하느냐, 아니면 착취적이고 위험한 곳으로 지각하느냐에 대한 것이다.

주변 인물에 대한 지각　수검자가 주변 인물을 지지적인 존재, 경쟁적인 존재로 기술하는가와 관련되며, 대상관계의 특성이 어떠한지에 대한 정보를 알 수 있다.

주요 갈등　여기서는 주요한 갈등의 특징뿐 아니라 갈등에서 유발되는 불안을 어떻게 방어하는지에 대한 정보를 알 수 있다. 아동이 발달단계에 따라 성장해 가면서 거쳐야 하는 정상적인 발달단계의 갈등이 있으며, 또 어떤 것들은 병리적인 특성을 가질 수 있는데, 이에 대한 신중한 검토가 필요하다.

불안　수검자가 느끼는 불안이 신체적 상해, 처벌, 사랑을 잃어버리는 것, 버려지는 것과 관련된 것인지에 대한 내용으로, 이러한 불안에 어떻게 대처하는지 방어기제를 살펴보는 것도 수검자에 대한 이해에 도움이 된다.

주요 방어기제   주요 방어기제는 때로 추동이나 욕구를 더욱 분명하게 드러내는 데 도움이 되기도 하며, 실제 수검자의 행동과 더욱 밀접한 관계를 갖는다. 방어기제의 탐색을 위해서는 때로 수검자가 꾸민 이야기를 자세히 나누어 볼 필요가 있는데, 때로는 각각의 매우 짧은 이야기들이 내용은 다소 달라도 역동적으로는 유사한 패턴을 반복하는 경우들이 있고, 이것들이 갈등을 다루는 방식을 보여 주기도 한다. 방어라는 것은 대처의 개념과 밀접하게 관련되며, 외부와 내부의 자극들을 다룰 수 있는 전반적 능력과 그 방식을 나타내 주는 것이다. 여기서 중요하게 살펴볼 것은 어떤 방어를 사용하느냐 하는 것뿐 아니라 성격의 기능을 해치지 않으면서 방어기제들이 성공적으로 활용되고 있는지에 관한 것이다.

초자아의 적절성   보통 초자아는 공격에 대한 처벌의 형태로 잘 드러난다. 반사회적 특성을 가진 사람은 심각한 범죄행위 뒤에도 나중에 가서야 교훈을 얻게 된다는 가벼운 처벌만을 언급할 수 있으나, 신경증적인 특성을 가진 사람이라면 사소한 공격성의 표출에도 아주 심한 처벌이나 극단적인 죽음을 맞는 상황들을 예상할 수 있다. 초자아의 적절성에서 더욱 문제가 되는 것은 초자아의 기능이 통합되지 못하여 때로는 지나치게 엄격하게, 때로는 지나치게 느슨하게 처벌을 가하는 것이며, 어떤 상황에서 엄격해지고 어떤 상황에서는 느슨하게 되는지를 살펴보는 것은 중요한 정보를 제공하기도 한다.

자아의 통합   자아의 통합 기능은 CAT를 어떻게 다루어 나가느냐에서도 잘 나타날 수 있는데, 추동이나 욕구를 조절하는 것(이야기의 순서나 결과), 좌절을 참아 내는 것(주인공의 적절성), 불안을 참아 내는 것, 지각적이고 운동적인 측면에서의 적절성 등이 자아 기능의 다양한 측면을 고려해 볼 수 있게 해 준다.

주제통각검사는 여러 가지 경쟁관계에 있는 주제통각 기법이 있고, 표준화되지 않은 채점과 해석 방법을 사용하기 때문에 심리측정적인 속성을 측정하기가 쉽지 않다. 일부에서 전통적인 신뢰도 및 타당도 측정 방법이 주제통각검사에는 적절하지 않으며, 그 자체로 상당히 임상적인 유용성과 신뢰성이 있다는 주장이 제기되기도 하였다(Obzrut & Boliek, 1986). 그러나 한편으로는 여전히 주제통각검사의 기법과 관련해서 신뢰도와 타당도가 잘 검증되지 못하였다는 주장이 있으며(Gregory, 1996), 심리측정적인 특성과 관련하여서는 아직까지 결과가 뒤섞여 있다. 그럼에도 불구하고 주제통각검사의 방법은 성격평가에 있어서 매우 흥미로운 해석방법을 제시하고 있는데, 한 가지 제한점은 어리고 지적인 발달이 그리 충분하지 못한 아동들은 매우 짧고 구체적인 방식으로 이야기를 꾸며서 해석이 좀처럼 쉽지 않다는 점이다. 따라서 주제통각검사의 결과를 해석할 때는 부가적인 증거들이 부재한 상태에서 이야기를 꾸민 내용만으로 해석할 수는 없다. 그러나 주제통각검사는 아동이나 청소년에게 시행했을 때 관계를 증진시켜 주고 의사소통을 촉진시킨다는 점에서 유용한 방법이며, 보다 포괄적인 사회정서적 평가를 시행하는 경우에 도움이 될 수 있는 방법이라고 할 수 있다(Merrell, 1999).

CAT는 주요 투사적 검사 가운데 하나이며, 정신역동적인 접근을 지향하고 있다. 따라서 연령에 따른 주요한 발달 과제나 갈등 내용에 대한 정보가 기초가 되어야 할 필요가 있으며, 이에 따라 각 연령에 적합한 발달 과제나 갈등의 내용이 나타나고 있는지, 특정 단계에서 해결되지 않은 과제들에 집착하고 고착되어 있는지를 파악하는 데 도움을 받을 수 있다.

CAT는 많은 상상력을 발휘해야 하고 언어적인 능력의 발달과도 무관하지 않기 때문에 CAT의 내용적 측면에서의 고찰이 중요하기는 하지만 CAT의 해석 방법 가운데 자아의 통합성과 관련하여 과제를 어떻게 접근하는지, 단순하게 그림에 대한 기술만을 언급하고 지나가는 것인지, 자신 나름대로 그럴듯한 이야기 구조를 갖는 형태로 이야기를 꾸며 나갈 수 있는 능력을 갖고 있는지, 특정한 주제의 내용이 반복되는지, 관계의 설정이나 양상이 어떤 식으로 드러나고 있는지에 대한 정보를 얻는 데 도움이 된다. 그리고 CAT는 실제 아동의 성격 특성이나 행동 특징에 대한 면담내용과 더불어 아동의 심리적 갈등이나 문제에 대한 이해를 증진시키고 좀 더 탐색하거나 확인해 보아야 할 가설적인 내용을 구성하는 데 활용할 수 있다.

참고문헌

강문희, 박경, 정옥환(2003). 아동심리학. 서울: (주)교문사.

곽금주(2002). 아동심리평가와 검사. 서울: 학지사.

곽금주, 박혜원, 김청택(2001). K-WISC-III(한국 웩슬러 아동 지능검사) 지침서. 서울: 도서출판 특수교육.

곽금주, 오상우, 김청택(2011). K-WISC-IV(한국 웩슬러 아동 지능검사 4판). 서울: 학지사 심리검사 연구소.

김승국, 김옥기(1985). 사회성숙도 검사. 서울: 중앙적성출판사.

김승태, 김지혜, 송동호, 이효경, 주영희, 홍창희, 황순택(1997). 한국아동인성검사(Korean Personality Inventory for Children: KPI-C) 실시요강. 서울: 정문사.

김중술, 한경희, 임지영, 민병배, 이정흠, 문경주(2005). 다면적 인성검사-청소년용 매뉴얼. 서울: (주)마음사랑.

김지혜, 조선미, 홍창희, 황순택(2005). 한국아동인성평정척도 실시요강. 서울: 한국가이던스.

김태련, 박랑규(1996). 아동기 자폐증 평정척도 지침서. 서울: 도서출판 특수교육.

박경숙, 윤점룡, 박효정(2001). 기초학습 기능 검사 실시요강. 서울: 한국교육개발원.

박혜원, 곽금주, 박광배(1996). 한국 웩슬러 유아지능검사 지침서. 서울: 도서출판 특수교육.

서봉연, 정보인, 최옥순(1986). 유아아동용 그림 지능검사. 서울: 중앙적성출판사.

신민섭 외(2002). 그림을 통한 아동의 진단과 이해: HTP와 KFD를 중심으로. 서울: 학지사.

신민섭, 김융희(1998). 한국형 아동기 자폐증 평정척도의 표준화 연구. 한국 심리학회지: 임상, 17(1), 1-16.

오경자, 김영아(2000). 아동 · 청소년 행동평가척도 매뉴얼. 서울: (주)휴노.

오경자, 김영아(2013). 유아 행동평가척도 매뉴얼. 서울: (주)휴노.

오경자, 이혜련(1989). ADHD평가도구로서의 단축형 Conners 평가척도 연구. 대한신경정신의학회 추계학술대회발표.

오경자, 이혜련, 홍강의, 하은혜(1997). K-CBCL 아동청소년 행동평가척도. 서울: 중앙적성출판사.

오경자, 하은혜, 이혜련, 홍강의(2001). K-YSR 청소년 자기 행동 평가 척도. 서울: 중앙적성출판사.

오현숙, 민병배(2004). 기질 및 성격검사 매뉴얼. 서울: (주)마음사랑.

유한익, 이중선, 강성희, 박은희, 정재석, 김붕년, 손정우, 박태원, 김봉석, 이영식(2009). 국내 아동 및 청소년 주의력 평가를 위한 종합주의력 검사의 표준화 연구. 소아청소년 정신의학, 20(2), 68-75.

이창우, 서봉연(1978). K-WISC 실시요강. 서울: 교육과학사.

홍강의, 신민섭, 조성준(1999). 주의력장애 진단시스템 사용설명서. 서울: 한국정보공학.

홍강의, 신민섭, 조성준(2010). 정밀주의력 검사(ATA). 서울: (주)브레인 메딕.

홍상황, 황순택(2006). 한국아동인성평정척도 아동보고형(KPRC-CRF)의 요인 척도. 청소년 상담연구, 14(1), 93-105.

Achenbach, T. M. (1991a). *Manual for the Child Behavior Checklist and 1991 profile*. Burlington, Vt: University of Vermont.

Achenbach, T. M. (1991b). *Manual for the Youth Self-Report and 1991 profile*. Burlington, Vt: University of Vermont.

Achenbach, T. M., Edelbrock, C., & Howell, C. (1987). Empirically-based assessment of the behavioral/emotional problems of 2-3 year old children. *Journal of Abnormal Child Psychiatry, 10,* 535-554.

Acher, R. P., & Gordon, R. A. (1988). MMPI and Rorschach indices of schizophrenic and depressive diagnoses among adolescent inpatients. *Journal of Personality Assessment, 52,* 707-721.

Acher, R. P. (1987). *Using the MMPI with adolescents*. Hillsdale, NJ: Lawrence Erlbaum Associates.

Ball, J. C. (1962). *Social deviancy and adolescent personality*. Sexington, KY: University of Kentucky Press.

Barkley, R. A., DuPaul, G. J., & McMurray, M. B. (1990). Attention Deficit Disorder with and without Hyperactivity: Clinical response to three dose levels of methylphenidate. *Pediatrics, 87,* 519-531.

Baughman, E. E., & Dahlstrom, W. G. (1968). *A psychological study in the rural south*. New York: Pergamon.

Beck, H. S. (1955). A study of the applicability of the H-T-P to children with respect to the drawn house. *Journal of Clinical Psychology, 11,* 60-63.

Bellak, L. (1975). *The T.A.T, C.A.T, and S.A.T in clinical use* (3rd ed.). New York: Grune & Stratton.

Buck, J. (1948). The H-T-P technique, a qualitative and quantitative scoring manual. *Journal of Clinical Psychology, 4,* 317-396.

Buck, J. (1966). *The H-T-P technique: Revised manual*. Los Angles: Western Psychological Services.

Buck, J., & Hammer, E. F. (Eds.). (1969). *Advances in House-Tree-Person Techniques: Variation and applications*. Los Angels: Western Psychological Services.

Burns, R. (1982). *Self-growth in families: Kinetic Family Drawings(K-F-D) research and application*. New York: Brunner/Mazel.

Burns, R., & Kaufmann, S. (1970). *Kinetic Family Drawings(K-F-D): An introduction to understanding children through kinetic drawings*. New York: Brunner/Mazel.

Burns, R., & Kaufmann, S. (1972). *Actions, styles, and symbols in Kinetic Family Drawings(K-F-D): An interpretive manual*. New York: Brunner/Mazel.

Cloninger, C. R., Przybeck, T. R., Svrakic, D. M., & Wetzel, R. D. (1994). *The Temperament and Character Inventory(TCI): A Guide to its Development and Use.* St. Louis, Missouri.

Conners, C. K. (1990). *Conners Rating Scales Manual.* Toronto: Multi-Health Systems.

Cummings, J. A. (1980). An evaluation of objective scoring systems for the Kinetic Family Drawings(KFD). *Dissertation Abstracts International, 4*(6-B), 2313.

Doll, E. A. (1965). *Vineland Social Maturity Scale: Condensed Manual of Directions.* Minnesota: American Guidance Service.

Dupey, T. R., & Greenberg, L. M. (1993). *T.O.V.A. Manual.* LA: U.A.D.

Ehrenworth, N. V., & Archer, R. P. (1985). A comparison of clinical accuracy ratings of interpretive appoaches for adolescent MMPI responses. *Journal of Personality Assessment, 49,* 413-421.

Endicott, J., & Spitzer, R. L. (1978). A diagnostic interview: The Schedule for Affective Disorders and Schizophrenia. *Archives of General Psychiatry, 35,* 837-844.

French, J. L. (1964). *Manual: Pictorial Test of Intelligence.* Chicago: Riverside Publishing.

Fukada, N. (1969). Japanese children's tree drawings. In J. N. Buck & E. F. Hammer(Eds.), *Advances in the House-Tree-Person technique: Variations and applications.* Los Angeles: Western Psychological Services.

Gregory, R. J. (1996). *Psychological testing: History, principles, and applications* (2nd ed.). Boston: Allyn & Bacon.

Hammer, E. F. (1958). *The clincial application of projective drawings.* Springfield, IL: Thomas.

Hammer, E. F. (1969). Hierarchical organization of personality and the H-T-P, achromatic and chromatic. In J. N. Buck & E. F. Hammer(Eds.), *Advances in House-Tree-Person Techniques: Variation and applications* (pp.1-35). Los Angels: Western Psychological Services.

Handler, L., & Hanbenicht, D. (1994). The Kinetic Family Drawing technique: A review of the literature. *Journal of Personality Assessment, 62,* 440-464.

Herjanic, B., & Reich, W. (1982). Development of a structured psychiatric interview for children: Aggreement between child and parent on individual symptoms. *Journal of Abnormal Child Psychology, 10,* 307-324.

Jolles, I. (1964). *A catalogue for the qualitative interpretation of the H-T-P(Revised).* Beverly Hills, CA: Western Psychological Services.

Kagan, J. (1966). Reflection-impulsivity: The generality and dynamics of conceptual tempo. *Journal of Abnormal Psychology, 71,* 17-24.

Mangold, J. (1982). *A study of expressions of the primary process in children's kinetic Family Drawings as a function of pre-drawing activity.* Unpublished doctoral dissertation, Indiana State University.

Marks, P. A., Seeman, W., & Haller, D. L. (1974). *The actuarial use of the MMPI with adolescents and adults*. Baltimore: Williams & Willkins.

McCall, R. B. (1977). Childhood IQ's as predictors of adult educational and occupational status. *Science, 197,* 482-483.

Merrell, K. W. (1999). *Behavioral, Social, and Emotional Assessment of children and Adolesscents*. Mahwah, NJ; Lawrence Erlbaum Associates.

Milich, R., & Kramer, J. (1985). Reflections on impulsivity: An empirical investigation of impulsivity as a construct. In K. D. Gadow & I. Bialer (Eds.), *Advances in learning and behavioral disablilities* (Vol. 3). Greenwich, CT: JAI Press.

Morrison, J., & Anders, T. F. (1999). *Interviewing Children and Adolescents: Skills and Strategies for Effective DSM-IV Diagnosis*. New York/London: The Guilford Press.

Obzrut, J. E., & Boliek, C. A. (1986). Thematic approaches to personality assessment with children and adolescents. In H.M. Knoff (Ed.), *The assessment of child and adolescent personality* (pp. 173-198). New York: Guilford.

Ogden, D. P. (1977). *Psychodiagnostics and Personality Assessment: A Handbook*. Los Angles: Western Psychological Services.

Puig-Antich, J., & Chambers, W. (1978). *The Schedule for Affective Disorders and Schizophrenia for School-Age Children*. New York State Psychiatric Association.

Reich, W., & Welner, Z. (1989). *Diagnostic Interview for Children and Adolescents-Revised*. St. Louis: Washington University Division of Child Psychiatry.

Robins, L., Helzer, J. E., Croughan, J., & Radcliff, K. S. (1981). National Institute of Health Diagnostic Interview Schedule: Its history, characteristics, and validity. *Archives of General Psychiatry, 38,* 381-389.

Rutter, M., Graham, P., Chadwick, O. F. D., & Yule, W. (1976). Adolescent turmoil: Fact of fiction? *Journal of Child Psychology, 17,* 35-56.

Schopler, E., Reichler, R. J., & Renner, R. R. (1988). *Child Autism Rating Scale*. Los Angeles: Western Psychological Services.

Suinn, R. M., & Oskamp, S. (1969). *The predictive validity of projective measures: A fifteen year evaluative review of research*. Springfield, IL: Charles C. Thomas.

Tharinger, D., & Stark, K. (1990). A qualitative versus quantitative approach to evaluating the Draw-A-Person and Kinetic Family Drawings: A study of mood- and anxiety-disorder children. *Psychological Assessment, 2,* 365- 375.

Zigler, E., & Faber, E. A. (1985). Commonalities between the intellectual extremes: giftedness and mental retardation. (pp. 387-408) In F. D. Horowitz, & M. O'Brien (Eds.), *The Gifted and Talented: Developmental Perspectives*. Washington, DC: American Psychological Association.

제11장
신경심리평가

임상심리학자는 임상현장에서 심리적인 원인으로 인해 기능적 손상을 보이는 환자들 뿐 아니라 기질적인 손상으로 인해 신경과적인 문제를 보이는 환자들을 많이 접하게 된다. 신경심리평가는 이러한 후천적 또는 선천적 뇌손상과 뇌기능장애를 진단하는 데 사용되어 왔다(Howieson & Lezak, 1972).

신경심리평가가 사용되는 목적은 다양하지만 크게 세 가지 정도로 요약할 수 있다. 우선 환자의 행동 변화를 초래하는 뇌손상이 있는지, 손상이 있다면 어떤 기능 영역에서 드러나는지, 나아가 관련된 뇌병변의 위치가 어디인지 등을 판단하는 진단적 목적을 가장 먼저 들 수 있다. 초기 치매나 폐쇄형 두부손상처럼 MRI, PET, SPECT 등 첨단 뇌영상 촬영기법으로 탐지하기 어려운 미세한 장애를 탐지하는 데도 신경심리평가가 중요한 역할을 한다(정진복, 2004). 둘째, 환자를 치료하는 과정에서 병의 진행 과정과 속도, 호전 또는 악화 여부 등을 평가함으로써 치료계획을 좀 더 정확하고 유연하게 진행시킬 수 있다. 이런 경우에는 환자의 취약성과 장점을 보다 세부적으로 평가할 필요가 있겠다. 셋째, 연구 및 법적인 문제와 관련된 평가이다. 신경심리학은 기본적으로 뇌와 행동 간의 관계를 연구하는 학문이다. 이와 관련하여 신경심리 평가는 뇌영상학과 더불어 뇌의 기능을 밝히는 데 광범위하게 이용되고 있다. 또한 최근에 급격하게 증가하는 교통사고로 인한 뇌손상이나 뇌질환의 영향과 후유증, 예후 등을 평가하기 위한 신경심리검사의 중요성은 더욱 증가하고 있다. 신경심리 평가자가 이러한 목적을 달성하기 위해서는 ① 신경심리학적 지식, ② 임상신경학이나 신경해부학, 신경병리학과 같은 응용 임상신경과학의 관련 원리와 구체적 지식들, ③ 심리검사 이론 · 사용 방법 등을 숙지하고 있어야 한다.

1. 신경심리평가

1) 면담 및 행동관찰

Hampton, Harrison, Mitchell, Pritchard와 Seymour(1975)는 "개인력 조사에 여분의 시간을 투자하는 것이 검사를 추가로 하는 것보다 더 유익하다."라고 할 정도로 면담의 중요성을 강조하였다. 개인력을 조사하는 것을 비롯한 면담은 가설을 도출해 낼 수 있는 가장 중요한 방법으로(Walsh, 1999), 이를 위해서는 우선 평가자가 신경병리학에 대해 폭넓은 지식을 가지고 있어야 한다.

환자에게는 자신의 증상과 불편감에 대한 질문으로부터 시작하여 증상의 시작 시기, 병전과 병후의 기능 수준, 발달력, 학력, 직업력, 가족력, 군복무 여부, 기존의 병력 등에 대한 정보를 얻어야 한다. 특히 가장 많이 호소하는 증상 중 하나인 기억력 저하를 평가하기 위해서는 과거 및 최근의 생활사에 대한 구체적인 질문과 함께 사고 환자의 경우 의식상실의 여부와 기간, 손상 전의 가장 마지막 기억과 손상 후 첫 기억 등을 주의 깊게 알아보아야 한다. 그러나 신경학적 문제를 가진 환자들은 종종 의뢰 사유나 불편감, 장애의 결과나 수행 저하 등을 제대로 인식하지 못하는 경우가 많다. 따라서 배우자나 친척과 같은 보호자 보고를 통한 행동 변화나 병력, 과거력의 청취가 필요하다.

또한 검사 결과의 신뢰성을 판단하고 보고되지 않은 증상을 파악하기 위해서는 검사 시의 행동을 면밀하게 관찰하는 것이 중요하다. 검사 수행에는 연령이나 교육 수준, 성별, 우세손 등의 고정적 요인뿐 아니라 운동 · 감각 기능, 불안 수준, 동기, 피로감 등 상황적 요인도 영향을 미칠 수 있다. 특히 평가자가 간과하기 쉬운 요인인 평가 시기 환자의 상태를 파악하는 것은 검사 결과의 해석에 매우 중요하다. 홍경수(1995)는 평가 시기와 관련하여 "두부 외상이나 뇌졸중 등 급작스레 발병한 상태의 경우 급성기를 피해서 6~12주 후에 검사를 하는 것이 바람직하다. 급성기는 환자의 기능이 급속도로 변화하는 시기이며 피로나 신체 쇠약 등으로 실제 기능이 제대로 드러나지 못하기 때문이다. 따라서 급성기가 벗어난 후에 손상된 인지기능 정도를 평가하여 치료나 재활 계획 수립에 활용할 수 있으며 장기적으로는 회복의 정도를 평가하기 위해 일정 기간마다 추적검사를 시행할 수 있다. 반면 퇴행성 질환이나 뇌종양 등 서서히 진행하는 질환의 경우, 초기 신경심리검사가 조기 진단에 도움을 줄 수 있으며 반복되는 검사를 통해 병의 진행 정도 및 치료효과를 평가할 수 있다."라고 하였다. 한편 보상이나 법적인 판단을 위해 평가하는 경우, 종종 자신의 증상을 과장하는 환자들을 만나게 된다. 이런 경우 평가자는 위장(faking)을 비롯하여 증상의 의식적·무의식적 과장 여부, 보상신경증 가능성 등을 행동관찰을 통해 판단하여 결과의 신뢰성을 보장할 필요가 있다. 이를 위해 환자에게는 실시되는 평가가 병전의 기능을 가늠하는 자료가 됨을 명확하게 고지하여 과장하려는 의도를 포기하도록 해야 한다.

상기한 위장자(faker)들의 평가와 관련하여, 검사를 통해 그들을 변별하는 방법(홍경수, 1995)은 우선 검사 결과의 일관성을 살펴보는 것이다. 위장하는 사람들은 동일한 영역을 측정하는 비슷한 검사로 재검사를 시행하였을 때 같은 양상의 장애를 나타내지 않는 경우가 많다. 그들은 또한 자신의 증상 및 병력에 대해서는 잘 기억하면서 기억력 검사에 들어가서는 장애를 보일 수도 있다. 혹은 Finger tapping 검사에서는 제대로 못하면서 운동 기능이 부차적으로 요구되는 다른 검사에서는 장애를 보이지 않는 등의 비일관성을 보이기도 한다. 둘째, 위장자들은 모든 검사에서 다 못하는 경우가 많은데, 실제 환자는 손상 양상에 따라 어떤 검사는 잘 수행하고 어떤 검사는 대단히 못한다. 만일 위장자가 일부 검사에서 선택적으로 장애를 보이려고 할 때에는 주로 감각 및 운동 기능이 장애를 보인다고 한다. 셋째, 난이도에 따른 검사 결과를 살펴보는 것이 도움이 된다. 예를 들어 Raven's Progressive Matrices와 같은 검사는 난이도가 다른 5개 소검사로 나뉘어 있는데, 일반적으로 환자들은 쉬운 소검사는 잘하고 어려워지면 못하는 데 비해 위장자들은 난이도가 낮은 소검사부터 잘 못하는 경향이 있다. 넷째, 위장자들은 검사에서 나타난 장애 정도와 손상으로부터 예측되는 장애 정도 사이에 상당한 차이를 보인다. 뇌손상 환자들도 대개는 과거에 습득된 언어 기능이나 지각 기능에는 이상을 보이지 않고, 간단한 인적 사항은 잘 기억하고 있다. 그러나 위장자들은 여기서도 문제를 보이는 경우가 많다. 그 밖에 기괴한 대답이나 유사 답변을 하는 경우에도 위장 여부를 의심해 볼 수 있다. 〈표 11-1〉에는 신경심리평가 수행에 영향을 미칠 수 있는 다양한 요인을 정리하였다. 〈표 11-2〉에는 행동관찰 과정에서 주목해야 할 내용들을 정리하였다.

표 11-1　신경심리평가 수행에 영향을 미치는 요인

1. 이전 두부 손상 및 외상
2. 선천적 혹은 병전에 존재하는 신경학적 문제들
3. 발작 상태
4. 급작스러운 고통
5. 신체적 손상과 관련된 이차적 증상
6. 말초 감각기능의 결함
7. 말초 운동기능의 결함
8. 만성적으로 현존하는 의학적 병력
9. 수면 곤란과 과도한 피로감
10. 알코올-약물 복용
11. 처방된 약물 사용
12. 정신과적 질병
13. 최근 심리사회적 스트레스 요인
14. 부족한 동기수준과 꾀병
15. 환자-검사자 간의 부정적 관계형성
16. 문화적-언어적 차이
17. 직업적 배경
18. 검사의 정교함과 연습효과

출처: Sbordone & Purisch(1996).

표 11-2　행동관찰 내용

외모:	이해력	언어:
복장과 위생상태	기억력	음성
얼굴 표정	인지	발음
신체적 특징	자기통제력	어조
움직임	오류를 인식하고 스스로 수	리듬
자세	정하는 능력	속도
시선 접촉	판단력	명명불능
습관	문제해결 기술	수다스러움
장애	집행기능	착어증
		신조어
정신상태:	통찰력 또는 대처 기제:	반향어
각성 수준	문제와 질병에 대한 인식 또	언어의 빈곤
주의력	는 부정	이해력
환경에 대한 지남력	오류와 실수에 대한 반응	
표현 언어		

성격 특성:　　　　　　주지화하는　　　　　　편집증 또는 의심
　독특한　　　　　　　반항적인
　극적인　　　　　　　의존적인　　　　　　정신과적 문제:
　가변적인　　　　　　통제적인　　　　　　　환각
　변덕스러운　　　　　초연하거나 철수된　　　망상
　요구적인　　　　　　　　　　　　　　　　　편집증
　조종하는　　　　　평가태도:　　　　　　　기괴한 사고
　불안한　　　　　　　협조도　　　　　　　　조현병
　강요적인　　　　　　동기　　　　　　　　　점착성
　연극적인　　　　　　　　　　　　　　　　　구체적 사고
　과장적인　　　　　정서와 기분:　　　　　　우원성
　완벽적인　　　　　　정서　　　　　　　　　보속성
　편집적인　　　　　　불안　　　　　　　　　사고의 비약
　자기애적인　　　　　우울　　　　　　　　　조증/우울증
　반사회적인　　　　　적대감　　　　　　　　연상의 이완
　회피적인　　　　　　다행감　　　　　　　　사고의 일탈
　강박적인　　　　　　자살 및 타살 사고
　의심스러운　　　　　초조함
　　　　　　　　　　　좌절 인내력의 부족

출처: Selby(2000).

2) 평가 영역 및 검사도구

　신경심리 평가자는 의뢰된 목적에 따라 평가하고자 하는 기능과 이에 해당되는 도구를 숙지하고 있어야 한다. Bernet(1991)은 검사 선택의 기준으로 ① 의뢰 사유에 대한 답변을 제공해 줄 수 있는 것, ② 검사의 심리측정적 특성, ③ 전문가들이 검사를 인정하는 정도, ④ 검사를 실시하는 사람의 훈련 정도 등을 제시하였다. 또한 신경학적 문제를 가진 환자들은 주의력이 떨어지고, 많은 경우 신체적·정신적 손상을 동반하고 있으므로 최소한의 시간 내에 평가목적에 맞는 최대한의 정보를 얻어 낼 수 있는 검사도구를 선택해야 한다. 즉, 환자의 상태에 맞는 유연성 있는 검사 선택이 필요하다. 예를 들면, 뇌손상이 매우 심한 환자에게 성인을 대상으로 표준화된 검사를 적용하면 최하점을 기록할 것이고 더 이상의 자세한 평가가 어렵게 된다. 따라서 이런 경우 아동용 검사를 적용하여 환자의 수준을 발달 척도에 맞추어 평가하는 것이 바람직하다(홍경수, 1995). 이러한 유연하고 경제적인 도구 선택을 위해서 평가자는 다양한 검사도구에 익숙해져야 할 필요가 있다(Lezak, 1995; Spreen & Strauss, 1998).

신경심리평가 도구로는 1936년 Lashley가 신경심리학이라는 용어를 도입한 이래로, 1955년 Halstead-Reitan Battery(HRB)가 개발된 것을 비롯하여 Wisconsin Card Sorting Test, Controlled Oral Word Association Test, Boston Diagnostic Aphasia Examination, The Benton Visual Retention Test 등 개별적인 신경심리검사가 개발되었으며 1970~1980년대에 이르러서야 Luria Nebraska Neuropsychological Battery(LNNB)와 같은 표준화된 검사들이 보편적으로 사용되기 시작하였다(정진복, 2004). 다음에는 신경심리평가에서 다루어야 할 평가영역과 도구들을 간략하게 제시한다.

(1) 지능

Wechsler는 지능을 "개인이 합목적적으로 행동하고 이성적으로 사고하며 환경을 효과적으로 사용하는 일반적인 능력"으로 정의하였다(Matarazzo, 1972). 이러한 지적 능력의 저하는 뇌손상의 결과로 가장 일반적으로 나타나는 현상이며, 이 때문에 신경심리학 역사상 초기에는 인지활동을 단일 기능, 즉 지능으로 모두 설명하려 하기도 했다(Lezak, 1995). 현재도 지능검사는 신경심리평가에 있어서 가장 많이 사용되는 도구로, 지능검사를 사용한 뇌구조와 심리구조의 관계에 대한 연구는 Spearman이 시도하기 시작하였으며, Hebb이 뇌손상 환자들의 연구에 지능검사를 사용하면서 웩슬러 지능검사가 뇌기능을 연구하는 평가도구로 정착되었다(McFie, 1975).

웩슬러 지능검사는 1939년 Wechsler-Bellevue라는 이름으로 초판된 후 WAIS(1955), WAIS-R(1981)로 개정되었고 현재 WAIS-III(1997)까지 출간되었다. WAIS-III는 WAIS-R에 문자-숫자 순서 매기기 검사가 추가된 7개 언어성 소검사와 행렬추론, 상징찾기 검사가 추가된 7개 동작성 소검사로 이루어져 있다. 웩슬러 지능검사는 인지기능의 기저수준을 결정하는 데 매우 유용한 것으로 입증되어 왔는데(Kolb & Whishaw, 1995), 따라서 개별적인 기능을 측정하는 검사들에 비해 병전의 기능을 추정하는 데 더 일반적으로 사용되고 있으며 이는 법적인 판단의 근거가 되기도 한다. 병전 기능의 추정 방법은 안정성이 높은 소검사인 상식, 어휘 혹은 토막짜기 검사의 가능한 최고 점수에 소검사의 수를 곱하여 전체 지능지수 산출의 기준으로 삼는 것이다. 그 밖에 표준화된 읽기검사나 인구학적 변인(연령, 교육수준, 직업)을 회귀방정식에 적용해 추정하는 방법도 보고되고 있으나, 아직까지는 이 방법들과 관련된 규준이 우리나라에 갖추어지지 않은 상태이므로 참고자료로만 사용하는 것이 안전하겠다(정진복, 2004).

　신경심리학적 평가라는 관점에서 소검사들의 평균치인 지능지수는 예후나 재활에 참조할 수는 있으나 뇌손상의 성질을 밝히는 데 크게 도움이 되지 않는다(박영숙, 1993). 오히려 각각의 소검사의 점수분포를 살펴보고 유의미하게 저하된 소검사들에 대한 검토를 통해 손상된 인지 영역을 밝히려는 시도가 보다 많은 정보를 줄 수 있으며, 이를 위해서는 소검사들이 평가하는 기능이 무엇인지에 대한 다차원적 지식을 갖추고 가설을 수립, 검증해 나갈 필요가 있다. 이와 함께 동작성 검사의 점수와 언어성 검사의 점수 차이를 뇌의 우반구와 좌반구 기능의 대략적인 평가기준으로 사용할 수 있는데, 많은 연구는 좌반구의 손상이 낮은 언어성 IQ를 초래하고 우반구의 손상이나 확산적인 손상은 낮은 동작성 IQ를 초래하는 경향이 있음을 보여 주고 있다. 그러나 뇌손상의 위치와 동작성/언어성 점수의 차이, 소검사 점수 간의 차이를 연구한 Warrington, James와 Maciejewski(1986)는 좌반구 내의 손상 위치에 따른 소검사 간 차이가 유의미하지 않으나 좌반구에 병소가 있는 환자들이 낮은 언어성 점수를 보이고 있는 반면, 동작성 점수는 우반구 손상을 예측하는 능력이 떨어진다고 보고하고 있어 지능검사를 통해 좌·우반구 기능을 진단하는 데에는 주의가 필요하다.

(2) 기억

　기억과 학습의 장애는 지능의 저하와 함께 뇌손상의 결과로 나타나는 가장 대표적인 손상 중 하나이다. 그러나 기억력 장애는 유전적인 장애에서부터 신경학적 손상이나 대사기능의 이상, 심지어는 정서 및 심리적인 문제에서도 야기할 수 있으므로 평가 시에는 우선 기억 곤란을 야기하는 원인을 명확하게 파악하는 것이 중요하다. 특히 사고로 인해 뇌손상을 입은 경우 대부분의 환자가 보상과 관련하여 증상을 과장하기 가장 쉬운 영역이 기억력이므로 평가자는 바닥 효과나 수행곡선, 오류 정도, 증상의 타당성, 비전형적인 반응들, 정신생리학적 평가도구(Allen, Iacono, & Danielson, 1992) 등 다양한 탐지전략을 사용하여 평가 결과가 믿을 만한 것인지를 주의 깊게 판단해야 한다. 예를 들면, Binder, Villanueva, Howieson과 Moore(1993)는 Rey 검사에서 꾀병집단이 실제 뇌손상 집단보다 재인 시행에서 유의미하게 저하된 수행을 보인다고 보고하고 있으며, Bernard, Houston과 Natoli(1993)는 Rey Auditory Verbal Learning Test(RAVLT)의 초두효과와 최근효과를 통해 두 집단을 변별할 것을 주장하기도 하였다.

　환자들이 호소하는 기억손상은 크게 손상 전 과거의 사건이나 지식을 잃어버리는 역행성 기억상실과 손상 후 새로운 사건이나 사실의 학습이 어려운 순행성 기억상실, 즉 주로 학습능력의 곤란으로 나누어질 수 있다. 평가자는 이러한 두 가지 관점에서 서술적 · 일화적 기억, 장 · 단기 기억, 외현적 · 내현적 기억 등의 광범위한 기억기능을 염두에 두고 평가를 시행한 후 각 신경병리에 합당한 기억손상의 양상과 비교하여 가설을 검증해 나가는 것이 필요하다.

기억기능을 평가하는 대표적인 검사로는 1945년에 제작된 Wechsler Memory Scale(WMS)이 있으며, 1987년에 개정판인 WMS-R, 1997년에 개정3판인 WMS-III가 발표되었다. 이 밖에도 Rey Auditory Verbal Learning Test나 California Verbal Learning Test, Rey Complex Figure Test, Benton Visual-Recognition Test, Consonant Trigrams Test, Cowboy Story-Reading Memory Test, Corsi Block-Tapping Test 등이 주로 사용되고 있다. 국내에는 이현수(1999)가 K-MAS(Williams Memory Scale)를 표준화하였으며 김홍근(1999)이 Rey-Kim 기억검사를 발표하였다.

(3) 언어

신경학적 병변과 관련된 언어기능 이상은 주로 실어증(aphasia) 혹은 언어기능 장애(dysphasias)로 나타나게 된다. 평가 시의 제한된 시간과 환자의 협조도 등으로 인해 실어증은 객관적인 도구를 사용한 평가뿐 아니라 행동관찰이나 다른 검사를 실시하는 동안 얻어진 정보를 통해 진단되는 경우가 많다. 따라서 평가자는 신경심리검사에서 평가될 필요가 있는 언어기능에 대한 개념적 틀을 가지고 있어야 하며, 이를 위해서는 Holland, Hogg와 Farmer(1997)가 제시한 다음 정보가 도움이 될 것이다.

- 표현 언어
  - 의미론(semantics): 단어와 의미의 정확한 사용
  - 구문론(syntax): 문법적으로 정확한 문장을 사용하는 능력
  - 어용론(pragmatics): 목적 지향적인 방법으로 언어를 사용하는 능력
  - 화법(discourse): 대화에서의 미세한 규칙과 흐름, 맥락을 이해하고 사용하는 능력
  - 쓰기 능력: 가장 기본적인 기호-문자-인식에서부터 문장 형태로 생각을 표현하는 능력

- 수용 언어
  - 읽고 이해하기: 쓰인 문자와 글을 이해하는 능력
  - 듣고 이해하기: 상대방이 말하고 있는 정보와 감정적 내용을 이해하는 능력

　평가자는 언어에 대한 일반적인 이해뿐만 아니라 뇌기능 이상으로 야기된 언어장애에 대한 지식과 관련된 해부학적인 지식을 함께 가지고 있어야 한다(〈표 11-3〉 참조). 실어증은 주로 단어의 명명, 유창성, 반복, 쓰기, 이해력 등에 대한 주의 깊은 평가를 통해 파악될 수 있다. 각 실어증의 증상을 간략하게 요약하면 다음과 같다.

- 브로카 실어증: 유창성이 떨어지고 더듬거리는 말투, 말을 길게 하지 못하고 어조나 발음이 이상할 수 있다.
- 베르니케 실어증: 말하는 능력은 정상이나 듣고 이해하는 능력이 손상되어 있고 따라서 착어증적 오류가 발생할 수 있다.
- 초피질성 운동 실어증: 반복하는 능력은 상대적으로 보존되어 있으나 말하는 것이 빈곤하고 언어 유창성은 떨어진다.
- 초피질성 감각 실어증: 반복하는 능력은 보존되어 있으나 듣고 이해하는 능력이 심하게 손상되어 있어 유창하지만 착어증적인 실수를 범하기 쉽다.
- 전도성 실어증: 듣고 이해하는 능력이 양호하고 유창하게 말할 수 있으나 따라하기 능력이 두드러지게 손상되고 착어증적인 오류를 범한다.

표 11-3　언어장애

기능	장애	손상 부위
명명	명명 실어증	좌측 측두엽 후반부
반복	전도성 실어증	좌측 궁상속
이해	초피질성 감각 실어증	좌측 측두-두정엽, 후두엽
유창성	초피질성 운동 실어증	좌측 전두엽, 시상하부
읽기	실독증	좌측 후두엽
쓰기	실서증	좌측 전두엽
어조	실조증	우반구
몸짓	팬터마임 실인증	좌측 후두엽

출처: Selby(2000).

• 전반적 실어증: 모든 언어기능이 심각하게 손상되어 있다.

언어기능을 평가하는 검사로는 Boston Diagnostic Aphasia Examination(1972), Boston Naming Test(1983), Controlled Oral Word Association Test(1994), Western Aphasia Battery(1982) 등이 있으며, 실어증 선별검사로는 Reitan Aphasia Screen Test(1974)가 널리 사용되고 있다. 국내에서는 K-BNT(1997)가 표준화되어 사용되고 있다.

(4) 주의력

주의력은 대부분의 뇌손상 환자가 기능 저하를 보이는 영역이면서도 평가 결과를 신뢰할 수 있는 선행조건이 되는 기본적인 인지기능이다. 따라서 이에 대한 정확한 평가가 필요하나 학자들에 따라 주의력을 정의하고 분류하는 방법에 다소 차이가 있어 개념 자체가 혼란스러운 형편이다. Posner와 Petersen(1990)은 주의력의 다양한 측면을 다음 세 가지로 분류하였다. ① 시공간적 지남력과 주의 전환(여기에 문제가 있으며 사물 지각의 곤란과 편측 무시 증상이 나타날 수 있다), ② 각성 또는 지속적 주의, ③ 선택적 또는 초점 주의(이와 관련하여 배분된 주의와 과제에 주의를 초점화하거나 배분하는 것을 관리하는 상위 주의 체계[supervisory attentional system]가 있을 수 있다). 평가자는 이러한 주의의 다양한 관점을 염두에 두고 평가를 할 필요가 있는데, 특히 주의력은 신경학적 손상에 의해서뿐 아니라 정신과적인 질병이나 검사 상황에 대한 불안 및 긴장에 의해서도 저하될 수 있으므로 이에 대한 변별도 이루어져야 한다.

단일 검사로 다양한 주의력을 동시에 평가하기는 어렵다. 다만 Robertson, Ward, Ridgeway와 Nimmo-Smith(1994)는 상기한 Posner와 Petersen의 주의력 모델에 기초하여 Test of Everyday Attention을 개발한 바 있는데, 여기에 지속적 주의력이나 각성을 평가하는 소검사가 포함되어 있다. 또한 편측 무시를 평가하기 위해서는 전반적인 행동관찰과 함께 Raven's Progressive Matrices(1976)나 각종 시공간 구성능력 평가 과제에서의 수행을 살펴볼 수 있다. 선택적 또는 초점적 주의를 평가하기 위해서는 Letter Cancellation Test, Digit Cancellation Test, Stroop Color Word Test 등이 사용되며, 배분된 주의력이나 정신속도를 평가하기 위해서는 Symbol Digit Modalities Test, Paced Auditory Serial Addition Task, Trail Making Test, 상위 주의체계와 관련해서는 Tower of London, Wisconsin Card Sorting Test 등이 사용된다. 그 밖의 주의력의 폭과 정신적 정보처리의 통제 능력과 관련하여서는 지능검사의 숫자외우기, 산수문제 등을 이용할 수 있으며, ADHD 집단의 변별을 위해서는 TOVA나 국내의 ADS가 이용되고 있다.

(5) 시각구성 능력

시각구성 능력은 신경심리평가에서 가장 일반적으로 평가되는 영역 중 하나로, 자극의 재구성을 위해 수검자는 자극 부분들의 공간적 관계를 정확하게 지각하는 능력과 각 부분을 전체로 조직화하는 능력, 그리고 실제적인 운동 능력이 필요하다(Benton & Tranel, 1993). 따라서 시각구성 능력을 평가하는 과제에서의 수행 저하가 상기한 기능들 중 어떤 것에 기인하는가를 판단해야 한다. 예를 들면, 편측 무시 환자들의 수행 저하는 구성능력 자체의 결함이라기보다는 공간적 지남력과 관련된 주의력 손상에 기인한 것이라고 할 수 있다.

뇌손상을 입은 환자들 중 많은 비율이 구성 과제에서 수행 결함을 보인다(Benton & Tranel, 1993). 일반적으로 우반구 손상, 특히 두정엽 후반부에 손상을 입은 경우에는 전체적인 윤곽을 잡지 못하고 파편화된 접근을 하는 경향이 있으며, 반면 좌반구에 손상을 입은 경우에는 전체적 윤곽은 유지되나 세부적인 부분에서 오류를 범하게 된다(Lezak, 1995).

시각구성 과제는 크게 그리는 과제와 토막이나 조각을 맞추는 과제로 나눌 수 있으며, 이들은 어느 정도 각각 다른 뇌 기능을 요구하는 것이다(Lacks, 2000). 그리는 과제로 가장 많이 사용되는 것은 BGT, Rey-Osterrieth Complex Figure Test, The Benton Visual Retention Test, Hooper Visual Organization Test, 자극이 제시되지 않는 Clock Drawing Test 등이 있으며, 맞추는 과제로는 지능검사 중의 토막짜기, 모양맞추기 등을 들 수 있다.

(6) 집행기능

집행기능은 개념을 형성하고 추론하여 문제를 해결하거나 계획하고 상황에 맞는 판단과 적절한 행동을 하도록 하는 고차적인 기능이다. 이는 앞에서 언급한 기능들을 재료로 하여 하나의 의미 있는 행동이나 사고를 하도록 하는 일종의 절차 및 과정과 관련된 것이다. 집행기능이 손상되면 기초적인 인지기능이 보존되어 있더라도 사회적으로 적응적인 행동을 하는 데 상당한 어려움을 경험하게 된다. 많은 연구는 집행기능이 전두엽과 관련되어 있음을 밝히고 있는데, Cummings(1995)는 전두엽-피질하부 경로 모델을 제시하여 '전두엽 신드롬'과 같은 집행기능의 손상이 전두엽뿐 아니라 이러한 순환 경로에 문제가 생겼을 때에도 발생할 수 있다고 하였다.

이러한 집행기능을 평가하기 위해서는 가족이나 보호자와 면담을 하는 것이 도움이 되는 경우가 많으며(Sbordone, Seyranian, & Ruff, 1998), 평가도구로는 Wisconsin Card Sorting Test, Verbal Concept Attainment Test, Controlled Oral Word Association Test, Austin Maze, Porteus Maze Test, Tinker Toy Test, Stroop Test, Trail Making Test, BGT 등이 사용될 수 있다. 국내에서는 김홍근(2001)이 개발한 Kims 전두엽-관리기능 신경심리검사가 있다.

(7) 정서 및 성격

정서나 성격의 변화는 신경심리학적 평가에서 간과되기 쉬우나 실제로는 신경학적 손상에 의해 가장 일반적으로 나타나는 증상 중 하나이다. 정서나 성격의 변화는 뇌손상의 직접적인 결과로 나타날 수도 있으나 자신의 기능 저하나 사고 경험과 관련된 이차적인 변화일 수도 있다. 수검자의 병전 성격이나 정신과적인 질병 유무, 보상과 관련된 꾀병 여부 등 또한 수검자의 정서 및 성격 판단에 영향을 주므로, 평가자는 우선 위에서 기술한 문제를 염두에 두고 평가를 할 필요가 있다.

신경학적 손상을 입은 환자들이 가장 많이 호소하는 변화 중 하나는 정서통제의 어려움인데, 이런 경우에는 환자 자신보다는 가족이나 보호자들이 변화를 명확하게 인식하고 있으므로 보호자 면담이 필수적이다. 또한 뇌손상을 입은 환자들이 MMPI 프로파일을 상승시키거나 로르샤하 검사에서 빨간색에 유난히 많이 반응하고, 기괴하고 잔인한 반응이나 해부학적 반응을 하는 경향이 나타나는 등 기존의 일반적인 심리평가 도구들에서 어느 정도 변화를 감지할 수는 있으나 그 결과는 반드시 병전의 성격 및 정서 상태와 비교하여 해석되어야 한다.

그 밖에 The Symptom Checklist 90-Revised는 환자의 현재 정서 상태나 주관적인 고통감 등을 평가하는 데 유용하며, The Millon Clinical Multiaxial Inventory-III는 뇌손상과 관련된 일시적인 정서장해와 기존의 성격 특성을 구별하여 감별진단을 하는 데 도움이 된다(Russell & Russell, 1997).

2. 국내에서 사용되는 주요 신경심리검사

1) 서울신경심리검사

서울신경심리검사(Seoul Neuropsychological Screening Battery: SNSB)는 강연욱, 나덕 렬이 2003년에 표준화하여 개발한 종합적인 신경심리검사 배터리로, 주의집중력, 언어

표 11-4 SNSB의 구성

인지기능 영역	신경심리검사
주의	Digit Span: Forward / Backward Letter Cancellation
언어 및 관련 기능	Spontaneous Speech / Comprehension / Repetition Korean-Boston Naming Test(K-BNT) Reading / Writing Finger Naming / Right-Left Orientation / Calculation Body Part Identification Praxis Test: Buccofacial, Ideomotor
시각-운동 기능	K-MMSE: Drawing Rey-Complex Figure Test(RCFT): Copy
기억	K-MMSE: Registration / Recall Seoul Verbal Learning Test(SVLT) RCFT: Immediate & Delayed Recalls / Recognition
전두엽/실행 기능	Contrasting Program / Go-No-Go Test Fist-Edge-Palm / Alternating Hand Movement Alternating Squre & Triangle / Luria Loop Controlled Oral Word Association Test(COWAT): 　　　　-Semantic(Animal, Supermarket) 　　　　-Phonemic(ㄱ, ㅇ, ㅅ) Korean-Color Word Stroop(K-CWST)
기타 지표	K-MMSE GDS ADL CDR

출처: 강연욱, 나덕렬(2003).

및 관련 기능, 시공간 기능, 기억력 및 전두엽/실행 기능의 다섯 가지 인지 영역을 평가한다(〈표 11-4〉 참조). 여기에는 짧은 시간에 전반적 인지기능을 평가하기 위해 국내외에서 널리 사용되고 있는 Korean-Mini Mental State Examination(K-MMSE)이 포함되어 있다. 또한 수검자의 정서적 상태와 신체적 상태가 SNSB에서 평가된 인지적 기능에 어떤 영향을 미치고 있는지에 관한 정보를 제공하는 Geriatric Depression Scale(GDS)과 Barthel Activities of Daily Living(B-ADL)이 포함되어 있으며, SNSB의 결과뿐 아니라 수검자와 보호자의 보고를 종합하여 최종적으로 수검자의 치매 심각도를 평정하는 Clinical Dementia Rating Scale(CDR)이 포함되어 있다.

2) 한국판 치매 평가검사

한국판 치매 평가검사(Korean-Dementia Rating Scale: K-DRS)는 최진영이 1998년에 국내 치매 환자의 진단 및 경과 측정을 위하여 Mattis(1988)의 Dementia Rating Scale(DRS)을 한국에서 재표준화한 검사이다(〈표 11-5〉 참조). 치매 환자의 진단에 중요

표 11-5 K-DRS의 구성

인지기능 영역	신경심리검사
주의	Digit Span: Forward/Backward 두 개의 연속된 지시: 단일 지시, 모방
언어 및 관련 기능	
시공간 기능	❙ ❙ ❙ ❙ ☐ ☐◇ ◇ ☐ 이름쓰기
기억	지남력: 시간, 장소 간섭된 셈 1, 2 언어적 회상 언어적 재인 시각적 기억력
전두엽/실행 기능	관리 기능(복잡한 언어 유창성, 단순 언어 유창성, 자음/모음 보속성) Alternating Hand Movement Alternating Square & Triangle, ○×그리기 개념화(동질성과 이질성, 유사성, 점화 유도 추론, 상이성, 유사성)

출처: 최진영(1998).

한 다섯 가지 영역의 인지기능, 즉 주의, 관리기능, 구성, 개념화, 기억을 측정하기 위한 5개 소검사, 총 36개의 과제로 구성되어 있다. K-DRS는 DRS 원판의 기본 골격을 유지하면서 언어와 문화적인 요인을 고려하여 다소 변경되었으며, 과제들은 정상 수준에서부터 가장 기초적인 수준에 이르기까지 검사할 수 있게끔 곤란도가 보통에서 매우 낮은 수준까지 포함되었다.

3) CERAD-K

CERAD-K(The Korean Version of The Consortium to Establish a Registry for Alzheimer's Disease)는 2003년에 우종인 등이 CERAD에서 개발한 알츠하이머 치매에 대한 신경심리학적 배터리를 한국판으로 표준화한 것이다. 알츠하이머 치매에서 일관되게 저하 소견을 보이는 기억력, 지남력, 언어적 기능, 시공간적 기능 등의 개별 인지기능과 여기에 포함되지 않은 MMSE-K의 일부 문항으로 구성되어 있다. CERAD 신경심리 배터리는 임상가가 치매 진단을 하는 데 필요한 기본적 정보를 일정한 양식에 따라 체계적으로 얻을 수 있도록 구성되어 있는 CERAD 임상적 평가 배터리와 함께 사용되어 최종 진단을 내리는 데 사용된다.

표 11-6   CERAD-K의 구성

인지기능 영역	신경심리검사
주의	Mental Double Tracking
언어 및 관련 기능	Spontaneous Speech / Comprehension / Repetition Korean-Boston Naming Test(K-BNT)-단축형 Reading Praxis Test
시공간 기능	MMSE-K: Drawing Construction Praxis(circle, diamond, interlocking square, cube)
기억	지남력: 시간, 장소 MMSE-K: Registration / Recall Working memory List(3rd), Delayed recall Construction recall
전두엽/실행 기능	Word Fluency Test

4) Rey-Kim 기억검사

Rey-Kim 기억검사는 1999년 김홍근이 임상현장에서 기억력을 평가하기 위해 개발한 검사이다. 언어적 기억검사로는 Andre Rey의 Auditory Verbal Learning Test(AVLT)를 한국어로 번안하여 표준화하였으며, 시각적 기억검사로는 Rey Complex Figure Test(RCFT)를 표준화하였다. 여기서 사용되는 척도는 각 소검사의 환산척도와 기억지수에 해당하는 MQ, 차이척도(학습기울기, 기억유지도, 인출효율성, 그리기/기억 일치도, 언어기억/시각기억 일치도, 지능/기억 일치도)로 나누어진다.

5) 한국판 기억평가검사

한국판 기억평가검사(Korean version of Memory Assessment Scales: K-MAS)는 2001년 이현수, 박병관, 안창일, 김미리혜, 정인과가 MAS(Williams, 1991)를 한국판으로 표준화한 것이다. 언어 기억범위, 시각 기억범위, 단어 습득, 단어 회상, 단어지연회상, 문장즉각회상, 문장지연회상, 얼굴즉각기억, 얼굴지연기억, 시각재생, 시각즉각재연, 시각지연재인의 12개 하위검사를 바탕으로 단기기억과 언어기억, 시각기억, 전체 기억점수를 산출하도록 구성되어 있다.

6) Kims 전두엽-관리기능 신경심리검사

Kims 전두엽-관리기능 신경심리검사는 2001년 김홍근이 전두엽-관리기능의 손상에 초점을 맞추어 개발한 검사이다. 본 검사는 세 개의 독립적인 모듈(module)로 구성되어 있다. 모듈 1은 인지적 측면에 초점을 맞춰 스트룹 검사, 단어유창성, 도안유창성, 인출효율성의 4개 검사로 이루어져 있다. 모듈 2는 RCFT를 보고 그리는 과정을 질적으로 평가하여 통찰성, 계획성, 반복억제의 세 가지 항목으로 채점된다. 모듈 3은 성격/정서적 측면과 일상행동에 초점을 맞춘 설문형 검사로 충동 조절력, 사회 성숙도, 통찰력의 세 가지 항목을 평가한다.

7) 한국판 보스톤 이름대기 검사

한국판 보스톤 이름대기 검사(Korean version-Boston Naming Test: K-BNT)는 1997년 김향희, 나덕렬이 이름대기 기능을 평가하기 위해 1970년대 말 개발된 Boston Naming Test(BNT)를 한국어로 표준화한 것이다. 문화적, 언어적 요소를 고려하여 어휘가 선정되었으며 60항목을 기본으로 하여 30항목 단축형, 15항목 단축형으로도 개발되었다.

3. 평가 사례

환자는 75세 남자로 초등학교를 졸업하였으며 부인, 아들, 며느리와 함께 살고 있다. 군대에서 제대한 이후 30대부터 지금까지 철물점을 운영하여 왔다. 내원 전날 아침에 갑자기 종이를 하나 집어서 만지작거리고 뒤집는 등의 이상한 행동을 보였으나 20분 자다가 다시 일어난 후에는 식사도 잘하고 장사하고 아무 문제가 없이 지나갔다고 한다. 내원 당일 아침에 일어나서 옷을 입는데 단추를 잠그지 못하고 방에 들어가서 바지도 안 입고 가만히 서 있더니 티셔츠와 팬티만 입은 채로 현관으로 나가 운동화를 신고 산에 간다고 나가고, 계단을 못 내려가고 걸음을 못 걷고 주저앉아 응급실을 경유하여 입원하였다. 이전 병력으로는 약 10년간 고혈압과 당뇨를 앓고 있으며 3~4년 전부터 계산을 잘 못하는 경우가 간혹 있었고 담배 가지러 갔다가 방으로 가지 않고 엉뚱한 방향으로 간 적이 있어 내원 전에도 타 병원에서 MRI를 촬영하고 신경과에서 약물을 복용 중이다. 신경심리학적 평가 결과는 다음과 같다.

1) 지능검사(K-WAIS)

전체 지능은 89, 언어성 지능 91, 동작성 지능 87로 나타났으며, 안정성 높은 소검사나 환자의 연령 및 학력을 고려하여 추정된 지능은 IQ 100 전후의 평균 수준으로, 양적

소검사	상식	숫자	어휘	산수	이해	공통성	빠진 곳 찾기	차례 맞추기	토막 짜기	모양 맞추기	바꿔 쓰기
원점수	6	7	16	6	10	1	4	2	9	9	23
환산점수	7	6	7	6	8	4	6	5	6	5	6

으로 크게 저하된 양상은 관찰되지 않았다. 언어성 기능과 동작성 기능 간의 유의미한 차이도 나타나지 않아 장기적인 기억을 비롯한 일반적인 지적 능력은 비교적 양호한 것으로 보였다. 다만 추상적인 개념화 능력이나 사고력이 상당히 저하된 양상을 보이고 있으며 숫자 외우기에서도 양적인 수치와 달리 거꾸로 외우기를 두 자리밖에 하지 못하여 사고가 매우 경직되어 있고 상위 주의체계나 정보의 통제 능력은 빈약한 것으로 나타났다.

2) Rey-Kim 기억검사

기억기능과 우선 지능과의 일치도를 살펴보면 IQ 89인 환자가 MQ 68로 6.0%의 일치도를 보여 전반적인 지적 능력에 비해 기억 기능이 훨씬 떨어져 있음을 알 수 있다. 구체적으로 시각적 기능에 비해 언어적 기능이 좀 더 저하된 양상을 보이고 있으며 특히 반복에 따른 학습효과가 거의 나타나지 않고 있어 기존에 지녀 온 지식 이외의 새로운 정보의 학습은 매우 어려울 것으로 보인다. 여기서 습득된 정보를 기억하는 기능과 등록된 정보량 대비 인출 효율성이 정상 범위로 나왔으나 이는 등록된 정보량 자체가 워낙 미미하여 나타난 결과로 해석에 주의가 필요하다.

차이척도	학습기울기	기억유지도	인출효율성	시각기억	언어/시각기억 일치도	지능/기억 일치도
원점수	2	3	3	16	-7	21
백분위(%)	5.5	22.4	50.7	8.5	10.9	6.0

3) Kims 전두엽-관리기능 신경심리검사

환자의 관리지능(EIQ)은 59 이하로 IQ 89에 비해 30점 이상 떨어져 있어 2.5%의 낮은 일치도를 보이고 있으며 병전/병후 관리지능 일치도도 1.2%로 일반적인 지적 능력이나 병전의 관리기능에 비해 현격하게 저하된 집행기능을 보여 주고 있다. 소검사별로 보면 간섭억제와 오류억제 기능이 매우 낮아 선택적으로 정보를 통제하고 반응을 억제하는 능력이 빈약해져 있는 상태임을 알 수 있으며 도안유창성/빠진 곳 찾기 일치도도 극히 낮아 지능검사 결과와 일치되게 인지적 유연성이나 창의성이 저하되어 있음을 나타내고

EXIT(Executive Intelligence Test)

질적 척도	간섭 억제	오류 억제	단어/ 상식	반복 억제	비어 억제	도안/ 빠진곳	반복 억제 (도안)	인출 효율	EIQ- FIQ	병전/ 병후 EIQ	단어/ 도안
원점수	32	4	-1	0	1	-7	0.2	3	-30	-35	-3
백분위	2.0	2.5	32.8	100	10.4	0.5	18.9	50.7	2.5	1.2	11.4

EBS(Executive Behavior Scale)

특수척도	병전/병후 충동 조절력 일치도	병전/병후 사회 성숙도 일치도	병전/병후 통찰력 일치도	병전/병후 AIQ 일치도
원점수	-1	-5	0	-13
백분위	32.7	2.5	75.2	5.4

있다. 또한 E-CFT 평가에서도 통찰성 78.7%, 계획성 5.0%, 반복억제 12.8%로 사건이나 사물을 다룰 때 계획적으로 예견하고 접근하는 능력이 유의미하게 저하된 양상을 보이고 있다. 마지막으로 EBS 결과에서 병전/병후 사회성숙도 일치도가 낮아 전체적인 병전/병후 적응지능(AIQ) 일치도가 낮아지게 되었는데, 이는 수검자의 변화가 대인적 상황에서 가장 두드러지게 나타나고 있음을 보여 주고 있다.

4) SNSB

전체적으로 기억력과 언어적 기능 중 명명능력 및 반복, 이해력, 시공간 구성능력, 집행기능 중 인지적 유연성과 반응통제력이 저하된 양상을 보이고 있으며 CDR에서는 '치매가 의심스러움'에 해당하여 위에서 제시한 검사들과 일관된 결과를 보이고 있다.

5) 요약

상기한 신경심리평가 결과, 환자는 기억력을 비롯하여 집행기능이 현저하게 저하되어 있으며 언어적 명명에도 다소 어려움을 겪고 있는 것으로 나타나 치매가 진행 중일 가능성이 시사된다. 특히 환자가 고혈압의 병력이 있고 신경과적 약물을 복용 중이며 3년 전부터 간혹 이상행동을 보였다는 점 등을 고려해 볼 때 혈관성 치매의 가능성이 있다.

그러나 만일 3년 전부터 인지기능이 서서히 지속적으로 감퇴되었다면 알츠하이머형 치매이거나 알츠하이머형 치매와 혈관성 치매가 공존할 수도 있으므로 이에 대해서는 가족이나 환자를 대상으로 자세한 면담과 뇌영상 이미지 촬영 등의 탐색이 필요하겠다.

참고문헌

강연욱, 나덕렬(2003). *Seoul Neuropsychological Screening Battery(SNSB): Professional Manual.* 서울: 휴브알엔씨.

김향희, 나덕렬(1997). 한국판 보스톤 이름대기 검사(K-BNT). 서울: 학지사.

김홍근(1999). Rey-Kim 기억검사: 해설서. 대구: 도서출판 신경심리.

김홍근(2001). Kims 전두엽-관리기능 신경심리검사: 해설서. 대구: 도서출판 신경심리.

박영숙(1993). 전문가를 위한 새로운 심리평가의 실제. 서울: 하나의학사.

우종인, 김기웅, 김성윤, 우성일, 윤종철, 이강욱, 이군희, 이동영, 이정희, 주진형, 한설희 (2003). 치매 진단 평가를 위한 한국판 CERAD 평가집(CERAD-K). 서울: 서울대학교 출판부.

이현수, 박병관, 안창일, 김미리혜, 정인과(2001). 한국판 기억평가검사: 전문가용 실시, 채점요강. 서울: 한국가이던스.

정진복(2004). 신경심리학적 평가. 안창일(편저), 임상심리학. 서울: 시그마프레스.

최진영(1998). 한국판 치매 평가검사(K-DRS): 전문가 요강. 서울: 학지사.

홍경수(1995). 신경인지기능검사의 적용과 해석. 대한신경정신의학회 '96년도 제1차 회원연수교육-신경인지기능 심포지움-초록집, 17-28. 12월 9일. 서울: 서울중앙병원 대강당.

Allen, J. J., Iacono, W. G., & Danielson, K. (1992). The identification of concealed memories using the event-related potential and implicit behavioral measures: A methodology for prediction in the face of individual differences. *Psychophysiology, 29,* 504-522.

Benton, A. L., & Tranel, D. (1993). Visuoperceptual, visuospatial, and visuoconstructive disorders. In K. M. Heilman & E. Valenstein (Eds.), *Clinical neuropsychology* (pp. 165-213). New York: Oxford University Press.

Bernard, L. C., Houston, W., & Natoli, L. (1993). Malingering on neuropsychological tests: Potential objective indicators. *Journal of Consulting Psychology, 49,* 45-53.

Bernet, S. (1991). Modern approaches to neuropsychological testing. In D. Smith, D. M. Treiman, & M. Trimble (Eds.), *Advances in neurology* (Vol. 55, pp. 423-437). New

York: Raven Press.

Binder, L. M., Villanueva, M. R., Howieson, D., & Moore, R. T. (1993). The Rey AVLT recognition memory task measures motivational impairment after mild head trauma. *Archives of Clinical Neuropsychology, 8*, 137–147.

Cummings, J. L. (1995). Anstomic and behavioral aspects of frontal–subcortical circuits. In J. Grafman, K. J. Holyoak, & F. Boller (Eds.), Structure and function of the human prefrontal cortex. *Annals of the New York Academy of Sciences, 769*, 1–13.

Hampton, J. R., Harrison, M. J. G., Mitchell, J. R. A., Pritchard, J. S., & Seymour, C. (1975). Relative contributions of history taking, physical examination, and laboratory investigation to diagnosis and management of medical out–patients. *British Medical Journal, 2*, 486–489.

Holland, D., Hogg, J., & Farmer, J. (1997). Fostering effective team cooperation and communication: Developing community standards within interdisciplinary cognitive rehabilitation settings. *NeuroRehabilitation, 1*, 21–29.

Howieson, D. B., & Lezak, M. D. (1972). The neuropsychological evaluation. In D. N. Jackson (Ed.), *Differential personality inventory*. London: Author.

Kolb, B., & Whishaw, I. Q. (1995). *Human neuropsychology* (4th ed.). New York: W. H. Feeman and Company.

Lacks, P. (2000). Visuoconstructive abilities. In G. Groth–Marnat (Ed.), *Neuropsychological assessment in clinical practice*. New York: John Wiley & Sons.

Lezak, M. D. (1995). *Neuropsychological assessment* (2nd ed.). New York: Oxford University Press.

Matarazzo, J. D. (1972). *Wechsler measurement and appraisal of adult intelligence* (5th ed.). Baltimore: Williams & Wilkins.

McFie, J. (1975). *Assessment of Organic Impairment*. New York: Academic Press.

Posner, M. I., & Petersen, S. E. (1990). The attention system of the human brain. *Annual Review of Neurosciences, 13*, 25–42.

Robertson, I. H., Ward, T., Ridgeway, V., & Nimmo–Smith, I. (1994). *The test of everyday attention*. Bury St. Edmunds: Thames Valley Test Company.

Russell, S. K., & Russell, E. W. (1997). Using the MCMI in neuropsychological evaluations. In T. Millon (Ed.), *The Millon inventories: Clinical and personality assessment* (pp. 154–172). New York: Guilford Press.

Sbordone, R. J. (2000). The asessment interview in clinical neuropsychology. In G. Groth–Marnat (Ed.), *Neuropsychological assessment in clinical practice*. New York: John Wiley & Sons.

Sbordone, R. J., & Purisch, A. D. (1996). Hazards of blind analysis of neuropsychological test data in assessing cognitive disability: The role of confounding factors.

Neurorehabilitation, 1, 15-26.

Sbordone, R. J., Seyranian, G. D., & Ruff, R. M. (1998). Are the subjective complaints of traumatically brain-injured patients reliable? *Brain Injury, 12*(6), 505-515.

Selby, M. J. (2000). Overview of neurology. In G. Groth-Marnat (Ed.), *Neuropsychological assessment in clinical practice*. New York: John Wiley & Sons.

Spreen, O., & Strauss, E. (1998). *A compendium of neuropsxchological tests* (2nd ed.). New York: oxford university press.

Walsh, K. (1999). *Neuropsychology: A clinical approach*. Edinburgh: Churchill Livingstone.

Warrington, E. K., James, M., & Maciejewski, C. (1986). The WAIS as a lateralizing and localizing diagnostic instrument: A study of 656 patients with unilateral cerebral excisions. *Neuropsychologia, 24*, 223-239.

제12장
심리검사의 실시와 채점

    심리평가(psychological assessment)는 내담자에게 도움을 주려는 목적으로 수집된 다양한 원천의 자료를 통합하여 그 목적에 맞는 결론을 내리는 것을 말한다. 다양한 원천의 자료란 행동관찰, 면담, 수검자의 주변 인물을 통해 얻은 공식적 혹은 비공식적 생활사적 정보, 그리고 심리검사(psychological test)를 실시하여 얻은 자료가 있다. 심리검사 자료는 임상심리학자가 얻을 수 있는 중요한 정보의 원천이다. 그렇다면 검사를 통해 얻은 자료는 다른 원천의 자료와 어떤 점에서 차이가 있는가? 첫째, 다른 자료보다 내담자에 대한 객관적인 기술을 할 수 있다. 면담을 통해 얻은 정보나 여타 생활사적 정보는 체계화되어 있지 않은 질적인 자료일 경우가 많다. 그러한 자료는 한편으로는 수검자에 대한 매우 생생하고 풍부한 이해를 할 수 있게 해 준다. 반면에 임상가의 이론적 배경이나 임상 경험 및 가치관에 따라 주관적인 해석으로 기울어질 수 있다. 검사자료는 대개 양적 자료로 표준화된 검사를 사용하여 얻은 것이다. 표준화된 검사란 객관적인 준거에 의거해 특정한 속성에 따라 수검자를 배열할 수 있는 검사를 말한다. 심리검사를 통해 얻은 정보는 바로 수검자에 대한 이러한 양적인 기술을 할 수 있게 해 준다. 객관적인 준거에 비추어서 수검자의 특정한 속성이 그가 속한 평균적인 집단에 비해 어느 정도의 강도를 지니고 있는지 판단할 수 있게 해 준다는 점에서 심리검사 자료는 강점을 갖는다. 임상가는 자신의 임상 경험에 비추어 더 중요한 정보와 덜 중요한 정보에 대한 주관적인 판단을 내릴 수 있으며 그러한 판단 자체도 임상가의 전문성의 영역이다. 동시에 그 판단이 지나치게 한쪽으로 치우쳐 있는 것은 아닌지 늘 자신의 임상적 경험과 지식을 모니터링해 나가야 한다. 심리검사를 통해 얻은 양적인 정보는 임상가가 다양한 원천의 자료를 통합하여 판단하는 데 있어서 균형을 유지할 수 있도록 해 주는 역할을 한다. 요컨대, 심리검사 자료는 심리평가를 위한 다양한 원천의 자료를 통합하여 해석하는 데 있어서 양적인 속성과 질적인 속성 간에, 그리고 임상가의 주관적 기준과 객관적 기준 간에 균형을 맞출 수 있도록 해 준다는 점에서 매우 중요한 자료의 원천이다.

그러나 심리검사를 통해 얻은 이러한 양적인 자료는 역시 양면성을 지니고 있다. 양적인 자료란 수검자의 어떤 심리적 속성에 수치를 부여한 결과를 말하는데, 임상심리학자는 그 숫자가 지니고 있는 의미에 대해서 깊이 생각해 보아야 한다. 수량화된 정보는 양적인 차원에서 속성을 배열함으로써 측정된 심리적 속성의 크기와 방향성, 강도를 객관적으로 표현해 줄 수 있다는 점에서 강점을 갖는다. 반면에 그 수치는 물리적 대상에 대해 부여한 수치와는 다른 것이라는 점을 간과하기 쉽다. 심리적 속성은 절대영점을 가질 수 없기 때문에 항상 상대적인 비교만이 가능하며, 따라서 비교집단에 따라 결과가 달라질 수 있다는 점을 잊어서는 안 된다. 또한 숫자는 우리가 일상생활에서 사용하는 정도를 표현하는 형용사에 비해 융통성이 없으며, 그 숫자 자체가 어떤 속성이 불변하는 고정된 것이라는 이미지를 주기 쉽다. 우리는 지능지수가 100인 사람과 97인 사람에 대해 뭔가 차이가 분명히 있을 것이라고 생각하기 쉬운 것이다. 따라서 임상가는 검사를 통해 얻은 이러한 양적인 정보를 활용하는 데 있어서도 균형감각과 융통성을 지니고 있어야 한다.

아울러 심리검사는 평가를 위한 하나의 수단이며 도구라는 점을 잊어서는 안 된다. 심리검사는 수검자를 이해하고 설명하고 그의 행동을 예측하기 위해 정보를 얻기 위한 다양한 방법 중의 하나일 뿐이다. 그것은 결국 임상가가 사용하는 것이다. 그 도구 자체가 아무리 잘 만들어진 것이라 해도 그것을 사용하는 임상가가 서툴다면 무용지물이 될 수 있다. 반면에 그 도구가 비록 충분히 잘 만들어진 것은 아니라 해도 임상가가 능숙한 사람이라면 충분한 소기의 목적을 달성할 수 있다. 따라서 임상심리평가에 있어서 가장 중요한 것은 우선 수검자이며, 그다음은 그 수검자를 이해할 수 있는 다양한 도구과 정보를 통합하여 목적에 맞는 결론을 낼 수 있는 임상가의 역할이다. 수검자에게 도움을 주려면 어떤 정보를 어떤 방식에 의해 수집할 것이며, 심리검사를 사용할 경우 어떤 검사를 어떻게 수행하여 그 결과를 어떻게 해석할 것인가를 적절하게 판단해야 한다. 이 장에서는 이러한 심리검사라는 도구를 어떻게 사용할 것인가 하는 문제를 다룬다. 심리검사를 적절히 사용하기 위해 어떤 능력과 자격을 갖추고 있어야 하는지, 심리검사를 실시하고 채점하고 해석하는 데 있어서 어떤 점을 고려해야 목적에 맞는 심리평가가 가능할 것인지와 같은 측면들이 이러한 문제와 관련되어 있다.

1. 심리검사를 실시할 수 있는 자격

　누가 심리검사를 실시할 수 있는 자격이 있는가? 이 질문에 대한 답은 분명하다. 그 검사를 적절하게 사용할 수 있는 능력과 자격을 갖춘 사람이어야 한다. 그렇다면 어떤 능력과 자격을 갖추어야 하는가? 이 질문에는 답하기가 쉽지 않다. 표준화된 검사인 경우 표준화된 지침서가 있고, 그 지침서를 잘 읽어 보고 몇 번 연습해 보면 누구나 실시할 수도 있다. 간단한 자기보고형 검사인 경우에는 그저 검사지나 답안지를 나누어 주고 어떻게 답하여야 하는지 설명해 주고 답안지를 수거해 오기만 하면 된다. 그러나 그다음은 어떻게 할 것인가? 점수만 계산해서 멋있게 그래프를 그리고 점수를 표로 만들어 보고서를 작성하고 수검자에게 전달해 주면 될까? 요컨대, 매뉴얼을 숙지하고 실시하고 채점할 수 있는 정도의 능력만 있으면 심리검사를 실시할 수 있는 자격을 갖춘 사람으로 간주해도 될 것인가?

　심리검사는 심리평가를 위한 수단이자 도구이므로, 단순히 그 검사를 실시할 수 있느냐의 여부만으로 검사 실시자의 자격을 논할 수는 없다. 심리평가의 전반적인 맥락 내에서 그 검사를 적절하게 사용할 수 있는지가 관건이 되어야 한다. 예를 들어, 수검자가 호소하는 주된 문제 영역이 무엇인지 면담하고 그 면담을 통해 어떤 잠정적 가설을 설정하고 그 가설을 검증하기 위해 어떤 심리검사를 실시할지 선택해야 하며, 검사 실시과정에서 어떤 점을 주의 깊게 살펴보아야 할지 예측하고 있어야 하며, 실시과정에서 수검자의 질문에 적절하게 답해 주어야 한다. 그뿐 아니라 검사 실시과정에서 수검자가 보이는 다양한 반응이 검사 실시과정이나 검사 결과에 어떤 영향을 미칠 것이며, 해석과정에서는 무엇을 고려해야 할지 판단해야 한다. 또한 실시 후 산출된 양적/질적 자료가 여타 정보와 어떻게 조화롭게 통합될지 판단하여 해석해야 하며, 그 해석 결과를 문서 혹은 구두로 수검자에게 전달할 때 어떤 방식으로 전달해야 수검자가 이해할 수 있고 오해를 방지할 수 있으며 향후 치료과정에 도움이 될 수 있을지 등을 고려해야 한다. 이러한 모든 과정은 검사를 단순히 기계적으로 실시할 수 있는 테크니컬한 측면을 넘어서는 문제이다. 물론 아주 간단한 자기보고형 지필검사인 경우 몇 분 혹은 몇 시간의 교육만으로도 검사를 '실시'할 수는 있다. 그러나 그 검사를 '사용'하는 것은 아니며 심리평가를 수행하는 것은 더더욱 아니다.

심리검사자의 자격과 관련된 또 다른 오해 중의 하나는 검사 결과가 미칠 수 있는 영향력을 간과하기 때문에 초래된다. 인터넷이나 잡지에 떠도는 다양한 '심리 테스트'에 익숙해져 있는 일반인들은 그야말로 재미 삼아 그런 검사들을 해 보곤 한다. 테스트 결과를 읽어 보고는 "그래, 음…… 재미있군." "맞는 것 같은데, 신기하네!" "이거 순 엉터리 아니야! 역시 심리 테스트라는 것은 믿을게 못되는군."라며 가볍게 보아 넘길 수도 있다. 이처럼 심리검사는 여타의 의학적인 검사와는 다른 것이며 그 결과 역시 그냥 가볍게 생각하며 보아 넘길 수 있다고 생각할 수 있다. 예를 들어, 내시경 검사 결과 대장암 진단을 받았다면 그것은 목숨이 걸린 중대한 문제이다. 이러한 중대한 질병뿐 아니라 가벼운 의학적 검사인 경우에도 일반인들은 가볍게 생각하지 않는다. 예를 들어, 시력검사 결과가 잘못되어 맞지 않는 안경을 처방받았을 때, 그리고 그 안경을 착용하다 시력이 더 악화되었다는 것을 알았을 때, 그 사람은 시력검사를 실시한 사람을 법적으로 고소할 수도 있을 것이다.

그러나 심리검사 결과는 가볍게 생각하곤 한다. 설사 검사가 잘못 사용되었다고 해도 사람이 죽는 것도 아니니 진지하게 고려할 필요가 없다고 생각할 수 있는 것이다. 그러나 진지한 의도로 심리검사를 받으러 왔고, 그 검사를 실시하는 사람이 자격을 갖춘 사람이라 생각했고, 그 검사 도구가 믿을 만한 도구라고 믿고 그 검사를 수행해서 어떤 결과를 보고받았을 경우에는 상황이 달라질 수 있다.

"제가 다면적 인성검사에서 편집증 점수가 65점이라고 나왔는데 그것이 편집적 성향을 의미한다고 그러더군요. 집에 돌아가 인터넷을 검색해 보니 편집증은 정신병이라고 하던데, 그렇다면 저도 정신병이 있다는 것인지요? 정신병이 있는 사람은 자신이 정신병인 줄 모른다고 하던데, 저도 여태껏 제가 정신병자인지 모르고 살아왔다고 생각하니 정말 아무것도 손에 잡히지 않았습니다."

"로르샤하 검사라는 것을 해 본 적이 있는데, 저는 이상한 생각만 떠올라 속으로 매우 당황했습니다. 성기나 사탄 혹은 악마 같은 이미지가 자주 떠올라서 할 수 없이 그렇게 보인다고 말했습니다. 그런데 검사하시는 선생님이 그때마다 표정이 매우 심각해지거나 어떤 때는 약간 비웃는 듯한 표정을 짓는 것도 같았습니다. 나중에 심리평가 보고서라는 것을 받아 보니 특별히 이상한 언급은 적혀 있지 않았지만, 저는 정말 제가 이상한 사람이 아닌가, 사실은 변태이거나 정신병이 있는데 선생님이 사실대로 얘기해 주시지 않은 것은 아닌가 의심스럽고 고민이 되어 요즘에는 잠도 잘 안 옵니다."

"제가 병원에서 어떤 검사를 받았는데, 그 검사용지에 지능검사라는 말이 씌어 있더군요. 정말 지능검사인지 물어보지는 않았고 그 선생님도 별다른 말씀은 없었지만 저는 너무 긴장되어 어떻게 검사를 끝냈는지도 모르게 마치고 왔습니다. 결과는, 말하기도 창피하지만 제 아이큐가 두 자리 수였습니다. 전 옛날부터 머리가 나쁘다고 생각했고 그게 늘 콤플렉스였는데, 새삼 검사 결과를 받아 보고 충격을 받았습니다. 제가 그 정도로 머리가 나쁠 줄은 몰랐습니다. 저는 요즘 인생을 살아갈 희망을 잃어버린 것 같습니다."

이와 비슷한 수검자들의 반응은 아마도 많은 임상가가 접할 수 있었을 것이다. 수검자들이 이러한 반응을 보이는 이유는 단지 그 수검자가 너무 예민해서만은 아니다. 그검사 실시과정이나 결과 해석과 전달 과정에서 수검자가 오해할 수 있는 소지가 있었거나 심리검사가 오용되었을 경우에 발생할 수 있다. 검사가 적절하게 사용되기 위해서는 수검자가 가질 수 있는 다양한 오해의 원천을 고려하고 사전에 그것을 방지할 수 있어야 한다. 또한 신뢰성 있고 타당한 결과를 얻을 수 있는 방식으로 검사를 실시하고 검사과정을 세심하게 관리하고, 그 결과를 오해하지 않고 잘 받아들일 수 있도록 전달해야한다.

이러한 과정을 적절하게 진행해 나가기 위해서는 상당한 심리학적 지식과 기술을 갖추고 있어야 할 것이다. 그러나 구체적으로 어떤 자격을 갖추어야 하는지에 대해 사회적으로 합의된 구체적 기준 혹은 법적인 기준이 마련되어 있는 것은 아니다. 심리검사나평가는 현재 법적으로는 의료행위로 정의되어 있지는 않으며, 따라서 의료행위를 할 수있는 자격이 법률적으로 명시되어 있듯이 어떤 법적인 기준을 갖추고 있지는 않다. 다만검사 사용자에 대한 윤리강령이 한국임상심리학회 내에 마련되어 있으며 임상심리학자는 자격증을 얻기 위해 의무적으로 수련과정 동안 윤리교육을 받아야 하며 자격시험 과정에서 윤리기준을 평가하고 있다. 한국임상심리학회 윤리강령(2004)에서 평가와 관련된 윤리 중 '평가의 사용(제48조)'과 관련된 항목은 다음과 같다.

제48조: 평가의 사용

1. 심리학자는 검사도구, 면접, 평가기법을 목적에 맞게 실시하고, 번안하고, 채점하고, 해석하고, 사용하여야 한다.
2. 심리학자는 타당도와 신뢰도가 검증된 평가도구를 사용하여야 한다. 그렇지 못한 경우에는 검사결과 및 해석의 장점과 제한점을 기술한다.
3. 심리학자는 평가서 작성 및 이용에 있어서, 객관적이고 학문적으로 근거가 있어야 하고 세심하고 양심적이어야 한다.

미국의 경우에는 이러한 윤리강령 외에도 조금 더 구체적인 가이드라인을 제시하고 있다. 미국심리학회(American Psychological Association)에서 출간된 '검사 사용자의 자격(Test User Qualifications: TUQ)'을 명시한 보고서(APA, 2000)에 따르면, 검사 사용자의 자격은 ① 사용자의 역할(예: 검사 실시와 채점), ② 검사를 사용하는 환경(setting), ③ 검사의 속성, ④ 검사의 목적의 네 가지 요인에 달려 있다. 이 보고서는 또한 이러한 요인에 따라 검사 사용자의 자격 등급을 세 가지 수준으로 나누고 있는데 이를 인용하면 다음과 같다.

수준 A: 직업성숙도 검사와 같이 심리학자가 아닌 사람에 의해서도 시행되고 해석될 수 있는 몇 가지 검사가 여기에 속한다.

수준 B: 집단으로 실시되는 일반지능검사나 흥미도 검사나 적성검사와 같이 검사의 구성개념이나 사용법과 관련된 기술적 지식을 갖추어야 하며, 통계학이나 개인차, 적응심리, 인사배치와 관련된 지식을 갖추고 있어야 한다. 시간이 지나면서 이 검사들은 인가된 학교나 정부기관 및 기업에서 사용할 수 있다고 재분류되었지만, 이후 이러한 기관들이 사실상 그 검사를 사용하는 사람들이 적합한 자질을 가지고 있는지를 판단하고 관리하지는 못했다는 증거가 제시되었다(Eyde et al., 1993).

수준 C: 일대일로 실시되는 개인용 지능검사, 성격검사 및 투사적 검사가 이에 해당한다. 이 검사를 사용하기 위해서는 적어도 심리학 분야에서 석사학위 이상의 학위를 마치고 적어도 1년 이상 현장에서 공인된 심리학자에 의해 지도감독을 받은 경험을 갖춘 사람이어야 한다고 한정하고 있다.

2. 심리검사 사용자가 갖추어야 할 지식과 경험

앞서 살펴보았듯이 심리검사는 자격을 갖춘 검사자가 사용할 때 오용이나 남용을 막고 수검자에게 도움이 될 수 있다. 검사자의 윤리의식이나 책임감과 같은 정서적, 인격적 부분 외에 검사자의 자격 중 가장 중요한 부분은 그가 가진 지식, 기술 및 경험이다. 심리검사를 적절하게 사용하려면 어떤 지식과 기술을 갖추고 있어야 할까?

1) 이상심리학이나 정신병리학적 지식

임상심리학자는 병원이나 여타 클리닉을 벗어나 점점 다양한 장면으로 활동 영역을 넓혀 가고 있는 추세이다. 그러나 전통적으로 임상심리학자는 주로 임상장면에서 활동해 왔고, 현재도 임상에서 활동하는 임상가들이 여전히 대다수를 차지하고 있다. 우리나라 임상심리 전문가들 중 75% 정도가 임상가로 활동하고 있으며, 그들의 활동내용 중 35%가 심리진단과 평가에 할애되고 있는 것으로 보고되고 있다(권정혜, 2008). 따라서 현재도 여전히 임상심리학자들이 주로 사용하는 검사는 임상적 목적을 위해 제작된 검사들이다. 임상적 목적으로 제작된 검사를 활용하여 평가하기 위해서는 임상현장에서 마주치는 다양한 정신병리를 가진 환자들을 이해할 수 있는 지식과 경험이 필수적이다. 특정한 검사의 결과가 갖는 임상적 의미를 제대로 이해하고 표현하고 전달하려면 정상과 이상 심리에 대한 지식을 배경으로 하지 않고서는 불가능하다. 지금 현재 관찰된 수검자의 행동, 검사점수, 수검자의 현재 상태나 특성에 대한 그의 언어적 표현들, 그가 경험했던 과거의 사건들과 그가 겪어 온 심리적 고통이나 문제의 발달적 경과 등이 어떤 의미가 있는 것인가? 그러한 정보들을 어떤 관점에서 바라보고 이해해야 하는가? 그것은 넓게는 병리적 영역을 넘어서서 보편적 인간심리에 대한 지식과 함께 특정 수검자가 보이는 병리적 영역에 대한 구체적인 지식이나 이론적 관점에 대한 지식을 필요로 한다. 이러한 지식을 바탕으로 검사 결과가 해석될 수 있는 것이다. 이러한 지식이 없다면 검사 결과 그 자체는 해석되거나 치료적으로 활용되기 어려운 단편적이고 제한된 '정보'에 불과한 채로 남겨질 뿐이다.

물론 정신병리학적 지식은 다양한 이론적 배경을 가지고 있다. 동일한 병리적 행동도 관점이나 이론적 배경의 차이에 따라 다른 각도에서 조명되고 설명된다. 따라서 임상심리학자는 그러한 다양한 이론체계에 대한 기본적인 지식과 그 이론을 담고 있는 철학적 관점에 대해서도 이해할 필요가 있다. 예를 들어, 조현병은 생물학적, 심리적, 사회문화적 차원으로 표현된다. 임상심리학자가 조현병 환자에 대해 심리평가를 수행했을 때, 그는 주로 심리학적이고 사회적인 차원에서 해석될 수 있는 검사자료를 얻게 된다. 그 자료는 학습이론이나 인지심리학적 관점에서 해석될 때 더 의미가 있는 것일 수도 있고, 정신역동적 측면에서 해석될 때 더 가치가 있는 것일 수도 있다. 동일한 검사자료라 하더라도 임상심리학자가 어떤 이론적 지향점에서 그 자료를 배열하는가에 따라 의미가 달라질 수 있다.

이것은 검사를 통해 얻은 자료를 해석하는 데 있어서 뿐 아니라, 특정 상황에서 특정 수검자에게 어떤 검사도구를 사용하는 것이 가장 적절한지 판단하여 검사를 선택하기 위해서도 필요하다. 각각의 검사 도구마다 그것을 제작하게 된 이론적 배경이 다르며 제작방식 역시 상이하다. 예를 들어, 웩슬러 지능검사는 근본적으로 탈이론적이며 실용적인 관점에서 제작된 검사이다. 웩슬러 지능검사가 측정하는 내용은 기본적으로 일반지능(g 요인)이 있다는 가정하에 그 하위의 인지 기능 영역을 세분화하고 체계화한 검사이며, Wechsler 자신은 지적 요인뿐 아니라 비지적인 정서적 요인까지도 지적 능력을 발휘하는 데 작용한다고 생각했기 때문이다. 반면에 카우프만 지능검사(K-ABC)는 정보처리적 관점에서 제작된 검사이다. 따라서 진단적 평가보다는 세부적인 인지과정을 이해하거나 치료적 목표를 위해서 사용될 때 더 유용할 수 있다. 또한 다면적 인성검사(MMPI)는 경험적 제작방식에 의해 만들어진 설문지형 검사인 반면, 로르샤하 검사나 주제통각검사는 투사적 검사이며 정신역동적 관점에서 그 결과를 해석하기가 더 용이하다. 특정한 병리적 문제는 특정한 심리검사를 통해 더 잘 표현될 수 있고, 특정한 성격을 가진 수검자는 특정한 심리검사가 더 편하거나 그 검사에서 더 많은 정보를 제공할 수도 있다. 이러한 측면들을 적절하게 판단하기 위해서는 정신병리학에 대한 지식뿐 아니라 임상가가 사용할 수 있는 다양한 심리검사의 제작방식이나 그 제작방식이 기초하고 있는 이론적 배경에 대한 지식이 필요하다.

2) 심리측정학적, 통계학적 지식

현재 임상심리학자들이 사용하는 심리검사는 대부분 표준화된 검사이다. 표준화된 검사는 표준화된 절차에 의해 제작되었고 점수를 해석할 수 있는 객관적인 준거가 마련되어 있다. 각 검사가 지니고 있는 심리측정적(psychometirc) 속성을 제대로 이해하지 못한다면 그 검사를 제대로 활용할 수 없다. 모든 임상심리학자가 심리측정학자이거나 검사 개발자일 필요는 없지만, 적어도 자신이 사용하는 검사가 지니고 있는 심리측정학적 속성은 파악할 수 있어야 하며, 그것은 결국 통계학적 지식을 기반으로 한다. 예를 들어, 웩슬러 지능검사를 통해 얻은 전체지능지수가 100이라고 했을 때 심리측정학에 대한 지식이 없는 사람은 그것을 고정된 점수로 생각할 수 있다. 그러나 그것은 심리측정학적으로 측정의 오차를 포함하고 있는 확률적 추정치라는 것을 알고 있을 때, 수검자에게 그 의미를 보다 상세하고 적절하게 전달해 줌으로써 있을 수 있는 오해를 방지할 수 있다. 즉, 검사제작의 이론과 절차, 기술통계나 추론통계에 포함되는 기초통계학적 지식을 바탕으로 자신이 사용하는 검사 매뉴얼에 포함된 다양한 심리측정적 자료나 통계자료를 활용하여 얻어진 검사 점수를 목적에 맞게 활용할 수 있어야 한다.

표 12-1 심리검사 사용자가 갖추어야 할 측정학적/통계학적 지식

1. 기술통계학	• 빈도분포(예: 누적빈도분포) • 정상분포곡선을 특징짓는 기술통계학(예: 첨도, 왜도) • 집중경향에 관한 측정치들(예: 평균, 중앙치, 최빈치) • 변산에 관한 측정치들(예: 변산과 표준편차) • 관계성에 관한 지표들(예: 상관계수)
2. 척도, 점수, 변환점수	• 척도의 유형(명목척도, 서열척도, 등간척도, 비율척도) • 점수의 유형(원점수, 변환점수:백분위점수, 표준점수, 규준점수) • 척도 점수의 등간화 • 절단점수
3. 신뢰도와 측정의 오차	• 변산이나 측정오차의 원천(수검자의 특성, 검사 자체의 특성, 구성개념이나 검사 점수가 사용되려는 목적과 관련된 특성, 검사 실행자의 특성이나 행동, 검사 환경의 특성, 검사시행절차, 채점의 정확성) • 신뢰도의 유형 및 검사나 사용환경에 따른 적절성(검사–재검사 신뢰도, 동형검사 신뢰도, 내적 일관성, 채점자 간 신뢰도) • 변화점수(또는 차이점수) • 측정의 표준오차
4. 타당도와 검사점수의 의미	• 구인타당도에 기여하는 근거의 유형(내용, 준거관련, 수렴, 변별) • 검사 점수에 대한 규준적 해석(수검자의 점수를 해석하기 위한 규준이나 참조의 틀, 규준집단의 특성과 일반화의 한계들, 점수의 참조대상 유형: 규준, 영역 혹은 준거, 자기참조) • 상관기대표(expectancy table)

미국심리학회에서 발간한 검사 사용자의 자격에 관한 사항들을 보고한 보고서(Task Force on Test User Qualification: TSTUQ)에는 자격을 갖춘 검사 사용자라면 어떤 핵심적인 지식과 기술을 가지고 있어야 하는지도 구체적으로 여섯 가지를 명시하고 있다(APA, 2000). ① 심리측정학이나 측정, ② 적절한 검사의 선택, ③ 검사 시행 절차, ④ 민족이나 인종 및 성별 차이, ⑤ 장애를 가진 수검자에 대한 검사, ⑥ 지도감독을 받은 경험.

3. 심리검사 도구의 관리

자격을 갖춘 검사자는 자신이 사용하는 검사 도구를 잘 관리해야 한다. 자신이 사용하는 도구가 자격을 갖추지 못한 타인에 의해 사용되거나 노출될 때 발생할 수 있는 문제를 늘 염두에 두고 있어야 한다. 심리검사 도구가 적절한 자격을 갖추지 못한 사람에 의해 사용되거나 노출되었을 때 어떤 문제가 초래될 수 있을까? 첫째, 충분한 자격을 갖추지 못한 검사자는 그 도구를 제대로 사용할 수 없다. 무자격자에 의해 검사가 사용되면 검사를 제대로 실시, 채점, 해석하기 어려우며 결국 이는 수검자에게 피해를 주게 된다. 둘째, 노출된 검사가 악용될 가능성도 있다. 예를 들어, 다면적 인성검사는 임상현장뿐 아니라 일반 기업체의 인사 선발용으로 사용될 수 있다. 이때 이 검사의 문항이나 매뉴얼을 입수한 사람은 다면적 인성검사에 대해 공부한 후 자신이 원하는 방향으로 응답할 수 있다는 것을 알게 될 수도 있다. 이런 과정을 거쳐 그가 어떤 기업체에 입사하였으나 사실은 그가 그 기업체에 적절한 사람이 아니었을 경우 조직과 빈번한 갈등을 경험하거나 직장을 그만둘 수도 있다. 이 경우에 그 기업체에 해를 끼친 것은 물론이고 그 검사를 악용한 사람 자신의 인생에도 심각한 상처를 남길 수 있다. 셋째, 검사의 내용이 일반인들에게 광범위하게 노출될 경우 그 검사의 타당성이 사라질 수 있다. 만일 시력에 심각한 문제가 있는 누군가가 안과에서 사용하는 시력검사표나 색맹검사 도구를 미리 입수하여 암기한 후 운전면허 적성검사에서 통과하였다면 어떤 일이 벌어질 것인가? 마찬가지로 지능검사의 내용이 일반인들에게 노출되면 될수록 그 지능검사는 적절하게 사용되지 못할 가능성이 높다. 예를 들어, 자신의 자녀가 영재학교에 입학하기를 원하였으나 그 학교에서는 입학조건으로 일정 수준 이상의 높은 지능수준을 요구하고 있었다. 이 자녀의 부모는 미리 입수한 지능검사 내용을 자녀에게 집에서 학습시킨 후 그 지능검사를 받아 높은 지능지수를 얻을 수 있었고 그 결과 원하는 학교에 입학할 수도 있었다. 지능검사뿐 아니라 투사적 검사는 사전 노출 여부가 검사 자체의 타당성에 영향을 미친다.

　이처럼 자격을 갖추지 못한 사람이 검사도구를 사용하거나 일반 대중에게 노출되는 경우 예상외로 심각한 결과를 초래할 수도 있기 때문에 한국임상심리학회 윤리강령에는 평가관련 윤리의 하위 항목으로서 다음과 같은 조항을 명시하고 있다.

제50조 검사의 보안 유지

1. 심리검사의 대중적 노출이 검사의 타당도를 손상시킬 가능성을 고려하여 검사의 보안을 위해 노력하여야 한다.
2. 능력검사(지능검사, 신경심리검사, 적성검사 등)와 투사적 검사의 요강, 도구, 자극 또는 문항이 대중매체, 인터넷 등을 통해 대중적으로 노출되지 않도록 해야 한다. 또한 이러한 검사에서의 특정한 반응에 대한 구체적인 해석이 대중적으로 노출되지 않도록 해야 한다.
3. 검사의 보안을 위한 노력의 의무는 심리검사에 관한 내용이 포함되는 서적에도 적용된다. 단, 심리학 전공자들이 심리검사를 연구하고 사용하는 데 도움을 주기 위해 제작되는 검사 요강, 핸드북, 해설서, 사례집, 워크북 등의 서적에 대해서는 특별한 제한을 두지 않는다.
4. 심리검사를 제작하여 판매하려는 심리학자는 그 검사의 특징을 감안하여 검사 구입자의 자격 범위를 규정하고, 그러한 자격을 갖추지 못한 사람에게 판매되지 않도록 해야 한다.

---

4. 심리검사의 실시

　앞서 살펴보았듯이 심리검사는 단순히 지시문을 읽어 주고 반응을 채점하여 결과를 보고하는 기계적인 과정을 넘어서는, 다양한 측면의 자격을 갖춘 검사자가 실시해야 하는 상당히 전문적인 행위라고 할 수 있다.

　또한 심리검사는 그저 검사자 편에서 일방적으로 수검자의 반응을 수집하는 일방적인 과정이 아니다. 그것은 검사 도구를 매개로 이루어지는 수검자와 검사자 간의 역동적인 상호작용의 과정이며, 얻어진 결과는 그 상호작용의 결과물이다. 물리적 대상의 어떤 속성을 측정하는 물리학자나 화학자는 측정하는 주체와 측정되는 대상 간의 관계에서 상호작용이라는 측면을 거의 고려할 필요가 없다. 측정과 평가의 대상이 무생물이기 때문이다. 그 측정과정은 측정자에 의해 일방적으로 이루어진다. 그러나 심리검사의 대상자는 살아 있는 생물이다. 더구나 검사자와 동일한 수준의 사람이며, 그것도 객관적인 속성을 가진 신체적인 것이 아닌 심리적인 속성이 측정의 대상이다. 검사자와 검사 대상이 이처럼 동일한 수준에 있다는 것은 필연적으로 '상호작용'을 고려하지 않을 수 없다는 것을 의미한다. 검사를 받게 된 배경, 그리고 검사 실시과정에서 검사자와 수검자가 보이는 그때 그때의 모든 행동과 심리상태가 서로 간에 영향을 받고 영향을 주며 진행된다.

심리검사를 통해 최종적으로 얻어진 심리검사 결과는 이러한 심리검사 상황의 산물이다. 이 상황은 검사를 받게 된 경위, 의뢰목적, 검사자의 준비사항, 검사자의 특성이나 당시의 심리상태, 그리고 검사실의 물리적 환경, 검사 상황에 대한 수검자의 지각과 태도, 검사자에 대한 수검자의 느낌과 감정, 검사 도구와 검사 과정에 대한 수검자의 느낌과 감정 등 심리검사와 관련하여 직간접적으로 심리검사에 영향을 미칠 수 있는 모든 요인이 포함된다. 수검자의 반응은 이러한 검사 상황이라는 '장(field)' 속에서 얻어지는 것이지, 진공 속에서 일방적으로 검사자에 의해 수집되는 것이 아니다.

그럼에도 불구하고 자칫 검사자는 객관적인 관찰자 입장만을 취하기 쉽고, 얻어진 결과가 오직 수검자 요인만을 반영한 것이라고 착각하기 쉽다. 따라서 검사 실시를 계획하고 준비하고 실행하고 채점하고 해석하는 모든 과정은 그러한 상호작용이라는 측면에서 신중하게 고려되어야 한다. 따라서 검사 실시를 위해 사전에 어떤 준비를 해야 하는지, 그리고 수검자와 마주하여 검사가 진행되는 모든 단계와 절차가 검사 결과에 어떤 영향을 줄 것인지에 관해 검사자는 하나하나 예민하게 자각하며 검사를 실행해야 한다. 그래야 얻어진 검사 결과의 의미를 제대로 해석해 낼 수 있게 된다.

1) 준비사항

검사 실시과정에서 검사자가 직면하는 모든 상황에 적절히 반응하고 그 상황을 관리해 나가기 위해서는 상당한 주의력이 필요하다. 그러나 주의의 용량은 한정되어 있다. 따라서 검사자가 이러한 주의의 용량을 더 많이 확보하면 할수록 검사는 잘 진행될 것이다. 이것은 검사 시행 전에 얼마나 철저한 준비가 되어 있느냐에 의해서도 일정 부분 확보될 수 있다. 준비가 철저하지 못하여 예상치 못한 상황이 발생하거나, 검사 시행 절차에 익숙하지 못하여 그 절차를 따라가는 데만 신경을 쓴다면 정작 더 중요한 수검자의 반응을 관찰하거나 적절히 반응하는 데 필요한 주의력은 분산되고 고갈될 것이다.

(1) 물리적 환경

검사를 실시할 장소는 사전에 약속되고 정해져 있는 것이 좋다. 상황에 따라서는 검사 장소가 갑자기 변경되거나 약속되어 있지 않은 채 즉석의 임의적 장소에서 이루어질 수도 있다. 그러나 그런 경우 검사자와 수검자 모두 당황할 수 있으며 안정된 마음으로 검사를 수행하지 못할 수 있다. 또한 검사자가 그 변경된 장소에 익숙하지 않을 경우, 검사 시행과정에서 어떤 문제들이 일어날 수 있는지 사전에 알기 어렵기 때문에 미리 조치해 놓기도 어렵다. 따라서 검사자는 검사가 이루어지는 장소를 사전에 정해 놓고, 그 장소의 물리적 특성과 방해요인 등을 미리 점검하고 최적의 상태로 준비해 놓아야 한다. 수검자와 검사자가 앉을 수 있는 의자와 책상은 어떻게 배치되어 있으며 검사 시행에 불편한 점은 없는지, 검사 도구는 어디에 놓아야 할지, 주변의 소음은 심하지 않은지, 방음은 얼마나 보장이 되는지, 조명은 적절한지, 컴퓨터를 활용하거나 기타 도구 설치가 필요하다면 적절한 공간과 구조가 되는지, 검사실에 너무 많은 가구가 있거나 벽지의 색깔 등 장식물들이 너무 주의 산만하지는 않은지 등을 점검해야 한다. 아울러 대부분의 수검자가 대기실에 있다가 검사실로 들어오게 되므로 대기실의 환경도 중요할 수 있다. 대기하면서 충분히 마음의 준비를 할 수 있을 정도로 안정된 물리적 환경을 갖추고 있는지, 지나치게 많은 대기자가 우왕좌왕하는 구조여서 매우 불안하거나 산만한 상태로 대기하다 들어올 수밖에 없는지 점검해 보아야 한다. 방음 처리가 제대로 되지 않아 수검자가 긴장하면서 얘기를 해야 한다거나, 소란 때문에 애써 큰 목소리로 말해야 한다면 자연스러운 검사 진행에 큰 방해가 될 것이다. 그 외에도 간혹 검사 도중 수검자가 격한 감정을 보이거나 우는 경우를 대비하여 휴지가 준비되어 있어야 하며, 장시간 검사가 이루어진다면 마실 수 있는 물과 컵 등이 필요할 수도 있다. 요컨대, 검사자는 자신이 주로 사용할 검사나 수검자의 유형과 특성에 비추어 볼 때 그에 맞는 물리적 환경이 구비되어 있는지를 미리 점검하고 준비해 두어야 한다.

(2) 심리적 상태

검사에 얼마나 집중할 수 있는가 하는 것은 얼마나 안정된 심리적 상태에서 검사를 진행해 나갈 수 있는지와도 관련이 있다. 먼저 검사자 자신의 심리적 상태가 검사할 수 있을 정도로 준비되어 있어야 한다. 검사자의 심리상태가 불안정하다면 검사과정에 온전히 집중하기 어려울 것이다. 검사자가 현재 직면해 있는 여러 가지 사적인 상황으로 인해 마음이 혼란스러운 상태이거나 여타 검사를 실시하기 어려운 다른 상황이라면 당연히 검사 일정을 조정하거나 다른 검사자에게 위임해야 할 것이다.

또한 수검자의 심리상태도 마찬가지이다. 수검자가 처한 상황이나 그의 특성에 따라 특정한 검사를 수행하기에는 부적합한 상태에 놓여 있을 수 있다. 이러한 것은 초기면담 과정에서 어느 정도 파악할 수 있다. 어떤 수검자는 매우 급박한 상황적 위기로 심리적 여유가 없거나 혹은 그가 가진 심리적 문제로 인해 현재 급성적인 정서적 혼란 상태일 수 있다. 이러한 상태에서 검사를 하게 되면 안정된 상태에서나 드러날 수 있는 심층적인 요인들이나 수검자의 평소 특성은 가려지며 상황적 요인으로 촉발된 심리적 측면만이 부각된 결과를 얻을 수밖에 없다. 따라서 검사자는 수검자의 상태에 따라서도 검사 일정을 조정해야 한다. 요컨대, 검사자와 수검자의 심리적 상태가 모두 검사하기에 적절한 정도로 준비되어 있는가 하는 점을 검토해 보아야 한다.

(3) 수검자에 대한 파악

수검자에 대한 아무런 사전 정보 없이 즉석에서 검사가 이루어지는 경우는 드물며, 그것은 하나의 모험이라고 할 수 있다. 물론 그런 경우라 해도 간략하나마 초기면담을 진행한 후 검사를 진행하게 되며, 그러한 초기면담을 통해 전반적인 검사 절차를 계획하고 평가의 목적을 정하게 된다. 대개 검사를 하게 될 수검자의 성별, 나이와 같은 기본적인 인구학적 정보나 주요 문제 정도는 파악한 후 검사를 준비하는 것이 보통이다. 예를 들어, 아동인지 성인인지에 따라 검사 도구와 전체 검사시간도 달라진다. 만일 수검자가 78세의 노인이며 휠체어를 타고 올 것이라는 것을 미리 알았을 경우 돋보기 안경이나 책상과 의자의 배열을 미리 그에 맞추어 준비해 놓아야 할 것이다.

물론 검사 전에 수검자에 대해 세밀한 사항까지 다 파악할 수는 없고 또 그럴 필요도 없다. 너무 많은 사전 정보는 오히려 검사자로 하여금 선입견을 갖게 만들고, 그것이 오히려 검사 과정에 부정적인 영향을 줄 수도 있을 것이기 때문이다. 그러나 전혀 아무런 정보도 없는 경우보다는 수검자에 대한 대략적인 윤곽은 파악하고 검사에 임하는 것이 좋다. 심리평가는 지속적인 가설 검증의 과정이라고 할 수 있으며, 사전 정보를 통해 대략적인 가설을 설정한 후 검사를 진행하는 것이 검사과정을 보다 초점 있게 만들고 시간을 효율적으로 사용할 수 있다. 아무런 사전 정보가 없고 따라서 아무런 가설 없이 수검자를 만나 거의 맹목적인 탐색부터 시작하며 검사를 진행하다 보면 검사 과정에서 시행착오가 많아지고 산만해지며, 이것은 결국 수검자에게도 불안감이나 불신감을 안겨 줄 수 있다. 사전 정보를 통해 선입견이 생길 수 있다 하더라도 사전 정보에 따라 일정한 계획과 목표를 설정하고 검사를 진행해 나가는 것이 더 효율적이다. 중요한 것은 사전에 설정해 놓은 가설과 맞지 않는 사실이 검사 도중 관찰되었을 때 그 가설을 다시 수정할 수 있는지, 왜 그 가설을 수정해야 하는지 등을 검사자 자신이 지속적으로 심사숙고하고 실행해 나갈 수 있는지의 여부이다.

(4) 도구

아무리 간단한 심리검사라 해도 도구는 필요하다. 지필형 검사일 경우 종이와 연필, 지우개 등이 필요하며, 지능검사라면 검사용지와 검사 자극 및 초시계를 포함하여 더 많은 도구가 필요할 수 있다. 컴퓨터를 활용하는 검사라면 수검자가 볼 수 있는 컴퓨터 화면과 키보드 및 여타 관련 장치가 준비되어 있어야 할 것이다. 노인인 경우 안경이 필요하며, 어린 아동이나 유아인 경우 장난감이나 간단한 먹을거리가 필요할 수도 있다.

투사적 검사나 지능검사일 경우 그 도구를 수검자가 미리 볼 수 있는 위치에 노출시켜서는 안 된다. 그럴 경우 검사 도구를 어디에 두고 사용할 것인지 결정해야 하며, 검사 시행 순서에 맞추어 불편함이 없이 바로 꺼내어 제시할 수 있도록 미리 배치해 놓아야 한다. 도구가 많이 필요한 검사일 경우 검사 도구를 제시하고, 검사자의 반응을 기록하면서 동시에 초시계로 시간을 기록하거나 다음 도구를 미리 준비해 놓는 등 주의를 빼앗길 요소가 많다. 이러한 작업을 하면서 동시에 그때그때 보이는 수검자의 행동을 관찰하면서 적절하게 대응하며 검사 상황을 관리해 나가기 위해서는 가급적 도구와 관련된 문제에는 주의를 빼앗기지 않기 위해 최소한의 동선으로 자연스럽게 움직일 수 있도록 검사 공간을 배치하고 사전 연습을 해 두어야 한다.

(5) 검사 절차와 관련된 준비사항

표준화된 검사는 표준화된 절차가 있고, 표준화되지 않은 검사 역시 일반적인 검사 절차가 있다. 집단검사와 일대일 검사도 마찬가지이다. 검사자가 어떤 검사를 실시하건 그에 맞는 절차가 있으며 검사자는 그 과정에 숙달되어 있어야 한다.

먼저 지필검사인 경우, 그것이 집단검사건 개인검사건 수검자에게 어떤 형태의 설명이나 지침을 구두로 혹은 미리 인쇄된 문서로 전달해 주어야 한다. 검사자는 지시문이 짧은 것이건 복잡한 것이건 수검자에게 자연스럽게 설명해 줄 수 있을 정도로 충분히 암기하고 있어야 한다. 또한 그 지시사항을 듣고 수검자는 다양한 질문을 할 수 있는데, 있을 수 있는 질문의 유형과 그 질문에 대한 답변방식도 미리 준비해 두어야 한다. 검사자가 그때그때 기분에 따라 달리 지시하고 달리 답변해 준다면 개별 수검자마다 차별적으로 영향을 미치게 될 것이기 때문이다.

표준화된 검사인 경우 매뉴얼에 명시된 대로 표준화된 절차를 따라야 한다. 표준화된 검사라 함은 검사 제작자가 특정한 절차에 따라 검사를 실시하여 얻은 자료를 바탕으로 규준을 구성했다는 것을 의미한다. 따라서 동일한 절차에 의해 얻은 점수만이 그 검사가 제시하는 규준에 비추어 규준적 의미로 해석될 수 있다. 그러나 검사를 실시하다 보면 상황에 따라 혹은 수검자의 특성에 따라 표준화된 절차를 그대로 따르기 어려운 경우도 있다. 그럴 경우라 하더라도 일단 표준화된 절차에 의해서는 어떤 결과를 얻었는지를 기록해 놓고, 그다음에 검사자가 판단한 대안적 절차를 적용해야 한다. 표준화된 절차를 따랐을 때의 결과와 그렇지 않았을 때의 결과를 비교하는 것 자체가 해석적인 의미가 있기 때문이다. 표준화된 절차를 따르기 어렵다고 판단하여 처음부터 대안적 방식으로 검사를 수행하고 그 결과만 얻는다면 수검자의 결과를 보다 의미 있게 해석할 수 있는 기회를 미리 차단하는 셈이 되는 것이다. 이처럼 표준화된 절차를 지키기 위해서는 표준화된 절차에 대해 거의 자동적으로 수행할 수 있을 정도로 검사자가 그 절차에 대해 숙지하고 있어야 할 것이다. 그 검사를 몇 번 실시해 보지 않았거나 충분히 연습되어 있지 않아서 수검자와 마주 앉은 상태에서 매뉴얼을 읽어 가면서 검사를 수행한다면 제대로 검사가 진행될 수 없을 것이다.

아울러 검사자는 그저 기계적으로 학습한 절차에 따라서만 검사를 실시하기보다는 왜 그 검사가 그런 절차로 표준화되어 있는지 그 절차의 취지나 목적에 대해서도 이해하고 있어야 한다. 그래야 어떤 상황에서 표준화 절차를 어느 정도, 어떻게 수정하여 진행하는 것이 타당한지 아닌지 판단할 수 있고, 그렇게 수정된 절차가 결과에 어떤 영향을 미칠 것이며 그 결과를 어떻게 해석해야 할 것인지도 판단할 수 있기 때문이다. 예를 들어 보자. 웩슬러 지능검사는 각 소검사마다 정해진 표준적인 실시 절차가 있는데, 그중의 하나는 몇 문항 이상 정답으로 반응하지 못하면 검사를 중단하라는 중지규칙이다. 검사자는 물론 이 중지규칙에 따라 검사를 실시해야 한다. 그러나 간혹 어떤 수검자는 중지규칙에 정해진 문항 수만큼 실패했음에도 불구하고 더 하기를 요구할 수 있다. 또는 수검자는 더 원치 않는다 해도 검사자가 보기에 이전까지는 긴장해서 실패한 것이기 때문에 다음 문항은 더 풀 수 있을 것 같은 느낌이 들 때가 있다. 이때 그 이후의 문항을 실시해서 맞추었다면 규칙대로 실행했을 때 얻을 수 있는 정보 이상의 것을 알 수 있으며, 수검자는 다시 자신감을 갖고 다음 검사로 넘어갈 수 있을 것이다. 또한 웩슬러 지능검사 중 동작성 검사들은 대개 시간제한이 있고 제한시간을 넘기면 중지하도록 되어 있다. 그러나 제한시간을 넘겼는데도 끝까지 해결하려고 노력하는 수검자가 있고, 또 검사자가 보기에 조금만 더 시간을 주면 풀 수 있을 것 같은 경우도 있다. 이때 매뉴얼에 적힌 표준 지침은 분명히 그만 중단하는 것이지만, 억지로 중단할 경우 수검자는 크게 좌절하거나 무시당했다고 느낄 수 있다. 이것은 검사를 위한 긍정적 라포 형성을 저해하는 요인이 될 수 있다. 물론 그런 경우에도 채점은 표준 절차에 따랐을 경우로 가정하여 그대로 점수를 계산해야 한다. 그러나 그렇게 검사자가 융통성을 발휘하지 않을 때는 계산된 점수 이외의 것에 대한 정보는 얻을 수 없을 것이다. 요컨대, 어떤 경우에 얼마나 융통성을 발휘해야 할지 적절하게 판단하기 위해서 검사자는 그 검사의 구성개념과 표준 절차를 정확히 알고 있어야 하고, 아울러 그 표준 절차가 왜 그 검사를 위해 필요했는지 그 취지와 목적도 이해하고 있어야 한다.

2) 실시 단계 및 절차

심리검사는 먼저 그것을 실시하는 목적을 명료화하는 것부터 시작한다. 심리검사가 실시되는 상황은 다양하다. 검사자 자신이 어느 기관에 소속되어 있고 어떤 위치에 있는가에 따라 심리검사가 진행되는 방식과 단계는 달라질 수 있다. 검사자 자신이 초기면접자이고 동시에 검사자이며 검사 이후의 치료자인 경우가 있을 수 있다. 이때 심리검사의 목적은 검사자 자신이 분명히 알고 있다. 이럴 경우 초기면접 과정에서 이미 어느 정도의 라포는 형성되어 있으므로 심리검사를 수행할 때 새롭게 라포를 형성해야 할 필요는 없다. 병원에 고용되어 있거나 수련 중인 임상심리학자는 대부분 환자를 담당하고 있는 의사의 의뢰를 통해 검사를 계획하고 시작하게 된다. 이 경우 그 환자는 어느 정도 치료가 진행된 상태에서 의뢰될 수도 있고, 외래에서 초진만을 거친 후 심리검사를 받게 될 수도 있다. 이때 심리검사의 의뢰자와 실시자는 다르며, 검사자는 의뢰된 목적과 의뢰한 기관의 성격에 대해 파악하는 것부터 시작해야 한다. 의뢰목적이 파악되면 필요한 검사를 선정하고 앞서 언급한 준비사항을 갖춘 후 검사를 시작한다. 검사가 시작되면 간단한 평가면접을 거쳐 검사를 시행해 나가며 동시에 수검자와의 라포도 형성해 나간다. 검사가 끝나면 검사자료를 포함하여 다양한 원천의 자료를 수집하고 해석과 보고 준비를 한다. 여기서 말하는 다양한 원천의 자료란 검사자가 수검자에 대해 수집할 수 있는 모든 정보를 의미하며, 의뢰목적, 담당의사로부터 얻은 기타 정보, 평가면접 자료, 가족면담 자료, 기타 병록지에 기록된 인구학적 정보, 행동관찰 자료, 그리고 검사를 통해 얻은 검사 결과를 포함한다. 검사가 완료되면 채점을 하고 자료를 통합하여 해석을 시도한 후 문서 혹은 구두로 전달할 수 있도록 결과를 정리한다. 결과 보고는 수검자에게 직접 전달될 수도 있고, 의뢰한 의사에게 간접 전달될 수도 있고, 또는 보호자에게 전달될 수도 있다. 검사자가 동시에 치료자인 경우 문서화된 보고서와 함께 구두로 피드백을 주는 세션을 가질 수도 있다. 일반적으로 진행되는 심리검사의 실시단계를 요약하면 [그림 12-1]과 같다.

의뢰목적 파악	• 의뢰된 문제는 무엇인가? • 어떤 기관의 누가 의뢰했나? • 그 의뢰자는 검사결과에 대해 어떤 기대를 갖고 있는가?

⬇

내담자 문제와 관련된 정보수집	• 수검자는 어떤 유형의 문제를 가지고 있는가? • 그 문제 유형에 적절한 검사는 무엇인가?

⬇

자료수집	• 다양한 원천의 자료를 수집 (검사결과, 개인력, 행동관찰, 면담, 학생기록부, 의료기록 등)

⬇

자료의 해석	• 자료의 취합 • 내담자의 문제 영역에 가설 설정 • 부분적 가설의 타당성 검토와 가설의 수용 또는 거부 결정 • 통합적 가설 설정 • 수검자에 대한 정신역동적 모델 형성 • 수검자의 상황적 요인 탐색

⬇

보고서 작성 및 결과전달	• 문서 혹은 구두로 전달 • 검사 보고서에 대한 피드백

[그림 12-1] 심리검사 실시의 단계

이러한 단계는 명확하게 구분될 수 있는 것은 아니며 각 단계는 서로 밀접하게 연관되어 있다. 기술된 검사 실시단계 내에서 고려해야 할 몇 가지 중요한 측면을 구체적으로 살펴보자.

(1) 의뢰목적의 파악

이 수검자는 왜 심리검사를 받아야 하는가? 검사자는 검사 시작 전에 먼저 이 질문에 대해 스스로 답할 수 있어야 한다. 어떤 심리검사건 그 검사를 하게 된 이유가 반드시 있다. 자신이 의뢰자이며 동시에 검사자인 경우에도 검사 전에 한 번 더 분명하게 검사의 목적에 대해 자각할 필요가 있다. 타인에 의해 의뢰된 수검자인 경우에는 그 의뢰자와의 의사소통이 중요하다. 그 의사소통의 형태는 상황에 따라 달라질 수 있다. 어떤 경우에는 간략한 의뢰 사유가 적힌 의뢰서를 통해서 의사소통이 이루어질 수 있다. 이 경우 의뢰서에 적힌 의뢰 사유가 이해되지 않거나 정보가 불충분할 경우 직접 의뢰자와 접촉하여 부가적인 정보를 더 얻을 수도 있을 것이다. 또 다른 경우에는 문서가 아닌 면대면의 만남에서 구두로 의뢰목적을 전달할 수도 있고, 전화 통화나 이메일을 통해 전달할 수도 있을 것이다. 그것이 어떤 형태건 검사자는 의뢰목적에 대해 가급적 충분히 파악한 이후에 검사를 실시해야 한다. 의뢰목적이 분명치 않거나 검사자 자신도 갈등하며 검사를 진행해 나갈 수밖에 없다면 그 검사과정은 초점을 잃고 우왕좌왕하게 되고, 결과 해석이나 최종 보고서 역시 어떤 방향에서 기술해야 할지 갈피를 잡지 못하게 된다.

물론 의뢰목적이 구체적인 것이 아니라 전반적인 정신건강 상태에 대한 탐색과 같이 모호하거나 광범위한 것일 수도 있다. 이 경우에는 검사자 자신이 평가면접이나 검사를 진행해 나가면서 수검자의 문제 영역을 구체화하면서 특정한 가설을 세우고 특정 영역에 더 치중하여 검사를 진행해 나갈 수도 있다. 그러나 대부분의 경우 의뢰자는 수검자와 관련된 특정한 질문에 대한 답을 얻기 위해 심리검사를 의뢰한다. 그리고 이 특정한 질문은 의뢰자의 특성이나 그가 속한 기관과 긴밀하게 연결되어 있다. 산재보험 회사나 그 회사의 촉탁을 받은 의사가 심리검사를 의뢰하였다면, 그것은 수검자의 인지기능이 재해를 당하기 전의 상태에 비해 얼마나 손상되어 있는지 혹은 일정한 치료과정을 거친 후 얼마나 기능이 회복되었는지에 대해 일차적인 관심이 있을 것이다. 법원의 의뢰를 받았을 경우에는 의뢰 주체가 판사인지, 검사인지, 변호사인지에 따라, 그리고 수검자가 범죄 가해자인지 피해자인지에 따라 의뢰목적이 달라질 수 있다. 부부상담 기관의 의뢰를 받았을 경우 부부치료를 진행하기 위해 남편과 아내의 특성과 주요 갈등 영역이 무엇인지 먼저 파악하려고 의뢰되었을 수 있다. 만일 그 부부가 서로 회복하기 어려운 극심한 위기상태이거나 또는 이미 이혼법정에 선 상태에서 의뢰되었다면 의뢰목적은 또 달라질 수 있다. 검사자는 이처럼 검사가 의뢰된 상이한 상황적 맥락의 특성이 무엇인지, 그리고 구체적인 의뢰 질문이 무엇인지 파악했을 때 전반적인 검사 절차와 단계를 명료화할 수 있으며, 초점 있고 심도 있는 심리평가 보고서를 작성할 수 있게 된다. 결과적으로 그것이 의뢰자와 수검자에게 도움이 되는 만족스러운 심리학적 서비스를 제공할 수 있게 될 것이다.

때로는 의뢰목적 자체가 갈등의 산물인 경우도 있다. 심리검사가 의뢰된 목적과 관련하여 여러 사람의 이해관계가 상충하거나 복잡한 감정이 얽혀 있는 경우가 있을 수 있다. 합의이혼을 결정한 후 양육권 분쟁 중인 부부를 의뢰받았을 때, 심리검사 결과는 남편과 아내 혹은 그 부부의 아이들 중 누군가에는 유리하거나 불리한 방향으로 작용할 수 있다. 어떤 변호사로부터 성폭행을 당한 한 여성의 현재 정신상태를 객관적으로 밝혀 주기를 요구하는 심리검사가 의뢰되었을 때, 그 여성에 대한 심리검사 결과는 의뢰자인 변호사나 검사 혹은 성폭행 가해자에게 각각 다른 의미로 받아들여질 수 있다. 만일 검사 측에 불리한 결과로 작용할 경우 검사자는 법정에서 그 심리검사 결과의 타당성을 증명해야만 할 상황에 놓일 수 있다. 어떤 경우에는 공식적인 의뢰목적과 그 이면에 또 다른 의뢰목적이 숨겨져 있는 경우도 있다. 예를 들어, 갈등 중인 어떤 부부가 부부상담 기관을 방문하였고 그 부부를 상담하는 상담자로부터 부부에 대한 심리검사가 의뢰되었다. 이 부부에 대한 심리검사 의뢰자인 상담자는 향후 부부상담 계획을 세우기 위해 심리검사를 의뢰한다고 하였고, 검사자는 그 의뢰목적에 따라 갈등을 유발하는 그 부부 각자의 성격적 측면의 강약점을 비교하여 보고서를 전달하였다. 그러나 나중에 밝혀진 사실이지만, 이 부부는 결국 이혼하였으며 그 이혼소송 과정에서 남편이 아내의 심리검사 결과 중 불리하게 작성된 내용만을 근거자료로 제출하여 남편에게 유리한 소송결과를 얻어내었다는 것을 알았다. 즉, 남편은 숨겨진 의도를 가지고 부부상담소를 방문한 것이며, 그 의도에 따라 상담자에게 검사를 받고 싶다고 요청하였던 것인데, 상담자와 검사자는 검사를 실시할 당시에는 그 숨겨진 의도를 모르고 있었던 것이다. 만일 검사자가 이러한 모든 상황을 예상하거나 충분히 파악하고 있었다면, 평가 보고서의 내용에 특정한 목적으로 악용될 만한 소지를 남기지 않도록 주의했을 것이다.

물론 검사자는 당사자들 간의 이러한 이해관계에 대한 고려 없이 얻어진 검사 결과에만 근거하여 객관적인 평가 결과 보고서를 작성하고 전달하면 된다. 그러나 그렇게 작성된 보고서라 하더라도 어떤 이해관계에 놓여 있는 사람이 그 보고서를 입수하거나 활용하느냐에 따라 왜곡된 방식으로 해석되거나 이용될 수 있는 소지가 있다. 이것은 심리검사가 물리적 대상을 측정한 결과에 대한 단순한 보고가 아니기 때문이며, 검사 결과만으로 평가 보고서를 작성하는 것도 아니기 때문이다. 평가 보고서는 검사자가 수집한 모든 자료를 종합하고 최종적으로 검사자의 임상적 판단이나 의뢰목적을 고려하여 오해나 분쟁의 소지가 없도록 작성되어야 한다. 이를 위해서는 검사자가 의뢰목적을 분명하고 포괄적으로 파악하고 있어야 한다. 의뢰목적이나 의뢰된 경로, 의뢰자의 특성, 그리고 수검자가 현재 처한 상황 및 이해관계에 놓인 가족들이나 주변 인물들에 대한 정보 등을 파악하고 검사를 실시할 수 있는 경우와 그렇지 못한 경우 보고서의 내용이나 방향은 현저하게 달라질 것이다.

　요약하면, 의뢰목적을 명확히 파악하는 것은 검사도구의 선정을 포함하여 전반적인 평가계획을 세우는 데 필수적이며, 그 의뢰목적에 적합한 평가를 수행해 낼 수 있도록 검사 실시 과정과 결과 보고 및 전달 과정을 포괄적인 시각에서 바라보고 관리해 나가는 데 있어서 핵심이 되는 매우 중요한 평가과정의 첫걸음이다.

(2) 라포 형성, 동기유발

　라포는 일반적으로 심리치료 과정에서 이루어지는 협력적이고 긍정적인 치료적 관계를 의미하지만, 심리검사 수행이나 그 결과에도 영향을 준다. 심리검사 역시 검사자와 수검자 간의 긴밀한 관계 속에서 진행되어 나가기 때문이다. 검사자나 수검자가 서로에 대해 또는 심리검사에 대해 형성한 긍정적 혹은 부정적 감정은 검사의 전 과정과 결과에 어떤 식으로든 영향을 미친다. 만일 라포가 거의 형성되지 못한 채로 검사가 진행된다면, 그것은 수검자 스스로 매뉴얼을 보며 검사를 혼자 진행해 나가는 것과 다를 바 없는 것일 수 있다.

　특히 지능검사나 적성검사와 같은 최대수행 검사(혹은 성능검사)가 진행될 경우 라포가 제대로 형성되고 충분한 동기가 유발된 상태에서 검사를 할 수 있는가의 여부는 검사 결과에 영향을 미치는 결정적인 요인이 될 수 있다. 그것은 객관적 성격검사나 투사적 검사일 경우도 마찬가지이다. 흔히 다면적 인성검사와 같은 객관적 자기보고형 검사는 라포 형성을 할 기회도 없고 또 라포 형성을 위해 특별히 애쓸 필요도 없는 것으로 생각할 수 있다. 그러나 오히려 자기보고형 검사인 경우에 더 큰 영향을 받을 수도 있다. 수검자가 그 검사도구에 대해 어떻게 느끼고 있는지 혹은 그 검사도구를 제시하고 설명해 주는 검사자에 대해 받는 첫인상이나 정서적 태도에 따라 자기보고의 내용과 방향은 달라질 수 있다. 만일 다면적 인성검사를 실시하기 전에 그 검사의 특성과 제한점, 그리고 그 검사를 시행하는 목적을 친절하게 설명받은 수검자는 그 검사자나 그 검사에 대해 우호적인 태도나 긍정적 기대를 갖게 되고 가급적 자신의 내적 상태를 정확하게 보고하려고 노력할 것이다. 반대로 별다른 설명 없이 검사용지를 던지듯 나누어 주고 실시하기를 요구하는 검사자에게는 부정적 감정을 느낄 수 있다. 게다가 다면적 인성검사의 상당수 문항 내용은 수검자에게 불편감을 줄 수 있다. 검사에 대해 부정적인 감정을 가지고 있고 그 검사에 대해 매우 불편해하거나 불안을 느끼는 수검자는 의미 있는 내용은 거의 보고하지 않을 수도 있다. 요컨대, 자기보고형 검사는 전적으로 내담자의 자기보고에 맡기는 것이기 때문에 오히려 검사자나 검사 도구에 대해 어떤 태도를 갖고 있느냐가 반응에 영향을 미칠 수 있다.

투사적 검사인 경우에도 라포나 수검 당시의 정서상태는 직접적인 영향을 미칠 수 있다. 자유연상 과정은 심리상태의 미묘한 변화에 의해서도 영향을 받기 때문이다. 또한 수검자가 얼마나 긍정적이고 안정된 정서상태인가에 따라 자유연상의 폭과 깊이, 개방성의 정도가 달라진다. 검사자를 신뢰하지 않거나 검사 결과에 대해 부정적인 기대를 하고 있거나 그 검사를 매우 꺼림직하고 불안하게 느끼고 있다면, 수검자는 강하게 방어할 것이며 자유연상을 통해 충분히 자신을 노출하지 않으려고 할 것이다.

이것은 검사자에 대해서도 마찬가지이다. 검사자가 수검자에 대해 어떤 감정이나 태도를 지니고 있는가는 수검자를 대하는 태도와 행동에 영향을 주게 된다. 만일 처음부터 수검자에 대해 부정적인 감정을 가지고 있었다면 지시문을 충분히 상세하게 제시해 주지 않거나, 그저 표준화된 절차에 의해서만 기계적으로 검사를 진행해 나가거나, 수검자의 행동 하나하나에 대해 깊은 관심을 가질 수 없을 것이다. 그리고 그런 과정을 통해 얻어진 심리검사 결과는 역시 동일한 감정을 지닌 검사자에 의해 편향되게 해석되거나 오도될 수도 있다.

또한 '피그말리온 효과(Pygmalion effect)'는 교사와 학생의 관계뿐 아니라 검사자가 수검자에 대해 품고 있는 기대나 편견에 대해서도 적용될 수 있다. 특히 아동을 검사하는 경우에는 라포가 더 중요할 수 있다. 예를 들어, 사전에 동일한 능력을 가진 것으로 평가된 아동들을 다섯 집단으로 나누어 각각 상이한 태도를 가지고 검사를 실시한 검사자에게 배당했을 때 산출된 지능지수 수준이 달랐다(Gregory, 2000 재인용). 가장 낮은 지능(IQ=90)을 얻은 아동들을 검사한 검사자는 매우 형식적이고 차갑고, 표준화된 검사 절차를 지키는 데만 관심이 있었고, 검사를 대체로 빨리 끝낸 검사자였다. 가장 높은 지능지수(IQ = 104)를 얻었던 집단의 아동을 검사한 검사자는 긍정적으로 라포를 형성하는 정도를 넘어서서 정답을 유도할 정도로 적극적으로 지지하고 격려하는 경향이 있었다. 예를 들어, WISC의 토막짜기를 실시하는 동안 검사자가 "자, 구석에 있는 토막을 그쪽 앞으로 한번 옮겨 봐." 하는 식이었다. 이러한 효과는 아동의 나이에 따라 미치는 영향력이 다를 수 있다는 연구도 있다. 이 연구에서는 라포증진집단(친절하게 대화하고 칭찬해 주었던 검사자에게 검사를 받았던 아동집단)과 중립적 라포집단(자발적으로 대화를 시작하지는 않거나 칭찬을 해 주지 않았던 검사자에게 검사를 받았던 아동집단)으로 나누어 비교해 보았다. 그 결과, 3학년 이하의 어린 아동집단에서는 IQ 점수에 있어서 큰 차이가 발견되지 않았으나, 5학년 이상의 아동집단에서는 라포증진 집단의 IQ(122)가 중립적 라포 집단의 IQ(109)보다 크게 높았다(Kaplan & Saccuzzo, 2009 재인용).

(3) 평가도구의 선정

현재는 지속적으로 새로운 심리검사가 제작되거나 표준화되어 출간되고 있다. 즉, 예전과 달리 임상심리학자가 사용할 수 있는 심리검사 도구가 너무 많아서 선택에 어려움을 겪는 경우가 생길 정도이다. 이러한 심리검사 도구 중에서 어떤 도구를 실시할 것인가? 이것은 일차적으로 의뢰목적에 따라 결정된다. 신경학적 손상이 의심되며 정확한 인지기능 평가가 목적이라면 신경심리검사가 실시될 것이며, 우울한 환자라면 BDI를, 성격장애 진단이 필요하다면 다면적 인성검사나 MCMI(Millon Clinical Mutiaxial Inventory)를, 지적장애가 의심된다면 지능검사나 발달검사를 선택할 것이다.

검사자의 수련 배경과 임상 경험, 또는 자신이 익숙하고 자신 있게 사용할 수 있는 검사에 따른 선호도와 같은 검사자 측면 역시 검사 선택에 영향을 미치는 요인들이다. 다양한 성격검사 중 MCMI나 PAI보다는 MMPI에 대해 더 익숙하고 더 많은 경험을 가지고 있는 임상가라면 MMPI를 선택하게 될 것이다. 특정한 이론적 배경에서 수검자를 더 잘 이해할 수 있거나 그 분야에서 특별히 훈련받은 검사자라면 그러한 이론적 배경에서 유용하게 해석될 수 있는 자료를 제공해 줄 수 있는 검사 도구를 선택할 것이다. 이것은 전쟁터에 어떤 무기를 들고 나갈 것인지를 선택하는 것에 비유할 수도 있다. 선택 가능한 다양한 검사가 있을 때, 검자자는 자신이 가장 잘 사용할 수 있고 유용한 해석적 정보를 산출해 낼 수 있는 검사를 선택하는 것이 유리할 것이다. 다만 선택 가능한 더 유용한 검사가 있음에도 불구하고 단지 자신에게 익숙한 검사라 하여 그 검사만 고집해서는 안 될 것이다. 이를 방지하기 위해서 검사자는 평상시 새롭게 출간되는 검사의 종류와 그 속성 및 표준화 자료 등을 검토하고 관련 워크숍에 참여하여 시험적으로 시도해 보는 등의 준비가 되어 있어야 선택 가능한 검사의 폭이 넓어질 것이다.

어떤 검사 도구를 선택할 것인지는 또한 수검자의 심리적, 경제적 상황에 따라서도 달라질 수 있다. 경제학적인 원리만으로 따른다면, 가장 좋은 검사는 가장 적은 시간을 투자하여 가장 핵심적이고 적절한 정보를 얻어 낼 수 있는 검사이다. 불필요하게 많은 검사를 실시하거나 부적절한 검사를 실시함으로써 수검자에게 시간적, 경제적 손실을 끼친다면 그것은 평가 윤리에 어긋나는 일이 될 것이다. 만일 동일한 수준의 정보를 얻을 수 있는 검사라면 가급적 적은 시간과 비용과 노력을 들여 수행할 수 있는 검사를 선택해야 한다. 그런 의미에서 컴퓨터화된 검사(전산화 검사)는 수검자나 검사자의 시간과 노력을 절약해 줄 수 있는 좋은 대안이 될 수 있다. 평가도구의 선정은 이러한 다양한 측면을 고려하여 그 검사를 선택해야 하는 목적과 유용성 및 제한점에 대한 명확한 이해와 판단을 바탕으로 이루어져야 한다.

5. 검사결과에 영향을 미치는 변인

심리검사를 통해 얻는 결과는 그것이 양적인 것이건 질적인 것이건 검사과정에 개입된 수검자, 검사자, 그리고 검사자와 수검자가 처한 모든 외적·내적 상황적 변인이 역동적 상호작용의 장 내에서 결합되어 도출된 것이다. 따라서 검사자는 자신이 얻은 최종적인 검사 점수나 결과가 이러한 요인들 중 어떤 과정에 의해 영향을 받았을지, 그 영향은 무엇일지, 그 결과 해석에서 그 영향이 어떻게 고려되어야 하며, 어떤 결론을 내려야 할지 숙고해 보아야 한다.

1) 수검자 변인

수검자는 검사에 대해 '반응'하며, 그 반응은 수검자가 지닌 다양한 내적 요인이나 그가 처한 상황적 요인들에 의해 영향을 받을 수밖에 없다. 따라서 수검자의 이러한 내적, 외적 상황에 대해 더 많이 알고 있는 검사자는 검사를 더욱 유연하고 세심하게 진행해 나갈 수 있을 뿐 아니라 검사 결과를 해석할 때 이를 고려할 수 있게 된다. 검사에 영향을 미칠 수 있는 수검자 편의 주요 요인들로는 검사불안, 검사에 대한 사전 지식이나 이전 경험, 수검능력, 수검 전의 활동이나 경험, 수검 태도와 동기 등이 있다.

(1) 검사불안

일반적으로 검사를 유쾌하게 받아들이는 수검자는 거의 없다. 그것은 능력검사인 경우에 더욱 그렇지만, 성향검사인 경우에도 마찬가지이다. 어떤 형태의 검사건 그것은 '평가' 적 요소를 지니고 있기 때문에, 자신이 타인에 의해 평가받는다고 받아들일 수밖에 없는 검사 상황이 편하게 느껴질 수는 없을 것이다. 즉, 대부분의 수검자에게 검사는 일종의 위협이며 도전이다. 이러한 위협에 대한 자연스러운 반응은 불안이며, 이는 '검사불안' 또는 '시험불안(test anxiety)' 이라는 용어로 표현되어 왔다. 검사불안은 어떤 검사에서 실패할 가능성에 대한 염려에 의해 동반되는 현상학적, 신체적 그리고 행동적 반응으로 정의될 수 있다(Gregory, 2000).

상식적으로도 예상할 수 있듯이, 시험불안은 학업성취도, 적성검사 점수 그리고 지능 검사 점수와 부적인 상관을 보인다고 보고하는 많은 연구가 있어 왔다(Naveh-Benjamin, Mckeachie, & Lin, 1987; Mckeachie, 1984). 이러한 연구들은 시험불안이 높으면 높을수록 과제 수행을 방해하는 비효율적인 인지과정을 초래하고 이것이 나쁜 성취로 이어진다는 것을 시사한다. 즉, 시험불안 자체가 성취를 떨어뜨리는 요인이 될 수 있는 것이다. 예를 들어, 시험불안이 높은 학생들은 학교에서 비효율적인 방식으로 시험에 임하며, 시험불안이 높은 대학생들 중 상당수는 낮은 학업 성적과 관계 있는 나쁜 공부 습관을 지니고 있다는 것을 발견했다(Naveh-Benjamin et al., 1987; Paulman & Kennely, 1984). 또한 시험불안 자체가 성취 점수를 낮추는 직접적인 원인이 될 수도 있고 결과일 수도 있으며, 이는 시험불안이 큰 학생은 낮은 시험점수를 얻게 되고 그 결과 더 불안이 커지는 악순환에 빠질 수 있음을 시사한다. 예를 들어, Sarason(1961)은 시험불안이 높은 대학생들과 낮은 대학생을 대상으로 단어의 철자를 외우도록 지시하는 실험을 실시하였다. 피험 대학생 집단의 반은 중립적 지시문("그 철자 목록을 외워 보세요.")을 주었고, 나머지 반은 시험불안을 유도하는 지시문("이 검사는 지능검사입니다.")을 주었으며, 두 집단 모두 열심히 수행할 것을 격려하였다. 결과를 보면, 위협적이지 않은 중립적 지시문을 듣고 수행한 집단에서는 성취 점수에 유의한 차이를 보이지 않은 반면, 불안을 유발할 만한 지시문을 듣고 수행한 집단에서는 불안 수준이 높은 피험자들이 불안수준이 낮은 피험자들보다 수행이 뚜렷하게 저하되었다.

물론 항상 그런 것만은 아니다. 검사를 받기 전에 기대에 미치지 못하는 낮은 점수를 얻었거나 좌절이나 처벌을 빈번이 경험했던 수검자라면 검사에 대해 불안이 더 클 것이다. 반면에 자신의 능력에 대해 자신감이 있고 또 과거에 긍정적 강화를 많이 받았던 수검자라면 검사불안이 덜 할 수 있다. 또한 동일한 검사라 하더라도 불안을 유발할 수 있는 정도가 다른 다양한 상황적 요인(예: 그 검사에 대해 개인이 평가하는 중요성, 그 검사가 시간제한이 있는 검사인지의 여부, 당시의 기분 상태 등)에 의해 개인 차이가 나타날 수 있을 것이다. 예를 들어, 지능검사에서 낮은 점수가 아닌 높은 점수를 받았던 하위집단의 사람들은 불안수준과 검사 수행 간의 부적 상관이 사라졌다는 연구 결과가 있다(Denny, 1966; Feldhusen & Klausmeier, 1962). 또한 불안 수준이 높은 사람들은 특히 제한시간이 짧은 검사들에 더 취약하다는 보고가 있다. 시간 압박은 누구에게나 불안을 유발하는 요인이지만, 특히 성향적으로 불안이 높은 수검자가 시간 압박이 있는 검사를 수행할 경우 상대적으로 더 불리할 수 있다는 것을 시사한다. Siegman(1956)은 웩슬러 지능검사(WAIS)에서 시간제한이 있는 소검사와 없는 소검사를 높고 낮은 불안 수준을 지닌 정신과 환자들을 대상으로 실시하였다. 그 결과, WAIS의 전체지능지수에서는 불안 수준이 높고 낮은 사람들 간에 의미 있는 차이가 없었으나, 각 집단의 사람들이 더 우수한 수행을 보인 소검사의 종류가 달랐다. 낮은 불안수준의 피험자들은 시간제한이 있는 소검사에서 불안 수준이 높은 피험자 집단보다 훨씬 더 우수한 수행을 보였는데, 시간제한이 없는 소검사에서는 반대의 패턴이 나타났다.

이러한 검사불안은 성향검사인 경우에도 작용한다. 특히 남들에게 쉽게 드러내기 어려운 자신의 사적인 경험이나 특성에 대해 보고해야 하는 검사일 경우에 더 그러하다. 자기보고형 검사인 경우, 대개 자신의 여러 특성 중 사회적으로 바람직한 측면은 더 강조하고 그렇지 않은 측면은 축소하거나 감추려는 일반적인 경향이 있다. 이 때문에 다면적 인성검사와 같은 몇몇 성격검사는 검사 태도를 알아보는 타당도 척도가 포함되어 있다. 한편 투사적 검사인 경우, 대개의 투사적 검사에 포함된 자극들이 매우 모호하고 평가 절차 또한 평가의 목적을 쉽게 짐작하기 어렵기 때문에 검사에 임하는 수검자들에게는 불확실성이 더 클 수 있고 이 때문에 불안이 유발될 수 있다. 이러한 불안은 자유로운 연상과정이 필요한 투사적 과제에서 수검자의 반응 범위나 내용을 제한하는 역할을 할 수 있다. 물론 수검자의 성향이나 검사자의 특성에 따라서 객관적 자기보고형 검사에 더 불안감이 커질 수 있고 투사적 검사는 그보다는 편하게 임할 수도 있으며, 혹은 그 반대일 수도 있다. 이러한 수검자의 개인적 특성과 검사의 종류에 따른 불안 유발 정도 및 그

것이 검사에 미치는 영향에 대한 실증적 연구는 별로 없는 상태이기 때문에, 그 검사에 임하는 수검자의 내적 상태에 대해 검사자 자신이 예민하게 판단하고 대처할 수밖에 없다.

이러한 검사불안은 수검자의 표정이나 검사행동에서 관찰될 수 있기 때문에, 검사불안이 심하다고 판단할 수 있는 수검자를 맞이했을 경우 검사자는 사전에 이를 완화시킬 만한 충분한 시간을 가진 후 검사를 시작해야 할 것이다. 예를 들어, 검사에 대해 수검자가 가지고 있을 수 있는 불안을 유발할 만한 생각들이 무엇인지 탐색하여 왜곡되거나 오해하고 있는 내용을 납득시키면서 충분한 라포가 형성되어 있는지 판단해 보아야 할 것이다.

(2) 검사에 대한 사전 지식, 이전 수검 경험

수검자가 자신이 받게 될 검사에 대해 사전에 어떤 지식이나 경험을 가지고 있는가 하는 것이 검사 수행이나 반응의 질에 영향을 미칠 수 있다. 따라서 검사 시작 전에 이러한 사항을 먼저 확인하고 검사를 시작하는 것이 필요하다. 이러한 사전 지식이나 경험은 지능검사나 학업성취도 검사와 같은 최대수행 검사는 말할 것도 없고 투사적 검사에도 영향을 미친다. 사전에 특정 검사에 대한 지식이나 경험이 있는 수검자는 그 검사를 전혀 모르고 있던 수검자에 비해 덜 불안할 것이며, 이는 시험불안이 미치는 효과에 대한 연구결과들과 중첩되어 있다.

임상에서는 뇌손상 환자의 기능 호전이나 상실 여부를 추적하기 위해 치료과정에서 동일한 수검자가 시기를 달리하여 몇 차례 동일한 검사를 다시 받아야 되는 경우가 있다. 그것이 불가피한 경우라 하더라도, 또는 그 검사를 매우 오래전에 실시해서 수검자가 이전 검사 문항을 거의 기억하지 못하는 경우라 할지라도, 현재의 검사 결과는 연습효과가 개입된 결과임을 감안하여 해석할 수밖에 없다.

정답이 없고 자유연상에 의해 이루어지는 투사적 검사 역시 사전 지식이나 경험이 영향을 미칠 수 있다. 이는 투사적 검사의 자극을 지각하고 연상과정을 거쳐 반응을 결정하고 실제 반응을 하는 모든 과정에 영향을 미칠 수 있다. 예를 들어, 시간 간격을 달리하여 반복 실시한 로르샤하 검사의 반응이 .7 ~ .9의 상관계수를 보일 정도로 상당히 일관성이 있다는 연구결과가 있지만(Exner, 1999), 이것은 구조변인들에 한정된 결과이다. 또한 이러한 결과는 투사적 검사의 신뢰도가 의외로 높은 것으로 해석될 수도 있겠지만, 반대로 투사적 자극에 대한 처음 기억과 반응에 고착되어 다른 수준과 다른 내용의 반응을 하지 못한다는 것을 보여 주는 결과로도 해석될 수 있다. 투사적 검사에서 사전 노출이나 경험이 반응의 어떤 과정에서 어떻게 영향을 미치는지에 대한 구체적이고 일관된 경험적 연구는 없는 상태이지만, 투사적 자극을 지각하고, 연상하며, 반응을 선택하고, 결정하여 반응하는 모든 단계에 있어서 사전 노출로 인해 더 방어적이 되었건, 아니면 더 자극에 친숙해져 방어가 완화되었건 간에 이전 경험이 없는 상태와는 다른 내용과 양상의 반응을 보일 가능성이 있다. 예를 들어, 투사적 자극을 이전에 본 적이 있거나 또는 검사자의 부주의로 책상에 놓아둔 로르샤하 카드를 미리 본 후 검사를 받게 된 수검자는 그렇지 않은 수검자에 비해 보다 의식적으로 자신의 연상과정이나 반응결정 과정을 통제할 가능성이 있는 것이다. 이는 투사적 검사가 지닌 속성과 목적하는 바의 자연스러운 결과를 얻지 못하게 하는 방해 요인이 될 것이다.

(3) 수검능력

대부분의 심리검사는 수검자의 연령 또는 지적 능력 수준에 따라 적절하게 실시될 수 있는 수검 대상이 제한되어 있다. 간단한 자기보고형 검사일 경우 기본적인 읽기능력과 표현능력만 있으면 검사를 받는 데 큰 지장이 없다. 그러나 수검자에 따라서는 그러한 기본적인 수검능력조차 손상이나 지장을 받고 있는 상태에 놓여 있을 수도 있다. 수검자가 스스로 이를 수치스럽게 여겨 숨긴 채 검사에 임했다거나 아니면 자신의 그런 상태를 표현할 기회를 얻지 못한 채 검사에 임했다면 그 검사 결과는 타당하게 해석할 수 없을 것이다. 따라서 검사자는 반드시 사전에 수검자가 필요로 하는 그 검사를 수행하는 데 적절한 상태를 갖추고 있는지를 점검해 보아야 한다. 예를 들어, 청각장애나 시각장애가 있는 수검자가 자신의 장애를 숨긴 채 검사자가 불러 주는 지시문이나 설명을 이해하지도 못하면서 지능검사를 수행했다거나, 읽기장애가 있거나 교육의 결핍이나 학습장애 등으로 인해 독해 능력이 제한된 수검자가 다면적 인성검사를 수행했다면 타당한 결과를 얻을 수 없을 것이다.

또한 그 검사를 통해 평가하고자 하는 내용 이외의 학습능력으로 인해 평가 내용이 영향을 받을 수도 있다. 지능검사에서 지적 능력 자체는 그리 높지 않지만, 과제수행 방식이나 지시문에 대한 이해력, 순발력 등 그 과제 수행방식에 대한 학습 능력이 높거나 사전 경험으로 인해 지식을 가지고 있는 경우도 검사 결과에 영향을 미칠 것이다. 이러한 능력들은 지능 그 자체와는 비교적 관련이 없는 여타 성격적 측면의 요인일 수 있으며, 해당 검사 문항 자체가 측정을 목표로 하는 구성개념이 아닌 평가의 초점이 되는 영역에서 부수적인 요인일 수 있다.

(4) 수검 전의 활동이나 경험

만일 지능검사를 받으러 온 아동이 바로 직전에 학교에서 수학문제와 국어문제를 열심히 풀고 답을 많이 맞추어 선생님께 칭찬을 받고 온 학생이라면, 또는 반대로 학교에서 수학문제를 풀지 못하여 벌을 받고 온 학생이라면 검사에 어떤 영향을 미칠 것인가? 남편과 심각한 언쟁을 하고 로르샤하 검사를 받게 된 아내, 전날의 야근으로 집중력이 떨어진 상태에서 지능검사를 받으러 온 남성, 또는 떨어질 줄 알았던 입사시험에 합격하여 평소의 우울한 상태에서 잠시 벗어나 낙천적이고 의기양양한 기분으로 성격검사를 받게 된 여성이라면 또 어떤 영향을 받을 것인가?

물론 검사자가 이러한 요인들을 모두 사전에 인지하거나 통제할 수는 없다. 그러나 검사자는 수검자가 특수한 상태가 아닌 평상시의 상태에서 편안한 마음으로 검사를 수행할 수 있도록 검사 일정과 상황을 조정할 수는 있다. 또한 수검 시작 전에 수검자가 평소와는 다른 어떤 특이한 활동이나 경험을 했는지, 그리고 그것이 수검 당시의 심리적 상태에 평소와는 다른 차별적이거나 독특한 영향을 미치고 있는 것은 아닌지 확인하고 그러한 요인을 파악하고 있는 검사자는 그렇지 못한 검사자에 비해 평가결과를 정확하게 해석하는 데 보다 유리한 위치에 있다. 그 검사자는 그러한 요인들이 미칠 영향을 최소화하거나 혹은 조절해 가면서 검사를 진행한다거나, 그렇지 못했을 경우라 해도 검사 결과를 해석하는 데 있어서 그러한 특수한 요인들을 감안하여 결과를 보다 유연하고 다양한 각도에서 해석할 수 있을 것이기 때문이다.

(5) 속이려는 동기, 반응 태세

있는 그대로의 자신의 상태나 특성 또는 자신의 능력을 검사 상황에서 정확하게 표현하는 것은 의외로 쉬운 일이 아니다. 이것은 한편으로는 심리검사의 대상이 살아서 반응하는 인간이기 때문에, 그리고 심리측정은 물리적 대상에 대한 측정이 아닌 심리적 구성개념을 통한 간접적 측정이기 때문에 아무리 잘 만들어진 검사를 사용하건 또 아무리 솔직하게 응답하려는 마음가짐을 가진 수검자를 평가하건 어느 정도는 불가피한 측면이다. 또한 그에 더하여 검사자가 파악하거나 통제할 수 없는 수검 상황에 내재된 다양한 요인에 의해 부가적으로 조성되는 측면도 있다. 그것이 불가피하건 혹은 상황적 요인에 의해 덧붙여진 것이건, 어떤 검사에서 있는 그대로를 반영하지 못하게 하는 요인은 크게 의도적인 것과 비의도적인 것으로 나눌 수 있다.

먼저 의도적인 경우를 살펴보자. 임상현장에서 고의적으로 자신의 실제 상태나 특성과는 다르게 반응하려는 수검자와 마주치는 경우가 의외로 많다. 가장 대표적인 것은 수검자에게 그 검사 수행의 결과가 현실적인 어떤 이득이나 처벌 혹은 손실의 위험으로 작용할 수 있는 경우이다. 예를 들어, 치료비나 보험금 또는 배상금이 연관되어 있는 평가 상황이 가장 대표적이다. 학교폭력이나 가정폭력으로 인한 상해, 치사, 또는 교통사고 후의 재해 보상금이나 보험금이 결부된 평가 상황에서 대부분의 수검자는 어떤 동기를 갖게 된다. 일반적으로 피해자 입장인 수검자들은 있는 그대로의 상태나 능력보다 더 나쁘거나 무능한 모습으로 자신을 표현하며, 가해자 입장의 수검자들은 그 반대의 경향을 보인다. 피해자 입장의 수검자들은 정도의 차이는 있지만 자신이 입은 기능상의 손상이나 정서적 손상을 과장하려는 경향이 있다. 이것은 한편으로는 거의 본능적이고 자연스러운 반응일 수도 있지만 그 정도가 심하여 다분히 고의성이 뚜렷한 경우도 있다. 그러나 어디까지가 본능적인 반응이고 어디부터는 고의적인 반응인지를 명확하게 구분하기 어려운 경우가 대부분이다. 어떤 경우건 이것은 평가에 방해 요소가 된다. 이것은 법정심리학의 영역에서도 빈번하다. 가해자가 정신이상 변론(insanity defense)의 당사자인 경우, 자신을 평소보다 이상한 사람으로 보이려고 노력할 가능성이 있다. 이혼소송에서 자녀 양육권 문제로 다투고 있는 부부라면, 반대로 자신의 약점을 숨기고 바람직한 면을 더 강조하려고 할 수 있다. 의무병역 제도하에서 입대 전 신체검사나 입대 후 부적응 문제로 평가가 진행 중인 사병이라면 자신의 부적응이나 병리적 상태를 실제보다 더 과장하려는 동기가 유발될 수 있다.

의도적인 왜곡보다 훨씬 더 보편적이고 불가피한 것은 비의도적인 것이다. 이러한 비의도적인 왜곡은 크게 두 가지 요인에 의해 유발된다. 첫 번째 요인은 인간이라면 누구나 가지고 있는 근본적인 동기로, 타인들에게 인정받고 잘 보이고 싶어 하는 욕구와 관련된다. 이러한 욕구와 관련하여 왜곡되는 반응은 가장 보편적인 것으로, 긍정적 위장반응(faking good) 또는 사회적 바람직성에 의한 편향반응(social desirability bias)이라고 불린다(Crowne & Marlowe, 1960). 물론 개인의 특성이나 상황에 따라서는 반대로 자신의 약점이나 자신이 처한 불행이나 고통을 더 부정적인 쪽으로 과장하면서 타인의 동정이나 관심을 유도할 수도 있다. 이런 경우에는 부정적 위장반응(faking bad)이라는 용어를 사용한다. 여기서 사용하는 '위장(faking)'이라는 용어는 의도적인 행위를 의미하지만, 앞서 언급했듯이 의도적인 것과 비의도적인 것 사이의 경계는 늘 불분명하다. 긍정적 위장반응이건 부정적 위장반응이건 모두 관심을 받고 싶은 동기에 의해 작용하는 것이지만, 표현되는 방식은 정반대일 수 있는 것이다. 이러한 편향의 가능성은 그 검사가 명백하게 부정적 혹은 긍정적인 내용의 문항을 담고 있는 경우에, 그 검사의 결과가 자신에게 불리하거나 유리하게 작용할 수 있다는 것을 수검자가 더 명백하게 인식하는 경우에, 그리고 수검자와 검사자 간에 긍정적 혹은 부정적인 쪽으로 정서적 관계가 편향되어 있을 경우에 더 커질 수 있다. 어떤 방향으로 표현되건, 이러한 욕구는 대개 의식하지 못하는 사이에 작용한다. 그러한 성향이 하나의 성격 특성으로 자리 잡고 있어서, 늘 그러한 검사에서는 늘 그렇게 반응하는 일종의 경향으로 굳어져 있을 수도 있다. 이것은 평가과정에서 무시하거나 제거해야 할 방해 요인이라기보다는 그 개인이 지닌 하나의 독특하고 지속적인 성격 특성 그 자체이며, 따라서 이러한 특성 자체가 그 개인의 성격평가에 있어서 중심적인 요인이 될 수도 있다.

　이러한 첫 번째 요인이 '자기제시(self-presentation)'의 측면이라면, 비의도적인 왜곡을 유발하는 두 번째 요인은 검사에 대한 수검자의 반응이 필연적으로 수검자 자신의 '자기지각(self-perception)'의 측면을 포함하고 있다는 점과 관련된다. 이것은 특히 자기보고형 검사인 경우에 더 그렇다. 예를 들어, 다면적 인성검사(MMPI-2)의 문항 중에 "나는 기계에 관한 잡지를 좋아한다." "나는 언제나 진실만을 말하지는 않는다."라는 문항이 있다. 이러한 문항에 대해 수검자가 '예' 또는 '아니요'로 응답하기 위해서는 먼저 그 문항의 의미를 파악해야 하고, 자신이 그 문항에서 기술되는 면에서 어떤 사람인지 생각해 보아야 하며, '예-아니요'의 차원에서 어느 쪽이 우세한지 판단해야 하고, 최종적으로 응답을 결정하는 일련의 과정이 필연적으로 개입된다. 이것은 '나는 남자이다'와 같이 객관적인 사실 판단을 요하는 문항에 대해 예, 아니요로 응답하는 것과는 다른 과정이다. 근본적인 문제는 이 '자기지각'의 정확성(혹은 객관성)을 판단할 만한 절대적인 기준은 존재하지 않는다는 것이다. 수검자의 개인적 특성에 따라서 자기지각의 정확성은 다르다. 즉, 이 자기지각이 비교적 정확한(객관적인) 사람이 있는 반면, 타인이 그를 지각하는 것과 괴리가 큰 사람들도 있다. 이것은 객관적인 자기관찰 능력이나 통찰력과 관련된 하나의 성격 특성으로 간주할 수 있다. 따라서 수검자가 비록 의도적으로 반응을 왜곡하고 있는 것은 아니지만, 자신도 모르게 자신을 부정확하게 지각하거나 왜곡되게 판단하여 응답할 가능성은 정도 차이가 있겠지만 근본적으로 모든 심리검사 과정에서 불가피한 측면이다.

　수검자가 의도적이건 비의도적이건 문항 내용과 상관없이 일정한 방향으로 일관성 있게 반응하는 경향은 일반적으로 반응 태세(response set) 또는 반응 스타일(response style)이라는 용어로 지칭한다. 예를 들어, 다면적 인성검사와 같이 '예-아니요'로 응답하는 검사에서 문항 내용이 애매하거나 응답하기 곤란한 경우 문항 내용과 상관없이 대체로 '예'에 해당하는 반응을 지속하거나 반대로 '아니요'에 해당하는 반응을 지속하는 경우이다. 또한 5점 척도의 문항에서 '전혀 아니다(0)' 또는 '매우 그렇다(5)'라는 극단적인 반응을 하기보다는 대체로 중간에 해당하는 '보통이다(3)'에 습관적으로 응답하는 경향도 이에 해당한다. 이러한 가능성을 배제하기 위해 문항에 역문항이나 관련 없는 다른 문항들을 삽입하거나 4점이나 6점 척도와 같이 짝수의 선택지가 주어지는 문항을 만들 수도 있지만 그러한 편향된 응답 경향을 완전히 배제하기는 어렵다.

어떤 경우건 이러한 동기를 가진 수검자들의 검사 반응은 왜곡될 가능성이 높다. 따라서 검사자는 사전에 그러한 동기를 완화시키고 솔직하게 반응할 수 있도록 사전 준비를 하고 검사과정을 관리해야 한다. 평가의 목적을 분명하게 설명하여 평가 상황을 불확실하게 만드는 요인들이나 수검자가 그 검사에 대해 오해할 수 있는 소지를 줄이고, 검사에 솔직하게 반응하는 것이 궁극적으로 수검자 자신을 위해 도움이 될 것이라는 것을 납득한 수검자는 가급적 자신의 그러한 동기에 저항하여 의도적이건 비의도적이건 왜곡된 반응을 덜 하게 될 것이다.

2) 검사자 변인

심리검사의 결과는 수검자와 검사자의 상호작용의 결과이므로, 검사자의 특성이나 그가 처한 상황이 미치는 영향 역시 배제할 수 없다. 일반적으로 성인보다는 아동이, 그리고 정서적으로 안정된 사람보다는 불안정하고 혼란된 사람이, 그리고 객관적이고 명확한 절차에 의해 시행되는 표준화된 검사보다는 모호하고 추상적인 자극이 주어지는 투사적 검사가 검사자나 검사 상황에 더 큰 영향을 받기 쉽다.

검사자 편에서 작용하는 다양한 요인이 검사 결과에 영향을 미칠 수 있지만, 비교적 일관되게 밝혀진 변인은 검사자가 수검자에게 가지는 기대나 선입관과 관련된 '피그말리온 효과(Pygmalion effect)'이다. 수검자에게 우호적이고 수용적이며 격려하는 검사자는 그렇지 않은 검사자보다 수행검사에서는 점수를 높일 수 있고, 투사적 검사에서는 보다 풍부한 반응을 이끌어 낼 가능성이 높다. 그 외에도 검사자의 성별, 연령, 인종, 문화적 배경 등이 수검자의 그것과 어떤 조합을 이루느냐에 따라 각기 차별적인 영향이 있을 수 있다. 이 외에도 검사자의 성격 특성(냉랭함, 온화함, 초연함, 비판적, 수용적 태도 등)과 수검자의 성격 특성 간의 조합이 어떠한가에 따라서도 검사 반응에 미치는 영향은 달라질 수 있다. 또한 검사 당시의 검사자의 심신상태(피로감, 정서적 불안정 등)와 같은 일시적인 요인도 영향을 미칠 수 있다. 아울러 검사자가 더 많은 훈련과 교육을 받았고 풍부한 임상 경험을 가지고 있을수록 검사과정에서 초래되는 돌발적인 상황이나 수검자의 예상치 못한 반응에 더 유연하게 대응하면서 검사 과정을 보다 안정되고 일관된 태도로 이끌어 나갈 수 있을 것이다.

6. 검사결과의 채점, 임상적 판단, 해석

심리검사를 마치면, 그다음 단계에서 해야 할 일은 그 검사 결과를 정리하고 요약하는 것이다. 이것은 양적인 자료로 전환하는 것일 수도 있고 질적인 자료로 전환하는 것일 수도 있다. 일반적으로 대부분의 표준화된 심리검사 결과는 양적인 자료, 즉 수치로 전환하여 요약하도록 되어 있다. 객관적 성격검사나 지능검사와 달리, 투사적 검사는 검사 반응을 양적인 자료로 전환하기가 수월치 않을 수도 있다. 특히 다양한 그림검사나 주제통각검사와 같은 투사적 검사가 그러하다. 그러나 로르샤하와 같은 경우에는 자료를 특정한 체계에 맞게 부호화(coding)하고 그 빈도를 계산하는 과정이 필요하며, 일반적으로 이러한 부호화 과정도 포함하여 넓은 의미로 '채점(scoring)'을 한다고 말한다.

흔히 채점 과정은 심리평가의 전 과정 중에 가장 단순하고 기계적인 과정으로 여겨 자칫 경시하기 쉽다. 사실 채점 과정은 어떤 고도의 임상적 지식이나 종합적 판단이 개입되지는 않는 단순한 과정이기는 하다. 또한 채점 과정은 검사자가 유연성을 발휘하거나 자신의 가치관 및 주관적 판단을 개입시킬 여지가 없는 기계적인 과정이기도 하다. 특히 최근에는 대부분의 검사결과 채점에 컴퓨터를 활용하기 때문에 어떤 면에서는 채점과정이 더욱 단순하고 기계적인 과정이 되었고, 그만큼 채점에 오류가 개입될 여지가 줄었다고 생각할 수도 있다.

그러나 이것이 전부 맞는 말은 아니며, 모든 검사에 해당하는 말도 아니다. 우선 단순하다는 것과 덜 중요하다는 것은 동의어가 아니다. 특히 채점 결과 요약된 '숫자'는 검사자가 미처 예상치 못할 만큼 수검자에게 중요한 의미를 담고 있을 수 있다. 숫자건 일반 언어건 그것은 수검자를 기술하는 일종의 '딱지(label)' 또는 낙인의 역할을 할 수 있다. 숫자가 아닌 일반 언어는 수검자가 감안해서 해석할 만한 융통성과 여지가 더 많지만, 숫자는 그런 융통성이 없기 때문에 오히려 더 중요할 수 있다. 예를 들어, 지능검사에서 IQ가 99인 경우와 100인 경우는 의미가 다를 수 있다. 그것은 수검자에게 단지 1점의 점수 차이가 아닌 두 자리 수의 지능과 세 자리 수의 지능이라는 대중적 편견을 반영할 수 있고, 수검자는 그것을 의식할 수밖에 없다. 전문가가 아닌 일반인들은 심리검사에서 산출된 숫자에 오차범위도 포함되어 있다는 것을 잘 알지 못한다. 따라서 채점자가 잘못 계산한 1점이 수검자의 삶에는 예상치 못한 영향을 미칠 수 있다는 점을 생각한다면 채점 절차를 단순한 과정이라 하여 경시할 수는 없다. 아무리 검사를 잘 진행하였다 하더라도 채점이 잘못되면 헛수고가 될 수 있기 때문이다.

대부분의 자기보고형 검사는 선택형 혹은 단답형 검사이지만, 지능검사의 많은 문항이 자유반응을 요구한다. 또한 투사적 검사인 경우에는 모든 반응이 자유반응이다. 따라서 이 경우 채점은 그리 단순하거나 기계적인 과정이 아니며, 채점 과정에 주관적인 요소가 개입되거나 채점기준을 잘못 알고 있기 때문에 오류가 개입될 여지가 훨씬 많다. 따라서 표준화된 채점기준과 그 의미를 숙지하고 있어야 하며, 본인이 알고 있는 기준이 맞는지를 감독자나 타 검사자와의 의사소통을 통해 또는 주기적으로 자신이 사용하는 검사의 매뉴얼을 재확인하면서 늘 점검해 보는 과정이 필요하다.

마지막으로, 컴퓨터를 통해 검사나 채점이 이루어지는 검사인 경우에도 이러한 왜곡이나 오류를 전적으로 피할 수는 없다. 수검자가 컴퓨터 앞에서 직접 검사를 수행하고 스스로 입력하는 경우에도 수검자가 검사 수행 방식에 대해 충분히 숙지하지 못한 채 검사에 임한다면 더 일관된 오류가 개입될 수 있다. 따라서 수검자가 스스로 컴퓨터에 입력하는 검사인 경우에도 입력방식이나 검사 수행방식을 잘못 이해하고 있지는 않은지 사전에 충분한 설명을 해 주고 확인해야 한다. 또한 검사자가 컴퓨터를 사용하여 채점한다하더라도 컴퓨터에 입력하는 것은 채점자의 몫이며 이 과정에 오류가 개입될 수 있다. 컴퓨터가 계산과정 자체는 실수하지 않고 인간보다 훨씬 더 빠르고 정확하게 많은 자료를 산출해 줄지 몰라도 애초에 그 반응이 잘못 입력된 것인지 아닌지를 판단할 수는 없기 때문이다. 한편 집단검사인 경우에는 수검자 반응의 입력과정에 광학식 판독기(OMR)를 사용할 수 있다. 이 경우 수검자의 답지가 컴퓨터가 제대로 인식할 수 있는 방식으로 기입되어 있는지 사전에 검토한 후 입력시켜야 할 것이다.

참고문헌

권정혜(2008). 한국임상심리학자들의 역할과 활동: 2007년 조사 보고서. 한국심리학회지: 임상, 27(2), 571-579.

한국임상심리학회(2004). 윤리강령.

American Psychological Association. (2000). Report of the Task Force on Test User Qualifications.

Crowne, D. P., & Marlowe, D. (1960). A new scale of social desirability independent of psychopathology. *Journal of Consulting Psychology, 24,* 349-354.

Denny, J. P. (1966). Effect of anxiety and intelligence on concept formation. *Journal of Social Psychology, 68,* 211-228.

Exner, J. E. (1999). The Rorschach: Measurement concepts and issues of validity. In S. B. Embretson & S. L. Hershberger (Eds.), *The New rules of measurement.* Mahwah, NJ: Erbaum.

Eyde, L. E., Robertson, G. J., Krug, S. E., Moreland, K. L., Robertson, A. G., Shewan, C. M., Harrison. P. L., Porch, B. E., Hammer, A. L., & Primoff, E. S. (1993). *Responsible test use: Case studies for assessing human behavior.* Washington, DC: American Psychological Association.

Feldhusen, J. E., & Klausmeier, H. J. (1962). Anxiety, intelligence, and achievement in children of low, average, and high intelligence. *Child Development, 33,* 403-409.

Gregory, R. J. (2000). *Psychological Testing: History, Principles, and Applications.* Needham Heights, MA: Allyn & Bacon, Inc.

Kaplan, R. M., & Saccuzzo, D. P. (2009). *Psychological Testing: Principles Applications and Issues* (7th ed.). Belmont: Wadsworth Cengage Learning.

Mckeachie, W. J. (1984). Does anxiety disrupt information processing or does poor information processing lead to anxiety? *International Review of Applied psychology, 33,* 187-203.

Naveh-Benjamin, M., Mckeachie, W. J., & Lin, Y. (1987). Two types of test-anxious students: Support for an information proecssing model. *Journal of Educational Psychology, 79,* 131-136.

Paulman, R. G., & Kennely, K. J. (1984). Test anxiety and ineffective test taking: Different names, same construct? *Journal of Educational Psychology, 76,* 279-288.

Sarason, I. G. (1961). Test anxiety and the intellectual Performance of collge student.

Journal of Educational Psychology, 52, 201-206.

Siegman, A. W. (1956). The effect of manifest anxiety on a concept formation task, a nondirected learning task, and on timed and untimed intelligence test. *Journal of Consulting Psychology, 20,* 176-178.

제13장
심리평가 보고서의 작성 및 평가윤리

  심리평가(psychological assessment)는 내담자에게 도움을 주려는 목적으로 수집된 다양한 원천의 자료를 통합하여 그 목적에 맞는 결론을 내리는 것을 말한다. 이 '목적에 맞는 결론'은 평가의 최종단계이며, 보통 심리평가 보고서를 작성하는 것으로 마무리된다. 아무리 좋은 검사를 사용하여 정확하게 검사를 실시하고 채점하고 자료를 잘 통합하여 해석한다 하더라도, 그 결과가 평가목적에 맞게 정리되고 전달되지 않으면 아무런 소용이 없다.

  심리평가 보고서를 작성하는 방식이나 보고서의 형식, 그 보고서 안에 포함되어야 할 내용들이 무엇이어야 하는지에 관해 어떤 획일적인 기준을 제시할 수는 없다. 평가의 목적과 평가가 이루어지는 상황이 다양하기 때문이다. 따라서 가장 바람직한 보고서는 그 목적에 맞게 필요로 하는 정보가 충분하고 정확하게 표현되어 전달될 수 있는 방식으로 작성된 보고서라고 할 수 있다. 이 장에서는 평가가 이루어지는 그러한 다양한 상황이나 목적과 상관없이 현재 대부분의 기관에서 사용되는 보편적인 보고서 형식과 가장 일반적인 가이드라인 정도만을 제시하고자 한다.

1. 심리평가 보고서의 일반적 형식

평가 보고서는 평가 상황이나 목적이 어떠하건 평가 결과를 의뢰자 혹은 수검자나 그 가족들 및 여타 그 평가 상황과 직접 관련된 사람에게 전달하고 의사소통하기 위한 목적으로 작성된 것이다. 따라서 그러한 목적에 부합될 수 있는 최소한의 정보와 평가 내용이 반드시 포함되어야 할 것이다. 평가가 실시되는 다양한 맥락에 따라 필요한 세부적인 내용들이 부가되거나 생략될 수 있겠지만, 일반적으로 심리평가 보고서에 포함되는 공통적인 사항들은 〈표 13-1〉에 제시하였다.

표 13-1 심리평가 보고서의 일반적 형식

내용 범주	예시
제목	'심리평가 보고서' 또는 '심리학적 평가 보고서'
수검자 정보	등록번호, 이름, 성별, 연령, 교육연한, 결혼상태, 주소, 연락처, 검사 실시일, 입원날짜 등
실시된 검사명	웩슬러 지능검사(K-WAIS-IV), 문장완성검사(SCT), 다면적 인성검사(MMPI-2), 로르샤하 검사(Rorschach Test) 등
의뢰사유	'장애등급 판정을 위한 지적 기능에 대한 평가' '치료적 대책을 세우기 위한 평가' '뇌손상에 따른 인지기능의 저하 정도 평가' '감별진단: 정신증적인 특성의 개입 여부 및 정도에 대한 평가' '전반적인 성격 특성에 대한 평가'
배경정보 및 현 병력	'현재 대학 4학년 재학 중인 학생으로서, 가족들이 보기에 그 전까지는 아무런 문제없이 학교생활을 잘 해 왔고, 성적 장학금을 받을 정도로 학업성취도 우수했다고 한다…. 최근 2개월 전부터 잠을 못 자고 식욕이 떨어졌으며 직전 학기 학점도 크게 떨어졌으며… 본인은 괜찮다고 하나 가족들이 걱정이 되어 본인과 상의한 끝에 병원에 내원하게 되었다. 현재 주로 본인이 호소하는 내용은…'
행동관찰 및 수검태도	'미간을 찌푸린 표정으로 검사에 임하였고, 가족들의 권유에 마지못해 내원한 것이라 말하였다. 의욕은 별로 없어 보였고, 과제(특히 인기기능 과제) 수행 시 쉽게 포기하거나 모르겠다고 응답하는 경우가 많았다…. 그림과제(DAP)에서는 잘 못 그려진 선을 굳이 지우거나 고치려 하지 않았고… 투사적 검사(Rorschach Test)에서는 한 카드에 하나씩만 반응하였다…. 검사 도중 자주 힘들다고 호소하여 두 번의 휴식시간을 가졌다….'

검사결과에 대한 기술 및 해석	'지적 능력 및 기능상태' '현재의 정서상태' '성격 특성' '주된 갈등영역'
요약 및 제언, 또는 진단적 인상	'이상의 검사결과를 종합해 볼 때 수검자의 주된 문제는 …이며, 향후 …을 유의할 필요가 있겠다.'
검사점수 요약	주요 검사결과의 점수 요약표 및 그래프
평가자 정보	'○○병원 임상심리전문가 제□□호 성명 ○○○

1) 제목

임상심리학자는 단순히 실시된 검사에 대한 결과만을 기계적으로 보고하는 것이 아니다. '평가'는 다양한 원천의 자료를 종합한 임상적 판단이 포함된 것이다. 따라서 '심리검사 보고서'가 아닌 '심리평가 보고서'가 가장 적절한 제목이 될 것이다. 임상심리학자는 그저 검사를 사용하기만 하는 사람(test user)은 아니기 때문이다. 이것은 단일 검사를 사용한 경우라도 마찬가지이다. 예를 들어, 다면적 인성검사(MMPI) 한 가지만 실시했다고 해서 '다면적 인성검사 결과 보고서'라는 제목을 달아야 할까? 단 하나의 검사만을 사용한 평가과정이라 하더라도 수검자에 대한 아무런 정보 없이 블라인드 테스트 결과를 보고하는 경우는 있을 수 없기 때문이다. 임상심리학자는 반드시 어떤 독특한 평가 맥락에서 검사를 사용하기 마련이며, 아무런 목적 없이 검사를 사용하지는 않으며, 하나의 검사도구만을 사용한 경우라 할지라도 의뢰목적과 수검자가 처한 상황 등의 배경정보 등을 종합하여 그 결과를 종합하고 해석하여 보고서를 작성한다. 즉, 임상심리학자는 단순히 검사를 실시하고 채점하여 점수를 보고하는 역할만을 하는 검사 기술자가 아니라는 점에 동의한다면 '평가(assessment or evaluation)' 행위를 하고 있는 것이며, 따라서 제목은 '심리학적 평가 보고서' 또는 '심리평가 보고서'여야 할 것이다.

2) 수검자 정보

지나치게 자세한 신상정보까지 기록할 필요는 없지만, 어떤 유형의 수검자건 그가 가진 문제와 의뢰목적을 이해하는 데 반드시 참고해야만 할 기본적인 신상정보는 기록해야 할 것이다. 일반적으로 이름, 성별, 연령, 교육수준, 직업, 결혼상태 등은 어떤 맥락에서 실시되는 검사건 포함되어야 하는 기본적인 정보들이다. 상황에 따라서는 종교, 주소 및 연락처, 이전의 평가 경험 유무 등이 덧붙여질 수도 있을 것이다.

3) 실시된 검사명

해당 수검자에게 실시된 검사의 명칭을 기록한다. 만일 평가 보고서가 수검자 본인이나 보호자에게도 전달되는 경우를 생각한다면, K-WAIS-IV, MMPI, SCT 등과 같이 검사 명칭을 약어로 짧게 기록하기보다는 한글과 본래의 영문 명칭을 병행하여 기록함으로서 읽은 사람이 대략적으로 무엇을 평가하는 도구를 사용하였는지 이해할 수 있도록 배려하는 것도 필요할 것이다.

4) 의뢰 사유

평가를 실시하게 된 경로와 목적을 간략하게 설명한다. 평가자 입장에서는 의뢰목적이 분명할 때 초점 있는 평가 보고서를 작성할 수 있으며, 독자 입장에서는 의뢰목적이 분명하고 적절하게 기술되어 있을 때 그 보고서에 포함되어 있을 내용과 방향성을 미리 짐작하고 읽을 수 있게 될 것이다. 이처럼 의뢰목적을 분명하고 간결하게 기술하기 위해서는 추상적인 표현을 쓰기보다는 문제 중심적으로 기술하는 것이 좋다. '성격 특성을 파악하기 위한 평가' 등과 같이 초점이 없고 애매한 의뢰 사유보다는 '최근 대인관계에서 분노조절이 되지 않는 문제와 관련된 성격평가'가 더 적절할 것이다. 이후 기술되는 나머지 사항은 이러한 의뢰목적에 초점을 맞추어 배열되고 기술되어야 한다.

5) 배경정보, 현 병력

'의뢰 사유'만으로 파악하기 어려운 보다 상세한 정보를 제공하기 위해 수검자가 지닌 현재의 문제와 관련된 배경정보 및 현재의 문제가 인지되고 경과되어 온 과정에서 중요한 정보들을 요약하여 기술한다. 이때 중요한 것은 이러한 정보를 누구를 통해 얻었는지 그 정보의 원천을 알 수 있도록 표현해야 한다는 점이다. 예를 들어, '수검자가 생각하기에……' '어머니의 보고에 의하면……' '본인은 그렇게 생각하지 않지만 주변에서 늘 자신을 ……하다고 했다고 한다' 등과 같이 제시된 정보가 누구에 의한 것인지 그 주체를 명시할 필요가 있다. 모든 자세한 배경정보를 다 기술할 수는 없으며, 주된 초점은 현재의 문제를 중심으로 그와 관련된 정보를 적절하게 배열하여 기술하는 것이 좋다. 일반적으로 수검자의 가족 배경, 초기부터 현재까지의 성장사, 현재의 문제가 나타난 시점과 전개 양상 등이 포함된다.

6) 행동관찰 및 수검 태도

의사소통에 있어서 중요한 정보는 언어보다는 비언어적 통로를 통해 노출되고 전달된다. 이러한 비언어적 정보들은 외모, 차림새, 행동 패턴, 검사자나 검사에 대한 태도에 있어서의 특징적인 양상들을 관찰함으로써 얻을 수 있다. 검사 상황과 상호작용하는 수검자의 여타 독특한 행동 패턴에 주목할 필요가 있는데, 특정한 언어 표현법이나 사용하는 어휘들, 표현된 언어와 표정이나 행동 간의 불일치 양상, 문제해결 방식, 각각의 검사 상황에서의 반응의 차이나 태도의 변화, 표현되는 우세한 정서의 종류, 정서의 노출수준이나 강도 등이 그것이다.

이러한 행동관찰 자료들은 검사결과 등과 조합하여 그 결과를 해석하는 데 있어서 풍부한 정보의 원천이 된다. 한 가지 주의할 점은 처음부터 지나치게 평가자의 주관적 판단을 개입시키거나 처음부터 추상적 수준에서 개념화하려고 하면 해석의 폭이 제한된다는 점이다. 예를 들어, 수검자의 외모에 대한 관찰 결과, '수검자의 위생 상태는 불량했다' 거나 '수검자의 자기관리 능력은 떨어져 보였다' 고 기술하는 것보다는 '수검자는 머리를 빗지 않은 듯 헝클어져 있었고, 면도도 하지 않은 듯 수염이 꽤 길게 자라 있었다' 는 식으로 구체적으로 확인 가능한 특징들을 기술하는 것이 좋다. 또한 '수검자는 매우 불안해 보였다' 는 식의 추상적인 기술보다는 '수검자는 그림 과제에서 손을 자주 떨었고, 손에서 땀이 많이 나는 듯 종이가 눅눅해질 정도였으며, 자신이 잘 하고 있는 것인지 반복하여 묻곤 하였다' 와 같이 구체적인 행동 양상을 기술해야 한다. 이처럼 검사 당시에는 가급적 구체적인 행동적 용어를 사용하여 기록해 놓아야, 검사가 끝난 후 채점한 검사결과 및 여타 배경정보와 조합하여 일치하는 점과 불일치하는 점을 찾아내면서 가설 검증과정을 거쳐 보다 상위의 수준에서 개념화해 나갈 수 있다. 처음부터 수검자가 보인 어떤 인상적인 정보에만 근거하여 평가자의 주관적 판단하에 추상적이고 일반적인 언어로 개념화해 놓으면, 향후 다른 대안 가설을 검증하거나 다른 방식으로 개념화할 수 있는 여지가 차단되고 편향된 해석에 머무르게 될 가능성이 높아지기 때문이다.

이러한 행동관찰 자료들은 그 수검자에게만 독특한 것이어야 하고, 결과 해석에 적절한 것이어야 하며, 가급적 간결하게 기술하는 것이 좋다. 만일 그것이 누구나 검사 상황에서는 보일 수 있는 정도의 행동적 특징이었다거나, 그 수검자에게만 독특한 것이 아닌 보편적인 행동 특징이었다거나, 혹은 검사 결과를 해석하는 데 있어서 어떤 관련성을 찾기 어려운 모호한 것이었다면 굳이 행동관찰 자료에 기술할 필요가 없다. 행동관찰 자료뿐 아니라 심리평가 과정에서 얻게 되는 모든 정보는 의뢰목적에 비추어서 수검자의 문제를 이해하고 치료하는 데 도움을 줄 수 있는 방향으로 초점이 맞추어지고 의미 있는 해석적 가설을 토출하는 데 유용한 것이어야 한다.

7) 검사결과에 대한 기술 및 해석

실시된 검사 결과를 간략하게 기술하고, 평가과정에서 얻은 다양한 원천의 정보들과 연결 짓고, 부분적인 가설들을 종합하여 그 결과에 대한 해석적 기술을 한다. 이 과정은 귀납적-연역적 방향을 왕래하며 최선의 가설을 도출해 내는 고도의 임상적 추론과 판단을 요구한다. 먼저 귀납적 방향은 아래에서 위로 추론해 나간다. 즉, 평가과정에서 얻은 가장 구체적이고 행동적인 관찰 결과들, 그리고 타당성이 높다고 판단되는 양적 자료들을 늘어놓고 퍼즐을 맞추어 나가듯 일치하는 정보들과 불일치하는 정보들을 분석하면서, 그 자료들이 수렴될 수 있는 최적의 가설이 무엇인지 탐색하는 방향이다. 다음으로, 연역적 방향은 위에서 아래로 추론해 나간다. 일단 임상가의 직관이나 통찰에 의해 귀납적 과정에 의하지 않고 어떤 가설이 먼저 형성되었다거나, 아니면 귀납적 과정에 의해 어떤 잠정적인 하나의 가설이 설정되었다면, 그 가설과 조화될 수 있는 정보들은 무엇이고 아닌 정보들은 무엇인지 분류해 보면서 그 가설이 얼마나 타당성이 있는지를 확인한다. 이 과정을 통해 처음에 생각한 가설이 유지되기 어렵다고 판단되면, 연역적으로 대안 가설을 설정하거나 귀납적으로 자료를 종합해 보면서 대안 가설을 설정한 후 그 대안 가설의 타당성을 다시 점검한다. 이러한 반복적인 과정을 통해 더 이상의 적절한 대안 가설이 탐색되기 어렵다고 판단되면, 최종적으로 그 가설에 따라서 평가 결과들을 기술하고 해석하면서 검사결과를 기술해 나간다.

이러한 검사결과의 기술 및 해석은 크게 두 가지 방식으로 제시하는 것이 보통이다. 개별 검사별로 기술하는 방식과 주요 심리적 영역별로 기술하는 방식이 있다. 개별 검사별로 기술하는 방식은 여러 가지 검사를 실시했을 경우 산만하게 검사결과가 나열되기 쉽고 따라서 통합적이고 초점 있는 보고서를 작성하기가 쉽지 않다. 그렇기에 일반적으로는 주요 심리적 영역별로 나누어 제시하는 것이 보통이다. 이때의 주요 심리적 영역은 크게 지적 영역, 정서적 영역, 대인관계 영역별로 나누어 기술된다. 이처럼 나누어 기술하기는 하지만, 보고서의 큰 틀은 의뢰된 문제와 관련하여 수검자가 지니고 있는 핵심적 문제를 중심으로 조직화해 나가야 한다. 또한 이것은 인위적으로 나눈 것에 지나지 않으며, 인간은 지적, 정서적, 의지적, 생물학적 측면이 하나로 통합되어 기능하는 유기체라는 관점에서 유기적으로 연결될 수 있도록 기술해 주어야 한다.

(1) 지적 영역

시행된 인지기능 관련 검사들에 대한 양적인 결과와 이에 대한 통합적 기술과 해석 내용이 제시된다. 전반적인 지적 능력을 평가하는 검사(예: K-WAIS-IV)가 실시된 경우, 수검자의 현재 전반적인 지적 능력 및 병전(혹은 손상 전) 기능수준, 이러한 두 기능 수준의 차이와 그 의미, 전반적인 지적 능력과 학업 및 현실에서의 적응수준 간의 차이가 있는지, 있다면 어떤 요인에 의한 것인지 등을 기술한다. 만일 진로문제나 지적인 적성을 위해 평가된 경우라면, 지적인 측면에서 보이는 수검자의 강점과 약점을 균형 있게 기술하고, 그러한 강약점이 수검자의 향후 진로나 현실 적응에 어떻게 도움이 되거나 부적응의 요인이 될 수 있는지를 기술해 준다.

만일 진단적 평가가 목적이었다면 인지기능 검사를 통해 드러난 사고기능의 장애나 비효율성의 정도, 현실검증력의 손상 정도, 인지적 왜곡이나 비합리적 신념들, 세상을 지각하는 방식, 주된 문제해결 양식 등이 어떤 정신장애의 특징적인 양상과 연결될 수 있는지 등을 기술해 준다.

(2) 정서적 영역

정서 경험의 상태와 성향을 구분하여 기술해 준다. 즉, 수검자가 현재 경험하고 있는 가장 지배적인 정서 경험이 무엇이며, 그 정서의 강도와 구체적인 내용, 그것이 현재 수검자의 생활환경과 관련된 상황적(혹은 일시적)인 것인지, 아니면 상황과는 무관하게 지속적으로 수검자가 반응하는 하나의 성격 경향과 관련이 있는지 등을 기술한다. 아울러 상충되는 정서들이 어떤 갈등의 요소를 내포하고 있는지, 그러한 갈등이 어떻게 조절되고 있으며 전반적인 정서조절 능력은 어떠한지, 정서조절에 있어서 어떤 요인들이 비효율성을 초래하고 있는지 등도 기술해 준다.

(3) 성격 및 대인관계 영역

성격은 지적, 정서적 측면을 포괄하는 폭넓은 개념이므로, 앞서 수검자에 대해 언급한 지적, 정서적 측면에서의 특징들과의 연장선상에서 성격적 측면을 기술해 준다. 아울러 성격 특성을 기술하는 형용사는 자칫 너무 추상적인 어휘가 사용될 가능성이 높기 때문에, 그러한 추상적인 특징이 있다고 볼 수 있을 만한 구체적인 근거와 함께 기술해 주는 것이 좋다. 예를 들어, '수검자는 내향적이고 편집적 성향이 강하며……'라는 식의 기술보다는 그러한 '내향성' '편집적 성향'이 있다고 판단한 구체적인 근거와 함께 기술해 주어야 한다. 그 근거는 양적 혹은 질적인 검사결과 자료, 행동관찰 자료, 배경정보 등이 될 수 있으며, 그러한 성격 특성들이 수검자의 구체적인 생활환경 내에서 어떤 방식으로 표출될 수 있는지 수검자만의 독특한 측면에 초점을 맞추어 기술해 주어야 한다. 즉, 수검자뿐 아니라 대부분의 사람들이 보일 수 있는 일반적인 성격 특성들을 나열하는 것은 수검자에게 초점을 맞춘 성격기술이 될 수 없기 때문이다.

성격 특성은 특히 대인관계 상황에서 가장 분명하고 구체적으로 표현될 수 있다. 수검자가 일반적으로 대인관계를 맺는 방식, 그러한 방식에 내재된 갈등요소, 자신과 타인을 지각하는 방식, 대인관계에서 주로 유발될 수 있는 갈등구조 및 그 갈등을 해결해 나가는 수검자만의 독특한 방식, 수검자가 타인들에게 주로 품고 있는 기대 및 그 내용과 적절성의 정도 등을 기술해 준다.

(4) 요약 및 제언

이 부분은 평가 보고서의 핵심사항을 다시 한 번 요약 정리하는 것이다. 즉, 평가과정에서 발견된 주요 결과를 간결하게 다시 기술하고, 의뢰 질문과 평가의 목적에 비추어 볼 때 어떤 결론을 내릴 수 있는지 분명하게 제시하여야 한다. 초점이 있는 보고서는 반드시 의뢰 질문에 대한 답변이 포함되어야 하며, 앞에서 기술된 내용을 고려할 때 자연스럽게 도출된 결론이라는 느낌을 줄 수 있도록 논리적이면서도 분명해야 한다.

제언은 사실 평가 보고서의 최종적인 목적이라고 할 수 있다. 평가 자체가 목적인 평가는 있을 수 없으며, 어떤 목적으로 평가가 의뢰되었건 결국 뭔가 문제를 느끼고 평가를 받게 된 내담자에게 그 문제 해결에 도움이 될 수 있는 해결책을 제시하는 것이기 때문이다. 가장 훌륭한 보고서는 의뢰자(혹은 의뢰기관) 또는 수검자에게 도움이 되고, 직면한 문제를 해결하는 데 도움이 될 수 있는 보고서이다(Tallent, 1993). 따라서 제언은 분명하고, 실천 가능하고, 의뢰자나 의뢰자가 속한 해당 기관이 제공할 수 있는 수단과 여건을 고려하여 현실적으로 기술되는 것이 좋다. 그럼에도 불구하고 형식적이거나 추상적인 제언만이 언급되는 경우가 많다. 이러한 제언은 역시 수검자의 문제에 초점을 맞춘 제언이라고 할 수 없다. 예를 들어, '심리치료가 필요하다'는 제언은 너무나 모호하다. 구체적으로 어떤 치료가 어느 정도 필요하고 현실적으로 어느 정도까지 개선이 가능할지 제언해 주기 위해서는 현재 평가된 이 수검자의 문제가 어떤 독특성을 지니고 있고, 현재 수검자가 어떤 상황에 처해 있는지에 대한 분명한 이해가 선행되어야 한다. 즉, 구체적인 제언은 다른 누구도 아닌 현재 이 수검자만이 지니고 있는 특성을 이해하려는 데 초점을 맞춘 평가가, 그리고 이미 사전에 치료적인 도움을 염두에 둔 치료적 평가가 전제되어야 하는 것이다.

(5) 진단적 인상

이 부분은 요약 및 제언 부분에 함축적으로 포함될 수 있기 때문에 생략될 수도 있지만, 병원에서 정신과 의사와 함께 일하는 임상심리학자에게는 필요할 수 있다. 특히 평가목적이 진단적 감별을 위한 것이라면 생략할 수 없다. 만일 평가 보고서가 오직 의뢰자인 정신과 의사에게만 전달될 것이라면, DSM-5나 ICD-10과 같은 공식적인 진단체계에서 사용하는 용어들을 사용하여 평가 보고서의 마지막 부분에 언급해 주는 것이 더욱 효율적인 의사소통이 될 수 있다. 그러나 의료기관이라 하더라도 평가 보고서는 언제든 내원한 수검자가 요구하면 열람이 될 수 있기 때문에 그러한 전문적인 용어들이 수검자에게 부정적인 '낙인효과'를 주거나 오해를 불러일으킬 수 있다. 따라서 진단적 인상을 전문용어를 써서 기술하기보다는 특정 진단군의 핵심 특징을 다시 한 번 기술해 주든가, 변별진단이 요구되는 두 진단군 간의 핵심적인 진단기준의 차이에 초점을 맞추어 기술적으로 언급하는 것이 더 좋을 것이다. 이럴 경우라면 진단적 인상을 별도의 제목으로 달지 않고 '요약 및 제언' 부분에 포함시킬 수도 있다.

(6) 검사점수 및 요약표

검사 점수는 평가 보고서의 본문에 부분으로 인용하여 기술할 수도 있고, 보고서의 마지막에 첨부 형식으로 결과표만 따로 요약하여 제시할 수도 있다. 특히 정신장애나 지적장애에 대한 감정평가가 목적이거나 여타 법적인 용도로 사용될 수 있는 보고서라면 검사 점수를 구체적으로 제시하는 것이 필요하다. 따라서 어느 정도로 세부적인 검사 점수를 제시할 것인지의 여부는 의뢰 질문이나 평가목적에 맞추어 조절하면 된다. 불필요하게 많은 점수를 나열하는 것은 평가의 초점을 산만하게 만들 수 있으며, 그 보고서를 읽는 독자에게 도움이 되지 않을 수 있다. 또한 임상적 판단에 대한 책임을 회피하고 싶은 유혹 때문에 검사 결과들만 장황하게 나열하게 될 수 있다.

2. 좋은 심리평가 보고서를 위한 일반 지침

어떤 평가 보고서가 좋은 보고서인지는 한마디로 정의할 수 없는 문제이다. 그러나 그 평가 보고서가 사용되는 맥락과 목적에 가장 잘 부합되는 방식으로 수행되고 작성된 보고서라면 좋은 평가 보고서라고 할 수 있을 것이다. 좋은 심리평가 보고서를 작성하기 위해 고려해야 할 점을 몇 가지 측면으로 나누어서 살펴보기로 한다.

1) 보고서의 길이

보고서의 목적, 의뢰 질문, 평가가 이루어지는 맥락 등에 따라 보고서의 길이는 달라진다. 보통 병원장면에서 사용되는 보고서는 대략 A4용지 2~3페이지의 내용으로 간결하게 기술되는 것이 보통이다. 그러나 교육현장이나 기업체, 사설 상담기관 등에서 사용되는 보고서의 길이는 수검자나 가족들에게 직접 전달될 것을 염두에 두고 쉬운 용어를 사용하고 이해를 돕기 위한 표와 그래프 및 그에 대한 설명들이 포함되기 때문에 더 긴 분량으로 작성된다. 또한 법적인 목적으로 작성되는 보고서는 일반적으로 훨씬 긴 편인데, 그것은 의뢰 질문들이 다양한 측면에 걸쳐 있기 때문이다. 요컨대, 보고서의 가장 적절한 길이는 평가의 목적에 맞추어 적절한 내용들이 기술되고 보고서를 읽는 사람이 내용을 쉽게 이해하고 도움이 되도록 전달될 수 있는 분량이라면 2~3페이지보다 길어질 수도 있고 훨씬 더 간결할 수도 있다.

2) 문체, 스타일

문체나 표현법은 보고서 작성자의 개인적인 특성이 개입되는 부분이기 때문에 일정한 가이드라인이 있을 수는 없다. 평가자가 지니고 있는 인간에 대한 관점이나 평가자료를 조직화하는 이론적 관점, 그가 지향하는 치료적 접근, 보고서를 읽게 될 사람이 누구인지 등에 대한 고려에 따라서 보고서 문체나 표현방식은 달라진다. 그러나 역시 기본적인 원칙은 그 보고서가 독자에게 쉽고 정확하게 이해될 수 있는 방식으로, 그리고 그 결과 그 보고서가 읽는 사람에게 도움이 될 수 있는 최선의 방식으로 씌어야 한다는 것은 분명하다. 일반적으로 보고서 작성을 위한 접근은 네 가지 유형으로 나누어 볼 수 있다 (Tallent, 1993).

첫째, 임상적 접근으로서, 한 사람을 병리적 문제를 지닌 '환자' 로 간주하고 그 사람의 병리적 측면에 초점을 맞추는 것이다. 이러한 보고서 작성방식은 수검자의 병리적 측면을 상세히 파악하고 유발 요인들을 이해하여 향후 변화를 위해 개선되어야 할 점들이 무엇인지를 기술함으로써 치료계획을 세우거나 적응을 돕는 것이 주목적인 병원장면에서는 유용할 수 있다. 다만 이러한 접근법은 수검자의 긍정적인 측면이나 잠재적 강점은 소홀히 다룰 수밖에 없고, 따라서 강점과 약점을 균형 있게 배분한 보고서가 되기 어렵다는 단점이 있다.

둘째, 과학적 접근으로서, 객관적으로 확인 가능한 규준(norm)에 비추어 수검자를 기술하는 것이다. 따라서 특정한 이론적 관점에 크게 상관없이 주로 양적인 검사자료나 행동적 측정치를 바탕으로 수검자가 어떤 특성을 지니고 있는지, 그 특성은 다른 보통의 사람들에 비해 얼마나 심하거나 경한지 등을 객관적으로 비교하면서 기술한다. 이러한 스타일의 보고서는 자칫 마치 병원의 종합검진 결과를 대하는 것과 비슷한 인상을 줄 수 있다. 즉, 이러한 보고서를 받아 든 사람은 기술되는 수검자에 대한 살아 있는 생생하고 현실적인 인상을 가질 수 없거나, 검사 결과들이 통합되지 않은 채 산만하게 나열되기 쉽고, 의뢰 질문에 초점을 맞추어 그 맥락에 맞는 치료적 제언을 기술하기도 어렵다.

셋째, 문학적 접근으로서, 일상용어를 사용하여 창의적이고 인상적으로 수검자를 기술하는 것이다. 따라서 이러한 보고서는 읽고 이해하기 쉬우며 양적인 규준적 자료만으로는 전달되기 어려운 수검자의 미묘한 심리적 측면을 기술하는 데 유리할 수 있다. 그러나 이러한 방식은 자칫 평가자가 받은 가장 인상적인 정보에만 주로 근거하여 객관적 기반이 빈약한 편향된 보고서가 될 수 있고, 과학적 방식의 접근법이 가진 강점인 객관적인 기준에 비추어 수검자의 특성을 이해하는 데 방해가 될 수 있다.

마지막으로, 전문가적 스타일(professional style)이 있다(Ownby, 1997). 이것은 일상적으로 사용하는 언어이면서도 가장 정확한 의미를 지닌 어휘를 선택하여 간결하게 기술하는 것으로, 독자가 흥미를 유발할 수 있을 만한 다양한 문장 구성과 길이로 작성되는 것이다. 일반적으로 하나의 문장은 하나의 개념만을 정확하게 전달하며, 유사한 개념들은 보고서에서 서로 근접하여 배열되어 있다. 요컨대, 정확하면서도 명확하고, 문장 내용들이 통합되어 있으며, 읽기도 쉽고, 독자의 흥미를 불러일으킬 있는 방식으로서, 과학적 스타일과 문학적 스타일을 절충하여 임상적 목적에 맞게 작성하는 보고서라고 할 수 있다.

3) 해석결과 제시

해석결과는 각각의 검사별로 나열할 수도 있고, 앞서 언급한 주요 심리적 영역별로 나누어 기술할 수도 있다. 실시된 각각의 검사별로 나열하듯 기술하는 보고서는 검사자료를 통합하여 기술하지 못함으로써 독자에게 수검자에 대한 어떤 통일된 인상을 전달하기 어려울 수 있다. 또한 이러한 기술 방식은 독자로 하여금 평가자가 마치 검사 기술자(technician)처럼 인식될 수 있고, 그 평가 결과는 의학적 검사결과표처럼 생각하게 만들 수 있다.

반면에 영역별로 나누어 기술하는 방식은 검사별 기술 방식이 지닌 그러한 단점을 보완할 수 있다. 즉, 이러한 방식은 일반적으로 독자들이 더 선호하는 방식으로서, 수검자의 중요한 측면들에 대해 통일된 인상을 전달할 수 있다는 장점이 있다. 반면에 잘 통합되고 초점이 맞추어지지 않는다면 오히려 중언부언하는 듯한 인상을 주거나 구체적인 내용이 빈약하고 산만하게 작성될 수도 있다. 다시 말해, 각 영역들이 사실은 그렇게 분명히 나누어질 수 없는 측면들이 있기 때문에 한 영역에 대해 기술된 내용이 다른 영역에 대한 기술에서 반복 기술될 수 있으며, 따라서 독자에게 지루한 인상을 줄 수 있고 독자가 어떤 측면이 더 중요한 것인지 파악하기 어려울 수 있다.

요컨대, 구체적인 검사 결과들만을 나열하면 통합적 해석의 책임을 독자에게 떠넘기는 산만하고 초점 없는 보고서가 되기 쉽고, 구체적인 근거가 생략된 채 결론적 언급들만을 요약하여 기술된 보고서는 자칫 공허하고 신뢰감을 주기 어려울 수 있다. 따라서 이 두 가지 측면이 균형 있게 조합된 방식으로 해결 결과를 제시하는 것이 가장 좋을 것이다. 즉, 평가 결과 보고되어야 할 수검자의 어떤 특성은 규준과 비교한 객관적인 특성과 그 개인만이 가지고 있는 독특한 상황적 맥락과 내용까지도 고려하는 방식으로 기술되어야 할 것이다. 예를 들어, 다면적 인성검사(MMPI)의 우울척도(D) 점수가 표준점수로 70점이 산출된 두 명의 수검자가 있다 하더라도, 그들 각각의 수검자가 경험하는 우울감의 내용과 맥락은 동일할 수 없다. 이때 규준에 비추어 '보통의 다른 사람에 비해 우울감 수준이 표준편차로 두 배 위에 있는 정도이다' 라는 객관적 기술만으로는 뭔가 알 맹이가 빠져 있다는 느낌을 줄 수밖에 없는 것이다.

4) 강조할 내용 및 표현방법

명암의 농도와 대비(contrast)에 따라 사진이나 그림의 인상 혹은 주제가 뚜렷하거나 모호해지듯이, 평가 보고서의 각 문장 속에 포함된 수검자의 특성에 대한 각각의 기술 내용들은 그것이 얼마나 강조되어 있는가에 따라 보고서 전체의 인상이 달라진다. 이러 한 표현의 강약에 따라 수검자에 대한 인상이 뚜렷하게 혹은 모호하게 전달될 수 있다. 무엇을 더 강조하고 덜 강조하여 기술할 것인가? 이것은 물론 평가의 목적과 의뢰 질문 이 무엇인가에 달려 있다. 평가자가 스스로에게 '이 수검자는 현재 왜 평가가 의뢰되었 는가?' 또는 '이 수검자에 대해서는 무엇을 말해 주어야 하는가?' 라는 질문을 던졌을 때, 명확한 답을 스스로 내릴 수 없다면 무엇을 더 강조할 것인지 방향을 정할 수가 없 는 것이다. 평가의 목적이 명확하다면, 다음 단계는 얻어진 정보를 어떤 방식으로 강조 하여 기술할 것인가의 문제가 남는다. 이에 대해서는 몇 가지 측면을 나누어서 생각해 볼 수 있다.

(1) 확신의 정도에 대한 표현법

지지하는 근거가 많고 자료가 잘 통합되었을수록 평가자는 더 확신 있는 방식으로 기 술하게 되고, 근거가 부족하거나 자료들이 잘 통합되지 않을수록 모호하거나 추론적인 표현을 쓰게 될 것이다.

확신의 정도는 양적으로도 표현될 수 있는데, 가장 대표적인 것이 확률 추정하듯이 검 사 결과 자료를 제시하는 경우이다. 이것은 표준화된 검사에서는 언제든 사용할 수 있 다. 예를 들어, '수검자의 지능지수(IQ)가 103~113 사이에 있을 확률은 95% 정도이다' '수검자의 우울 수준은 규준집단의 상위 1% 정도에 속한다' 와 같이 개별 검사결과들 중 어떤 단편적인 측면들은 이렇게 확신의 정도에 대해 통계적인 서술을 할 수도 있다. 그 러나 각 검사별로 이런 식의 기술만으로 꽉 채워진 보고서라면, 비록 신뢰감을 주고 객 관적인 정보를 제공할 수는 있겠지만 임상심리학자가 쓸 만한 적합한 보고서는 아닐 것 이다. 간혹 임상가 자신이 확신이 없거나 자료들을 통합하여 목적에 맞는 보고서를 쓰기 어려울 때, 일종의 책임 회피의 목적으로 이런 보고서가 작성될 수 있을 것이다. 게다가 개별 자료들을 통합하여 내리는 종합적인 결론들은 이렇게 통계적인 방식으로 기술하기가 어렵다. 기본적으로 심리평가는 '혈액검사 결과 보고서'와 같이 객관적 수치만을 제공하는 것이 최종 목적은 아니며, 그것이 가능하지도 않기 때문에 어떻게든 임상가의 판단이 개입되기 마련이며, 그 판단의 정도에 따라 적절한 방식으로 얻어진 결론의 확신을 표현해 주게 된다.

수치로 표현하지 않는다면 '거의 확실하다' '그럴 가능성이 매우 높다' '……매우 강하다'와 같이 단정적이고 강한 확신을 가진 어조를 써서 내용을 강조할 수도 있을 것이다. 하지만 대부분의 경우 평가된 내용을 그처럼 강하게 확신하는 경우는 많지 않으며, 수검자의 미래 행동을 예측해야 하는 경우는 더욱 그럴 수 있을 것이다. 이때는 '아마도……' '……것 같다' '……처럼 보인다' '……경향이 있다' 등과 같이 추론적인 표현을 쓰게 될 것이다. 중요한 것은 평가자가 가지고 있는 확신이 검사 결과에 의한 것인지, 행동관찰 자료나 배경정보 혹은 보호자의 면담결과에 의한 것인지, 직접 관찰된 것인지 간접 추론된 것인지, 과거의 행동에 대한 추측인지 미래의 행동에 대한 예측인지를 분명히 인식하고 그 근거를 표현해 주어야 한다는 것이다. 이는 평가자가 어떤 내용을 얼마나 확신을 가지고 기술할 것인지를 판단해야 하기 때문에 결국은 의뢰된 질문에 대해 평가자가 어떤 답을 할 수 있는가의 문제로 귀결된다. 기술된 내용에 대한 확신의 정도를 분명히 나타내기 위해서는 평가자 스스로가 먼저 자신이 그런 결론을 얻게 된 과정이 무엇에 근거하고 있고 어떤 자료들이 통합되어 내려진 것인지에 대해 명료한 인식을 가질 수 있어야 한다.

(2) 원자료의 보충

형용사의 선택이나 표현법의 강약을 통해서 뿐만 아니라 기술된 내용을 조금 더 강조하고 싶다면, 원자료의 점수를 통계적 의미까지 덧붙여 부가 설명을 할 수 있다. 일반적으로 숫자는 누구에게나 명료한 인상을 더해 주기 때문이다. 예를 들어, '수검자는 매우 우수한 지능을 지니고 있다'는 표현으로 만족할 수 없다면, '표준화된 검사로 측정된 수검자의 지능수준은 동일 연령대의 평균적인 집단에서 상위 0.5% 이내에 속할 정도이다' 등과 같이 백분위를 포함한 표준점수를 제시해 줄 수도 있을 것이다.

숫자를 제시해 줄 수 없는 경우라면 다시 한번 다른 말로 설명해 주거나, 행동관찰 자료를 덧붙이거나, 특정 검사에서 수검자가 표현한 원래 그대로의 표현내용 등을 인용하는 식으로 강조하여 그 표현의 강도를 높이고 내용을 명료화할 수 있을 것이다. 예를 들

어, "수검자는 문장완성검사(SCT)에서 '언제든 죽고 싶다'는 표현을 쓰고 있고, 로르샤
하 검사에서도 '뼈만남은 해골' 등과 같은 내용이 자주 연상되고 있듯이……"와 같이
수검자가 직접 표현한 내용을 동원할 수도 있을 것이다.

(3) 내용의 배치 순서, 강조점, 밑줄, 수사법 등의 사용

일반적으로 가장 중요하거나 강조하고 싶은 말은 보고서의 첫 부분에 먼저 언급된다.
또한 그러한 내용은 끝 부분에 다시 한 번 기술되기 마련이다. 강조할 동일한 내용을 각
기 다른 검사자료를 사용하여 해당 제목의 가장 첫 부분에 배치하면 그 내용은 훨씬 더
도드라져 보일 것이다. 아울러 굵은 글씨를 동원하거나 밑줄까지 그어 준다면 독자는 글
쓴이가 무엇을 강조하고 싶은 것인지 더 노골적으로 전달받을 수 있을 것이다. 또는 특
정 내용이 더욱 전달되기 쉽게 비유를 들거나 여타 수사법을 동원하여 기술할 수 있을
것이다. 이러한 것들은 각자의 취향이나 연습과 훈련에 달려 있다.

그러나 무엇이건 너무 지나치면 그 효과는 반감될 수 있다. 너무 자주 반복되는 내용
은 오히려 글을 읽은 사람을 지루하게 만들 수 있다. 또한 너무 노골적으로 어떤 내용을
지나치게 강조하거나 지나친 확신에 찬 표현을 한다면 그것과는 다른 생각을 가지고 있
을 수도 있는 독자로 하여금 거부감을 느끼게 만들 수 있을 것이다. 비유나 은유 등의 화
려한 수사법을 동원한다면 과도하게 치장된 사람이 오히려 부담감을 주듯이 글쓴이의
목적과는 반대되는 인상을 줄 수도 있을 것이다. 요컨대, 평가 보고서는 항상 글을 읽을
사람의 입장과 관점을 고려하며 세심하게 배려하며 작성되어야 한다. 강조된 내용을 읽
은 사람이 어떻게 받아들일 것인지, 그 정도의 강조는 적절한지, 그러한 표현법이 읽는
사람에게 어떻게 전달되고 수용될 수 있는지, 혹시 너무 전문적인 용어를 사용하여 읽는
사람이 무시당하고 있다는 불쾌감이나 열등감을 줄 수 있는지, 글을 읽을 사람의 평소
소신이나 태도를 볼 때 보고서에 기술된 내용을 수용할 수 있을 것인지, 수용할 수 없을
것이라 생각되면 어떻게 완곡하게 혹은 달리 표현할 것인지, 읽을 사람도 확신이 없을
것 같아 오히려 더 강하게 표현해야 할 것인지 등의 모든 것은 독자가 누구이며 그 독자
가 무엇을 알고자 하는지를 평가자가 얼마나 분명히 인식하고 있는가에 달려 있는 문제
인 것이다.

3. 평가윤리

임상심리학의 역사를 보았을 때에도, 그리고 현재 임상심리학자들이 활동하고 있는 주요 영역을 보았을 때에도, '평가'는 여전히 임상심리학자들의 주요 활동 영역이다. 한국 임상심리학자의 75%는 임상현장에서 활동하고 있으며, 그러한 임상심리학자들의 전체 활동시간 중에서 73%는 심리치료와 함께 진단 및 평가 활동에 할애하고 있다(권정혜, 2008).

임상심리학자는 평가 활동을 수행하면서 왜 윤리적 문제를 고려해야 하는가? 결국 평가는 인간을 대상으로 하고 있기 때문이며, 그 평가는 우리 사회에서 평가에 관한 전문성을 인정받은 사람에 의해 수행되고 있기 때문이다. 즉, '평가자-수검자' 사이의 관계 및 그 관계에서 벌어지는 모든 일은 윤리적 측면을 반드시 포함할 수밖에 없으며, 그 사회의 인정을 받고 있는 전문가의 행위는 윤리적 책임에서 자유로울 수 없기 때문이다.

현재 한국임상심리학회에서는 이러한 '평가'와 관련된 영역에서 발생할 수 있는 윤리적 문제들과 그러한 문제들이 발생하지 않기 위해 임상심리 전문가가 항상 인식하고 있어야 할 윤리적 기준이나 윤리원칙에 관한 내용을 윤리강령으로 담아 공시하고 있다. [부록]에는 임상심리학자가 준수하여야 할 윤리강령 중에서 평가와 관련된 영역의 규정만을 따로 첨부해 놓았다. 여기서는 그 구체적인 내용이 아니라, 평가와 관련된 윤리적 문제가 주로 발생할 수 있는 영역과 왜 그 영역에서 그것이 윤리적 문제로 부각될 수 있는지에 관해서만 간략하게 살펴보기로 한다.

1) 평가의 사용과 관련된 영역

임상심리학자는 다양한 검사 도구를 사용하는 가운데 알게 모르게 윤리적 측면을 위반하거나 윤리적 딜레마에 빠질 수 있다. 따라서 자신이 사용하려는 평가 도구, 기법, 절차, 결과 제시, 전달, 해석방향 등이 평가의 목적에 얼마나 적합한 것인지를 항상 고려해야 한다.

이를 위해서는 우선 자신이 사용하려는 도구의 속성과 적용범위, 그 도구의 강약점에 대해 평소 잘 알고 있고 능숙하게 사용할 수 있는 준비가 되어 있어야 한다. 예를 들어, 그 도구가 제작된 방식, 보고된 신뢰도와 타당도, 제공된 규준의 규모와 그 규준집단의 속성과 같은 심리측정적(psychometric) 측면뿐 아니라 산출된 결과를 요약하고 해석할 수 있는 해석적 지식도 물론 갖추고 있어야 한다. 이러한 준비가 제대로 되어 있지 않은 상태에서 익숙하지 못한 도구를 사용하여 평가에 임한다면 의도하지는 않았다 하더라도 결국은 수검자에게 피해를 주는 결과를 초래할 수 있다.

　또한 어떤 도구를 어떤 상황에서 어떻게 사용하는 것이 가장 적절한 것인지 그때그때의 상황에 맞게 판단할 수 있는 상황 판단력, 순발력, 임상 경험도 필요하다. 새로운 검사도구들이 수시로 출시되고 있고, 따라서 임상심리학자는 자신이 선택하여 사용할 수 있는 도구의 폭이 넓을수록 특정한 상황에서 해당 수검자에게 가장 적절한 도구를 선택하여 실시할 수 있을 것이다. 예를 들어, MMPI-2, PAI, 16-PF, NEO-PI 등의 자기보고형 성격검사 중 현재 이 수검자에게는 어떤 도구를 실시할 것인가? 검사도구 선택에 있어서 지켜야 할 일반적인 윤리적 기준이 있다면, 그것은 가장 적은 시간과 노력을 들여 그 수검자를 가장 정확하고 타당하게 평가할 수 있는 도구를 선택함으로써 수검자에게 지워지는 심리적, 경제적 부담을 최소화할 수 있는 도구를 선택하는 것이다. 또한 동일한 도구를 사용하더라도 수검자의 상태나 특성에 따라 수검자가 한 반응의 신뢰성과 타당성의 정도가 달라질 수 있다. 그것은 그 도구의 응답방식이나 문항의 수, 문항 내용 등에 따라 어떤 수검자인 경우 지극히 방어적이거나 피로한 상태이기 때문에 충분히 읽고 응답하기 어려울 수 있기 때문이다. 따라서 임상심리학자는 검사 도구의 특성과 수검자의 특성 간의 조합이 가장 잘 맞을 만한 도구를 선택할 수 있는 판단력과 경험을 지니고 있어야 한다.

　한편 검사 도구를 적절히 사용할 수 있는 능력은 검사자의 자격, 심리검사에 필요한 지식과 경험, 그리고 검사 도구를 제작하는 발행업체와도 관련된 것으로 이 부분에 대한 것은 제12장에서 상세히 언급하였다.

2) 검사도구의 보안 유지

　웩슬러 지능검사와 같은 능력검사 혹은 최대수행 검사뿐 아니라 투사적 검사는 사전 노출 여부에 의해 그 수행이 영향을 받을 수 있고, 따라서 그 결과를 타당하게 해석할 수 없게 된다. 그러한 검사의 문항, 검사 자극, 검사요강 등이 노출될 경우 대중적인 오해가 생길 수도 있고 때로는 악용되거나 남용될 수도 있다. 예컨대, 영재학교의 입학 허가를 받기 위해 영재 판별을 목적으로 방문한 수검자 혹은 장애등급 판정을 받기 위해 내원한

지적장애인에게 지능검사를 실시하는 경우 그 검사 결과는 영재학교에 대한 입학 허가
나 국가로부터 받게 될 장애인 보조금 산정에 있어서 결정적인 자료가 될 수 있다. 이때
수검자가 사전에 지능검사 도구와 문항을 입수하여 미리 연습한 후 검사를 받았고 그 결
과를 영재학교 입학을 위해 악용했다면? 혹은 기업체에서 취업 응시생들에게 성격검사
를 요구했는데 그 성격검사가 미리 노출되어 있었다면 어떤 일이 벌어질 것인가?

자신이 사용하는 검사도구를 잘 관리하여 이러한 사전 노출 가능성을 차단하는 것은
이러한 검사를 구매하고 사용하는 임상심리학자의 윤리적 책임이다. 또한 그 검사를 제
작한 사람이 임상심리학자인 경우, 그와 판권계약을 맺은 사업체가 검사 구매자의 자격
요건을 엄격히 정하여 판매하도록 사전에 계약을 맺는 일과도 관련이 될 수 있다.

3) 비밀보장 및 사전 동의

심리검사 결과 및 그 결과를 바탕으로 작성된 평가 보고서는 그 검사를 받은 수검자의
입장에서는 누구에게도 쉽게 공개하기 어려운 지극히 개인적인 정보들을 담고 있을 수
있다. 따라서 임상심리학자는 비밀보장을 위해 노력하여야 한다. 임상심리학자는 검사
결과 및 평가 보고서를 타인에게 노출되지 않는 안전한 장소에 보관하여야 한다. 또한
직장의 이동 등으로 그 결과를 후임자에게 인계할 때, 또는 본인이 그 자료들을 개인적
으로 보관하고 있다가 이사를 하는 등의 사유로 폐기할 때도 타인에게 노출되지 않도록
보관하거나 완전하게 폐기해야 한다. 수검자의 사전 동의에 의해 검사 결과를 제공해도
되는 사람을 제외하면, 수검자의 검사결과는 제3자에게 전달되거나 사용되어서는 안 된
다. 따라서 어떠한 경우에 검사 결과가 다른 사람에게 전달될 수 있으며 비밀보장의 원
칙이 깨어질 수 있는지 사전에 수검자의 동의를 받은 후에 평가가 시행되어야 한다.

몇 가지 예외적인 상황(수검자가 아동인 경우, 법적 강제에 의해 평가를 받게 된 경우 등)이
있을 수 있으나, 이러한 상황들에 대해서는 가급적 사전에 수검자의 동의를 받거나 그렇
지 못한 경우에도 수검자에게 해가 되지 않고 타당하게 사용될 수 있도록 주의해야 한
다. 예를 들어, 아동의 부모에게 구두 혹은 문서로 평가 결과를 전달하는 경우, 그 결과
를 부모가 오해하거나 이후 부모와 아동 간의 관계에 악영향을 미칠 수 있는 요인들을
사전에 점검하여 그러한 오해의 소지가 없도록 세심하게 전달해야 한다. 이를 위해서는
사전에 부모에 대한 면담을 통해 부모의 특성과 현재 부모-자녀 관계의 역동을 잘 이해
하고 있어야 한다.

4) 평가결과의 설명, 전달

심리학적 평가 보고서는 항상 그 보고서를 읽게 될 사람이 누구인지를 고려하면서 작성되어야 한다. 현재 평가 보고서는 대부분 수검자나 그 보호자의 요구에 의해 언제든 열람이 가능하기 때문에, 기본적으로 평가 보고서는 비전문가나 일반인들이 이해하기 쉬운 용어와 표현으로 작성되어야 한다. 때로는 수검자의 지적 능력이나 교육수준이 지나치게 낮을 수도 있고, 문화적 배경의 차이에 의해 문서로 전달된 보고서 내용을 오해할 수도 있다. 어떤 경우건 임상심리학자는 예상되는 독자와 평가목적에 비추어서 그 내용이 정확하고 충분하게 전달될 수 있도록 가급적 오해의 가능성이 적은 어휘와 표현을 사용하여 평가 보고서를 작성하여야 한다.

일반적으로 문서 형식의 보고서는 구두로 설명하는 것에 비해 오해의 소지가 많이 개입될 수 있다. 따라서 평가 보고서를 전달할 때는 가급적 그러한 오해의 소지가 있는 부분에 대해 구두로 자세한 배경 설명을 해 주어야 수검자가 받게 될 부정적인 영향이 최소화될 수 있을 것이다. 어떤 경우에는 전문가들 사이에서는 당연하게 받아들여지는 용어들이 일반인들에게는 상당히 부정적이고 충격적인 어휘로 해석될 수도 있다. 예를 들어, '성격장애' '지능' 과 같은 용어는 일반인들에게도 이미 널리 알려지고 사용되는 용어이지만, 전문가가 이해하고 있는 것과 같은 내용으로 이해되지는 않는 경향이 있다. 따라서 특정한 보고서의 내용들이 그대로 전달될 경우, 아무리 세심하게 고려되어 표현한 것이라도 그것을 읽는 사람에게는 혼란이나 자존감의 상처, 정서적 충격을 줄 수밖에 없다고 판단된다면 문서로 전달하는 것보다는 구두로 전달하는 것이 좋을 수 있다.

[부록] 한국임상심리학회 윤리강령(2003년 8월 제정, 2004년 8월 수정)

제5장 평가 관련 윤리

제47조 평가의 기초

1. 법정 증언을 포함한 추천서, 보고서, 진단서, 평가서에 의견을 기술할 때, 심리학자는 자신의 의견을 입증할 만한 객관적 정보 또는 기법에 근거하여야 한다.

2. 개인의 심리 특성에 대한 의견을 진술할 때, 심리학자는 자신의 진술을 지지하기 위한 면밀한 검사과정을 거쳐야 한다. 그러한 노력에도 불구하고 검사가 실제적이지 못할 경우, 심리학자는 자신이 기울인 노력의 과정과 결과를 문서화하고, 불충분한 정보가 자신의 견해의 신뢰도와 타당도에 영향을 미칠 수 있음을 밝히고, 결론이나 권고 사항의 본질과 범위를 제한한다.

3. 개인에 대한 개별검사가 보장되지 않는 상황에서 자료를 검토, 자문, 지도 감독해야 할 경우에, 심리학자는 자신의 견해가 개별검사에 기초하지 않았다는 사실을 밝히고 자신의 견해를 뒷받침하는 근거 정보를 제시한다.

제48조 평가의 사용

1. 심리학자는 검사도구, 면접, 평가기법을 목적에 맞게 실시하고, 번안하고, 채점하고, 해석하고, 사용하여야 한다.

2. 심리학자는 타당도와 신뢰도가 검증된 평가도구를 사용하여야 한다. 그렇지 못한 경우에는 검사결과 및 해석의 장점과 제한점을 기술한다.

3. 심리학자는 평가서 작성 및 이용에 있어서, 객관적이고 학문적으로 근거가 있어야 하고 세심하고 양심적이어야 한다.

제49조 검사 및 평가기법 개발

검사 및 기타 평가기법을 개발하는 심리학자는 표준화, 타당화, 편파의 축소와 제거를 위해 적합한 심리측정 절차와 전문적 지식을 사용해야 한다.

제50조 검사의 보안 유지

1. 심리검사의 대중적 노출이 검사의 타당도를 손상시킬 가능성을 고려하여 검사의 보안을 위해 노력하여야 한다.

2. 능력검사(지능검사, 신경심리검사, 적성검사 등)와 투사적 검사의 요강, 도구, 자극, 또는

문항이 대중매체, 인터넷 등을 통해 대중적으로 노출되지 않도록 해야 한다. 또한 이러한 검사에서의 특정한 반응에 대한 구체적인 해석이 대중적으로 노출되지 않도록 해야 한다.

3. 검사의 보안을 위한 노력의 의무는 심리검사에 관한 내용이 포함되는 서적에도 적용된다. 단, 심리학 전공자들이 심리검사를 연구하고 사용하는 데 도움을 주기 위해 제작되는 검사 요강, 핸드북, 해설서, 사례집, 워크북 등의 서적에 대해서는 특별한 제한을 두지 않는다.

4. 심리검사를 제작하여 판매하려는 심리학자는 그 검사의 특징을 감안하여 검사 구입자의 자격 범위를 규정하고, 그러한 자격을 갖추지 못한 사람에게 판매되지 않도록 해야 한다.

제51조 평가에 대한 동의

1. 평가 및 진단을 하기 위해서는 내담자로부터 평가 동의를 받아야 한다. 평가 동의를 구할 때에는 평가의 본질과 목적, 비용, 비밀유지의 한계에 대해 알려야 한다. 그러나 다음의 경우는 평가 동의를 받지 않아도 된다.
   (1) 법률에 의해 검사가 위임된 경우
   (2) 검사가 일상적인 교육적, 제도적 활동 또는 기관의 활동(예, 취업 시 검사)으로 실시되는 경우

2. 동의할 능력이 없는 개인과 법률에 의해 검사가 위임된 사람에게도 평가의 본질과 목적에 대해 알려 주어야 한다.

3. 검사결과를 해석해 주는 자동화된 해석 서비스를 사용하는 심리학자는 이에 대해 내담자/환자로부터 동의를 얻어야 하며, 검사결과의 기밀성과 검사 안정성이 유지되도록 해야 하며, 법정증언을 포함하여 추천서, 보고서, 진단적, 평가적 진술서에서 수집된 자료의 제한성에 대해 기술해야 한다.

제52조 평가 결과의 해석

1. 평가 결과를 해석할 때, 심리학자는 해석의 정확성을 감소시킬 수 있는 다양한 검사 요인들, 예를 들어, 피검사자의 검사받는 능력과 검사에 영향을 미칠 수 있는 상황이나 개인적, 언어적, 문화적 차이 등을 고려해야 한다.

2. 평가 결과의 해석은 내담자/환자에게 내용적으로 이해 가능해야 한다.

제53조 무자격자에 의한 평가

심리학자는 무자격자가 심리평가 기법을 사용하도록 허용해서는 안 된다. 단, 적절한 감독하에 수련 목적으로 사용하는 경우는 예외로 하며 다음과 같은 사항에 주의한다. 수련생의 교육, 수련 및 경험에 비추어 수행할 수 있는 평가 기법들에 한정해 주어야 하며 수련생이 그 일을 유능하게 수행할 수 있는지 지속적으로 감독해야 한다.

제54조 사용되지 않는 검사와 오래된 검사결과

1. 심리학자는 실시한 지 시간이 많이 경과된 검사결과에 기초하여 평가, 중재 결정, 중재 권고를 하지 않아야 한다.
2. 심리학자는 현재 사용되고 있지 않거나 현재의 목적에 유용하지 않은, 제작된 지 오래된 검사나 척도에 기초하여 평가, 중재 결정, 중재 권고를 하지 않아야 한다.

제55조 검사채점 및 해석 서비스

1. 다른 심리학자에게 검사 또는 채점 서비스를 제공하는 심리학자는 절차의 목적, 규준, 타당도, 신뢰도 및 절차의 적용, 그리고 사용할 수 있는 자격에 대해 정확하게 기술해야 한다.
2. 심리학자는 프로그램과 절차의 타당도에 대한 증거에 기초하여 채점 및 해석 서비스를 선택해야 한다.
3. 심리학자가 직접 검사를 실시, 채점, 해석하거나, 자동화된 서비스 또는 기타 서비스를 사용하더라도, 평가도구의 적절한 적용, 해석 및 사용에 대해 책임을 져야 한다.

제56조 평가 결과 설명

검사의 채점 및 해석과 관련하여, 심리학자는 검사를 받은 개인이나 검사집단의 대표자에게 결과를 설명해 주어야 한다. 그러나 관계의 특성에 따라서는 결과를 설명해 주지 않아도 되는 경우도 있다(예, 조직에 대한 자문, 사전고용, 보안심사, 법정에서의 평가 등). 이러한 사실은 평가받을 개인에게 사전에 분명하게 알려 주어야 한다.

제57조 평가서, 검사 보고서 열람

1. 평가서의 의뢰인과 피검사자가 동일하지 않을 경우에, 평가서와 검사 보고서는 의뢰인이 동의할 때 피검사자에게 열람될 수 있다.
2. 건강에 피해를 줄 수 있다고 판단되지 않는 한, 피검사자가 원할 때는 평가서와 검사 보고서를 볼 수 있도록 도와야 한다.
3. 평가서를 보여 주어서 안 되는 경우, 사전에 피검사자에게 이 사실을 인지시켜 주어야 한다.

제58조 검사자료 양도

내담자/환자를 다른 서비스 기관으로 의뢰할 경우, 심리학자는 내담자/환자 또는 의뢰기관에 명시된 다른 전문가에게 검사자료를 제공할 수 있다. 그러나 검사자료가 오용되거나 잘못 이해되는 것으로부터 내담자/환자를 보호하기 위해 검사자료를 양도하지 않을 수도 있다. 여기에서 검사자료란 원점수와 환산점수, 검사 질문이나 자극에 대한 내담자/환자의 반응, 그리고 검사하는 동안의 내담자/환자의 진술과 행동을 지칭한다.

참고문헌

권정혜(2008). 한국임상심리학자들의 역할과 활동: 2007년 조사 보고서. 한국심리학회지: 임상, 27(2), 571-579.

한국임상심리학회 윤리규정. http://imsang.miraeis.com/sub02_2_3.asp?menuCategory=2

Ownby, R. L. (1997). *Psychological reports: A guide to report writing in professional psychology* (3rd ed.). Brandon, VT: Clinical Psychology.

Tallent, N. (1993). *Psychological report writing* (4th ed.). Englewood Cliffs, NJ: Prentice-Hall.

찾아보기

《인명》

ㄱ

강봉규 73
강연욱 525
곽금주 123
김미리혜 528
김양곤 255
김영아 474
김영환 253, 254, 306
김융희 479
김재환 48, 435
김정규 90
김중술 166, 233
김지혜 85, 90, 253, 254
김청택 123
김태련 479
김향희 529
김홍근 520, 524, 528

ㄴ

나덕렬 525, 529

ㅁ

문경주 166
민병배 166

ㅂ

박경숙 123
박광배 85, 90, 480
박랑규 479
박병관 528
박영숙 90
박혜원 123

ㅅ

서봉연 90, 123, 481
성태제 52, 70
신민섭 479, 486, 500, 501, 503

ㅇ

안창일 528

염태호 90
오경자 90, 474
오상우 123, 253, 254
우종인 527
이부영 451
이수정 254, 255
이영호 90
이인식 255
이정흠 166
이창우 90, 123
이철 451
이현수 520, 528
임영란 253
임지영 166

ㅈ

전용신 90
정보인 481
정승아 435
정인과 528
조성준 486
조은경 254

《내용》

【저자 소개】

김재환(Kim Jaewhan)
서울대학교 대학원 심리학과 졸업(석사, 박사)
한양대학병원 신경정신과 임상심리전문가 수련과정 수료
한국임상심리학회 회장 역임
임상심리전문가, 1급 정신보건임상심리사
한양대학교 의과대학 신경정신과 명예교수

오상우(Oh Sangwoo)
고려대학교 대학원 심리학과 졸업(석사, 박사)
한양대학병원 신경정신과 임상심리전문가 수련과정 수료
한국임상심리학회 회장 역임
임상심리전문가, 1급 정신보건임상심리사
(현) 원광대학교 의과대학 신경정신과 교수

홍창희(Hong Changhee)
서울대학교 대학원 심리학과 졸업(석사, 박사)
한양대학병원 신경정신과 임상심리전문가 수련과정 수료
한국임상심리학회 회장 역임
임상심리전문가, 1급 정신보건임상심리사
(현) 부산대학교 사회과학대학 심리학과 교수

김지혜(Kim Jihae)
고려대학교 대학원 심리학과 졸업(석사, 박사)
한양대학병원 신경정신과 임상심리전문가 수련과정 수료
한국임상심리학회 회장 역임
임상심리전문가, 1급 정신보건임상심리사
(현) 성균관대학교 의과대학 신경정신과 교수

황순택(Hwang Soontaeg)
연세대학교 대학원 심리학과 졸업(석사, 박사)
한양대학병원 신경정신과 임상심리전문가 수련과정 수료
한국임상심리학회 이사 역임
임상심리전문가, 1급 정신보건임상심리사
(현) 충북대학교 사회과학대학 심리학과 교수

문혜신(Moon Hyeshin)
연세대학교 대학원 심리학과 졸업(석사, 박사)
한양대학병원 신경정신과 임상심리전문가 수련과정 수료
임상심리전문가, 1급 정신보건임상심리사
(현) 마음사랑 상담센터 책임연구원

정승아(Jung Seungah)
연세대학교 대학원 심리학과 졸업(석사, 박사)
한양대학병원 신경정신과 임상심리전문가 수련과정 수료
한양대학병원 신경정신과 연구교수 역임
임상심리전문가, 1급 정신보건임상심리사
(현) 조선대학교 보건과학대학 상담심리학과 교수

이장한(Lee Janghan)
중앙대학교 대학원 심리학과 졸업(석사, 박사)
한양대학병원 신경정신과 임상심리전문가 수련과정 수료
임상심리전문가, 1급 정신보건임상심리사
(현) 중앙대학교 문과대학 심리학과 교수

정은경(Chung Eunkyoung)
연세대학교 대학원 심리학과 졸업(석사, 박사)
한양대학병원 신경정신과 임상심리전문가 수련과정 수료
정혜신 심리분석연구소 수석 연구원 역임
임상심리전문가, 1급 정신보건임상심리사
(현) 백석대학교 교육대학원 교수

임상심리검사의 이해(2판)

Clinical guide to Psychological Assessment(2nd ed.)

2006년 3월 18일 1판 1쇄 발행
2014년 2월 25일 1판 12쇄 발행

2014년 8월 19일 2판 1쇄 발행
2022년 8월 10일 2판 15쇄 발행

지은이 • 김재환 · 오상우 · 홍창희 · 김지혜
황순택 · 문혜신 · 정승아 · 이장한 · 정은경
펴낸이 • 김 진 환
펴낸곳 • (주)**학지사**

04031 서울특별시 마포구 양화로 15길 20 마인드월드빌딩 5층

대표전화 • 02) 330-5114   팩스 • 02) 324-2345

등록번호 • 제313-2006-000265호

홈페이지 • http://www.hakjisa.co.kr
페이스북 • https://www.facebook.com/hakjisabook

ISBN 978-89-997-0372-0 93180

정가 22,000원

이 도서의 국립중앙도서관 출판시도서목록(CIP)은 서지정보유통지원시스템
홈페이지(http://seoji.nl.go.kr)와 국가자료공동목록시스템(http://www.nl.go.kr/kolisnet)
에서 이용하실 수 있습니다.
(CIP제어번호: CIP2014022167)

출판미디어기업 **학지사**

간호보건의학출판 **학지사메디컬** www.hakjisamd.co.kr
심리검사연구소 **인싸이트** www.inpsyt.co.kr
학술논문서비스 **뉴논문** www.newnonmun.com
원격교육연수원 **카운피아** www.counpia.com